1870-1950

---

# GESCHICHTE UNSERER ZEIT

VON

EMIL FRANZEL

2. Auflage

VERLAG VON R. OLDENBOURG

MÜNCHEN 1952

Dr. Emil Franzel ist in Haan in Böhmen geboren, studierte Geschichte, Germanistik und Staatsphilosophie in Prag, München und Wien. Er wurde in Prag summa cum laude zum Doktor der Philosophie promoviert und war beruflich als Lehrer, Dozent, Journalist, Volksbildner und wissenschaftlicher Bibliothekar tätig. Er schrieb unter anderem eine Monographie über „König Heinrich VII. von Hohenstaufen und die Staatsbildung in Deutschland", dann eine Geschichte des Böhmischen Landesmuseums in Prag, die geschichtsphilosophische Studie „Abendländische Revolution" und zahlreiche größere und kleinere Aufsätze. Veröffentlichung von Übersetzungen und belletristischen Arbeiten. Dr. Franzel ist jetzt als Bibliothekar an der Bayerischen Staatsbibliothek in München tätig.

Copyright 1951 by R. Oldenbourg Verlag München
Gesamtherstellung: R. Oldenbourg, Graph. Betriebe GmbH., München

ICH WIDME DIESES BUCH

MEINEM VATER

DESSEN LEBENSBOGEN
DIE HIER DARGESTELLTE ZEIT
ÜBERSPANNT

# INHALTSVERZEICHNIS

ERSTER TEIL

Die Führung der Welt durch die europäischen Großmächte
1871—1898

Seite

Die Vollendung des materialistisch-positivistischen Weltbildes . . . . 11

*1. Technik, Industrie, Verkehr* . . . . . . . . . . . . . . . . 12
Die Rohstoffe — Dampfmaschine und Mechanisierung — Umfang und Lage der Industriebetriebe — Ausbau der Verkehrswege — Nachrichtenwesen — Buchdruck und Photographie — Technik und Lebensstil

*2. Kapitalistische Wirtschaft und bürgerliche Gesellschaft* . . . . . 20
Vergesellschaftung des Besitzes — Die Börse — Krise, Depression, Konjunktur — Goldfunde und Goldwährung — Zölle und Handelsverträge — Landwirtschaftliche und industrielle Preise — Kolonien und neue Märkte — Koloniale Ausbeutung — Der vierte Stand — Unternehmer und Mittelklasse — Stadt und Land — Die Großstadt

*3. Die herrschenden Ideen des Zeitalters* . . . . . . . . . . . . 34
Liberalismus — Der Kulturkampf — Demokratie — Volksbildung und demokratische Lebensform — Allgemeine Wehrpflicht — Republik und Monarchie — Sozialismus — Marxismus — Radikalismus und Anarchismus — Gewerkschaften — Genossenschaften — Zweite Internationale — Katholische Sozialreform — Evangelische Reformbestrebungen — Katheder- und ästhetischer Sozialismus — Die nationale Bewegung in Frankreich — Der Nationalismus in Deutschland — Nationalismus gefährdet Österreich — Die Nationen in Rußland — Bismarcks Entlassung

*4. Das geistige Gesicht des späten 19. Jahrhunderts* . . . . . . . . 56
Religion und Wissenschaft — Der päpstliche Summepiskopat — Religiöses Leben im Volk — Glaube und Wissenschaft in der evangelischen Kirche — Christliche Sekten — Heidenmission und nichtchristliche Religionen — Materialismus, Positivismus, Monismus — Gegner des Materialismus — Voluntarismus (Willensphilosophie)

Jahrhundert der Naturwissenschaft — Himmelskunde — Geologie, Erdkunde, Entdeckungsreisen — Physik — Chemie — Biologie und Entwicklungslehre — Medizin 63

Geschichte — Sprach- und Altertumswissenschaften

Schul- und Bildungswesen — Volksschulen — Das höhere Schulwesen — Hochschulen — Wissenschaftliche Gesellschaften — Bibliotheken — Volksbildung. 72

Dichtung und Literatur — Der westeuropäische Realismus — Angelsächsischer Realismus — Der deutsche Realismus — Deutsche Flucht aus der Zeit — Der russische Roman — Die Skandinavier und das Theater — Die literarische Revolution — Neue Lyrik — Symbolismus — Dekadenz. Richard Wagner — Romantische Symphoniker — Die Oper — Operette und Tanz 78

Die bildende Kunst im 19. Jahrhundert — Architektur — Plastik — Malerei — Durchbruch zum Impressionismus 93

INHALTSVERZEICHNIS Seite

5. *Die Weltpolitik unter europäischer Führung* . . . . . . . . . . . 99
Bismarck und Gladstone — Das Zweite Kaiserreich und die nationale Einigung Italiens und Deutschlands — Der deutsch-französische Krieg 1870/71 — Commune und Dritte Republik — Der amerikanische Bürgerkrieg — Bauernbefreiung in Rußland — Russisch-türkischer Krieg — Berliner Kongreß — Russisch-britischer Gegensatz — Britisch-französische Spannung — Bismarcks System — Die Politik Italiens — Das deutsch-englische Verhältnis — Europäische Konfliktstoffe — Österreich-Ungarn — Rußlands Drang zum Meer — Der Aufstieg Japans — Friede von Shimonosekhi — Südamerika — Europäische Hegemonie

ZWEITER TEIL

## Die Erschütterung der europäischen Vorherrschaft in der Welt 1898—1917

Das Werden eines neuen Weltbildes . . . . . . . . . . . . . . . . 119

1. *Die tragenden Ideen des neuen Jahrhunderts* . . . . . . . . . 121
Liberalismus und Demokratie in den USA — Der radikale Liberalismus in England — Kultureller und sozialer Liberalismus in Frankreich — Anarchismus, Sozialismus, demokratische Monarchie — Autokratie in Rußland — Die russische Revolution — Orthodoxie und Revisionismus in der deutschen Sozialdemokratie — Die Linksradikalen — Nationale Frage, Sozialdemokratie und Kriegsgefahr — Die Vorläufer einer deutschen Revolution — Langbehn und Chamberlain — Nationaler und christlicher Sozialismus — Alldeutschtum und Militarismus — Die deutsche Jugendbewegung — Um ein neues Geschichtsbild — Das Erwachen Chinas —Friedensbewegung und internationale Verständigung

2. *Technik und Wirtschaft im Zeichen des Hochkapitalismus* . . . . 143
Von der Dampfmaschine zum Motor — Hoch-, Tief- und Bergbau — Entwicklung der Luftschiffahrt — Andere Erfindungen — Chemische Industrie — Das Finanzkapital — Kartelle — Trusts — Konzerne — Der Staat als Unternehmer — Staatsaufträge und Wirtschaft — Die demokratische Gemeinde — Lueger und der Gemeindesozialismus — Verflechtung der Weltwirtschaft — Weltzivilisation

3. *Die Auflösung des materialistischen Weltbildes* . . . . . . . . 163
Quantentheorie und Relativitätstheorie — Atomphysik und Radioaktivität — Die Überwindung des mechanischen Materialismus in der Biologie — Die Lehre von den Mutationen — Physiologie und Medizin — Psychoanalyse — Neue Richtungen in der Philosophie — Lebensphilosophie und Neo-Idealismus — Das Christentum an der Schwelle des neuen Jahrhunderts — Krise des Protestantismus — Raum für Metaphysik und Religion — Eine neue Religion?

4. *Die europäische Kulturkrise* . . . . . . . . . . . . . . . . . 176
Das Ende des Zeitalters — Das neue Raumbild — Geopolitik — Flucht in die Ferne — Massenorganisationen und Massenführer — Die Masse diktiert — Auflösung des alten Lebensstils — Krise im Verhältnis der Geschlechter — Satire und Zeitkritik — Der jüngere Realismus — Heimat, Mystik, Fremde — Neuromantik und Aristokratie des Geistes — Katholische Literatur und Mystik — Die neue Kunstsprache — Sachlichkeit — Symbolismus — Expressionismus — In Erwartung der Katastrophe — Das Ende der romantischen Musik

INHALTSVERZEICHNIS Seite

5. *Die Erschütterung der europäischen Hegemonie 1898—1917* . . . . 198

Wendung der USA zur Weltpolitik — Die USA und die alten Mächte — Burenkrieg — Die Haltung der übrigen Großmächte — Südafrika und Australien — Umpruppierung in Ostasien — Russisch-japanischer Krieg — Erste Marokkokrise — Triple-Entente — Einkreisung Deutschlands? — Serbische Revolution — Jungtürkische Erhebung — Annexionskrise — „Zweite Marokkokrise" und libyscher Krieg — Balkanbund und erster Balkankrieg — Zweiter Balkankrieg — Kräfteverschiebung im Südosten — Poincaré Präsident — Der britisch-deutsche Gegensatz — Die Belgrader Verschwörung — Der Mord von Sarajewo — Österreichs Vorgehen gegen Serbien — Ausbruch des europäischen Krieges — Das Kräfteverhältnis — Kriegspläne — Vom Bewegungs- zum Stellungskrieg — Marne-Schlacht — Der Krieg im Osten — Seekrieg und Blockade — Die Wendung von Gorlice — Die Türkei im Kriege — Balkan-Kriegsschauplatz — Italiens Kriegseintritt — Verdun und Tirol — Die Alliierten im Vorteil — Die OHL Hindenburg-Ludendorff — Friedensfühler — Präsident Wilson greift ein

DRITTER TEIL

## Der Beginn des globalen Zeitalters

Die Welt zwischen Freiheit und Zwang . . . . . . . . . . . . . 227

1. *Ausgang und Folgen des ersten Weltkrieges* . . . . . . . . . 229

Charakter der Zeit von 1917 bis 1933 — Eintritt der USA in den Krieg und die Persönlichkeit Wilsons — Material- und Ideenkrieg — Russische Revolution — Niederlage Italiens und Krise Frankreichs — Neue Waffen — Politik und Kriegsführung — Kaiser Karl — Der Sieg des Bolschewismus — Friedensschlüsse von Brest und Bukarest — Die „Große Schlacht in Frankreich" und die Piaveschlacht — Foch bricht den deutschen Widerstand — Kapitulation der Türkei und Zerfall Österreich-Ungarns — Umsturz in Deutschland und Waffenstillstand — Pariser Konferenz — Die Friedensverträge — Frankreichs Scheinhegemonie und der Völkerbund — Großbritannien nach dem Krieg — Erhebung der Türken — Kriege in Osteuropa — Europa und die Welt — Deutschland und der Westen — Konflikte in Mitteleuropa — Überseeische Welt in Gärung

2. *Wirtschaft, Gesellschaft und Staat des Spätkapitalismus* . . . . 254

Wirtschaft, Staat und Mensch — Die genormte Kriegswirtschaft — Rationalisierung der Friedenswirtschaft — Neue technische Fortschritte — Motor und Flugzeug — Der Weltverkehr — Technik und Landwirtschaft — Kollektivismus, Planwirtschaft, Absatzkrise — Die Kriegsschulden — Reparationen — Inflation — Organisierter und „Feudal"-Kapitalismus — Abkehr von der Goldwährung — Etatismus — Die Macht der Industrie-Arbeiter — Der Kommunismus „in einem Lande" — Die Bauern unter der proletarischen Diktatur — Der liberale Sozialismus — Erfolge des „Reformismus" — Das Ende der Prosperity — Roosevelt und der New Deal — Die Umschichtung der Gesellschaft — Deklassierung des Bürgertums — Arbeiter und Arbeitslose — Wandlungen des Staates — Der totale Staat — Krise der Formaldemokratie — Neue Staatstheorien — Mängel des parlamentarischen Systems — Technik und Politik — Rückkehr zur Monarchie?

## INHALTSVERZEICHNIS

Seite

**3. Auf dem Wege zu einem neuen Weltbild** .............. 299

Masse und Kultur — Ein neues Bild der Materie — Die Naturwissenschaften im 20. Jahrhundert — Erfolge der Medizin — Philosophie und Geisteswissenschaften — Ontologie und Existentialismus — Philosophie und Theologie — Interesse an der Geschichte — Neue Probleme der Historie — Bildungsideal und Erziehung — Presse und Publizistik — Rundfunk und Kino — Film und Bühne — Krise des Theaters — Die Welt im Spiegel der Dichtung — Religion und Literatur — Das Erbe der alten Zeit — Die Musik sucht einen neuen Stil — Die Sprache der bildenden Kunst — Auftragskunst — Utopie und Besinnung

**4. Ursachen, Entstehung und Verlauf des zweiten Weltkriegs** .... 335

Die Illusionen von 1919 — Amerika und Asien — Japan in Gärung — Indien, Vorderasien, Afrika — Um das Erbe des British Empire — Die Mängel der Pariser Verträge — Die deutschen Kolonien und die Ostgrenze — Unterdrückung nationaler Minderheiten — Österreich, Rußland, „Kleine Revision" — Der Faschismus — Mussolini und sein Weg — Kampf und Arbeit — Italiens Imperialismus — Die Wurzeln des Nationalsozialismus — Hitler — Die völkische Bewegung — Der Novemberputsch — Der Aufbau der NSDAP — Die Ära Hindenburg — „Reaktion" und „Machtergreifung" — Die autoritäre Anarchie — Das Zusammenspiel der „Aggressoren" — Der Angriff auf Abessinien — Bürgerkrieg in Spanien — Revision an allen Fronten — Das Ende Österreichs — Vom Obersalzberg zum Münchner Abkommen — „Frieden in unserer Zeit?" — Hitler bricht die Verträge — Die neue Strategie — Die deutsche Wehrmacht — Niederwerfung Polens — „Drôle de guerre" und Nordlandkrieg — Der Westfeldzug — Balkankrieg — Vom europäischen zum Weltkrieg — Der Zug nach Moskau — Pearl Harbour — Stalingrad und El Alamein — Die Widerstandsbewegung — Niederlage im Westen — Verzweiflungskampf — Hitlers Ende — Die Ursachen der deutschen Katastrophe — Morgenthau-Plan und Atombombe

**5. Die ersten Jahre nach dem zweiten Weltkrieg** .......... 416

Die westliche Fehldiagnose — Die Sowjetunion als Hauptgewinner des Krieges — Bolschewisierung Mitteleuropas — Das Vordringen des Kommunismus in Ostasien — Angriff auf Korea — Europa und der Nahe Orient — Gefahrenzonen im Südosten — Kommunistischer Druck auf den Westen — Deutschland nach der Kapitulation — Der Wiederaufbau — Von der Hungersnot zur Währungsreform — Die Bundesrepublik — Die Vereinten Nationen — Der britische Sozialismus — Truman und der neue Kurs der USA — Der Kampf um Berlin — Der kalte Krieg — Gesellschaft und Kultur nach dem zweiten Weltkrieg — Voraussetzungen des Nihilismus — Rückblick — Ausblick

**6. Anhang**

Zeittafel „Politik" ............................ 453
Zeittafel „Kultur" ............................ 464
Fremdwortregister ............................ 471
Namenregister ............................... 479
Sachregister ................................. 493

Das Inhaltsverzeichnis gibt die Seitenzahlen an. Die Abschnitte des Buches sind fortlaufend numeriert. Diesen Abschnittsnummern, die auch als Marginalien oben auf jeder Seite erscheinen, entsprechen die Zahlen im Namen- und Sachregister.

# VORWORT

„Die Völker lernen nichts aus der Geschichte" sagte Hegel und — entwarf eine Geschichtsphilosophie, die über Marx, Lenin, Sorel, Pareto, Mussolini, Nietzsche und Hitler Geschichte gemacht hat. Die Völker lernen offenbar doch etwas aus der Geschichte. Ob freilich immer das Rechte, das Gute? Das vorige Jahrhundert vertraute darauf, daß die Völker das Richtige erkennen würden, wenn man ihnen nach Rankes Wort erklärte, „wie es denn eigentlich gewesen ist". Im 20. Jahrhundert, dessen Humanität nach Ernst Jünger darin besteht, daß das Menschliche so selten geworden ist, traute man dem Verstand der Völker nicht mehr, sondern setzte ihnen parteiamtlich und staatlich approbierte, ausgerichtete und gleichgeschaltete Deutungen der Geschichte vor. Von dieser weit verbreiteten Übung wollen wir hier abweichen. Wir maßen uns aber nicht an, in jenem Sinn „objektiv" zu sein, in dem es die Generation von 1900 war, die mit Bienenfleiß Tatsachen zusammentrug und meinte, diese Steinchen würden ein richtiges Bild ergeben, wer immer sie zusammensetze. Auch wir haben uns bemüht, möglichst viele Steinchen zusammenzutragen — daher die manchmal vielleicht erschreckende Fülle von Namen und Zahlen, die jedoch nur Anschauungsstoff sein sollen —, wir haben uns aber auch bemüht, den Leser auf mancherlei verschiedene Aussichtspunkte zu führen, damit er von da die geschichtliche Landschaft nach allen Richtungen betrachte und überschaue. Wir haben immer wieder versucht, ihn eine Straße zu führen, die wir selbst als einen Ausweg aus der unwirtlichen, beinahe wüsten Gegend ansehen, in die wir seit einigen Jahrzehnten geraten sind. Wir verzichten nicht darauf, dem Leser an einem Ort, der ihn nach Ost und West blicken läßt, einige Richtpunkte anzugeben und ihm ohne Aufdringlichkeit unsere Ansicht von dem Weg mitzuteilen, der einzuschlagen ist. Die Alten hielten, im Gegensatz zu Hegel, die Geschichte für eine Lehrmeisterin des Lebens. Es will uns scheinen, daß gerade d i e Völker, die eine freie Verfassung mit Duldsamkeit und Aufgeschlossenheit gegenüber dem Wesen anderer Nationen verbinden — die skandinavischen Völker etwa, und vor allem die Schweiz — im Laufe der letzten hundert Jahre sehr viel aus der Geschichte gelernt haben und immer noch lernen. Viel, nicht vieles! Es kommt darauf an, sich über die Leitmotive klar zu werden. Wenn unser Leser darüber nachzudenken beginnt, ob das Zeitalter der Nationalstaaten zu Ende, ob Kultur, Recht und Freiheit mit Vermassung vereinbar sind, dann wollen wir zufrieden mit unserem Erfolg sein und hoffen, der Leser möge es auch mit uns sein.

Dr. Emil Franzel

ERSTER TEIL

DIE FÜHRUNG DER WELT
DURCH DIE EUROPÄISCHEN GROSSMÄCHTE
1871—1898

Die Vollendung des materialistisch-positivistischen Weltbildes

*1* Im Laufe der Neuzeit war aus der europäischen (abendländischen) Kultur eine weltumspannende Zivilisation geworden. Der zweitgrößte Kontinent der Erde, die beiden Amerika, war von europäischen Völkern besiedelt worden, hatte die europäische Zivilisation mit geringfügigen Abwandlungen übernommen und war, insbesondere im Gebiet der Vereinigten Staaten von Amerika, wo die Urbevölkerung fast völlig ausgerottet wurde, zu einer Tochtergründung Europas geworden. In der zweiten Hälfte des 19. Jahrhunderts erreicht diese Entwicklung ihren Höhepunkt. Mit Ausnahme Amerikas sind alle Erdteile der politischen Führung der europäischen Mächte unterworfen. Die lange Zeit vom Welthandel und der westlichen Zivilisation abgeschlossenen Reiche Ostasiens (China, Japan) öffnen unter dem Druck der europäischen Mächte ihre Häfen, räumen den Europäern Sonderrechte ein, müssen ihnen Land abtreten, auf dem die Fremden ihre militärischen Stützpunkte und Handelsniederlassungen begründen. Indien ist völlig unter britische Herrschaft geraten. Über die Gebiete und die finanziellen Einnahmen des einst so mächtigen osmanischen Reiches (Türkei) verfügen die Mächte wie über ihre eigenen Kolonien. Afrika wird von Forschern verschiedener Nationalität erschlossen und von den europäischen Mächten untereinander aufgeteilt. Die Vereinigten Staaten von Amerika und die übrigen amerikanischen Republiken beteiligen sich noch nicht an dieser Aufteilung der übrigen Welt. Noch sind auch sie vorwiegend Rohstofferzeuger. Aus allen Ländern des Planeten werden die landwirtschaftlichen Erzeugnisse und die im Bergbau gewonnenen Rohstoffe nach Europa geliefert, wo sie veredelt oder zu Fertigwaren verarbeitet, zum Teil verbraucht, zum andern nach Übersee ausgeführt werden. So strömt das Gold der Erde nach den Mittelpunkten Europas, vor allem nach London und Paris, von wo es in Gestalt von Anleihen und Kapitalsanlagen in die weniger entwickelten Gebiete zurückfließt.

Wissenschaft, Technik und Lebensform Europas sind nicht nur vorbildlich für alle „fortschrittlichen" Länder, sondern gelten als die einzig mögliche Art, menschenwürdig zu leben. Die europäischen Sprachen werden von den Gebildeten, den Geschäftsleuten, den Politikern in aller Welt gesprochen, wobei das Englische mehr und mehr das Französische und Spanische verdrängt, während das Deutsche sich als Sprache der Wissenschaft behauptet und im Handel langsam durchsetzt.

Je mehr der Mensch die Natur durch die Technik meisterte und je großartiger sich ihm das „freie Spiel der Kräfte" in der Wirtschaft, dem gesellschaftlichen Leben und der Politik als die denkbar beste Form der Ordnung des Lebens darstellte, desto mehr breitete sich die Weltanschauung des Materialismus aus, die in dem gesamten Geschehen nur die selbsttätige Bewegung von winzigen, nicht weiter zu zerlegenden Teilchen des Stoffes sieht, Kraft und Stoff als nicht weiter zu erklärende Urtatsachen hinnimmt und diese als Erklärung des Geschehens im Kosmos wie im lebendigen Körper anerkennt. Die religiösen Vorstellungen der älteren Zeit haben in diesem Weltbild keinen Platz mehr. Zwischen Wissenschaft und Glauben öffnet sich eine tiefe Kluft. Der Mensch hält sich selbst für das höchste Wesen und den Beherrscher der Schöpfung. Als sich die ersten Zweifel an der Haltbarkeit der materialistischen Philosophie melden, führt das nicht zum Verzicht auf die gottlose Weltanschauung, sondern nur zu einem allgemeinen Zweifel an der Möglichkeit einer tiefer begründeten Erkenntnis. Philosophie und Wissenschaft begnügen sich damit, meßbare, wägbare und rechenbare Größen aufzuzeichnen und in ein bestimmtes Verhältnis zueinander zu bringen, aus dem sich eine Erklärung für das Geschehen finden läßt (Positivismus). Man anerkennt zwar, daß diese Systeme nicht die einzig möglichen, sondern nur einige von vielen denkbaren Erklärungen bieten, weigert sich aber, als Ursache des Lebens und der kosmischen Entwicklung sinnlich nicht faßbare oder der Erfahrung unzugängliche Kräfte anzunehmen. Im Positivismus hört jede sittliche Wertung auf; das Bestehen wird als Tatsache hingenommen und ist gut, weil es eben da ist.

Zwar bereiten sich im Schoße dieser Welt bereits die Ideen und Kräfte vor, die sie zerstören sollten, aber das Menschenalter vom Ausgang der europäischen Kriege (1871) bis zur Jahrhundertwende ahnt noch nichts von der Bedrohung der europäischen Vorherrschaft in der Welt und von der geistigen Krise der alten Gesellschaft.

### 1. Technik, Industrie, Verkehr

2  Im zweiten Drittel des 19. Jahrhunderts hatten sich die Dampfmaschine, die Dampfschiffahrt und die mit Dampflokomotiven betriebenen Eisenbahnen in West- und Mitteleuropa sowie im östlichen Teil der Vereinigten Staaten so verbreitet, daß sich das gesamte wirtschaftliche Leben auf diese Voraussetzungen

der Gütererzeugung und des Güteraustausches umstellte. Das Eisenbahnnetz der Erde maß 1840 7700 km, 1850 38600 km, 1870 210000 km und 1900 790000 km. In der Seeschiffahrt wurden seit den 20er Jahren Raddampfer neben Seglern, seit den 40er Jahren Schraubendampfer verwendet, im letzten Jahrhundertdrittel überwiegen die Dampfschiffe. Der Verbrauch an Rohstoffen, vor allem an Kohle, wächst durch die Einführung der Dampfmaschine gewaltig an, die Verarbeitung von Eisenerzen, die Verdrängung des Handbetriebs in der Textilerzeugung verwandeln zunächst in England, dann in Westeuropa und in den Industriestaaten der USA die handwerklich betriebene in eine industrielle Wirtschaft. Damit ändert sich die soziale Gliederung, ändern sich die Siedlungsverhältnisse, verwandelt sich das Gesicht der Städte, wird die äußere Form des menschlichen Lebens weitgehend umgestaltet. Zu den neuen Verkehrsmitteln kommen technische Methoden der Nachrichtenübermittlung. In den Gewerben, die unmittelbar oder mittelbar dem geistigen Leben der Menschheit dienen (Druckwesen), setzt sich die Maschine durch und unterwirft sich die geistigen Arbeiter, die mehr und mehr zu Handlangern technischer Unternehmungen werden.

*Die Rohstoffe*

3 Im Zeitalter der Dampfmaschine und der Eisenbahn ist die Kohle der wichtigste Rohstoff geworden. Insbesondere die Steinkohle wird zur Grundlage der industriellen Wirtschaft und damit auch des Wohlstands und der Macht der Staaten. Auf seinem Reichtum an Steinkohle beruht nicht zuletzt Englands Macht im 19. Jahrhundert. Um 1880 bestreitet es noch $^3/_7$ der Weltförderung an Kohle. 1885 fördern: England 161009000 t, die USA 108843000 t, Deutschland 73775000 t von 413000000 t Weltförderung. In Deutschland ist es Preußen, das durch die Erwerbung Oberschlesiens im 18. Jahrhundert und Rheinland-Westfalens mit dem Ruhrgebiet auf dem Wiener Kongreß (1815) ein bedeutendes wirtschaftliches Übergewicht über die anderen Länder erhält. In Westeuropa wird Belgien dank seinem Kohlenreichtum ein bedeutendes Industrieland. Österreich besitzt in Böhmen und Schlesien Steinkohlenlager, Frankreich ist auf die Einfuhr englischer und deutscher Kohle angewiesen, Italien völlig von der Lieferung von Auslandskohle abhängig. Gegen Ende des Jahrhunderts beginnen die Vereinigten Staaten und Deutschland Britannien seine Stellung auf dem Weltkohlenmarkt streitig zu machen. Noch immer ist England in der Lieferung von Steinkohle zur Feuerung der Kessel auf den Ozeandampfern nicht zu schlagen, die alle auf die wallisische Cardiff-Kohle eingestellt sind.

Die leichter zu fördernde, an Kaloriengehalt hinter der Steinkohle weit zurückbleibende Braunkohle wird im 19. Jahrhundert im allgemeinen nur als Hausbrandkohle und zum Betrieb kleinerer Eisenbahnlinien und Fabriken benützt, nicht für die große Industrie. Nur die ergiebigsten Braunkohlenlager werden abgebaut (Mitteldeutschland, Nordwestböhmen, amerikanische Braunkohlenlager). Die Braunkohle verdrängt im Hausbrand das Holz. Die in den waldreichen Gebieten Europas einst blühende Holzkohlenerzeugung dient jetzt nur noch bestimmten Sonderbedürfnissen der chemischen und medizinischen Erzeugung. Holz wird als Brennstoff in größerem Maße, zum Beispiel zum Betrieb von Lokomotiven, nur noch in Osteuropa verwendet.

Neben der Kohle ist das Eisen der wichtigste industrielle Rohstoff geworden. Nicht nur zur Erzeugung von Stahl, der für den Maschinenbau benötigt wird, für Schmiedeeisen und Walzeisen (Schienen), sondern vor allem auch zur Herstellung von Gußeisen werden Eisenerze in großen Massen gebraucht. Das 19. Jahrhundert wird um die Jahrhundertmitte (Londoner Weltausstellung 1853) ein Zeitalter des Gußeisens und des Gußstahls. Von Kettenbrücken und gußstählernen Trägern in mächtigen Konstruktionen (Wiener Rotunde 1873, Pariser Eiffelturm 1889) bis zu Gaskandelabern, Spirituskochern, Lampenfüßen, wird alles Erdenkbare aus Gußeisen und Gußstahl erzeugt. Das Stahlgußverfahren nach Bessemer, Thomas, Martin wird vervollkommnet, die Veredelung des Stahls macht Fortschritte, im Walzverfahren geht man zur Herstellung immer mächtigerer Panzerplatten, Träger, Traversen, aber auch immer besserer Eisen- und Stahlbleche über. Die Roheisenproduktion der Welt beträgt 1880 18 547 000 t, wovon auf England 7 876 000, auf die USA. 3 897 000, auf Deutschland 2 729 000 und auf Frankreich 1 725 000 t entfallen. An Stahl erzeugen im gleichen Jahre Großbritannien 1 321 000 t, die USA. 1 268 000 t, Deutschland 624 000 t, Frankreich 389 000 t der Weltproduktion von 4 274 000 t.

Im Schiffsbau, in der Herstellung von Eisenbahnwagen und Brückenkonstruktionen, im Hochbauverfahren spielen Eisen und Stahl eine wachsende Rolle. Sie verdrängen andere Metalle (wie Kupfer) und das Holz; ebenso setzt sich in der Rüstungsindustrie (Gußstahlgeschütze) der Stahl statt der Bronze durch.

Ein dritter wichtiger Rohstoff ist die Baumwolle geworden, deren Siegeszug zwar schon um die Mitte des 18. Jahrhunderts begonnen hat, die aber erst in der zweiten Hälfte des neunzehnten in der Textilindustrie sowohl die Schafwolle als auch die Leinenerzeugnisse zu verdrängen beginnt. Wie bei Kohle und Eisen, so ist England auch in der Textilindustrie und der Erzeugung des Rohstoffes Baumwolle führend. Durch die Beherrschung Indiens hat es eines der größten Baumwolländer in Besitz. Nach der Unterwerfung Ägyptens (1882) wird dieses Land durch strenge Maßnahmen gezwungen, zum Baumwollanbau überzugehen, wodurch sich England nicht nur eine besonders gute Qualität (Mako), sondern auch eine dem Mutterland und seinen Industrien sehr viel näher gelegene Baumwollprovinz sichert. Die Vereinigten Staaten entwickeln ihre eigene Textilindustrie im Anschluß an die Baumwollgebiete am unteren Mississippi, Deutschland arbeitet mit fremder Baumwolle. Die Abnehmer der Baumwollerzeugnisse sind nicht nur die Massen der europäischen und amerikanischen Industrie-Arbeiter, sondern vor allem auch die Bevölkerung der Kolonien und der halbkolonialen, noch unentwickelten Gebiete Asiens und Afrikas. Die Ausfuhr europäischer Baumwollerzeugnisse geht zu einem sehr großen Teil nach der Türkei, nach Indien und China.

## Dampfmaschine und Mechanisierung

**4** Die Leistungsfähigkeit der Dampfmaschine wird durch Verbesserung der Feuerungsanlagen, der Kessel, durch Steigerung von Druck und Temperatur des Dampfes und durch stete Weiterentwicklung der ganzen Anlage erhöht. Zugleich wird ihre Verwendung auf immer neue Gebiete ausgedehnt (Dampfpflüge, Krane, Bagger, Lokomobilen). Hammer- und Walzwerke und selbstverständlich die Spinnereien, Webereien, die Fabriken zur Erzeugung von Metallwaren aller Art, Betriebe der Baustoffindustrie und in steigendem Maße auch der Lebensmittelerzeugung, Mühlen, Zuckerfabriken, die Konservenerzeugung, die holzverarbeitenden Industrien stellen Dampf-Antriebsmaschinen ein.

Die Entfaltung des Maschinenbaues aber führt zu einer Flut neuer Erfindungen und Verbesserungen an schon bestehenden Maschinen, durch die handwerkliche Arbeit auf jedem Gebiet durch mechanische Fertigung ersetzt wird. Dadurch werden größere Warenmengen, und zu billigeren Preisen als je zuvor in der Geschichte der menschlichen Zivilisation, auf den Markt gebracht, viele Millionen Menschen mit Gütern versorgt, die früher für die meisten unerschwinglich waren. Andererseits aber sinkt die Qualität vieler Erzeugnisse. Maschinenware, Massenware gilt vielfach als minderwertig. Die zahlungskräftigen Käufer wünschen bessere, weniger gleichförmige und aus besserem Material gefertigte Waren zu kaufen. So entsteht das Kunstgewerbe als ein neuer Wirtschafts- und Erwerbszweig, der seinerseits nicht ohne Einfluß auf die Stilentwicklung der bildenden Kunst bleibt.

Das Bedürfnis nach den billigen Massenwaren wird vielfach künstlich hervorgerufen. Die Industrie erzeugt nicht nur, wonach Bedarf besteht, sondern sie schafft den Bedarf für Dinge, die sie erzeugen möchte. So gewinnen die Reklame und die Industriewerbung steigende Bedeutung. Ein sinnfälliges Beispiel dafür ist die Eroberung des chinesischen Marktes durch Rockefellers Vacuum Oil Cie. Um die chinesischen Bauern und Arbeiter als Abnehmer amerikanischen Petroleums zu gewinnen, mußte man sie zunächst bewegen, statt ihrer Öllampen neue Petroleumlampen anzuschaffen. Der Anschaffungspreis für eine Petroleumlampe war aber für einen chinesischen Kuli oder Kleinbauer zu hoch. So erzeugte man eine genormte, sehr billige Lampe, die man zu einem Preis, der noch unter den Herstellungskosten lag, auf den Markt brachte. Man verlor dabei einige Millionen Dollar, aber man verleitete die Chinesen dazu, die billige Lampe zu kaufen und von nun an Petroleum zu brennen, wodurch der Verlust für Rockefeller bei weitem eingebracht wurde.

Wo man die Erzeugung nicht unmittelbar durch Einführung neuer Maschinen steigern kann, versucht man doch in Fortsetzung der Produktionsweise, die schon die frühe Neuzeit mit den „Manufakturen" entwickelt hatte, die menschliche Arbeit weitgehend zu mechanisieren und dem Tempo der Maschinenarbeit anzupassen. Dies geschieht vor allem in der Kleider- und Wäsche-Erzeugung (Konfektion). Der Arbeitsvorgang wird in eine Reihe von Handgriffen und Spezialarbeiten zerlegt, die von eigens dazu ausgebildeten Arbeitern ausgeführt werden (Zuschneiden, Nähen, Versäubern), die zu fertigende Ware wird in großen Massen aus dem gleichen Stoff in gleichen Mustern hergestellt, nach Größen-Nummern genormt und so verbilligt. Wie bei der Entstehung eines besonderen „Kunstgewerbes", so wirkt auch hier dem Massengeschmack und seiner Befriedigung der Bedarf begüterter Kunden entgegen, die bei besonders teuren Erzeugern arbeiten lassen und für Einzelstücke („Modelle") Preise bezahlen, die dem tatsächlichen Arbeitsaufwand nicht entsprechen, sondern eine Überzahlung für den Sondercharakter der Ware bedeuten.

Die Deckung des Massenbedarfs durch die ihn immer wieder überholende Massenerzeugung führt dazu, daß der Hersteller die Ware, noch ehe sie unbrauchbar geworden ist, durch eine neue ersetzt sehen möchte. Dies erreicht die industrielle Wirtschaft auf zweierlei Art. Es werden neue technische Verbesserungen erfunden, die es dem Besitzer der Ware als verlockend erscheinen lassen, die Neuheit zu erwerben, auch wenn das früher gekaufte Stück noch seinen Zweck erfüllt. Wenn es sich um Werkzeuge, Geräte, Maschinen handelt, so spielt die Furcht, von der Konkurrenz überholt zu werden, eine große Rolle. So wird ein viel rascherer Umlauf der Güter erzeugt, wodurch die eben nur scheinbare Verbilligung der Lebenshaltung und die Erhöhung des Lebensstandards wettgemacht werden. Bei reinen Bedarfsgütern, wie Kleidern etwa, hilft die „Mode" der Industrie zur vorzeitigen Verdrängung der eben verkauften Ware durch eine neue. In immer rascherem Tempo entwertet man die Mode des letzten Jahrfünfts, des letzten Jahres, endlich der letzten „Saison", indem man neue, meist zu völlig entgegengesetzten Formen entwickelte Waren in „Mode" bringt und die vorhergehende als unmodern erklärt. So ergibt sich ein gewaltiger, durch keinen vernünftigen Grund bedingter Verschleiß. Nur scheinbar also kann der Arbeiter um 1890 für seinen Lohn mehr kaufen und besser leben als fünfzig oder hundert Jahre vorher. Er wird eben genötigt, um so viel mehr Waren umzusetzen, als er durch ihre Verbilligung erspart hat. Daß diese Wirtschaftsmethoden zu krisenhaften Erschütterungen der gesamten Gesellschaft führen müssen, erkennt im 19. Jahrhundert nur ein kleiner Teil der Wissenschaftler, die sich mit der Wirtschaft und der Technik beschäftigen.

*Umfang und Lage der Industriebetriebe*

5 Um die Kosten für das Heranschaffen der Rohstoffe, das Verladen und den Versand der Fertigwaren, die Aufstellung und Erhaltung der großen Maschinen und die Verwaltung der gesamten Industrieanlage zu senken, versucht man immer größere Fabriken zu schaffen. Insbesondere die Schwerindustrie entwickelt frühzeitig Anlagen mit vielen Tausenden, ja sogar mit Zehntausenden von Arbeitern. Es entstehen neue Großstädte und vor allem Industriereviere, eine völlig neue Form der Siedlung. Aus Städten, Schacht- und Industrieanlagen, Dörfern, Arbeiterkolonien und einem dichten Netz von Haupt-, Stich- und Schleppbahnen

bilden sich etwa in den englischen Midlands, am Tyne, um Glasgow, in Wales oder im deutschen Ruhrgebiet, in Oberschlesien, im französisch-belgischen Kohlen- und Industriegebiet über viele Meilen zusammenhängende Ansammlungen von gewaltigen Menschenmassen in Siedlungen, die geschichtslos sind und nichts mehr von den historisch gewordenen Städten früherer Zeiten erkennen lassen.

Neben den Großbetrieben und Industrierevieren erhalten sich aber auch die industriellen Kleinbetriebe, entwickelt sich vor allem in gebirgiger Landschaft das Industriedorf, in dem Bauern und Arbeiter nebeneinander wohnen.

Die „Standortfrage" spielt für die Industrie eine immer größere Rolle, je mehr es darauf ankommt, alle Möglichkeiten billigerer Erzeugung auszuschöpfen. Man beginnt schon in der zweiten Hälfte des 19. Jahrhunderts ganze Industrien zu verlagern, weil an dem ursprünglichen Standort die Rohstoffe fehlen oder ungünstige Verkehrsbedingungen bestehen. Bald folgt die Industrie den großen Eisenbahnstrecken, dann wieder zieht sie die Bahnen an sich. Oft sind Industrien an der Stelle alter Manufakturen oder handwerklicher Betriebe entstanden, die wieder an bestimmte Rohstoffe gebunden waren. Obwohl die Rohstoffe wechseln und etwa in der Textilindustrie Schafwolle und Flachs durch Baumwolle, in der Metallindustrie die Buntmetalle durch das Eisen ersetzt werden, bleiben die Industrien an den alten Orten. Oft spielt die Frage der Facharbeiter eine wesentliche Rolle. Wo diese seit Jahrhunderten ansässig sind und oft in Hausarbeit die Fabrikerzeugnisse veredeln oder ergänzen (Glasschleifer, Bijouterie- und Posamentenerzeugung, Spitzenklöppelei usw.) sind die Fabriken an die Arbeiter gebunden (z. B. in weiten Teilen Thüringens, Sachsens, Schlesiens und Böhmens).

*Ausbau der Verkehrswege*

6 Die Entwicklung der Industrie ist aufs engste mit der Verdichtung der Verkehrswege und dem Sieg der Dampflokomotive über das Pferd verbunden. Bis etwa 1850 befand sich der Eisenbahnbau im Stadium der Versuche. Dann ist der Bau von Lokomotiven, Wagen, Gleis- und Signalanlagen soweit fortgeschritten, daß längere Strecken mit großer Aussicht auf Gewinn angelegt werden können und für das Großkapital der Anreiz zur Beteiligung an Bahnbauten gegeben ist. Vor allem Großbritannien überzieht sich mit einem dichten Netz von Bahnen. Frankreich und Deutschland folgen mit Abstand. In Deutschland gibt es 1840 erst 549 km Eisenbahn, 1850 schon 6044, 1870 19575, 1890 aber 42869 und 1900 51931 km. Im Jahre 1869 wurde bereits die erste Pazifikbahn in den Vereinigten Staaten eröffnet. In dem Jahrzehnt von 1880 bis 1890 entstehen in den USA vier weitere Transkontinentalbahnen. Rußland beginnt Ende des Jahrhunderts mit dem Bau der 9000 km langen sibirischen Eisenbahn. 1873 wird die Schlafwagengesellschaft in Brüssel gegründet, 1885 findet zum erstenmal ein internationaler Eisenbahnkongreß statt, 1890 wird ein internationales Abkommen über den Eisenbahn-Frachtverkehr abgeschlossen. Die Fahrzeiten der Züge werden mit dem wachsenden technischen Fortschritt verkürzt, die Sicherheit im Verkehr er-

höht sich, der Verkehr wird dichter, die Bequemlichkeit der Reisenden größer. Im Frachtenverkehr werden neben einheitlichen Mehrzweckwagen Spezialwagen für besondere Güter eingesetzt (Öltanker, Viehwagen, Kühlwagen).

Der im gleichen Tempo voranschreitenden Entwicklung des Seeverkehrs dient nicht nur die Vervollkommnung der Kesselanlagen und Dampfantriebsmaschinen und der von Ressel erfundenen Schiffsschraube, sondern auch die Ausgestaltung der vielen Einrichtungen, die für den Bau von Hochseeschiffen nötig sind, wie Werften, Schwimm- und Trockendocks, ferner die Erweiterung der Häfen, der Bau von Wellenbrechern, Molen, Kaianlagen mit Anschluß an die Eisenbahnen, mit Lagerhäusern und Werkstätten. Ferner sind die großen Kanalbauten zu nennen. Am Anfang unserer Periode steht die Eröffnung des Suezkanals, der 1859—69, vorwiegend mit französischem Kapital, durch Ferdinand Lesseps nach Plänen des österreichisch-dalmatinischen Ingenieurs Negrelli erbaut wurde. Er verkürzt den Seeweg nach Indien und Ostasien von den britischen Häfen um 24 bis 44 Prozent der Fahrzeit (das waren in den letzten Jahrzehnten des vorigen Jahrhunderts 20—40 Tage). 1870 verkehren durch den Kanal 486 Schiffe mit 435 911 BRT, 1910 sind es 4533 Schiffe mit 23 050 000 BRT. Am Ausgang des hier behandelten Zeitabschnittes beschäftigt sich die Finanzwelt und die Technik mit dem Projekt des Panamakanals, der nach mißglückten Ansätzen erst im 20. Jahrhundert fertiggestellt wird. Vorwiegend militärischen Zwecken diente der Kaiser-Wilhelms-(Nord-Ostsee-)Kanal.

*Nachrichtenwesen*

7 Die großartige Entwicklung des Verkehrs, der Industrie und des Welthandels wird aber erst möglich durch die Erfindung neuer Techniken der Nachrichtenübermittlung. Zu Beginn des Jahrhunderts hatte man den Spiegeltelegraphen verwendet, dessen Gebrauch aber von der Witterung abhängt. Sœmmerring in München hatte die Idee eines elektrischen Telegraphen, konnte sie aber nicht nutzbar machen, 1833 benützten Gauß und Weber den Elektromagnetismus zur Nachrichtenübermittlung. 1837 baut Wheatstone in London und zugleich Morse in New York einen verwendbaren Telegraphen, 1840 legt Morse sein Alphabet vor. Die weitere Verbesserung der Erfindung erfolgt vor allem durch Werner Siemens und die von ihm gegründete Firma Siemens & Halske, die 1848 die Telegraphenlinie Berlin—Frankfurt legt. 1865 findet der erste internationale Telegraphenkongreß statt, 1869 wird in Bern ein Internationales Telegraphenbüro errichtet. Die Gründung des Weltpostvereins im Jahre 1874, die vor allem den Bemühungen Heinrich von Stephans zu danken ist, hat die Entwicklung des internationalen Nachrichtendienstes stark gefördert.

Um über die Ozeane telegraphieren zu können, mußten Kabel gelegt werden. 1857 werden Dover und Calais durch ein Kabel verbunden, 1866 das erste Transozeankabel von Irland nach Neufundland gelegt. 1884 wird eine internationale Kabelkonvention geschlossen.

Das Prinzip des Fernsprechens geht auf den Franzosen Charles Bourseul zurück, der es 1854 beschreibt. Der deutsche Lehrer Philipp Reis baut 1861 das erste Telephon und führt es 1863 auf der Naturforschertagung in Stettin vor. 1875 vervollkommnet der Schotte Alexander Graham Bell den Apparat, der nun langsam in Gebrauch kommt und 1878 durch David Edwin Hughes' Erfindung des Mikrophons weiter vervollkommnet wird.

*Buchdruck und Photographie*

8 Das Zeitalter des Industrialismus hat zahlreiche und entscheidende Verbesserungen in der Technik der Vervielfältigung hervorgebracht, die ihrerseits erst wieder die rasche Ausbreitung und fieberhafte Weiterentwicklung von Technik und Industrie ermöglichen und die Voraussetzungen für viele geistige und politische Bewegungen des ausgehenden 19. Jahrhunderts schaffen. Die Erfindung der Schnellpresse durch Friedrich Koenig (1811), erst Jahrzehnte später in großem Maße angewandt, die Verbilligung der Papiererzeugung durch die Einführung des Holzschliffs (Gottlob Keller 1845), die Erfindung des Rotationsdruckverfahrens und endlich die der Papierstereotypie (Karl Kempe 1883), durch die ein flacher Drucksatz in Papiermaché als Negativ geprägt und von dieser Form auf zylindrische Metallplatten gegossen werden kann, haben die Zeitung zu einer Großmacht ersten Ranges erhoben. Jetzt erst gibt es die Massenauflagen täglich mehrmals erscheinender Riesenzeitungen. In Verbindung mit Telegraph und Telephon entsteht ein überaus gefährliches Mittel nicht nur der Nachrichtenverbreitung, sondern auch der Massenbeeinflussung durch die Presse. 1885 erfindet Mergenthaler die Linotype und gleichzeitig Lanston (beide Amerikaner, jener deutscher Abstammung) die Monotype, wenig später Rogers den Typograph, verschiedene Systeme von Setz- oder Zeilengießmaschinen, die auch in der Herstellung des Drucksatzes für die neuen Schnellpressen ein viel rascheres Tempo ermöglichen und auch Metall sparen. Zur Wiedergabe von Bildern dienen zahlreiche neue Verfahren, die in Verbindung mit der Ausgestaltung der Photographie entwickelt werden. Die von Daguerre 1838 eingeführte Technik ist 1851 durch Archer, der das Kollodium als Bindemittel benützt, 1871 durch Maddox (Trockenplatte) und 1887 durch Goodwin (Zelluloidfilm) verbessert worden. Dazu kommen die Fortschritte in der Konstruktion der Linsen und der Verschlüsse. Mit Hilfe der Photographie können Photogravüren, Photokopien, Autotypien (Klischees für Flach- und Rotationsdruck nach Photographien) und Strichätzungen hergestellt werden.

*Technik und Lebensstil*

9 Zahlreiche Erfindungen verändern das Leben der Menschen, sowohl in den größeren Gemeinschaften als auch im Haushalt. Die Erfindung des Glühstrumpfes durch Auer (1885) und der Kohlenfadenlampe durch Thomas Alwa Edison, der Bogenlampe durch Davy (1809) können als sinnfälligste Beispiele für viele Erfindungen genannt werden, von denen noch einige mit dem Namen Edisons ver-

bunden sind. Heißluft- und Warmwasserheizung, neue Lüftungs- und Kanalisationsverfahren, die Verwendung von Leuchtgas und Elektrizität beginnen den Lebensstil des bürgerlichen Menschen, der noch bis in die Jahrhundertmitte von den Formen des Biedermeier bestimmt war, in revolutionärer Weise zu wandeln.

## 2. Kapitalistische Wirtschaft und bürgerliche Gesellschaft

*10* Die industrielle Erzeugung von Massengütern und von Maschinen, mit denen man wieder neue Massengüter erzeugen kann, warf den Besitzern der Fabriken und Maschinen weit größere Gewinne ab als die landwirtschaftliche und handwerkliche Arbeit jemals den Nutznießern dieser Erwerbszweige gesichert hatte. Die Gewinne legen die industriellen Unternehmer in neuen Fabriken und Maschinen an oder sie stellen sie als Bankeinlagen oder Wertpapiere dem Geldmarkt zur Verfügung. Andere Unternehmer entleihen diese Überschüsse und setzen sie wieder in gewinnbringende Produktionsmittel um. Die Gesamtheit der Produktionsmittel nennt die Wirtschaftswissenschaft das „Kapital". Die Besitzer des Kapitals sind „Kapitalisten". In ihren Betrieben beschäftigen sie Lohnarbeiter. Zwischen den beiden sozialen Schichten der Kapitalsbesitzer und ihrer Lohnarbeiter stehen noch immer zahlreiche selbständige Bauern und Handwerker, Kaufleute, geistige Arbeiter und öffentliche Beamte, die sogenannte Mittelklasse. Das wirtschaftliche Leben aber wird in der zweiten Hälfte des 19. Jahrhunderts entscheidend von der industriellen Erzeugung bestimmt, und diese von der Verteilung des Kapitals. Daher spricht man von der kapitalistischen Wirtschaft, obwohl sich in ihrem Schoße noch sehr große Sektoren vorfinden, auf denen in vorkapitalistischer Weise gewirtschaftet wird (Großgrundbesitz mit patriarchalischen Formen, bäuerlicher Eigenbesitz, Kleingewerbe, Kleinhandel). Die Gesellschaft, die seit der französischen Revolution im Werden ist, nennt man bürgerliche Gesellschaft, weil nicht mehr die Klassen des Adels und der hohen Geistlichkeit, die Fürsten und ihre Höfe den Stil des Lebens bestimmen, sondern die Schichten der Kapitalsbesitzer, große und kleine Unternehmer, meist als „Bourgeoisie" (französischer Ausdruck für Bürgertum im Sinne der Klasse selbständiger Besitzer) bezeichnet. Haben früher die Bürger alle Kultur von den bevorzugten oberen Schichten angenommen und sich seit dem Untergang der großen spätmittelalterlichen Städte nach den Idealen des höfischen und adeligen Lebens ausgerichtet, so nehmen jetzt die Reste der alten Herrenschichten bürgerliche Lebensformen an.

*Vergesellschaftung des Besitzes*

*11* In der ersten Hälfte des 19. Jahrhunderts befinden sich die industriellen Anlagen zum größten Teil in den Händen einzelner Besitzer, manchmal einer Familie oder einer kleinen Gruppe namentlich bekannter und persönlich für ihren Besitz verantwortlicher „Unternehmer". Je größer aber die bergbaulichen, industriellen und kaufmännischen Unternehmen werden, je mehr Kapital nötig ist, ein neues Unternehmen zu begründen oder ein älteres zu erweitern, desto häufiger kommt es vor, daß sich eine größere Gruppe von Kapitalbesitzern zusammenschließt, um gemeinsam eine geschäftliche Neugründung vorzunehmen. Die am weitesten verbreitete Form des neuen Besitzes ist die Aktiengesellschaft. Aktien sind Wertpapiere, die auf einen bestimmten Nominalwert lauten, aber je nach Angebot und Nachfrage auf dem Markte auch zu einem oft bedeutend höheren oder zu einem niedrigeren Preise als dem Nominalwert angeboten, gekauft und verkauft werden. Die Besitzer der Aktien bilden die Aktiengesellschaft. Wer die Mehrheit der Aktien besitzt, bildet den Aufsichtsrat und leitet durch ihn die Gesellschaft. Gewöhnlich werden von Anfang an so viele Aktienpakete, wie zur Erlangung der 51prozentigen Mehrheit in der Generalversammlung nötig sind, von einem oder einigen der Gründer zurückbehalten, die anderen Aktien aber in kleineren Paketen oder auch einzeln an kleine Sparer oder Unternehmer verkauft. Die Generalversammlung beschließt je nach der Geschäftslage, als Zins für die Aktien eine bestimmte „Dividende" (dividenda = der zu verteilende Gewinn) auszuwerfen oder aber den Ertrag zu Investitionen, also zu neuen Anlagen im Betrieb, zu verwenden. In diesem Falle sind meist nur die kleinen Aktienbesitzer geschädigt, da die größeren unter dem Titel ihrer Mitgliedschaft im Aufsichtsrat bereits namhafte Beträge abheben. Durch die Aktiengesellschaft wird der Besitz anonym. Die Arbeiter in den Betrieben, die einer Aktiengesellschaft gehören, wissen meist nicht, wer eigentlich ihr „Arbeitgeber" ist, für wen sie arbeiten, an wen sie sich mit ihren Anliegen wenden könnten. Immer treten ihnen nur Angestellte der unpersönlichen Gesellschaft gegenüber. Erst durch die Aktiengesellschaft wird der Kapitalist für den Arbeiter zu einer unpersönlichen Erscheinung, einem Moloch, der irgendwo im Hintergrund sitzt und die Drähte zieht, aber niemals wirklich sichtbar wird. Aber auch für den Aktienbesitzer verliert das Unternehmen seine eigentliche Realität. Er weiß oft nicht, wo es liegt, manchmal auch nicht, was in dem Betrieb überhaupt erzeugt wird. Er kauft und verkauft die Papiere nach den Gesichtspunkten geschäftlicher Spekulation. Manchmal wechselt ein Aktienpaket mehrere Male an einem Tage den Besitzer, und von den Leitern, Angestellten und Arbeitern des betreffenden Werkes könnte keiner sagen, wer im Augenblick sein Arbeitgeber ist. Durch diese Vergesellschaftung des Besitzes an den Produktionsmitteln ändert sich nicht nur von Grund auf die Beziehung zwischen Unternehmern und Lohnarbeitern, sondern auch die gesellschaftliche Aufgabe des Unternehmers überhaupt. Oft sind es anonyme Gesellschaften, die ihrerseits wieder Aktien verschiedenster Unternehmen aufkaufen, so daß an die Stelle des persönlichen Besitzverhältnisses von ehedem eine doppelte und dreifache Anonymität treten kann.

*Die Börse*

12 Die Wertpapiere der Banken, der staatlichen Emissionsinstitute (mit der Ausgabe von Banknoten betraute Anstalten), die öffentlichen und privaten Anleihen, Schuldverschreibungen, Schatz- und Kassenscheine, die Wechsel und

Akzepte, mit denen im Großhandel Zahlungen geleistet werden, die Aktien und Devisen (ausländische Währungen) werden auf der Börse gehandelt. Zutritt zur Börse haben bestimmte börsenfähige Kaufleute und die an der Börse zugelassenen Makler (Sensale) sowie die Vertreter der Banken. In Kauf und Verkauf von Aktien und Wertpapieren spielt sich nun der Großteil des geschäftlichen Lebens ab. Der Börsenhandel führt oft zu gewagten Spekulationen. Papiere werden durch geschickte und manchmal gewissenlose Börsenmanöver in die Höhe getrieben, so daß eine „Hausse" — ein unnatürlich hoher Kurs der Papiere — erreicht wird. Sobald sich herausstellt, daß die Papiere überbewertet sind, fallen die Kurse, und es tritt eine „Baisse" ein, also ein Tiefstand der Kurse. Es gehört zum Wesen des Börsengeschäfts, daß jeder Händler bei Baisse zu kaufen und bei Hausse zu verkaufen sucht. Aus Spekulationen können oft Börsenkrachs entstehen, Paniken, wobei in wenigen Stunden Riesenvermögen im Kurs so sinken, daß ihre Besitzer aus eben noch reichen Leuten zu armen Teufeln werden. Der Zusammenbruch von Geschäftshäusern, die Verarmung zahlreicher Familien, Entwertung ersparten Vermögens, Geschäftsausgleich und Bankrott, Zwangsversteigerung und Stillegung vieler Betriebe sind oft das Ende solcher Börsenkrachs. Am Anfang unserer Periode steht der berüchtigte „schwarze Freitag" der Wiener Börse im Jahre 1873. Mitten in das Geschäft und das festliche Treiben der Wiener Weltausstellung brach die Katastrophe, mit der eine lange Zeit wirtschaftlichen Tiefstandes (Depression) eingeleitet wurde. In die neunziger Jahre fällt eine andere Katastrophe des Wirtschaftslebens, der Panama-Skandal. Zehntausende kleiner französischer Sparer verloren ihr Geld, weil die Leiter der Gesellschaft mit den ihnen anvertrauten Kapitalien verschwenderisch und gewissenlos gewirtschaftet hatten.

*Krise, Depression, Konjunktur*

13  Seit dem Anbruch des zweiten Jahrhundertdrittels haben sich die Wirtschaftstheoretiker mit der Frage beschäftigt, ob innerhalb der kapitalistischen Wirtschaft regelmäßig gewisse Krisen eintreten und was die Ursachen dieses Krisenzyklus sind. Es hat sich tatsächlich erwiesen, daß jeweils nach einem Zeitraum von ungefähr einem Vierteljahrhundert der Warenabsatz zu stocken beginnt, infolge der sinkenden Nachfrage die Preise fallen, zunächst einzelne Betriebe gewisser Industriezweige, dann auf immer größerem Gebiet eine wachsende Zahl von Fabriken ihre Arbeiter entlassen, die Erzeugung einschränken oder ganz einstellen und viele Geldanstalten bankrottieren. Auf diese Krise folgt eine längere Zeit der „Depression", in der wohl vorübergehend und in einzelnen Bereichen der Wirtschaft eine leichte Erholung zu verspüren ist, die steten Begleiterscheinungen des Niederganges aber, Arbeitslosigkeit, niedrige Preise, geringe Lust des Kapitals zu neuen Anlagen und schlechter Geschäftsgang, nicht verschwinden. In dem erbitterten Konkurrenzkampf, der gerade während des Niederganges zwischen den verschiedenen industriellen und Handels-Unterneh-

men entbrennt, können sich nur diejenigen behaupten, die über genügend große Kapitalsrücklagen verfügen und deren maschinelle Einrichtungen es ermöglichen, auch bei fallenden Preisen noch gute Waren auf den Markt zu bringen. Die schwächeren und altmodisch eingerichteten Unternehmen gehen zum großen Teil zugrunde. Jede Krise, und die ihr folgende Depression, führt also dazu, daß eine Reihe überalterter oder in ihrer wirtschaftlichen Grundlage ungesunder Unternehmen aus dem Wirtschaftsprozeß ausscheidet. Verfallende Fabrikgebäude, verschrottete Maschinen, ersoffene Gruben sind die Ruinen, die den Weg einer Depression zeichnen. Im Verlaufe von zwei bis drei Jahrzehnten aber treten Warenmangel und neue Kauflust auf, die Nachfrage und die Preise steigen. Neue Erfindungen und technische Verbesserungen, nicht zuletzt aber auch die Erschließung neuer Märkte und neuer Rohstoffgebiete, der Bau von Verkehrslinien und die Gründung neuer, mit besseren Maschinen ausgerüsteter Fabriken, die fortschreitende „Akkumulation (Anhäufung) des Kapitals" und seine „Konzentration" (Vereinigung) in den Händen weniger mächtiger Industriekapitäne und Bankmagnaten — wie man die neue Herrenschicht in Anlehnung an Bezeichnungen der älteren gesellschaftlichen Entwicklungsformen gern nennt — führen eine „Konjunktur" herauf. Die Blütezeit hält wiederum zwei bis drei Jahrzehnte an, bis eine neue Krise ihr ein Ende setzt.

Die Regelmäßigkeit des Krisenablaufs wird durch viele Tatsachen des wirtschaftlichen und politischen Lebens gestört, die nicht errechenbar und nicht vorauszusehen sind. Vor allem Kriege, die meist gegen Ende einer Konjunktur auftreten, die Erschließung neuer Kolonialgebiete, bedeutende Erfindungen und vor allem neue Funde an Edelmetallen, insbesondere an Gold, können den zyklischen Ablauf von Krise — Depression — Konjunktur beeinflussen.

*Goldfunde und Goldwährung*

14  Die großen Goldfunde, vor allem in Kalifornien und Australien, hatten zu der Wirtschaftsblüte der Jahrhundertmitte wesentlich beigetragen. Gegen Ende des Jahrhunderts werden neue Goldvorräte in Alaska und dann vor allem in Südafrika (Transvaal) entdeckt und erschlossen. Ein wahres Goldfieber erfaßt nun die Menschen, zahllose Abenteurer machen sich auf den Weg, nur wenige erreichen das erwünschte Ziel großen Reichtums. Zehntausende gehen unter. Die Goldgewinnung der Welt hatte von 1801 bis 1870 100 000 kg betragen. In dem Jahrfünft von 1871 bis 1875 beträgt sie bereits 173 900 kg. Dann fällt sie wieder und erreicht auf dem Tiefpunkt der Depression, die um 1873 eingesetzt hat, zwischen 1881 und 1885 155 900 kg. Dagegen liegt sie 1891—95 mit 245 200 kg weit über der Jahrfünftproduktion beim Ende der letzten Konjunktur. Im letzten Jahrfünft des 19. Jahrhunderts aber werden, nachdem um 1894 die Depression überwunden war, 387 100 kg Gold gewonnen.

Selbstverständlich kommt es nicht nur auf die Golderzeugung und die Ergiebigkeit der Goldvorkommen an, sondern auch auf die Verteilung des Goldes unter den industriellen Staaten. Die Länder, die mehr einführen müssen, als sie an Gütern ausführen können, zahlen das Mehr an Einfuhren oft in Gold. Besitzen sie nicht genügend Gold, so sind sie zur Aufnahme von Anleihen in goldreichen Ländern gezwungen, verschulden dabei aber immer mehr, bis die Steigerung ihrer Gütererzeugung und ihrer Ausfuhr oder irgendeine Katastrophe die Lage wendet. Im 19. Jahrhundert sind die Vereinigten Staaten gezwungen, Gold abzugeben, da sie mehr an Waren einführen, als sie an Rohstoffen ausführen können. Großbritannien hat den Großteil der Goldvorkommen der Erde in seiner Hand. Die Goldproduktion von Kanada, Australien, Indien und endlich von Südafrika, dessen Gold und Diamantenlager England durch den Burenkrieg und die Einverleibung Transvaals gewinnt, sichern Großbritannien einen weiten Vorsprung vor den USA, Mexiko, Rußland und den kleineren Golderzeugern.

Deutschland hat sich durch den Frieden von Frankfurt 1871 in den fünf Milliarden Francs der französischen Kriegsentschädigung (die bis 1914 im Juliusturm in Spandau gehortet werden) eine bedeutende Goldreserve gesichert. Der Goldstrom, der als Kriegsentschädigung ins Land kommt, erzeugt in Deutschland, obwohl er der Wirtschaft nicht unmittelbar zugeführt wird, und trotz der 1873 in der übrigen Welt einsetzenden Depression einen bedeutenden Aufschwung. Die sogenannten „Gründerjahre" bewirken die rasche Industrialisierung des bis dahin noch immer überwiegend agrarischen Deutschland. Mit dem Münzgesetz von 1873 geht Deutschland tatsächlich von der Silber- zur Goldwährung über, obwohl erst das Gesetz von 1909 sie ganz verwirklicht hat. Die meisten Industrieländer sind nach manchen Versuchen mit Doppelwährungen oder Goldkernwährung zur reinen Goldwährung übergegangen, weil die bedeutenden Schwankungen des Silberpreises zu einer Unsicherheit geführt haben, die der Industrie und dem Handel schlecht bekamen.

*Zölle und Handelsverträge*

**15** Alle ursprünglichen Zölle waren Finanz-Zölle gewesen, das heißt, daß sie einzig dem Zwecke dienten, dem Fürsten oder dem Staatswesen Einnahmen zu verschaffen. Im 18. Jahrhundert hatte man im Geiste des Merkantilismus gelegentlich versucht, einheimische Erzeugnisse durch Zölle vor ausländischer Konkurrenz zu schützen. Aber erst im 19. Jahrhundert erhält der Schutzzoll seine große wirtschaftliche Bedeutung. England hatte in den vierziger Jahren die Kornzölle beseitigt, um seinen Industriearbeitern billiges Brot und der Industrie damit bei niedrigen Löhnen die beste Konkurrenzmöglichkeit zu schaffen. Da England in der industriellen Produktion keinerlei Konkurrenz zu fürchten hat, beseitigt es 1860 unter dem liberalen Ministerium Gladstone alle Schutzzölle. Das Frankreich Napoleons III. schließt sich mit dem Cobden-Vertrag diesem System des Freihandels weitgehend an. Der wirtschaftliche Liberalismus, der den freien Handel und die Beseitigung aller Schutzzölle fordert, hat damit seinen Höhepunkt erreicht. Nach dem deutsch-französischen Krieg beginnt sich in den festländischen Staaten Europas wieder das Bestreben nach Schutz der heimischen Industrie zu zeigen. Die weltwirtschaftliche Depression hat den Konkurrenzkampf auch der nationalen Volkswirtschaften gegeneinander verschärft. Um gegen die englischen Waren aufkommen zu können, bedürfen die jüngeren Industrien des Festlandes der schützenden Zollschranken. Der Sturz der Weltmarktpreise für alle landwirtschaftlichen Erzeugnisse, von dem die Depression begleitet ist, bedroht die Bauern und Grundbesitzer der europäischen Kontinentalländer, vor allem Deutschlands, mit dem Schicksal der Bauernklasse Großbritanniens, die nach dem Fall der Kornzölle eigentlich zu bestehen aufgehört hatte. So bilden sich vielfach Bündnisse der grundbesitzenden Klassen mit den Industriellen. Diese Koalitionen schaffen ein System von Schutzzöllen, gegen das die alten liberalen Parteien vergebens Einspruch erheben. Das Handelskapital und die Kaufmannschaft bleiben im allgemeinen noch Anhänger des Freihandels. Seit den neunziger Jahren und mit dem Beginn einer neuen Konjunkturwelle der Weltwirtschaft kann man die freihändlerisch-liberale Periode als abgeschlossen ansehen. Die Einführung von Schutzzöllen zwingt zum Abschluß von Handelsverträgen zwischen den Staaten. Zölle und Handelsverträge hemmen das freie Spiel der Kräfte und machen die Weltwirtschaft zu einem vielfach verschachtelten System von handelspolitisch miteinander verbundenen Gruppen. Oft sprechen so wirtschaftliche Interessen in der Außenpolitik mit wie etwa bei der Gegnerschaft der deutschen Grundbesitzer gegen ein allzuenges Zusammengehen mit Rußland, dessen Agrarerzeugnisse für die Produkte Ostdeutschlands eine empfindliche Konkurrenz sind, oder bei der gegen Serbien gerichteten Politik der madjarischen Großgrundbesitzer in der österreichisch-ungarischen Politik. Es kann sich aber auch die umgekehrte Lage ergeben, daß aus politischen Erwägungen einem Staat wirtschaftliche Zugeständnisse gemacht werden (z. B. Deutschland gegenüber Italien 1883). In die meisten Handelsverträge wird die Meistbegünstigungsklausel aufgenommen, die bestimmt, daß keinem anderen Vertragspartner günstigere Konkurrenzbedingungen gewährt werden als dem vertragschließenden.

Deutschland geht auf Bismarcks Anregung 1879 zum Schutzzoll über. Bismarck trennt sich von den Nationalliberalen, die bis dahin seine eigentliche Regierungspartei gewesen sind, und schließt die Konservativen mit dem katholischen Zentrum zu einer Koalition zusammen. Dem Beispiel der deutschen Schutzzollpolitik folgen zahlreiche andere Festlandstaaten.

*Landwirtschaftliche und industrielle Preise*

16 Zu den wirtschaftlichen Schwierigkeiten, die aus Krisen, Depressionen und dem zollpolitischen Konkurrenzkampf der Staaten entstehen, treten mit wachsender Industrialisierung die Spannungen zwischen dem landwirtschaftlichen und dem industriellen Sektor. Denn in jenem setzt sich die Maschine viel langsamer und in begrenztem Umfang durch. Obwohl durch die steigende Erzeugung

industrieller Massengüter deren Preise ständig sinken, entsteht doch fast immer mit dem Eindringen der Industrie in bis dahin vorwiegend landwirtschaftliche Räume eine Preisschere zugunsten der Industriewaren. Die Landwirtschaft muß ihre Erzeugnisse so billig abgeben, daß sie nicht die Industrieprodukte kaufen kann, die sie für ihren Betrieb und für die Lebenshaltung ihrer Arbeitskräfte benötigt. Insbesondere die landwirtschaftlichen Lohnarbeiter, vielfach nur zum Teil in Geld, sonst aber in Naturalleistungen bezahlt, leben in dürftigen Verhältnissen, die weit hinter denen der industriellen Arbeiter zurückbleiben. Die geringe Kaufkraft der Bauern und Landarbeiter aber wirkt sich störend auf den inneren Markt aus, der nicht genug Industrieprodukte aufnehmen kann. Die industrielle Arbeiterschaft, deren Realeinkommen steigt, wenn die Preise der Lebensmittel niedrig liegen, wehrt sich gegen Schutzzölle und staatliche Förderung der Landwirtschaft, obwohl die höhere Kaufkraft der Bauern und Landarbeiter dem Absatz der Industrieprodukte zugute kommt. Die Bauern sehen vielfach in den hohen Löhnen der Industriearbeiter eine Gefahr, weil die Arbeitskräfte vom Lande weg in die Industrie strömen und die verbleibenden Arbeitskräfte höhere Löhne fordern. Die steigenden Löhne der Industriearbeiter aber fördern auf der anderen Seite den Absatz der landwirtschaftlichen Erzeugnisse. Die tatsächlichen und scheinbaren Gegensätze zwischen Landwirtschaft und Industrie, Bauern und Arbeitern, gehören zu den schwierigsten Fragen der kapitalistischen Wirtschaftsordnung. Die Landflucht ist eines der heikelsten sozialen Probleme, das im Gefolge der Industrialisierung auftaucht.

Die große Depression der siebziger und achtziger Jahre hat in ihrem Ergebnis nicht nur zu einer weiteren Steigerung der industriellen Erzeugung geführt, sondern auch zu einem Absinken der agrarischen Preise im Verhältnis zu den industriellen, im wesentlichen also zu einer beträchtlichen Erhöhung des Realeinkommens der industriellen Arbeiter. Das drückt sich sehr bald auch in der Politik und im gesellschaftlichen Leben aus.

*Kolonien und neue Märkte*

**17** In den Opiumkriegen gegen China, der Niederwerfung der indischen Aufstände und der Öffnung der japanischen Häfen war um die Jahrhundertmitte Ostasien dem europäischen und amerikanischen Handel erschlossen worden. Gewaltige Gebiete mit einer zahlreichen Bevölkerung, die wirtschaftlich noch unentwickelt und in uralten Gesellschaftsformen gebunden war, wurden in den Bereich der kapitalistischen Wirtschaft einbezogen. In den siebziger Jahren beginnen die Früchte dieser Ausweitung des europäischen Wirtschaftsraumes zu reifen. Die beginnende Erschließung Nordafrikas durch Frankreich (Algier, Tunis), die Festsetzung Frankreichs in Indochina, die Ausdehnung Rußlands im Kaukasus, in Turkestan und im Amurgebiet haben den Raum vervielfacht, in dem die europäischen Nationen ihre Produkte absetzen und gegen die Erzeugnisse jener Länder eintauschen können. Seit den siebziger Jahren beginnt sich die europäische Herrschaft in Indien zu festigen (Kaiserreich Indien 1877), der Handel mit China und die Errichtung von Fabriken, Bahnen, Handelshäusern dort selbst beträchtlichen Umfang anzunehmen, Japan sich seit 1868 („Aera Meiji") in erstaunlich kurzer Zeit in ein modernes Industrieland zu verwandeln. Seit dem Berliner Kongreß strömt west- und mitteleuropäisches Kapital nach den Balkanländern, wo Bergwerke und Industrieanlagen entstehen, Bahnen gebaut werden und die heimische Landwirtschaft sich auf die Ausfuhr von Vieh und Ackerbauerzeugnissen (Tabak, Wein, Früchte, in Rumänien auch Weizen) umstellt. Die Küsten von Guinea und Zentralafrika werden erschlossen; König Leopold II. von Belgien gründet den „Souveränen Kongostaat", die Briten dringen von der Kapkolonie in Südafrika nach Norden vor und erschließen nach der Besetzung Ägyptens (1882) das Niltal; Deutsche und Briten kolonisieren von dem alten Handelsplatz Dar es Salaam (Sansibar) aus die ostafrikanischen Küstengebiete und dringen bis zu der großen Seenplatte vor, Deutsche setzen sich in Südwestafrika fest (Lüderitzbucht, Swakopmund), wo die Briten bereits die Walfischbai besitzen. Es kommt dazu, daß die Besiedlung Amerikas, in der Jahrhundertmitte über die Mississippi-Missouri-Linie nach Westen vordringend, immer dichter wird. Noch immer strömen jährlich Zehntausende europäischer Auswanderer nach den Vereinigten Staaten. Langsam sinkt nach der Reichsgründung der Anteil der Deutschen an dem europäischen Auswandererkontingent; immer stärker wird der Hundertsatz von Slawen sowohl aus der österreichisch-ungarischen Monarchie (Slowaken, Kroaten, Ruthenen) als auch aus Rußland (Polen, Ukrainer) und den kleinen Balkanstaaten. Die Abwanderung überschüssiger Bevölkerung aus Europa nach Amerika, wo diese Kolonisten als Farmer zu neuen Käufern werden oder als Arbeiter und Unternehmer an der Steigerung der Gütererzeugung teilnehmen, trägt das ihre zu der Überwindung der Depression und der Einleitung einer neuen wirtschaftlichen Blüte bei. Aus den überseeischen Gebieten kommen neue Rohstoffe nach den Mutterländern der Industrie. Das brasilianische Kautschukmonopol wird von den Engländern gebrochen und der Kautschuk in Hinterindien und Afrika in Plantagen gezüchtet. Der Zinnbergbau in Hinterindien, der Kupferbergbau in Afrika, die Ausbeute an Ölfrüchten in den Tropen, die Gewinnung von Textilfasern in Indien und Insulinde (Sisal, Jute), die Ausdehnung des Plantagen-Anbaues von Genußmitteln, wie Tee, Kaffee und Kakao oder Tabak, führen den europäischen Industrien und dem europäischen Markt gewaltige Waren- und Rohstoffmengen zu, während die tropischen und subtropischen Gebiete zu Absatzgebieten für billige Textilien, Glas- und Metallwaren, Medikamente, auch für Wellblech, Eisenbahnschienen und maschinelle Einrichtungen neuer Bergwerke und Fabriken werden. So vollzieht sich, trotz der Krisenjahre, zwischen 1870 und dem Jahrhundertende eine nochmalige gewaltige Ausweitung der kapitalistischen Wirtschaft Europas.

## Koloniale Ausbeutung

*18* Der Reichtum Europas beruht dabei zum großen Teil auf der schamlosen Ausbeutung der farbigen Arbeiter in den Kolonien. Die afrikanische Urbevölkerung wird zu schweren Arbeiten herangezogen, der sie nach ihrer Konstitution unter den klimatischen Bedingungen des Landes nicht gewachsen ist. Zehntausende Neger gehen bei den Bahn- und Straßenbauten in West- und Äquatorialafrika zugrunde. Manche Bahnlinien sind buchstäblich auf den Knochen der Lohnsklaven erbaut. Die Bezahlung ist schlecht und erfolgt meist nicht in Geld, sondern in Messingstäbchen, für die der weiße Unternehmer dem farbigen Arbeiter schlechte Waren, vor allem minderwertigen Tabak und Branntwein verkauft. Unter der farbigen Bevölkerung verbreiten sich todbringende Seuchen, die zum Teil bereits im Lande endemisch waren, zum Teil von den Europäern eingeschleppt sind. Am ärgsten liegen in den achtziger Jahren die Verhältnisse im belgischen Kongo. Die Aufdeckung und schonungslose Erörterung der Kongogreuel in der Weltpresse (ein Verdienst des Iren Roger Casement) führt zur Einberufung der Kongo-Konferenz nach Berlin, auf der sich die Mächte über gewisse Grenzen der Ausbeutung in Afrika einigen. Aber auch in Indien und China werden die Kulis maßlos ausgebeutet. Frauen- und Kinderarbeit haben die Formen wie in den Anfängen des europäischen Kapitalismus. Vier- und fünfjährige Kinder arbeiten in den Fabriken und werden bei säumiger Leistung körperlich gezüchtigt. Auch die bäuerliche Bevölkerung dieser großen asiatischen Reiche lebt in kümmerlichsten Verhältnissen und ist Naturkatastrophen schutzlos ausgeliefert. Hungersnot, Dürre, Überschwemmungen, Seuchen vernichten jährlich Millionen Menschenleben. Die Ausbeutung der Kolonialbevölkerung durch die weißen Nationen wirft nicht nur den kapitalistischen Unternehmern großen Gewinn ab. Auch die europäischen, inbesondere die britischen, holländischen und französischen Industriearbeiter sind Nutznießer der Sklavenarbeit der farbigen Völker; denn nur dieser danken sie es, daß sie Kolonialwaren billig kaufen, wohlfeil erworbene Rohstoffe verarbeiten und ihre Produkte in Massen in den überseeischen Ländern absetzen können.

## Der vierte Stand

*19* Erst wenn man sich über den Zusammenhang der europäischen Wirtschaftsentwicklung mit der Erschließung und Ausbeutung der Kolonien Rechenschaft gibt, erhält man ein richtiges Bild der bürgerlichen Gesellschaft des ausgehenden 19. Jahrhunderts. Ihre unterste Schicht ist nicht das „Proletariat", also die industrielle Arbeiterschaft, der „vierte Stand". Es ist auch nicht der „fünfte Stand", das sogenannte Lumpenproletariat (also die „asozialen Elemente": Arbeitsscheue, Gewohnheitsverbrecher, Dirnen, Zuhälter), sondern die Millionenmasse der Farbigen, die für die weißen Nationen arbeiten und zu Zehntausenden dahingerafft werden. Über dieser Schicht erst lagert die Masse der Landarbeiter, deren Lebenshaltung dadurch nicht besser geworden ist, daß sich die Grundherren (Feudalen) in kapitalistische Unternehmer verwandelt haben. Das alte patriarchalische Verhältnis hat sich in ein unpersönliches Arbeitsverhältnis verwandelt, der Grundherr in einen Kapitalisten; die Lage der Pächter, Kätner, Landarbeiter ist in weiten Teilen Ost- und Mitteleuropas, in Rußland und Russisch-Polen, den östlichen Gebieten Deutschlands, in Ungarn, aber auch in Südeuropa (Italien, Spanien) trostlos. Die Agrarreformen, die russische Bauernbefreiung zum Beispiel (um 1862), haben vielfach die Verhältnisse der befreiten Bauern nur verschlechtert; sie sind der grundherrlichen Obhut entwachsen, besitzen aber nicht genug Land und Werkzeug, um menschenwürdig leben zu können. Das Schlimmste an ihrer Lage ist die Hoffnungslosigkeit ihres Daseins.

Die industriellen Arbeiter haben demgegenüber nicht nur den Trost ihres Glaubens an die großen sozialen Ideen und den sozialistischen Zukunftsstaat, von dem sie mehr und mehr erfüllt werden, sondern sehen auch einen tatsächlichen Fortschritt in ihrer sozialen und rechtlichen Stellung. Diese Verbesserung wird zum Teil durch den wachsenden Warenreichtum der kapitalistischen Gesellschaft selbst bewirkt, der den Anteil der Lohnarbeiter an dem Sozialerzeugnis mehrt, zum Teil durch den organisierten Kampf der Arbeiter um die Verbesserung ihrer Lebensbedingungen. In den siebziger Jahren lebt ein Teil der europäischen Arbeiter, und zwar vor allem in den wirtschaftlich zurückgebliebenen Gebieten des östlichen Mitteleuropa und der Mittemeerländer, in den gleichen furchtbaren Verhältnissen, wie sie Friedrich Engels in dem klassischen Werk über „Die Lage der arbeitenden Klasse in England" (1844) für Westeuropa geschildert hat, aber in den großen Bergbau- und Industriegebieten West- und Mitteleuropas sind die übelsten Erscheinungen des Proletarier-Elends bereits Geschichte geworden und überwunden. Das Trucksystem besteht nur noch in den erwähnten zurückgebliebenen Industrieländern. Nach diesem System zahlt der Unternehmer dem Arbeiter den Lohn nicht in Geld, sondern in Blechmarken aus, für die in der Werk-Kantine minderwertige Lebens- und Genußmittel verabreicht werden, vor allem aber Alkohol ausgeschenkt wird. Die Arbeiter wohnen in Massenquartieren, in denen Männer und Frauen gemeinsam untergebracht sind. Das Familienleben ist vollkommen zerstört, gefährliche Krankheiten greifen um sich, die Arbeiter sind meist völlig ungebildet und ungeschult. Gegen Ende des Jahrhunderts sind diese Zustände fast überall beseitigt. Nur bei besonderen Arbeitsvorhaben in abgelegenen Gegenden, wo Gelegenheitsarbeiter, Abenteurer, Gescheiterte zusammenströmen, bei Bahnbauten in kaum erschlossenen Gebieten, Anlage von neuen Bergwerken u. ä. wiederholen sich noch diese Erscheinungen des Frühkapitalismus. Aber auch in den Industriegebieten Europas, wo diese Verhältnisse aufgehört haben, ist die Lage der Industriearbeiter noch schlimm genug. Die Arbeitszeit, die anfangs unbegrenzt war, wird auf gesetzlichem Wege, durch Verordnungen und durch Vereinbarungen zwischen Unternehmer und Arbeiter schrittweise auf 14, 12, 10 Stunden herabgesetzt. Der Achtstundentag ist die weitestgesteckte Forderung der Arbeiter. Nur langsam entschließt sich der Staat, die Sonntagsarbeit, Frauenarbeit, die Beschäftigung der Kinder einzuschränken. Nur langsam bessern sich die Wohnungsverhältnisse der Arbeiter. In den Staaten, die den Weg des Liberalismus (also der völlig freien Wirtschaft) folgerichtig zu Ende gegangen sind, gibt es im 19. Jahrhundert kaum einen Ansatz zu sozialen Reformen. Dagegen hat der Staat in jenen Ländern, in denen sich die Einrichtungen des vorkapitalistischen Obrigkeitsstaates in größerem Umfang erhalten haben, vor allem also in Deutschland, frühzeitig versucht, durch Eingriffe von oben und von außen das Verhältnis zwischen Unternehmer und Arbeiter zu beeinflußen und die Lage der Arbeiter durch eine zielbewußte Sozialpolitik zu verbessern. Bismarcks sozialpolitische Gesetzgebung wird bahnbrechend. Die Schaffung von Arbeiter-, Unfall-, Kranken-, Altersversicherungen ist das Kernstück der Sozialpolitik und bleibt es auf lange hinaus. Einzelne Unternehmer kommen diesen Bestrebungen selbst entgegen und versuchen durch Anlage von Siedlungen, durch Betriebseinrichtungen auf sozialem und gesundheitlichem Gebiet (Krankenhäuser, Kinderhorte, Unterstützungskassen) die Lage der Arbeiter zu bessern, damit freilich auch die Abhängigkeit der Arbeiter vom Unternehmer zu verstärken.

*Unternehmer und Mittelklasse*

20  Ein einheitliches Proletariat besteht nur in der Theorie, in Wirklichkeit aber löst es sich in eine vielfach gestufte und gegliederte Ordnung von Arbeitern verschiedener Berufe, verschiedener Bildung, Kultur, Gesinnung und sehr verschiedener wirtschaftlicher Lage auf; ebensowenig gibt es die einheitliche Unternehmerklasse, von der die Theoretiker sprechen. Der kleine Unternehmer, der eine geringe Zahl von Arbeitern in seinem Betrieb beschäftigt, diesen Betrieb gut kennt und persönlich leitet, unterscheidet sich nur wenig von dem Handwerksmeister alten Stils. Je nach Größe und Sonderart des Betriebes entsteht nun eine Stufenleiter, auf der sich der Unternehmer immer mehr von der Lebenshaltung und Gesinnung des Handwerksmeisters entfernt und zum Fabrikanten, Aktienbesitzer, Großunternehmer, zum „Kapitalisten" wird. Werkstatt und Wohnung werden getrennt, die herrschaftliche Villa des Unternehmers bildet den Gegensatz zu Fabrik und Arbeiterkolonie. Der nächste Schritt ist die Trennung der Fabrikantenwohnung von jeder räumlichen Nachbarschaft des Betriebes. Schließlich befinden sich Betrieb und Wohnsitz des Unternehmers oft in verschiedenen Orten. Auf der nächsten Stufe wird der Aktienbesitzer völlig von dem Unternehmen abgesetzt, das nur noch einer Direktion untersteht, die ihren Sitz oft Hunderte von Kilometern von den Werken entfernt in der Hauptstadt hat. Auch in seinem Lebensstil unterscheidet sich der kleine Unternehmer von dem großen Kapitalisten weit mehr als von dem Zunftbürger der alten Zeit. Nur eine verhältnismäßig kleine Schicht von Besitzenden lebt wirklich im Überfluß. Aber auch von dieser Schicht verwendet ein Teil, insbesondere des amerikanischen Unternehmertums, seinen Reichtum zur Gründung und Erhaltung wohltätiger Stiftungen, kultureller Einrichtungen, zu privater Wohltätigkeit.

Zwischen dem industriellen Unternehmertum und der Arbeiterschaft stehen die Mittelklassen der Gesellschaft, im 19. Jahrhundert in vielen Ländern noch immer die zahlreichste Schicht. Zwar sind viele selbständige Handwerksmeister zugrunde gegangen, sind viele Familien kleinbürgerlichen Standes zu Lohnarbeitern herabgesunken, aber die Entwicklung zu einer einförmigen Zweiklassengesellschaft ohne Mittelschichten geht doch viel langsamer vor sich, als man ursprünglich erwartet hatte. Die Kleinbürger (Gewerbetreibende, Kaufleute des Einzelhandels) finden ebenso wie die Bauern Mittel und Wege, sich gegen den Druck des großen Kapitals zu wehren. Spar- und Darlehenskassen, gemeinnützige Kreditanstalten, bäuerliche Genossenschaften sind Formen der Selbsthilfe der Mittelschichten. Aber auch die technische Entwicklung selbst arbeitet nicht immer gegen die kleinen Besitzer. Neue Erfindungen (Elektrizität, Explosionsmotor usw.) schaffen neue Arbeitsmöglichkeiten auch für kleine Handwerker. Die landwirtschaftlichen Maschinen und der chemisch hergestellte Kunstdünger helfen auch den kleinen Bauern, ihre Arbeitsweise zu vervollkommnen. In den achtziger und neunziger Jahren ist das Selbstbewußtsein der Mittelklasse, das durch die Industrialisierung erschüttert war, wieder gewachsen, sie nimmt vielfach den wirtschaftlichen und auch den politischen Kampf mit dem Unternehmertum auf und schaltet sich als dritte Kraft in das Ringen zwischen Kapitalisten und Arbeitern ein.

## Stadt und Land

21 Noch immer ist der gesamte Lebensstil der Gesellschaft wie seit Jahrhunderten durch den Gegensatz von Stadt und Land bestimmt. Die Stadt ist das vorwärtstreibende, fortschrittliche Element, das Land das beharrende, erhaltende. Nur in der Stadt bestimmt der Bürger den Stil des Lebens. Auf dem Lande lebt man wie vor Urzeiten nach den Gesetzen der bäuerlichen Arbeit, die sich aus dem Ablauf der Jahreszeiten und des Tages, aus dem Wetter und dem Wachsen und Reifen der Feldfrüchte ergeben. Auch die Arbeitsweise, die Kleidung, die Bräuche und Sitten der Menschen haben sich auf dem Lande seit den Anfängen bäuerlichen Daseins nur wenig verändert. In der Stadt dagegen haben Stil und Mode, neue technische Einrichtungen, die immer wieder veränderte Art zu bauen und zu wohnen das gesamte Leben wiederholt umgestaltet. Mit dem Sieg der Eisenbahnen aber werden viele Dörfer vom Strom des städtischen Lebens erfaßt. Durch die Errichtung von Bergwerken und Fabriken auf dörfischem Grund oder in ländlicher Umgebung entsteht die Zwitterform des Industriedorfes, die ein Nebeneinander von Bauern und Industriearbeitern schafft. Zunächst passen sich diese der bäuerlichen Umwelt an. Sie werden Kleingärtner, Kleintierzüchter, bestellen einen Kartoffelacker, während manche kleine Bauern und Häusler nebenbei in der Fabrik arbeiten. Mit der Zeit jedoch werden die Bauern in den Industriedörfern selbst von den nichtbäuerlichen Elementen eingeschlossen. Das Dorf wird überfremdet. Städtisch oder halbstädtisch gebaute Häuser, Läden, Gaststätten, den Stil der Landschaft zerstörende öffentliche

Bauten, wie Bahnhöfe, Postgebäude, Schulen, treten zu den Fabriken. Scheunenwände und Zäune sind mit riesigen Werbeschriften und Plakaten beklebt, nicht mehr die Kirchenglocke und das Horn des Nachtwächters, sondern die Dampfsirenen der Fabriken und die Signalglocken der Eisenbahnen bestimmen den Ablauf des Tages. So schaltet sich zwischen Stadt und Land die Industrielandschaft, das Industriedorf, als eine weniger vermittelnde denn zersetzende Form des menschlichen Zusammenlebens ein.

Die einst den Lebensstil der Oberschichten bestimmenden und als wirschaftliche wie gesellschaftliche Mittelpunkte wirkenden Faktoren verlieren in der zweiten Hälfte des 19. Jahrhunderts sehr stark an Bedeutung. Das Adelsschloß, der Gutshof, das Pfarrhaus, das Kloster sind wohl in ländlichen Gegenden, vor allem unter den halbfeudalen Verhältnissen des ostelbischen Deutschland, Ungarns und Rußlands noch die bestimmenden Größen des ländlichen Lebens, nach denen sich die bäuerlich-kleinbürgerliche Welt ausrichtet, im übrigen Europa aber treten sie zurück und weichen den stilbildenden Kräften des Bürgertums, eben der Fabrik, der Villa des Unternehmers, den Zirkeln der Intellektuellen, die sich immer mehr an das großbürgerliche Vorbild halten. Es gehört zu den bedeutsamsten Erscheinungen der Zeit nach der Jahrhundertmitte, daß sich selbst der Adel weitgehend den bürgerlichen Lebensbedingungen anpaßt, daß er „verbürgerlicht". Die Grundrente allein genügt nicht mehr, die Besitzer standesgemäß zu ernähren. Industrielle Anlagen, wie Ziegeleien, Brennereien, Brauereien, Zuckerfabriken, Mühlen, Sägewerke, entstehen auf den adeligen Gütern, der Adel beginnt sein Vermögen in Industriepapieren und selbst in Bank-Aktien anzulegen. Er trägt die Kleider des Bürgers, und nur die Lakaien haben das Kostüm des Ancien régime behalten. In England, wo das Bürgertum schon viel früher eine gestaltende gesellschaftliche Kraft geworden war und der Adel sich schon seit dem 17. Jahrhundert bürgerlichen Erwerbsquellen zugewandt hatte, liegen die Verhältnisse anders. Wesentliche Bestandteile der adeligen Bräuche sind dort in das bürgerliche Leben übergegangen. Daher ist der adelige Sport der Pferderennen in England eine nationale Angelegenheit geworden, auf dem Festland aber im wesentlichen auf Adel und Offizierskreise beschränkt geblieben.

Die Verbürgerlichung des Adels zeigt sich auch in den kaum noch verpönten Heiraten zwischen Adeligen und Bürgerlichen, den morganatischen Ehen von Dynastien, in der Nobilitierung zahlreicher Persönlichkeiten des bürgerlichen Lebens. Nicht nur in England, wo durch den Pair-Schub erfolgreiche Männer der Politik ins Oberhaus kommen und damit Lords werden, sondern auch in den Niederlanden, Belgien, Deutschland, Österreich-Ungarn werden Männer aus dem kapitalistischen Unternehmertum, Bankiers, Geschäftsleute, Politiker und Journalisten, baronisiert. In Frankreich, dem klassischen Land des kleinen Bürgers und seines Lebensstils, des Juste milieu (richtige Mitte), wird der Adelstitel dadurch völlig entwertet, daß er nicht mehr geschützt ist und von jedem geführt werden darf, der sich ihn wie ein apartes Kleidungsstück zulegt.

## Die Großstadt

22 Die Zahl der Großstädte ist bis zum Beginn des 19. Jahrhunderts auf einige Hauptstädte, große Häfen und Umschlagplätze beschränkt gewesen. Mit dem Aufkommen der Industrie und der Vermehrung der Bevölkerung entstehen zahlreiche neue Großstädte. Neben London, Paris, Wien, Berlin, die um die Jahrhundertmitte die bedeutendsten Millionenstädte Europas darstellen, überschreiten in Großbritannien, Frankreich und seit 1870 in sehr raschem Wachstum vor allem in Deutschland zahlreiche Provinzstädte, Industriezentren, Handelsplätze die Hunderttausend-Einwohnergrenze. Leben in Deutschland um 1870 noch zwei Drittel der Bevölkerung auf dem Lande, so zu Beginn des 20. Jahrhunderts nur noch ein Drittel, während ein volles Drittel in Großstädten siedelt. Jeder sechste Engländer lebt in London, jeder zehnte Franzose in Paris, jeder zehnte Bewohner Preußens in Berlin. Aber nicht nur die älteren Städte werden zu Groß-, Halbmillionen- und Millionenstädten. Durch die Ansammlung großer Industrien in gewaltigen „Revieren" wie den englischen Midlands, dem deutschen Ruhrgebiet, der Maas-Sambre-Talfurche in Belgien, in Oberschlesien, in Nordfrankreich bilden sich nach Millionen Einwohnern zählende, dicht aneinandergereihte Gruppen von Städten und Dörfern, die nicht wie die älteren Städte echte Zentren und Schwerpunkte in den Markt- und Ringplätzen, den Kathedralen und Rathäusern, Schloßbergen und Residenzen besitzen, sondern ein buntes Gemisch aller möglichen Siedlungsformen darstellen.

Durch das großstädtische Leben werden der Lebensstil und die gegenseitigen Beziehungen der Menschen weit stärker verändert als durch irgendeine andere Tatsache der abendländischen Geschichte. In der Großstadt leben Menschen jahrelang Tür an Tür, ohne einander zu kennen, ohne an den Familienereignissen des Nachbarn Anteil zu nehmen. Menschen werden geboren, heiraten, sterben, Kinder wachsen auf, freudige und traurige Ereignisse spielen sich ab, ohne daß der Wand an Wand oder im nächsten Stockwerk lebende Mitmensch es erfährt. Die alten Hausgemeinschaften, Pfarrgemeinden, Gassen-Gemeinschaften lösen sich auf. Die in organischen Einheiten verbundenen Menschen werden atomisiert, sie werden formlose Masse. Auch in dieser Masse gibt es Gliederungen, aber sie werden durch ganz andere Tatsachen und Einflüsse bewirkt als die natürlichen Ordnungen der städtischen Gesellschaft, die vom 13. bis zur Mitte des 19. Jahrhunderts im wesentlichen wenig verändert bestanden hatte. Politische Leidenschaften, die Anteilnahme der Massen an den großen Prozessen, an Verbrechen, an den Schaustellungen in immer größeren öffentlichen Vergnügungsanstalten, Zirkus, Theater, Sport sind es, welche die Massenmenschen für wenige Stunden zu einer zufällig entstandenen Einheit, die Zehntausende verlorener Einzelwesen zur Masse formen, die auch ganz anderen seelischen Gesetzen gehorcht als die in ihrer Gemeinschaft gefestigten Menschen früherer Zeit. Die großen Straßendemonstrationen, die täglichen Menschenaufläufe aus zufälligem Anlaß, dazu die immer stärker wirkende Gemeinschaft der Menschen im Betrieb, der sie länger festhält als die Familie, das sind Bindungen, die aus dem großstädtischen Leben entstehen. Leichter als der Kleinstädter unterliegt der Großstädter den Werbemethoden der Geschäftsreklame und dem politischen Schlagwort. Er hat weit weniger Hemmungen als jener, denn Überlieferung, Familie, Religion, Bindung an natürliche Lebenskreise spielen nur noch eine geringe Rolle in seinem Leben.

In den Großstädten werden Menschen verschiedener Stämme, Mundarten, sozialer Herkunft, auch verschiedener Völker, Sprachen, Kulturen und Bekenntnisse durcheinandergewürfelt. Die jahrhundertelang wirksamen Grenzen werden verwischt, aus den bunten Farben einer organisch gewachsenen Gesellschaft wird das graue Einerlei der Masse, das dann durch grelle Farben und Töne lauter Reklame und grober Schlagworte künstlich belebt wird. Die Massenleidenschaften entsprechen nicht dieser Austilgung der völkischen Verschiedenheiten, sondern gerade die großen Städte mit ihrem Völkergemisch sind zugleich die Brutstätten des Nationalismus, des Völkerhasses und die Geburtsstätten des Rassenwahns.

### 3. Die herrschenden Ideen des Zeitalters

*23* Keine der Ideen, welche das ausgehende 19. Jahrhundert beherrschen, ist erst in diesen Jahrzehnten entstanden. Ihre geistigen Wurzeln, die geschichtlichen Situationen, in denen sie sich entfalten konnten, liegen bereits in der Zeitspanne zwischen der großen französischen Revolution und dem Ende der nationalen Einigungskriege in Europa. In dem Zeitalter zwischen dem Frankfurter Frieden und dem Burenkrieg, zwischen dem Aufstand der Pariser Commune und dem Aufstieg der Zweiten Arbeiter-Internationale, zwischen der großen britischen Wahlreform und den letzten großen Wahlrechtskämpfen auf dem Festland sind bereits neue Ideen erwacht, die erst später zu historischer Auswirkung kommen sollten. Es gibt aber keine Generation, keine Periode in der Geschichte unserer Zeit, in der die Ideen des Liberalismus, der Demokratie, des Sozialismus und des Nationalismus so unbeschränkt und kaum mehr angefochten das Feld beherrscht hätten wie in dem Zeitalter Gladstones und Bismarcks, Gambettas und Bebels, Papst Leos XIII. und des Zar-Befreiers Alexanders II. Auch die Gegenströmungen, die aus dem Lager der Konservativen kommen, stehen noch im Zeichen des Rückzugs vor den sieghaften Parolen der Zeit, einer Abwehr, die in zahlreichen Zugeständnissen besteht, und einer bangen Furcht vor dem unaufhaltsamen Sieg der neuen Gedanken. Bismarck stirbt in dem Bewußtsein, daß Demokratie und Sozialismus seine Reichsschöpfung tödlich bedrohen, und kein bedeutender Mann jener Jahrzehnte hat sich dem Einfluß dieser mächtigen Ideen entziehen können; fast jeder hat damit gerechnet, daß ihnen das kommende Jahrhundert gehören werde, und nur wenige haben damals schon erkannt, daß im Schoße der Zeit neue Gedanken und mächtige Gegenkräfte heranwachsen. Der Liberalismus als die herrschende Vorstellung vom Verhältnis des Staates zur Kirche, von Glauben und Wissen, von Staat und

Individuum, die Demokratie als die Lehre von der Herrschaft des souveränen Volkes in den Formen des Parlamentarismus und der Mehrheitsentscheidung der Wähler, der Sozialismus in all seinen Erscheinungsformen und der Nationalismus, der Glaube an die Nation als höchsten sittlichen Wert, der den alten religiösen Glauben ersetzt, kennzeichnen die drei Jahrzehnte vom Ausgang der sechziger bis zum Ende der neunziger Jahre.

*Liberalismus*

24   Der Liberalismus als Glaube an den Fortschritt der Menschheit durch eine stete Aufwärtsentwicklung hat niemals so viele Gründe für sich gehabt wie in der letzten Generation des 19. Jahrhunderts. Die Entfaltung der Naturwissenschaften, der Aufschwung der Technik, die Ausweitung des Lebensraumes der europäisch-amerikanischen Völker, der wachsende Reichtum und Glanz der Gesellschaft, das alles schien den Optimismus der Liberalen zu bestätigen, daß man ohne größere Erschütterungen in ein Reich vollkommenen irdischen Glückes eintreten werde. Anfang der achtziger Jahre erscheint der Zukunftsroman des Amerikaners Bellamy „Ein Rückblick aus dem Jahre 2000", der die Hoffnung von Millionen Menschen widerspiegelt, daß man im 20. Jahrhundert mit Hilfe von Wissenschaft und Technik eine Welt ohne Krieg und ohne Not schaffen werde. Der Liberalismus als die Überzeugung von der notwendigen Säkularisierung (Verweltlichung) des gesamten Lebens, in dem die Religion nur noch einen ganz bescheidenen Raum als „Privatsache" des Einzelmenschen einnehmen würde, triumphiert ebenfalls in jener Zeit. Denn die Wissenschaft scheint allen Glauben zum Aberglauben zu stempeln, alle Welträtsel zu lösen. Religion, Kirche und Gottesglauben schwinden nicht nur bei den gebildeten Schichten, sondern auch bei den Massen, die ihren Stolz darein setzen, ebenso „aufgeklärt" zu sein wie die oberen Klassen der Gesellschaft. Die Forderung nach der Trennung der Kirche vom Staat, nach der Vertreibung der Jesuiten, der Aufhebung der religiösen Schulen gewinnt immer mehr an Boden. In der Frankfurter Nationalversammlung hat man offen die Forderung erhoben, nicht nur die Kirche aus dem öffentlichen Leben zu verdrängen, sondern sie in Kürze ganz zu vernichten. Unsere Epoche beginnt mit der Beseitigung der weltlichen Herrschaft des Papstes, der als freiwilliger Gefangener im Vatikan lebt. Das neue Königreich Italien ist im Sinne seines eigentlichen Schöpfers, des Grafen Cavour, ein liberaler Staat geworden. In dem einst so streng katholischen Österreich triumphiert nach 1866 der Liberalismus. Das Konkordat mit dem Päpstlichen Stuhl wird aufgehoben, eine Reihe liberaler Gesetze, von denen das bedeutendste das österreichische Reichsvolksschulgesetz ist, zeigen den Liberalismus von seiner besten Seite. Das österreichische Volksschulgesetz wird bahnbrechend für die Schulreformen aller Länder in den nächsten Jahrzehnten. Die meisten Staaten führen die obligatorische Zivilehe ein. Bald nach der Gründung des Deutschen Reiches gerät der preußische Staat in einen heftigen Streit mit der katholischen Kirche, der viel schärfere Formen annimmt als der Kirchenkonflikt der dreißiger

Jahre. Der sogenannte „Kulturkampf", von Bismarck und seinem Kultusminister Falk mit schärfsten Mitteln gegen die katholische Kirche geführt, gewinnt dem preußischen Staat und dem Reichskanzler die Sympathien der Freisinnigen in Deutschland und in ganz Europa. Die öffentliche Meinung steht zum weitaus überwiegenden Teil auf Seiten des Staates.

### Der Kulturkampf

25  Der Kulturkampf beginnt 1871 mit der Auflösung der katholischen Abteilung des preußischen Kultusministeriums. Es folgen dann durch eine Reihe von Jahren weitere Schläge gegen die Kirche: der Kanzelparagraph, der dem Staate ermöglicht, mißliebige Geistliche vor Gericht zu ziehen, das Schulaufsichtsgesetz, die Verweisung der Jesuiten und dann aller Orden, außer denen, die Krankenpflege treiben, die „Maigesetze" (auf das ganze Reich ausgedehnt), in denen der Staat die kirchliche Strafgewalt einschränkt, den Kirchenaustritt erleichtert und den Geistlichen ein „Kulturexamen" vorschreibt, die Einführung der obligatorischen Zivilehe, das Sperrgesetz, das die Geistlichen durch Entziehung ihrer Einkünfte zur Unterwerfung zwingen soll. Die Paragraphen der preußischen Verfassung, die einen Schutz der kirchlichen Selbstverwaltung und Vermögensverwaltung enthalten, werden aufgehoben. Die Sekte der Altkatholiken, die nach dem Vatikanischen Konzil entstanden ist und das Unfehlbarkeitsdogma ablehnt, wird anerkannt und ihr Bischof vom Staate besoldet. 1878 sind von 12 Bistümern in Preußen nur drei besetzt; sechs Bischöfe waren vom Staate abgesetzt. In mehr als 1000 katholischen Pfarrgemeinden fehlen die Seelsorger und wird kein Gottesdienst gehalten. Die katholische Zentrumspartei führt in den Jahren des Kulturkampfes einen heftigen parlamentarischen Kampf gegen Bismarck. Ihr Führer Windthorst (1811—91, Niedersachse, Mitglied des hannoverschen Landtages und Justizminister in Hannover, seit 1867 Abgeordneter des Kreises Meppen im Reichstag) ist einer der schärfsten, zähesten und geistig bedeutendsten Gegner Bismarcks, ein glänzender Redner und geschickter Taktiker. Um die Zentrumspartei für sein Zollprogramm zu gewinnen, beginnt Bismarck seit 1879 den Kulturkampf abzubauen. Falk wird entlassen. Die Wahl des Erzbischofs von Perugia, Graf Pecci, zum Papst, als welcher er unter dem Namen Leo XIII. 1878 den Stuhl Petri besteigt, öffnet auch von kirchlicher Seite den Weg zur Verständigung. Mit großem diplomatischen Geschick bahnt der neue Papst Verhandlungen an, die Bismarck über den Münchner Nuntius Masella führt. Die Kulturkampfgesetze werden schrittweise abgebaut; 1887 ist die alte Rechtslage im wesentlichen wiederhergestellt.

In Frankreich ist die Kirche nach 1871 mit den royalistischen Kreisen verbündet, wodurch die Dritte Republik immer enger an die liberalen Parteien gebunden wird. Erst in den neunziger Jahren nähern sich die Katholiken, auf Empfehlung Leos XIII., der Republik; sie können aber den Ausbruch des Kampfes zwischen Staat und Kirche nicht mehr verhindern, der unter den Ministerien Combes und Rouvier 1901 bis 1907 zur völligen Trennung von Staat und Kirche, Einziehung des Kirchenvermögens, Auflösung und Verbot kirchlicher Genossenschaften und Orden, Verweltlichung der Schule und Verbot religiöser Betätigung in Armee und Marine führt.

In seinem Mutterland England nimmt der Liberalismus seit den sechziger Jahren mehr und mehr die Form einer sozialen Reformbewegung und einer großen Volkspartei an. Seine wirtschaftlichen Forderungen sind erfüllt, kulturpolitische hat er in England seit dem 18. Jahrhundert kaum noch durchzufechten, da die geistige Freiheit gesichert ist. Neben der Frage des Wahlrechts ist es die irische Frage, die in Großbritannien Konservative und Liberale trennt, da die Liberalen unter der Führung Gladstones, des „großen alten Mannes", Selbstregierung (Home Rule) für Irland vorschlagen. Es gelingt ihnen nicht, ihre Vorschläge im Unterhaus durchzusetzen, da die liberale Partei sich spaltet und die Unionisten (die für die Beibehaltung der Union mit Irland und gegen Homerule sind) mit den Konservativen gehen (Kabinett Salisbury).

In Rußland breitet sich der Liberalismus seit den Reformjahren um 1860 an den Universitäten, in der bürgerlichen Intelligenz und selbst im Hochadel aus. In dem noch absolutistisch regierten Reich, dessen geistiges Leben von der Orthodoxen Kirche überwacht wird, nimmt der Liberalismus bald sehr radikale Formen an und nähert sich der sozialistischen, ja selbst der anarchistischen und nihilistischen (alles verneinenden) Bewegung.

*Demokratie*

26 Die Lehre von der Volkssouveränität, nach der alles Recht und jede Regierungsgewalt vom Volke auszugehen haben, führt bereits im Verlaufe der Großen Revolution in Frankreich dazu, daß die Herrschaft in der Republik zeitweise auf die Massen des Volkes übergeht. Auf der Zustimmung der Massen der Arbeiter, Bauern, Kleinbürger, die in Volksabstimmungen (Plebisziten) unmittelbar über die Verfassungsfragen entscheiden, beruht auch das Kaisertum Napoleons I. Während der Restaurationszeit und in der Julimonarchie werden diese Kräfte zurückgedrängt, es regieren wieder die privilegierten und die besitzenden Schichten. Das Jahr 1848 aber zeitigt neue demokratische Bewegungen, die der Prinz Louis Napoléon Bonaparte ausnützt, die Republik zu stürzen und ein neues plebiszitäres Kaisertum zu gründen. Sein Beispiel wirkt vorbildlich auf Otto von Bismarck, der 1862 an die Spitze des preußischen Ministeriums tritt, gegen den Willen der Landtagsmehrheit die Heeresreform durchführt und in der Verfassung des Norddeutschen Bundes 1867 das allgemeine, gleiche und geheime Wahlrecht gewährt, wie es ihm der Sozialist und Arbeiterführer Ferdinand Lassalle geraten hatte. Das demokratische Wahlrecht wird 1871 auf das gesamte Reich ausgedehnt, so daß Deutschland durch Jahrzehnte zwar keine parlamentarische Regierung, aber das demokratischste Wahlrecht neben den Vereinigten Staaten hat.

In Großbritannien hatte schon in der ersten Jahrhunderthälfte eine demokratische Bewegung eingesetzt. Ihre Wortführer, die „Chartisten", forderten das allgemeine Wahlrecht und damit die politische Gleichberechtigung der Industriearbeiter. Die Liberalen übernehmen die Wahlrechtsforderungen der Chartisten und erweitern in den großen Reformbills der sechziger Jahre das Wahlrecht, das 1872 durch die Einführung der geheimen Stimmabgabe weiter demokratisiert wird. 1884/85 wird das Wahlrecht nochmals erweitert, das Wahlsystem durch die Beseitigung der Unterschiede in den Wahlkreisen (Borroughs und Grafschaften) vereinfacht. Noch immer aber ist ein Drittel der erwachsenen Männer ohne Stimmrecht, da dieses an den Besitz einer eigenen Wohnung gebunden ist und alle Untermieter, Schlafgänger und bei Verwandten wohnende Junggesellen ausgeschlossen sind. Mindestens ebenso bedeutend wie die Wahlrechtserweiterung ist aber die Einführung der Selbstverwaltung (Selfgovernment) für die Grafschaften (den deutschen Landkreisen ungefähr entsprechende Verwaltungsbezirke). Die obrigkeitliche Verwaltung durch Beamte und Polizei wird fast zur Gänze durch ein Selbstverwaltungssystem ersetzt, nach dem die Bevölkerung aus ihrer Mitte die Organe der öffentlichen Verwaltung beruft, sie kontrolliert und sie absetzen kann. Die beamteten Friedensrichter werden 1888 abgeschafft, auch ihre Befugnisse auf die alle drei Jahre zu wählenden Grafschaftsräte übertragen. Die Städte über 50 000 Einwohner und Großlondon erhalten eigene Grafschaftsräte.

### Volksbildung und demokratische Lebensform

27 Auch in Österreich und Italien, in den skandinavischen und niederländischen Staaten kommt es zu einer stufenweise durchgeführten Erweiterung des Wahlrechts und zur Einbeziehung immer größerer Massen in das politische Leben. Auf dem Kontinent stehen aber fast überall die Sozialdemokraten an der Spitze der Wahlrechtsbewegung, während der festländische Liberalismus im Gegensatz zu dem englischen die Lehre vertritt, daß „Besitz und Bildung" zur Regierung berufen seien, da nur bei ihnen die Voraussetzungen und vor allem das Gefühl der Verantwortung gegeben seien. Während daher der festländische Liberalismus von den demokratischen Massenparteien überrollt wird, entwickelt sich in Großbritannien erst spät eine politische Arbeiterpartei. Die britischen Arbeiter stehen bis zum ersten Weltkrieg größtenteils in den Reihen der Liberalen.

Die Ausdehnung des Wahlrechts von einer bevorrechteten Führungsschicht, die nie mehr als wenige tausend Wähler zählte, auf Millionen von Stimmberechtigten und die Ausgestaltung der demokratischen Selbstverwaltung der Gemeinden und Verwaltungsbezirke sind aber nur eine Seite der Demokratisierung des Lebens. Die Fortschritte im Kampf gegen das Analphabetentum, das in den südeuropäischen Ländern und in Rußland noch sehr weit verbreitet war, befähigen die Massen der Arbeiter und Bauern, am öffentlichen Leben und der Bildung der öffentlichen Meinung in einem weit stärkeren Maße teilzunehmen als bisher. Die Verbesserung des Volksschulwesens, Einführung des Schulzwanges, Schaffung einheitlicher Staatsschulen waren dem Wirken der Liberalen zu danken, ihre Nutznießer sind aber vor allem die Parteigänger der radikalen Demokratie geworden. Die Erzeugung von Holzschliffpapier und der Rotationsdruck verbilligen die Zeitungen, so daß sie auch für die unteren Volksschichten erschwinglich werden. Durch eine gröbere Schreibweise machen sie sich ihnen verständlich. Zu den Zeitungen kommen die volkstümlichen Zeitschriften, die Flut von politischen, halbwissenschaftlichen oder scheinwissenschaftlichen Broschüren, aus denen die Massen ihre Bildung schöpfen. Das Vereinswesen breitet sich, nachdem die rechtlichen Beschränkungen für die Zulassung weltanschaulich gebundener, volksbildnerischer und politischer Vereine gefallen sind, üppig aus. Auf dem Weg über Vereine und Gesellschaften nehmen weite Kreise der Bevölkerung Anteil an der Bildung des politischen Willens (Turnvereine, Schützenvereine, Gesangvereine vor allem).

Der Demokratisierung der europäischen Völker stehen noch immer Klassen- und Standesgrenzen, gesellschaftliche Vorurteile, Unterschiede des Lebensstils hindernd im Wege. Seit dem Siege der Nordstaaten im amerikanischen Bürgerkrieg beginnt der demokratische Stil Amerikas in Europa als Vorbild zu wirken. Die aristokratischen Lebensformen des vereinsstaatlichen Südens sind durch den Bürgerkrieg zerstört worden. Die demokratische Gleichheit, wie sie im Norden herrscht, wird zum nationalen Ideal des freien Amerika. Durch die sprachliche Verwandtschaft wirkt sie auf England ein. Amerikanische Schriftsteller, wie der Lyriker Walt Whitman oder der Soziologe Henry George („Fortschritt und Armut" 1880), wirken in England revolutionierend. Zwischen Deutschland und Amerika gibt es sehr enge persönliche und geistige Beziehungen, seit zahlreiche deutsche Demokraten nach der Niederlage der 48er Revolution nach Amerika ausgewandert und dort zum Teil, wie Carl Schurz, zu sehr hohen Staatsstellungen aufgerückt, oder doch, wie der österreichische Bauernbefreier Hans Kudlich und andere Emigranten, zu bürgerlichem Wohlstand gelangt sind. Zwar ist ein Teil der deutschen „48er" nach der Reichsgründung zu Bismarck übergegangen, der diese alten Demokraten gern heranzog (Miquel, Becker, Lothar Bucher u. a.), ein anderer aber bleibt den Idealen der Demokratie treu und sieht sie vor allem in Amerika verwirklicht. Die weitverbreiteten und vielgelesenen Schriften von Johannes Scherr predigen, allerdings mit einem sehr bezeichnenden Zugeständnis an rassische Vorurteile, daß nur die germanischen Völker fähig seien, echte Volksherrschaft zu begründen, daß nur sie die Freiheit wirklich lieben und daß einzig die Schweiz und die Vereinigten Staaten von Amerika Vorbilder germanischer Demokratie seien. Die freimütige Kritik der Presse an der Regierung und den Mißständen des öffentlichen Lebens, der ungezwungene Umgangston zwischen den verschiedenen gesellschaftlichen Schichten, die Möglichkeit des freien Zugangs zu den höchsten Ämtern für jeden Staatsbürger, das sind demokratische Grundsätze, die der europäische Mensch in den Staaten verwirklicht sieht und deren Übernahme in das politische und gesellschaftliche Leben des älteren Kontinents seit der Jahrhundertmitte immer entschiedener gefordert wird.

## Allgemeine Wehrpflicht

**28** Zur Verbreitung demokratischer Gedanken und Forderungen hat nicht zum wenigsten der Grundsatz der allgemeinen Wehrpflicht beigetragen, die seit den sechziger Jahren im größten Teil Europas eingeführt wird. In der Großen Revolution wiedergeboren, von den preußischen Reformern und von dem österreichischen Generalissimus Erzherzog Karl übernommen, ist sie von den liberalen Parteien in ihrer Bedeutung für die Verwirklichung echter Volkssouveränität nicht erkannt worden. In der Restaurationszeit geht man in den meisten Staaten wieder zum System des stehenden Heeres mit langer Dienstzeit (bis zu 12 und mehr Jahren) über. Die besitzenden und gebildeten Schichten genießen das Vorrecht, vom Kriegsdienst befreit zu werden. Selbst in Preußen gerät die volkstümliche Landwehr in Verfall und wird von den Linientruppen des stehenden Heeres peinlich abgesondert. Die preußische Heeresreform, die von den Liberalen als volksfeindlich angesehen wird, weil sie die Landwehr als eigene Truppe beseitigt und nur als zweite Reserve des stehenden Heeres beibehält, birgt daneben auch einen, von den Liberalen nicht erfaßten, demokratischen Gedanken, indem sie eine größere Zahl von Staatsbürgern zur Waffenausbildung heranzieht und dem demokratischen Ideal des „Volkes in Waffen" näherkommt. Frühzeitig folgert der Sozialist Friedrich Engels, der eigentliche Stratege und Taktiker der Revolution unter den marxistischen Theoretikern („The General"), daß durch die Verwirklichung der allgemeinen Wehrpflicht und die Einberufung von Millionen Reservisten im Kriege die Eroberung der Staatsmacht durch die Arbeitermassen vorbereitet werde. In seinem Geiste fordern in Deutschland August Bebel und in Frankreich Jean Jaurès („La nouvelle armée") die Ausbildung aller waffenfähigen Männer im Heeresdienst, Verkürzung der Dienstzeit, Beseitigung aller Schranken, die dem Aufstieg der Mannschaftspersonen zum Offizier im Wege stehen („Einjährig-Freiwilligen"-Dienst mit der Anwartschaft zum Reserve-Offizier für die Absolventen höherer Schulen), und Übergang zum Milizsystem, wie es in der Schweiz verwirklicht ist. Nicht Einschränkung der Wehrpflicht und Abrüstung, sondern Übergang zur allgemeinen Volksbewaffnung ist die Forderung der Demokraten. Die Siege der preußischen, großenteils aus Reservisten bestehenden Heere in den Feldzügen von 1866 und 1870, die Tatsache, daß die französischen Volksheere im Herbst 1870 den Deutschen weit größere Schwierigkeiten bereitet haben als die Armeen des Kaiserreichs in den vorangegangenen Schlachten, nicht zuletzt auch hier wieder das Beispiel der Vereinigten Staaten und die Siege der Yankee-Heere über die Kavaliere der Südstaaten im Bürgerkrieg, haben aber auch die regierenden Schichten in Europa und vor allem die Berufsmilitärs zur Einführung der allgemeinen Wehrpflicht veranlaßt. Die Gefahren, die das System mit sich bringen konnte, hat man weder in den regierenden noch in den revolutionären Kreisen erkannt. Jene unterschätzten die Bedeutung der Volksbewaffnung für die Revolutionierung der Massen, diese die Gefahren plebiszitärer Diktaturen, die sich auf die fanatisierten und militärisch gedrillten Massen stützen können.

Die französische Heeresreform setzt unmittelbar nach 1866 ein, da man mit einer baldigen Auseinandersetzung mit Preußen rechnen zu müssen glaubt. Ihr Organisator, Napoleons III. bedeutendster Militär, Marschall Niel, stirbt noch vor der Vollendung der Reform, die 1870 bei Ausbruch des Krieges nicht abgeschlossen ist. Österreich führt Ende der sechziger Jahre unter dem Eindruck seiner schweren Niederlage die allgemeine Wehrpflicht mit dreijähriger Dienstzeit ein (Leiter der Reform: Kuhn, John, Beck, Erzherzog Albrecht). Auch Rußland ist im Zuge der Reformen Alexanders II. zwischen dem Krimkrieg und dem russisch-türkischen Krieg von 1877 zu Heeresreformen geschritten, die sein Kriegswesen den westeuropäischen Formen angleichen. Nur Großbritannien bleibt bei dem alten System des Söldnerheeres, da die Sicherheit der Insel durch die britische Seeherrschaft gewährleistet ist. Die Schweiz modernisiert zwar ihr Heerwesen, hält aber am System der Volksmiliz fest, bei dem der Wehrmann Uniform und Waffen in seinem Hause aufbewahrt und nur zu kurzer Ausbildung und Übungen einberufen wird.

### Republik und Monarchie

29 Die Forderung nach Demokratie im Sinne der uneingeschränkten Souveränität des gesamten Volkes wird im 19. Jahrhundert auf dem europäischen Festland fast immer mit der Forderung nach der republikanischen Staatsform verbunden, obwohl sich England, das Mutterland der abendländischen Demokratie, unter dem konstitutionellen Königtum ohne Schwierigkeiten zu einem vom Volke regierten Staatswesen entwickelt hat, während in Frankreich aus der Republik zweimal die Diktatur hervorgegangen war.

Der Aufstand der Pariser Arbeiter (Commune) im Frühjahr 1871 hat das Vertrauen in die republikanische Staatsform sehr bald wieder erschüttert. Die Wahlen ergeben eine monarchistische Mehrheit, und der Präsident Thiers wird von dem Marschall MacMahon abgelöst, der sich selbst als Platzhalter des Königs betrachtete. Mit dem letzten Bourbonen Heinrich (V.), dem in Österreich lebenden Enkel Karls IX., wird wegen der Übernahme der Krone verhandelt, die Vorbereitungen für seinen Einzug in Paris sind getroffen, da scheitert die Wiederherstellung des Königtums an der Flaggenfrage. Der Prätendent will nicht in die Beibehaltung der Trikolore, die Parlamentsmehrheit nicht in die Wiedereinführung des Lilienbanners einwilligen. Seit 1876 sind die Republikaner im Vordringen, 1879 wird Mac-Mahon gestürzt, und die Republik erhält in Jules Grévy den ersten republikanischen Präsidenten. Das Wort Republik wird offiziell seit 1875 gebraucht („Präsident der Republik"). Im gleichen Jahre wird die Verfassung der dritten Republik durch das „Gesetz über die Organisation der öffentlichen Gewalten" festgelegt. Die Rechte des Präsidenten der Republik sind so geregelt, daß er jederzeit durch einen Monarchen ersetzt werden könnte. Nach dem Tode des Grafen Heinrich von Chambord 1883 wird von sämtlichen Royalisten der Graf Louis Philippe von Paris, aus der orléanistischen Linie des Königshauses, als Prätendent anerkannt. 1886 werden die Prätendenten und ihre

Erben aus Frankreich ausgewiesen. Die Korruptionsaffären der neunziger Jahre (vor allem der Panamaskandal), die Dreyfusaffäre und das Aufflammen nationalistischer Ideen führen noch einmal zu einer schweren Krise der Republik, die erst 1899 durch die Bildung des Ministeriums Waldeck-Rousseau beigelegt wird, in dem alle republikanischen Parteien und die Sozialisten (Millerand) vertreten sind. In der Dreyfusaffäre ging es um die Schuld oder Unschuld des jüdischen Hauptmanns Alfred Dreyfus, den man des Verrates militärischer Geheimnisse beschuldigte. Dreyfus wurde verurteilt und auf die Teufelsinsel verbannt. Die öffentliche Meinung der Welt nahm an dem Fall leidenschaftlichen Anteil und war jahrelang in Dreyfusards und Antidreyfusards gespalten. Es stellte sich heraus, daß die Dreyfus belastenden Dokumente gefälscht und ein Major Esterhazy der Schuldige war. Zola griff mit seiner Broschüre „J'accuse" (Ich klage an) in den Kampf ein. Aber erst im dritten Prozeß wurde, nach zwölf Jahren, Dreyfus freigesprochen und rehabilitiert.

Die Entstehung der Dritten Republik in Frankreich belebt zunächst auch in anderen Staaten die republikanischen Bestrebungen, die fast überall mit den sozialdemokratischen verschmelzen. Sie führen in Spanien zu einer republikanischen Episode (1873/74), bleiben dagegen in den übrigen Ländern bedeutungslos. In Italien fügen sich die Anhänger Mazzinis der Monarchie, weil das Haus Savoyen das Sinnbild der nationalen Einheit ist. Der Verfall der öffentlichen Moral in der Dritten Republik hat gegen Ende des Jahrhunderts die republikanischen Neigungen in ganz Europa abflauen lassen und insbesondere weite Kreise der Sozialisten bewogen, sich in der Frage der Staatsform neutral zu verhalten, da die „bürgerliche Republik" nicht mehr als ein Fortschritt gegenüber der konstitutionellen Monarchie angesehen wird.

*Sozialismus*

30   Die letzten Jahrzehnte des 19. Jahrhunderts stehen aber vor allem im Zeichen des scheinbar unaufhaltsamen Anwachsens der sozialistischen Arbeiterbewegung. Sie löst den Liberalismus als politische Kraft ab. Die Demokratie wird mit dem Begriff des Sozialismus verbunden, so daß es gegen Ende des Jahrhunderts neben der Sozialdemokratie nur noch eine sehr bescheidene Gruppe bürgerlich-liberaler Demokraten gibt. Millionen von Industriearbeitern erwarten von dem neuen Jahrhundert den Sieg der sozialistischen Idee über die bürgerliche Gesellschaft. Millionen Besitzender zittern vor der sozialen Revolution.

Der moderne Sozialismus ist dreifachen Ursprungs. Er hat eine religiös-konservative, eine gesellschaftlich-ökonomische und eine philosophische Wurzel. Gegen Industrialisierung, Verelendung der Arbeiter, Verschärfung der sozialen Gegensätze und Verflachung oder Entsittlichung des modernen Lebens wenden sich frühzeitig religiöse und „utopische" Sozialisten (vor allem in Frankreich), Konservative, die sich auf die bessere Ordnung der Gesellschaft im Mittelalter berufen (vorwiegend in Deutschland), und christliche Reformer, die eine Beseitigung des proletarischen Elends für ihre Gewissenspflicht halten. Diese Männer (z. B. Graf St. Simon, Fourier, Proudhon, Enfantin in Frankreich, Weitling, Kolping in Deutschland, Owen in England) haben das Verdienst, die Gewissen geweckt, die „soziale Frage" aufgerollt und die erste Anregung zu Arbeiterschutzgesetzen (z. B. in England) gegeben zu haben. Nach der Revolution von 1848, während der zum erstenmal in Frankreich der Versuch mit Nationalwerkstätten gemacht wird, suchen vor allem deutsche Sozialreformer wie Schulze-Delitzsch (1808—83) die soziale Frage durch Selbsthilfe-Organisationen der Arbeiter (Genossenschaften) zu lösen, ähnlich wie es die Bauern in den von Raiffeisen gegründeten Spar- und Darlehenskassen und bäuerlichen Genossenschaften getan hatten. Gegen Schulze-Delitzsch wendet sich Ferdinand Lassalle aus Breslau (1825—64), der 1863 den Allgemeinen deutschen Arbeiterverein gründet, als dessen Präsident er eine ausgesprochen autoritäre Stellung einnimmt. Lassalle hält die Lösung der sozialen Frage nur durch das Eingreifen des Staates für möglich und vertritt ein nationales und staatssozialistisches Programm.

Die soziale Ursache des Sozialismus als Massenbewegung ist in der raschen und starken Vermehrung schlecht bezahlter und in menschenunwürdigen Verhältnissen lebender Lohnarbeiter und vor allem in ihrer Ansammlung in großen Städten und Industriegebieten zu suchen. Seit den dreißiger Jahren, vor allem aber während der Revolution von 1848, ist es in Frankreich, Deutschland und in anderen Industrieländern zu Streiks (Arbeitsniederlegung), Hungerunruhen, gebietsweise begrenzten Aufständen (Weberunruhen in Lyon, in Schlesien und Böhmen) und endlich während der Verfassungskämpfe zu revolutionären Aktionen der Arbeiter (Paris, Baden, Wien, Niederrhein) gekommen. Das am Vorabend der Revolution erschienene „Kommunistische Manifest", vom Bunde der Kommunisten in Brüssel herausgegeben, von Marx und Engels verfaßt, spielt bei der Revolutionierung der Arbeiter eine große Rolle.

*Marxismus*

31 Mit dem Auftreten von Karl Marx (1818—83, Sohn eines Rechtsanwalts aus Trier) und Friedrich Engels (1820—95, Sohn eines Fabrikanten aus Barmen-Elberfeld) setzt die „Entwicklung des Sozialismus von der Utopie zur Wissenschaft" (Engels), der sogenannte wissenschaftliche, besser der revolutionäre, Sozialismus ein. Marx und Engels, aufs stärkste beeinflußt durch die Lehren des Philosophen Hegel, zeitweise der Gruppe der Junghegelianer zugehörig, leiten ihre Lehre unmittelbar aus der Philosophie ab, und zwar sowohl aus dem deutschen Idealismus (Kant-Fichte-Hegel) als auch aus der materialistisch-positivistischen Philosophie der Engländer und Franzosen. Sie wollen die philosophischen Lehren, vor allem Hegels „Dialektik" (Lehre von der Entwicklung des Geistes in Widersprüchen: These-Antithese-Synthese), auf die wirtschaftliche und gesellschaftliche Entwicklung anwenden („Die Philosophen haben die Welt nur verschieden erklärt, es kommt aber darauf an, sie zu verändern"). Ihr philosophisches System nennen sie „dialektischen Materialismus", ihre Geschichts-

auffassung „historischen Materialismus". Im Kommunistischen Manifest haben sie ihre Lehren zu einer Reihe überaus wirksamer Parolen zusammengefaßt und volkstümlich dargestellt. Alle bisherige Geschichte sei eine Geschichte von Klassenkämpfen. Jede Gesellschaft bringe, wenn ihre Produktivkräfte im Rahmen der gesellschaftlichen Ordnung nicht mehr entwicklungsfähig sind, in ihrem Schoße die revolutionären Kräfte hervor, die sie sprengen. Mit der bürgerlich-kapitalistischen Ordnung sei jene Entwicklungsstufe erreicht, von der es nur noch den „Sprung aus dem Reiche der Notwendigkeit in das Reich der Freiheit" gebe. Das Proletariat (die industriellen Arbeiter) könne sich nur befreien, indem es den Privatbesitz an den Produktionsmitteln (Grund und Boden, Fabriken, Bergwerken usw.) aufhebe, die kapitalistischen „Enteigner" ihrerseits enteigne und die klassenlose kommunistische Gesellschaft begründe, in der sich sämtliche Produktionsmittel im Besitz der Gesamtheit der Arbeitenden befinden. Um dieses Ziel zu erreichen, müssen die Proletarier aller Länder sich zusammenschließen und jede revolutionäre Bewegung ausnützen, die Umwälzung der bürgerlichen Ordnung weiterzutreiben, den Staat zu zersetzen und für die revolutionäre Übergangsperiode die Diktatur des Proletariats zu errichten, die sich von selbst in die herrschaftslose kommunistische Gemeinschaft verwandeln werde, wenn die Enteignung durchgeführt und die reaktionären Elemente der Gesellschaft entmachtet seien. Diese Lehre — meist kurz Marxismus genannt — ist zugleich fatalistisch, weil sie die gesellschaftliche Entwicklung zum Kommunismus als naturgesetzlich, unausweichlich, wissenschaftlich beweisbar oder bereits bewiesen hinstellt, sie ist aber zugleich messianisch, indem sie die Ärmsten und Rechtlosen, Machtlosen und Verachteten als Werkzeug einer Entwicklung bezeichnet, durch die sich die Menschheit aus dem Zustand der Versklavung durch die ökonomischen „Verhältnisse" befreien und zu dem von den Philosophen ersehnten Stand der wirklichen Freiheit emporschwingen soll, indem sie ihre Geschichte selbst macht.

1864 gründet Marx in London, wo er sich dauernd niedergelassen hat, die Internationale Arbeiterassoziation (Erste Internationale). Sie zerfällt nach dem deutsch-französischen Krieg infolge des Zwiespaltes der deutschen und französischen Sozialisten, aber auch der theoretischen Gegensätze, die mit dem Aufstand der Pariser Commune 1871 aufgeworfen wurden. Die Communarden haben es nach Marx versäumt, die bürgerliche Staatsmaschinerie zu zertrümmern, haben aber ein erstes heroisches Beispiel für die überall durchzufechtende proletarische Revolution gegeben. In Wahrheit scheitert die Commune daran, daß sie sich auf die Hauptstadt beschränkt, während das ganze Land sie ablehnt, daß sie sich durch scheußliche Morde (Geisel-Erschießungen; unter den Ermordeten befindet sich auch der Erzbischof von Paris) befleckt und den Widerstand aller Gesitteten heraufbeschwört und daß sie nicht imstande ist, die beschlagnahmten Fabriken auch in Gang zu halten. Sie wird durch die Regierungstruppen („Versailler") unter General Gallifet niedergeworfen, worauf dann freilich der gegenrevolutionäre Terror wahllos gegen alle Arbeiter wütet.

Tausende werden standrechtlich erschossen (an der „Mauer der Conföderierten" auf dem Friedhof Père Lachaise), Tausende gehen auf Jahre in die Strafkolonien.

In Deutschland gewinnt nach Lassalles Tod (er fällt 1864 im Zweikampf mit einem rumänischen Junker bei Genf) die marxistische Richtung in der Arbeiterbewegung die Oberhand. 1869 gründen August Bebel (1840—1913, Sohn eines Unteroffiziers aus Ostrowo, früh verwaist, auf Wanderschaft in Berührung mit der katholischen Gesellenbewegung, Drechslermeister in Leipzig und Abgeordneter im Norddeutschen Reichstag) und Wilhelm Liebknecht (1826—1900, aus Hessen stammend, Akademiker, 1849 am badischen Aufstand beteiligt, dann in London mit Marx eng befreundet) in Eisenach die Sozialdemokratische Arbeiterpartei, aus der sie die Lassalleaner ausschließen. Im Programm machen sie ihnen viele Zugeständnisse. Die Anhänger Lassalles halten unter der Führung von Johann Baptist Schweitzer einige Jahre noch ihre eigene Organisation, dann vereinigen sie sich nach Schweitzers Rücktritt 1875 auf dem Parteitag in Gotha mit den Sozialdemokraten. Das Gothaer Programm wird von Marx und Engels wegen seiner Zugeständnisse an die lassalleanische Richtung bekämpft. Die Sozialdemokratie nimmt infolge der rasch fortschreitenden Industrialisierung Deutschlands einen mächtigen Aufschwung. Im Jahre 1878 werden rasch hintereinander zwei Attentate auf den greisen Kaiser Wilhelm begangen. Die Täter, Hödel und Nobiling, gehören der Sozialdemokratischen Partei nicht an. Trotzdem legt die öffentliche Meinung die Anschläge, bei deren zweitem der Kaiser schwer verletzt worden war, den Sozialisten zur Last. Bismarck löst den Reichstag auf und setzt in dem neugewählten Parlament das Gesetz „gegen die gemeingefährlichen Bestrebungen der Sozialdemokratie" (Sozialistengesetz) durch. Trotz der Unterdrückung der sozialdemokratischen Organisationen und ihrer Presse, der Ortsverweisung und Überwachung, Inhaftierung und Aburteilung zahlreicher Agitatoren der Partei wächst die Zahl der für die sozialdemokratischen Kandidaten abgegebenen Stimmen weiter (1887: 763 000, 1890: 1 427 300 Stimmen). Nach Bismarcks Sturz wird das Gesetz 1890 nicht mehr verlängert. 1891 gibt sich die Partei ein streng marxistisches Programm, dessen geistiger Urheber Karl Kautsky ist (1850 in Prag geboren). Gegen den Radikalismus Bebels, Liebknechts und Kautskys wendet sich die bayerische Sozialdemokratie mit ihrem Führer Georg Freiherr von Vollmar.

## *Radikalismus und Anarchismus*

*32* Die Verfolgung der Arbeiterbewegung in einzelnen Ländern zeitigt radikale Strömungen, die theoretisch mit der gemäßigten Sozialdemokratie lange Jahre im Streit liegen, praktisch den Zerfall ihrer Organisationen herbeiführen und ihre Durchsetzung mit Spitzeln und Provokateuren fördern. Die Radikalen fordern den gewaltsamen Umsturz der bestehenden Ordnung und zur Erreichung dieses Zieles die unmittelbare Aktion. Nicht nur politische Streiks, sondern auch Morde und Terrorakte sollen die Herrschenden einschüchtern und die

Revolution vorbereiten. In Rußland, wo sich die an Zahl noch sehr kleine Gefolgschaft der Sozialisten eng an die bürgerlich-liberalen Gegner des Zarismus und an philosophische Strömungen (Slawophile) anlehnt, die der gesamten westlichen Kultur den Untergang verkünden, erscheint der Radikalismus in der Form des „Nihilismus", also einer alles verneinenden Richtung. Zahlreiche Attentate und Morde kennzeichnen seinen Weg. Der Zar-Befreier Alexander II. wird 1881 durch einen Bombenanschlag ermordet. Unter seinem Nachfolger, dem mißtrauischen Alexander III., versucht man, die revolutionäre Bewegung durch strenge Polizeimaßnahmen zu unterdrücken, wobei aber auch alle geistigen Bestrebungen durch eine kleinliche Zensur geknebelt werden. In den romanischen Ländern entsteht neben dem Sozialismus der Syndikalismus, der den Staat völlig verneint und den Weg zum Sozialismus über die Aktion in den Betrieben und den Zusammenschluß der Arbeiter nicht in großen Gewerkschaftsverbänden, sondern in Betriebsverbänden (Syndikaten) fordert. Er artet vielfach zum gewalttätigen Anarchosyndikalismus aus. Daneben wird von Geheimorganisationen und Verschwörerzirkeln der Anarchismus verbreitet, der jede Herrschaft, also praktisch jedes Regieren, jeden gesetzlichen Zwang und jede Ordnung ablehnt. Er will durch politische Morde die Not der Armen an den Mächtigen der Erde rächen und diese einschüchtern. Das letzte Jahrzehnt des 19. Jahrhunderts und der Beginn des 20. sind durch eine Reihe anarchistischer Mordtaten gekennzeichnet (Präsident Sadi Carnot 1894, Kaiserin Elisabeth von Österreich 1898, Präsident McKinley und König Humbert von Italien 1901). Vor allem Italien ist eine Brutstätte des terroristischen Anarchismus.

*Gewerkschaften — Genossenschaften*

33 Für die Entwicklung der Arbeiterbewegung nach dem Zusammenbruch der Ersten Internationale werden die beruflichen und wirtschaftlichen Organisationen der Arbeiter von entscheidender Bedeutung. In England, und später auch in den festländischen Industriestaaten, hatten sich seit der Jahrhundertmitte größere Gewerkschaften (Trade Unions) gebildet, denen es in zum Teil sehr langwierigen Kämpfen mit Behörden und Gerichten gelungen war, das Koalitionsrecht der Arbeiter (Recht auf Zusammenschluß) und schließlich auch das Streikrecht durchzusetzen. Der Zusammenschluß erfolgt meist auf beruflicher Grundlage, im Gegensatz zu den Syndikaten, die auf dem Zusammenschluß aller Arbeiter eines Betriebes beruhen. Die Gewerkschaften und Gewerkschaftsverbände der einzelnen Länder nehmen mit denen anderer Staaten Fühlung auf, und es kommt auch hier zu einem internationalen Zusammenschluß. Durch die Gewerkschaften sind die Arbeiter in die Lage versetzt, die Waffe des Streikes im Kampf um höhere Löhne und bessere Arbeitsbedingungen planmäßig und mit geringerem Risiko anzuwenden. Die Gewerkschaft zahlt Streikunterstützung, führt gelegentlich Sympathiestreiks anderer Arbeitergruppen durch und hält den Zuzug von Streikbrechern fern. Über die Frage des politischen Generalstreiks, also der völligen Arbeitsniederlegung aller Berufsgruppen, wird inner-

halb der Arbeiterbewegung jahrzehntelang heftig diskutiert, ohne daß man zu einer völlig einheitlichen Auffassung kommt. Neben den Freien Gewerkschaften, die zwar Arbeiter aller Richtungen aufnehmen, tatsächlich aber der marxistischen Theorie verbunden und mit der Sozialdemokratie in enger Verbindung sind, entstehen sehr bald Christliche Gewerkschaften und solche auf liberaldemokratischer (in Deutschland „Hirsch-Dunckersche") und nationaler Grundlage. Auch die Unternehmer bemühen sich, von ihnen beeinflußte Arbeitervereine zu schaffen, die von den übrigen Gewerkschaften als „Gelbe" abgelehnt werden. Durch den Aufbau der Gewerkschaftsbewegung wird der Sozialismus nicht nur eine beachtliche Macht in der Wirtschaft und im Staate, sondern die Arbeiter werden auch selbst Herren über größere Kapitalien, was ihre Bedeutung und ihr Selbstbewußtsein stärkt.

Ebenfalls von England ist die Genossenschaftsbewegung der Arbeiter ausgegangen. Im Sinne der Gedanken des großen Sozialreformers Robert Owen haben die „Redlichen Pioniere von Rochdale" 1844 den ersten Konsumverein errichtet, der sich an folgende Grundsätze hielt: Barzahlung, Verkauf zu ortsüblichen Tagespreisen, religiöse und politische Neutralität, Zahlung einer Rückvergütung im Verhältnis zur Höhe des vom einzelnen Mitglied gemachten Einkaufs. In Deutschland beginnt um die Jahrhundertmitte mit dem Auftreten von Schulze-Delitzsch und V. A. Huber die Bildung von Konsumgenossenschaften, mit denen sich die Sozialdemokratie erst langsam befreundet. Führend werden in der Genossenschaftsbewegung neben England und Deutschland vor allem die skandinavischen Staaten und Belgien. Für die politische Arbeiterbewegung sind die Gewerkschaften und Genossenschaften auch insofern wichtig geworden, als sie den aus Arbeiterkreisen aufsteigenden politischen und schriftstellerischen Begabungen Unterschlupf gewährten. Die typische Laufbahn des sozialistischen Politikers führt in Mittel- und Westeuropa über die Anstellung im Konsumverein oder bei der Gewerkschaft (später auch in den Krankenkassen) zum Journalisten, Parteisekretär, Abgeordneten.

## Zweite Internationale

**34** Karl Marx, der Gründer der Ersten Internationale, stirbt 1883. Sein Freund und Mitarbeiter Friedrich Engels ist vermittelnd und beratend noch an den Vorarbeiten zur Gründung der Zweiten Internationale beteiligt gewesen. Sie unterscheidet sich von der Ersten wesentlich dadurch, daß sie nicht mehr kleine Verschwörergruppen, sondern große politische Parteien, mit starken parlamentarischen Vertretungen, zusammenfaßt und daß sie, trotz ihrer allgemeinen Verpflichtung auf das marxistische Programm, von Anfang an auch gemäßigte Elemente in ihren Reihen hat. Sie wird 1889 in Paris gegründet. Mit ihrer Gründung ist die Einführung der internationalen Feier des 1. Mai als eines Festtages der Arbeiterklasse verknüpft. Die Internationale stellt sich als erstes Nahziel die Erringung des 8-Stunden-Tages (8 stündigen Arbeitstages), dem auch die Demonstrationen am 1. Mai dienen sollen. Die Mai-Feier der Arbeiter wird sehr schnell volkstümlich, vor allem dort, wo die Polizei die Aufmärsche und Versammlungen unter freiem Himmel zu verhindern sucht. Seit Gründung der Internationale und Einführung der Maifeier setzt sich in der ganzen Welt die rote Fahne als das Abzeichen des revolutionären Sozialismus und der internationalen Solidarität durch. Sie wird in Kampfliedern der Arbeiter besungen. Die internationale Hymne des Sozialismus wird die von dem Franzosen Pottier nach dem Text des Flamen de Geyter komponierte „Internationale" (L'Internationale sera le genre humain = Die Internationale wird die Menschheit sein). Daneben werden in den einzelnen Ländern noch andere, bald sehr volkstümliche Kampflieder gesungen, in Deutschland zum Beispiel: Das Lied der Arbeit (Andreas Scheu), Sozialistenmarsch, Arbeiter-Marseillaise. So entsteht mit einer bestimmten Überlieferung und Denkart der organisierten Industriearbeiter auch ein gewisser Ritus für das politische Leben und die Feste der Sozialisten.

## Katholische Sozialreform

**35** In den Anfängen der deutschen Arbeiterbewegung spielt Adolf Kolping, der Gründer der katholischen Gesellenvereine, eine bedeutende Rolle. Mehr als 400 Kolpingshäuser als Mittelpunkt des geselligen Lebens und der Fürsorge für die Gehilfen und Wanderburschen sind aus seiner Gründung entstanden. In den sechziger Jahren wird der deutsche Katholizismus von dem mächtigen Strom sozialen Aufbauwillens erfaßt, der durch ganz Deutschland geht. Der schon 1848 hervorgetretene Emanuel von Ketteler (1811—1877) veröffentlicht als Bischof von Mainz 1869 das Werk „Die Arbeiterfrage und das Christentum". In einer weiteren Schrift „Die Katholiken im Deutschen Reich" stellt er eine Reihe von Forderungen auf, die für die Sozialpolitik der nächsten Jahrzehnte bahnbrechend geworden sind: Sonntagsruhe und Begrenzung der Arbeitszeit, gesetzlichen Schutz der Arbeiterkinder und -frauen gegen Ausbeutung, gesetzlichen Schutz der Gesundheit und Sittlichkeit der Arbeiter, Überwachung der sozialen Schutzmaßnahmen durch staatliche Inspektoren. Die von Ketteler gegründeten christlich-sozialen Vereine sollen zunächst Arbeiter aller christlichen Konfessionen aufnehmen, werden aber nach der Gründung der evangelischen Arbeitervereine auf Katholiken beschränkt (1882). Die zahlreichen Gewerkvereine christlicher Arbeiter werden 1899 im Gesamtverband der Christlichen Gewerkschaften zusammengefaßt. Die katholischen Bestrebungen zur Reform der Gesellschaft erhalten dann in allen Ländern Richtung und Ziel durch die Enzyklika „Rerum Novarum" des Papstes Leo XIII. vom Jahre 1891. Der Papst wendet sich darin ebenso entschieden gegen Klassenkampf und Materialismus wie gegen die Entartung der bürgerlichen Gesellschaft im Kapitalismus. Jeder Mensch habe ein Recht auf Besitz, nicht nur „an Dingen, die mit dem Gebrauch verzehrt werden, sondern auch an solchen, die trotz des Gebrauchs fortbestehen". Das Sondereigentum sei die materielle Grundlage der Persönlichkeit und der Familie. Der Papst fordert aber auch „eine der Billigkeit mehr entsprechende

Verteilung der Besitzgüter" und wendet sich gegen die Spaltung des Volkes in „eine übermächtige, weil überreiche Partei auf der einen Seite, die durch ihre Beherrschung der ganzen Industrie und der Marktlage alle kapitalschaffenden Kräfte zu ihrem persönlichen Gewinn ausnützt und sogar entscheidenden Einfluß auf die Staatsangelegenheiten ausübt", und in „eine besitz- und einflußlose Menge auf der anderen Seite". Die Lösung der sozialen Frage könne nicht das Werk der Kirche allein sein, sondern Staat, Gesellschaft, Arbeitgeber und Arbeitnehmer müßten zusammenwirken. Leo XIII. fordert die Arbeiter zur Selbsthilfe auf und warnt vor einem Staatssozialismus, der die Menschenwürde gefährden müßte. Die päpstliche Bulle erregt größtes Aufsehen und beeinflußt nicht nur das Denken kirchlicher Kreise und der katholischen Arbeiterbewegung, sondern zwingt auch den marxistischen Sozialismus zur Auseinandersetzung mit der katholischen Sozialreform.

## *Evangelische Reformbestrebungen*

36 Johann Hinrich Wichern ruft 1848 die Innere Mission ins Leben, um die karitativen Kräfte auch in der evangelischen Kirche stärker anzuregen. In Horn bei Hamburg gründet er das Rauhe Haus, ein Heim für verwahrloste Kinder. Zahlreiche Diakonissenhäuser und Herbergen entstehen. In den siebziger Jahren beginnt man, durch das Werk Kettelers angeregt, sich auch in evangelischen Kreisen mit der sozialen Reform zu beschäftigen. Der Nationalökonom Adolf Wagner wirkt bahnbrechend für diesen Gedanken. Der von ihm gegründete Zentralverein für soziale Reform löst sich allerdings wieder auf, nachdem die Kaiserliche Botschaft zur Arbeiterfrage ergangen ist. Der Hofprediger Adolf Stöcker (1835—1909) gründet 1890 den Evangelisch-sozialen Kongreß, dessen Leitung später Adolf von Harnack übernimmt. Stöcker vertritt zeitweise sehr weitgehende Forderungen, wobei allerdings zu dem sozialen Gedanken sehr gefährliche nationalistische Ideen treten. 1882 werden evangelische Arbeitervereine gegründet, die sich aber im Meinungsstreit stark zersplittern. Von christlichen Grundsätzen geht zum guten Teil die Sozialreformbewegung in England aus. Der englische Liberalismus ruht unter Gladstones Führung vorwiegend auf der christlichen Moral. Christliche Sozialideen spielen bei der Gründung der Fabian Society (1883) eine Rolle. Unter Führung von Sidney und Beatrice Webbs erlangen die Fabier bedeutenden Einfluß auf die britische Gesetzgebung.

## *Katheder- und ästhetischer Sozialismus*

37 Gegen die liberalen Lehren von der notwendigen Unabhängigkeit der Wirtschaft vom Staate vertreten verschiedene Volkswirtschaftler, in denen zum Teil die Gedanken des weitblickenden, tragisch verstorbenen Friedrich List (gest. 1846) fortleben, die Auffassung, daß der Staat angesichts der brennenden sozialen Nöte die Wirtschaft nicht völlig frei gewähren lassen dürfe. Sie fordern

Arbeiterschutzgesetze, vor allem — wie schon Ketteler — Begrenzung der Arbeitszeit, der Frauen- und Kinderarbeit, Sonntagsruhe, Betriebshygiene. In Deutschland sind vor allem Adolf Wagner und Gustav Schmoller in diesem Sinne tätig. Ihre liberalen Gegner hängen diesen akademischen Vorkämpfern der Sozialreform die hämische Bezeichnung „Kathedersozialisten" an. Der Kathedersozialismus ist keine bestimmte Richtung, sondern man umfaßt mit diesem Wort alle von der Wissenschaft herkommenden parteipolitisch nicht festgelegten Vorkämpfer der Sozialreform. Heinrich Herkner, der Freiherr von Vogelsang, der aus Schwaben stammende und in Österreich als Staatsmann wirkende Schäffle, der Österreicher Heinrich Rauchberg können als die bedeutendsten Vertreter dieses Kathedersozialismus gelten.

Der englische Schriftsteller William Morris (1834—1896), der auch als Maler und Kunsthandwerker tätig und als Gründer einer bedeutenden Druckerei, der Kelmscott Press, bahnbrechend für einen neuen Buchstil ist, fühlt sich von der Häßlichkeit der Industriegebiete abgestoßen. Aus ästhetischen und erst in zweiter Linie sittlichen Gründen kämpft er gegen die Industriestädte, das Wohnungselend der Arbeiter, den Kulturverfall und die Armseligkeit des proletarischen Lebens. In seinen Schriften fordert er Auflockerung der Siedlung, Anlage von Gartenstädten und das Recht auf menschenwürdiges Wohnen für die Arbeiter. Um ihn und die Kelmscott-Press bildet sich ein Kreis von Gleichgesinnten, der, obwohl aus anderen Gründen, in der gleichen Richtung wirkt wie die Fabier-Gesellschaft, die in dem jungen anglo-irischen Schriftsteller und Satiriker George Bernard Shaw einen äußerst wertvollen Mitkämpfer erhält. Zahlreiche Schriftsteller in ganz Europa beginnen sich seit den siebziger Jahren für sozialistische Gedanken oder doch für eine gemäßigte Gesellschaftsreform einzusetzen. Emile Zola in Frankreich, Henrik Ibsen in Norwegen, Graf Leo Tolstoi in Rußland, die „literarischen Revolutionäre" in Deutschland (Arno Holz, Gerhart Hauptmann, Karl Henckell, Wilhelm Bölsche) stellen sich in entscheidenden Fragen an die Seite der sozialistischen Arbeiter.

### *Die nationale Bewegung in Frankreich*

38  Seit die Große Revolution in Frankreich den Gedanken der Volkssouveränität auf die Tagesordnung der Geschichte gesetzt hat, gewinnt die nationale Idee immer mehr an Boden. Sie wirkt sich in der politischen Geschichte als Nationalstaatsidee aus, d. h. als die Forderung, daß jede Nation ihren Staat besitzen, jede Nation in einem einzigen Staat vereint sein und die Staaten untereinander als geschlossene Nationalstaaten abgegrenzt sein sollen. Der Italiener Giuseppe Mazzini verficht im Vormärz (dem italienischen Risorgimento) den Nationalstaatsgedanken, der in der folgenden Periode, von Napoleon III. zum europäischen Ordnungsgrundsatz erhoben, eine Reihe großer Kriege entfesselt. Geistesgeschichtlich gesehen tritt die nationale Idee im 19. Jahrhundert mehr und mehr an die Stelle der Religion. Der Liberalismus und die materialistisch-positivistische Philosophie nehmen den Massen zwar den alten Glauben, vermögen ihn

aber nicht durch ein neues Menschheitsideal zu ersetzen, da hiezu die Voraussetzungen an Bildung und Sicherheit des Daseins fehlen. So tritt, bei den großstädtischen Massen vor allem, an die Stelle der Religion der Glaube an die eigene Nation, ihre Auserwähltheit und ihre geschichtliche Sendung. Die gleichen Kräfte, die der Ausbreitung des demokratischen Gedankens dienen, voran die Presse, fördern auch die Ausbreitung des Nationalismus.

Die Niederlage von 1870/71 und der Sturz Frankreichs als führende Macht des europäischen Festlandes verletzen das hochentwickelte Ehrgefühl der Nation aufs tiefste. Seit dem Kriege nimmt die Bevölkerungszahl in Frankreich nicht mehr zu, während sie in Deutschland rasch ansteigt, so daß das Kräfteverhältnis zwischen beiden Völkern immer ungünstiger für die Franzosen wird. Die Bismarck'sche Politik isoliert Frankreich, gewährt andererseits der französischen Kolonialpolitik Rückendeckung gegen England. Trotzdem flammt in den achtziger Jahren in Frankreich das Verlangen nach Vergeltung (Revanche) wieder auf. Der Wortführer des revanche-lüsternen Nationalismus wird der General Georges Boulanger, 1886/87 Kriegsminister der Republik. Nach seiner Entlassung als Minister wird Boulanger Politiker und hat vor allem in Paris großen Zulauf. Allgemein erwartet man, daß er die Diktatur ergreifen und Deutschland den Krieg erklären werde. Boulanger zögert jedoch und wird von den vereinigten republikanischen Parteien geschlagen, worauf er ins Ausland flieht und 1891 in Brüssel Selbstmord begeht. Ist „la Boulange" im Grunde doch nur eine aufregende Episode der französischen Politik, so wirken andere Strömungen mehr in die Tiefe. Der Schriftsteller Paul Deroulède gründet 1880 die Patriotenliga, die den nationalistischen Gedanken propagiert. Zwar wird die Liga 1889 aufgelöst, ihre Gedanken aber bleiben lebendig. Der eigentliche Theoretiker des französischen Nationalismus wird Maurice Barrès, dessen Programmschrift „Un homme libre" 1889 erscheint. Ein Jahrfünft später gründet er die Zeitschrift „La Cocarde", und in den neunziger Jahren entwickelt er seine Rassenlehre in einer großen Romantrilogie „L'énergie nationale". Der französische Nationalismus betont das Romanische gegenüber dem Fränkisch-germanischen, das Klassische gegenüber dem Romantischen. So tritt dieser französische „Rassismus" in schärfsten Gegensatz zu der Rassenlehre des ebenfalls französischen Grafen Gobineau (1816—1882), dessen 1853—1855 zuerst erschienener „Essai sur l'inégalité des races humaines" die „arische Rasse" als Edelrasse und Schöpferin jeglicher Kultur herausstellt. Von ihm geht zum Teil der deutsche Nationalismus aus.

### Der Nationalismus in Deutschland

39 Entzündet sich der französische Nationalismus an der Niederlage und der Revanche-Idee, so der deutsche an dem gewaltigen Machtaufschwung, den das neugegründete Reich erlebt. Er tritt anfangs noch in enger Verbindung mit dem preußischen Patriotismus und den nationalliberalen Überlieferungen auf. In den achtziger Jahren erhält er durch den heftigen Konkurrenzkampf zwischen

dem Kleinbürgertum und dem Großkapital einen antisemitischen Einschlag. Die Kreise um den Hofprediger Stöcker wenden sich gegen das Judentum und kommen damit trüben Instinkten der kleinen Leute entgegen, die in den Juden die eigentlichen Kapitalisten und damit die Schuldigen am Niedergang der Mittelschichten erblicken. Nicht weniger gefährlich ist die Spielart des deutschen Nationalismus, die auf österreichischem Boden entsteht. Von den jahrhundertealten Bindungen an das Reich und das deutsche Gesamtvolk abgeschnitten, begreifen große Teile der österreichischen Intelligenz und des Kleinbürgertums nicht mehr den Sinn des übernationalen österreichischen Staatsgedankens und der deutschen Aufgabe, gemeinsam mit den kleinen Völkern des Donauraumes die europäische Kultur nach dem Südosten vorzutragen. Sie hoffen auf den Zerfall der Monarchie und wünschen den Anschluß der deutsch-österreichischen Gebiete an das Reich der Hohenzollern. Daß die Zerstörung Österreich-Ungarns einen europäischen Krieg entfesseln und dauernde Unruhe schaffen würde, wie es der Tscheche Palacky 1848 ausgesprochen und Bismarck 1866 in Nikolsburg seinem König vorausgesagt hat, verstehen diese „Alldeutschen" nicht. Ihr Wortführer ist der aus dem niederösterreichischen Waldviertel stammende Georg Ritter von Schönerer. Wenn nicht alldeutsche, so doch großdeutsche, auf die Wiedervereinigung Deutschösterreichs mit dem Reiche gerichtete Gedanken finden aber auch in andere politische Lager, so insbesondere in das sozialdemokratische, Eingang. Die österreichische Sozialdemokratie hat sich 1889 auf dem Parteitag zu Hainfeld aus gemäßigten und radikalen Gruppen gebildet. Ihr Führer, der Wiener Armenarzt Dr. Viktor Adler, kommt wie sein Freund Engelbert Pernerstorfer aus dem deutschnationalen Lager. Unter Schönerer werden die Deutschnationalen sehr bald antisemitisch und antikatholisch. Da sie die Gegenreformation für das Unglück Österreichs halten, fordern sie ihre Anhänger unter dem Kampfruf „Los von Rom!" zum Übertritt von der katholischen zur evangelischen Kirche auf. Außerdem hetzen sie die Massen gegen die Juden auf. Ein — allerdings konfessionell gefärbter — Antisemitismus greift auch in der christlich-sozialen Partei um sich, die Dr. Karl Lueger in Opposition gegen die alte klerikale Partei geschaffen hat und die vor allem kleinbürgerliche Kreise Wiens erfaßt. Der deutsche Liberalismus, der Österreich 1867—1879 politisch geführt hat und in den achtziger Jahren gesellschaftlich noch tonangebend gewesen ist, wird in den neunziger Jahren von den nationalistischen Kleinbürgerparteien niedergeritten.

### Nationalismus gefährdet Österreich

**40** Das Vordringen des Nationalismus und der Nationalstaatsidee ist eine tödliche Gefahr für die übernationalen Staatsgebilde auf dem Boden Mittel- und Osteuropas, vor allem für Österreich-Ungarn. Die Nutznießer der österreichischen Niederlage im Jahre 1866 sind im Donauraum die Madjaren gewesen. Sie erreichen im „Ausgleich" von 1867 die Teilung der Habsburger Monarchie in zwei Staaten, das Königreich Ungarn und die „im Reichsrat vereinigten

Königreiche und Länder". Beiden Reichshälften sind nur die Außenpolitik, das k. u. k. Heer, die Kriegsmarine und die Zollpolitik gemeinsam. In der ungarischen (transleithanischen) Reichshälfte sind die Madjaren die herrschende Nation, neben der lediglich die Kroaten eine bescheidene Autonomie im kroatischen Landtag besitzen. Gegenüber den versöhnlichen Tendenzen der madjarischen Ausgleichspartei und ihres Führers, des bedeutenden Staatsmannes Franz Deák, setzen sich sehr bald nationalistische Bestrebungen durch, die auf die Entnationalisierung der Nationalitäten Ungarns (Slowaken, Deutsche, Rumänen, Serben, Ruthenen) abzielen. In der cisleithanischen Reichshälfte sind die Deutschen dank ihrer wirtschaftlichen Macht und höheren Bildung zunächst noch führend, doch haben sie kein ausgesprochenes Übergewicht gegenüber den slawischen Völkern. Die Tschechen, verbittert über den Ausgleich, der ihnen vorenthält, was er den Madjaren gewährt, entsenden zunächst keine Abgeordneten in den Reichsrat. Sobald sie diese Absenzpolitik aufgeben, ist die deutschliberale Führung im Staate erschüttert. Ein Versuch, auch Böhmen eine ähnliche Sonderstellung wie Ungarn zu gewähren, (das föderalistische Zwischenspiel Hohenwart-Schäffle; „Fundamentalartikel") scheitert am Einspruch Ungarns. 1879 aber bildet sich eine Koalition der Deutsch-Klerikalen mit Tschechen und Polen, der „Eiserne Ring" unter dem Ministerpräsidenten Grafen Taaffe, der 14 Jahre lang am Ruder bleibt. Den Nationalitäten, vor allem den Tschechen, werden wichtige Zugeständnisse gemacht (tschechische Mehrheit im böhmischen Landtag, Teilung der Prager Universität in eine deutsche und eine tschechische 1882, u. a.). Inzwischen entwickelt sich auch im tschechischen Lager eine nationalistische Partei, die Jungtschechen, die in den neunziger Jahren die konservativen Alttschechen unter Rieger (dem Schwiegersohn Palackys) beinahe aufreiben.

Die Südgrenze Österreichs wird dauernd von der Bewegung der Italia irredenta bedroht, deren Forderungen nicht nur auf die Lostrennung des italienischsprechenden Trentino und der Stadt Triest, sondern auf die Einverleibung rein slawischer Gebiete, wie Istrien und Dalmatien, in das Königreich Italien abzielen. Trotz dem Bündnis mit der Donaumonarchie duldet das offizielle Italien das Treiben der nationalistischen Irredenta. Als der Fanatiker Oberdank wegen zweier Anschläge auf das Leben des Kaisers Franz Joseph hingerichtet wird, bereiten ihm nicht nur irredentistische Vereine, sondern offizielle Kreise Italiens demonstrative Ehrungen. Die wahre Schicksalsfrage Österreichs aber ist nach seiner Verdrängung aus Deutschland und Italien die südslawische Frage. Der Ausgleich von 1867 erschwert ihre Lösung, indem er Kroatien und Slawonien an Ungarn, Dalmatien an die österreichischen Länder anschließt. In den siebziger Jahren wird durch die ununterbrochenen Unruhen in Bosnien und der Herzegowina das weitere Schicksal dieser türkischen Provinzen spruchreif. Zehntausende christliche Bosnier überschreiten als Flüchtlinge die kroatischslawonische Grenze und müssen von Österreich erhalten werden. Im Berliner Kongreß erhält die Monarchie ein Mandat der Mächte zur dauernden Besetzung Bosniens und der Herzegowina (1878). Infolge der Unterstützung der mohammedanischen Insurgenten durch reguläre türkische Truppen ist ein regelrechter Feldzug nötig, um das Land zu besetzen. Die Provinzen beruhigen sich aber sehr bald, und die österreichische Verwaltung erzielt unter der umsichtigen Leitung des Ministers Kallay beachtliche Erfolge. Ungelöst bleibt allerdings die wichtigste Frage, das Agrarproblem. Noch immer ist der Großteil des Bodens in den Händen mohammedanischer Grundherren (Begs) während die christlichen Kleinbauern Not an Land haben. Der Gegensatz zwischen den katholischen Kroaten und den orthodoxen Serben wirkt sich störend aus. Von dem Fürstentum Montenegro, das sich bei der Lösung der bosnischen Frage übergangen fühlt, wird die großserbische Propaganda nach Bosnien und Dalmatien getragen. Das Fürstentum (später Königreich) Serbien dagegen ist unter seinem König Milan (aus dem Hause Obrenović) mit Österreich verbündet. Da der weitaus größere Teil der Südslawen seit 1878 im Rahmen der Monarchie lebt, wäre die Vereinigung der südslawischen Stämme unter dem Szepter der Habsburger die natürliche Lösung der südslawischen Frage. Daß die österreichische Politik dies, solange es möglich gewesen wäre, versäumt hat, liegt vor allem an den zwiespältigen Interessen, die Wien und Budapest verfolgen. Das Okkupationsgebiet hat staatsrechtlich neben den beiden Reichshälften eine Sonderstellung, so daß die Serbokroaten in der Monarchie auf drei verschiedene Staatsgebiete aufgeteilt sind. Die unklaren Verhältnisse im österreichischen Südosten, die unentschiedene Politik der Monarchie und der Gegensatz zwischen Wien und Budapest führen schließlich dazu, daß die Südslawen nicht in Österreich, sondern in Rußland ihren Beschützer sehen und die Verwirklichung ihrer Einigungswünsche von dem serbischen „Piemont" außerhalb der Monarchie erhoffen.

### Die Nationen in Rußland

41  Auch das russische Kaiserreich ist ein von zahllosen kleinen Völkern bewohnter übernationaler Staat. Seit mit der französischen Bildung und den liberalen Strömungen Westeuropas auch der Nationalismus in Rußland eingedrungen ist, vor allem seit der Reformära Alexanders II., beginnen die Nationen in Rußland Schwierigkeiten zu machen. Bis dahin hatte es lediglich eine polnische Frage gegeben, und der polnische Aufstand von 1863 hätte beinahe zu einem liberalen „Kreuzzug" und europäischen Krieg geführt, wenn nicht Bismarck den Interventionsgelüsten Napoleons III. schärfsten Widerstand entgegengesetzt hätte. Nun werden auch die gebildeten Schichten des Großrussentums vom Geist des Nationalismus erfaßt. Teils äußert er sich als Panslawismus und verbindet sich mit religiösen Missionsideen wie mit revolutionären Strömungen, teils tritt er als großrussischer Nationalismus mit deutlicher Tendenz gegen die übrigen Völker des Reiches, vor allem gegen Polen, Ukrainer, Litauer und Deutsche auf. Der großrussische Nationalismus erweckt ähnliche Bestrebungen bei den Ukrainern und den übrigen slawischen Nationalitäten. Hauptträger der panslawistischen Ideen ist die „slawische Wohltätigkeitsgesellschaft" (1858 gegründet). Die geistigen Führer des Panslawismus sind Michael Katkow,

Iwan Aksakow und insbesondere N. J. Danilewskij, der 1871 das Buch „Rußland und Europa" veröffentlicht.

### Bismarcks Entlassung

42 Obwohl sich Bismarck bei der Errichtung der preußischen Vorherrschaft in Deutschland und der Gründung des preußisch-deutschen Reiches revolutionärer Methoden bedient und insbesondere demokratische und nationalistische Gedanken gegen die konservativen Mächte ausgespielt hat, gelingt es ihm nach 1871, die von ihm entfesselten Gewalten weitgehend einzudämmen und das Deutsche Reich zur stärksten Stütze der erhaltenden Kräfte Europas zu machen. Indem er in der Reichsverfassung dem demokratisch gewählten Reichstag lediglich gesetzgeberische Rechte einräumt, die politische Führung des Reiches dem Kanzler als Organ des Bundesrats und einzig dem Kaiser verantwortlichen Beamten vorbehält, indem er endlich in Preußen an der Vorherrschaft der Junkerkaste nicht rütteln läßt, hat er dem Deutschen Reich eine sehr komplizierte innere Ordnung gegeben, deren schwere Mängel erst sichtbar werden sollten, als mit dem Rücktritt des Kanzlers die entscheidende Stelle im System umbesetzt wurde. Als stärkste Militärmacht des Festlandes, als wirtschaftlich mächtig emporstrebender Staat ist das Deutsche Reich, außenpolitisch durch Bismarcks Bündnissystem gedeckt, der Hort der monarchisch-konservativen Ideen. In den achtziger Jahren hat Bismarck endlich durch die Begründung eines großen sozialpolitischen Gesetzeswerkes den Kampf gegen Sozialismus und Demokratie aus dem Bereich bloß polizeilicher Abwehrmaßnahmen in den wirklicher Lösungsversuche gerückt. Mit dem Gedanken der Arbeiterversicherung tritt seit der kaiserlichen Botschaft von 1881 die Sozialpolitik des Deutschen Reiches, die sehr bald anregend und vorbildlich für das übrige Europa wird, in ein neues Stadium ein.

1888 stirbt 91 jährig Kaiser Wilhelm I. und wenige Monate später der an Kehlkopfkrebs seit 1886 erkrankte nunmehrige Kaiser Friedrich III. Mit 29 Jahren besteigt sein Sohn als Wilhelm II. den preußischen Thron und übernimmt die Führung des Deutschen Reiches. Zwischen dem überaus ehrgeizigen, in mancher Hinsicht genial veranlagten, aber unausgeglichenen und im Grunde seines Wesens unsicheren jungen Kaiser, dem es an Erfahrung und Selbstzucht mangelt, und dem selbstherrlichen greisen Kanzler kommt es bald zu Konflikten. Sie beziehen sich auf Formfragen (Königliche Kabinettsorder über das Recht des Monarchen, Vorträge der Ressort-Minister unter Umgehung des Ministerpräsidenten anzufordern), auf die Frage der Sozialpolitik (Wunsch des Kaisers, als „sozialer Monarch" die Massen durch großzügige Zugeständnisse zu versöhnen) und auf außenpolitische Meinungsverschiedenheiten (Rückversicherungsvertrag mit Rußland). Im März 1890 wird der Kanzler nach einer kurzen Krise vom Kaiser in brüsker Form zur Niederlegung seiner Ämter gezwungen. Sein Nachfolger wird der kluge, aber politisch unerfahrene General von Caprivi. Bismarck zieht sich grollend nach Schloß Friedrichsruh im Sachsenwald zurück, von wo aus er über private Verbindungen und in der Presse heftige Kritik an der Regierung Wilhelms II. übt.

Der Sturz Bismarcks, sein Bruch mit dem Kaiser, die schwankende Politik, die das Reich nun betreibt, erschüttern nicht nur Deutschland, wo die Mängel der auf Bismarck zugeschnittenen Verfassung nun sichtbar werden, sondern ganz Europa, dem außenpolitisch eine führende Persönlichkeit mangelt und das in dem Kampf mit den zerstörenden Kräften des Nationalismus keinen festen Mittelpunkt mehr besitzt. Das ist zum Teil bereits den Zeitgenossen bewußt geworden.

## 4. Das geistige Gesicht des späten 19. Jahrhunderts

*43* Die Zunahme der Bevölkerung und die Bildung wenig gegliederter Massen, die rasche Weiterentwicklung von Technik und Industrie, der Sieg des bürgerlichen Lebensstils über den aristokratischen, die Verwandlung der materialistisch-positivistischen Philosophie in die Weltanschauung der Halbgebildeten und ihre Umsetzung in primitive Schlagworte für die völlig Ungebildeten, endlich die Überwindung romantischer Denkformen durch einen nüchternen Wirklichkeitssinn und die Ablösung der Geisteswissenschaften durch die reine Naturwissenschaft in der führenden Stellung im geistigen Leben, sind die bestimmenden Züge im Antlitz der Kultur des späten 19. Jahrhunderts. Allerdings entwickeln sich im Schoße der Gesellschaft bereits geistige Gegenkräfte, und die jüngere Generation setzt sich neue Ideale. Aber erst nach der Jahrhundertwende werden diese Ideale weithin sichtbar und diese Kräfte tatsächlich wirksam.

Das religiöse Leben, das durch ein Jahrtausend die Grundlage des Denkens und der künstlerischen Formenbildung gewesen war, spielt im Zeitalter der Industrie, der Großstadt und der proletarischen Massen nur noch eine untergeordnete Rolle. In die so entstandene Lücke treten die Massenleidenschaften und auf dem Umweg über Presse und Agitation die bis zur Unkenntlichkeit entstellten Lehren der Philosophie. Der Kunst ist ihr Mittelpunkt verlorengegangen. Es entstehen keine großen Stile mehr, sondern nur kurzlebige Formen, ohne Verbindlichkeit für das kulturelle Leben des Volkes. Im allgemeinen baut, malt und schreibt man bereits in Dutzenden von Stilen, deren Vorbilder man aus der Vergangenheit nimmt, ohne dabei zu bedenken, daß die neuen Materialien und die neue Arbeitsweise jenen überkommenen Formen widersprechen. So entsteht aus Gußeisen und Gußstahl, aus Backstein und Zement, Mörtel- und Gipsstukkaturen, aus Porzellanguß und anderen Reihenerzeugnissen jene Stilverwilderung, die mit Butzenscheibenlyrik, Tonmalerei, süßlichen Kolportageromanen und Öldrucken dem Bild der Gründerjahre, vor allem in Deutschland, den Stempel aufgedrückt hat.

## Religion und Wissenschaft

**44** Trotz dem Aufflammen des religiösen Gefühls im Zeitalter der Romantik, für das auf katholischer Seite in Frankreich Lamennais, in Deutschland Sailer und Katharina Emmerich, im protestantischen Bereich Schleiermacher, als typisch genannt seien, verliert die Religion als bewegende und gestaltende Kraft um die Jahrhundertmitte dauernd an Boden. Das Christentum hat nunmehr nicht gegen reformatorische Richtungen, Anfechtungen einzelner Lehrsätze oder gegen Irrlehren, sondern gegen den nackten Unglauben und die Areligiosität der Massen zu kämpfen.

Der Angriff der freisinnigen und atheistischen Kreise geht vor allem gegen den Katholizismus und seine strenggebundenen Dogmen. Soweit die religiösen Zweifel in die Kirche übergreifen und von Theologen vertreten werden, faßt man sie unter dem Gesamtnamen Modernismus zusammen. Man versteht darunter nicht einzelne wissenschaftliche Einwände gegen die Haltbarkeit kirchlicher Lehren, sondern die Tatsache, daß nicht wie bisher die Wissenschaft an dem unveränderlichen Maß der Offenbarung gemessen, sondern diese auf ihre Stichhaltigkeit an den Ergebnissen der wissenschaftlichen Forschungen geprüft wird. Die hauptsächlichen Einwände gegen die moderne Wissenschaft faßt Papst Pius IX. 1864 in dem Syllabus zusammen, der, in sehr scharfer Tonart gehalten, von der liberalen Welt als eine Kriegserklärung der Kirche an die gesamte moderne Kultur mißverstanden wird. Es sind vor allem drei, das gesamte wissenschaftliche Leben durchdringende Grundsätze, gegen die sich der Syllabus und die kirchliche Praxis wenden: Der von Kant herkommende Agnostizismus (die menschliche Vernunft reicht nicht aus, etwas Zureichendes über die jenseitigen Dinge auszusagen); die von Schleiermacher ausgehende Klassifizierung der Religion als eines reinen Gefühls, mit dem der Mensch nur in seinem Innenleben zu tun habe; und endlich die vom Historismus herkommende Entwicklungslehre, die behauptet, daß die religiösen Wahrheiten ebenso wie alle anderen Erkenntnisse des Menschen dem Wandel der Kulturen und Zeitalter unterworfen seien. Die Krise des Katholizismus wird vor allem in Frankreich offenbar, wo unter dem zweiten Kaiserreich zwar noch die Nachwirkungen von Lamennais in dem Werk von Lacordaire (gest. 1861) und Montalembert (1870) fühlbar sind, dann aber sehr bald Verfall und vor allem auch eine Spaltung der katholischen Kreise sichtbar werden. Gegen die bewegliche Richtung des Bischofs Felix Dupanloup (gest. 1878) von Orléans steht die unversöhnliche Gruppe um Louis Veuillot (gest. 1883). In Deutschland ist Ignaz Döllinger (1799—1890), als Kirchenhistoriker von größten Verdiensten, dem Katholizismus durch sein Eintreten für modernistische Grundsätze und vor allem gegen das Unfehlbarkeitsdogma gefährlich geworden. Gegen Ende des Jahrhunderts vertritt Alfred Loisy (geb. 1857) in Frankreich den Modernismus, während der Würzburger Theologe Hermann Schell (gest. 1906) sich der Verurteilung einiger seiner Grundsätze unterwirft und um die Auseinandersetzung zwischen Dogma und Wissenschaft wirklich Verdienste erwirbt. Die Ansätze einer neuscholastischen Philosophie reifen im 19. Jahrhundert nicht mehr aus.

### Der päpstliche Summepiskopat

**45** Zu den geistigen Gefahren treten für die katholische Kirche mit dem Niedergang der weltlichen Macht des Papsttums und der Säkularisierung aller geistlichen Herrschaften noch die Gefahren des äußeren Zerfalls. Ihnen sucht Pius IX. (1846—1878) durch die Verstärkung der päpstlichen Zentralgewalt und eine straffere Organisation der Kirche entgegenzuwirken. 1854 verkündet er das Dogma von der unbefleckten Empfängnis, zwar in einer Versammlung kirchlicher Würdenträger, aber ohne Befragung eines Konzils. Während das Dogma von der weltlichen Wissenschaft als Herausforderung angesehen und abgelehnt wird, fügt sich der größte Teil der Bischöfe ohne Widerspruch der päpstlichen Autorität. In den sechziger Jahren bereitet der Papst ein großes Konzil vor, das die Unfehlbarkeit des Oberhauptes der Kirche in Glaubens- und Sittenlehren zum Dogma erheben soll. Unter lärmenden Protesten der liberalen Presse tritt am 8. Dezember 1869 das Konzil im Vatikan zusammen (Vaticanum). Es ist von rund 700 Prälaten beschickt. In der 85. Generalversammlung des Konzils bejahen 451 von 601 Teilnehmern das Dogma der päpstlichen Unfehlbarkeit. Die Opposition reist ab, und am 18. Juli 1870 wird das Dogma mit 533 von 535 Stimmen angenommen. Damit ist der Summepiskopat des Papstes verwirklicht und ein bedeutsamer Sieg der Kurie über jede Art von Episkopalkirchentum, vor allem über den Gallikanismus errungen, der jahrhundertelang die Einheit der römischen Kirche bedroht hat. In Deutschland entsteht aus der Opposition einiger von Döllinger geführter Theologen die Sekte der Altkatholiken. Im übrigen aber nehmen Bischöfe und Laien in der Kirche das Dogma ohne Widerspruch an.

### Religiöses Leben im Volke

**46** In den Jahren heftigsten Kampfes der liberalen Wissenschaft gegen die Dogmenlehre und den Wunderglauben der Kirche ereignet sich 1858 die Marienerscheinung von Lourdes. Während die arme Bernadette Soubirous den Rest ihrer Tage in einem Kloster verbringt, wird aus Lourdes einer der größten Wallfahrtsorte der Welt, um die Wundergrotte entsteht bald übelste Geschäftsmache. Tiefste Frömmigkeit und echter Glaube, die immer wieder zu wunderbaren, durch keine Wissenschaft erklärbaren Heilungen führen, vermengen sich in Lourdes mit Jahrmarktsgeschrei, Fremdenreklame und leidenschaftlichem Meinungskampf der Parteien. Wissenschaft und Literatur bemächtigen sich des Stoffes. Emile Zola schreibt den Roman „Lourdes", der alle freidenkerischen Einwände zusammenfaßt. Aber die Schrift von Zolas katholischem Gegner Jorris Huysmans ist beinahe noch schärfer in der Verurteilung der Geschäftsmethoden, mit denen Lourdes aufgezogen wird. Dennoch haben der Wunderglaube und das religiöse Leben durch die Erscheinung und das heiligmäßige Ende des Mädchens Bernadette neue Stützen gefunden.

Seit 1868 erfährt der Herz-Jesu-Kult eine beachtliche Steigerung. Gegen Ende des Jahrhunderts ist es die Gestalt der kleinen Therese vom Kinde Jesu (gest. 1897), die dem religiösen Gefühl der Massen neue Nahrung gibt.

Nur wenige große Volksmänner ragen unter den Verteidigern des katholischen Glaubens in jener Zeit hervor. In Italien sammelt der große Pädagoge und Volkserzieher Don Bosco (gest. 1888) eine wachsende Gemeinde um sich. In Deutschland wirkt in die Tiefe und in die Breite Alban Stolz (1808–1883), Volksschriftsteller, Kalendermann, Sammler und Neugestalter der katholischen Legenden. Die größte Persönlichkeit, die der Katholizismus des ausgehenden Jahrhunderts neben Leo XIII. aufweist, ist aber John Henry Newman. 1801 geboren, 1845 zum Katholizismus übergetreten, wird er der „echte neuzeitliche Apologet der Kirche" (Lortz); als Prediger, Priester, Schriftsteller und Kardinal der Kirche wirkt er ebenso auf die Gebildeten und Mächtigen der Erde wie auf das Volk, eine durchaus aristokratische Erscheinung und ein demütiger Diener Gottes zugleich.

### Glaube und Wissenschaft in der evangelischen Kirche

**47** Weit stärker als der Katholizismus wird der Protestantismus aller Richtungen vom Geiste des Modernismus erfaßt. Insbesondere in Deutschland wirkt die Philosophie der Junghegelianer und des Materialismus tief in die Reihen der evangelischen Theologen und der protestantischen Bildungsschicht. Der Schwabe **David Friedrich Strauß** (1808–1874), der mit seinem Buch „Das Leben Jesu" (1835) ungeheures Aufsehen erregt hat, vollzieht 1872 mit der Bekenntnisschrift „Der alte und der neue Glaube" den Bruch mit dem Christentum. Inzwischen hat der **Franzose Ernest Renan** (1823–1892) mit seinem „Leben Jesu" (Vie de Jésus, 1863), einer mehr dichterischen als wissenschaftlichen Deutung der Erscheinung Christi, neue Unruhe in die Reihen des liberalen Christentums gebracht. Besser fundiert als jene Schrift ist sein Hauptwerk „Geschichte der Ursprünge des Christentums" (1869–1882). Im deutschen Protestantismus führt Albrecht Ritschl (1822 bis 1889), für den das Christentum „die spezifische Wirkung der überlegenen **Persönlichkeit Jesu Christi"** ist. In der Kritik des Alten Testaments gehen Julius Wellhausen und Hermann Gunkel voran, bis gegen Ende des Jahrhunderts aus dieser Kritik mit dem Auftreten von Friedrich Delitzsch der Babel-Bibel-Streit über den Vorrang der babylonischen oder der jüdischen Überlieferung entsteht. Wesentlich bestimmt wird das Jesusbild des liberalen Protestantismus durch die Schriften von Theodor Keim (1825—1878) und Heinrich Holtzmann (1832—1910). Im letzten Jahrzehnt des Jahrhunderts ist bereits der 1851 geborene Balte Adolf von Harnack, der 1892 die Schrift „Das apostolische Bekenntnis" veröffentlicht, der anerkannte Führer der liberalen protestantischen Theologie und zugleich einer der einflußreichsten Männer der deutschen Gelehrtenwelt. Von der Göttlichkeit Christi bleibt in Harnacks Theologie wenig mehr bestehen.

### Christliche Sekten

**48** Das Sektenwesen blüht vor allem in der angelsächsischen Welt, greift aber von da auf das europäische Festland über. Insbesondere gelingt dies der 1865 von William Booth (1829–1912) gegründeten Heilsarmee (Salvation Army), die militärische Disziplin, moderne Reklamemethoden und tätige Nächstenliebe sehr geschickt vereint und den Kampf gegen das Böse als regelrechten Feldzug mit General, Offizieren und Soldaten in Uniform führt. Ihre geschickte Geschäftsgebarung bringt es mit sich, daß sie nach wenigen Jahrzehnten über ein riesiges Vermögen verfügt. Die 1879 als Kirche organisierte „Christliche Wissenschaft" (Christian Science, im Volk unter dem Namen „Gesundbeter" bekannt geworden) verfolgt das Ziel, ein dogmenfreies Christentum zu begründen, das keinerlei Liturgie, Priester oder feste Lehre kennt, dagegen die Fähigkeit der Urkirche, Leiden zu heilen, zurückgewinnen möchte. Christian Science gründet sich vor allem auf die Persönlichkeit von Miß Mary Baker-Eddy, in deren Erscheinung bereits Massenführertypen des 20. Jahrhunderts vorweggenommen sind. Ihr Lehrbuch der Christlichen Wissenschaft wird 1891, im Widerspruch mit der Dogmenfreiheit der C. S., zu kanonischem Rang erhoben. Die Sekte verfügt über eine starke Presse („The Christian Science Monitor" und andere Blätter).

### Heidenmission und nichtchristliche Religionen

**49** Da die Mission im 19. Jahrhundert fast überall der Flagge folgt, haben die protestantischen Kirchen ein größeres Arbeitsfeld als die katholischen. Mit der Ausbreitung der britischen und deutschen Kolonialmacht dringen evangelische Missionare in Afrika, Asien und der Südsee vor. Die katholische Mission muß sich im wesentlichen auf das Herrschaftsgebiet Frankreichs beschränken; dessen Kolonialreich wird allerdings erst in jenen Jahrzehnten mächtig, da zwischen Staat und Kirche der Bruch schon vollzogen ist. Von katholischer Seite sind in der Mission hauptsächlich Jesuiten und Franziskaner tätig, zu denen die französische Gründung Lavigeries „Die weißen Väter" und in Deutschland die Steyler Missionsgesellschaft des göttlichen Wortes (Societas verbi divini, 1875) kommen.

Die nichtchristlichen großen Weltreligionen Chinas, Indiens und der arabischen Welt sind zwar von der großen Krise des Kampfes zwischen Glauben und Wissen nicht berührt, bringen aber in der Zeit der verfallenden Macht und sinkenden Kultur der alten asiatischen Reiche im 19. Jahrhundert keine gestaltenden Kräfte hervor. Lediglich im Islam macht sich mit dem Auftreten des Mahdi eine, freilich ganz ungeistige, auf äußere Macht und weltliche Freuden bedachte Bewegung bemerkbar. Nach seiner eigenen und der Lehre der ihm anhängenden Derwische ist der Mahdi eine Wiederverkörperung Mohammeds.

### Materialismus, Positivismus, Monismus

**50** Die Philosophie des 19. Jahrhunderts hat wenige neue Ideen hervorgebracht. Sie steht im wesentlichen auf der Grundlage des 18. Jahrhunderts und entwickelt die Lehren weiter, die aus dem Rationalismus (Vernunftphilosophie) hervorgegangen sind. An den idealistischen Zweig der Aufklärung (Kant) schließen über Fichte, Hegel und Schelling in der zweiten Hälfte des Jahrhunderts die Neukantianer an. Aus dem Materialismus und Sensualismus des 18. Jahrhunderts gehen der jüngere Materialismus und der Positivismus hervor. Eine neue Richtung stellt der Voluntarismus Schopenhauers dar, der im Willen das eigentlich Wirkliche erblickt.

Der Materialismus geht, wie schon im Altertum und im 18. Jahrhundert, von der Voraussetzung aus, daß der Materie eine eigene Gesetzlichkeit innewohne. Alles Leben sei nichts als Bewegung der Materie, deren kleinste Teilchen man in den Atomen, deren innere Ordnung man in den unveränderlichen chemischen Elementen und deren Verhaltungsweise man in den Gesetzen der klassischen Physik gefunden zu haben meint. Die materialistischen Philosophen des 19. Jahrhunderts haben diese Lehren lediglich durch Heranziehung neuer naturwissenschaftlicher Forschungsergebnisse ausführlicher begründet und in volkstümlichen Schriften weiterverbreitet. Dies gilt vor allem von Karl Vogt (1817—1895), der in der Frankfurter Paulskirche einen heftigen Kampf gegen die christlichen Kirchen führt, von dem Darmstädter Arzt Ludwig Büchner (1824—1899), dessen Buch „Kraft und Stoff" (1855) weiteste Verbreitung findet, und endlich auch von dem Holländer Jakob Moleschott (1822—1893), der als Physiologe seine materialistische Philosophie („Der Kreislauf des Lebens" 1852) auf die Lehre vom Stoffwechsel gründet.

Geistvoller als der platte Materialismus setzt sich der Positivismus mit der Welt auseinander. Er wendet sich gegen jede idealistische und religiöse Deutung des Weltgeschehens und fordert, daß die Philosophie lediglich sinnlich wahrnehmbare, meß-, wäg-, und rechenbare Erscheinungen, die allein als wirklich angesehen werden, zueinander in ein Verhältnis bringt. Der Positivismus braucht nicht unbedingt materialistisch zu sein, mündet aber meist in eine materialistische Deutung der Welt. Er gefährdet aber den Bestand der Philosophie als selbständige Wissenschaft, denn er weist ihr im Grunde nur die Aufgabe zu, die naturwissenschaftlichen Forschungsergebnisse in eine gewisse Ordnung zu bringen. Auguste Comte (1798—1857), der Begründer der positivistischen Philosophie und vor allem der Soziologie, im Grunde seines Wesens eine religiöse Natur, sieht im Positivismus nach der theologischen und der metaphysischen die dritte Erkenntnisstufe des Menschengeistes. In Deutschland vertritt den Positivismus in rein atheistischer Form Ludwig Feuerbach (1804—1872). Der bedeutendste Positivist ist der Engländer John Stuart Mill (1806—1873). Auch er geht von der Erfahrung aus, lehnt aber die Anwendung des Positivismus auf die Religion ab. J. S. Mill versucht auch eine positivistische Ethik (Utilitarismus = Nützlichkeitslehre) zu schaffen und hat Bedeutung als Nationalökonom und Sozialpolitiker. Die Darwinsche Entwicklungslehre und ihre Weiterbildung, vor allem durch Ernst Haeckel, geben der materialistischen und positivistischen Philosophie neue Anstöße. Haeckel selbst versucht seine naturwissenschaftlichen

Erkenntnisse philosophisch auszudeuten. Als der eigentliche Philosoph des Darwinismus kann Herbert Spencer (1828–1903) gelten (First principles, 1862; Principles of psychology, 1855; Pr. of biology, 1864–1867; Pr. of sociology, 1876–1896; Pr. of ethics, 1892/93). Er wendet den Entwicklungsgedanken auf alle Erscheinungen an, hütet sich aber, das Vorhandensein jenseitiger und von den Naturgesetzen unabhängiger Kräfte zu leugnen. In Deutschland versuchen die Darwinisten, voran Haeckel, aus der naturwissenschaftlichen Entwicklungslehre und dem älteren Materialismus eine neue volkstümliche Philosophie zu schaffen, den Monismus (Einheitslehre, weil die Trennung von Körper und Seele abgelehnt wird). 1899 veröffentlicht Haeckel seine Schrift „Die Welträtsel", in der er das monistische Glaubensbekenntnis niederlegt. Neben Haeckel ist Emil Dubois-Reymond (1818—1896), Professor der Physiologie in Berlin, der volkstümlichste Vertreter des Materialismus.

*Gegner des Materialismus*

51 Der Materialismus wird von den Erben der klassischen deutschen Philosophie angefochten. Der Neukantianer Friedrich Albert Lange (1828–1865) schreibt die am weitesten verbreitete und beste kritische „Geschichte des Materialismus" (1866, seither immer wieder neu aufgelegt). Andere Vertreter der neukantianischen Schule bemühen sich um die Weiterbildung der Erkenntniskritik und Erkenntnislehre. Sie betonen gegenüber den Naturwissenschaften den Wert des reinen Denkens. Zu dieser Richtung gehören insbesondere Otto Liebmann, Alois Riehl, der die Bedeutung der Werte für das geistige Leben betont, Hermann Cohen, der, sehr stark von Plato beeinflußt, eine scharfsinnige, aber einseitige Kantauffassung vertritt, Paul Natorp, der die Kantsche Ethik weiterbildet, Heinrich Rickert und Wilhelm Windelband, der die sehr wichtige Unterscheidung von Gesetzes- und Ereigniswissenschaften trifft.

Den Materialismus bekämpfen auch die Herbartianer, die Nachfolger des Pädagogen und Schöpfers einer besonderen Seelenlehre Johann Friedrich Herbart (1776—1841). Einen neuen Pantheismus lehrt Gustav Theodor Fechner (1801 bis 1887), für den das gesamte Weltall beseelt und die Geister der einzelnen Geschöpfe Organe des Allgeistes sind. Ein erfolgreicher Vorkämpfer des Idealismus ist Rudolf Eucken (1846–1926), der mit seinem Werk „Die Lebensanschauungen der großen Denker" (1890) eine wirksame Waffe gegen die volkstümlichen materialistischen Schriften schmiedet.

In seiner Zeit, in der die Naturwissenschaften vielfach das Recht in Anspruch nahmen, allein als Wissenschaft zu gelten, hat Wilhelm Dilthey (1833—1911) eine eigene Erkenntnistheorie der Geisteswissenschaften begründet und diesen damit ihren Platz im Gebäude der Wissenschaft gesichert. Ihr Gegenstand ist nach Dilthey die „geschichtlich-gesellschaftliche Wirklichkeit", deren Äußerungen wir „nachzuerleben und denkend zu erfassen" haben. „Die Natur erklären wir, das Seelenleben verstehen wir". Grundlegendes Werk: „Einleitung in die Geisteswissenschaften" (1883).

## Voluntarismus (Willensphilosophie)

**52** Arthur Schopenhauer (geb. 1788 zu Danzig, gest. 1860 in Frankfurt a. M.), in jungen Jahren weit herumgekommen, mit den nationalen Kulturen und Sprachen der großen europäischen Völker vertraut geworden und ausgezeichnet gebildet, veröffentlicht als Dreißigjähriger das große Werk „Die Welt als Wille und Vorstellung", das bereits sein philosophisches System enthält. Nach Schopenhauer ist die raum-zeitliche Welt nur unsere Vorstellung. Das bedeutet nicht, daß sie ein Phantasiegebilde sei, sondern daß sie als Gegenstand ohne das betrachtende Subjekt unmöglich wäre. Das entscheidende innerste Wesen der Welt ist der Wille (Streben, Trieb). Nur er ist „Ding an sich". Dieser Wille ist unsterblich. Schopenhauers Voluntarismus ist pessimistisch; da die Welt ein Erzeugnis des blinden Willens ist, erscheint sie als die denkbar schlechteste aller Welten (gegen Leibniz gerichtet). Je höher die Einsicht in das Wesen der Welt, desto größer wird das Leiden, von dem uns nur die Kunst auf kurze Zeit erlösen kann. Seine Sittenlehre gründet Schopenhauer auf das Mitleid. Von da gelangt er zur Verneinung des Lebens im buddhistischen Sinne. Nicht Selbstmord, sondern Askese führe zur Erlösung, zum Aufgehen im Nichts. Obwohl Schopenhauer keine Professur erhalten hat und erst mit der zweiten Auflage seines Hauptwerkes 1844 größere Verbreitung findet, hat er unter allen bedeutenden Denkern des Jahrhunderts den stärksten Einfluß auf die Gebildeten, insbesondere auf die Künstler gehabt. Durch die Kunst Richard Wagners wird Schopenhauers Philosophie Gemeingut der europäischen Bildungsschicht am Ausgang des Jahrhunderts. Durch zahlreiche zweitrangige Schriftsteller, in Deutschland insbesondere durch Felix Dahn, wird sie popularisiert, aber auch verflacht.

Von Schopenhauer geht Eduard von Hartmann (1842—1906) aus, der seinen Ruhm 1869 mit dem Werk „Die Philosophie des Unbewußten" begründet. Auch Wilhelm Wundt (1832—1920), der Neubegründer der Psychologie und Begründer der Völkerpsychologie, kommt von Schopenhauer her; Hauptwerk „Grundzüge der physiologischen Psychologie" (1874). Die weitaus bedeutendste Persönlichkeit, die Schopenhauer angeregt hat, ist Friedrich Nietzsche, dessen Werk sich aber erst im 20. Jahrhundert revolutionierend auf alle Gebiete des Lebens auswirkt.

## Jahrhundert der Naturwissenschaft

**53** Die Naturwissenschaften stehen im 19. Jahrhundert mit der Physik im wesentlichen noch auf den Grundlagen des 17., mit der Chemie auf denen des 18. Jahrhunderts. Wesentliche Fortschritte erzielt dagegen die Biologie im weitesten Sinne des Wortes als Wissenschaft vom Lebendigen. Die Mathematik hat zu Beginn des 19. Jahrhunderts Systeme der nichteuklidischen und sphärischen Geometrie entwickelt, wodurch sie dem naturwissenschaftlichen Denken die Bahn zu sehr bedeutsamen Erkenntnissen freimachte, deren Früchte aber erst im 20. Jahrhundert reifen. Bezeichnend für das 19. Jahrhundert ist es, daß die strenge Trennung der einzelnen Zweige der Naturwissenchaften aufhört und daß sie von jetzt ab weitgehend ineinander übergreifen. Mathematik, Astronomie und Physik, gegen Ausgang des Jahrhunderts Physik und Chemie, Biologie und Chemie ergänzen einander in ihrer Arbeitsweise und in ihren Forschungsergebnissen. Ein gerechtes geschichtliches Urteil wird die naturwissenschaftliche Leistung des 18. Jahrhunderts vielleicht höher einschätzen als die des 19. Da aber im 19. Jahrhundert die wissenschaftlichen Erkenntnisse meist sehr rasch in technische Errungenschaften umgesetzt werden, erscheint einer flüchtigen Betrachtung das 19. Jahrhundert als das der Naturwissenschaften, eine Wertung, die nur durch die Abdankung der Philosophie (siehe oben) vor der Arbeitsweise und den Forschungsergebnissen der Naturwissenschaft möglich wurde.

*Himmelskunde*

**54** Die Astronomie zieht Nutzen aus der Weiterbildung der Entdeckung, die zu Beginn des Jahrhunderts der bayerische Optiker Joseph Fraunhofer mit der Beobachtung der nach ihm benannten dunklen Linien im Sonnenspektrum gemacht hat. Der Chemiker Robert Bunsen (1811—1899) und der Physiker Gustav Robert Kirchhoff (1824—1887) finden, daß man mit Hilfe der Fraunhoferschen Linien die chemische Zusammensetzung der Himmelskörper feststellen kann („Chemische Analyse durch Spektralbeobachtungen", 1861). Auf diese Entdeckung gründet sich die Wissenschaft der Astrophysik. Die Franzosen Fizeau und Foucault bestätigen experimentell die schon früher erfolgte Berechnung der Lichtgeschwindigkeit. Der Jesuitenpater Angelo Secchi (1818—1878) erfindet das Heliospektroskop und untersucht mit seiner Hilfe die Beschaffenheit von 4000 Fixsternen. Er stellt fest, daß Nebelflecken, Kometen, Meteore und Nebelsterne ein System bilden. Seine „Untersuchung über die Sonne" (1870) wird bahnbrechend. Größtes Aufsehen erregt die Entdeckung des Planeten Neptun durch Galle an der Berliner Sternwarte am 26. September 1846. Der Franzose Le Verrier und der Engländer Adams hatten die Bahn des Planeten aus gewissen Abweichungen der Uranusbewegungen von den Keplerschen Tafeln errechnet und Galle den Standort bezeichnet.

*Geologie, Erdkunde, Entdeckungsreisen*

**55** Die im 19. Jahrhundert noch sehr junge Wissenschaft der Geologie wird durch die fachmännische Untersuchung der Versteinerungen und der geologischen Schichten bedeutend ausgebaut. Grundlegend für die meisten Forschungen ist das Werk „Principles of geology" (1830—1833) des Engländers Charles Lyell. Als Teilgebiete werden die Geomorphologie, die Petrographie, die Paläontologie entwickelt. Eines der bedeutsamsten Werke der Epoche ist das „Antlitz der Erde" (1883—1909) des Wiener Geologen Eduard Suess, der beim Bau der Wiener Hochquellenleitung die praktische Anwendbarkeit der Wissenschaft beweist. Auch die als Wissenschaft noch sehr junge Geographie entfaltet sich in vielen Spezialgebieten und rückt mit beachtlichen Leistungen an der Grenze von Natur- und Gesellschaftswissenschaften in die Rangordnung der gelehrten Disziplinen ein. Friedrich Ratzel (1844—1904) begründet die Anthropogeographie, die Lehre von der Veränderung der Erdoberfläche durch die Tätigkeit des Menschen. Otto Krümmel veröffentlicht 1887 das „Handbuch der Ozeanographie". Die Völkerkunde, von Adolf Bastian begründet, entwickelt sich zum Teil als selbständige Wissenschaft, zum Teil als eine Hilfswissenschaft der Geographie.

Hand in Hand mit der geographischen Wissenschaft arbeiten die Entdeckungsreisenden an der Beseitigung der letzten weißen Flecken in den Karten der Erde. Die österreichische Nordpolexpedition unter Payer und Weyprecht entdeckt 1872—1874 Franzjosephsland, 1878/79 finden die Schweden Erik v. Nordenskjöld und Louis Palander auf der „Vega" die nordöstliche Durchfahrt. 1849—1856 bereist der Engländer David Livingstone das Innere Afrikas. 1873 bis 1875 durchquert V. L. Cameron den schwarzen Erdteil. Auf der Suche nach dem verschollenen Livingstone erforscht der Walliser John Rowlands Stanley die ostafrikanische Seenplatte (1871/72) und auf zwei weiteren Reisen 1874—1877 und 1887—1889 das Kongobecken und den Lauf des Kongostromes von der Quelle bis zur Mündung. Die Deutschen Nachtigal, Schweinfurth, Schnitzer (Emin Pascha) und Wissmann und der Österreicher Holub sind erfolgreich an der Erschließung Afrikas beteiligt. 1889 bezwingt Hans Meyer den Kilimandscharo. Die Engländer Warburton und Giles erforschen Westaustralien.

*Physik*

56 Eines der grundlegenden Gesetze der neueren Physik, dessen sich auch der philosophische Materialismus zum Beweise seiner Thesen gern bediente, findet Julius Robert Mayer (1814—1878), Arzt in Heilbronn. Es ist das 1842 zuerst veröffentlichte, 1845 in der Schrift „Die organische Bewegung in ihrem Zusammenhang mit dem Stoffwechsel" ausführlicher dargestellte Gesetz von der Erhaltung der Energie (Kraft). Mayers Arbeiten schaffen die Voraussetzung für die Erkenntnis, daß alle Formen der Energie einheitlich sind. Der Engländer James P. Joule (1818—1889) findet unabhängig von Mayer das gleiche Gesetz und veröffentlicht es 1843. Das Mayersche Gesetz wird von Hermann Helmholtz (1821—1894) in der Schrift „Über die Erhaltung der Kraft" (1847) genauer begründet und vertieft. Wie Mayer ursprünglich Arzt, dann Professor der Physiologie und Anatomie, endlich — 1871 — der Physik in Berlin, hat Helmholtz, insbesondere auf dem Gebiet der Optik, bahnbrechend gewirkt. Der Medizin schenkt er 1850 den Augenspiegel, das wichtigste Instrument des modernen Augenarztes. Die Wärmelehre wird von dem Franzosen Nicolas Leonard Carnot und dem Deutschen Rudolf Clausius, dem Begründer der Kinetischen Gastheorie, weiterentwickelt. Das wichtigste Arbeitsgebiet der Physik in der zweiten Jahrhunderthälfte ist jedoch der Elektromagnetismus. Schon Michael Faraday

hatte gelehrt, daß Wärme, Licht und Elektrizität Erscheinungsformen der gleichen Naturkraft seien. Den mathematischen Beweis dafür liefert sein Schüler James Clerk Maxwell (1831—1879) mit seiner 1873 veröffentlichten Schrift „A treatise on electricity and magnetism". Von Helmholtz und Maxwell ausgehend, entdeckt Heinrich Hertz (1857—1894) im Jahre 1888 die elektrischen Wellen und erzeugt sie auf experimentellem Wege. Die noch verbleibende Lücke zwischen den Erscheinungen der Materie und des Äthers schließt sich mit der Entdeckung der Röntgenstrahlen, die 1895 dem deutschen Professor Wilhelm Conrad Röntgen (1845–1923, zuletzt in München) gelingt.

*Chemie*

57 Für die Entwicklung der Chemie wird ihre Ausdehnung auf das Reich des Organischen wichtig. Die Verbindung zwischen organischen und anorganischen Stoffen weist zuerst Friedrich Wöhler (der Entdecker des Aluminiums u. a. Elemente) nach, als er 1828 den Harnstoff synthetisch herstellt. Sein damaliger Mitarbeiter Justus von Liebig (1803—1873) baut die organische Chemie zu einer eigenen Wissenschaft aus und zeigt zugleich ihre ungeheure Bedeutung für den Ackerbau und die Industrie. Die synthetische Erzeugung organischer Stoffe macht ständig Fortschritte. 1878 gelingt A. von Baeyer die Synthese des Indigo. 1879 erzeugt Fahlberg erstmals Saccharin, und 1890 gelingt Emil Fischer die Synthese des Zuckers. Schon 1856 hat Perkin den ersten künstlichen Teerfarbstoff hergestellt, auf welcher Erfindung die ganze Anilinfarbenerzeugung aufbaut. Von dem Aufbau der kleinsten Teilchen der Materie vermag man sich eine immer bessere Vorstellung zu machen, seit 1865 Kékulé die Ringform des Benzolmoleküls erdacht und Loschmidt die wahre Molekülgröße errechnet haben. 1867 stellen Guldberg und Waage das Massenwirkungsgesetz zur Berechnung von Gleichgewichten bei chemischen Prozessen auf. 1869 begründen Dimitri Iwanowitsch Mendelejew (1834—1907) und Lothar Meyer (1830—1895), jeder selbständig, das periodische System der Elemente. Eine neue Wendung nimmt die **Elektrolytische Chemie** mit der Aufstellung der Ionentheorie durch den Schweden Swante Arrhenius (1859—1927). Neue Industrien entstehen aus den Fortschritten der Chemie in der Erzeugung von Sprengstoffen, wie der Schießbaumwolle, durch **Schönbein (1845)** und des Nitroglycerins durch Sobrero (1847). Das Dynamit wird 1867 von dem Schweden Alfred Nobel (1833—1896) erfunden. Nobel hat sein Vermögen von 32 Millionen schw. Kronen für die jährliche Verleihung von fünf Preisen (Physik, Chemie, Medizin, Dichtkunst, Friedenspreis) gestiftet, die 1901 zum erstenmal verteilt werden. Für die Photographie und die graphischen Vervielfältigungsmethoden werden die Fortschritte in der Herstellung lichtempfindlicher Platten bedeutsam, wie etwa der Trockenplatte durch Maddox (1871). Von weitreichenden Folgen ist die Verflüssigung des Wasserstoffes durch Olszewski (1883).

### Biologie und Entwicklungslehre

**58** Das neue Bild vom lebenden Körper wird bestimmt durch die Entdeckung der Zelle. 1838 von Schleiden für die Pflanze, 1839 von Theodor Schwann für den tierischen Organismus entdeckt, bietet sie sich in den Forschungen von Hugo von Mohl (1805–1872) bereits als die Einheit für alles organische Leben dar. Von Mohl stammt der Ausdruck Protoplasma für den Zellschleim. 1858 begründet Rudolf Virchow die Zellularpathologie, nach der Leben und Tod des Organismus durch das Reifen, Altern und Absterben der Zellen bestimmt werden. Mit der Entdeckung der Osmose (Pfeffer, 1877) und der Zellvermehrung durch Kernteilung (Schneider, 1873) macht die Zellenlehre weitere Fortschritte. Für die Lehre von der Entwicklung des Einzelwesens aus der Keimzelle (Ontogenie) sind die Forschungen von Karl Ernst von Baer bahnbrechend gewesen.

Seit dem Beginn des Jahrhunderts taucht zunächst bei Außenseitern der Wissenschaft die Meinung auf, daß die Entwicklung der Lebewesen in einer zusammenhängenden Kette von der Urzelle über die primitiven Pflanzenformen zu den höheren, von der Pflanze zum Tier, vom Tier zum Menschen führe. Voneinander unabhängig kommen die beiden Engländer Alfred R. Wallace (1822 bis 1913) und Charles Darwin (1809–1882) zu der Aufstellung der Abstammungslehre oder Deszendenztheorie. Wallaces Schrift: „On the Tendency of Varieties to depart in definitely from the Original type" (1871 als „Contributions to the Theory of Natural Selection" erweitert aufgelegt) erscheint 1858, Darwins Buch „On the origin of species by means of natural selection" („Über den Ursprung der Arten durch natürliche Zuchtwahl") 1859. Wallace hat jedoch Darwin die Priorität der Entdeckung zuerkannt. Nach Darwin und Wallace gehen die zum Kampf ums Dasein mindertauglichen Einzelwesen und Arten unter, während die besser ausgerüsteten sich fortpflanzen und weiterentwickeln. Die Darwinsche Lehre entspricht der materialistisch-positivistischen Zeitströmung, wird nicht nur von Fachleuten, sondern auch von Dilettanten und Agitatoren aufgegriffen, entstellt, verflacht und vielfach mißbraucht. Darwin selbst hat aus ihr keine philosophischen Folgerungen gezogen, auch niemals behauptet, daß der Mensch vom Affen abstamme.

Wie stark die Wirkung einer wissenschaftlichen Entdeckung von der geistigen Bereitschaft der Epoche zu ihrer Aufnahme abhängt, erweist sich daran, daß die 1865 von dem deutsch-mährischen Augustinerpater Johann Gregor Mendel (1822–1884) veröffentlichten Forschungsergebnisse, in denen wichtigste Erkenntnisse über die Vererbung enthalten sind, so gut wie unbemerkt blieben, bis man sie nach Jahrzehnten wieder entdeckte. Der Darwinismus wird in England von Francis Galton, und in Deutschland von August Weißmann, insbesondere aber von Ernst Haeckel (1834—1919) weiterentwickelt. Haeckel stellt in seiner „Generellen Morphologie der Organismen" das Biogenetische Grundgesetz auf, daß jedes Einzelwesen die Entwicklung der Gattung in abgekürzter Form nochmals durchlebe. 1874 veröffentlicht Haeckel die „Anthropogenie", in der er die Abstammung des Menschen von den Tieren verficht. Zur

Popularisierung der Darwin-Haeckelschen Lehren trägt der Schriftsteller Wilhelm Bölsche sehr stark bei.

Die rein beschreibende Naturwissenschaft bringt in der zweiten Jahrhunderthälfte ein Standardwerk hervor, das weiteste Verbreitung findet: Alfred Brehms (1829—1884) 1869 erschienenes sechsbändiges Werk „Das Tierleben".

*Medizin*

59  Für die Heilkunde ergeben sich aus der Entwicklung ihrer Hilfswissenschaften: Physik, Chemie, Biologie und Physiologie, weitgehende Möglichkeiten. Zunächst führt Virchows Lehre von dem notwendigen Absterben der Zellen als Krankheits- und Todesursache zu vielen Fehlschlüssen. Mit den Forschungen von Louis Pasteur (1822—1895) entsteht aber die Bakteriologie als neue aufschlußreiche Wissenschaft. 1862 gelingt es Pasteur, das Wesen des Gärungsprozesses und seinen Zusammenhang mit dem Auftreten von Mikroben (winzigen Spaltpilzen) aufzuklären. Gegen heftigen Widerspruch der älteren Medizin setzt Pasteur seine Lehre durch. Er erfindet das Pasteurisieren (Sterilisieren), also die Abtötung der Bakterien durch Erhitzen. 1880 stellt Pasteur eine Theorie über die Impfung gegen ansteckende Krankheiten auf und findet die Schutzimpfung gegen Milzbrand, dessen Erreger von Pollender 1849 entdeckt worden war. 1885 erzeugt Pasteur ein Serum gegen die Tollwut, das sich in sensationeller Weise bewährt. 1888 wird in Paris das Institut Pasteur eröffnet. Ein Vorläufer Pasteurs ist der Arzt Ignaz Philipp Semmelweis (1818—1865), der den Zusammenhang des Kindbettfiebers mit den unhygienischen Verhältnissen in den Gebärkliniken erkennt und die Erkrankung, die er auf Infektion mit Leichengift zurückführt, durch strengste Hygiene bekämpfen will. Semmelweis stößt nicht nur auf Unverständnis und Unglauben, sondern auch auf bösartigen Widerstand, der den edlen Mann zum Selbstmord treibt. Die Bedeutung einer antiseptischen Wundbehandlung hat auch der Engländer Joseph Lister (1827—1912) frühzeitig erkannt. In Deutschland wird der Landarzt Robert Koch (1843—1910) der Bahnbrecher der Bakteriologie. 1882 entdeckt er den Tuberkelbazillus, 1883 auf einer Expedition nach Indien den Cholerabazillus. 1884 entdeckt Nikolaier den Erreger des Wundstarrkrampfs, im selben Jahre Löffler den Erreger der Diphtherie. 1874 weist Theodor Billroth die eiterbildenden Strepto- und Staphylokokken nach. 1879 findet Neisser die Gonokokken. Die Arbeit der Bakteriologen trägt ihre Früchte aber erst, als die Heilserumtherapie aufkommt, eine Schutzimpfung, bei der nicht wie bei der Pockenimpfung die erregenden Bazillen, sondern das Blutserum immunisierter Tiere mit den darin enthaltenen Gegengiften (Antitoxinen) gegen die Infektion eingespritzt wird. Der erste erfolgreiche Vertreter der neuen Heilmethode ist Emil von Behring (1854—1917), der 1893 das Heilserum gegen die Diphtherie und das gegen den Wundstarrkrampf (Tetanus) findet.

Die Fortschritte der Chemie ermöglichen aber auch solche der Pharmazie, die mit zahlreichen neuen Heilmitteln und in wachsendem Maße mit vorbeugenden und desinfizierenden Mitteln aufwartet. Von der Chemie her gelangt man in der Chirurgie zu wirkungsvoller Bekämpfung des Schmerzes. 1846 erfinden die Engländer Morton und Jackson die Äthernarkose, ein Jahr später wird die erste Chloroformnarkose angewendet. 1894 endlich führt Carl Ludwig Schleich (1854—1922) die lokale Betäubung ein, die seither die Totalnarkose in vielen Fällen ersetzt. Die Möglichkeit der Narkose erleichtert den Chirurgen die Arbeit und die Forschung. So bringt insbesondere die zweite Jahrhunderthälfte eine Reihe bedeutender Operateure hervor, wie den schon genannten Lister, den Norddeutschen Theodor Billroth, der an der Universität Wien wirkt und die Resektion des Magens bei Geschwulstbildungen (Entfernung von ein bis zwei Dritteln des Magens) durchführt, und den Deutschbalten Ernst von Bergmann, der als kaiserlich russischer Generalarzt im Feldzug von 1877/78 die aseptische Wundbehandlung erprobt, später als Professor in Berlin Weltruf erlangt und insbesondere auf dem Gebiet der Gehirnchirurgie schöpferisch wirkt. Die bedeutendsten medizinischen Schulen sind die an der Sorbonne zu Paris und die Wiener medizinische Schule (Nothnagel, Hebra, Rokitansky, Arlt u. a.).

*Geschichte*

60 So sehr die Geisteswissenschaften im Zeitalter der Technik zurücktreten müssen, so bedeutend sind doch ihre Leistungen im Rahmen der allgemeinen Kultur der Epoche. Der naturwissenschaftliche Geist, der ihnen Abbruch tut, führt vielfach auch dazu, ihnen neue Anregungen zu geben und ihnen neue Arbeitsmethoden zu erschließen. Die Gesellschafts- und Wirtschaftswissenschaften entfalten sich zum Teil als selbständige Disziplinen, zum Teil im Zusammenhang mit der Geschichte; die Psychologie wirkt auf die geschichtliche Forschung, Deutung und Darstellung ein; die Völkerkunde, die Vorgeschichte, die Sprachforschung ziehen Nutzen aus der Anwendung naturwissenschaftlicher Methoden und zum Teil auch technischer Hilfsmittel.

Der Einfluß des Positivismus wird zunächst in der französischen Geschichtsschreibung fühlbar. Der Historiker Hippolyte Taine (1828—1893) lehrt, daß für den Geschichtsverlauf drei Faktoren entscheidend sind: Abstammung, Umwelt („Milieu") und der geschichtliche Augenblick. Seine Milieutheorie führt zu der Vorstellung eines streng gesetzmäßigen Ablaufs der Geschichte, den er zunächst an geisteswissenschaftlichen Themen nachzuweisen sucht. Sein Hauptwerk „Les origines de la France contemporaine" (Die Ursprünge des zeitgenössischen Frankreich) erscheint zwischen 1875 und 1894. Weniger auf die Theorie eingeschworen ist der Engländer Henry Thomas Buckle (1821—1862), der mit der „History of civilization in England" (1857—1861) eine vergleichende Geschichtsschreibung einführt. Auch er glaubt an die Gesetzmäßigkeit der Geschichte, hebt die Bedeutung der Wirtschaft hervor, ist aber Individualist und verficht den Liberalismus. Der Deutsche Lorenz von Stein (1815—1890) kommt nicht nur Taine und Buckle, sondern auch Karl Marx und dem historischen Materialismus sehr nahe. In seiner „Geschichte der sozialen Bewegung in Frankreich von 1789 bis auf unsere Zeiten" (1850) gliedert er die geschichtliche Entwicklung nach wirtschaftlichen und sozialen Gesichtspunkten. Auch er glaubt an unabänderliche Gesetze und leugnet die freie Willensentscheidung. Einen sehr starken Einfluß, vor allem auf die Kulturgeschichte, haben die Forschungen von Bachofen und Morgan aus dem Gebiete der Vorgeschichte, insbesondere über die moralischen und rechtlichen Verhältnisse der primitiven Völker, gehabt. Hier spielt ebenso naturwissenschaftliches Denken mit wie bei der Rassentheorie des Franzosen Arthur Graf Gobineau (s. o.). Unter den deutschen Historikern räumen vor allem Inama-Sternegg, Meitzen, Beloch und schließlich Karl Lamprecht (1856—1915) der Wirtschaftsgeschichte die führende Stellung ein. Auch der katholische Historiker Johannes Janssen (1829–1891) betont in seiner „Geschichte des deutschen Volkes seit dem Mittelalter" (1877–1894) sehr stark die wirtschaftlichen und allgemeinen Kulturverhältnisse. In der deutschen Geschichtsschreibung wirkt der Streit zwischen groß- und kleindeutscher Schule (Julius Ficker und Heinrich von Sybel) noch lange fort. Die Reichsgründung hat scheinbar die Auffassung Sybels bestätigt, der die ausgreifende Politik der mittelalterlichen Kaiser verwirft und daraus die Notwendigkeit einer kleindeutsch-protestantischen Lösung ableitet. Die streng großdeutsche, antipreußische Richtung wird nach 1870 im wesentlichen nur noch von dem in Wien tätigen katholischen Niedersachsen Onno Klopp vertreten, die preußisch-kleindeutsche von Heinrich von Treitschke zu einer imperialistisch-alldeutschen, mit germanischen Rassegedanken stark durchsetzten Geschichtsauffassung ausgeweitet. Treitschkes Hauptwerk ist die „Deutsche Geschichte im 19. Jahrhundert" (1879–1894). Treitschke wirkt durch seinen glänzenden Stil, der allerdings oft pathetische Formen des Heldenepos annimmt.

Eine neue Disziplin entwickelt Hans Delbrück mit seiner „Geschichte der Kriegskunst im Rahmen der politischen Geschichte" (seine Methode zeigt bereits sein erstes großes Werk „Das Leben Gneisenaus", 1880).

Der Schöpfer der genetischen Geschichtsschreibung, Leopold von Ranke, ragt, aus dem Zeitalter der Spätromantik kommend (1795—1886), nicht nur mit seinen Alterswerken (1. Band der „Weltgeschichte", 1881) in die zweite Jahrhunderthälfte herüber, sondern bleibt als Meister der Darstellung, Methodiker und Lehrer der Nestor der europäischen Geschichtsschreibung, in dem sich noch einmal die führende Stellung der deutschen Geisteswissenschaft in der Welt verkörpert. In Frankreich ragen neben Taine der Historiker der Revolution, Albert Sorel, und der Geschichtsschreiber Napoleons I., Auguste Vandale, hervor, insbesondere aber Ernest Lavisse (1842–1922), dessen Sammelwerke zur allgemeinen und zur französischen Geschichte zu den bedeutendsten Werken dieser Art gehören. Einen Kirchenhistoriker von Rang stellt Frankreich in Louis Duchesne (1843—1922); unter den englischen Geschichtsschreibern ragen Lord John Acton (1834—1902), der maßgebende Mann bei der Gründung der Cambridge Modern History, ferner Sir Robert Seeley mit seinem Werk „The Expansion of England" (1883) und der Historiker der Stuarts, Samuel Gardiner, hervor. Die amerikanische Geschichtsschreibung hat mit einem ins Politische gewendeten

Werk „The influence of seepower on history 1660—1783" des Marineoffiziers Mahan (1889) einen entscheidenden Beitrag zur Historiographie der zweiten Jahrhunderthälfte geliefert, während im übrigen der anfangs des Jahrhunderts sehr reich sprudelnde Quell amerikanischer Geschichtsschreibung sehr dünn geworden ist.

Sondergebiete behandeln Kuno Fischer mit seiner „Geschichte der neueren Philosophie" (1852–1893), Heinrich Brunner mit seiner „Deutschen Rechtsgeschichte" (1887–1892) und der evangelische Theologe Albert Hauck mit der großangelegten „Kirchengeschichte Deutschlands", die 1887 zu erscheinen beginnt.

Kulturgeschichte und Geschichtsphilosophie stellen sich in dem großen Schweizer Jacob Burckhardt (1818—1897) gegen die politische Geschichte, die von Burckhardt abgelehnt wird, weil er, einer der wenigen Geister des Jahrhunderts, die sich vom Einfluß Hegels freihalten, die Macht als böse ansieht. Seine Hauptarbeit „Die Kultur der Renaissance in Italien" (1860) gehört zu den bleibenden und größten Werken der wissenschaftlichen Weltliteratur. Allerdings hat Burckhardt, wie manch anderer kritische Geist des 19. Jahrhunderts, erst nach seinem Tode volles Verständnis gefunden.

*Sprach- und Altertumswissenschaften*

**61** Zu der klassischen Philologie, die bis ins 18. Jahrhundert beinahe die gesamte philologische Wissenschaft umfaßt, sind seit der Romantik die verschiedenen modernen Philologien getreten. Die klassische Philologie selbst, mit der Altertumskunde aufs engste verbunden, bemüht sich, ein möglichst getreues Bild der antiken Kultur zu schaffen. Sie gewinnt wertvollstes Material aus den großen Ausgrabungen, die der deutsche Kaufmann Heinrich Schliemann (1822–1890) aus Begeisterung für die homerische Welt, unter Einsatz seines Vermögens und seines Rufes, einleitete. Schliemann selbst hat seit 1870 in Troja, Mykenä, auf Ithaka, in Orchomenos und Tiryns Ausgrabungen veranstaltet. Seither wetteifern Regierungen und gelehrte Institute darin, die geschichtliche und vorgeschichtliche Welt des ägäischen Raumes wieder zu entdecken. Der Deutsche Wilhelm Dörpfeld, der Engländer Evans, die französische École française sind führend an den großen Grabungen beteiligt. Die „Geschichte des Altertums" von Eduard Meyer (seit 1884), das heute führende Werk über die antike Geschichte, gründet sich auf die Fülle der Funde und Quellen, die seit Schliemann gemacht wurden. Auf der Erschließung der römischen Quellen, insbesondere der Inschriften, die er im „Corpus inscriptionum Latinarum" seit 1854 gesammelt hat, beruhen die umwälzenden Forschungen von Theodor Mommsen (1817–1903), seine „Römische Geschichte" (1854–1856) und sein „Römisches Staatsrecht" (1871–1887).

Eine völlig neue Welt öffnet sich der Forschung mit den großen Papyrusfunden. Die hellenistische und die ägyptische Geschichte können jetzt kritisch durchforscht werden. Französische, britische und deutsche Forscher sind um die Auswertung des Quellenmaterials bemüht. Als Ergebnis jahrzehntelanger Vorarbeiten erscheinen seit 1886 das „Handbuch der klassischen Altertumswissenschaft" (herausgegeben von Iwan von Müller) und die „Real-Enzyklopädie der klassischen Altertumswissenschaft", begründet von August Pauly (1893), weitergeführt von Wissowa-Kroll. Der glänzendste Vertreter der deutschen Altertumswissenschaft, als Redner, Lehrer und Schriftsteller hervorragend, ist Ulrich von Wilamowitz-Moellendorff (1848—1931).

In der vergleichenden Sprachwissenschaft haben ebenfalls naturwissenschaftlich induktive (von der Einzelerscheinung ausgehende) Methoden ihren Niederschlag gefunden. Die sogenannten Junggrammatiker philosophieren nicht mehr über den Ursprung der Sprache, sondern spüren den Laut- und Sprachgesetzen nach. Eduard Sievers, Karl Brugmann, der Engländer Henry Sweet, der Franzose Meillet, der Däne Karl Verner sind hier zu nennen. Um die Erforschung der germanischen und der alt- und mittelhochdeutschen Sprache erwerben sich Wilhelm Braune und Hermann Paul bedeutende Verdienste. Karl Müllenhoff (1818—1884) faßt die Ergebnisse seiner Erforschung des deutschen Altertums in dem fünfbändigen Werk „Deutsche Altertumskunde" zusammen, das ab 1870 erscheint. In der Romanistik sind lange Zeit die Deutschen führend. Die Slawistik wird nach den ersten deutschen Anregungen vor allem von slawischen Forschern weitergeführt (Nach Dobrovský, Šafařik, Kopitar, Gaj und Karadžić vor allem Miklosich, Jagić, Schachmatow. Vondrák). An der Erforschung der orientalischen Sprachen nehmen neben europäischen Gelehrten, Gesellschaften und Instituten sehr bald Amerikaner führend teil.

*Schul- und Bildungswesen*

62 Der Kampf gegen das Analphabetentum und der Vermehrung der Volks- oder Grundschulen machen im 19. Jahrhundert vor allem in den Industrieländern bedeutende Fortschritte, da man für den Nachwuchs an industriellen Arbeitern und für das wachsende Heer von Angestellten Menschen braucht, die des Lesens und Schreibens kundig sind und über gewisse Voraussetzungen einer technischen Bildung verfügen. Die skandinavischen, deutschsprachigen und angelsächsischen Länder gehen dabei voran, während in den romanischen Ländern, mit Ausnahme Frankreichs, und in den ost- und südosteuropäischen Staaten der Großteil der Bevölkerung bis ins 20. Jahrhundert analphabetisch bleibt. Das Bildungsideal löst sich mit dem Fortschreiten der technisch-industriellen Entwicklung mehr und mehr von den Überlieferungen des christlichen und des aufgeklärten Humanismus. Man legt weniger Wert auf die Erziehung und Bildung von Persönlichkeiten mit weitem Blick als auf die Ausbildung von Fachleuten für bestimmte Betriebszweige. Die Gymnasien und vielfach auch die Universitäten alten Stils zeigen sich den Anforderungen der neuen gesellschaftlichen Mächte nicht gewachsen. Es entstehen zahlreiche neue Schultypen, die Aufspaltung der Schulen nach fachlichen Gesichtspunkten nimmt dauernd zu. Gegen Ende des Jahrhunderts ertönt überall der Ruf nach Schulreform. Die Bestrebungen, eine neue Schule zu schaffen, richten sich dabei nicht nur auf Lehrplan und Lehrstoff, sondern auch auf die Methode des Unterrichts, wobei man die

Psychologie stärker als früher heranzieht. Noch sind die Lehren Pestalozzis grundlegend für den Aufbau der Volksschulen. Seit den sechziger und siebziger Jahren aber machen sich daneben neue Richtungen (in Deutschland zunächst die Schule der Herbartianer) bemerkbar.

### Volksschulen

63 Die vom aufgeklärten Absolutismus geschaffenen allgemeinen Volksschulen werden in den liberalen Staaten dem Einfluß der Kirche fast gänzlich entzogen und dem Staat oder den Gemeinden überantwortet. Die liberalen Bestrebungen wirken dabei in den verschiedenen Ländern nicht gleichartig; während etwa in Mitteleuropa durch den Liberalismus die allgemeine Schulpflicht sehr streng durchgeführt wird, sträubt man sich in den angelsächsischen Staaten trotz bestehender Schulpflicht dagegen, den Staatsbürger tatsächlich zum Schulbesuch zu zwingen. England kommt nach verschiedenen Zwischenstufen erst 1902 mit der Balfour-Bill zur allgemeinen Schulpflicht. In den Vereinigten Staaten bauen die einzelnen Bundesstaaten das öffentliche Schulwesen auf, wobei der Staat Michigan (seit 1817) vorangeht. Fast überall wird die Elementarschulpflicht eingeführt, aber ihre Einhaltung nicht streng erzwungen. In den Gebieten des Mittelwestens und vollends jenseits der Missouri-Mississippi-Furche sind die Siedlungen vielfach noch so verstreut, daß ein Großteil der Kinder die Schulen nicht oder nur kurze Zeit besucht. Der häusliche Unterricht und die Selbstschulung junger Menschen müssen noch lange Zeit die öffentliche Schule ersetzen. Ein Mann wie Abraham Lincoln hat sich durch eigene Arbeit, zähen Fleiß und mühsame Selbstbildung zum Anwalt und schließlich zum ersten Mann seiner Nation emporgearbeitet. In Mitteleuropa gilt lange Zeit die preußische Volksschule, die auf die Reform-Ära (Stein, Humboldt) zurückgeht, als mustergültig. Bei Königgrätz habe der preußische Schulmeister gesiegt, heißt es in Deutschland noch lange Zeit. Die österreichische Schulreform von 1868 (Reichsvolksschulgesetz, Hasner) schafft aber, nicht zuletzt unter dem Eindruck der Niederlagen von 1866 ein weit besseres, durch Jahrzehnte für ganz Europa vorbildliches Volksschulsystem.

Der Unterricht im „Trivium" (Lesen, Rechnen, Schreiben) genügt den Ansprüchen der zweiten Jahrhunderthälfte nicht mehr. Die Zahl der Unterrichtsfächer wird auch an den Grundschulen beträchtlich vermehrt. Zu den sogenannten Realien (Geschichte, Naturkunde, Erdkunde) treten als Lehrfächer Zeichnen, Turnen und, vor allem für Mädchen, Handfertigkeitsunterricht. Seit den siebziger Jahren beginnt man in den Kulturländern das Berufsschulwesen auszubauen und, sei es im Anschluß an die Volks- oder Bürgerschule (österreichischer Schultyp), sei es als selbständige Schulen, die gewerblichen Fortbildungsanstalten einzurichten. Lehrlinge werden an den Abenden, später auch an arbeitsfreien Nachmittagen, in den theoretischen Fächern, deren Kenntnis sie brauchen (Rechnen, Geometrie, Physik), aber auch in der praktischen Arbeit ihres Berufszweiges unterwiesen. Die Schulpflicht beträgt in den meisten Ländern zwischen

6 und 9 Jahre, doch werden in den Jahren des industriellen Aufstiegs die Kinder der Bauern und Arbeiter meist vor Ablauf der Pflichtjahre vom Unterricht befreit und zur Lohnarbeit freigegeben. Mit der Lockerung oder Beseitigung der kirchlichen Schulaufsicht geht die Verweltlichung der Lehrerbildung Hand in Hand. Die meisten Staaten richten eigene Pädagogien (Lehrerbildungsanstalten) zur Heranbildung von Volksschullehrern ein. In Amerika sind die Lehrkräfte an den Elementarschulen in der Mehrzahl Frauen. Neben den allgemeinen und weltlichen Schulen gibt es, insbesondere in den Vereinigten Staaten, lange Zeit aber auch in vielen europäischen Ländern, zahlreiche konfessionelle und andere Privatschulen.

### *Das höhere Schulwesen*

**64** Im höheren Schulwesen löst man sich seit der Jahrhundertmitte immer mehr von dem humanistischen Gymnasium alten Stils, das die klassischen Sprachen (Griechisch, Latein) als das Gerüst des Lehrplans betrachtete und die allgemeine Bildung im wesentlichen auf die Lektüre der klassischen Autoren gründete. Naturwissenschaftliche Fächer werden in den Lehrplan der Gymnasien eingebaut und von besonderen Fachkräften unterrichtet. Der Unterricht in der Geschichte und in Deutsch wird allerdings an den reichsdeutschen Gymnasien bis ins 20. Jahrhundert noch ausschließlich von den klassischen Philologen erteilt. Neben das Gymnasium tritt aber, als Vorbildung für praktische Berufe und für das Studium der Technik, fast überall die Realschule, sei es als höhere Fortbildungsschule, sei es als Oberrealschule mit Reifeprüfung. Der Lehrplan der Realschulen bevorzugt neben der Mathematik und den naturwissenschaftlichen Fächern die modernen Sprachen. Die Reformbestrebungen, die seit den neunziger Jahren einsetzen (1890 erste deutsche Schulreformkonferenz, auf Anregung Kaiser Wilhelms II.), versuchen neue Schultypen zu schaffen, die Brücken zwischen humanistischem Gymnasium und Realschule schlagen: Reformgymnasium, Reformrealgymnasium. In Amerika zeigt sich das Bestreben, die High-School, die zunächst nur eine Fortbildungsschule nach der achtjährigen Elementarschule war, zu einer sechsjährigen höheren Schule auszubauen. Neben der Realschule und den neuen Reformtypen entstehen, zunächst meist als private oder Gemeindegründungen, später auch im Rahmen des staatlichen Schulwesens, Fachschulen aller Art, wie Handelsschulen und Handelsakademien, Gewerbeschulen, Technica, Elektrotechnische Anstalten, Fachschulen für das Textilgewerbe, für Keramik- und Glasindustrie, Holzverarbeitung usw. Selbstverständlich gibt es in allen Ländern besondere militärische Erziehungsanstalten: Kadettenschulen, Militärrealschulen, technische Lehranstalten für Artillerie und Pioniere, und in den Staaten mit Kriegsflotten Lehranstalten für Marineoffiziere.

### *Hochschulen*

**65** Das moderne Leben macht auch vor den Toren der altehrwürdigen Universitäten nicht Halt. Die weitgehende Spezialisierung des Berufslebens und der

Wissenschaften drückt sich in der Vermehrung der Lehrstühle und der immer engeren Umgrenzung der einzelnen Disziplinen aus. (Die Geschichte wird in alte, mittlere und neue, in allgemeine und Landesgeschichte, Kultur-, Sozial- und Wirtschaftsgeschichte aufgegliedert. Die ältere Literatur wird gesondert von der jüngeren; in der Naturwissenschaft werden Zoologie, Botanik, Mineralogie, in der Physik theoretische und experimentelle, in der Chemie organische und anorganische, in der Philosophie Logik, Psychologie, Geschichte der Philosophie gesondert gelehrt und betrieben.) Neue Wissenschaften, wie die Volkskunde, die Ethnologie und Ethnographie, die Soziologie (Auguste Comte), die Nationalökonomie, die Versicherungsmathematik, an den medizinischen Fakultäten die Bakteriologie und Histologie (Lehre von den Geweben) fordern ihren Platz an den hohen Schulen. Neben die Universität tritt mit wachsenden Ansprüchen auf Gleichberechtigung die Technische Hochschule. Schon 1794 war die École politechnique in Paris gegründet worden, 1806 folgt Prag, 1815 Wien. Das Züricher Polytechnikum (1855) bezieht auch humanistische Fächer ein. In Deutschland haben Hannover (1830), Karlsruhe, später München (1868) und 1879 Charlottenburg technische Hochschulen erhalten. Dazu kamen noch Aachen, Braunschweig, Breslau, Danzig, Darmstadt, Dresden und Stuttgart. Seit 1899 dürfen die deutschen technischen Hochschulen den Doktorgrad verleihen. 1881 war in Paris die École des hautes études commerciales, also eine Handelshochschule, geschaffen worden. Ihr folgt in Deutschland 1898 die von Leipzig, 1901 die von Köln. Neben die medizinischen Fakultäten treten vielfach eigene tierärztliche Hochschulen, in einzelnen Ländern werden besondere Hochschulen für Land- und Forstwirtschaft gegründet. Gegenüber den meist staatlichen oder vom Staate mindestens überwachten Hochschulen in Europa entwickeln sich die amerikanischen Hochschulen in viel freierer Form. Sie umfassen, schon im Aufbau vom College, das zum Teil noch die Bildung vermittelt, die in Europa die Gymnasien oder die philosophisch-mathematischen Klassen (Frankreich) lehren, bis zu den Fakultäten für Juristen, Mediziner usw. und zu den meist reich dotierten großen Forschungsinstituten, eine viel größere Zahl von Professoren und Studierenden als die europäischen Universitäten. In England erfolgt seit der Jahrhundertmitte die Säkularisierung der beiden klassischen Universitäten von Oxford und Cambridge, an denen bis dahin fast ausschließlich Geistliche vorgetragen hatten. Die religiösen Prüfungen für die Besetzung der akademischen Stellen werden 1871 abgeschafft. Gladstone beseitigt die Privilegien des Adels bei der Besetzung öffentlicher Ämter und macht die akademischen Prüfungen zur Grundlage der Beamtenlaufbahn. Gegen Ende des Jahrhunderts entstehen in England neue Universitäten, für deren Beschickung aber erst die Hebung des höheren Schulwesens die Voraussetzung schafft. In einzelnen europäischen Ländern bleiben die Universitäten über die liberale Ära hinaus weltanschaulich gebunden. So gibt es in Belgien und in der Schweiz neben katholischen Universitäten (wie Löwen und Freiburg) liberale oder ausgesprochen freisinnige Hochschulen. Im Bereiche der slawischen Hochschulen weicht man von den früher übernationalen (praktisch allerdings meist deutschen) Universitäten ab. So wird 1882 eine tschechische Universität in Prag geschaffen, die galizischen Universitäten werden polonisiert, die alte baltische Universität in Dorpat geht in russische Hände über. Andererseits sind die kleinen baltischen Völker, sind Slowaken und Slowenen bis ins 20. Jahrhundert ohne eigene Hochschule geblieben.

## *Wissenschaftliche Gesellschaften*

66  Die großen Akademien, die dem gelehrten Geist des späten 17. und des 18. Jahrhunderts entsprungen waren, haben unter veränderten Verhältnissen auch im 19. Jahrhundert ihre Rolle im Fortschritt der Wissenschaften gespielt. Zu ihnen gehören neben der Royal Society in London und der Académie française in Paris, den Akademien der Wissenschaften in Berlin, Wien und Petersburg auch die amerikanischen gelehrten Gesellschaften, deren älteste die American Philosophical Society for Promoting Useful Knowledge in Philadelphia ist (1743). Neben ihr steht die American Academy of Arts and Sciences in Boston (1780). Zu ihnen treten 1848 die American Association for the Advancement of Science in New York und 1865 die National Academy of Sciences in Washington. Auch auf diesem Gebiet setzt sich die nationale Idee durch, und fast alle kleineren Völker gründen eigene wissenschaftliche Akademien, die zum Teil, wie die tschechische Kaiser-Franz-Josef-Akademie, in betonten Gegensatz zu den älteren übernationalen Akademien ihrer Länder treten. Für wissenschaftliche Sonderaufgaben entstehen mit der Spezialisierung der Forschung auch zahlreiche eigene Gesellschaften oder um ein bestimmtes Werk, einen Verlag, eine Fakultät sich gruppierende Arbeitskreise. Die großen Lexika, wie etwa die Enzyklopaedia Britannica, oder die Handbücher einzelner Wissenschaften bilden solche Arbeitskreise. Als Beispiel einer Sondergründung für einen ganz bestimmten Zweck sei die von Paul de Lagarde ins Leben gerufene Gesellschaft für die Erforschung der Septuaginta (älteste Bibeltexte) angeführt. Die historische Forschung arbeitet an monumentalen Gemeinschaftsleistungen, wie den Monumenta Germaniae Historica oder dem Corpus inscriptionum Latinarum, die Philologie an den wissenschaftlichen Wörterbüchern (z. B. Grimmsches Wörterbuch) der lebenden und auch der toten Sprachen (Thesaurus linguae latinae). Ähnliche Gemeinschaftsleistungen entstehen aus den schon erwähnten wissenschaftlichen Ausgrabungen (Limesforschung, Ausgrabungen in Griechenland, Vorderasien, Pompeji, Nordafrika usw.). Im Anschluß an die Universitäten oder einzelne Lehrkanzeln entwickeln sich ebenfalls Spezialinstitute, deren Wirken zwischen wissenschaftlicher Fachschule und gelehrtem Arbeitskreis liegt (so die École des chartes in Paris und das Institut für österreichische Geschichtsforschung in Wien als gelehrte Fachschulen für die Pflege der historischen Hilfswissenschaften).

## *Bibliotheken*

67  Die moderne Wissenschaft und damit auch die industrielle Wirtschaft sind nicht denkbar ohne die wissenschaftlichen Bibliotheken. Diese dienen im

19. Jahrhundert nicht mehr weltferner wissenschaftlicher Arbeit und gelehrten Privatinteressen, sondern gehören zum unerläßlichen Rüstzeug der im praktischen Leben arbeitenden Forscher, der Mediziner, Techniker, Chemiker, Sozialpolitiker. Die Congress Library in Washington, die Bibliothek des Britischen Museums in London, die Bibliothèque nationale in Paris, die Preußische Staatsbibliothek in Berlin, die Bayerische in München, die österreichische Hof- und Fideikommißbibliothek in Wien, dazu die großen italienischen Bibliotheken, die Vaticana in Rom, die Ambrosiana in Mailand, stehen noch immer an der Spitze der alle Wissenszweige umfassenden Bibliotheken, und die Zahl ihrer Bände geht in die Millionen. Daneben aber bilden die technischen Hochschulen, bilden wissenschaftliche Gesellschaften, Forschungsinstitute und private Stiftungen ihre Sonderbibliotheken aus, so daß nur durch einen geregelten internationalen Leihverkehr, wie er sich langsam entwickelt, die Bücherschätze der Welt den Forschern zugänglich gemacht werden können. 1877 und 1897 finden in London internationale Bibliothekarkongresse statt, 1886 wird in Brüssel eine Konvention über den Austausch von amtlichen Publikationen und Gesellschaftsschriften abgeschlossen. Ein wichtiges Hilfsmittel der internationalen Zusammenarbeit ist auch das 1895 in Brüssel gegründete Internationale bibliographische Institut. Von Amerika ausgehend entsteht seit der Jahrhundertmitte eine große Volksbüchereibewegung, und 1854 wird von der Stadt Boston, die zu diesem Zweck eine Sondersteuer eingeführt hat, die bedeutendste Public Library des Jahrhunderts gegründet. Durch private Stiftungen und öffentliche Zuwendungen kommt es zu einer ganzen Reihe ähnlicher Gründungen, und 1876 bildet sich die American Library Association, die der Bewegung neuen Antrieb gibt. 1869 entsteht in Cleveland (Ohio), 1872 in Chicago, 1874 in Los Angeles eine Public Library. Cleveland erprobt 1890 mit Erfolg das Open-Access-System, wodurch das lesende Publikum zu eigenem Denken und größerer Selbständigkeit erzogen wird. Über England greift das System der öffentlichen Bibliotheken (Volksbüchereien) auf das Festland über, und seit 1892 hat Deutschland eine bedeutende Lesehallenbewegung. Vorangegangen waren hier allerdings schon katholische Kreise, die 1844 den Verein vom Heiligen Karl Borromäus gegründet hatten. In Berlin waren 1850 nach amerikanischem Muster Volksbüchereien geschaffen worden, doch bleibt die Bewegung bis in die neunziger Jahre in den Anfängen stecken.

## *Volksbildung*

68   Mit den Volksbüchereien und Lesehallen sind vielfach Volksbildungsvereine verbunden. Das Bedürfnis nach volksbildnerischer Tätigkeit außerhalb der Schulen ist vor allem durch zwei Momente gefördert worden: In den sozialen Schichten der Industriearbeiter und der Bauern gibt es zahlreiche aufstrebende Menschen, denen eine ausreichende Schulbildung versagt geblieben ist. Sie versuchen, außerhalb der Schule nachzuholen, was ihnen an Bildung fehlt. Zweitens bringt es der rasche Fortschritt der Wissenschaften mit sich, daß die Erkennt-

nisse, die uns die Schule vermittelt, oft nach ein bis zwei Jahrzehnten überholt sind, weshalb bildungsbeflissene Erwachsene versuchen, aus Büchern, Vorträgen, Kursen nachzulernen, was die Wissenschaft Neues zu bieten hat. In den skandinavischen Staaten entstehen die ersten Volkshochschulen, als deren Schöpfer der dänische Theologe Nikolai Frederik Grundtvig (1783—1872) gelten darf. Er baut auf der christlichen Lehre auf und hat mit seinen Volkshochschulen nicht nur Wissen verbreiten, sondern auch die öffentliche Moral heben und das Volk politisch erziehen wollen. Die kluge und friedfertige Politik der skandinavischen Völker, die ihre Großmachterinnerungen ohne Murren begraben und sich kulturpolitischen Zielen zugewandt haben, ist nicht zuletzt auf das Werk Grundtvigs zurückzuführen. Frühzeitig regen sich volksbildnerische Bestrebungen auch in Frankreich, wo sie schon vor 1870 auftreten, und in England, wo 1873 die University Extension Movement gegründet wird. In Mitteleuropa kommt die Volksbildungsbewegung erst durch die Bildungsbestrebungen der sozialistischen Arbeiterschaft und die Tätigkeit sozialdemokratischer Intellektueller in Fluß. Bahnbrechend wird das Beispiel von Wien, wo der Historiker Ludo Moritz Hartmann in den neunziger Jahren den Verein Arbeiterheim ins Leben ruft.

## Dichtung und Literatur

69 Der gleiche Wirklichkeitssinn, der sich in der positivistischen Philosophie und in der Übernahme naturwissenschaftlicher Methoden in alle Disziplinen ausdrückt, beherrscht auch die Literatur der zweiten Hälfte des 19. Jahrhunderts. Man hat diese Richtung ganz allgemein als Realismus bezeichnet und ihre Weiterentwicklung zu den konsequentesten Formen naturgetreuer Wiedergabe des Lebens als Naturalismus. Die Kunst habe, lehrt der „Konsequente Naturalismus" (Arno Holz), die Tendenz, wieder Natur zu sein. Sie ist nach Zola „ein Stück Natur, gesehen durch ein Temperament". Im Rahmen dieses sehr weitgefaßten Begriffes Realismus gibt es aber mannigfache Stilarten und Schattierungen sowohl der Zeit als auch der nationalen Eigenart und dem Wesen des einzelnen Schriftstellers nach. Besonders die Franzosen, aber auch die Engländer, beschönigen nichts, übertreiben eher und greifen an; die Deutschen spiegeln die reale Welt in ihrer Phantasie, oft von einem romantischen Schimmer überhaucht. Jedoch auch der russische Realismus hat mit dem französischen oder dem deutschen nur wenig zu tun. Selbstverständlich leben auch ältere Stilformen, klassizistische wie romantische, fort, und insbesondere in Deutschland erhalten sich in der Literatur, genau so wie in der Gesellschaft und im staatlichen Leben, ältere und veraltete Formen bis in die achtziger Jahre. Ebendarum vollzog sich der Durchbruch des Neuen gerade in Deutschland in der Form einer „Literarischen Revolution".

## Der westeuropäische Realismus

70 In Frankreich war bereits unter dem Bürgerkönigtum eine realistische Literatur entstanden, deren weitaus bedeutendster Vertreter Honoré de Balzac ist

(1799—1850). Er schildert die Menschen der bürgerlichen Gesellschaft in ihren zahlreichen Erscheinungsformen, die Wucherer, Geizhälse, Geschäftemacher, Betrüger, aber auch die zähen, fleißigen und schlichten Leute des Juste milieu (Mittelstand), und er klagt in allen seinen Werken die anonyme Macht der neuen Zeit, das Geld, als den Urgrund aller Tragödien an. Balzac gibt ein völlig getreues Bild der Wirklichkeit, aber er erfindet diese Wirklichkeit, er erschafft sie neu aus der unerschöpflichen Fülle seiner dichterischen Phantasie. Rund 1500 Gestalten hat er so gestaltet. Seine Romane sollten ein zusammenhängendes Bild der Zeit ergeben: La comédie humaine (die menschliche Komödie). Als Katholik und Monarchist ist Balzac selbst ein Feind der neuen Zeit, aber, ewig in Geldnöten, nach Reichtümern hungernd, ist er zugleich ihr Sklave. Weniger leidenschaftlich als Balzac, ein kühler Beobachter und Seelenzergliederer, zugleich ein Virtuose des Stils, der wenig schreibt und das Wenige peinlich ausfeilt, ist Gustave Flaubert (1821—1880). Sein Roman „Madame Bovary" (1857) gibt nicht nur ein getreues Bild des bürgerlichen Lebens in der Provinz, sondern zeigt auch mit einer neuen, psychologischen Methode ein erschütternd echtes Bild der menschlichen Seelen. In dem historischen Roman „Salammbô" wendet Flaubert seine Methode auf einen kulturgeschichtlichen Stoff an und malt in üppigen Farben ein großartiges Bild der Welt des untergehenden Karthago. Den Schritt vom Realismus, der wohl eine innerlich wahre und der Wirklichkeit entsprechende, aber doch aus dichterischer Phantasie geborene Welt aufbaut, zum Naturalismus vollziehen die Brüder Jules und Edmond de Goncourt (1830—1870, 1822—1896). Eine Arbeitsweise, wie die Brüder Goncourt sie fordern und selbst üben, ist in der Literatur bis dahin nicht dagewesen. Sie sprechen selbst von einer artistischen Schreibweise und von der neuen Optik des Schriftstellers. Der Einfluß der Technik, insbesondere der Photographie, des Schnelldrucks und der neuen Reproduktionsmethoden, die Presse und Buchdruck anwenden, wird hier sichtbar. Der Autor schöpft nicht aus seiner Phantasie, er beobachtet, sammelt Eindrücke, zeichnet sie auf und versucht, aus vielen Einzelheiten ein photographisch getreues Bild des Ganzen zusammenzusetzen. Wie in der positivistischen Wissenschaft, so liegt in der naturalistischen Kunst die Hauptaufgabe des Gelehrten oder des Künstlers nur noch im Ordnen der peinlich registrierten Wahrnehmungen. Bezeichnend ist es, daß die Brüder Goncourt gemeinsam arbeiten und daß bedeutsamer als ihre literarischen Werke ihre Tagebücher sind, die mit den vielen Beobachtungen des täglichen Lebens den eigentlichen Rohstoff ihrer Epik enthalten. 1865 erscheint ihr Roman „Germinie Lacerteux", die Geschichte eines Dienstmädchens. Der erfolgreichste Autor des Naturalismus wird aber Émile Zola, (1840 in Aix als Sohn eines italienisch-griechischen Vaters und einer französischen Mutter geboren). 1866 wird er durch eine Kritik des Pariser Salons (einer Gemäldeausstellung) und durch sein Eintreten für die moderne Malerei (Manet) bekannt. 1867 erscheint sein Roman „Thérèse Raquin", der durch die krasse Schilderung des Milieus und die schonungslose Darstellung verbrecherischer

Triebe Aufsehen erregt. Zola selbst nennt seine Kunst naturalistisch, seinen Roman einen „roman expérimental". Er will zeigen, daß die Menschen ein Erzeugnis der Vererbung und der Umwelt sind. Der Einfluß der positivistischen Milieu-Theorie Taines und des Darwinismus sind unverkennbar. In einer Reihe von zwanzig Romanen gibt Zola die „Natur- und Sozialgeschichte einer Familie unter dem zweiten Kaiserreich", wobei er zeigen will, wie durch Umwelt und Erbeinflüsse aus den gleichen Familien Genies und Verbrecher, Degenerierte und Durchschnittsmenschen hervorgehen. Er hat diese Absicht tatsächlich in der Romanreihe „Les Rougon-Macquart" durchgeführt. Am bekanntesten sind wohl die Romane „Germinal" (Bergarbeiterroman), „Nana" (Schicksal einer Pariser Lebedame der großen Welt), „Der Zusammenbruch" (Schlacht bei Sedan). Gegen Ende seines Lebens tritt Zola als Vorkämpfer der radikalen Demokratie und vor allem des antiklerikalen Freisinns hervor. Erst damit gewinnt er den Beifall der liberalen Presse, die ihn und den Naturalismus lange Zeit als unsittlich und anstößig abgelehnt hat.

*Angelsächsischer Realismus*

71 In England nimmt der Realismus, der Wesensart der Nation entsprechend, neben dem Motiv der sozialen Anklage doch auch die Note humorvoller Satire an. Charles Dickens (1812—1870) kommt bezeichnenderweise von der Presse her und schreibt das Buch, das ihn berühmt macht, „Die Pickwickier", als Fortsetzungsroman. In dem erschütternden Kinderroman „Oliver Twist" und in „David Copperfield" geißelt er Mißstände des öffentlichen Lebens, vor allem der Schule, der Waisenhäuser, der öffentlichen Verwaltung. Daneben hat er sehr stimmungsvolle Erzählungen verfaßt wie „Die Weihnachtsgeschichten". Seine Wirkung in England war vorwiegend erzieherisch und politisch, im Ausland trägt er zum Siege des realistischen Romans bei. Noch mehr als Dickens ist William Thackeray (1811—1863) Satiriker und Humorist. Sein bekanntestes Werk ist „Vanity Fair" (Jahrmarkt der Eitelkeit). Mit Robert Louis Stevenson (1850—1894) entwickelt die englische Literatur den realistischen Abenteurerroman (Die Schatzinsel), der auf dem Festland bald Nachahmung findet.

Die Mischung aus Abenteurerromantik und lebenswahrer Realistik kennzeichnet auch die amerikanische Literatur des beginnenden bürgerlichen Zeitalters. Die ungeheuren Erfolge, die James Fenimore Cooper (1789—1851) mit seinen Lederstrumpferzählungen und anderen Romanen erringt, zeitigen nicht nur eine Flut von Nachahmungen und zum Teil minderwertigen Indianergeschichten, sondern helfen auch, die europäischen Schriftsteller zu einem zugleich spannenden und unsentimentalen Stil zu erziehen. Auch bei Herman Melville (1819—1891) finden wir Realismus, Satire und doch Verständnis für das Hintergründige und Unerforschliche des Geschehens. Sein bedeutendstes Werk ist der Roman des weißen Walfisches „Moby Dick". Als Meister realistischer Kurzgeschichten erweist sich Bret Harte. An den scharfen Realismus der Europäer erinnert Mary Wilkins-Freeman, während Harriet Beecher-Stowe

(1812—1896), die Verfasserin des epochemachenden Romans gegen die Negersklaverei „Onkel Toms Hütte" (1852), und Helen Hunt-Jackson mit ihrem berühmten Roman „Ramona" (1884), der sich gegen die Indianerpolitik der Weißen wendet, den Realismus zugunsten ihrer humanitären Ziele stark verfälschen. Der nächst Cooper in Europa am nachhaltigsten wirkende amerikanische Realist ist jedoch Samuel Langhorne Clemens, genannt Mark Twain (1835—1910), dessen unerschöpflicher Humor und dessen Begabung, aus kleinen Alltagsgeschichten tiefsinnige und spannende Stories zu machen, unerreicht geblieben sind.

*Der deutsche Realismus*

72 Die deutsche Literatur hatte bereits in dem Schweizer Albert Bitzius (Jeremias Gotthelf) einen großen, vor allem das Landleben schildernden Realisten hervorgebracht (1797—1854). Auch die Kunst des großen österreichischen Erzählers Adalbert Stifter (1805—1868), aus Oberplan im Böhmerwald, ist in ihrem Wesen Realismus und zeichnet sich durch liebevolle Beobachtungsgabe und großartige Naturschilderungen aus. Der Südmährer Karl Postl (1793—1864), der 1823 aus dem Kloster der Kreuzherrn zu Prag entflieht, nach Amerika auswandert und als Charles Sealsfield vielbeachtete Romane aus der Welt des wilden Westens schreibt (Kajütenbuch, Der Virey), darf als Vorläufer eines deutschen, wesentlich von Amerika beeinflußten Realismus gelten. Schon bei diesen Autoren wie auch bei den deutschen Realisten der Jahrhundertmitte zeigt sich, abweichend von den westeuropäischen Realisten, das Bestreben, eine zwar wirkliche und innerlich wahre Welt darzustellen, sie aber nicht einfach als Bild der Zeit zu zeichnen, sondern mit den Farben der dichterischen Phantasie zu malen. Der Schweizer Gottfried Keller (1817—1890) erfindet eine Stadt Seldwyla, deren Menschen er in einer Reihe von Novellen meisterhaft zeichnet. In die politischen Ideenkämpfe der Schweiz greift er mit der Novelle „Das Fähnlein der sieben Aufrechten" ein und legt demokratische Gedanken auch in dem Roman „Martin Salander" nieder. Als Kellers bedeutendstes Werk gilt der Entwicklungsroman „Der grüne Heinrich", dem seine eigene Lebensbeschreibung zugrunde liegt. Auch hier aber schmückt er das Tatsächliche durch freie Erfindung aus. Kellers Landsmann Conrad Ferdinand Meyer (1825—1898), zunächst französisch erzogen, sehr spät zum Deutschen und zum Dichter geworden, baut eine realistische Welt der Vergangenheit auf und läßt in seinen historischen Novellen vor allem die Zeit der Renaissance und der Gegenreformation vor uns erstehen (Die Hochzeit des Mönchs, Die Versuchung des Pescara, Das Amulett, Gustav Adolfs Page). Sein politisches Glaubensbekenntnis legt er in dem Roman des Graubündner Rebellen „Jürg Jenatsch" nieder. Das Leben in norddeutschen Kleinstädten, vor allem an der Waterkant, in Schleswig und in Holstein, gestalten Theodor Storm (1817—1888) und der plattdeutsch schreibende Klaus Groth (1819—1899). Wie Meyer und Keller bevorzugt auch Storm die Form der Novelle (Immensee, Der Schimmelreiter, Carsten Curator, Hans und Heinz Kirch). Der Niedersachse Wilhelm Raabe (1831—1910) erfindet wie Keller

seine eigene Welt und bevölkert sie mit Sonderlingen und sinnierenden Menschen, so daß man oft nicht mehr von Realismus sprechen kann. Die kleinbürgerliche Welt des Deutschen Bundes erscheint bei Raabe nicht nur als Idylle, sondern auch in ihrer tragischen Erscheinungsform. Raabe ahnt, daß hinter der deutschen Versunkenheit und Zeitferne die Entfremdung von der übrigen Welt steht und daß sich damit eine politische Tragödie vorbereitet (Chronik der Sperlingsgasse, Der Hungerpastor, Abu Telfan, Der Schüdderump, Aus unsers Herrgotts Kanzlei). In Österreich ist der Realismus lebensnäher. Marie von Ebner-Eschenbach (geborene Gräfin Dubsky, 1830—1916) schildert mit gleicher Meisterschaft die Welt des österreichischen Adels wie das Schicksal armer Leute und das Elend des Proletarierdaseins (Lotti die Uhrmacherin, Das Gemeindekind, Die Freiherrn von Gemperlein). Auch Ferdinand von Saar (1831—1906), ursprünglich Offizier, stellt in seinen „Novellen aus Österreich" neben tragische Gestalten und rührende Menschen aus den Kreisen des Adels, der Offiziersschicht und des Bürgertums Kleinbürger und Gescheiterte; sein tiefes Verständnis für die Nöte der Enterbten verbindet sich mit einem starken Pessimismus (Innocenz, Leutnant Burda, Vae victis!, Die Pfründner). Ein aus dem Volke kommender und für das Volk schreibender Schriftsteller ist auch der Steiermärker Peter Rosegger (1843—1918; Schriften des Waldschulmeisters, Jakob der Letzte). Österreich hat auch einen wirklich realistischen Dramatiker hervorgebracht: Ludwig Anzengruber (1839–1889), der in seinen Volksstücken, Komödien und Romanen die Weltanschauung des Liberalismus mit einer pantheistischen Naturreligion verbindet (Das vierte Gebot, Die Kreuzelschreiber, Der Pfarrer von Kirchfeld, Der Sternsteinhof). Mehr Publizist und politischer Schriftsteller als Dichter ist der Schlesier Gustav Freytag (1816—1895); immerhin sucht er in dem Kaufmannsroman „Soll und Haben", das deutsche Volk „bei seiner Arbeit" zu zeigen, und gibt ein lebendiges Bild ostdeutschen Lebens im Vormärz. In der Komödie „Die Journalisten" rührt er an das zeitgemäße Problem von Presse, Meinungsfreiheit und Korruption.

Alle diese Autoren weichen jedoch, zum Unterschied von Dickens, Balzac und Zola, einer Auseinandersetzung mit ihrer Zeit aus. Großstadt, Industrie, Proletariat, Sozialismus werden kaum berührt. Erst mit dem sozialen Roman Max Kretzers, der das Deutschland der kapitalistischen Gründerjahre festhält, stößt die deutsche Literatur in diese Bereiche vor (Die beiden Genossen, 1880, Meister Timpe — unter dem Einfluß Dickens' —, 1888, Der Millionenbauer, 1891). Ende des Jahrhunderts wendet sich auch Kretzer dem religiös betonten sozialen Roman zu (Das Gesicht Christi, 1897). Es ist bezeichnenderweise ein Deutscher französischer Abkunft, der den realistischen Roman in Deutschland in künstlerisch vollendeter Gestalt schafft: Theodor Fontane (1819–1898). Fontane hat lange im Ausland gelebt, ist Journalist gewesen und wendet sich, als Balladendichter bereits eine Berühmtheit, in sehr späten Jahren dem realistischen Roman zu. Auch er schildert nicht unmittelbar das Leben der Arbeiter und die moderne Industrie; seine Romane aus der Sphäre des Berliner Bürgertums der Gründerjahre, des kleinen Adels und der Märkisch-Berliner Bildungsgeschichte fangen aber die Zeit mit der Vielfalt ihrer Probleme ein (Effi Briest, Frau Jenny Treibel, L'Adultera, Irrungen-Wirrungen, Der Stechlin, alle zwischen 1888 und 1898 erschienen).

## Deutsche Flucht aus der Zeit

73 Wenn auch die deutschen Realisten einer unmittelbaren Auseinandersetzung mit ihrer Zeit ausweichen, so geben sie doch als echte Künstler ein wahres Bild des Lebens. Die deutsche Literatur könnte mit diesen Vertretern gleichrangig neben der des Westens stehen. Tatsächlich hat jedoch bis zum Ende der achtziger Jahre der deutsche Realismus keine durchschlagende Wirkung bei dem deutschen Publikum gehabt. Die deutsche Literatur wird vielmehr beherrscht von einer Reihe welt- und zeitferner Autoren, die ein völlig falsches Bild des wirklichen Lebens geben. Für die Masse der Leser ist in den siebziger und achtziger Jahren Paul Heyse (1830—1914) der bedeutendste deutsche Dichter. Er gehört zu den von König Maximilian II. nach München berufenen Meistern der Münchener Dichterschule. Seine artistisch vollendeten Novellen täuschen eine Welt vor, in der die Probleme des modernen Lebens nicht bestehen. Der von Schopenhauers Philosophie beeinflußte Verfasser historischer Romane, Felix Dahn, einer der meistgelesenen Autoren Deutschlands, der Lyriker und Balladendichter Emanuel Geibel, Sänger der Reichsgründung von 1871, gehören unter anderen zur Münchener Schule. Der Ostpreuße Wilhelm Jordan schreibt über mittelalterliche Sagenstoffe umfangreiche Versepen, die er auf seinen Vortragsreisen selbst rezitiert. Joseph Viktor Scheffel, der seinen Ruhm mit einem historischen Roman von kräftiger Realistik (Ekkehart) begründet hat, wird mit seinem süßlich-sentimentalen Versgedicht „Der Trompeter von Säckingen" der erfolgreichste Autor des letzten Jahrhundertdrittels. Vers-Epen und wie Scheffel wein- und liebesselige Trinklieder schreibt Rudolf Baumbach. Man spricht von der verlogenen „Butzenscheibenlyrik". Hermann Lingg schildert in einem riesigen Epos die Völkerwanderung mit schwülstigen Versen. Auf höherer Ebene steht die Kunst Adolf Wilbrandts, aber auch seine Dramen sind aller Problematik der Zeit entrückt. Eine Zeitlang ist Friedrich Spielhagen mit seinen Gesellschaftsromanen (Problematische Naturen, In Reih und Glied) der Modeautor, man erhofft von ihm, dem Parteigänger von Liberalen und Sozialisten, eine zeitnahe, aufrüttelnde Dichtung. Neben Zola aber erscheint Spielhagen blutleer und verwaschen.

Auch die deutsche Lyrik hat, bis auf die Gedichte Storms und Kellers, die Balladen Fontanes und C. F. Meyers, wenig Bleibendes hervorgebracht. Unter den Münchener Dichtern ragt Martin Greif durch echte Empfindung und natürliche Sprache hervor. Die große Überlieferung Goethes und Mörikes ist abgebrochen, im Gefolge der Lyrik Heinrich Heines betätigen sich journalistische Begabungen. Immer tiefer wird die Kluft, die in den Gründerjahren das literarische Leben Deutschlands von dem des europäischen Westens trennt.

### Der russische Roman

**74** Nicht nur aus dem Westen kommt der Ruf nach einer realistischen Dichtung Auch im Osten Europas ringt die Dichtung einer großen Nation um neue Formen und neue Ideen. Die russische Romantik ist mit Puschkin und Lermontow überwunden. Schon bei dem Satiriker Nikolai Gogol dringt der realistische Zug stärker durch. Iwan Turgenjew (1818—1883) übersiedelt 1856 nach Westdeutschland und veröffentlicht in rascher Folge Erzählungen und Romane, in denen das Leben der russischen Gesellschaft mit dem gleichen Realismus beschrieben wird wie die bürgerliche Gesellschaft des Westens bei Balzac, Flaubert oder Dickens. 1870 erscheint Turgenjews Roman „Väter und Söhne", der das Generationenproblem, eine der brennendsten Fragen der jungen Menschen der Jahrhundertmitte, anschneidet. Die Wirkung Turgenjews aber bleibt weit zurück hinter der seiner Landsleute Dostojewskij und Tolstoi. 1821 geboren, gerät der junge Feodor Michailowitsch Dostojewskij in eine der vielen Verschwörungen, die es im Rußland Nikolaus' I. gibt. Zum Tode verurteilt und im letzten Augenblick begnadigt, verbringt er Jahre im Gefängnis. In seinem Roman „Erinnerungen aus einem toten Hause" hat er die Eindrücke jener Jahre gestaltet. 1866 erscheint sein Roman „Raskolnikow oder Schuld und Sühne". Ein Mörder und eine Dirne stehen im Mittelpunkt der Erzählung. Die Reue des Studenten Rodjon Raskolnikow, der gemordet hat, weil er sich an dem Beispiel der großen Männer der Geschichte eine Herrenmoral zurechtgelegt hat, die hingebende Liebe des Straßenmädchens Sonja werden sittlich über die laue Bürgermoral gestellt. Ähnliche Fragen tauchen bei Dostojewskij immer wieder auf, bis zu seinem letzten gewaltigen Roman, den „Brüdern Karamasow", der kurz vor dem Tode des Dichters 1882 erschien. Dostojewskij ist kein Realist oder Naturalist wie die Dichter des Westens, die einfach die Welt zeichnen, wie sie ist; er ist Philosoph, Prophet, Revolutionär. Er haßt den Westen, seine Zivilisation, er haßt den bürgerlichen Liberalismus, er haßt das Machtprinzip, das er auch in der römischen Kirche verwirklicht sieht. Die „Erniedrigten und Beleidigten", die reuigen Sünder, die Menschen einfachen Herzens, das heilige Rußland werden die Menschheit erlösen. Moskau als das „Dritte Rom", das altkirchliche Christentum Rußlands, werden die Welt erneuern. So wird Dostojewskij ein Vorläufer und Verkünder der russischen Revolution, wenn er auch Rußlands Aufgabe in der Verwirklichung, nicht in der Zerstörung des Christentums sieht. In seiner Novelle „Der Großinquisitor" stellt er sinnbildlich Christus gegen den römischen Kirchenfürsten, verkündet er am deutlichsten sein Programm. Europa ist für ihn ein Pulverfaß, das der erste Funke zur Explosion bringen wird. Wenige Jahre jünger als Dostojewskij ist Graf Leo Tolstoi (1828—1910), der als Offizier den Krimkrieg miterlebt und alle Laster der russischen Aristokratie mitmacht. Er ist ein Trinker, Spieler, Duellant, bis er 1879 in dem unerhört offenen Bekenntnisbuch „Meine Beichte" mit seiner Vergangenheit abrechnet und eine radikale Umkehr der Menschen fordert. Er verneint jetzt auch seine vor der Bekehrung liegende Dichtung. 1865 war der umfangreiche realistische Roman „Krieg und Frieden" erschienen, eine Absage an die herkömmlichen Begriffe von Heldentum. Der bekehrte Tolstoi schreibt 1886 das Drama „Die Macht der Finsternis", in dem wie bei Dostojewskij der reuige Sünder, der natürliche, ungebildete Mensch als wahrer Held erscheint. In der „Kreutzersonate", ebenfalls 1886 erschienen, sagt Tolstoi jeder Sinnlichkeit den Kampf an. In „Auferstehung" (1898) legt er nochmals sein christliches Bekenntnis nieder. Auf seinem Gute Jasnaja Poljana lebt der Graf wie ein russischer Bauer; 1910 stirbt er 82jährig im Warteraum einer kleinen Bahnstation, nachdem er, von Gewissenskonflikten getrieben, wieder einmal Haus und Familie verlassen hat. Tolstoi und Dostojewskij wirken auf ganz Europa aufrüttelnd als Warner und Erwecker. Für die deutsche Literatur, die sich in ein biedermeierliches Idyll eingesponnen hatte, muß die Botschaft aus dem Osten doppelt revolutionierend wirken.

## Die Skandinavier und das Theater

75 Obwohl das Theater in der bürgerlichen Epoche weiteste Kreise des Volkes in seinen Bann zieht, und äußerlich gesehen seit dem Vormärz eine Blüte des Theaterwesens in ganz Europa festzustellen ist, fehlt es lange Zeit an einem lebendigen und zeitnahen Drama und einer wirklich schöpferischen Bühnenkunst. Seichte Unterhaltungsstücke beherrschen die Bühne, auch das französische Gesellschaftsdrama Alexander Dumas' (Kameliendame) bringt keine echte Erschütterung. Nur in Wien hat sich das Volksstück erhalten, wird aber um die Jahrhundertmitte durch die spätklassische Dramatik Friedrich Hebbels verdrängt, der, mit bürgerlichen Dramen beginnend, bei der heroischen Tragödie (Nibelungen) endet. Der Deutsche Otto Ludwig ringt um eine neue Form des bürgerlichen Dramas (Der Erbförster), vermag aber kein neues Theater zu schaffen. Die Schauspielkunst selbst steht in Paris und Wien auf hoher Stufe, das Burgtheater wird unter der Leitung von Heinrich Laube in den fünfziger Jahren die erste deutsche Bühne und bildet mit seinem eigenen Stil eine Reihe großer Darsteller heran (Mitterwurzer, Devrient, Gabillon, Wolter, Hohenfels, Hartmann, Thimig, Baumeister). Die Forderung der jungen Generation nach einem Drama, in dem sich die bewegenden Fragen der Epoche spiegeln, erfüllt aber erst der Norweger Henrik Ibsen (1828—1906). Nach romantischen Anfängen und einem Ideendrama „Peer Gynt" (1867), das einen neuen Faust auf die Bühne stellen will, wendet sich Ibsen den Fragen des modernen Lebens zu. Das Verhältnis von Mann und Frau (Nora oder Ein Puppenheim, Hedda Gabler), das Thema der gesellschaftlichen Lüge (Der Volksfeind, Die Stützen der Gesellschaft), der Vererbung (Gespenster) und andere Fragen der Zeit werden in Dramen dargestellt, die sich auch einer neuen Technik, der analytischen Methode, bedienen. Die entscheidenden Konflikte liegen fast immer lange zurück, der Knoten ist geschürzt, das Drama löst lediglich die Spannung und den Konflikt. Ibsen findet seit den achtziger Jahren in Deutschland ein begeistertes Publikum und berufene Darsteller seiner Rollen. Neben Ibsen hat ein

anderer Norweger, Björnstjerne Björnson, ein begeisterter Vorkämpfer freiheitlicher Ideen, wesentlich zur Revolutionierung des europäischen Theaters beigetragen. In den siebziger Jahren bildet sich in Deutschland unter dem Einfluß des Realismus ein neuer Theaterstil, der von dem Hoftheater in Meiningen und dem kunstbegeisterten, selbst Regie führenden Herzog von Sachsen-Meiningen ausgeht. Die Meininger verwerfen alle Ersatzstoffe in der Ausstattung und arbeiten mit echten Kostümen und Requisiten. Sie verstehen es, Massenszenen glaubhaft zu gestalten, und bringen bald nicht nur Klassiker, sondern auch Ibsensche Dramen. 1883 gründen Adolf L'Arronge und August Förster in Berlin das Deutsche Theater, das einen weiteren Schritt auf dem Wege zu einer unpathetischen, realistischen Bühnenkunst darstellt. Aber erst das von Antoine in Paris begründete Théatre libre, das 1887 ein aufsehenerregendes Gastspiel in Berlin gibt, bahnt den jungen Autoren den Weg.

## Die literarische Revolution

76 In die stickige Atmosphäre der deutschen Unterhaltungsliteratur mit ihrem falschen Pathos und ihrer verlogenen Gefühlsduselei dringt um die Mitte der achtziger Jahre ein frischer Wind, der bald zum revolutionären Sturm wird. 1885 gründet Michael Georg Conrad in München die Zeitschrift „Die Gesellschaft"; mit unerhörter Schärfe nimmt er den Kampf gegen Paul Heyse, gegen die Literatur „der höheren Töchter", gegen „die alten Weiber beiderlei Geschlechts" und vor allem gegen die Zeitschrift „Die Gartenlaube" auf. Seine Mitarbeiter sind Karl Bleibtreu und Konrad Alberti. Die Münchener literarische Revolution, deren Wortführer allerdings selbst keine Werke von bleibender Bedeutung geschaffen haben, erhält bald Hilfe aus Berlin. Die Brüder Heinrich und Julius Hart veröffentlichen 1884 das Buch „Moderne Dichtercharaktere". 1885 erscheint „Revolution der Literatur" von Bleibtreu, 1886 wird von jungen Dichtern und Theaterkritikern der Verein „Durch" gegründet. Zola, Ibsen, Dostojewskij sind die bewunderten Vorbilder der literarischen Revolutionäre. Der Ostpreuße Arno Holz und sein Mitarbeiter Johannes Schlaf suchen theoretisch und praktisch über Zola hinaus zum konsequenten Naturalismus vorzustoßen. Unter dem Pseudonym Bjarne P. Holmsen veröffentlichen sie 1889 die Skizzensammlung „Papa Hamlet", die in Weiterentwicklung der Goncourtschen Methoden den literarischen Schaffensprozeß beinahe zur erlernbaren, handwerklichen Technik macht. Im gleichen Jahr wird die „Freie Bühne" gegründet, hinter der neben den jungen Dichtern Theatermänner wie Otto Brahm und Paul Schlenther, Kritiker wie Maximilian Harden stehen. Die Freie Bühne führt das Drama eines jungen Dichters auf, das den Begründern des konsequenten Naturalismus gewidmet ist und mit einem Schlag die literarische Revolution siegen läßt: „Vor Sonnenaufgang" von Gerhart Hauptmann.

Beinahe über Nacht berühmt geworden, von einem Teil der Presse und der Gesellschaft allerdings noch immer abgelehnt und befehdet, schreibt Gerhart Hauptmann in rascher Folge eine Reihe Dramen, in denen der naturalistische

Stil sich durchsetzt. Sein bedeutendstes Werk sind „Die Weber" (1892), die Tragödie des schlesischen Weberaufstandes der vierziger Jahre. Für Hauptmann ist es zugleich eine Heimatdichtung und ein Stück Familiengeschichte. Durch den krassen Naturalismus der Elendsbilder und die revolutionäre Stimmung klingen deutlich christlich-pietistische Töne, wie sie Hauptmann aus seinem herrnhuterischen Elternhaus vertraut waren. Hauptmann versucht sich auch im Lustspiel und bringt 1893 mit dem „Biberpelz", einer Satire auf die Engstirnigkeit preußischen Bürokratentums, eine der bedeutendsten Komödien der Weltliteratur auf die Bretter. Im gleichen Jahr erscheint aber die Traumdichtung „Hanneles Himmelfahrt", die Hauptmanns beginnende Abkehr vom Naturalismus zeigt. In das traurige Milieu eines schlesischen Dorfarmenhauses zaubert der Dichter in wundervollen Versen den Traum eines sterbenden Kindes. In „Florian Geyer" (1895) unternimmt es Hauptmann noch einmal, einen geschichtlichen Stoff naturalistisch zu bewältigen. Die erschütternde Tragödie des deutschen Bauernkrieges aber wird von den Zeitgenossen nicht verstanden und hat die Bühne erst nach dem deutschen Zusammenbruch von 1918 wirklich erobern können. Dagegen wird die Märchendichtung „Die versunkene Glocke", eine sehr gewagte Ideendichtung, in der naturalistische und romantische Stilformen bunt gemischt sind, Hauptmanns größter Bühnenerfolg. Der Dichter kehrt auch in späteren Dramen noch zum naturalistischen Stil zurück (Fuhrmann Henschel, 1898; Rose Bernd, 1903), versucht auch weiter Wirklichkeit und Traum zur Einheit zu verbinden (Und Pippa tanzt, 1906), erstrebt aber im neuen Jahrhundert doch auch den Anschluß an die Neuromantik. Neben Hauptmann ist Hermann Sudermann der erfolgreichste und zeitweise sehr überschätzte Modeautor des deutschen Theaters am Jahrhundertende. Seine Dramen sind mit dem sicheren Gefühl für Bühnenwirksamkeit gebaut, rühren an soziale Probleme, haben aber ihre Zeit eigentlich nur als Filmstoff überlebt (Ehre, 1889; Sodoms Ende, 1890; Heimat, 1893). Ein großer Erfolg war dem Westpreußen Max Halbe mit seinem Drama „Jugend" beschieden (1893). In Österreich hat Hermann Bahr eine Zeitlang den konsequenten Naturalismus vertreten.

Das naturalistische Drama hat in Deutschland zwar den Bühnenstil gewandelt und einer wirklichkeitsnahen Sprache den Weg gebahnt, sich aber in seiner Urform nicht lange behauptet.

*Neue Lyrik*

77 Im Jahre 1855 war in Amerika ein Gedichtband „Grashalme" erschienen. In freien Rhythmen, die sich oft nur noch wie eine rhythmisch gegliederte Prosa lesen, besingen diese Gedichte die Maßlosigkeit, Wildheit und großartige Schönheit des neuen Kontinents Amerika, die Demokratie und den freien Menschen der modernen Zeit. In Sprache und Inhalt war diese Lyrik weltenweit von allem verschieden, was man je in Europa so genannt hat. Ihr Verfasser ist Walt Whitman, 1819 in Long Island geboren, einer der bedeutendsten Revolutionäre der Weltliteratur. Als er 1892 stirbt, sind seine Dichtungen noch wenig bekannt. Sie haben aber bereits in dem Kopfe eines jungen Deutschen, des Ostpreußen

Arno Holz, gezündet, und dieser Dichter und Theoretiker der Dichtkunst ist es, der sich vornimmt, im Geiste Whitmans die deutsche Lyrik zu revolutionieren. Holz lehnt den Reim und er lehnt die klassischen Vers- und Strophenformen ab. In freien Rhythmen besingt er gigantische Visionen des modernen Lebens, der Wildnis, einer phantastischen Zukunftswelt. Er will, daß die Lyrik „lediglich durch einen Rhythmus getragen wird, der nur durch das lebt, was durch ihn zum Ausdruck ringt". 1899 erscheinen zwei Bändchen Lyrik von Holz: „Phantasus"; 1899 verteidigt Holz seinen neuen Stil in der Schrift „Revolution der Lyrik". Daß Holz, selbst ein Meister der Form, die von ihm abgelehnten künstlerischen Ausdrucksmittel sehr wohl beherrscht, beweist er in seinem umfangreichen satirischen Versepos „Die Blechschmiede". Wie im Drama, so bahnt Holz auch in der Lyrik neuen Dichtern und einer neuen Sprache den Weg. Die reimlose Lyrik der freien Rhythmen setzt sich nicht als alleinige Form durch, aber die süßliche Butzenscheibenlyrik ist mit Holz überwunden.

## Symbolismus

78 In den gleichen Jahren, in denen die literarische Revolution in Deutschland unter Berufung auf die Brüder Goncourt und Zola den Naturalismus zum Siege führt, beginnt die französische Literatur ihn bereits zu überwinden. 1891 erscheint der Roman „Là-bas" von Joris Karl Huysmans, der eine Abrechnung mit dem Naturalismus bedeutet. Diesem wird vorgeworfen, er sei die Kunst des Materialismus, er sei plattester Rationalismus. Die französische Lyrik sucht seit den achtziger Jahren nach einer neuen Sprache, in der wieder die ewigen Sinnbilder eine Rolle spielen, weshalb man diese Richtung wohl auch Symbolismus genannt hat. Die Musik der Sprache, eine bis ins Feinste gehende Lautmalerei und zugleich eine überfeinerte, fast nervöse Empfindlichkeit für alle Reize, die auf unsere Sinne und unser Gemüt wirken, kennzeichnen die neue Richtung, deren bedeutendster Vertreter Paul Verlaine ist (1844—1896). Ursprünglich Atheist, und der Gruppe der „Parnassiens" zugehörig, wandelt er sich zum mystischen Katholiken, wobei er aber im Leben und in der Dichtung immer neue Rückfälle in Sünde und Laster erleidet und die ganze Fragwürdigkeit und Brüchigkeit seines von Leidenschaften zerrissenen Wesens auch in der Dichtung offenbart. Vielleicht noch hemmungsloser als Verlaine ist Arthur Rimbaud (1854 bis 1891), dessen berühmtes Gedicht „Das trunkene Schiff" wie ein Manifest der symbolistischen Dichter wirkt. Mallarmé und Baudelaire gehören zu diesen symbolistischen Lyrikern. In der Prosaerzählung führt Guy de Maupassant (1850 bis 1893), einer der bedeutendsten Novellisten der französischen Literatur, vom Naturalismus zu der neuen Richtung.

## Dekadenz

79 Gerade diese Symbolisten haben einen neuen Künstlertypus geprägt, in dem sie den alten Gegensatz zwischen Künstler und Bürger wieder aufrissen und für die künstlerische Persönlichkeit das volle Recht des Genies: Gesetzlosigkeit und

Andersartigkeit, in Anspruch nahmen. Auf den strengen Objektivismus der Realisten, denen es nur um die Wirklichkeit und die Nachgestaltung der Außenwelt zu tun war, folgt der Subjektivismus der neuen Künstler, für die ihr Schaffen das zügellose Ausleben ihrer Leidenschaften bedeutet. Oscar Wilde in England, Gabriele d'Annunzio in Italien, der Däne Jens Peter Jacobsen und die schon erwähnten französischen Symbolisten, zu denen noch die Erzähler Barbey d'Aurevilly und Villiers de l'Isle-Adam sowie der Belgier Emile Verhaeren zu nennen wären, stellen in Leben und Dichtung diesen neuen Künstlertypus dar. Oscar Wilde (1856—1900) hat in seinem Roman „Das Bildnis des Dorian Gray" (1891) die einprägsamste Gestalt dieses Lebensstils geschaffen. Diese Künstler bezeichneten sich selbst als dekadent und verherrlichten alles Krankhafte, Nervöse, Überempfindliche. Sie sahen im Verfall die reifste Schönheit und bekannten sich dazu, „la fin de siècle", das Jahrhundertende, ganz bewußt als den letzten Genuß einer sterbenden Kultur zu erleben. Auch nach Deutschland greift dieser Stil über, aber er verbindet sich hier, um einige Jahre später als im Westen auftretend, mit neuen geistigen Strömungen, die bereits dem 20. Jahrhundert angehören.

## Richard Wagner

80  Auf keinem Gebiet der Kunst zeigen sich die Grenzen des Realismus und des Naturalismus so deutlich wie in der Musik. Wenn die Dichtung und die bildende Kunst versuchen, Welt und Leben mit photographischer Treue nachzubilden, so muß die Musik notwendig auf solche Absichten verzichten. Die Welt der Töne bleibt immer eine Welt der Phantasie, der Bilder, der Ideen. Zwar vermögen Oper und Symphonie die Bereiche des wirklichen Lebens in ihren Schaffenskreis einzubeziehen, aber die Erfindung der Melodie und der musikalischen Motive entzieht sich den Formgesetzen einer streng realistischen Kunst. So steht das 19. Jahrhundert lange Zeit im Zeichen der Spannung zwischen streng gebundener klassizistischer und freier romantischer Form. Zwar spricht man gegen Ende des Jahrhunderts von einem Verismus (Wahrheitsstil) in der Oper; dieser wirkt sich aber eher in der Wahl der Stoffe für die Textbücher als in der Musik selbst aus. Im großen Chor der Kulturnationen haben auf musikalischem Gebiet auch im 19. Jahrhundert die Deutschen die Führung, nur die italienische Musik reicht an Weltbedeutung an die deutsche heran.

Persönlichkeit und Werk Richard Wagners (geb. 1813 in Leipzig, gest. 1883 in Venedig) nehmen in der zweiten Hälfte des 19. Jahrhunderts eine weit über das musikalische Gebiet hinausreichende beherrschende Stellung ein. Richard Wagner will mehr als Musik machen und Opern komponieren: er strebt nach einer Erneuerung der Kunst, die wieder, wie in der Antike, die Weihe des Religiösen erhalten, eine Überhöhung des Lebens bringen, zugleich auch den Gegensatz zwischen dem antiken Schönheitsideal und der christlichen Sittlichkeit überwinden soll. Wie die Künstler des Barock und zum Teil auch die der Romantik strebt Wagner, selbst ein Nachfahre und der Vollender der romantischen Kunst, nach dem Gesamtkunstwerk. Textbuch, Musik, szenische Ausstattung und Darstellung sollen zusammenwirken, um ein festliches Erlebnis zu schaffen. Nicht das Theater, sondern das Festspielhaus soll der Rahmen dieser „Musikdramen" und Weihespiele sein. Wagners letztes Werk, das Bühnenweihespiel „Parsifal", wird ein Menschenalter lang nur in Bayreuth aufgeführt. Die Textbücher seiner Musikdramen schreibt Wagner selbst. Zum Teil benützt er den altgermanischen Stabreim und bedient sich einer altertümlichen und hochtrabenden, betont feierlichen Sprache. An die Stelle der Arien, Chöre und Rezitave, aus denen die Oper sich vor Wagner zusammensetzte, tritt bei ihm ein musikdramatisches Spiel, in dem Gestalten und Ideen durch die Leitmotive dargestellt sind, die sich wie in der Symphonie oft übereinanderschichten oder gegeneinander stehen. In seiner ersten Oper „Die Feen" wurzelt er noch ganz in der Romantik; „Das Liebesverbot" verrät deutlich italienische und französische Vorbilder. Erst in der Oper „Rienzi" beginnt sich ein neuer Stil anzukündigen. Doch steht Wagner auch hier noch im Bann der großen Oper, wie sie vor allem in Paris gepflegt wird und mit Meyerbeer ihren höchsten Ruhm erlangt hat. „Der fliegende Holländer" (1843) und „Tannhäuser" (1845) zeigen Wagner als Revolutionär der Musik, nicht nur des Opernstils, sondern auch der Instrumentation. Seine Kunst wird von der zeitgenössischen Kritik (am längsten und nachhaltigsten von dem Wiener Professor und Kritiker Hanslick) als mißtönender Lärm abgelehnt. Die Jugend aber geht mit fliegenden Fahnen zu ihm über. 1849 ist Wagner an dem Dresdener Aufstandsversuch beteiligt und flieht, steckbrieflich verfolgt, in die Schweiz. 1850 erscheint zugleich mit der Oper „Lohengrin" die Programmschrift „Das Kunstwerk der Zukunft", die noch in den Diskussionen der literarischen Revolution in Deutschland eine große Rolle spielt. König Ludwig II. von Bayern holt Wagner nach München und fördert ihn in wahrhaft königlicher Weise. 1865 wird „Tristan und Isolde" aufgeführt, das erste reine Musikdrama Wagners, 1868 die komische Oper „Die Meistersinger von Nürnberg". 1869 folgt „Das Rheingold", 1870 „Die Walküre"; 1871 wird „Siegfried" beendet, 1874 „Götterdämmerung" als letztes Stück der Tetralogie „Der Ring des Nibelungen". 1876 wird das Festspielhaus in Bayreuth mit der Aufführung der vier Ringdramen eröffnet. Friedrich Nietzsche, der in seiner Schrift über „Die Geburt der Tragödie aus dem Geiste der Musik" das altgriechische Drama als ein Musikdrama gedeutet hat, begrüßt den Ring als „die erste Weltumsegelung im Reiche der Kunst". Später wendet sich Nietzsche heftig gegen Wagner, vor allem wegen Wagners Einkehr ins Christliche.

Nicht nur die Musik und das Theater, die Dichtung und die bildende Kunst hat Wagner, der selbst ein Anhänger der Schopenhauerschen Philosophie war, entscheidend beeinflußt, er hat auch den gesamten Lebensstil des ausgehenden Jahrhunderts wesentlich mitbestimmt. Große Dirigenten wie Hans von Bülow, der sich buchstäblich für Wagner aufopfert und, obwohl Bülows Gattin Cosima, die Tochter Franz Liszts, Wagner zuliebe den Gatten verläßt und den Komponisten heiratet, dessen Kunst verteidigt, und in Wien Hans Richter setzen Wagners Kunst gegen die immer mehr verstummende Kritik durch, Wagnerzyklen und Wagner-Festspiele stehen im Mittelpunkt des Spielplans aller großen Operntheater der Welt, Frankreich und die angelsächsische Welt wetteifern mit den deutschen Bühnen und Orchestern in der Pflege der Wagnerschen Kunst. Die Wagnersänger und -sängerinnen werden die gefeierten Vorbilder künstlerischen Stils, die Namen der Wagnerschen Operngestalten werden in Deutschland Mode. Das führt aber auch dazu, daß eine längst nicht mehr romantische, sondern bürgerlich-kapitalistische Gesellschaft sich in das Kostüm der Wagnerschen Heldendichtung kleidet und daß gegen das Jahrhundertende, vor allem in Deutschland, eine tiefe Kluft zwischen der Wirklichkeit und ihrem theatralischen Gewande entsteht.

*Romantische Symphoniker*

81 Der großartigste Vertreter des Wagnerstils in der symphonischen Musik ist der Oberösterreicher Anton Bruckner (1824—1896), zugleich der größte Orgelspieler seiner Zeit. In neun gewaltigen Symphonien und einer großen Reihe kirchlicher Kompositionen hat Bruckner ein symphonisches Werk geschaffen, das sich von Wagners Kunst, obwohl von ihr stark angeregt, dadurch unterscheidet, daß der tiefgläubige Katholik und rührend schlichte Mensch Bruckner, von keinerlei Ehrgeiz getrieben, von keinen Ideenkonflikten zerrissen, nur zur Ehre Gottes wirkt und daß Leben, Glauben und Schaffen dieses in der modernen Zeit einzigartigen Künstlers völlig eins sind. Entgegen der neuen Richtung schuf er in strengstem Sinne absolute Musik. Der Hamburger Johannes Brahms (1833 bis 1897) wurzelt zwar in der Romantik Schumanns, findet aber aus eigener Kraft eine durchaus persönliche Synthese von klassischem und romantischem Stil. Er wirkt ebenso wie Bruckner in Wien und gilt als dessen Gegenpart wie auch als Anti-Wagnerianer. Brahms hat außer der Oper alle Gebiete der Musik mit bedeutenden Werken bereichert, unter denen neben seinen stilbildenden Klavierkonzerten besonders seine Lieder und sein „Deutsches Requiem" zu nennen sind. Wagners Schwiegervater Franz von Liszt (1811—1886, ein Deutsch-Ungar), einer der bedeutendsten Klaviervirtuosen, bahnt in seinen Klavierkompositionen eine neue Spieltechnik an; auch in seinen Orchesterwerken weist er neue Wege, vor allem zur Programm-Musik. Im Bann der Romantik stehen auch der Franzose Hector Berlioz (1803—1869) und die Russen Peter J. Tschaikowski (1840—1893) und Modest P. Mussorgskij (1839—1881). Tschaikowskis sechs Symphonien gehören zu den gewaltigsten Werken dieser Art, Mussorgskij darf als der bedeutendste Vorläufer des impressionistischen Stils bezeichnet werden. Die Tschechen Friedrich Smetana (1824—1884) und Antonin Dvořak (1841—1904) haben von Wagner ebenfalls starke Anregungen empfangen und seinen Stil aufs glücklichste mit der Musikalität ihres Volkes und mit ihrem unerschöpflichen Melodienreichtum verbunden. (Smetana: „Mein Vaterland"; Dvořak: Symphonie „Aus der neuen Welt", Kammermusik.) Der Norden ist in dieser Reihe mit dem Norweger Edvard Grieg (1843–1907; Musik zu Peer-Gynt) und mit dem Finnen Jan Sibelius (geb. 1865) vertreten, der in seiner Musik tief in der Eigenart der finnischen Landschaft und des finnischen Volkes wurzelt.

## Die Oper

**82** Die Überlieferung der italienischen Oper, die nicht aus musikdramatischen Motiven gebaut ist, sondern einfach aus der Fülle einer urwüchsigen Musikalität mit ihrem unerschöpflichen Melodienreichtum strömt, setzt Giuseppe Verdi fort (1813—1901). Durch Jahrzehnte schenkt Verdi der Opernbühne in einer ununterbrochenen Reihe Oper um Oper. Aus der gewaltigen Fülle können nur einige Namen hervorgehoben werden: „Rigoletto" (1851), „La Traviata", „Der Troubadour" (1853), „Aïda" (1869 zur Eröffnung des Suezkanals erstaufgeführt), „Othello" (1887). Verdi und seine Musik sind schon zu Lebzeiten des Meisters außerordentlich volkstümlich gewesen. Er selbst gilt dem italienischen Volk in den Jahren des Einigungskampfes und später in der parteipolitischen Zerrissenheit des jungen Königreiches als Sinnbild der Nation und ihres unsterblichen Genies.

Die französische Opernmusik hat nächst dem Romantiker Charles Gounod (1818—1893, „Margarethe") in Georges Bizet (1838—1875) einen Vertreter, der Weltruhm erlangt. Seine 1875 erstaufgeführte Oper „Carmen" verbindet den romantischen Stil mit der Leidenschaft des romanischen Temperaments.

Von den oben genannten Symphonikern haben Tschaikowski („Eugen Onegin", 1879), Mussorgskij („Boris Godunow", 1874), Smetana („Die verkaufte Braut", „Der Kuß", „Libussa") und Dvořák („Rusalka") auch als Opernkomponisten Weltruhm erlangt.

## Operette und Tanz

**83** Aus der komischen Oper (Opera buffa) und der Zauberposse, wie sie besonders das Wiener Volkstheater pflegte, war im 19. Jahrhundert eine neue Form des musikalischen Lustspiels entstanden: die Operette. Sie blüht vor allem um die Mitte des Jahrhunderts in Paris, wo sie in der gesellschaftlichen und politischen Satire auf die Zustände des zweiten Kaiserreichs einen dankbaren Vorwurf findet. Der bedeutendste Vertreter der satirischen und parodistischen Operette ist Jacques Offenbach (1819—1880). Er stammt aus Köln und ist Wahlfranzose. In Meilhac und Ludovic Halévy findet er Textdichter, die seinem satirischen Stil entgegenkommen. Unter der Vielzahl der Operetten Offenbachs sind als die meistgespielten zu nennen: „Orpheus in der Unterwelt", „Die schöne Helena", „Die Großherzogin von Gerolstein", „Madame l'Archiduc", „Pariser Leben", „Die Briganten", „Ritter Blaubart". Offenbachs letztes Werk, erst nach seinem Tode uraufgeführt, ist die phantastische Oper „Hoffmanns Erzählungen". In den Operetten Offenbachs ist die Gesetzmäßigkeit der wirklichen Welt aufgehoben, sie spielen in einer Schein- und Traumwelt ohne Logik, in der alles möglich ist. Dieses Element der Zauberposse geben die großen Wiener Operettenkomponisten, deren Aufstieg in den siebziger Jahren beginnt, bald preis. Sie machen dem realistischen Kunststil das Zugeständnis, auch der Operette eine logische Handlung unterlegen zu wollen, wodurch sie ihren ursprünglichen Reiz verliert. Die Wiener Operette setzt sich mit Karl Millöcker (1842—1899) durch, dessen bedeutendste Komposition, „Der Bettelstudent", 1882 uraufgeführt wird. Neben ihm darf Karl Zeller (1842—1898) mit seinen Operetten „Der Vogelhändler" und „Der Obersteiger" genannt werden. Der erfolgreichste Vertreter der Wiener Operette ist aber Johann Strauß-Sohn (1825—1899), dessen Operetten „Die Fledermaus" (1874), „Eine Nacht in Venedig", „Zigeunerbaron" (1885) die Bühnen der Welt erobern.

Johann Strauß ist aber auch als Komponist von Walzern und anderen Tänzen berühmt geworden (Walzerkönig). Die Tanzmusik und die Pflege sowohl des künstlerischen wie des Gesellschaftstanzes entfalten sich mit dem Biedermeier, da in der bürgerlichen Gesellschaft die frühere Trennung von gepflegtem Kunsttanz und ursprünglichem Volkstanz weitgehend überwunden ist. Im Walzer, der seinen Siegeszug auf dem Wiener Kongreß antritt, verschmelzen beide Formen. Franz Lanner, Franz von Suppé, vor allem aber die Dynastie Strauß, Millöcker und andere, sichern der Wiener Tanzmusik die Vorherrschaft in der ganzen Welt. Aber auch das Negative macht sich bald bemerkbar: Operette und Tanzmusik tragen dazu bei, daß der neue aus der Stimmungsmusik geborene Typ des sentimentalen Gassenhauers und des Couplets entsteht, das seinerseits (wenigstens in seinen besseren Stücken) an die Überlieferung der Bänkelsängerballade anknüpft. Auch diese Arten Musik haben ihren Ausgangspunkt in Paris und Wien und tragen wesentlich zum Niedergang der Musikkultur bei. Das Volkslied behauptet sich in seiner Ursprünglichkeit am ehesten bei den Italienern und Slawen.

In der zweiten Hälfte des 19. Jahrhunderts war das künstlerische Ballett durch allzu prunkhafte Ausstattung in bedenkliche Nähe des reinen Ausstattungsstückes gerückt. Gegen Ende des Jahrhunderts begann ein neuer Aufschwung, der vom Ballett der kaiserlichen Oper in Petersburg ausging. Die Höhepunkte der neuen Tanzkunst sind verknüpft mit den Namen Karsawina, Pawlowa, Nijinskij Fokin. Als Schöpfer wertvoller Ballett-Musiken sind vor allem die Russen Tschaikowski, Rimskij-Korssakow (1844—1888) und Glasunow zu nennen.

## Die bildende Kunst im 19. Jahrhundert

84 Der Hang zur realistischen Nachbildung des Lebens und die enge Verbindung zwischen Kunst und Handwerk, die sich aus der Anwendung malerischer, graphischer und plastischer Schmuckformen im täglichen Leben ergibt, beeinflussen entscheidend die Entwicklung der bildenden Kunst in der zweiten Hälfte des 19. Jahrhunderts. Da es der bürgerlichen Gesellschaft nicht gelungen ist, einen neuen und eigenen Stil hervorzubringen, erhalten sich neben den realistischen Schulen die Einflüsse des Klassizismus und der Romantik. Die Architektur vollends sucht die ihr gestellten neuen Aufgaben (Industriebauten, Bahnhöfe, Ausstellungshallen, Mietskasernen, Landhäuser, Stadtpalais) mit den überkommenen Mitteln durch Nachahmung und Anpassung oder auch durch Vermengung der alten Bauformen zu lösen.

## Architektur

85 Das ständige Wachstum der großen Städte, die Notwendigkeit, der Industrie mit Fabriken, den neuen Verkehrs- und Nachrichtenmitteln in Bahnhöfen, Post- und Telegraphengebäuden neue Bauten zu schaffen, das Streben der neuen gesellschaftlichen Führungsschichten nach Repräsentation und der steigende Bedarf der unteren Volksschichten an billigen Wohnungen stellen die Architektur vor eine Fülle großer Aufgaben, die sie aber im 19. Jahrhundert nur unzulänglich gelöst hat. Der Umbau vieler Großstädte, deren alte Befestigungsanlagen geschleift, deren Innenbezirke niedergerissen und durch breitere Straßenzüge ersetzt wurden, hätte begabten Architekten Gelegenheit zu großzügigen Lösungen gegeben. Tatsächlich begnügt man sich meist mit dem Bau einiger Prunkstraßen. die von öffentlichen Gebäuden in den verschiedensten historischen Stilen umrahmt werden. Dies gilt ebenso von Paris, das unter dem zweiten Kaiserreich (Präfekt Haußmann) die großen Boulevards erhält, wie von Wien, dessen prunkvolle Ringstraße zwar städtebaulich eine glückliche Lösung ist, aber eine Fülle von gotischen, Renaissance- und Barockbauten erhält, die weder Ausdruck eines echten Zeitgefühls, noch ehrfürchtige Wiederherstellung des Alten bedeuten (Gottfried Semper, Hasenauer, Schmidt). Auch Berlin, London, Brüssel erhalten ein chaotisches Nebeneinander von Prunkbauten, schmutzigen und unhygienischen Arbeitervierteln und langweiligen Straßenzügen, in denen die Mietskasernen der gehobenen Stände mit Vorgarten, „Belétage", getrenntem Aufgang für Herrschaften und Diener und mit schmucküberladenen Fassaden aus Mörtel- und Gipsstuck den Geschmack der Zeit zur Schau stellen. Überladene Denkmäler unterstreichen ebenso wie der billige Statuenschmuck der öffentlichen Parks die Stillosigkeit der Epoche. Das Reichstagsgebäude in Berlin (Paul Wallot), der Justizpalast in Brüssel, das Kaiser-Wilhelm-Denkmal vor dem Berliner Schloß, das italienische Nationaldenkmal unter dem Capitol sind nur einige wenige Beispiele für die Art zu bauen, die das ausgehende 19. Jahrhundert entwickelt hat. Erst um die Jahrhundertwende beginnt man nach Formen zu suchen, die durch Material und Zweck bestimmt sind. Das Beispiel Amerikas, dessen Städte im Laufe weniger Jahrzehnte vom Holzhaus zum Wolkenkratzer übergegangen sind, wirkt bahnbrechend. Krankenhäuser, Warenhäuser, öffentliche Bäder, Bahnhöfe, Verwaltungsgebäude, Speicher, Werften, Fabrikanlagen erhalten langsam die Gestalt, die ihnen durch Zweckmäßigkeit, Einordnung in das Stadt- oder Landschaftsbild und durch das Baumaterial (Backstein, Eisenbeton, Glas, Stahl) bestimmt ist.

## Plastik

86 Um 1870 wendet sich die französische Bildhauerei dem realistischen Stil zu. ohne zunächst in der Wahl der Gegenstände das wirkliche Leben zu erfassen. Durch Tierplastiken wird Louis Barye bekannt, durch Porträtstatuen Alexandre Falguière. Carpeaux und Chapu gehören zu den Vertretern dieses Realismus. Aber erst der Belgier Constantin Meunier (1831–1905) findet für den realistischen Stil in der Plastik auch die zeitnahen Vorwürfe. Seine Köpfe und Statuen

von Arbeitern und Arbeiterinnen, sein „Denkmal der Arbeit" drücken aus, was die Zeit und was insbesondere den arbeitenden Menschen bewegt. In manchen seiner Werke erreicht auch der Norweger Stephan Sinding diese Wirkung. In Deutschland hält die Plastik, nicht zuletzt dank dem großen Einfluß ihres bedeutendsten Vertreters, Adolf von Hildebrand, an der klassischen Formenstrenge fest und bevorzugt als Auftragskunst meist das Heroische. Reiterstatuen und gigantische Denkmäler sind nach 1870 die große Mode. Hildebrand selbst schafft bedeutende Brunnen (in München der Wittelsbacherbrunnen) und Plastiken, jenseits eines schablonenhaften Heroenkults. Neben ihm können Arthur Volkmann und Louis Tuaillon genannt werden. In Wien wirken Kaspar von Zumbusch (Maria-Theresien-Denkmal), Victor Tilgner und der aus Erfurt stammende Fernkorn. Der führende Bildhauer in Berlin ist Reinhold Begas.

*Malerei*

87 Unter den bildenden Künsten sind Malerei und Graphik diejenigen, in denen Lebensstil und Lebensgefühl des Bürgertums und seiner Zeit am ehesten zum Ausdruck kommen konnten. Das 19. Jahrhundert kann hier an die bürgerliche Malerei des Westens aus den Zeiten der großen Niederländer anknüpfen. In England hat sich insbesondere die Graphik als Illustration, Karikatur und satirisches Flugblatt seit dem 17. Jahrhundert ohne Bruch weiterentwickelt. Nun ist es aber Frankreich, das nicht nur in der Malerei voranschreitet, sondern diese bürgerliche Kunst als eine Sache der Nation erlebt. In keinem Lande nimmt die Öffentlichkeit so wie in Frankreich Anteil an den Richtungskämpfen der Malerei, an den Sensationen des Pariser Salons, an dem Auftauchen und Verschwinden neuer Formen und neuer Meister. Die Graphik bemächtigt sich in Frankreich schon unter dem Bürgerkönigtum der bürgerlichen Motive, vor allem des Sittenbildes und der Karikatur, während die Malerei noch im Bann von Romantik und Klassizismus steht (Delacroix 1798—1863, Ingres 1780—1867, Corot 1796 bis 1875). Paul Gavarni (1804—1866) wird insbesondere durch seine Verbindung mit der Zeitschrift „Charivari" in weitesten Kreisen volkstümlich. Auch Constantin Guys (1805—1892) zeichnet Sittenbilder, Frauen, Pferde, und nimmt als Zeichner der „Illustrated London News" am Krimkrieg teil. Als Künstler viel bedeutender, als Satiriker weit schärfer als diese beiden ist Honoré Daumier (1808—1879), der die Lithographie als Ausdrucksmittel bevorzugt, aber auch radiert, holzschneidet und malt. Er karikiert das bürgerliche Leben und die typischen Figuren der neuen Gesellschaft in ihrer ganzen Vielfalt, er trifft unerbittlich die Schwächen seiner Zeitgenossen und ist auch als politischer Karikaturist ungemein kühn und witzig, ein gefährlicher Feind jeder Gewaltherrschaft, Korruption und muckerischen Verlogenheit. Er findet für den Bürgerkönig Louis-Philipp das Sinnbild der „Birne", eine Karikatur von überwältigender Wirkung. Auch gegen Nationalismus und Militarismus schleudert er die Pfeile seines tödlichen Witzes.

## 87 DIE FÜHRUNG DER WELT DURCH DIE EUROPÄISCHEN GROSSMÄCHTE 1871-1898

Bereits unter der Julimonarchie entsteht in Frankreich die Schule von Barbizon. Sie lehnt die im Atelier gemalte Landschaft ab und will das Spiel des Lichtes in der freien Natur darstellen, deren zahlreiche Reize sie entdeckt und immer wieder gestaltet (Le paysage intime). Die erste Anregung zu dieser Freilichtmalerei kommt allerdings aus England, wo schon John Constable (1776 bis 1837) den Kampf gegen die „braune Atelier-Sauce" aufgenommen und der vielseitige, eine Reihe von Stilepochen durchschreitende William Turner (1775 bis 1851) die reine Farbe und die großartigen Wirkungen des Sonnenlichtes festzuhalten versucht hat. Aus der Schule von Barbizon (Théodore Rousseau, Jules Dupré, der Tiermaler Constantin Troyon) geht als Bedeutendster François Millet hervor (1814–1875), der erste Maler des Jahrhunderts, der sich ganz in den Dienst der Verherrlichung der Arbeit stellt (Die Ährenleserinnen, Der Sämann). Als Realist bezeichnet sich ausdrücklich Gustave Courbet (1819–1877). Auch er wählt mit Vorliebe Motive der Arbeit und des Volkslebens (Das Begräbnis in Ornans). Aus der Freilichtmalerei von Barbizon erwächst der Stil des Impressionismus, dem es nur noch auf die Nachgestaltung des Spiels aus Luft und Licht ankommt. Edouard Manet (1832—1883) verwertet japanische Anregungen, um dem Ideal des Plein-air näher zu kommen (Frühstück im Freien, Der Dudelsackpfeifer, Kellnerin in Reichshofen). Noch stärker wirkt der japanische Einfluß auf Edgar Degas (1834–1917), der erst später zum Impressionismus vorstößt und über den naturalistischen Stil zu traumhaften Farbwirkungen gelangt (Büglerinnen, Tänzerin, Porträts). Als vornehmster Meister des französischen Impressionismus gilt Claude Monet (1840–1926; Das Parlamentshaus in London). Gestalten und Szenen des bürgerlichen Lebens malt mit den Mitteln des Plein-air Auguste Renoir (1841—1919; Das Ehepaar Sisley, Frühstück im Garten). Weitere Impressionisten in Frankreich sind Camille Pissaro (Märzsonne), Alfred Sisley (Überschwemmung bei Port-Marly). Fresken, unter anderem für die Sorbonne und das Panthéon (Leben der hl. Genoveva), malt Pierre Cécil Puvis de Chavannes (1824—1898). Die Kunst der Dekadenz, das merkwürdige Gemisch aus Sinnlichkeit, Überempfindlichkeit und müder Todesbereitschaft, repräsentiert in Frankreich vor allem der Graphiker Henri de Toulouse-Lautrec (1864—1901), einer der ersten künstlerischen Plakatmaler. Als Graphiker und Maler gehört in die Kunst des Fin de siècle auch der Wallone Félicien Rops (1833–1898). Wie die Franzosen in der realistisch-bürgerlichen Malerei vorangehen, so auch in ihrer Überwindung. Die letzten großen Maler des 19. Jahrhunderts in Frankreich, van Gogh, Cézanne und Gauguin, führen bereits zu den neuen Formen des beginnenden 20. Jahrhunderts.

Die englische Malerei sucht zwar in der Technik die naturgetreue Wiedergabe und nennt sich realistisch, zeigt aber viel stärker als die französische die Nachwirkungen der Romantik und den Einfluß spätmittelalterlicher Kunstformen. Sie steht die längste Zeit im Banne der Bruderschaft der Präraffaeliten, die, 1848 gegründet, im folgenden Jahr ihre erste Ausstellung veranstaltet. Sie sucht, ähnlich wie in Deutschland Richard Wagner, das Gesamtkunstwerk und die Einheit der Künste. Ihr bedeutendster Wortführer und Maler, zugleich Dichter, ist Dante Gabriel Rossetti (1828–1882). Die Präaffaeliten knüpfen an das italienische Quattrocento an, stellen sich bewußt gegen den Materialismus, predigen das reine kindliche Leben, lieben biblische Motive und eine zarte, oft traumhaft unwirkliche Darstellung. Sie vertreten ihre Ideen in der Zeitschrift „The Germ". Historien und biblische Szenen monumentaler Art, auch Fresken, malt Ford Madox Brown. Zu dem kunstgewerblichen Stil, den William Morris verficht (1861 Gründung der Firma Morris, Marshall, Faulkner and Co. – Erste Werkstätte für Handwerkskunst) und den Walter Crane (1845–1915) künstlerisch gestaltet, leitet Edward Burne-Jones über (1833–1898). Der bedeutendste Maler Amerikas im 19. Jahrhundert ist der Porträtist James Whistler (1834–1903).

In Italien vertritt Giovanni Segantini (1858–1899) die moderne Malerei in seinen Landschaftsbildern, in die er Bauern und Hirten der Alpenwelt stellt. Der bedeutendste skandinavische Maler des Freilichtstils ist der Schwede Anders Zorn (1860–1920).

Sehr früh wendet der Russe Jlja J. Rjepin (1844–1930) in Historien- und Heiligenbildern den naturalistischen Stil an. Sein Landsmann Wassilij W. Wereschtschagin (1842–1904) erregt duch den krassen Realismus seiner Schlachtbilder Aufsehen. Auf der Suche nach dem grausigen Stoff findet er vor Port Arthur mit dem tapferen Admiral Makarow den Tod.

### *Durchbruch zum Impressionismus*

88  Die deutsche Malerei steht wie die deutsche Literatur durch lange Jahrzehnte des 19. Jahrhunderts im Schatten der großen klassischen und romantischen Überlieferung. Die bürgerliche Gesellschaft findet in Deutschland zu keiner ihr gemäßen politischen Form. Die Erfüllung ihrer Sehnsucht nach nationaler Einheit und Größe sucht sie in dem Reiche Bismarcks, das politisch im wesentlichen von konservativen Kräften bestimmt und von den alten Herrenschichten der vorbürgerlichen Epoche gelenkt wird. Das hat weitgehend auf die Entwicklung der deutschen Malerei wie der deutschen Literatur eingewirkt. Anselm Feuerbach (1829–1880) malt in den siebziger Jahren seine großen Bilder aus der Sagenwelt und Geschichte der Antike. Der Schweizer Arnold Böcklin (1827–1901), ein Meister der Form und der Farbe, erfindet eine unwirklich-romantische Welt (Toteninsel, Insel der Seligen, Triton und Nereide); Hans von Marées (1837 bis 1887), der meist in Rom lebt, entrückt seine Landschaften und Menschen noch mehr als Böcklin in eine phantastische Traumwelt. Mit Carl Spitzweg (1808–1885) reicht die gemütvolle Kunst des Biedermeier in die Epoche des Industrialismus herüber. Historie und Stimmungsbild pflegen Wilhelm von Kaulbach, Karl Piloty, der Tiroler Franz Defregger, Eduard Grützner, die Landschaftsmaler Andreas und Oswald Achenbach. Der berühmteste Bildnismaler des ausgehenden Jahrhunderts ist Franz von Lenbach (1836–1904), der fast alle führenden Persönlichkeiten in Staat und Kultur porträtiert hat.

Von diesen vorwiegend durch die Überlieferung bestimmten und aus ihrer Zeit fliehenden Künstlern setzen sich einige große Realisten ab, die freilich ebenso wie die realistischen deutschen Erzähler noch nicht die Welt der Industrie und des Proletariats gestalten, aber in Form und Thema aus dem wirklichen Leben schöpfen. Der Schlesier Adolf Menzel (1815—1905) ist zwar vor allem durch seine Historienbilder aus der Geschichte Friedrichs des Großen bekannt geworden, hat aber ebenso Bedeutendes als Landschafts- und Städtemaler geschaffen und 1875 mit seinem „Eisenwalzwerk" das erste große Industriegemälde in Deutschland hervorgebracht. Fritz von Uhde (1848—1911) versucht einen neuen Stil der religiösen Bildkunst zu schaffen, indem er biblische Szenen in das Leben unserer Zeit versetzt und Christus mitten unter Arbeitern und kleinen Leuten darstellt. Deutsche Versonnenheit, wie sie sich literarisch im Werke Raabes oder Kellers spiegelt, vereint mit der neuen Technik der französischen Landschaftsmalerei von Barbizon der Alemanne Hans Thoma (1839—1924). Auch er weicht dem modernen Leben aus und verklärt die Wirklichkeit mit einem leisen Schein von Romantik. Seine Landschaften und bäuerlichen Menschen gehören aber doch der wirklichen Welt an. Der größte deutsche Realist in der Malerei ist jedoch Wilhelm Leibl (1844—1900), der vom Rhein stammt und in München wirkt. Courbet hat ihn entscheidend beeinflußt. Er sucht keine pathetischen Stoffe, sondern stellt einfache Menschen in selbstverständlichen Lebensäußerungen dar (Drei Frauen in der Kirche, Der Jäger, Dorfpolitiker, Spinnerin). Wilhelm Trübner steht ihm stilistisch nahe.

Eine durchaus originale, ja bisher völlig vereinzelte Erscheinung auf dem Gebiete der Graphik ist der aus Niedersachsen stammende Zeichner Wilhelm Busch (1832—1908), der um die Jahrhundertmitte durch seine Bildergeschichten in den „Fliegenden Blättern" bekannt wird. Sein bissiger und hintergründiger Humor wurde und wird oft mißverstanden, seine antibürgerlichen, ja manchmal menschenfeindlichen, von grotesken Knittelversen des Maler-Dichters begleiteten Karikaturen gelten zu Unrecht als lehrhafte Kindergeschichten. Die politische Satire bleibt bei ihm wie bei anderen deutschen Karikaturisten des bürgerlichen Zeitalters dürftig; sie beschränkt sich auf billige Verhöhnung des besiegten Frankreichs und der katholischen Geistlichkeit. Ein Meister der Zeichenfeder ist auch der Bayer Adolf Oberländer (1845—1923), der in der zweiten Jahrhunderthälfte die „Fliegenden Blätter" beherrscht und mit seinen humorvollen, vom bajuwarischen Volkswitz genährten, in der Technik an die Manier des englischen „Punch" erinnernden Zeichnungen (insbesondere seinen vermenschlichten Löwen) Schule macht.

Den Impressionismus führt in Deutschland Max Liebermann (1847—1935) zum Siege. Er malt schon in den siebziger Jahren wie die Franzosen im Pleinair-Stil und tritt 1898 an die Spitze der „Sezession", die den Impressionismus durchsetzt. Für Liebermann ist niemals entscheidend, was er malt, sondern immer das Wie, das Spiel des Lichtes, das Sichtbarwerden der Atmosphäre (Altmännerhaus in Amsterdam, Gänserupferinnen, Netzflickerinnen, In den Dünen,

Der 12jährige Jesus im Tempel). Nach Lenbachs Tode wird Liebermann Deutschlands führender Porträtmaler. Andere deutsche Impressionisten sind Franz Skarbina, Leopold Graf Kalckreuth, Friedrich Kallmorgen und Max Slevogt (1868—1932), der nicht nur durch seine großartigen Impressionen der Farbe, sondern auch als Graphiker, vor allem als Illustrator (Lederstrumpferzählungen) berühmt wird.

## 5. Die Weltpolitik unter europäischer Führung

89 Die Weltpolitik wird im 19. Jahrhundert zwar noch von den älteren und den sich um die Jahrhundertmitte bildenden jüngeren Nationalstaaten bestimmt, neben ihnen aber zeichnen sich bereits die Umrisse großer Imperien ab. Englands Macht und Bedeutung ruht längst nicht mehr allein auf dem Besitz der Insel und ihrer wirtschaftlichen Hilfsquellen, auch nicht allein auf der Beherrschung der Seewege, sondern vorwiegend auf dem Besitz großer überseeischer Gebiete und ihrer gewaltigen Reichtümer. Die europäische Herrschaft über die Welt ist vor allem eine britische. Rußland hat seinen Machtbereich endgültig bis zum Ochotskischen Meer ausgedehnt und beherrscht nun in Asien das Gebiet zwischen dem Ural und dem Stillen Ozean, zwischen dem Hochland von Pamir und dem Nördlichen Eismeer — Kolonien und Provinzen, die mit ihren noch unerschlossenen wirtschaftlichen Möglichkeiten und mit einer großen Zahl noch halbwilder Völker rätselhafte Zukunftsmöglichkeiten bergen. Zugleich bildet sich in Amerika ein Großstaat heran, der in absehbarer Zeit in das Spiel der Weltpolitik eingreifen wird.

Vom europäischen Festland gesehen, stellt sich die Weltpolitik trotzdem bis zum Ende des Jahrhunderts vor allem als das Ringen der Nationalstaaten um die Führung auf dem Kontinent dar. Die überseeischen Gebiete werden als bloßes Objekt der Politik, als reine Kolonien angesehen. Die Bedeutung des Britischen Empire wird noch am ehesten realpolitisch beurteilt. Von der kommenden Macht Amerikas und Rußlands hat man keine annähernd richtige Vorstellung. Grenzstreitigkeiten und Gebietsfragen oft auch Fragen der nationalen Ehre (des Prestiges) erscheinen wichtiger als die Verteilung der weltpolitischen Gewichte. Die Ablösung der französischen Hegemonie durch die deutsche, die Balkanfragen, das Meerengenproblem und die Verteilung der Einflußgebiete im nahen Orient stehen im Vordergrund aller politischen Auseinandersetzungen. Eine Vermehrung der Macht der einzelnen Staaten scheint nur noch durch die Gewinnung von Kolonien möglich. Daß mit dem Ausbau des britischen Reiches, dem Aufstieg einer eurasischen Weltmacht aus dem russischen Zarenreich und der Festigung der amerikanischen Union durch den Sieg der Nordstaaten im Bürgerkrieg (1861—1865) auch für Europa die Frage einer inneren Neuordnung und der Überwindung der Nationalstaaten aufgerollt wird, haben nur wenige prophetische Geister erkannt. An erster Stelle ist hier der deutsche Föderalist Konstantin Frantz (1817—1891) zu nennen. Ursprünglich in preußischen Diensten stehend, wendet er sich später entschieden gegen die Bismarcksche Reichsgründung und den Gedanken des preußischen Machtstaates. Er sieht die Aufgabe des deutschen Volkes darin, durch den Aufbau eines föderalistischen Systems in der Mitte Europas den Kern einer gesamteuropäischen Föderation zu bilden, dem sich zunächst die niederländischen, skandinavischen und die Balkanstaaten anschließen, das dann aber auch Italien, Frankreich und ein neues Polen zu Bundesgenossen gewinnen würde. Nur eine solche europäische Föderation könnte nach Ansicht von Konstantin Frantz in der künftigen Weltpolitik Europa noch einen gleichrangigen Platz neben den Vereinigten Staaten, Rußland und England sichern. Die Verwandlung der USA in einen Exportstaat von ungeheurer Konkurrenzkraft, die militärische Stärke Rußlands mit seinen unerschöpflichen Menschenreserven und seinen gewaltigen Räumen hat Frantz wie kein zweiter vorausgesehen. Aber auch der bayerische Föderalist Josef Edmund Jörg erkennt frühzeitig die Gefahren, die aus dem Siege des Nationalstaatsgedankens in Deutschland für Europa erwachsen. Unter den Warnern war jedoch der bedeutendste der Schweizer Philosoph und Historiker Jacob Burckhardt (1818—1897). Er ahnt als ein Gegner der Macht, die er als böse ansieht, die kommende Krise Europas, das sich dem Machtgedanken verschreibt. Diese vereinzelten Stimmen gehen aber im Chor der nationalstaatlich denkenden Politiker unter. Der Großteil der europäischen Menschen glaubt, den Gedanken der nationalen Großmacht, wie er in den Staatsgründungen Bismarcks und Cavours triumphiert hat, mit weltpolitischen Plänen vereinigen, den Konkurrenzkampf der europäischen Mächte untereinander mit der gesamteuropäischen Führung in der Welt verbinden zu können.

*Bismarck und Gladstone*

90 Zwei Typen des Staatsmannes sind in der zweiten Hälfte des 19. Jahrhunderts neu geprägt worden. Die eine wird von Otto von Bismarck (1815—1898) geschaffen, der in seiner nüchternen Realpolitik den Gedanken der Macht und eine oft brutale Offenheit mit der Eleganz und Feinheit der alten Diplomatie verbindet, Preußen zur Vormacht Deutschlands, Deutschland zur stärksten Macht des Kontinents erhebt, der Ausbreitung beider aber wohlweislich Grenzen setzt. Den anderen Typus vertritt William Gladstone (1809—1898), der „große alte Mann" der englischen Liberalen. Er will die Grundsätze der christlichen Moral zur Basis der großen Politik machen. Beide Staatsmänner haben, indem ihre Epigonen sie einseitig nachahmten, Epoche gemacht. Der als Gewaltpolitiker, als der in Kürassierstiefeln einherschreitende Mann der Blut- und Eisenpolitik mißverstandene Bismarck wird zum karikierten Vorbild der Diktatoren, Gladstone zum Muster jener Ideologen und Doktrinäre, die zwischen 1917 und 1948, indem sie die Welt nach ihren „fortschrittlichen Ideen" einrichten wollten, unendlich viel Unheil anrichten.

## Das „zweite Kaiserreich" und die nationale Einigung Italiens und Deutschlands

*91* Europa hat nach Beendigung der Kriege, die im Gefolge der französischen Revolution entstanden waren und 1815 zum endgültigen Sturze Napoleons geführt hatten, eine lange Friedensperiode durchlebt. Die auf dem Wiener Kongreß, 1814/15, und in den beiden Pariser Friedensverträgen von 1814 und 1815 geschaffene Ordnung wird zwar von den liberalen und nationalen Parteien als unzulänglich empfunden und heftig kritisiert, sie hat aber länger als irgendeine andere Friedensordnung Europas gewährt. Im Westen und in Mitteleuropa ist sie bis 1859 die Grundlage des friedlichen Zusammenlebens der Völker geblieben, im Osten haben die Grenzen des Wiener Kongresses volle hundert Jahre bestanden. Diese Friedensperiode ist von einem gewaltigen wirtschaftlichen Auftrieb begleitet. Gerade die neue Technik, die neue Wirtschaft, die neuen gesellschaftlichen Kräfte bringen aber auch neue Unruhe in die Welt. Im Jahre 1848/49 wird Europa von einer Kette revolutionärer Erschütterungen heimgesucht, von denen nur die Randgebiete des Kontinents verschont bleiben. In Frankreich wird aus der Revolution von 1848, die das Bürgerkönigtum gestürzt und die Zweite Republik geschaffen hat, eine Staatsform wiedergeboren, wie sie uns in der neueren Geschichte zum erstenmal in dem Kaisertum Napoleons begegnet ist: die plebiszitäre Diktatur. Sie beruht darauf, daß ein Diktator, der sich die nationalen Leidenschaften und die politische Unbildung der Massen zunutze macht, mit Hilfe von Volksabstimmungen, Bestechung führender Politiker, rücksichtsloser Handhabung der Polizeigewalt und geschickter Lenkung der Presse die freiheitlichen Kräfte der Nation unterdrückt und seine persönliche Herrschaft über die Parteien errichtet. Er benützt die Gegensätze von Klassen, Ständen und politischen Richtungen, oft auch die Spannungen zwischen der Armee und der Zivilbevölkerung, sich als Schiedsrichter einzuschalten und alle niederzuhalten, indem er einen gegen den andern ausspielt. Die plebiszitäre Diktatur vermag aber selten ohne eine auf Abenteuer ausgehende, nach Kriegsruhm und Eroberung strebende Außenpolitik zu bestehen. Nur durch erfolgreiche kriegerische Unternehmungen kann sie auf die Dauer den nationalen Ehrgeiz der Massen befriedigen und sie von den innerpolitischen Fragen ablenken.

Auf solche Voraussetzungen gründet sich die Diktatur des Prinzen Louis Napoleon Bonaparte (1851), der sich, schon ein Jahr nach seinem Staatsstreich, 1852 durch Volksabstimmung als Napoleon III. zum Kaiser der Franzosen macht. Obwohl der Diktator verkündet hat, das Kaisertum sei der Friede, beschwört er eine Reihe von Kriegen herauf, die bedeutende Veränderungen in der europäischen Staatenwelt bewirken. Zunächst wird durch den Krieg Frankreichs, Englands, der Türkei und Sardiniens gegen Rußland (Krimkrieg 1853—1856) die Übermacht des russischen Selbstherrschertums in Europa gebrochen, Rußland von den Meerengen ferngehalten und Österreich isoliert. Es folgt der Krieg Frankreichs und Sardiniens gegen Österreich (1859), der die nationale Einigung Italiens einleitet (1860 Königreich Italien, mit der Hauptstadt Florenz), die 1866 durch die Gewinnung Venetiens weitergeführt, 1870 durch die Besetzung Roms abgeschlossen wird. An der italienischen Einheitsbewegung entzündet sich aufs neue die deutsche, in der sehr bald Preußen (seit 1862 unter Bismarck) die Führung übernimmt. 1864 kommt es zwischen Dänemark und den beiden deutschen Großmächten um Schleswig-Holstein zum Kriege, und die deutschen Elbherzogtümer scheiden aus der dänischen Monarchie aus.

An dem Streit um das weitere Schicksal Schleswig-Holsteins entzündet sich nach zwei Jahren diplomatischen Kampfes der Krieg der deutschen Staaten gegeneinander. Seine eigentliche Ursache ist das Streben Preußens nach der Vorherrschaft in Deutschland. Die deutschen Mittelstaaten stehen auf der Seite Österreichs, aber nur Sachsen und Hannover leisten ihm wirkungsvolle militärische Unterstützung. Bismarck schließt im Frühjahr 1866 ein kurzfristiges Schutz- und Trutzbündnis mit Italien, wodurch Österreich zur Teilung seiner Streitkräfte gezwungen wird. Den letzten Anstoß zum Kriege gibt Preußens Antrag auf Bundesreform und der Beschluß auf Bundes-Exekution gegen Preußen. In wenigen kurzen Feldzügen ist der Krieg entschieden. Die österreichische Nordarmee unter Feldzeugmeister Benedek wird am 3. Juli 1866 bei Königgrätz von den Preußen geschlagen. Neben der überlegenen Strategie Moltkes spielen die bessere Bewaffnung der Preußen (Zündnadelgewehr mit Hinterlade-Vorrichtung) und die beweglichere Taktik der preußischen Schützenkolonne eine ausschlaggebende Rolle. Die österreichische Südarmee, die am 24. Juni bei Custozza die italienische Übermacht geschlagen hat, wird zum Schutze von Wien an die Donau gezogen, wo ihr Befehlshaber, Feldmarschall Erzherzog Albrecht, das Kommando auch über die Nordarmee übernimmt. Nach der Gefangennahme der hannoveranischen Armee bei Langensalza (wo sie zunächst ein Gefecht gegen die Preußen gewonnen hatte) dringen preußische Streitkräfte über den Main nach Süddeutschland vor. Der Seesieg der Österreicher unter Tegetthoff bei Lissa trägt dazu bei, Italien zum Verzicht auf sehr weitgesteckte Eroberungsziele zu bewegen. Um Österreich nicht dauernd zum Feinde zu haben und der drohenden Einmischung Frankreichs zuvorzukommen, nötigt Bismarck seinen König und die siegestrunkenen Generale in Nikolsburg zu einem Vorfrieden mit Österreich, der diesem keine Gebietsabtretungen, außer den bereits ausgesprochenen Verzicht auf Venetien, auferlegt. Im Frieden von Prag erklärt sich Österreich damit einverstanden, aus dem Deutschen Bunde auszuscheiden und die Neuordnung Norddeutschlands unter preußischer Führung (Norddeutscher Bund) anzuerkennen. Preußen annektiert Hannover, Schleswig-Holstein, Kurhessen, Nassau und Frankfurt am Main. Den süddeutschen Staaten wird die Bildung eines Sonderbundes anheimgestellt. Sie machen von diesem Rechte keinen Gebrauch, sondern schließen bald Militärbündnisse mit dem Norddeutschen Bund.

## Der deutsch-französische Krieg 1870/71

*92* In dem Kampf Preußens um die Vorherrschaft in Deutschland hat Bismarck vielfach die von Napoleon III. angewandten Mittel der Politik übernommen. Seinen Grundsätzen gemäß unterstützt der Kaiser der Franzosen das preußische Bestreben nach Bildung eines Nationalstaates, nur möchte er, unter Bruch seiner Grundsätze, als Preis für die Einigung Deutschlands linksrheinische Gebiete annektieren. Bismarck ist entschlossen, die Einbeziehung der süddeutschen Staaten in den Norddeutschen Bund, auch um den Preis eines Krieges, mit Frankreich durchzufechten. Frankreich schafft ihm im Sommer 1870 unter dem Ministerium Ollivier die Gelegenheit, indem es die schon beigelegte Affäre der Kandidatur eines Hohenzollernprinzen für den Thron von Spanien künstlich aufbauscht und an den König von Preußen unerfüllbare Zumutungen stellt. Frankreich selbst erklärt den Krieg, und es kommt zwischen den beiden Vertretern des Nationalstaatsgedankens zum Kampf. Während Napoleon III. seine Macht ausschließlich auf die plebiszitäre Diktatur gegründet hat, kann Bismarck sich auch auf andere Kräfte stützen, vor allem auf das preußische Erbkönigtum, die Armee, große Teile des Junkertums und seit 1866 auch auf das nationale Bürgertum. So ist Preußen seinem Gegner Frankreich durch die größere Festigkeit des Staatsgefüges überlegen. Dazu kommt die Übermacht und bessere Organisation des preußisch-deutschen Heerwesens und die Führung der deutschen Heere durch Helmuth von Moltke, den neben Napoleon I. bedeutendsten Feldherrn des Jahrhunderts. Die französische Rheinarmee, unter Marschall MacMahon, wird bei Wörth geschlagen und über die Mosel zurückgedrängt. Die Hauptarmee, unter Marschall Bazaine, erleidet im Raume der Festung Metz einige schwere Niederlagen, die allerdings den deutschen Truppen furchtbare, blutige Verluste bringen, da das französische Infanteriegewehr (Chassepot) wesentlich weiter trägt als das preußische Zündnadelgewehr. Bazaine wird mit nahezu 200 000 Mann durch diese Schlachten (Vionville—Mars-la-Tour, Gravelotte—St. Privat) in die Festung Metz geworfen und eingeschlossen. Die Entsatzarmee unter MacMahon wird bei Sedan a. d. Maas geschlagen und zur Kapitulation gezwungen (2. September). Napoleon gerät mit der Armee in Gefangenschaft. In Paris wird die Republik ausgerufen, die Kaiserin-Regentin Eugénie flieht nach England. Der nun entbrennende Kampf zwischen der französischen Republik und den verbündeten deutschen Staaten unterscheidet sich wesentlich von dem Sommerfeldzug. Während der Großteil der deutschen Heere durch kräfteverzehrende Belagerungen (Metz, Straßburg, Paris, Belfort, Verdun) festgehalten ist und die Straßen und Bahnverbindungen durch Franktireurs (bewaffnete Zivilisten) bedroht sind, stellt die republikanische Regierung, die von Bordeaux aus den Volkskrieg „bis aufs Messer" ausgerufen hat, immer neue Armeen ins Feld, für die sie die Waffen zum Teil in Frankreich erzeugt, zum Teil aus dem Ausland einführt. Kühne Generale, deren bedeutendster Chanzy ist, versuchen, in weitausholenden Bewegungen die Deutschen von ihren rückwärtigen Verbindungen abzuschneiden und Paris zu entsetzen. Zugleich bemüht sich die republikanische Regierung, die Großmächte zum Eingreifen in den Krieg zu bewegen. Während bei Ausbruch des Kampfes nur in Österreich und Italien freundschaftliche Gefühle für Frankreich bestanden, nimmt nunmehr die öffentliche Meinung Großbritanniens stärker für die Republik Partei, und auch Rußland fürchtet das Anwachsen der preußisch-deutschen Macht. Trotzdem muß Frankreich nach neuen Niederlagen und nach dem Fall von Paris, das durch Hunger bezwungen wird, Waffenstillstand und am 10. Mai den Frieden von Frankfurt schließen, in dem es das Elsaß (ohne Belfort) und ein Fünftel von Lothringen (mit Metz) an das am 18. Januar in Versailles ausgerufene Deutsche Reich abtritt und diesem eine Kriegsentschädigung von 5 Milliarden Francs in Gold zugesteht. In der Siegesfreude vergißt man in Deutschland, daß die Niederwerfung der französischen Volksheere weit schwieriger war als zuvor der Sieg über die kaiserliche Armee.

## *Commune und Dritte Republik*

93 Während die französische Nationalversammlung zur Regierungsneubildung in Versailles versammelt ist, erheben sich in Paris die sozialistischen Arbeiter und errichten die Commune. Bismarck entläßt beschleunigt die französischen Kriegsgefangenen, um der Regierung von Versailles die Aufstellung einer verläßlichen Armee zu ermöglichen. Unter dem Kommando des Generals Gallifet werfen die Regierungstruppen das aufständische Paris nieder. Bismarck hätte am liebsten die Wiederherstellung des Kaiserreichs gesehen und begegnet sich in diesem Wunsch mit dem Marschall Bazaine, der in Metz vor allem deshalb vorzeitig kapituliert hat, um eine intakte Armee zu haben, mit der er nach Frankreich zurückkehren und die Regierung stürzen könnte. Die Wiedereinsetzung Napoleons erweist sich aber als unmöglich (er stirbt übrigens schon 1873 in Chislehurst bei London an seinem Steinleiden). Bazaine wird vor ein Kriegsgericht gestellt und verurteilt; die Mehrheit der Nationalversammlung aber ist royalistisch gesinnt. Die bedeutendsten Staatsmänner Frankreichs in der Entstehungszeit der Dritten Republik sind: der Präsident Thiers, glänzender Historiker, Minister unter dem Bürgerkönigtum und Gegner Napoleons III., der leidenschaftliche Südfranzose Léon Gambetta, der Organisator der nationalen Verteidigung, und der Außenminister Jules Favre, Bismarcks zäher Verhandlungspartner im Ringen um den Frieden. Trotz der inneren Unsicherheit des Regimes erholt sich Frankreich sehr rasch von den Wunden des Krieges. die fünf Milliarden werden früher als ursprünglich geplant gezahlt; 1873 verlassen die letzten deutschen Besatzungstruppen in Ostfrankreich das Land. Schon 1875 ist Frankreich wieder so stark und dank der nun beendeten Heeresreform militärisch so mächtig, daß Bismarck einen Vergeltungskrieg fürchtet. In der deutschen Presse wird die Gefahr eines Krieges in offiziösen Artikeln besprochen („Krieg in Sicht"). Die Krieg-in-Sicht-Affäre hat vor allem dadurch Bedeutung erlangt, daß der russische Außenminister Graf Gortschakoff

sich als Vermittler einschaltet und den Ruhm für sich in Anspruch nimmt, den Frieden gerettet zu haben. Gortschakow, ein sehr eitler Mann, ist seit 1870 auf den Ruhm Bismarcks eifersüchtig und glaubt, daß dieser Rußlands Verdienst um das Zustandekommen des Deutschen Reiches nicht genügend würdige. Andererseits ist nun Bismarck durch Gortschakows Verhalten in der Affäre von 1875 verstimmt. Die Entfremdung der beiden Staatsmänner trägt wesentlich zur Abkühlung der preußisch-russischen Freundschaft bei.

*Der amerikanische Bürgerkrieg*

*94* Während sich in Europa die Bildung neuer Nationalstaaten vollzieht, erlebt der nordamerikanische Kontinent einen gewaltigen Bürgerkrieg und eine entscheidende innere Umwälzung. Die Ursache des Krieges ist der Kampf um die staatliche Einheit der Union zwischen den Nordstaaten (Yankees) und den Südstaaten. Jene sind für die unbedingte Erhaltung der Einheit und für eine starke Führung, diese wünschen die Auflockerung der Union zum Staatenbund (Föderation). Der Streit entzündet sich an dem Sklavenproblem. Die Südstaaten hielten an der Negersklaverei fest, weil sie die Grundlage ihrer feudalen Plantagenwirtschaft ist. Die industriellen Nordstaaten, mit ihrer Farmer- und Arbeiterbevölkerung, wünschen die Abschaffung der Sklaverei. Die Sprengung der bundesstaatlichen Einheit durch die Südstaaten (Angriff auf das Fort Sumter, Bildung der Conföderierten Staaten und Wahl von Jefferson Davis zum Präsidenten) zwingt die Nordstaaten zum Kriege. In dem vierjährigen Ringen (1861—1865) macht sich, nach anfänglichen Erfolgen des Südens, das wirtschaftliche und maritime Übergewicht der Nordstaaten bemerkbar. Der Süden wird von jeder Zufuhr über See abgeschnitten, und seine Armeen (General Robert Lee) kapitulieren vor den Heeren des Nordens (General Ulysses Grant). Während des Krieges hat Präsident Lincoln alle Neger für frei erklärt. Sie werden nunmehr auch im Süden zu freien Arbeitern gemacht. Präsident Lincoln, einer der größten Volksmänner aller Zeiten, wird kurz nach dem Siege von einem Fanatiker ermordet. Die Sieger verzichten auf Vergeltung, die zunächst gefordert wurde, und bemühen sich, die schweren Schäden zu heilen, die das Land durch den Krieg erlitten hat. Der Rückschlag, den die USA in der Entwicklung ihrer Handelsflotte erlitten haben, wirkt lange nach. Die Industrie Nordamerikas aber nimmt einen ungeahnten Aufschwung. Die vermehrte politische Macht der Union kommt in dem Rückzug der französischen Truppen aus Mexiko und in dem Zusammenbruch des von Frankreich gestützten mexikanischen Kaisertums zum Ausdruck. Der 1864 von einer Notabelnversammlung zum Kaiser von Mexiko erwählte Erzherzog Ferdinand Maximilian von Österreich wird von den Truppen des Präsidenten Juárez 1867 in Queretaro gefangen und standrechtlich erschossen. Zur selben Zeit dehnen die Vereinigten Staaten ihre Macht bis an die Beringstraße und das Eismeer aus, indem sie durch Kauf Alaska und die Aleuten von Rußland erwerben.

### Bauernbefreiung in Rußland

**95** Auch im Osten Europas haben sich inzwischen entscheidende Wandlungen vollzogen. Zar Alexander II. (der Zar-Befreier) hebt die Leibeigenschaft der Bauern auf (1862). Die Befreiung der Bauernmassen wird zum Ausgangspunkt stärkerer sozialer Unzufriedenheit und steter Unruhen, da, trotz persönlicher Freiheit, für die Bauern keine ausreichenden Lebensgrundlagen vorhanden sind. Die russische Intelligenz nimmt die freiheitlichen Gedanken des Westens auf, die Hochschulen werden zu Brennpunkten der liberalen und bald auch der kommunistischen Agitation. Vorübergehend werden zahlreiche Schulen gesperrt. 1863 bricht ein neuer Aufstand der Polen aus. Napoleon III. versucht, die europäischen Mächte zum Eingreifen zugunsten der Polen zu bewegen. Diese Absicht scheitert vor allem an Bismarck, der mit Rußland einen Vertrag schließt und den russischen Truppen die Niederwerfung der Polen erleichtert. Nationalistische und panslawistische (auf die Vereinigung aller Slawen unter russischer Führung gerichtete) Gedanken gewinnen an Boden. Die alte Freundschaft zwischen Rußland und den deutschen Staaten, die zum Teil auf die Beziehungen der Zarenfamilie zu den deutschen Fürstenhöfen gegründet war, verliert an Gewicht, weil sich auch der Hof und die Mitglieder der kaiserlichen Familie dem Druck der nationalrussischen Propaganda fügen. Sehr schlecht ist das Verhältnis zu Österreich, dem Rußland seine feindliche Haltung im Krimkrieg nicht vergessen hat. Zugleich breitet das Zarenreich seine Herrschaft weiter nach Osten aus. Die Bergstämme im Kaukasus, die turanischen und mongolischen Steppenvölker werden unterworfen, das Amurland gewonnen und als Ausfallstor nach dem Stillen Ozean der große Kriegshafen von Wladiwostok (= „Beherrsche den Osten!") angelegt (1860).

### Russisch-türkischer Krieg

**96** Der deutsch-französische Krieg ermöglicht Rußland die Revision des Pariser Friedens von 1856. Das Zarenreich darf im Schwarzen Meer wieder seine Flagge zeigen. Bald glauben Zar Alexander II. und sein Minister Gortschakow den Zeitpunkt gekommen, da Rußland die Balkanpläne Nikolaus' I. wieder aufnehmen kann. Mitte der siebziger Jahre brechen neue Aufstände der christlichen Balkanvölker gegen die Türkenherrschaft aus. Serbien und Montenegro nehmen den Kampf mit den Türken allein auf, werden aber besiegt. Nun entschließt sich Rußland einzugreifen. In dem Abkommen von Reichstadt sichert es sich die wohlwollende Neutralität Österreich-Ungarns, das Bosnien und die Herzegowina als Entschädigung erhalten soll. 1877 setzt Rußland seine Armeen gegen die Türkei in Marsch. Nach schweren und blutigen Kämpfen (Plewna, Schipkapaß) stehen die Russen im Frühjahr 1878 vor den Toren von Konstantinopel und zwingen der Türkei den Vorfrieden von San Stefano auf, der ein Großbulgarien unter russischer Herrschaft vorsieht und den Russen den Weg zum Ägäischen Meer öffnen würde. Der größte Teil Mazedoniens bis tief nach Albanien würde an das großbulgarische Fürstentum fallen.

Großbritannien beantwortet den Vormarsch der Russen auf Konstantinopel mit der Entsendung einer Flotte in das Marmarameer, verweigert dem Frieden seine Anerkennung und droht mit bewaffneter Einmischung. Nach Fühlungnahme mit den beteiligten Mächten bietet auf Anregung Andrassys der deutsche Reichskanzler, Fürst Bismarck, seine Vermittlung an und beruft einen Kongreß der Mächte nach Berlin (1878).

*Berliner Kongreß*

97   Am 13. Juni 1878 tritt der Kongreß im Saale des Reichskanzlerpalais zusammen. Am 13. Juli beendet er seine Beratungen, deren Ergebnis, die Berliner Kongreßakte, für die kommenden Jahrzehnte die Grundlage der Balkanpolitik der europäischen Mächte bleibt. Der Frieden von San Stefano wird revidiert. Nur der nördlich des Balkans gelegene Teil Bulgariens wird ein selbständiges Fürstentum, durch Personalunion des Regenten wird er mit der südlich des Balkan liegenden Provinz Ostrumelien vereinigt, die noch unter türkischer Oberhoheit verbleibt. Die Türkei behält Mazedonien, Thrazien und Albanien, so daß Rußland weiterhin vom Mittelmeer getrennt bleibt. Österreich-Ungarn wird von den Mächten beauftragt, Bosnien und die Herzegowina zu besetzen, den Frieden in beiden Provinzen herzustellen und sie zu verwalten. Außerdem erhält es das militärische Besatzungsrecht im Sandschak von Novipazar (dem Gebiet zwischen Serbien und Montenegro), mit der Vollmacht, seine Besetzung gegebenenfalls „über Mitrowitza hinaus" auszudehnen. Diese Regelung der Balkanfrage hat weder Rußland noch die Türkei noch Österreich oder die kleinen Balkanvölker wirklich befriedigt; sie schafft einen Schwebezustand und dauernde Brandherde. Aus den Spannungen und Unklarheiten, die der Berliner Kongreß zurückläßt, sind die Balkankrisen des 20. Jahrhunderts entstanden; an ihnen hat sich der erste Weltkrieg entzündet. In Asien erwirbt Rußland Teile von Armenien, während die Briten sich als Preis ihrer Vermittlung von den Türken die Insel Cypern abtreten lassen. Montenegro, Serbien, Griechenland und Rumänien erhalten Gebietszuwachs in bescheidenen Grenzen. Der Kongreß, an dem die hauptbeteiligten Staaten durch Disraeli (Lord Beaconsfield) und Lord Salisbury, Fürst Gortschakow und Graf Schuwalow, Graf Andrassy und Waddington vertreten sind, stellt die letzte große Diplomatenkonferenz des alten Europa dar. Rußland, das durch den Kongreß vor einem Krieg mit England und Österreich bewahrt worden ist, glaubt sich dennoch betrogen; sein Groll richtet sich aber weniger gegen England als gegen den „ehrlichen Makler" Bismarck, dessen Vermittlung von der panslawistischen Partei als ein Hilfsdienst für England hingestellt wird. Unter dem Eindruck dieses Stimmungsumschwunges in Rußland drängt Bismarck seinen Kaiser zum Abschluß eines Bündnisses zwischen dem Deutschen Reich und Österreich-Ungarn, das 1879, kurz vor dem Rücktritt des Grafen Andrassy als österreichungarischer Außenminister, zustande kommt. Dieser Zweibund, der rein defen-

siven Charakter trägt, bleibt für die nächsten Jahrzehnte der Hauptpfeiler des politischen Systems Europas.

### Russisch-britischer Gegensatz

**98** Der russisch-britische Gegensatz ist mit dem Berliner Kongreß nicht behoben. Wo immer Rußland sich in Asien ausbreitet, stößt es auf britische Gegenwehr. Das britische Weltreich erlebt in den siebziger und achtziger Jahren seine größte Machtentfaltung. Unter der Ministerschaft des Lord Beaconsfield (Benjamin Disraeli, der aus einem mittelmäßigen Schriftsteller und nach vielen persönlichen Mißerfolgen im geschäftlichen und politischen Leben der Führer der konservativen Partei und persönliche Vertrauensmann der Königin Victoria wird) gliedert England Indien der Krone des Vereinigten Königreichs als Kaiserreich an (1877). Birma wird britisches Protektorat, Belutschistan wird gewonnen, 1880 ein Feldzug gegen Afghanistan geführt. Damit wird Rußlands Vordringen gegen den Persischen Golf und das Indiameer ein Riegel vorgeschoben. Auch in China breiten sich englischer Handel und politischer Einfluß des Inselreiches aus. Nach dem Berliner Kongreß übernimmt Großbritannien den Schutz sämtlicher asiatischen Provinzen der Türkei. 1875 erwirbt England die Suezkanalaktien des Vizekönigs von Ägypten, und damit die Mehrheit aller Kanalaktien. Ägypten wird 1882, unter dem Ministerium Gladstone, wegen fremdenfeindlicher Bewegungen von den Briten besetzt und ihrem Protektorat unterstellt. Inzwischen breitet sich auch in Süd- und Mittelafrika britischer Einfluß aus, zum Teil von wagemutigen Privatleuten, wie Cecil Rhodes, dem „ungekrönten König von Südafrika", vorgetragen. Bis in den Anfang des 20. Jahrhunderts werden die weltpolitischen Spannungen vorwiegend durch den russisch-britischen Gegensatz bestimmt. Man hält damals, besonders in Deutschland, den Kampf zwischen „Walfisch und Bär" für ein unabänderliches Gesetz der Weltpolitik.

### Britisch-französische Spannung

**99** Seit den achtziger Jahren entwickelt sich daneben eine britisch-französische Spannung, die zeitweise als die gefährlichste Bedrohung des Weltfriedens erscheint. Die Politik Großbritanniens und die Frankreichs stoßen vor allem in Afrika aufeinander. Fürst Bismarck versucht, die französische Politik von Elsaß-Lothringen ab- und auf koloniale Ziele hinzulenken. Er gewährt Frankreich bei seinem Vorgehen in Afrika eine gewisse Rückendeckung. Wenn Frankreich dabei in Gegensatz zu England und Italien gerät, so ist dies ein weiterer Vorteil für Deutschland. Von seinem alten Besitz Algerien aus stößt Frankreich zunächst nach Osten vor und errichtet 1881 sein Protektorat über Tunis. Jenseits der Sahara, die damals noch fast völlig unwegsam war, baut es seine zentralafrikanische Stellung aus. Nachdem England ihm in Ägypten zuvorgekommen ist, sucht es quer durch Afrika eine Brücke nach dem Osten des Erdteils, wo es Djibuti an der Somaliküste erwirbt und sich in harten Kämpfen die Insel

Madagaskar unterwirft. Mit Bismarcks Ausscheiden (1890) hört zwar die Förderung französischer Kolonialpolitik durch Deutschland auf, dafür erhält Frankreich durch den Abschluß seiner Militärkonvention (1892) und bald darauf seines Bündnisses (1894) mit Rußland eine neue Rückendeckung. Obzwar sich das franko-russische Bündnis gegen Deutschland richtet, erscheint es auch als eine Bedrohung Englands, da die beiden weltpolitischen Gegenspieler des Inselreiches nun eng aneinander gebunden sind. 1887 dehnt Frankreich auch seine Herrschaft in Indochina weiter aus. Der gefährlichste Zusammenstoß der beiden westeuropäischen Kolonialmächte erfolgt aber im Sudan. Infolge der Gegnerschaft Gladstones und der Liberalen gegen jede imperialistische Politik verliert England den ägyptischen Sudan an den Mahdi. Der englische Resident in Khartum, Gordon, fällt im Kampf gegen die Derwische (mohammedanische Fanatiker, Gefolgschaft des Mahdi). Erst unter dem konservativen Regime Salisbury nimmt England den Kampf um den Sudan wieder auf. 1896 dringt General Kitchener nilaufwärts vor. Dieser Kolonialfeldzug ist nicht nur der erste Krieg, in dem das Maschinengewehr zur Verwendung kommt, sondern auch der erste Feldzug, der auf einem Eisenbahnbau zur Sicherung des Nachschubs aufbaut. Bei Omdurman vernichtet Kitchener die Derwische. Er besetzt Khartum und trifft weiter nilaufwärts auf die französische Sudanexpedition unter Kapitän Marchand, die von Westen vorgedrungen ist und sich in dem kleinen Fort Faschoda festgesetzt hat. Kitchener zwingt Marchand, die Trikolore einzuziehen. Die Faschoda-Krise (1898) ist der Höhepunkt der britisch-französischen Spannung. Die nationale Leidenschaft in Frankreich fordert Sühne, wird aber von einer klügeren Staatspolitik gebändigt. Frankreich verzichtet darauf, aus Prestigegründen einen Krieg zu entfesseln, und beginnt, eine Verständigung mit Großbritannien zu suchen. Daß auch die Briten diese Verständigung einer weiteren Verschärfung ihres Verhältnisses zu Frankreich vorziehen, hängt mit den Wandlungen der deutschen Politik zusammen.

### Bismarcks System

100 Fürst Bismarck sah das 1871 geschaffene Deutsche Reich als saturiert an, d. h. er wünschte keinerlei weiteren Landerwerb, und wollte Deutschland anfangs auch aus dem Spiel der Kolonialpolitik heraushalten. Sein Hauptziel ist es, durch ein System des Gleichgewichts der Mächte einen Zusammenstoß zu vermeiden, der Deutschland in einen Zwei- oder Dreifrontenkrieg verwickeln könnte. Als den Friedensstörer in Europa betrachtet er Frankreich, das im Laufe der letzten Jahrhunderte Deutschland so oft mit Krieg überzogen hatte und dem Bismarck wegen des beweglichen und leicht entzündbaren „gallischen" Nationalcharakters der Franzosen die Neigung zu einer unüberlegten, ehrgeizigen und leidenschaftlichen Politik zuschreibt. Dieses Vorurteil hindert ihn, und noch seine Nachfolger, eine wirkliche Verständigung mit Frankreich zu suchen, und veranlaßt ihn, Frankreich zu isolieren. Dieses Ziel scheint durch ein möglichst enges und freundschaftliches Verhältnis der drei Kaisermächte

(Deutschland, Rußland, Österreich-Ungarn) erreichbar. 1881 gelingt es ihm, den Zweibund von 1879 zu einem neuen Dreikaiservertrag zu erweitern, der aber 1887 nicht mehr erneuert wird. Nun schließt er mit Rußland den geheimen Rückversicherungsvertrag, der den Russen die Gewißheit gibt, von Deutschland nur dann angegriffen zu werden, wenn sie selbst angriffsweise gegen Österreich vorgehen. Um jeden Konflikt mit Rußland zu vermeiden, hält sich Bismarck in den Balkanfragen zurück und gewährt weder Österreich noch dem bulgarischen Fürsten Alexander von Battenberg in ihren Konflikten mit Rußland Unterstützung. An den Zweibund schließt Bismarck 1882 Italien an, wodurch das Bündnis zum Dreibund erweitert wird. Gegen Ende der achtziger Jahre erwägt Bismarck auch eine engere Bindung an England, gegen dessen Politik er allerdings immer Mißtrauen hegt, da England seiner Auffassung nach als parlamentarischer Staat nicht in vollem Sinne des Wortes vertragsfähig ist. Nach Bismarcks Ansicht kann jeder Umschwung der öffentlichen Meinung in England ein Bündnis entwerten. Dagegen billigt Bismarck die Mittelmeer-Entente Österreichs und Italiens mit England. 1883 schließt sich auch Rumänien durch ein Bündnis mit Österreich-Ungarn dem Dreibundsystem an. Bismarck selbst hat sein System ein „Spiel mit fünf Bällen" genannt und damit angedeutet, daß ein weniger genialer Staatsmann der Aufgabe nicht gewachsen sein würde, mit diesem System zu arbeiten. Das Verhältnis zu Rußland verschlechtert sich Ende der achtziger Jahre wegen der maßlosen Tonart der panslawistischen Presse gegen Deutschland. Das war der Anlaß zu Bismarcks berühmter Rede „Wir Deutsche fürchten Gott und sonst nichts auf der Welt", die ihre Wirkung in Petersburg nicht verfehlte. Nach Bismarcks Entlassung bricht sein kunstvolles System sehr bald zusammen. Seine Nachfolger (Caprivi, 1890—1894; Fürst Hohenlohe, 1894—1900) sind samt ihren Staatssekretären der Aufgabe nicht gewachsen, das Bismarcksche System durch ein neues zu ersetzen. Die Nichterneuerung des Rückversicherungsvertrages führt zum russisch-französischen Bündnis, Österreich-Ungarn sucht sich unmittelbar mit Rußland zu verständigen, Italien beginnt mit Frankreich zu verhandeln.

*Die Politik Italiens*

*101* Die jüngste der europäischen Großmächte, Italien, sucht, schon wegen der Überbevölkerung des Mutterlandes, koloniale Ausdehnungsmöglichkeiten. Das verlockendste Ziel für Italien ist Tunis, durch dessen Beherrschung Italien die Straße von Sizilien und damit das Zentrum des Mittelmeeres kontrollieren würde. Auch bietet Tunis italienischen Siedlern die besten Kolonisationsmöglichkeiten. So weckt in Italien die Besetzung Tunesiens durch Frankreich Bestürzung und Erbitterung. Der Anschluß an den Zweibund (1882) ist die unmittelbare Folge. Trotz dem Bündnis mit Österreich-Ungarn bleibt das Hauptziel der italienischen Politik die Festsetzung am östlichen Ufer der Adria, die auf solche Weise für Österreich als Ausgang zum Meer entwertet würde. Die nationalistischen Kreise Italiens fordern unentwegt den Anschluß der italienischsprechenden, aber auch rein slawischer Gebiete Österreichs an das Königreich. Die öffentliche Meinung Österreichs und die militärischen Kreise der Doppelmonarchie nehmen Italien als Bundesgenossen nicht ernst. In den neunziger Jahren setzen sich die Italiener in Erythräa (am Roten Meer) fest und versuchen, von dem Hafengebiet von Massaua aus größere Teile Abessiniens zu gewinnen. Sie erleiden dabei 1896 eine schwere Niederlage bei Adua. Italien fühlt sich nun in seinen Ausdehnungsbestrebungen auch durch Deutschland nicht genügend gefördert und sucht aufs neue den Weg zu Frankreich. Eine unerläßliche Voraussetzung des deutsch-italienischen Bündnisses war, daß es sich nicht gegen England richtete, denn Italien war mit seinen langgestreckten Küsten und seiner wirtschaftlichen Abhängigkeit im Seehandel und von den Zufuhren aus Übersee niemals in der Lage, Politik gegen England zu treiben. Als diese Voraussetzung schwindet, verliert der Dreibund jeden Sinn.

### *Das deutsch-englische Verhältnis*

*102* Bismarck versucht zunächst, jede deutsche Kolonialpolitik zu unterbinden. Der wachsende Handel Deutschlands, die Unternehmungslust wissenschaftlicher und kaufmännischer Pioniere, die Interessen der deutschen Industrie an überseeischen Rohstoffquellen zwingen den Kanzler aber in den achtziger Jahren, doch in die Erwerbung deutscher Kolonien zu willigen. 1884 werden Togo, Kamerun und Südwestafrika deutsches Hoheitsgebiet. Im folgenden Jahre werden Kolonien in Ostafrika, auf Neuguinea und im Bismarckarchipel gegründet. Diese koloniale Ausdehnung des Reiches bedingt zwar gelegentlich Reibungen mit den übrigen Seemächten, führt aber bei der vorsichtigen Steuerung der deutschen Kolonialpolitik durch Bismarck zu keinem dauernden oder ernsten Gegensatz zu England. 1884 kann Bismarck die Kongo-Konferenz nach Berlin einberufen und auch dort wieder eine Mittlerrolle zwischen den Mächten spielen. Die Beschlüsse dieser Konferenz (Kongo-Akte) stellen einen bedeutsamen Schritt zur Zusammenarbeit der europäischen Staaten dar. Wichtig ist vor allem die Bestimmung, daß kein europäischer Krieg auf afrikanisches Gebiet übertragen werden dürfe, sondern daß die Kolonien im Falle eines europäischen Konfliktes als neutral zu gelten haben. Wie wenig man in Großbritannien an eine mögliche Auseinandersetzung mit Deutschland denkt, zeigt der deutsch-englische Vertrag von 1890, in dem die Briten Sansibar zugesprochen erhalten und dafür die Felseninsel Helgoland an Deutschland abtreten, deren Besitz ihnen die Beherrschung der Deutschen Bucht erlaubt und die Entwicklung jeder deutschen Seemacht unterbunden hätte. Nach Bismarcks Entlassung wird die deutsche Kolonialpolitik kühner und zugleich unsicherer. Sie stößt nach Ostasien vor, verfolgt aber sehr bald die verschiedensten Ziele (Kiautschou 1897. Karolinen, Marianen, Samoainseln 1899), so daß sich Konfliktstoffe zwischen Deutschland und den Mächten anhäufen. Die Schwerindustrie und andere kapitalistische Kreise benützen persönliche Beziehungen zum Kaiser, um ihre besonderen Wünsche durchzusetzen. Insbesondere drängt die deutsche Schwerindustrie auf den Ausbau der Kriegsflotte. Der Ehrgeiz Wilhelms II., der Schöpfer einer großen deutschen Seemacht zu werden, kommt diesen Wünschen entgegen. 1897 wird Alfred Tirpitz Staatssekretär des Reichsmarineamtes. Seine Aufgabe ist es, Deutschland eine große Flotte zu schaffen. Der neue Staatssekretär des Auswärtigen, Bernhard von Bülow, soll diese Politik diplomatisch unterstützen. Wie wenig weitsichtig die deutsche Außenpolitik unter Wilhelm II. geworden ist, zeigt sich anläßlich des sogenannten Jameson-Raid. Der englische Kolonialkommissar Jameson war in Transvaal eingedrungen (1895), aber von den Buren zurückgeschlagen worden. Die englische Regierung setzt sich von dem Unternehmen zwar ab; als aber Wilhelm II. den Präsidenten von Transvaal, Paul Krüger, in einem Telegramm zu der glücklichen Verteidigung der Selbständigkeit der Republik beglückwünscht, ruft diese „Krügerdepesche" in England helle Empörung hervor. Ebenso unüberlegt ist die Erklärung des Kaisers, er werde den Islam und die Muselmanen beschützen. Hinter seiner türkenfreundlichen Politik stehen die Interessen der deutschen Banken und der Schwerindustrie am Bau der Bagdad-Bahn, deren erster Abschnitt 1896 dem Verkehr übergeben wird.

*Europäische Konfliktstoffe*

*103* In Europa selbst ist seit 1871 die elsaß-lothringische Frage eine stete Quelle politischer Sorge. Frankreich hat innerlich nicht auf die verlorenen Provinzen verzichtet. Das Standbild der Alsace-Lorraine in Paris mahnt die Franzosen an ihre Pflicht gegenüber den beiden Stämmen, die trotz ihrer deutschen Sprache 1871 nur unter Protest die Angliederung an das Reich hingenommen haben. Die deutsche, von Berlin gesteuerte Verwaltung versteht es nicht, die Reichslande für Deutschland zu gewinnen. Man behandelt die Provinzen als erobertes und militärisch besetztes Gebiet; zahlreiche Elsässer und Lothringer desertieren alljährlich nach Frankreich. Die Statthalterschaft des Fürsten Chlodwig Hohenlohe-Schillingsfürst, die den Bürgern der Reichslande klug entgegenkommt, bleibt eine Episode. Während der Hochflut der nationalistischen Bewegung in Frankreich („La Boulange") hat es wiederholt den Anschein, als stehe der Revanchekrieg Frankreichs gegen Deutschland unmittelbar bevor.

Neben der elsaß-lothringischen Frage ist es die Balkanpolitik, die zu einer Entzweiung der Mächte zu führen droht. Die britischen Konservativen wünschen die Erhaltung der Türkei und stützen die auf das gleiche Ziel gerichtete Politik Österreichs und Italiens. Gladstone, der gegen Österreich das Vorurteil aller Liberalen gegen einen übernationalen und konservativen Staat hegt, lehnt, auch aus christlichen Gewissensgründen, den Schutz der Türkei ab und wäre bereit, sich mit ihrer völligen Aufteilung abzufinden. 1895 wendet sich überraschend auch der konservative Ministerpräsident Salisbury dieser Ansicht zu. Rußland selbst, nun bereits in Ostasien stark gebunden, wünscht aber in diesem Augenblick keine Aufrollung der Balkanfragen. Auch Deutschland und Österreich-Ungarn lehnen die Aufteilung der Türkei ab. Der Gesinnungswandel der Konservativen hat aber zur Folge, daß die öffentliche Meinung Englands sich mit dem Gedanken befreundet, den traditionellen Schutz der osmanischen Macht eines Tages aufzugeben. Damit wird die spätere Verständigung zwischen England und Rußland vorbereitet. Die Berliner Kongreßakte verhindert nicht, daß weitere Teile von der Türkei abbröckeln. 1881 schlagen die Mächte das südliche Thessalien zu Griechenland. 1897 wird Kreta von den Griechen besetzt. Darüber kommt es zu einem griechisch-türkischen Krieg, in dem die Hellenen geschlagen werden. Das Eingreifen der Mächte rettet Griechenland vor Landverlusten und erzwingt die Anerkennung der Autonomie Kretas. Die Unruhen auf den Inseln und in Mazedonien gehen weiter. Der gefährlichste Drahtzieher der nationalistischen Bewegung in Griechenland, und in wachsendem Maße aller Verschwörungen auf dem Balkan, ist der Kreter Eleutherios Venizelos, einer der schlauesten und rührigsten, aber auch unzuverlässigsten und skrupellosesten Politiker des Balkans. Die bulgarische Frage beunruhigt in den achtziger Jahren den Frieden Europas. Der ehrgeizige und fähige Fürst Alexander von Battenberg, 1879 auf russischen Vorschlag auf den Thron berufen, gerät in Widerspruch mit der russischen Politik und stützt sich dabei auf England, mit dessen Herrscherhaus er eng verwandt ist. 1885 kommt es wegen der Angliederung Ostrumeliens an Bulgarien zum Krieg zwischen Serbien und Bulgarien, in dem die Serben bei Slivnica geschlagen und nur durch die diplomatische Intervention Österreich-Ungarns vor einer bulgarischen Invasion bewahrt werden. Alexander dankt ab, und Prinz Ferdinand von Coburg-Kohary wird 1887 Fürst von Bulgarien. Unter seiner klugen Leitung beginnt Bulgarien sich langsam von der russischen Vorherrschaft zu lösen, ohne in weitere Konflikte verstrickt zu werden. Im allgemeinen gelten bis zum Jahrhundertende Serbien als österreichisches, Bulgarien als russisches Einflußgebiet, der Wardar als Interessengrenze.

Während Serbien unter dem König Milan, aus dem Hause Obrenović, eng mit Österreich verbunden ist, wird das kleine Montenegro unter seinem Fürsten Nikolaus der Träger panslawistischer Bestrebungen, die aus dem Lande der schwarzen Berge nach Süddalmatien und der Herzegowina wirken. In Albanien kämpfen Österreich und Italien um Einfluß bei den katholischen Stämmen, während die Orthodoxen ihre Befreiung vom türkischen Joch von Griechenland oder Montenegro erwarten.

### Österreich-Ungarn

*104* Die Balkanfrage ist seit dem Berliner Kongreß mit der Schicksalsfrage Österreich-Ungarns, dem Nationalitätenproblem dieses Völkerstaates, eng verbunden. Die Neuordnung Österreichs im Jahre 1867 (Ausgleich mit Ungarn) hat eine föderalistische Lösung des Gesamtstaatsproblems und insbesondere der südslawischen Frage bedeutend erschwert. Das Okkupationsgebiet Bosnien und die Herzegowina wird von dem militärischen Landeschef unter der Oberleitung des gemeinsamen Finanzministers verwaltet. Die Eifersucht zwischen Wien und Budapest aber verhindert eine großzügige Lösung der sozialen, kulturellen und staatsrechtlichen Fragen im österreichischen Süden. Die Kämpfe der Nationalitäten innerhalb der Monarchie, der Tschechen und Deutschen in Böhmen, der Polen und Ukrainer in Galazien, der Deutschen und Italiener in Tirol, der Italiener und Slowenen im Küstenland, der Deutschen und Slowenen in Steiermark, der Italiener und Kroaten in Dalmatien, und vor allem das Herrschaftsstreben der Madjaren gegenüber allen anderen Völkern Ungarns werden über die Grenzen hinaus zu einer Gefahr für ganz Europa. Die Unzufriedenheit gewisser madjarischer Kreise mit der Lösung von 1867, das Streben der Unabhängigkeitspartei nach völliger Lösung von Österreich vermehren die Schwierigkeiten der Monarchie. Hinter der geheimnisvollen Tragödie von Mayerling, dem Selbstmord des Kronprinzen Rudolph (1889), steht vielleicht eine ungarische Verschwörung.

Je schwächer Österreich erscheint, je stärker sich die zersetzenden und auseinanderstrebenden Kräfte dieses Landes erweisen, desto mehr sind seine Nachbarn geneigt, mit dem Gedanken der Aufteilung der Monarchie zu rechnen und damit zugleich kriegerische Zusammenstöße in Rechnung zu setzen, die bei einem Zerfall des Habsburgerreiches zwischen Rußland, Deutschland, Italien und wahrscheinlich auch noch anderen europäischen Mächten unvermeidlich wären. Es fehlt nicht an Stimmen, die selbst in Deutschland für ein Zusammengehen mit Rußland zum Zweck der Teilung Österreichs sprechen. Bismarck lehnt solche Gedanken und daher auch die alldeutschen Bestrebungen gewisser deutschösterreichischer Kreise (Schönerer) entschieden ab.

*Rußlands Drang zum Meer*

105 Das russische Kaiserreich hat seine Balkanpolitik lange Zeit damit begründet, daß der Zar als Oberhaupt der russischen Kirche die orthodoxen Christen gegen den Druck des Islam schützen müsse. Es hat später diese religiöse Begründung durch eine nationale ersetzt und sich als Beschützer der slawischen Völker gegen die Türken bezeichnet. Eine der entscheidenden Triebkräfte der russischen Balkanpolitik war aber seit Peter dem Großen der Drang des großen kontinentalen Reiches zum freien Meer. Die russische Politik sucht den eisfreien Hafen nicht nur am Mittelmeer, sondern auch in Asien. Dem älteren russischen Bestreben, an der Ostsee eisfreie Häfen zu gewinnen und durch den Sund aus der Ostsee ins freie Meer zu gelangen, stehen nicht nur England und die skandinavischen Staaten, sondern seit der Reichsgründung auch die deutsche Seemacht im Weg. Den Zugang zum Indischen Ozean verlegen England und Persien. In Ostasien, wo auch der neue Hafen Wladiwostok an 110 Tagen zufriert, stößt Rußland bei seinem Vordringen zum Gelben Meer um 1890 nicht nur auf britischen Widerstand, sondern auch auf einen neuen Gegenspieler: Der Inselstaat Japan tritt als neuer Machtfaktor in die ostasiatische Politik ein. Rußland beginnt in den neunziger Jahren, durch den Bau der Transsibirischen Bahn die ostasiatischen Gebiete wirtschaftlich zu erschließen und die Voraussetzungen für größere militärische Unternehmungen in der Amurprovinz und in der Mandschurei zu schaffen. Die russische Oberschicht, vor allem einige Großfürsten und Hocharistokraten, sind

an der Erschließung der Amurprovinz und am Bau einer Bahn zum Gelben Meer wirtschaftlich interessiert, da sie große Besitzungen in Ostasien haben und vor allem den Holzreichtum dieser Gebiete ausbeuten möchten.

### Der Aufstieg Japans

106  Seit dem Jahre 1868 ist das Kaiserreich Japan in einer wahrhaft revolutionären Umwandlung begriffen. Die Ära Meiji (die „glänzende"), wie die Japaner das Zeitalter des Kaisers Mutsuhito nennen, bedeutet den Eintritt der pazifischen Inselmacht in die Reihe der modernen Staaten. 1854 hat der amerikanische Admiral Perry mit seinem Geschwader (den „schwarzen Schiffen") die Öffnung der japanischen Häfen erzwungen. Damals sind japanische Krieger in voller Rüstung ins Meer gesprungen, um den kanonenbewehrten Schiffen mit Bogen und Schwert entgegenzutreten. Seither ist aber die Modernisierung von Gesellschaft und Staat, die bis in die sechziger Jahre noch ganz mittelalterlich waren, nicht mehr aufzuhalten. Kaiser Mutsuhito bricht die Macht der großen Feudalherren und beseitigt das Shogunat (ein erbliches Hausmeiertum, wie es im fränkischen Reich der Merowinger bestanden hat). Die Ritterkaste der Samurai vererbt zwar ihre Ehrbegriffe und politischen Ansichten auf das Offizierskorps der neuen japanischen Armee und Marine, aber sie hört auf, eine abgeschlossene soziale Schicht zu sein. Japan wird ein Industrieland mit rasch wachsender Bevölkerung, seine Häfen werden Großstädte und nehmen ebenso wie die rasch sich entwickelnde Handelsflotte am großen Weltverkehr teil. Japan erhält 1889 eine Verfassung, deren Bestimmungen dem parlamentarischen Leben Europas weitgehend nachgebildet sind. Es gibt ein Oberhaus und ein Unterhaus, ja, selbst die politischen Parteien entwickeln sich nach englischem Muster als liberale und konservative. Japanische Studenten besuchen die europäischen Hochschulen, japanische Offiziere studieren an den Kriegs- und Marineakademien Englands, Deutschlands und Frankreichs. Armee und Flotte werden mit den modernsten Waffen ausgerüstet und in der neuesten Taktik geschult.

Seit 1876 erstrebt Japan die Vorherrschaft über Korea, worüber es 1894 zum Krieg mit China kommt. Die Japaner vernichten die völlig veraltete chinesische Flotte, landen Truppen und zwingen das „Reich der Mitte" zu Landabtretungen und anderen Zugeständnissen (Formosa).

### Friede von Shimonosekhi

107  Rußland, dessen mandschurische Pläne durch den Sieg der Japaner empfindlich gestört werden, regt bei den europäischen Festlandsmächten eine Intervention zugunsten Chinas an. Im Namen Rußlands, Deutschlands und Frankreichs überreicht der deutsche Botschafter am japanischen Kaiserhof der Regierung Japans eine Note, die den Verzicht auf die Halbinsel Liautung mit den Häfen Port Arthur und Dairen fordert. Japan ist noch nicht stark genug, sich dem Druck der Mächte zu widersetzen, und muß das Ultimatum annehmen. Der so erzielte Friede von Shimonosekhi (1895) ist ein letzter Sieg der europäischen

Mächte über das aufstrebende Inselreich. Japan nähert sich Großbritannien und verstärkt seine Rüstungen. Rußland pachtet von China 1898 den Südteil der Halbinsel Liautung und baut hier, am Endpunkt der mandschurischen Bahn, die große Festung Port Arthur mit einem eisfreien Kriegshafen, der das Gelbe Meer beherrscht. Er soll der russischen Pazifikflotte einen besseren Stützpunkt liefern, als es der Hafen von Wladiwostok ist.

Im selben Jahre pachtet Deutschland von China das Gebiet von Kiautschou, wo es sich bereits 1897 festgesetzt hat. Es errichtet in Tsingtau einen militärischen Stützpunkt und verlegt ein Kreuzergeschwader der Flotte nach Ostasien. Ungefähr gleichzeitig pachtet England am Gelben Meer Weihaiwei und Frankreich Kwangtschau (Provinz Schantung). Vorübergehend hat es den Anschein, als ob sich aus dem Zusammengehen Rußlands, Deutschlands und Frankreichs ein Kontinentalblock der europäischen Mächte bilden sollte. Der deutsch-französische Gegensatz und das Bündnis des Deutschen Reiches mit Österreich-Ungarn stehen aber einem dauernden Zusammengehen der Kabinette von Petersburg, Berlin und Paris im Wege.

*Südamerika*

*108* In Südamerika ist 1889 die letzte Monarchie auf amerikanischem Boden gefallen: Brasilien, bis dahin ein Kaiserreich unter der Dynastie Braganza und durch dieses Band dem portugiesischen Mutterland eng verbunden, wird Bundesrepublik. Im Westen des südamerikanischen Kontinents hat sich Chile 1884 auf Kosten von Bolivien und Peru (Salpeterkrieg) ausgedehnt; Chile, durch die Eroberung der Salpetergebiete eine der wichtigsten Wirtschaftsmächte der Welt, gelangt u. a. auch in den Besitz des Hafens von Iquique und einer unmittelbaren Landgrenze mit Peru, während Bolivien zum reinen Binnenstaat wird. Wirtschaftlich ist seit den südamerikanischen Freiheitskriegen der Einfluß Englands in Südamerika besonders stark. Gegen Ende des Jahrhunderts wächst auch der deutsche Handel, insbesondere mit den ABC-Staaten (Argentinien, Brasilien, Chile). Immer stärker wird auch der Einfluß der Vereinigten Staaten fühlbar.

*Europäische Hegemonie*

*109* Überblicken wir nochmals die Weltpolitik in der Epoche zwischen dem deutsch-französischen Krieg und der Jahrhundertwende, so können wir feststellen, daß die Unterwerfung der Welt unter den Willen der europäischen Mächte diesen die kaum bestrittene Führung in Wirtschaft, Politik und Kultur sichert. Außer Amerika sind alle Kontinente der europäischen Hegemonie untergeordnet. Zwar machen sich erste Anzeichen einer Verselbständigung der farbigen Völker und der außereuropäischen Staaten, auch erste Gegenströmungen gegen die europäischen Großmächte bemerkbar, aber Europa scheint stark und reich genug, die europäische Kultur allen anderen so sehr überlegen, daß man an eine Krise der abendländischen Führung in der Welt nicht zu denken braucht. Zwar wachsen mit der Verteilung der letzten noch freien Gebiete der Erde unter die europäischen Großmächte auch die Gegensätze zwischen diesen, aber es glückt immer wieder, sie zu überbrücken. Das weltpolitisch führende Großbritannien versteht es, die mit ihm und untereinander konkurrierenden Mächte in Schach zu halten, so daß man um die Jahrhundertwende überzeugt ist, daß Großbritannien auf lange Zeit noch die Anwartschaft auf die Weltherrschaft besitzt. Ein britischer Politiker spricht die allgemeine Überzeugung der Welt aus, wenn er in jenen Jahren sagt: The world is rapidly becoming English (Die Welt wird rasend schnell englisch).

ZWEITER TEIL

# DIE ERSCHÜTTERUNG DER EUROPÄISCHEN VORHERRSCHAFT IN DER WELT

## Das Werden eines neuen Weltbildes

*110* Die führende Stellung der europäischen Mächte in der Weltpolitik und die kulturelle Hegemonie Europas waren nur zu erhalten, wenn die Mächte einen europäischen Krieg vermieden und alle Streitigkeiten vertraglich zu schlichten oder wenigstens zu lokalisieren versuchten. Der Eintritt der Vereinigten Staaten und Japans in die Weltpolitik, der sich um die Jahrhundertwende vollzieht, zeigt bereits einen Bruch in dem überlieferten Gleichgewichtssystem. In allen weltpolitischen Fragen sprechen acht Mächte statt der sechs, die im 19. Jahrhundert bestimmend waren, und zwei dieser Mächte sind außereuropäische Staaten. In den Kolonien und in den alten asiatischen Großreichen beginnt sich der Widerstand gegen die europäische Herrschaft bemerkbar zu machen. Die soziale Frage scheint vielen Europäern nur noch durch die soziale Revolution lösbar. Der Sozialismus ist zum Glaubensbekenntnis großer Massen geworden. Das riesige russische Reich wird von den ersten Stößen einer gewaltigen Bewegung erschüttert, die revolutionäre Ereignisse von nie dagewesenem Ausmaß ankündigen. Im Schoße des British Empire entwickeln die Dominions, deren Zahl sich nach der Jahrhundertwende rasch vermehrt, einen Selbständigkeitsdrang, der die Einheit des Reiches gefährdet, vor allem aber erkennen läßt, daß neben dem Schwerpunkt London eine Reihe überseeischer Schwerpunkte der britischen Macht, Zentren der angelsächsischen Kultur, entstehen. Die Menschen der alten Welt leben zwischen Angst und Hoffnung. Millionen glauben an den sozialen Fortschritt und an den sozialistischen Zukunftsstaat, ebenso viele Millionen aber bangen vor einer Katastrophe kriegerischer oder revolutionärer Art. Man verkündet das Jahrhundert der Humanität, das Jahrhundert des Kindes, man erwartet die Erfüllung phantastischer Hoffnungen von den Fortschritten der Technik. Aber man ahnt auf der anderen Seite, daß die europäische Zivilisation sich in einer Krise befindet und vielleicht ihrem Untergang entgegengeht. Man hält einen Krieg für schwer vereinbar mit dem wirtschaftlichen Leben der Kulturvölker, deren Güterproduktion und Finanzwirtschaft eng verflochten und kaum mehr nach nationalen Grenzen zu sondern sind, man steigert aber zugleich die Rüstungen, in Erwartung eines unvermeidlichen Zusammenstoßes der Mächte. Man hat nach Jahrzehnten des Friedens keine zulängliche Vorstellung von den Ausmaßen, der Dauer, den Folgen eines großen Krieges, aber man erklärt leichtfertig, daß der Krieg besser als ein fauler Friede und der einzige Ausweg aus vielen wirtschaftlichen und politischen Schwierigkeiten sei. In diesem Widerspruch befangen, kommt die Welt im neuen Jahrhundert nicht zur Ruhe, und die führenden und regierenden Kreise finden keine Lösung der Aufgaben, die ihnen aus dem 19. Jahrhundert überkommen sind. Nur der aufstrebende Kontinent Amerika lebt in der Überzeugung, daß Liberalismus und Demokratie in Wirtschaft, Politik und Kultur den unaufhaltsamen friedlichen Fortschritt, wachsenden Reichtum und immer größere Freiheit des Individuums gewährleisten. Der größte Teil der Amerikaner ist überzeugt, daß die Grundsätze, auf denen Staat und Gesellschaft in den USA aufgebaut sind, nur von den übrigen Nationen übernommen zu werden brauchten, um auch diesen das Geheimnis der friedlichen Evolution zu erschließen. Vom andern Ende der Welt, von Rußland, nimmt dagegen die messianische Hoffnung ihren Ausgang, daß nur die Revolution, und mit ihr die Zerstörung der bürgerlichen Gesellschaft und der westlichen Zivilisation, der Menschheit den Weg zum Heile öffnen könnten. Nur eine kleine Minderheit sucht in der Wirrnis der Zeit Trost und Richtung in den Lehren des alten Glaubens. Noch immer halten die Gebildeten wie die Massen der Industriearbeiter an der Vorstellung fest, daß der Widerspruch zwischen Glaube und Wissenschaft in der modernen Welt unlösbar und daß die christliche Religion bestenfalls eine ehrwürdige Kultureinrichtung des Abendlandes sei.

Inzwischen hat die Wissenschaft selbst Wege beschritten, auf denen sie sehr rasch zu völlig neuen Erkenntnissen gelangen, sich von den Vorstellungen des 19. Jahrhunderts weit entfernen und sich dem Weltbild des Christentums wieder nähern sollte. Im Ablauf des halben Menschenalters, das zwischen dem Beginn des Jahrhunderts und der Katastrophe des ersten Weltkrieges liegt, werden aber die neuen Lehren und Erkenntnisse noch nicht zum Gemeingut der Gebildeten. Während Astronomie, Physik und Chemie die Unhaltbarkeit der materialistischen Anschauungen zeigen, während die Philosophie den Positivismus überwindet, hängen Schule, Presse und öffentliche Meinung noch den überwundenen und überholten Ansichten des versunkenen Jahrhunderts an. Nur die Künstler empfinden, soweit sie wirklich prophetische Geister sind, daß ein Umbruch der Zeit gekommen ist. In der Dichtung, Literatur und bildenden Kunst des letzten Jahrzehnts vor dem ersten Weltkrieg spiegeln sich die Weltangst und die Ahnung einer nahenden Katastrophe, die Sehnsucht nach dem Neuen, der leidenschaftliche Trieb, den Menschen aus den Ketten des Materialismus zu befreien und wieder als ein beseeltes Wesen in den Mittelpunkt zu rücken, in dem so lange Zeit die tote Materie als scheinbarer Weltschöpfer und Götze der materialistischen Weltanschauung gestanden hatte.

## 1. Die tragenden Ideen des neuen Jahrhunderts

111 In den demokratischen Staaten des Westens, insbesondere in den Vereinigten Staaten von Amerika und in England, können sich die Ideen der Demokratie und des sozialen Fortschritts in Freiheit weiterentwickeln, so daß hier auch mit der Wandlung des wissenschaftlichen Weltbildes und mit den neuen Aufgaben, die aus der Wirtschaft und den sozialen Veränderungen erwachsen, kein Bruch zu erfolgen braucht. In dem absolutistischen Rußland dagegen können sich alle neuen Ideen nur als revolutionäre Gedanken entwickeln, weshalb die Bildungsschicht, die Arbeiterschaft und die junge Generation überhaupt in immer schärferen Widerspruch zum Staat und den herrschenden Gesellschaftsformen treten. Die geographisch zwischen Rußland und dem Westen liegenden mitteleuropäischen Staaten nehmen in ihrer geistigen Haltung und in der Entwicklung der politischen Gedanken eine Mittelstellung ein. Hier, bei den Deutschen und den kleinen Völkern des Donauraums, überschneiden sich die revolutionären Ideen des Ostens und die evolutionären des Westens, die Gedanken des Liberalismus und der weiterentwickelten Volkssouveränität auf der einen, die Ideen einer unbedingten Staatsautorität und einer ebenso unbedingten Revolution auf der anderen Seite. Die Bismarcksche Verfassung erlaubt den neuen Kräften zwar nicht, die Führung des Staates zu übernehmen, sie läßt ihnen aber die Freiheit, sich im geistigen und öffentlichen Leben sehr weitgehend zu entfalten. Aus dieser besonderen Lage Deutschlands und des deutschen Volkes erklärt sich zum Teil die Tatsache, daß eine Reihe von Gedanken, in denen Ideengut des Westens mit der Weltanschauung des Ostens verschmilzt, ihren Ursprung in Deutschland haben.

### *Liberalismus und Demokratie in den USA*

*112* Der Liberalismus als eine wirtschaftliche und politische Theorie sieht sich mit dem Wachsen der kapitalistischen Gesellschaft und der Entstehung neuer Organisationsformen des großen Besitzes vor einen kaum lösbaren Widerspruch gestellt. Die ursprüngliche Forderung des Liberalismus nach unbeschränkter Freiheit des einzelnen auch im Wirtschaftsleben führt dazu, daß die großen Besitzer vielfach auf Kosten der Massen, der Arbeitnehmer und der Verbraucher, Verbindungen untereinander eingehen, durch welche die Preise dem freien Spiel der Kräfte entzogen, ganze Wirtschaftszweige vernichtet, gewisse überalterte Formen künstlich am Leben erhalten werden. Der Grundsatz der Wirtschaftsfreiheit führt so zur wirtschaftlichen Versklavung großer Teile des Volkes. Diese fordern nun im Namen des Liberalismus eine Beschränkung der Freiheit des Unternehmertums. Auf dem Umweg über den Staat versuchen sie, die Wirtschaft am Mißbrauch der kapitalistischen Macht durch einzelne Großunternehmer zu hindern. In den Vereinigten Staaten kommt der Gegensatz zwischen liberaler Wirtschaftstheorie und sozialer Praxis des Liberalismus in den Kämpfen zum Ausdruck, die seit den siebziger Jahren gegen die monopolistischen Eisenbahngesellschaften geführt werden. Er gewinnt neue Nahrung in dem

Kampf der kleinen Leute gegen die Trusts und die Großbanken. Politisch wird die Spannung deutlich, als nach der Ermordung des Präsidenten McKinley im September 1901 der Vizepräsident Theodore Roosevelt die Präsidentschaft antritt. Schon seine erste Jahresbotschaft an den Kongreß zeigt ihn als Sprecher der Volksmassen gegen die großen Wirtschaftsorganisationen. Roosevelt fordert die Schaffung eines Ministeriums für Handel und Industrie. Als der Kongreß den Vorschlag ablehnt, ruft er die öffentliche Meinung zum Kampf auf und zwingt schließlich den Kongreß, das Ministerium zu bewilligen (1903). Anläßlich eines Streiks in der Kohlenindustrie übt Roosevelt einen Druck auf die Banken aus, um auf diese Weise die Unternehmer zur Unterwerfung unter ein Schiedsgericht zu zwingen. Auch hier hat er Erfolg. Trotz konservativer Widerstände in der eigenen Partei wird Roosevelt 1904 wiedergewählt. Auch in seiner zweiten Amtsperiode ruft er durch große Reden die öffentliche Meinung auf, ihn zu unterstützen, wenn der Senat ihm die Gefolgschaft versagt. So setzt er das Hepburn-Tarifgesetz durch (1906), das einer Kommission für zwischenstaatlichen Verkehr das Recht gibt, die Eisenbahntarife festzusetzen. Mit einem Gesetz, das den Wirtschaftsverbänden verbietet, Beiträge zu Wahlfonds zu leisten, tritt der Präsident in scharfen Gegensatz gegen seine eigene Partei. Als er 1908 auf eine neue Kandidatur verzichtet, stellen die Republikaner in William Howard Taft einen Mann auf, der in den Bahnen Roosevelts zu wandeln bereit ist. Mit Unterstützung Roosevelts siegt Taft. Der neue Präsident reformiert die Zollgesetzgebung, wobei er allerdings dem Senat Zugeständnisse machen muß. Eine Einkommensteuer für Gesellschaften wird eingeführt. Der Widerstand in der republikanischen Partei gegen den sozialen Kurs des Präsidenten wächst aber weiter, die Partei gerät in gefährliche innere Streitigkeiten, verliert 1910 die Mehrheit im Repräsentantenhaus und 1912, als neben Taft plötzlich wieder Roosevelt mit der von ihm gegründeten Progressiven Partei als Kandidat auftritt, auch die Präsidentschaft. Nach langer Zeit wird wieder ein Demokrat Präsident der Vereinigten Staaten: der Gouverneur von New Jersey, Professor an der Universität Princeton, Woodrow Wilson. Ein soziales Zollgesetz, der Underwood-Tarif, ist seine erste Tat. Die Erhöhung der Einkommensteuer folgt notwendig der Senkung des Zolltarifs. Die Schaffung einer Bundesreservebank ermöglicht es der Regierung, die Kreditgewährung und die Zinssätze zu beeinflussen. In dem Clayton-Antitrust-Gesetz greift der Präsident die großen kapitalistischen Verbände unmittelbar an und setzt bei den Eisenbahngesellschaften den Achtstundentag durch. Die Wandlung, die der amerikanische Liberalismus in beiden großen Parteien unter Roosevelt und Wilson durchmacht, die Wendung von der altliberalen Politik der unbegrenzten Wirtschaftsfreiheit zu einer sozial gerichteten Politik verstärkter Staatsautorität, ist nur möglich gewesen, weil die amerikanischen Industriearbeiter und ihre Gewerkschaften sich hinter diese Politik stellten. Der klassenkämpferische Sozialismus dagegen bleibt in den Vereinigten Staaten eine einflußlose Sekte.

## Der radikale Liberalismus in England

*113* Die große Kraftanspannung, die der Burenkrieg (1899—1902) für England bedeutet, die Notwendigkeit zur Umgestaltung des neuerdings angewachsenen Empire, die Gegensätze in der konservativen Partei, deren bedeutendster Kopf, Joseph Chamberlain, 1903 aus der Regierung ausscheidet, um sich ganz dem Kampf für seine schutzzöllnerischen Ideen zu widmen, bewirken in Großbritannien einen Umschwung der öffentlichen Meinung und nach zehn Jahren konservativen Regimes 1905 einen großen Wahlsieg der Liberalen. Campbell-Bannerman bildet das Ministerium. Nach seinem Tode übernimmt 1908 Asquith die Führung des Kabinetts. Die stärkste Persönlichkeit in der liberalen Regierung ist aber der Finanzminister David Lloyd George (1863—1945). Lloyd George, seiner Herkunft nach Walliser, und durchaus der Typus des temperamentvollen, beweglichen, schlauen Kelten, ist der Anhänger einer entschiedenen sozialen Reformpolitik und ein rücksichtsloser Gegner des großen Besitzes. Durch seine Rednergabe und sein taktisches Geschick weiß er die Massen für seine Pläne zu begeistern und die sozialistischen Abgeordneten für seine Sozialreform einzuspannen, womit er zugleich die Entwicklung einer selbständigen sozialistischen Partei erfolgreich hemmt. Nach deutschem Muster führt er eine sozialpolitische Gesetzgebung durch, die allerdings hinter den deutschen Leistungen zurückbleibt, für England aber eine revolutionäre Neuerung darstellt. Sie erfordert große Geldmittel, ebenso wie die immer stärker betriebene Flottenrüstung. Lloyd George besteuert die besitzenden Klassen in einer bisher unerhörten Weise. Die Einkommensteuer wird erhöht, die Erbschaftssteuer, in manchen Fällen bis zur Wegnahme von 50 Prozent des Vermögens, gesteigert. Als das Oberhaus opponiert, wird ihm (1911) das Vetorecht stark eingeschränkt. Das Zweikammersystem der englischen Verfassung wird dadurch tatsächlich beseitigt.

## Kultureller und sozialer Liberalismus in Frankreich

*114* Der festländische Liberalismus hat nicht wie der angelsächsische den Weg zu neuen staatspolitischen Aufgaben gefunden, sondern bewegt sich in den ausgetretenen Bahnen des bürgerlichen Freisinns und eines jakobinischen Radikalismus. Dies gilt insbesondere für Frankreich, wo die Entscheidung in dem Ringen zwischen katholisch-konservativer und religionsfeindlich-liberaler Richtung erst im 20. Jahrhundert fällt. Der Kampf gegen die Kirche, in dem sich vorübergehend Liberale und Sozialisten zusammenfinden, beherrscht das erste Jahrfünft des neuen Jahrhunderts. Nach den Ministerien Combes und Rouvier tritt 1906 die Persönlichkeit von Georges Clemenceau (1841—1929) in den Vordergrund, der in seinem Wesen wie in seinen politischen Anschauungen ganz und gar Haltung und Ideen des Jakobinertums vertritt. Während des Commune-Aufstandes Bürgermeister des Montmartre-Viertels, steht er lange im Verdacht, ein Kommunistenfreund zu sein. Als hervorragender Redner und anerkannter Führer der Linken spielt er eine große Rolle in der Politik. Durch seine Verwicklung in den Panamaskandal verliert er aber so sehr an Ansehen, daß er 1893 bei der

Kammerwahl durchfällt. Der Kampf gegen die Kirche schafft dem alten Freidenker und glühenden Hasser aller konservativen Einrichtungen ein neues Sprungbrett. 1906—1909 ist Clémenceau Ministerpräsident. Unter ihm wird 1907 die französische Botschaft am Vatikan aufgehoben. Die sozialpolitische Gesetzgebung zeitigt unter der Herrschaft der radikalen Liberalen in Frankreich nur sehr bescheidene Ergebnisse. 1904 wird die Arbeitszeit für Frauen auf zehn Stunden täglich herabgesetzt, 1905 der Achtstundentag für Kohlenhäuer eingeführt. Erst 1910 wird, unter dem Ministerium des ehemaligen Sozialisten Aristide Briand, ein allgemeines Truckverbot und das Verbot der Nachtarbeit für Frauen erlassen. Unter Briand und seinen Nachfolgern Monis und Caillaux kommt es auch zur ersten Codifizierung des Arbeiterschutzes im Côde du travail et de la prévoyance sociale. 1910 wird die Invaliden- und Altersversicherung, die bis dahin nur für Eisenbahner bestanden hatte, auf alle Arbeiter ausgedehnt. Der Konflikt zwischen Liberalen und Sozialisten verschärft sich nach dem Zusammenschluß der sozialistischen Parteien und der Ausstoßung der „Ministeriellen" aus der Partei. Briand geht bei größeren Streiks sehr radikal gegen die Streikenden vor und läßt in der Lex Briand (1911) auf Sabotage und Arbeitsverweigerung in den staatlichen Unternehmungen Entlassung und Gefängnisstrafe festsetzen. Die Innenpolitik wird seit der bosnischen Krise (1908/09) auch in Frankreich immer stärker von der Außenpolitik überschattet. Daher spielen neben den liberalen Ideen nationalistische Gedanken wieder eine stärkere Rolle. Der geistige Einfluß Deutschlands und Rußlands wird fühlbar. 1890 wird die Action française gegründet, eine monarchistisch-nationalistische Gruppe, die parlamentarisch ohne Einfluß bleibt, aber geistig das französische Leben und vor allem die Gedanken der jungen Generation stark beeinflußt. Ihre Stoßtruppe sind die Camelots du Roy. Der Sohn des Dichters Alphonse Daudet, Léon Daudet, ist der Organisator der Aktion, Charles Maurras (geb. 1868) ihr geistiges Haupt. In der Union Latine vertritt er seine Gedanken, die auf eine Erneuerung altfranzösischer Ideen und Einrichtungen abzielen. Königtum, Autorität, Klassizismus und Katholizismus gelten ihm als echt französisch, während er „alles Deutsche, das Unendliche, Protestantismus und Judentum, die Romantik, die Menschenrechte und die Republik" ablehnt. Daß die Ideen von Maurras noch auf der Linie des Nationalliberalismus liegen, zeigt sich darin, daß er sie für sich selbst durchaus nicht als verbindlich betrachtet und kein Geheimnis daraus macht, daß er persönlich Atheist und Amoralist ist, während er den Katholizismus aus nationalen Gründen verehrt und fördert. Der Kampf zwischen Nationalismus und Humanität erfaßt mit großer Leidenschaft die Lehrerschaft und ihre Verbände (Syndikate). Um die Jahrhundertwende überwiegen die humanistischen Bestrebungen (Ferdinand Buisson), dann setzt eine sehr starke nationalistische Gegenströmung ein, die unter dem Druck der Regierung wächst und nach der Auflösung aller Lehrersyndikate (1912) die Schule in den Dienst des nationalistischen Gedankens stellt. Auch im Roman, vor allem im Kolonialroman, wird für militaristische und imperialistische Ideen geworben (Claude Farrère,

Louis Bertrand: Le sang des races). Gegenüber dieser nationalistischen Entartung des Liberalismus gibt es aber auch eine Weiterentwicklung der liberalen Gedanken ins Allgemeinmenschliche, die in der französischen Wissenschaft und in der Literatur zum Ausdruck kommt. Romain Rolland (1866–1944), Professor der Musikgeschichte an der Sorbonne, von Beethoven aufs stärkste beeindruckt, sucht durch seinen zehnbändigen Roman „Jean-Christophe" (1904–1912) in Frankreich Verständnis für den abendländischen Geist Deutschlands zu wecken. In seinen Dramen („Der Tag wird kommen") vertritt er pazifistische Gedanken. Auch der freidenkerische Anatole France (1844–1924) wirkt mit feiner Satire gegen nationalistische Beschränktheit, Militarismus und Machtgedanken („Die Götter dürsten", „Aufruhr der Engel"). In der französischen Publizistik ist Gustave Hervé der schärfste Vertreter internationaler und kriegsfeindlicher Gedanken, bis er mit dem Ausbruch des Weltkrieges zum Wortführer des schärfsten Nationalismus wird. Liberalismus im angelsächsischen Stil vertritt in der französischen Politik am reinsten Josephe Caillaux (1911/12 Ministerpräsident), der für eine soziale Steuerreform kämpft, aber auf heftigen Widerstand stößt. Er wird von den Nationalisten aller Richtungen wegen seiner Verständigungspolitik gegenüber Deutschland rücksichtslos bekämpft. Die Angriffe der Presse erstrecken sich auch auf sein Privatleben, worauf seine Gattin im Sommer 1914 den Chefredakteur des „Figaro", Calmette, niederschießt. Der Prozeß der Madame Caillaux ist die letzte große Sensation, die Paris vor dem Ausbruch des Weltkrieges erlebt.

### *Anarchismus, Sozialismus, demokratische Monarchie*

115 In Spanien und Portugal ist der Liberalismus ebenfalls in erster Linie kulturkämpferisch. In sozialen Fragen ist er allerdings ebenso unfruchtbar wie seine reaktionären Gegner, die völlig in veralteten Vorstellungen befangenen Konservativen. In beiden Ländern breitet sich der Anarchismus aus. Es kommt zu zahlreichen Terrorakten, z. B. zu einem Bombenanschlag auf den Hochzeitszug König Alfons XIII. Den in Spanien hingerichteten Anarchisten Ferrer feiern die Anarchisten und Sozialisten in ganz Europa als Märtyrer der Freiheit. In Portugal wird König Karl 1908 wegen seiner liberalen Bestrebungen ermordet. Sein Sohn und Nachfolger Manuel II. wird 1910 durch die Liberalen vom Throne gestürzt. Die Republik beginnt ihre Ära mit der Trennung von Staat und Kirche (1911) und der Ausweisung aller Mönche und Nonnen.

In dem Musterland des europäischen Liberalismus, in Belgien, bringt die Wahlreform von 1894 den Niedergang der liberalen Partei, die auch durch die Absplitterung der Sozialisten einen Großteil ihrer Gefolgschaft verliert. Sozialpolitisch ist das Land im Rückstand. Die nationale Frage (Gegensatz von Wallonen und Flamen) beginnt im neuen Jahrhundert eine immer größere Rolle zu spielen. Ebenso ist der holländische Liberalismus an der Jahrhundertwende, nach einer langen Regierungszeit, eigentlich überholt. Die Sozialdemokratie spielt eine wachsende Rolle; die Katholiken, im 19. Jahrhundert verfolgt, zur Durchsetzung ihrer Schulforderungen mit den Antirevolutionären (Calvinern) unter Kuyper verbündet, gewinnen stärkeren Einfluß auf die Politik des Landes. Die Verfassungsänderung von 1917 stellt die freien, also privaten Schulen den Staatsschulen gleich. Sie führt das Verhältniswahlrecht ein und drängt damit den Liberalismus endgültig zurück.

Auch in Nordeuropa sinkt die Bedeutung der Liberalen in dem Maße, in dem die Sozialdemokratie sich zu einer starken und geachteten Partei entwickelt. Nur im Bunde mit den Sozialisten können die Liberalen sich noch gegen die konservativen Parteien durchsetzen. Indem sich die skandinavischen Staaten aus dem Spiel der großen Politik heraushalten, eine Politik der Neutralität betreiben und das Hauptgewicht auf eine vernünftige Wirtschafts-, Sozial- und Kulturpolitik legen, wachsen ihr Wohlstand und ihre Bedeutung. Die Trennung Norwegens von Schweden (1905), die Erhebung des dänischen Prinzen Karl durch Volksabstimmung zum König von Norwegen (Haakon VII.) vollziehen sich ohne jede Gewaltanwendung von der einen oder anderen Seite. Das Königtum spielt in den skandinavischen Staaten eine ausgleichende und vermittelnde Rolle, so daß es zum Treuhänder und zur Hauptstütze der Demokratie wird.

*Autokratie in Rußland*

116 Die Entwicklung Rußlands zu freieren Verhältnissen wird durch die Ermordung Alexanders II. (13. März 1881) jäh unterbrochen. Der General Loris-Melikow hatte bereits den Auftrag des Zaren in der Hand, zugleich mit einer strengen Unterdrückung des Nihilismus freiheitliche Reformen durchzuführen. Alexander III. geht streng gegen die Revolutionäre vor, macht aber keinerlei Zugeständnisse an den Liberalismus. Der entscheidende Mann in Rußland ist nun K. P. Pobjedonoszew (1822—1902), früher der Erzieher des Thronfolgers, 1880 Oberprokurator des heiligen Synods und damit unumschränkter Herr über das geistige Leben des Reiches. Er lebt in der geistigen Welt der Slawophilen und sieht, ähnlich wie Dostojewskij und Tolstoi, in der Kultur des Westens nur Entartung und Verfall. Durch eine strenge Zensur, durch das engste Bündnis der Selbstherrschaft mit der russischen Kirche glaubt er, die verderblichen Ideen von Rußland fernhalten zu können. Den Panslawismus lehnt er ebenso wie den Liberalismus ab. Die Selbstverwaltung der Bauerngemeinden und Städte wird bedeutend eingeschränkt, ein schwerfälliges und bestechliches Beamtenregime aufgerichtet, die Intelligenz noch stärker aus dem staatlichen Leben verdrängt und der Polizeiapparat mit Funktionen und Rechten ausgestattet, die ihn zu einem gefährlichen Staat im Staate machen (Ochrana = politische Polizei). Vielfach arbeitet die Polizei mit den revolutionären Parteien zusammen, die ihrerseits von Spitzeln durchsetzt sind. Attentate werden mit Wissen und im Auftrag der Ochrana organisiert, manchmal im letzten Augenblick verhindert, oft aber geduldet, um die Notwendigkeit des Polizeiapparates zu beweisen. Neben Pobjedonoszew gilt der Innenminister Nikolai Ignatiew als der gefährlichste Reaktionär. Auch unter dem Zaren Nikolaus II., der 1894 seinem Vater auf dem

Throne folgt, ändert sich nichts an den Verhältnissen, da der willensschwache und schüchterne Nikolaus, in Ehrfurcht und Unterwürfigkeit gegenüber seinem Vater erzogen, diesem versprochen hat, an der Selbstherrschaft nicht rütteln zu lassen. Neben der revolutionären Stimmung der Intelligenz, der Unzufriedenheit der Bauernmassen und dem Anwachsen der sozialistischen Ideen unter den Arbeitern ist es vor allem die schlechte Finanzwirtschaft des Reiches, die das Selbstherrschertum bedroht. Mit Verstaatlichung der Bahnen, Schutzzöllen und Monopolen sucht man der Finanznot abzuhelfen. Aber erst die französischen Anleihen, die seit 1888 (nachdem Bismarck den deutschen Geldmarkt für Rußland gesperrt hat) zu fließen beginnen, beheben vorübergehend die Geldnot des Staates und der Wirtschaft. Diese französischen Anleihen werden vor allem aus politischen Gründen gewährt, um Rußlands Hilfsbereitschaft zu erhöhen und durch Eisenbahnbauten den raschen Aufmarsch einer russischen Millionenarmee an der Westgrenze zu ermöglichen. Der Finanzminister Sergius Witte (seit 1892) verbindet mit dem System der Anleihen und Eisenbahnbauten den Plan einer großzügigen Industrialisierung Rußlands, dessen gewaltige Produktivkräfte sich auf diese Weise entfalten sollen. Der Aufbau einer Großindustrie, die vielfach die modernsten deutschen und amerikanischen Anlagen an Umfang und Leistung erreicht, trägt aber auch zur raschen Vermehrung der industriellen Arbeiterschaft und zur Verbreitung sozialistischer Ideen bei.

*Die russische Revolution*

**117** Die marxistischen Ideen gelangen vor allem durch russische Studenten und Intellektuelle, die nach dem Westen emigriert waren, gegen Ende des 19. Jahrhunderts nach Rußland und beginnen die anarchistischen und nihilistischen Gedanken zu verdrängen, freilich nicht ohne daß sie selbst sehr viel von der Gedankenwelt der Slawophilen und der Anarchisten (Alexander Herzen, Michael Bakunin) annehmen. Der geistig bedeutendste Vertreter eines „Edel-Anarchismus" ist Fürst Peter Krapotkin (1842—1921), der die Anwendung des Darwinismus auf die menschliche Gesellschaft bekämpft und ihm eine Theorie der „gegenseitigen Hilfe in Natur und Gesellschaft" entgegenstellt. Um die Jahrhundertwende wird der marxistische Sozialismus in Rußland eine fühlbare politische Kraft. Georg Plechanow gründet 1898 auf dem Kongreß zu Minsk die Russische sozialdemokratische Arbeiterpartei. Aber schon 1903 spaltet sich auf dem Kongreß zu London die russische Sozialdemokratie in eine gemäßigte und eine radikale Partei. Die Vertreter des „kleineren" Programms (Minimalisten oder Menschewiki), mit Plechanow und Martow an der Spitze, erwarten von der Entwicklung des russischen Kapitalismus und Parlamentarismus ein langsames Fortschreiten zum Sozialismus. Sie organisieren die Massen der Arbeiter nach westlichem Muster. Ihnen stehen die Vertreter eines Maximalprogramms, die Bolschewiki, gegenüber, geführt von Wladimir Iljitsch Uljanow, der sich, nach seinem Auftreten in einem Bergarbeiterstreik im Lenagebiet, Lenin nennt (1870—1924). Aus dem intellektuellen Kleinbürgertum hervorgegangen (Sohn eines Gymnasiallehrers in Simbirsk), gerät er als Student in revolutionäre Kreise und wendet sich extremen Richtungen zu. Sein Bruder wird gehängt wegen Teilnahme an einem Attentat auf den Zaren. Wladimir Iljitsch selbst, 1887—1890 und 1895—1900, nach Sibirien verbannt. Später lebt er fast dauernd im Westen und dirigiert von dort aus die Taktik der bolschewistischen Partei, die im Gegensatz zu den Menschewiki nicht auf der Organisation der Massen beruht, sondern eine Gruppe von wenigen hundert Berufsrevolutionären bildet. Sie bejaht revolutionäre Aktionen und hofft im Zuge der russischen Entwicklung, die zu gewaltsamen Ausbrüchen drängt, die Diktatur des Proletariats als der „fortschrittlichsten Klasse" der Gesellschaft über das liberale Bürgertum und die Bauern aufrichten zu können. Im politischen Leben Rußlands spielt neben den Menschewiken und Bolschewiken zunächst noch die Partei der Sozialrevolutionäre (geführt von Tschernow) die Hauptrolle, die sich auf die Bauern stützt und eine Politik der terroristischen Aktion betreibt. 1902 versucht der Innenminister Plehwe, die revolutionären Organisationen, die sich zum Befreiungsbund vereinigt haben und im Ausland die Zeitschrift „Oswoboshdenije" unter der Redaktion von Peter Struwe herausgeben, mit Gewalt zu unterdrücken. 1904 fällt er als Opfer eines Attentats. Die Niederlagen in der Mandschurei und insbesondere das tragische Ende der russischen Flotte im Krieg mit Japan enthüllen die innere Schwäche des Systems. Die aus der Kriegsgefangenschaft zurückkehrenden Matrosen bringen neben revolutionären Gedanken auch die Bereitschaft zur Tat mit. Am 22. Januar 1905, dem „blutigen Sonntag", demonstrieren die Petersburger Arbeiter unter Führung des Priesters Gapon, werden aber vor dem Winterpalast durch Salvenfeuer auseinandergetrieben. Die Ernennung des verhaßten Reaktionärs Trepow zum Generalgouverneur von Petersburg ruft neue Terrorakte hervor. Am 3. März 1905 verspricht der Zar die Berufung einer Volksvertretung. Die revolutionäre Bewegung geht weiter. Streiks, Meutereien, Unruhen schaffen eine unmittelbar revolutionäre Lage, die den Zaren zwingt, in dem Manifest vom 30. Oktober 1905 eine konstitutionelle Verfassung zuzugestehen. Bürgerliche Freiheiten werden verkündet, die reaktionären Staatsmänner entlassen und Witte zum Ministerpräsidenten ernannt. Der Versuch Lenins und des nun zum erstenmal in Gemeinschaft mit ihm auftretenden Menschewisten Leo Davidowitsch Bronstein, genannt Trotzki, die revolutionäre Bewegung zur Diktatur des Proletariats weiterzutreiben, führt aber dazu, daß große Teile des Bürgertums nunmehr die Regierung unterstützen und den Sozialismus ablehnen. Noch vor dem Zusammentritt des Parlaments (der Duma) wird eine Verfassung durch Erlaß des Zaren oktroyiert, Witte entlassen und durch den rückschrittlichen Goremykin ersetzt. Am 10. Mai 1906 wird die erste Duma im Winterpalast zu Petersburg vom Zaren eröffnet. Als die Duma auf eine radikale Bodenreform drängt, wird sie aufgelöst und ihr Wiederzusammentritt durch Militär verhindert. An Goremykins Stelle wird Stolypin (1862—1911) Ministerpräsident; er ist wohl der bedeutendste Staatsmann, den das Zarenreich im letzten Halbjahrhundert seines Bestehens hervorgebracht hat. Stolypin ist nicht wie Goremykin oder Pobjedonoszew ein Reaktionär, sondern ein echter Konservativer. So wenig er sich durch den Terror der Revolutionäre einschüchtern läßt, gegen die er mit Feldgerichten und militärischen Gewaltmaßnahmen vorgeht, so entschlossen ist er, eine Agrarreform durchzuführen, die Rußlands Gesellschaftsordnung von Grund auf wandeln soll. Das Ziel der Stolypinschen Reform ist es, die veraltete Agrarverfassung des Mir (der Dorfgemeinschaft, gemeinsamer Besitz der Bauern an Grund und Boden) zu sprengen und die russischen Bauern zu freien Besitzern zu machen. Auch die zweite Duma hat eine revolutionäre Mehrheit und wird 1907 wieder aufgelöst. Stolypin führt eine Wahlreform durch, die den Gutsbesitzern mehr als die Hälfte der Wahlmänner zuteilt. In der dritten Duma ist die Rechte sehr stark vertreten, noch stärker in der 1912 gewählten vierten Duma. Stolypin hatte, um die Rechte zu stärken, ihrem Nationalismus Zugeständnisse gemacht, mit denen er sein eigenes konservatives Programm gefährdete und der russischen Innen- und Außenpolitik eine bedenkliche Richtung gab. Der Nationalismus richtet sich gegen Finnland, gegen die westlichen Grenzvölker (Polen, Litauer, Weißrussen) und gegen die deutschen Kolonisten im Baltikum. Die Beseitigung Stolypins ist seit langem das Ziel der Revolutionäre. Bei einem Attentat in seinem Hause kommen 27 Personen um. 1911 erliegt der Staatsmann in Kiew einem Anschlag. Sein Nachfolger wird Kokowzow auf den im Februar 1914 neuerlich Goremykin folgt. Die Auseinandersetzungen in der Duma, die Unruhe im Lande, die zersetzende Tätigkeit der im Ausland wirkenden Revolutionskomitees steigern sich im Frühjahr 1914. Bei Ausbruch des Weltkrieges ist die Lage zum Zerreißen gespannt.

Durch die russische Revolution von 1905/06 werden die sozialistischen Arbeitermassen Mittel- und Westeuropas aufgerüttelt. In den Ländern, in denen sie noch allgemeine demokratische Forderungen zu stellen haben, gehen sie nach dem russischen Beispiel zu Massendemonstrationen über. In den anderen Staaten hoffen sie auf den Ausbruch der sozialistischen Revolution. Es bildet sich eine neue Heldenlegende des revolutionären Sozialismus. Man singt die Kampflieder der russischen Arbeiter, glorifiziert die Führer des russischen Proletariats und die Gefallenen des Bürgerkriegs. Nach dem Sieg der Gegenrevolution leben zahlreiche russische Emigranten in den Hauptstädten Mittel- und Westeuropas, üben dort bestimmenden Einfluß auf radikale Gruppen der Sozialdemokratie, geben Zeitschriften heraus und treten vielfach auch als Volksredner auf den sozialistischen Versammlungen und Kongressen auf. Der Kampf gegen den Zarismus erscheint wieder, wie in der Blütezeit des revolutionären Liberalismus, als eine europäische Aufgabe. August Bebel, der Führer der deutschen Sozialdemokraten, erklärt, er würde selbst die „Knarre auf den Buckel nehmen", wenn es gegen den Zarismus ginge. Diese Stimmung wird eine wesentliche Voraussetzung sowohl für die geistige Lage, die im Sommer 1914 den Ausbruch des Weltkrieges möglich macht, als auch für den Meinungsumschwung, der sich in Mitteleuropa nach der zweiten russischen Revolution von 1917 vollzieht. Eine besondere Stellung in der Heldenlegende des russischen Proletariats nehmen die Matrosen des

Panzerkreuzers Potemkin ein, die 1905 in Odessa gemeutert haben und mit ihrem Schiff in den rumänischen Hafen Constanza geflüchtet sind. Jahrelang ziehen wirkliche und angebliche Potemkin-Matrosen, um Unterstützungen bittend, durch Europa und nähren mit ihren Berichten die Phantasie der europäischen Sozialisten.

### Orthodoxie und Revisionismus in der deutschen Sozialdemokratie

*118* Trotz der Verlagerung der revolutionären Schwerpunkte aus dem Westen Europas nach Rußland, trotz dem Entwicklungszug, der von der Pariser Commune zur russischen Revolution von 1905 läuft, ist zu Beginn des 20. Jahrhunderts die deutsche Sozialdemokratie unumstritten die geistige Führerin und die wichtigste Gruppe der sozialistischen Internationale. Durch ihre glänzende Organisation, ihre mustergültige Disziplin, ihre großen Leistungen auf dem Gebiete der Arbeiterbildung und des sozialistischen Schrifttums, nicht zuletzt aber auch durch ihre unaufhaltsam wachsende Anhängerschaft und die Stärke ihrer parlamentarischen Vertretung ist sie der Kern der europäischen Arbeiterbewegung geworden. Selbst der Großteil der russischen Sozialisten blickt mit Bewunderung zu diesem Vorbild auf, und die Sozialdemokraten aller anderen Länder erwarten von dem Aufstieg des deutschen Sozialismus den entscheidenden Anstoß zur Umgestaltung der europäischen Gesellschaft. Zu dieser Vorrangstellung hat auch die Tatsache beigetragen, daß die Klassiker der sozialistischen Theorie Deutsche gewesen sind und deutsch geschrieben haben. Als Hüter des geistigen Erbes von Marx und Engels gilt Karl Kautsky. Gegen seine Lehre erhebt sich in der deutschen Sozialdemokratie seit den neunziger Jahren entschiedener Widerspruch von Seiten der sogenannten Revisionisten. Eduard Bernstein bestreitet die Richtigkeit der marxistischen Vorhersagen für die weitere Entwicklung der kapitalistischen Gesellschaft. Die „Revisionisten" erkennen, daß weder der Mittelstand noch die Bauernklasse in dem Maße zerrieben und proletarisiert werden, wie Marx es vorausgesagt hat. Eduard David wendet sich vor allem gegen die Lehre vom notwendigen Untergang des bäuerlichen Kleinbesitzes und weist nach, daß der Kleinbauer durch verstärkte persönliche Arbeitsleistung und Heranziehung aller Familienmitglieder zur Arbeit die Konkurrenz mit dem Großgrundbesitzer zu halten vermag. David zeigt, daß es sogar gewisse Zweige der Landwirtschaft gibt, in denen Kleinbauer und Feldgärtner mehr zu leisten vermögen als die Arbeitsmethode des Großgrundbesitzes. Aus der revisionistischen Lehre ergeben sich selbstverständlich weittragende Folgerungen für die Taktik der Arbeiterbewegung: Die Industriearbeiter würden nicht automatisch die Mehrheit unter der Bevölkerung werden und die politische Macht erobern, sondern müßten Bündnisse mit anderen Schichten der Gesellschaft eingehen. Auf dem Parteitag der deutschen Sozialdemokratie in Dresden 1903 verdammt August Bebel jeglichen Revisionismus als Irrlehre. Die Verbreitung revisionistischer Gedanken in der Partei wird nun mit strengen Disziplinarmaßnahmen verfolgt. Es kommt zu Ausschlüssen aus der Partei, aber der Sieg der Orthodoxie vermag nicht zu verhindern, daß die revisionistischen Gedanken Eingang in die Arbeitermassen finden, deren rascher sozialer Aufstieg günstige Voraussetzungen für die Abkehr vom Radikalismus schafft. Es entsteht durch Bebels autokratischen Führungsanspruch ein von außen schwer zu durchschauender Widerspruch zwischen der radikalen Lehre, die parteiamtlich verkündet wird, und der völlig andersgearteten Wirklichkeit. Als die deutsche Sozialdemokratie sich im Sommer 1914 für die Bewilligung der Kriegskredite und den nationalen Burgfrieden entscheidet, ist die Welt enttäuscht und spricht vom Verrat der deutschen Arbeiter an den sozialistischen Grundsätzen. Tatsächlich ist diese Entscheidung seit langem geistig vorbereitet, aber durch die revolutionäre Sprache der Partei verdeckt worden.

Ein geistig sehr lebendiger revisionistischer Kreis sammelt sich um die von Joseph Bloch geleiteten „Sozialistischen Monatshefte", die nicht nur für die Wirtschafts- und Sozialpolitik neue Wege suchen, sondern auch einer realpolitischen Außenpolitik der Sozialdemokratie das Wort reden. Sie rufen nach dem Zusammenschluß der europäischen Festlandsnationen und nehmen hier zum Teil Gedanken wieder auf, die der Föderalist Konstantin Frantz Jahrzehnte vorher bereits ausgesprochen hat.

Die parteioffizielle Lehre wird in der Zeitschrift „Die neue Zeit" von Kautsky und Franz Mehring vertreten. Sie setzt sich aber nur in Norddeutschland mit der von Bebel geforderten Totalität durch. In Süddeutschland bilden die Landesparteien der Sozialdemokratie Widerstandszentren gegen den Radikalismus. Die Landtagsfraktionen gehen gelegentlich Koalitionen ein und stimmen für den Staatsvoranschlag. Die bayerische Sozialdemokratie, mit dem Freiherrn von Vollmar und Ignaz Auer an der Spitze, unterwirft sich dem Diktat Bebels nicht.

### *Die Linksradikalen*

*119* In dem Jahrzehnt vor dem Weltkrieg entsteht in der Sozialdemokratie Deutschlands auch eine linksradikale Gruppe, die von der aus Polen nach Deutschland emigrierten Sozialistin Rosa Luxemburg geführt wird. Ihr schließt sich später der Sohn Wilhelm Liebknechts, Karl Liebknecht, an. Rosa Luxemburg versucht die marxistische Theorie auf die Entwicklung des Kapitalismus im Zeitalter des Imperialismus anzuwenden. Sie vertritt die Ansicht, daß der Kapitalismus nur dadurch lebensfähig ist, daß er immer neue Märkte gewinnt, auf denen die ständig wachsende Warenmenge noch abgesetzt werden kann. Daher kämpfen die kapitalistischen Mächte mit Erbitterung um die letzten freien Märkte der Erde. Dieses Ringen müsse notwendig eines Tages zum bewaffneten Zusammenstoß der Weltmächte führen. Nur scheinbar hat die tatsächliche Entwicklung Rosa Luxemburg recht gegeben. Der Weltkrieg von 1914—1918 ist nicht entstanden, weil die Mächte sich nicht über Kolonien und Märkte hätten einigen können, sondern weil sie außerstande waren, gewisse veraltete Streitfragen in Europa zu lösen und die überständigen nationalistischen Denkformen der Völker rechtzeitig zu überwinden.

Sowohl die Revisionisten als auch die Radikalen in der deutschen Sozialdemokratie haben aber die Entwicklung richtiger beurteilt als die um Kautsky und Bebel gescharten Vertreter der angeblich reinen marxistischen Lehre. Jene beiden Gruppen ahnen die Möglichkeit großer Katastrophen und suchen zum Teil nach neuen realpolitischen, zum Teil nach revolutionären Mitteln zur Meisterung der Lage. Die offizielle Lehre rechnet mit der automatischen Entwicklung der Gesellschaft zum Sozialismus.

### Nationale Frage, Sozialdemokratie und Kriegsgefahr

**120** Vor besondere Aufgaben sieht sich die Sozialdemokratie in Österreich gestellt. Die Schicksalsfrage des Staates zwingt die Partei, sich mit dem in anderen Ländern meist übersehenen Problem des Zusammenlebens der Nationen, des übernationalen Staates, und damit auch theoretisch mit der Frage nach dem Wesen der Nation zu befassen. Karl Renner nimmt in einer Reihe grundlegender Schriften zu den Verfassungsfragen Österreichs Stellung und erblickt in der demokratischen Selbstverwaltung der Nationen, vor allem in der Einführung des Personalitätsprinzips in die Verwaltung (Gerichtsstand und Verwaltungsinstanz sollen sich nicht nach dem Wohnort, sondern nach dem nationalen Bekenntnis des Staatsbürgers richten), die Möglichkeit der Überwindung der nationalen Konflikte. Otto Bauer sucht die Nation im Sinne der marxistischen Geschichtsauffassung als etwas geschichtlich Gewordenes zu deuten: durch Schicksalsgemeinschaft entstandene Charaktergemeinschaft. Aus der „austromarxistischen Schule" geht aber auch Rudolf Hilferding hervor, der mit seinem Werk über das „Finanzkapital" eine Fortsetzung des Marxschen „Kapital" bringt, indem er den Produktionsprozeß der kapitalistischen Gesellschaft im Stadium der Vorherrschaft der großen Geldinstitute untersucht.

Gegenüber den Streitfragen, welche die deutsche Sozialdemokratie bewegen, und gegenüber ihren wissenschaftlichen Leistungen treten die Probleme des Sozialismus in den anderen Ländern zurück. Zwar verfügt auch der italienische, der französische und der holländische Sozialismus über ein beachtliches theoretisches Schrifttum, die Auseinandersetzungen in der Internationale aber bewegen sich im wesentlichen um die in Deutschland angeschlagenen Themata. Das vorherrschende internationale Problem des europäischen Sozialismus ist die Frage der Verhinderung des Krieges. Während die kleinen linksradikalen Flügelgruppen den Krieg als eine unvermeidliche Notwendigkeit und als die erwünschte Einleitung der proletarischen Revolution ansehen, die revisionistischen Theoretiker ihm durch realpolitische Erwägungen, wie etwa den kontinentaleuropäischen Zusammenschluß, begegnen möchten, träumt die Masse der Arbeiter und der Großteil ihrer Führer davon, daß der Friedenswille und die internationale Solidarität der Arbeiter den Krieg verhindern würden. Die internationalen Sozialistenkongresse, vor allem der in Basel im Jahre 1912, gipfeln in gewaltigen Kundgebungen für den Frieden, in denen die Vertreter aller Nationen erklären, sie würden die Regierungen zwingen, vom Kriege Abstand zu nehmen. Der nächste internationale Sozialistenkongreß, der im Sommer 1914 in Wien zusammentreten sollte, kann aber nicht mehr stattfinden, weil inzwischen der europäische Krieg ausgebrochen ist, ohne daß die Sozialisten Deutschlands oder Frankreichs versucht hätten, ihn zu verhindern. Der glühendste Wortführer des Verständigungsgedankens in der Sozialistischen Internationale ist der Franzose Jean Jaurès, der am Vorabend des Kriegsausbruchs von einem französischen Nationalisten erschossen wird.

### Die Vorläufer einer deutschen Revolution

121 Im Vormärz hatte Heinrich Heine einmal die Vision einer deutschen Revolution heraufbeschworen, in der die Ideen der deutschen Philosophie (er dachte wohl vor allem an Fichte und Hegel) und die Gedanken der deutschen Burschenschaft und der Turnerbewegung auf eine höchst gefährliche Art lebendig werden würden. Im Gegensatz zu den meisten seiner Zeitgenossen aus dem liberalen und demokratischen Lager prophezeite Heine keine demokratische und liberale Revolution für Deutschland, sondern eine nationalistische. Wenn es einmal krachen würde, wie es noch nie gekracht habe, dann werde das in Deutschland sein.

Die Bismarcksche Reichsgründung und die Verfassung von 1871 hemmen die Entfaltung einer bürgerlichen Gesellschaft nach westeuropäischem Muster und übertragen die politische Führung Preußens, damit aber auch in sehr weitem Maße des gesamten Reiches, an eine junkerlich militärische Oberschicht. Die aus dem alten Reich und seiner Gedankenwelt kommende Opposition gegen das Bismarckreich ist bald nach 1871 erstorben. Bismarck selbst hält das katholische Zentrum und die Sozialdemokratie für die gefährlichsten Gegner der Reichseinheit. In Wahrheit haben Zentrum und Sozialdemokraten den Gedanken des kleindeutschen Reiches langsam in sich aufgenommen und lediglich gegen gewisse politische Formen opponiert. Ein echter und innerer Widerspruch gegen die Grundgedanken von Gesellschaft und Staat, die das Bismarckreich konserviert, erhebt sich eigentlich nur bei einigen wenigen Einzelgängern und aus den deutschen Gebieten außerhalb des Reiches. Konstantin Frantz stellt zwei Jahrzehnte lang der Idee des Militär- und Beamtenstaates den Gedanken einer deutschen und europäischen Föderation entgegen. Jacob Burckhardt warnt von Basel aus vor dem Machtstaat als dem Prinzip des Bösen und vor den „terribles simplificateurs" (furchtbaren Vereinfachern), die aus einer militarisierten Massengesellschaft erwachsen würden. Epoche gemacht aber haben von Bismarcks Zeitgenossen nur zwei: Richard Wagner und Friedrich Nietzsche. Von Wagner gehen die literarischen Revolutionäre des Münchner Kreises um die „Gesellschaft" aus; aus der Welt Wagners ersteht eine Romantik, in der die Gedanken der Götterdämmerung zum Kulturpessimismus und zu der Verherrlichung des heroischen Unterganges führen. Friedrich Nietzsche (1844—1900), der Pastorensohn aus Naumburg an der Saale, aufgewachsen im Banne der strengen Gedanken des evangelischen Pfarrhauses, erzogen in der traditionsbeschwerten Fürstenschule zu Schulpforta, schon als Doktorand an die Universität Basel berufen, im deutsch-französischen Krieg als Samariter tätig, dann aber in der Schweiz auf einen Posten gestellt, von dem aus er Deutschland und die Deutschen als Neutraler sehen kann, wird zum „Umwerter aller Werte". Er will die „alten Tafeln" zerbrechen, eine neue Moral der Herrenmenschen „jenseits von Gut und Böse" verkünden. Er verneint alles, was die bürgerliche Welt hervorgebracht hat, er verneint Staat und Kultur und predigt den Übermenschen als Ziel einer rassischen und geistigen Auslese. Nietzsche, ein großer Sprachschöpfer und Sprachgestalter, legt seine Lehren nicht in trockenen philosophischen Abhandlungen nieder, sondern in dichterisch-schwungvollen Schriften, die in ihrer Art etwas völlig Neues darstellen, so vor allem sein meistgelesenes Werk: „Also sprach Zarathustra". Die Generation, die um die Jahrhundertwende ins Leben tritt, ist von Nietzsches Gedanken begeistert, aber sie hat sie zum Teil auch bereits umgeformt, weitergebildet, und sie hat den so oft widerspruchsvollen Äußerungen des Dichterphilosophen vieles entnommen, was er selbst nicht gemeint hat. Nietzsches Bekenntnis zu einer europäischen Haltung, seine Abneigung gegen Nationalismus und Engstirnigkeit, seine judenfreundlichen Aussprüche, seine scharfe Kritik an deutschen Charaktereigenschaften sind vergessen, dagegen werden seine Ausfälle gegen Christentum und Judentum, seine Bekenntnisse zu dem Menschenideal der „blonden Bestie" zur Grundlage eines nationalistischen deutschen Weltbildes gemacht.

## Langbehn und Chamberlain

122  1890 erscheint ein Buch, das in Deutschland Geschichte machen sollte. Es heißt „Rembrandt als Erzieher", sein Autor ist Julius Langbehn (1851–1907). Der Rembrandtdeutsche, wie man den zunächst anonym bleibenden Autor meist zitiert, fordert eine Erneuerung des staatlichen und geistigen Lebens der Deutschen von Grund auf. Sein politisches Ideal sind die Adelsrepubliken der Niederlande und Venedigs und der preußische Ordensstaat. Sein künstlerisches Ideal wächst aus dem Kulturkreis um die Nordsee, aus Englischem, Niederländischem, Niedersächsischem. Rembrandt und Shakespeare werden als die größten Schöpfer vorgestellt. Eine neue Reformation wird gefordert, Griechentum gegen Römertum ausgespielt. Gegen den Amerikanismus wird zum erstenmal polemisiert, der Halbfranzose (vom Typus Zola) wird als der Feind deutscher Bildung hingestellt. Langbehns Entwicklung ist mit dem Rembrandtbuch nicht abgeschlossen. Zehn Jahre nach dem Erscheinen des epochemachenden Werkes wird Langbehn katholisch, und die Aufsätze, die er nachher gemeinsam mit seinem Jünger Momme Nissen schreibt, weichen in vielem von dem Standardwerk ab. Aber auch der protestantische Langbehn des Rembrandtbuches ist bereits ein entschiedener Gegner Nietzsches, den er als den zerstörenden Dschingiskhan anspricht, dessen slawisch-östliche Art er durchschaut. Die Generation deutscher Jugend, die nach 1900 Nietzsche und den Rembrandtdeutschen liest, ist aber in ihrer jugendlichen Begeisterung meist nicht kritisch genug, sich für den einen oder den anderen zu entscheiden, sondern erblickt in beiden nur die Revolutionäre, nach deren Gedanken sie begeistert greift, ohne sie wirklich verdaut zu haben. 1898 erscheint

ein weiteres Werk, das für das politische Denken der Deutschen ungeheuer bedeutend werden sollte: „Die Grundlagen des 19. Jahrhunderts" von Houston Stewart Chamberlain (1855—1927), dem Schwiegersohn Richard Wagners. Chamberlain ist der Geburt nach Engländer, französisch erzogen, seiner freien Wahl nach Deutscher. Sein geschichtsphilosophisches Werk ist eine vorwiegend kompilatorische Arbeit, die insofern noch völlig dem 19. Jahrhundert angehört, als sie die Geschichte den Naturwissenschaften unterordnet. Chamberlain selbst kommt von der Physiologie her, ist aber künstlerisch begabt und steht völlig im Banne Richard Wagners. Wagners Abneigung gegen die Juden wird bei Chamberlain zur Geschichtsphilosophie ausgebaut. Er sucht nachzuweisen, daß alles Große und Schöne, das je geschaffen wurde, auf „arische" Menschen zurückgeht, alles Niedere und Gemeine auf nichtarische Rassen. Unter diesen scheinen ihm die Juden, nach seiner Ansicht aus einer Mischung von Hebräern, Hethitern und anderen Volksstämmen entstanden, die gefährlichste. Chamberlain führt in die Geschichte nebelhafte, durch nichts beweisbare Begriffe ein, wie den der Keltogermanen und Slawogermanen. Er macht Christus zu einem Arier und gibt eine germanisch-heroische Deutung der christlichen Lehre, er spricht von einer britischen und einer preußischen Rasse und benützt die geschichtlichen Tatsachen in willkürlicher Weise zur Stützung seiner Vorurteile. „Die Grundlagen des neunzehnten Jahrhunderts" erleben in kurzer Zeit zahlreiche Auflagen und werden zum geschichtsphilosophischen Glaubensbekenntnis der Halbgebildeten. Auch für Chamberlain gilt, wie für Nietzsche und Langbehn, daß er von vielen seiner Nachbeter unzulänglich oder falsch verstanden wurde. Eine an sich schon oberflächliche und einseitig wertende Geschichtsphilosophie wird weiter verflacht und auf einige Parolen zurückgeführt, unter denen die antijüdische und die von der Auserwähltheit der arischen Rasse die bedenklichsten sind.

### *Nationaler und christlicher Sozialismus*

123   Neue Gedanken in Staat und Wirtschaft, die sich in manchem mit denen Langbehns berühren, sucht der Pfarrer Friedrich Naumann (1860–1919) zu verwirklichen, der sich 1896 von der christlich-sozialen Partei trennt und den national-sozialen Verein begründet. Ihm gehören neben evangelischen Pfarrern, wie Göhre und Maurenbrecher, auch Max Weber und Helmut von Gerlach an. Die Bewegung will die Arbeiter mit dem Staat versöhnen, Deutschland demokratisieren, aber ein Volks-Kaisertum als Spitze des Staates erhalten. Gegen die Utopien und Dogmen des revolutionären Sozialismus wird der Gedanke der praktischen gewerkschaftlichen und genossenschaftlichen Arbeit gesetzt. Die Partei dringt bei den Reichstagswahlen von 1903 nicht durch, worauf Naumann sie auflöst und sich der Freisinnigen Vereinigung anschließt, die seither, ähnlich wie der englische Liberalismus, Verständnis für soziale Fragen zeigt. Ein Teil der Nationalsozialen tritt der Sozialdemokratie bei. Der Gedanke eines nationalen Sozialismus bleibt aber seither in Deutschland lebendig. Die Nachwirkung Lasallescher Ideen ist fühlbar. Bismarcks Lösung der „Revolution von oben"

erscheint auch im 20. Jahrhundert wiederholbar, wenn das Kaisertum zum Träger der sozialen Idee wird.

Kurz vor dem ersten Weltkrieg veröffentlicht der Verlag Eugen Diederichs in Jena eine Reihe von Bekenntnisbüchern christlicher Sozialisten, in denen versucht wird, die sozialistische Idee auf religiöse Gedanken zu gründen und die Arbeiterschaft mit dem Christentum zu versöhnen. Auch diese vielgelesenen und stark beachteten Schriften beweisen, daß weite Kreise des deutschen Bürgertums den Weg zu einem neuen Staat und einer neuen Gesellschaft suchen, ihn aber nicht über die Sozialdemokratie gehen wollen, weil der Materialismus und die geistige Einförmigkeit einer autoritär geführten Massenpartei sie abstoßen.

Alle diese Gedanken reifen nicht mehr aus, sie finden aber eine erste Gestaltung in der deutschen Jugendbewegung. Den Kern dieser Bewegung bildet der „Wandervogel". Sie hat aber von Anfang an über diese Organisation hinaus weite Kreise gezogen und vom sozialistischen bis ins katholische Lager das Gesicht der jungen Generation geformt.

*Alldeutschtum und Militarismus*

*124* Der Machtgedanke Nietzsches und die Rassenlehre Chamberlains finden politisch zum Teil ihren Niederschlag in den Anschauungen und der Tätigkeit der Alldeutschen. Die eigentlich in Österreich entstandene und dort von Georg Ritter von Schönerer verkündete alldeutsche Lehre greift in den neunziger Jahren nach Deutschland über. Große Teile des deutschen Volkes fühlten sich nach Bismarcks Abgang aus der Politik führerlos, suchten nach neuen Ideen und riefen nach einem Führer, der Bismarcks Werk vollenden und ein alldeutsches Reich schaffen sollte. Ob es sich dabei um einen Nationalstaat mit Einschluß der Deutschen Österreichs, der Schweiz, Luxemburgs, um ein großgermanisches Reich mit Einschluß der Niederländer und Skandinavier, oder endlich um ein Weltimperium handeln sollte, das die deutschen Kolonien in Afrika und Asien über Marseille, Triest und Saloniki mit dem Mutterland vereinigen würde, war in den verschiedenen alldeutschen Forderungen nicht ganz deutlich herausgearbeitet. Ähnlich wie der Panslawismus und der Neoslawismus in ihren Forderungen unklar blieben und gerade darum sehr viel Verwirrung anrichteten, so ist auch das alldeutsche Programm gerade durch seine Unklarheit und Vieldeutigkeit eine große Gefahr geworden. In der Zeitschrift „Heimdal" wird ein alldeutsches Reich „von Skagen bis zur Adria, von Boonen (Boulogne s. m.) bis Narwa, von Bisanz (Besançon) bis ans Schwarze Meer" gefordert. In einer Schrift von J. L. Reimer, „Ein pangermanisches Deutschland" wird die Ausdehnung des alldeutschen Reiches auf Südamerika verlangt. Hier finden sich bereits die später im Nationalsozialismus weiterentwickelten Thesen von den reinen Germanen, die allein Reichsbürger sein können und denen Polygamie gestattet ist, von den Halbgermanen (Mischlingen), die nur Halbbürger sein können, und den Nichtgermanen, die als Sklaven gehalten werden und im übrigen auszutilgen sind. Selbstverständlich handelt es sich bei diesen wie bei anderen alldeutschen Schriften um Extreme, aber das Ausland hat diese Forderungen vielfach ernst genommen, und der nichtdeutsche Nationalismus hat sie benützt, um seine eigene Werbekraft zu erhöhen. In seiner harmlosesten Erscheinungsform vertritt das Alldeutschtum immerhin noch den Gedanken einer unbedingten deutschen Hegemonie in Europa und der notwendigen Ausdehnung der deutschen Macht über große Teile Afrikas, über den Balkan und die asiatische Türkei; auch das Gleichgewicht zur See wird verlangt. Der Historiker Heinrich von Treitschke ist der geistige Nährvater dieser politischen Gedanken. In einem glänzenden, freilich immer mehr ins Manierierte abgleitenden Stil vertritt sie Maximilian Harden in der vielgelesenen Zeitschrift „Die Zukunft". Der erste Vorsitzende des 1891 gegründeten Alldeutschen Verbandes war der Vorkämpfer einer ausgreifenden deutschen Afrikapolitik und Eroberer Ostafrikas, Dr. Carl Peters. Ihm folgte Ernst Hasse, und diesem 1908 Heinrich Claß, unter dem der Verband eine sehr rege Tätigkeit entfaltete. Nach dem Abgang Bülows (1909) beginnen die Alldeutschen die Politik Wilhelms II. heftig zu kritisieren, weil sie ihnen schwächlich und nachgiebig erscheint. In der anonym erschienenen Schrift von Frymann „Wenn ich der Kaiser wäre" wird Wilhelm II. angegriffen. Die Alldeutschen setzen ihre Hoffnung auf den Kronprinzen, der als ihr Parteigänger gilt, seit er, von der Diplomatenloge des Reichstags aus, einer alldeutschen Rede demonstrativ Beifall gespendet hat. Er wird dafür strafweise nach Danzig versetzt. Seit dem Beginn der wilhelminischen Ära spricht die Welt immer häufiger vom deutschen Militarismus. Der Vorwurf trifft, soweit er die Stärke der deutschen Armee und die Rüstungsausgaben des Reiches betrifft, nicht den Kern der Sache. Auch andere Staaten rüsten in jener Periode, und manche in einem verhältnismäßig höheren Maße als Deutschland. Was unter dem Wort Militarismus von tieferschürfenden Kritikern verstanden wurde, ist eine bestimmte Haltung des Volkes und eine Überbewertung des Militärischen im gesamten nationalen Leben. Nirgends gilt die Uniform so viel wie in Deutschland, wird gesellschaftliche Geltung so stark von dem militärischen Rang als Reserveoffizier abhängig gemacht, durchdringen der Geist und die Wertordnung des Militärs so sehr alle Erscheinungen des privaten und öffentlichen Lebens. Auch in dem militärwissenschaftlichen Schrifttum Deutschlands, wie es insbesondere durch die Bücher des Generals von Bernhardi repräsentiert wird, findet sich diese einseitige Überbewertung des Militärischen. Zwei Affären, die sich im wilhelminischen Deutschland ereignen, machen diese Geistesverfassung besonders deutlich. Die eine ist eher tragikomisch zu nennen: Der Schustergeselle und entlassene Sträfling Wilhelm Voigt erwirbt in einem Trödlerladen eine alte Offiziersuniform, fängt unterwegs eine zur Wachablösung marschierende kleine Truppe ab, übernimmt ihr Kommando und beschlagnahmt die Stadtkasse von Köpenick. Die Welt lacht über den Hauptmann von Köpenick, sieht aber in ihm ein Sinnbild für den nur in Deutschland so wirksamen Zauber der Uniform und des militärischen Befehls. Ernster ist die Affäre von Zabern (Savernes), wo Ende 1913 ein Leutnant einen Großteil der Zivilbevölkerung in die Keller sperren läßt und den Ausnahmezustand über diese elsässische Stadt verhängt, weil Soldaten dort von Zivilisten angeblich beleidigt wurden. Die Zabernaffäre führt zu einer schweren innenpolitischen Krise und erregt jenseits der Grenzen, vor allem in Frankreich, peinliches Aufsehen.

## Die deutsche Jugendbewegung

125 Zu den geistigen und politischen Gedanken, die sich seit den neunziger Jahren in Deutschland ausbreiten, kommt nach der Jahrhundertwende eine Lebensreformbewegung der jungen Generation, die man ganz allgemein die deutsche Jugendbewegung zu nennen pflegt. Sie ist durch die Gedanken Nietzsches, Wagners, Langbehns, Friedrich Naumanns und Houston Stewart Chamberlains vielfach angeregt und beeinflußt worden. Doch spielen in ihr eine Reihe anderer Beweggründe mit, und sie kann nicht schlechthin als die Trägerin jener Gedanken bezeichnet werden. Eine der Ursachen der deutschen Jugendbewegung ist zweifellos der Zwang, unter dem das gesellschaftliche Leben in Deutschland steht. Kastengeist, der in studentischen und Offizierskreisen wie im Beamtentum seine Fortsetzung als Korpsgeist findet, die spießbürgerliche Enge des kleinbürgerlichen Lebens, die ebenso strenge wie oft lächerliche Etikette der Lebensformen haben zusammengewirkt, den Aufstand der Jugend hervorzurufen. Der Blick nach den westlichen Ländern mit ihren freieren Gesellschafts- und Lebensformen, die Erkenntnis, daß Deutschland seine Aufgaben in der Welt nicht zu lösen vermag, wenn es veralteten, in Jahrhunderten erstarrten Denk- und Lebensformen verhaftet bleibt, das Streben nach Freiheit, die im Sinne der philosophischen Überlieferung des deutschen Idealismus nicht allein in der politischen Betätigung erblickt werden kann, das alles weckt Kräfte, die gewiß in anderen Völkern auch lebendig waren, sich unter den anderen staatlichen und gesellschaftlichen Voraussetzungen jedoch nicht in so revolutionärer Form kundgeben wie in Deutschland.

Die Jugendbewegung rebelliert gegen die kleinbürgerliche Gefühlsduselei, wie sie sich in der Butzenscheibenlyrik und Gartenlaube-Romantik kundgetan hat. Sie trägt die revolutionäre Idee, die sich in der deutschen Dichtung der neunziger Jahre offenbart hat, ins Leben und wendet sich gegen Vereinsmeierei, Unduldsamkeit, Beschränktheit. Am deutlichsten kommt die Absage der Jugend an das Überlieferte und an die gesellschaftliche Lüge in der Revolutionierung des Kleiderstils zum Ausdruck. Aus der bürgerlichen Tracht des 19. Jahrhunderts war durch die Verarmung der kleinbürgerlichen Mittelschichten eine Karikatur geworden. Der Kleinbürger wird zum Stehkragenproletarier (im Englischen: blackcoat-worker). Er kann sich nicht mehr das gestärkte Frackhemd des Bürgers leisten, sondern trägt billige Baumwollwäsche, sucht aber durch eine darübergetragene Hemdbrust und durch Röllchen eine Vornehmheit vorzutäuschen, die nicht mehr da ist. Er schmückt seine Wohnung mit kitschigen Öldrucken und billigen Nippsachen, er trägt Schmuck aus Talmi und hat in seinem Bücherschrank neben einer ererbten Klassikerausgabe und dem Konversationslexikon „Dr. Qualms Werke" stehen, die Attrappe eines Bucheinbandes, in dem sich sein Tabakvorrat befindet. In Wahrheit liest er neben dem Generalanzeiger nur die „Gartenlaube" und hält Paul Heyse und Ganghofer für Klassiker. Der technische Fortschritt liefert ihm Röllchen und Kragen schließlich noch billiger, indem er sie aus Gummi oder Zelluloid herstellt. Er nennt Kultur, was nur noch ein trügerischer Schein davon ist. An Geselligkeitsabenden und auf Turnerkneipen trägt er altdeutsches Kostüm, führt germanische Heldennamen und träumt sich in eine heroische Theaterwelt, die im schreienden Widerspruch zu seinem armseligen gesellschaftlichen Dasein steht. Gegen all diese Lügen wendet sich die Jugend. Sie ersetzt das kleinbürgerliche Kleid durch die Wanderkluft mit kurzer Hose, Schillerkragen und Joppe, sie lehnt den Hut ab und macht sich über die Bürstenstehfrisur und den mit Haarpomade geklebten Scheitel des Kleinbürgers lustig. Wie die Jugend der Sturm- und Drangzeit trägt sie das lange, aus der Stirn gestrichene Haar; wie damals in der Zeit des jungen Goethe wird die Kleidung zum Sinnbild revolutionärer Haltung. Gegen die öden Trinksitten und den Formalismus der studentischen Korporationen setzt die Jugend das Ideal eines Lebens in Naturverbundenheit. Die Jugendbewegung ist nicht durchgängig abstinenzlerisch, aber sie kämpft doch gegen die Schäden des Alkoholismus, gegen den Nikotingenuß und gegen einen studentischen Ehrenkodex, der durch Bestimmungsmensuren und mutwillig provozierte Zweikämpfe den ritterlichen Ehrbegriff entwertet hat. Einer der größten Bucherfolge um 1910 und eines der in der studentischen Jugend meistgelesenen Bücher ist der Roman „Helmut Harringa" von Josef Poppert, in dem das Ideal der Enthaltsamkeit und einer reinen Jugend verfochten wird. Volkstänze und Laienspiele werden in der Jugendbewegung gepflegt. Wandern und Sport, das Lesen guter Bücher und die ungezwungene und offene Aussprache statt der gesellschaftlichen Lüge und der leeren Phrase werden gefordert. Die größte Organisation der deutschen Jugend wird der „Wandervogel". Neben ihm entstehen aber zahlreiche andere Jugendbünde, so für die katholische Jugend die Bünde „Quickborn", „Jungborn", „Hochland", „Staffelstein". Die ursprünglich auf klassenkämpferische Erziehung und sozialen Kampf zugunsten der Lehrlinge und Jungarbeiter gerichtete Arbeiterjugend wird seit 1910 sehr rasch vom Geist der Jugendbewegung erfaßt.

### Um ein neues Geschichtsbild

*126* Die Jugendbewegung sucht auch, je reifer sie wird, desto eifriger nach einem neuen deutschen Geschichtsbild und nach politischen Idealen. Ihr demokratischer Charakter zeigt sich darin, daß sie geschichtlich Anschluß sucht an die einzige wirklich revolutionäre Bewegung, die das deutsche Volk erlebt hat, an die Reformation. Die Bauernkriege und die politischen Ideale der deutschen Reichsritterschaft in der Zeit der Reformation erscheinen der Jugend als möglicher Ausgangspunkt einer neuen deutschen Geschichtsbetrachtung. Daneben sucht sie aber auch wieder Verständnis für das abendländische Mittelalter zu wecken und die Ideale des Rittertums, vor allem der Ritterorden, neu zu beleben. Einer der geistigen Köpfe des Wandervogels, Hans Blüher, sucht die Jugendbewegung als „erotisches Phänomen" zu deuten und nachzuweisen, daß in der Geschichte immer nur die Männerbünde kulturschöpferisch gewesen seien, wie im alten Athen und im europäischen Mittelalter. Hier berührt sich die Jugendbewegung mit den künstlerischen Gedanken des Stefan-George-Kreises. Selbstverständlich ist auch die Reform der Schule und des Erziehungswesens ein Anliegen der Jugend. Zum Teil in Anlehnung an amerikanische Muster, zum Teil in freier schöpferischer Arbeit entstehen freie Schulgemeinden, Waldschulen, im Geiste der neuen Ideen arbeitende Erziehungsheime. Der leidenschaftlichste Vorkämpfer einer Schule mit Selbstverwaltung und Selbstverantwortung der Schüler ist der Pädagoge Gustav Wyneken (geboren 1875), der 1906 die Freie Schulgemeinde Wickersdorf gründet.

Im Jahre 1913 versucht die Jugendbewegung sich ohne äußere Bindung innerlich zu sammeln und sich ein Programm zu geben. Auf dem Hohen Meisner treten die verschiedenen Bünde zu einem Fest zusammen und leisten den Schwur auf die Formel: „Die Freideutsche Jugend will aus eigener Bestimmung, vor eigener Verantwortung, mit innerer Wahrhaftigkeit ihr Leben gestalten." Ein Jahr später wird ein Großteil der schulentwachsenen Jugend unter die Fahnen gerufen. Hunderttausende, die noch nicht militärpflichtig sind, melden sich von der Schulbank weg freiwillig zum Kriegsdienst. Die Jugend sieht in dem Krieg einen Verteidigungskampf Deutschlands, sie glaubt aber auch, in einem fast religiösen Sinne, daran, daß der Krieg als große Bewährungsprobe über das deutsche Volk verhängt sei und daß die Deutschen aus dem Leid und den Prüfungen des Kampfes geläutert hervorgehen, zu neuen Formen des gesellschaftlichen und staatlichen Lebens finden würden. Im November 1914 erhalten die jungen Freiwilligenregimenter bei Langemarck in Flandern ihre Feuertaufe. Das Deutschlandlied singend, opfern sie sich im Sturme gegen die britischen Stellungen auf. Wie der Hohe Meisner, so wird auch Langemarck zu einem Sinnbild für den Aufbruch und das Opfer der Jugend. Nach der deutschen Niederlage sollten, getragen von den Heimkehrern, von der „Schützengrabengeneration", die unausgereiften und vielfach noch so verworrenen Ideen der einstigen Jugendbewegung in der nationalen Widerstandsbewegung wieder auferstehen. Die Jugendorganisationen selbst verfallen dagegen immer mehr in Vereinstümelei und Formalismus.

### Das Erwachen Chinas

*127* Zu Beginn des 20. Jahrhunderts spielt sich, von den europäischen Völkern kaum beachtet, in Ostasien eine gewaltige geistige Revolution ab, von der die Großmächte zunächst nur die oberflächlichen Auswirkungen sehen und mit äußeren Gewaltmitteln bekämpfen. Anders als Japan, antwortet China auf das seit der Mitte des 19. Jahrhunderts nicht mehr aufzuhaltende Vordringen des europäischen Handels und der europäischen Wirtschaftsformen nicht einfach mit dem Übergang zur westlichen Zivilisation, sondern mit einem zähen Widerstand, der sich zeitweise zum wilden Fremdenhaß steigert. Durch eine Verschwörung wird 1900 in Peking ein Aufstand entfesselt, der die europäischen Kolonien und Missionen vorübergehend in ernste Gefahr bringt, bis die Kontingente der acht Großmächte den Aufstand niederwerfen und die eingeschlossenen Missionen in Peking befreien. Die Boxer-Verschwörung, wie diese Erhebung mit einem englischen Wort genannt wird, bezweckt zunächst nur die Vertreibung der Fremden und die Aufhebung der Sonderrechte, die in China allenthalben die europäischen Nationen genießen. Viel tiefer greift eine geistige Bewegung, deren Anhang sich vor allem in den südchinesischen, dem Handel weit stärker geöffneten Provinzen zwischen Kanton und Shanghai ausbreitet. Der Gründer dieser Bewegung ist Sun Yat Sen (1866—1925), ein Arzt, der lange im Ausland gelebt hat und die Rettung Chinas vor der westlichen Zivilisation und ihren nach seiner Ansicht abträglichen moralischen Folgen in der Neubelebung uralter Lehren der chinesischen Philosophie und Religion sieht. Sun Yat-Sen verkündet drei Volksgrundsätze: Nationales Eigenleben der Chinesen, Demokratie, Sicherung der Existenz für jeden arbeitenden Chinesen. Es ist im Grunde eine Verbindung der nationalliberalen Gedanken der französischen Revolution mit sozialdemokratischen Forderungen. Sun begründet sie aber nicht klassenkämpferisch und nicht mit der Idee des Fortschritts, sondern aus der nationalen und religiösen Überlieferung seines Volkes. 1905 gründet er die Nationale Volkspartei Kuomintang zur Verwirklichung seines Programms. 1911 kommt es zu einer Revolution, durch welche die Dynastie der Mandschu gestürzt wird, die seit 1644 China beherrscht und ursprünglich eine Fremdherrschaft bedeutet hat, bis die kriegerischen Mandschus, wie alle Eroberervölker, die im Laufe der Jahrtausende in China eingedrungen sind, von den Chinesen aufgesaugt und für die chinesische Kultur gewonnen wurden. China wird eine Republik unter dem Präsidenten Yuan Schi Kai. Die Begründung der Republik in China stürzt das Reich der Mitte zunächst in eine innere Krise. Die fremdvölkischen Randprovinzen: äußere und innere Mongolei, Tibet, Mandschurei, lösen sich von der chinesischen Vorherrschaft, wobei die Großmächte ihre Einflußgebiete ausdehnen (England über Tibet, Rußland über die Mongolei, Japan und Rußland, nunmehr gemeinsam vorgehend, über Mandschukuo). Von Südchina und seinen Großstädten, Industrierevieren und Welthäfen ausgehend, breitet sich die Kuomintang weiter aus und fordert, daß die Republik die drei Volksprinzipien verwirkliche. Die Aufhebung der China aufgezwungenen Verträge über die Ausländerprivilegien, die Einberufung einer großchinesischen Nationalversammlung und die Durchführung sozialer Reformen sind die Punkte, die Sun Yat-Sen in den Vordergrund stellt. Als er 1925 stirbt, ist die Welle der chinesischen Revolution eben wieder im Steigen. Während Sun zu einer mythischen Gestalt wird, tritt sein Schwager und Schüler Tschiang Kai Schek, der Gründer der Bewegung „Neues Leben", die Führung der Kuomintang und der Revolution an. Von Konfuzius herkommend, tritt

Tschiang zum Christentum über und gibt der chinesischen Revolution eine Wendung ins Weltpolitische.

Die Revolutionierung Chinas und der Prozeß einer geistigen Erneuerung, von dem hunderte Millionen Menschen in Ostasien erfaßt werden, wirken ansteckend auf die Nachbargebiete des Reiches der Mitte. Indien und die malayische Welt stehen sehr bald im Banne der gewaltigen Ereignisse und des geistigen Umbruchs, die sich in China vollziehen.

*Friedensbewegung und internationale Verständigung*

*128* Die Begründung einer dauernden Friedensordnung ist seit den ältesten Zeiten ein Ideal der Menschheit gewesen. Im Mittelalter im Rahmen der Verchristlichung der Welt erstrebt, wird sie im Zeitalter der Aufklärung zu einer Angelegenheit der Philosophen und philosophischen Schriftsteller (Swift, Kant). In der demokratischen Gesellschaft tritt die Frage der Erhaltung und Sicherung des Friedens notwendig auch an die Masse heran. Der bürgerliche Liberalismus und der klassenkämpferische Sozialismus versuchen, die Völker für den Gedanken des ewigen Friedens zu gewinnen. Jener wirkt durch Vereine, Zeitschriften und aufklärende Bücher, dieser vor allem durch die Massenorganisationen der internationalen Arbeiterklasse. Die Literatur arbeitet für die Verbreitung friedlicher Gedanken und stärkt den Abscheu gegen das Blutvergießen. Romane wie Tolstois „Sewastopol" und Zolas „Zusammenbruch" zeichnen das Gesicht des Krieges mit unbarmherziger Wirklichkeitstreue. Dazu kommen ausgesprochene Tendenzschriften, wie Berta von Suttners „Die Waffen nieder!". Friedensgesellschaften, an denen namhafte Völkerrechtler mitarbeiten, bilden sich in verschiedenen Ländern. In Österreich wirken Alfred Fried und Professor Heinrich Lammasch (1853—1920) für die Friedensidee. In Deutschland verfechten sie Ludwig Quidde und Helmut von Gerlach. In Zusammenhang mit einer neuen politischen Ethik und mit christlich-humanitären Grundsätzen der Erziehungslehre kämpft Friedrich Wilhelm Foerster (geboren 1869) für den Friedensgedanken. Professor Walter Schücking und Hans Wehberg beschäftigen sich mit der Möglichkeit einer völkerrechtlichen Sicherung des Friedens. Die praktische Seite der Bekämpfung der Kriegsgefahr wird von den angelsächsischen Pazifisten stärker betont. Große Beachtung findet das 1910 erschienene Buch des Engländers Norman Angell „The great illusion" (deutsch unter dem Titel „Die große Illusion"). In Amerika ist das Wirken der christlichen Sekten und der großen Frauenorganisationen von Bedeutung. Mit größter Folgerichtigkeit hat vor allem die Society of Friends (Quäker) seit je für Kriegsdienstverweigerung und Verbreitung der christlichen Friedensidee gewirkt. Mittelbar ist auch die 1864 von Henri Dunant gegründete Organisation des Internationalen Roten Kreuzes eine Stütze der Friedensbewegung. Der Völkerverständigung dient auch die 1888 gegründete Interparlamentarische Union, die eine persönliche Fühlungnahme der Abgeordneten verschiedener Nationen und einen unmittelbaren Gedankenaustausch der Politiker ermöglicht.

Es ist nicht zuletzt der moralischen Kraft dieser Organisationen und Männer zu danken, daß 1899 auf Veranlassung des Zaren Nikolaus II. im Haag die erste Friedenskonferenz zusammentritt, die als nächstes Ziel den Ausbau älterer Konventionen über die völkerrechtliche Begrenzung von Kriegshandlungen, als ideales Fernziel die Errichtung einer verbindlichen Schiedsgerichtsbarkeit vorsieht. Die Konferenz beschließt drei Konventionen (fakultatives ständiges Schiedsgericht zwischen den Mächten, Haager Landkriegsordnung, Anwendung der Genfer Konvention von 1864 auf den Seekrieg). Ferner gibt die erste Haager Friedenskonferenz drei Erklärungen ab (gegen die Verwendung von Geschossen mit giftigen Gasen, gegen Dumdum-Geschosse, gegen das Werfen von Geschossen und Bomben aus Luftfahrzeugen). Endlich äußert sie eine Reihe von Wünschen, u. a. den nach allgemeiner Beschränkung der Rüstungen. Der Antrag, keine Macht solle in den nächsten fünf Jahren die Armee verstärken oder das Militärbudget erhöhen, wird unklugerweise von Deutschland abgelehnt. Kaiser Wilhelm hat sich in Randbemerkungen zu den diplomatischen Akten sehr abfällig über die internationale Schiedsgerichtsbarkeit geäußert. Aber auch der britische Admiral Fisher erklärte: „Wenn es das Wohl Englands gebietet, wird es sich den Teufel um völkerrechtliche Abmachungen scheren." 1907 findet die zweite Haager Konferenz statt, die sich vor allem mit dem Seekriegsrecht und dem obligatorischen Schiedsgericht befaßt. Dieses wird neuerdings von Deutschland und einigen kleineren Staaten abgelehnt. Das Seekriegsrecht wird 1909 auf einer Konferenz in London kodifiziert (Londoner Deklaration).

## 2. Technik und Wirtschaft im Zeichen des Hochkapitalismus

*129* Mit der neuen Konjunkturwelle, die um die Mitte der neunziger Jahre einsetzt, im ersten Jahrzehnt des zwanzigsten Jahrhunderts ihren Höhepunkt erreicht und seit 1910 langsam in den ersten Anzeichen einer neuen Krise verebbt, sind zahlreiche Industrieunternehmungen neuer Art entstanden, wie in der vorhergegangenen Depression die überalterten Anlagen zugrundegegangen waren. Immer stärker bestimmten die Elektrotechnik und die chemische Industrie den Gesamtcharakter der Erzeugung in den hochkapitalistischen Ländern. Die jüngeren Industriestaaten, wie Deutschland und die Vereinigten Staaten von Amerika, sichern sich dadurch einen Vorsprung vor den älteren Mächten, insbesondere vor England. In der Wichtigkeit der Rohstoffe für die Industrie tritt eine bemerkenswerte Verschiebung ein. Durch die Elektrotechnik erlangt insbesondere der Rohstoff Kupfer wieder eine große Bedeutung, und die Kupfervorkommen in Südafrika und auf dem Balkan sind begehrt und umstritten. Durch die Entwicklung des Flugwesens erlangen die Leichtmetalle erhöhte Bedeutung. Die chemische Industrie macht den Abbau minderwertiger Kohle und die Verwertung von Abfällen nutzbringend. Die landwirtschaftliche Erzeugung wird durch Chemie und Technik in erheblichem Maße beeinflußt. Entscheidende Veränderungen vollziehen sich in der Organisation der Wirtschaft und in der Verteilung des Kapitals. Während die Macht der großen Kapitalsbesitzer steigt, schalten sich in zunehmendem Maß Körperschaften des öffentlichen Rechts, Gemeinden, Selbstverwaltungskörper, Genossenschaften und der Staat als Großunternehmer in den Wirtschaftsprozeß ein. Die internationale Verflechtung des Kapitals wächst. Die nationalen Volkswirtschaften sind voneinander abhängig; indem aber Banken und Schwerindustrie ihre Gewinne zum großen Teil aus der Rüstungskonjunktur schöpfen, steigern sie die internationalen Spannungen und fördern den Ausbruch der kriegerischen Katastrophe, die wesentliche Wirtschaftsverbindungen zerreißt und die europäische Krise auf weiten Strecken zum Zusammenbruch werden läßt.

## Von der Dampfmaschine zum Motor

*130* Die Dampfmaschine, durch eine Reihe von Erfindungen vervollkommnet und leistungsfähiger geworden, ist noch immer führend und vorherrschend unter den zur Erzeugung von Kraft dienenden Maschinen. 1883 und 1884 werden die ersten technisch brauchbaren Dampfturbinen gebaut (de Laval und Parsons). Seit den neunziger Jahren gewinnt erst langsam, dann immer rascher der Motor an Bedeutung. Es hat Jahrzehnte gedauert, bis die in den sechziger Jahren von Lenoir, Otto und Langen erfundenen Gasmaschinen und Verbrennungsmotoren technisch nutzbar gemacht werden konnten. 1885/1886 bauen Daimler und Benz, unabhängig voneinander, einen Motor für flüssige Kraftstoffe (Leichtöle), der sich vorzüglich für den Betrieb von Kraftwagen und Krafträdern eignet. Diese erst als Kuriosa angesehenen und noch sehr kostspieligen, dabei dauernden Störungen ausgesetzten Fahrzeuge beginnen seit der Jahrhundertwende im Personen- und dann auch im Lastverkehr eine größere Rolle zu spielen. Auch in den Armeen der großen Militärstaaten werden sie verwendet. Noch stellen sie für die Fahrzeuge mit Dampf- und Pferdeantrieb keine gefährliche Konkurrenz dar, jedoch führt ihre stete Vervollkommnung dazu, daß man sich in der Planung und bei der Anlage von Verkehrswegen auf die neue Erfindung umstellt. Mit dem Verbrennungsmotor wetteifert der Elektromotor, der in der Industrie und im Verkehrswesen zunächst sogar rascher Eingang findet als der Verbrennungsmotor. Die zuerst von Siemens konstruierten elektrisch betriebenen Bahnen werden im Straßenverkehr der Großstädte vorherrschend und ermöglichen den Bau von Untergrund- und Hochbahnen; auch als Überlandbahnen finden sie bald Eingang, besonders in jenen Ländern, wo der elektrische Strom durch die Ausnützung der natürlichen Wasserkräfte billig gewonnen wird. Dagegen kann der Elektromotor für Fahrzeuge, die nicht mit einem Stromnetz in Verbindung stehen, nur in sehr begrenztem Umfang, durch Verwendung von Akkumulatorenbatterien, benützt werden. Hier läuft ihm der Verbrennungsmotor den Rang ab. Für die Industrie bedeutet der Dieselmotor (seit 1893 von Rudolf Diesel entwickelt) einen weiteren Fortschritt, da er die Verwendung von minderen, billigen Ölen ermöglicht und weit wirtschaftlicher ist als der Benzinmotor. Alle Arten von Motoren eignen sich in hervorragendem Maße für den industriellen Kleinbetrieb; ihre

Erfindung führt dazu, daß die Voraussagen vom notwendigen Untergang des Kleinbetriebes und der Konzentration des gesamten Kapitals im Großbetrieb hinfällig werden. Die Marxsche Theorie von der Weiterentwicklung der kapitalistischen Gesellschaft erhält dadurch einen schweren Stoß. Je mehr Motoren erzeugt und je billiger sie werden, je leichter auch die Betriebsstoffe zugänglich sind, desto rascher findet der Motor sogar in das Kleingewerbe Eingang. Schreiner, Schlosser, Bäcker, Metzger und zahlreiche andere Berufe bedienen sich des Elektro-, manchmal auch des Verbrennungsmotors und zu Transportzwecken des motorisierten Lieferwagens. Auch in der Landwirtschaft, in die in steigendem Maße Maschinen Eingang finden, wird der Motor zum Nutzen des kleinen Besitzers verwendet. Hatte der Dampfpflug den Großgrundbesitzer begünstigt und waren die mit Dampf betriebenen verschiedenen Maschinen nur durch genossenschaftliche Nutzung für den Kleinbesitzer verwendbar gewesen, so bekommt jetzt auch der kleine Landwirt mit dem Schlepper, der zugleich als Antriebskraft verwendet werden kann, eine wichtige hofeigene Hilfe; unter günstigen Umständen kann er auch mit selbsterzeugtem Strom, unter Ausnutzung von Wasserkraft oder Windenergie, einen kleinen Motor und mit ihm verschiedene Maschinen antreiben. Für die Entwicklung der Kraftfahrzeuge werden einige Erfindungen sehr förderlich, die nicht unmittelbar mit dem Antrieb des Wagens zusammenhängen. Robert Bosch erfindet 1902 die Hochspannungsmagnetzündung und stellt die Zündkerzen in dem von ihm gegründeten Werk in Stuttgart her. Die Kühleinrichtungen für die Motoren, die Lagerung der Räder in Edelstahl und Kugellagern, wie sie vor allem die schwedische Industrie erzeugt, die Vervollkommnung in der Verwertung von Kautschuk zur Bereifung, der Bau gutgefederter Karosserien, die Erzeugung von Lackfarben durch die chemische Industrie fördern die Kraftwagenindustrie, während diese ihrerseits zahlreichen anderen Industrien Arbeit und Anregungen gibt.

## Hoch-, Tief- und Bergbau

131 Im Hochbau geht man zu immer kühneren Stahlkonstruktionen über, die bei Brücken und Hochbahnen den früheren Steinbau oder die Hängekonstruktionen ablösen. Durch das autogene Schweißen mit Sauerstoffgebläse wird die Arbeit an den früher genieteten Stahlkonstruktionen vereinfacht und erleichtert, das Gewicht der Konstruktion wesentlich vermindert. Immer häufiger werden Stahl- und Betonkonstruktion miteinander verbunden. Durch die Verwendung von Eisenbeton steigt die Bedeutung des Zements als Rohstoff. Auch das Glas wird bereits als Baustoff benutzt, seit man Glastafeln im Walzverfahren herzustellen vermag. Für den Tiefbau, vor allem für die Anlage von großen Tunnels, wird die Verwendung neuartiger Sprengmittel, vor allem des von Alfred Nobel erfundenen Dynamits, bahnbrechend. Dazu kommen die neuen Gesteinsbohrer, deren Kronen mit Diamanten besetzt sind. Der Bau des 19,8 Kilometer langen Simplon-Tunnels (1898—1906) gilt als besondere Großtat der Technik. Wenig später wird in der Schweiz der Lötschberg-Tunnel, und gleichzeitig wer-

den in Österreich der Tauern- und der Karawanken-Tunnel gebaut. Bedeutsam sind die Fortschritte im Bau von Unterwassertunneln, wobei mit Preßluft gearbeitet wird. Zu dem immer wieder erwogenen Bau eines Tunnels unter dem Ärmelkanal kommt es allerdings nicht. Wie sehr sich die Phantasie der Menschen mit diesen großen Tunnelbauten beschäftigt, zeigt der Erfolg des Romans „Der Tunnel" von Bernhard Kellermann, der kurz vor dem ersten Weltkrieg erschienen ist. Er schildert in der Art von Jules Verne, dem Verfasser zahlreicher technischer Zukunftsromane, den durch große Katastrophen unterbrochenen Bau eines Tunnels unter dem Atlantischen Ozean. Durch die neue Technik des Tunnelbaus entsteht auch ein neuer Typus von Gebirgsbahnen, da man die Gebirgsketten nicht mehr, wie etwa bei dem um die Mitte des 19. Jahrhunderts so berühmten Bau der Semmeringbahn, in der Höhe überschreitet, sondern von Tal zu Tal durchsticht. Dadurch werden die hohen Steigungen vermieden und die Transporte verbilligt.

Die gewaltige Vermehrung der Industrie und der Verkehrsanlagen (das Eisenbahnnetz der Erde wächst zwischen 1900 und 1913 von 790 000 km auf 1 104 000 km) bedingt auch eine gewaltige Erhöhung der Rohstoffproduktion, die ihrerseits wiederum einen steigenden Bedarf an Transportanlagen und Maschinen erzeugt. Vor allem nimmt der Bedarf an Kohle und Eisen zu. Die Weltkohlenförderung beträgt 1913: 1 350 000 000 Tonnen, gegenüber 1885: 413 000 000 Tonnen. Die Produktion an Roheisen beträgt 1913: 80 500 000 t, gegenüber 18 547 000 t im Jahre 1880. Die Stahlerzeugung der Erde steigt zwischen 1880 und 1913 von 4 274 000 t auf 75 100 000 t. Die Steigerung der Kohlen- und Erzproduktion erfolgt nicht nur durch die Erschließung neuer Fundstätten, sondern auch durch die bessere Ausnützung der bereits früher fündig gewordenen Lager. Durch die Elektrifizierung der Schachtanlagen, Verbesserung der Bohrgeräte, durch Sortierverfahren, durch die Ersetzung menschlicher und tierischer Arbeitskraft durch Maschinen ist eine rationellere Ausbeutung der Bodenschätze möglich geworden. Trotzdem zeigt sich schon zu Jahrhundertbeginn die Unzulänglichkeit der alten Kohlen- und Erzlager und der wachsende Bedarf an kolonialen Rohstoffen. Nur die USA und Rußland besitzen auf eigenem Gebiet genügend Rohstoffreserven. Die anderen Mächte suchen sie in Übersee. Hinter den Kämpfen um Südafrika und die Mandschurei, hinter den Marokkokrisen steht das Ringen der Mächte um Erzlager, Kohle, Gold, Kupfer, Diamanten.

### *Entwicklung der Luftschiffahrt*

132 Seit der Erfindung des Luftballons durch die Brüder Montgolfier hat man versucht, an Stelle der Ballone lenkbare Luftschiffe zu konstruieren. Verhältnismäßig spät kommt die Technik auf den Gedanken, ohne Hilfe eines gasgefüllten Ballons zu fliegen. Der Berliner Ingenieur Otto Lilienthal (1848—1896) konstruiert einen motorlosen Drachenflieger, mit dem er Gleitflugversuche unternimmt, bei denen er ums Leben kommt. Seine Anregung und seine Erfahrungen wirken in den nächsten Jahren auf die Entwicklung des Flugzeugbaus ein. Die Erfindung

des Benzinmotors öffnet der Luftfahrt den Weg. Die Brüder Wilbur und Orville Wright (geb. 1867 und 1871) konstruieren das erste wirklich gebrauchsfähige Motorflugzeug. 1903 gelingt ihnen in Kitty Hawk (Nord-Carolina) ein Zwölf-Sekunden-Flug; der Franzose Blériot (geb. 1872) überfliegt 1909 als erster den Ärmelkanal. Gheo Chavez überfliegt die Alpen, stürzt aber bei der Landung tödlich ab. 1913 führt der Franzose Pégoud das erste Looping aus und leitet damit den Sport des akrobatischen Kunstfluges ein. Der erfolgreichste deutsche Flieger ist Hellmut Hirth. Bei dem letzten internationalen Flugmeeting, das vor dem ersten Weltkrieg auf dem Flugplatz von Aspern bei Wien stattfindet, überraschen die deutschen Flieger ihre Kameraden damit, daß sie „blind" (also auch bei Nacht) fliegen können. Noch immer aber ist die Reichweite des Flugzeuges verhältnismäßig gering, die Aufstiegsmöglichkeit begrenzt, die Zahl der Unfälle sehr groß. Man baut anfangs Doppeldecker mit Motoren von 16—20 PS. Später geht man zu dem Bau von Eindeckern über, und 1910 baut der Österreicher Etrich die „Taube", womit die Grundform des späteren Normaltyps gefunden ist. Man hält aber bis zum ersten Weltkrieg im allgemeinen das Flugzeug für eine bloß sportliche Maschine, während man das lenkbare Luftschiff für entwicklungsfähig hält. Am 2. Juli 1900 führt nach langen Vorarbeiten Graf Ferdinand von Zeppelin (1838—1917), ehemaliger General der Kavallerie, den ersten Flug mit einem starren lenkbaren Luftschiff aus. 1901 umfliegt Santos-Dumont mit einem Luftschiff den Eiffelturm. Zeppelin fährt trotz einer Reihe von Katastrophen und Mißerfolgen in dem Bau lenkbarer starrer Luftschiffe fort, wobei ihm das deutsche Volk durch eine Nationalspende von 6 Mill. Mark hilft. Für militärische Zwecke wird in Deutschland das System Zeppelin mit dem von Schütte-Lanz kombiniert. 1917 fährt ein Zeppelin die Strecke von Bulgarien bis Khartum im Sudan und zurück (7000 km) in 45 Stunden. Der Major August von Parseval baut ein unstarres Luftschiff, der Major Hans Groß ein halbstarres. Während des ersten Weltkrieges zeigt sich jedoch zur allgemeinen Überraschung, daß nicht das Luftschiff, sondern das Flugzeug der entwicklungsfähige Typ des Luftverkehrs ist.

*Andere Erfindungen*

133 Aus der großen Zahl technischer Neuerungen und Erfindungen, zu denen vor allem die Entwicklung der Elektrotechnik Anlaß gab, seien noch zwei hervorgehoben. Auer von Welsbach, der 1885 den Gasglühstrumpf (Auerlicht) erfunden und damit die Goebel-Edisonsche Kohlenfadenlampe erfolgreich zurückgedrängt hat, baut 1900 die Metallfadenlampe, die weniger Strom verbraucht und sehr hohe Lichtstärken zu entwickeln vermag. Sie wird aus Osmiumlegierungen (Wolfram usw.) hergestellt. Damit beginnt der Siegeszug der elektrischen Haus- und Straßenbeleuchtung, durch die das ältere Gaslicht weitgehend ersetzt wird. Mit der Anlage der elektrischen Stromnetze, der Durchführung der Installationen in den Häusern und Wohnungen, dem Bau von Überlandleitungen wird eine neue wichtige Industrie geschaffen.

1895 erfinden die Brüder Auguste und Louis Lumière und gleichzeitig Max Skladanowsky in Berlin den Kinematographen. Die anfangs als Variété-Scherz gedachte Erfindung macht sehr rasche Fortschritte, so daß bald nach der Jahrhundertwende eine neue Industrie aus dieser Erfindung entsteht. Die entscheidenden Verbesserungen an dem Aufnahme- und Vorführgerät hat Oskar Meßter (geb. 1866 in Berlin) durchgeführt. Er wird auch bahnbrechend für die industrielle Auswertung der Erfindung. Für das Kulturleben entstehen aus der Erfindung des Kinematographen weitreichende Folgen.

Rein militärischen Zwecken dienen eine ganze Reihe von Erfindungen, so die Ausnützung des Rückstoßes beim Schuß für die Konstruktion automatischer Ladevorrichtungen (Maschinengewehr; Hauptsysteme: Maxim, Schwarzlose, Hotchkiss), die Erfindung des rauchschwachen Pulvers, des Rohrrücklaufs bei den Geschützen, im Seekrieg die Vervollkommnung des Torpedos, der Bau von Tauchbooten, die Verbesserung des Panzerstahls.

### *Chemische Industrie*

**134** Die Entwicklung der Chemie führt zur Entstehung neuer, zur Ausweitung älterer Industrien. Die Erzeugung von Soda, Pottasche, Schwefelsäure, Salpetersäure und zahlreicher anderer für die Industrie, das Handwerk, die Medizin und den Haushalt nötigen Chemikalien erfolgt in gewaltigen chemischen Fabriken, da vielfach die Neben- und Abfallprodukte der einen Erzeugung die Rohstoffe für die andere schaffen. Einen ungeahnten Aufschwung nimmt die Verarbeitung der Braunkohle, vor allem zu Teerprodukten (Anilinfarben u. a.). In Deutschland entsteht als größtes chemisches Unternehmen der Konzern I.G. Farben. Ein anderes Gebiet der chemischen Industrie ist die Erzeugung von Kunstdünger, der zum Teil aus den Abfallprodukten der Erzverhüttung gewonnen wird (Thomas-Schlacke) oder beim Abbau der natürlichen Vorkommen von Kalk, Kali und Salpeter anfällt. Die Erzeugung von chemotherapeutischen Heilmitteln läßt eine eigene pharmazeutische Industrie entstehen. Es werden nicht mehr wie früher gewisse Grundstoffe für die Heilmittelerzeugung an die Apotheken geliefert, sondern vor allem fertige Drogen und Heilmittel als Markenware in geschlossenen Packungen hergestellt (Bayer). Ein weiterer Zweig der chemischen Industrie ist die fabrikmäßige Erzeugung von Nahrungs- und Genußmitteln. Angesichts des steigenden Massenbedarfs nach billigen Fetten wird insbesondere die Herstellung von Kunstfetten (Margarine) aus tierischen und pflanzlichen Fetten, zum Teil überseeischen Ursprungs (Kokosnuß, Erdnuß), bedeutsam. Die Erzeugung von Seife und kosmetischen Waren (Kölnisch Wasser, Duftstoffe, Cremes) nimmt einen breiten Raum in der chemischen Industrie ein. Für die Konservierung von Nahrungsmitteln (Fleisch, Fett, Gemüse, Obst) werden chemische Prozesse nötig. Der steigende Verbrauch an Schokolade und Zuckerwaren bedingt die Errichtung großer Fabriken. Schwerpunkte der chemischen Industrie entstehen vor allem in Deutschland am Mittelrhein (Ludwigshafen, Höchst) und an der unteren Saale (Leuna), in Österreich (Aussig, Bodenbach) und in den Vereinigten Staaten.

## Das Finanzkapital

*135* Je weiter sich die kapitalistische Wirtschaft über den Erdball ausbreitet, je größer die Industrieanlagen werden, je gewaltiger die auf viele Jahre veranlagten Arbeiten, desto schwerer wird es für einen einzelnen Unternehmer oder eine einzelne Gesellschaft, das Kapital aufzubringen, das in diese Unternehmungen investiert werden muß. Nur noch die Großbanken sind in der Lage, den Kredit zu beschaffen, der für Bahnbauten, für die Anlage von Staudämmen, Großkraftwerken, für die Erschließung kolonialer Gebiete und für die Arbeitsvorhaben der Großstädte, des Staates und der mächtigen Industriegesellschaften nötig ist. Auf der anderen Seite können die kleinen Sparer, die ihr Geld in Sparkassen, kleinen Privatbanken oder ähnlichen Geldinstituten anlegen, es nur dann zu einem entsprechend hohen Zinsfuß arbeiten lassen, wenn diese Geldinstitute die vielen kleinen Kapitalströme nach den großen Sammelbecken des Kapitals, eben den Großbanken, leiten, von denen es wieder in die Industrie fließt. Die Konzentration des Kapitals erfolgt nicht so sehr, wie man um die Mitte des 19. Jahrhunderts angenommen hatte, in den Industrieunternehmungen, als in den Banken, die der Industrie den lebenspendenden Geldstrom zuleiten, in wachsendem Maße aber auch selbst industrielle Wertpapiere (Effekten) zu erwerben und damit unmittelbar die Industrie zu beherrschen und zu lenken beginnen. Die deutschen Kreditbanken, die 1890 über 3150 Millionen Mark Kapital verfügten, verdoppelten es im nächsten Jahrzehnt auf 6958 Millionen und erhöhten es bis 1910 auf 15015 Millionen Mark. Die Provinzbanken Deutschlands waren 1911 zu 84 % in den Händen der Berliner Großbanken. Hatte man einst Gesellschaften gegründet, um ein Gegengewicht gegen die mächtigen Privatbanken zu schaffen, wie etwa das Bankhaus der Rothschilds eine war, so beginnen nun die meisten Privatbanken sich zu vergesellschaften und spielen jedenfalls keine entscheidende Rolle mehr. Wie in England die Big Five, so haben in Deutschland die D-Banken (Darmstädter, Dresdner, Deutsche Bank, Diskontogesellschaft) und schließlich die Nationalbank die Masse des Kapitals unter ihrer Kontrolle vereinigt. Zwischen 1900 und 1912 erhöhen sie ihr Kapital wie folgt: Darmstädter Bank von 105 auf 160 Millionen, Diskontogesellschaft von 130 auf 200 Millionen, Deutsche Bank von 150 auf 200 Millionen, Dresdner Bank von 130 auf 200 Millionen, Nationalbank von 60 auf 90 Millionen Mark.

Ähnlich entwickelt sich das Bankwesen in den übrigen Ländern, vor allem in England, den Vereinigten Staaten, Frankreich und mit Abstand in Italien und Österreich-Ungarn. Immer größer werden die Kapitalanlagen der Banken im Ausland. Vor allem die französischen Großbanken, gerade in Frankreich aber auch vielfach die kleineren Geldinstitute beteiligen sich an der Zeichnung ausländischer Anleihen, die auf der Börse aufgelegt werden. Ein gewaltiger

Goldstrom fließt aus Frankreich nach Rußland, dessen Eisenbahnbauten und militärische Rüstung mit dem Kapital der französischen Sparer finanziert werden. Auch die deutschen Banken beginnen sich stärker im Ausland zu betätigen. Der Bau der Bagdadbahn und der Schantung-Bahn (China) werden großenteils von deutschen Banken finanziert. Die Eisenbahnbauten erfüllen selbstverständlich nicht nur den Zweck, daß die Geldgeber an dem Gewinn der Verkehrsunternehmungen teilhaben, sondern sie sollen vor allem der wirtschaftlichen Erschließung neuer Rohstoffgebiete und Märkte dienen, in denen die Banken wiederum Kapital anlegen. Bergwerke, Elektrizitätswerke, Metall- und Textilfabriken entstehen in den neuerschlossenen Gebieten. Das Wachstum der neuen Industriegebiete und Städte bedingt die Anlage von Straßen, Brücken, Kanalisationen, Gaswerken, Hotels, Krankenhäusern, Fachschulen, die ebenfalls wieder von ausländischen Banken finanziert, häufig von europäischen Industrieunternehmungen erbaut oder eingerichtet werden. Durch ihre ausländischen Investitionen werden die Großbanken zu Interessenten der Außenpolitik, die sie auf verschiedene Weise zu beeinflussen suchen. Andererseits bedient sich die auswärtige Politik mancher Staaten gewisser Bankverbindungen, um in bestimmten Ländern Einfluß zu gewinnen. 1914 betrug das gesamte deutsche Auslandskapital rund 31 Milliarden Mark.

Der industrielle Unternehmer wird durch diese Entwicklung vielfach zum Vollzugsorgan der Banken, die seine Unternehmen finanzieren. Auch in der Auseinandersetzung von Arbeitern und Unternehmern sind diese in immer geringerem Maße die Partner der Arbeitnehmer. In Wahrheit spielen auch in der Lohnpolitik wie in der Erzeugung die kreditgebenden Banken die ausschlaggebende Rolle. Obwohl die Staatsgewalt durch die Notenbanken und teilweise auch durch die großen Sozialinstitute (Versicherungen) über Kapital und Einfluß auf den Kapitalmarkt verfügt, werden doch die maßgebenden Männer des Finanzkapitals, wie einst in der Zeit der Renaissance, zu entscheidenden Akteuren auf der Bühne der großen Politik.

Die Bauern und Gewerbetreibenden suchen sich durch Gründung von genossenschaftlichen Geldinstituten (Raiffeisensche Spar- und Darlehenskassen u. ä.) von dem Bankkapital unabhängig zu machen. Vor allem in Deutschland, Österreich, den Niederlanden und den skandinavischen Ländern, sowie in England entwickelt sich ein blühendes Genossenschaftswesen, das in gewissem Sinne einen nichtkapitalistischen Sektor der kapitalistischen Wirtschaft darstellt.

*Kartelle*

136 Der Grundsatz des freien Wettbewerbs, auf dem die kapitalistische Wirtschaftsordnung beruhte, wurde von einem Teil der Unternehmer schon in den siebziger und achtziger Jahren aufgegeben. Nach der Jahrhundertwende werden die unabhängigen Einzelunternehmungen immer häufiger von dem organisierten Kapitalismus abgelöst. Die erste Form eines Zusammenschlusses, der die Minderung oder Ausschaltung des freien Wettbewerbs bezweckt, sind die

Kartelle (auch Syndikate genannt). Unternehmen der gleichen Art verbinden sich im Kartell durch einen Vertrag zur monopolartigen Beherrschung des Marktes in ihrem Produktionszweige. Eines der bedeutendsten deutschen Kartelle, das rheinisch-westfälische Kohlensyndikat, ist 1893 als Aktiengesellschaft gegründet worden, nachdem es vorher bereits im Ruhrkohlenbergbau den Dortmunder Kohlenverkaufsverein, das westfälische Kokssyndikat und den Brikettverkaufsverein gegeben hatte. Man unterscheidet im allgemeinen Produktionskartelle, welche das Angebot oder die Höhe der Erzeugung regeln, Gebietskartelle, bei denen jedem Mitglied ein bestimmtes Gebiet zum Alleinverkauf der Erzeugnisse zugewiesen wird, und Preiskartelle, bei denen sich die Erzeuger verpflichten, ihre Erzeugnisse ohne Rücksicht auf Konkurrenzmöglichkeiten zu dem gemeinsam festgesetzten Preis anzubieten. Daneben entstehen dann sogenannte Kartelle höherer Ordnung, in denen Angebot, Nachfrage und Gewinn kartellmäßig festgesetzt werden. Zur Kartellbildung eignen sich nur Unternehmen, bei denen der Kleinunternehmer als Konkurrent nicht in Betracht kommt. Ferner sind es meist Betriebszweige, die Güter des Massenbedarfs auf den Markt bringen, und zwar in einer gleichförmigen Qualität. Neben dem Kohlenverkauf wurden zum Beispiel die Zuckerindustrie, die Papiererzeugung, die Spiritusbrennerei in zahlreichen Ländern kartelliert. Die Folge der Kartellbildung ist zunächst das Steigen der Preise, da die kartellierten Unternehmungen kein Konkurrenzangebot zu befürchten brauchen und den Preis insbesondere dann diktieren können, wenn es sich um Waren handelt, bei denen kein Verbraucherstreik zu fürchten ist. Eine weitere Folge der Kartellbildung ist auch das Fortleben überständiger Betriebe. Unternehmen, die sonst in der Krise zugrunde gehen würden, sind durch das Kartell geschützt. Dieses setzt den Preis der Ware so fest, daß auch veraltete Betriebe noch einen Nutzen abwerfen. Die modernen Betriebe erzielen einen ungewöhnlichen Übergewinn. 1905 werden in Deutschland bereits 385 Kartelle gezählt. Versuche des Staates, den Mißbrauch der Kartelle zu verhindern, werden bereits zu Beginn des zwanzigsten Jahrhunderts unternommen, führen aber nirgends zum Ziel. Manchmal beteiligt sich der Staat selbst an dem Kartell, wie etwa bei der Bildung des deutschen Kalisyndikats (1910), das den Verkauf von Kaliwerken an Ausländer verhindern soll. Während des ersten Weltkrieges werden durch staatliche Anordnung vielfach Zwangskartelle geschaffen, weil man durch sie die reglementierte Erzeugung für Kriegsindustrie und Volksernährung besser beeinflussen kann. Je stärker die Tendenzen der Schutzzollpolitik sich ausprägen, desto größer wird die Macht der Kartelle und desto öfter werden sie zur Unterstützung der Handelspolitik und im Dienste des Fiskus eingesetzt. Vermöge der Kartelle kann man wichtige Exportwaren im Ausland billiger anbieten, weil der Inlandsverbraucher den Preisunterschied und oft noch eine hohe Steuer mitbezahlt. (Ein bekanntes Beispiel dafür ist der böhmische Zucker, der schon in der österreichischen Zeit im Inland teurer ist als im Ausland und in der tschechoslowakischen Zeit im Inland beinahe doppelt so teuer verkauft wird wie auf dem Auslandsmarkt.) Den Kartellen ähnlich sind die Interessengemeinschaften, in denen zwei oder mehrere Werke den Gewinn nach einem vertraglich festgelegten Schlüssel verteilen (1904 Höchster Farbwerke und Leopold Casella-Frankfurt; Elberfelder Farbenfabriken, Badische Anilin- und Sodafabrik, Berliner AG für Anilinfabrikation; im gleichen Jahre Interessengemeinschaft einer Reihe Hüttenvereine im Ruhrgebiet.)

*Trusts*

*137* In Amerika entstehen etwa gleichzeitig mit den europäischen Kartellen ähnliche Unternehmerverbände, die aber unter dem Namen Trust bekannt werden. Sie unterscheiden sich im wesentlichen von den Kartellen dadurch, daß bei diesen die Einzelunternehmungen selbständig bleiben, beim Trust aber die nur noch scheinbar selbständigen Unternehmungen in Wahrheit von einer Stelle aus verwaltet werden, so daß sie zwar nicht rechtlich, wohl aber wirtschaftlich eine Einheit bilden. Durch die Bildung von Trusts wird es den Gesellschaften ermöglicht, Kosten zu sparen und Riesengewinne zu erzielen, die sie geschickt zu tarnen verstehen, und auch gegen die Arbeitnehmer wie gegen die Verbraucher rücksichtslos vorzugehen. Frühzeitig fordert man in den Vereinigten Staaten Anti-Trustgesetze, und in der Ära Roosevelt-Taft (s. o.) beginnen Präsident und Kongreß mit erfolgreichen Gegenmaßnahmen. Die Trusts tragen weit mehr als die Kartelle dazu bei, den einzelnen Kapitalisten hinter einer Gesellschaft zurücktreten zu lassen, für die das Französische den sehr bezeichnenden Namen der Société anonyme geprägt hat. Wenige Männer beherrschen durch die ineinandergeschachtelten Trusts die gesamte Wirtschaft. Die Grenzen der nationalen Volkswirtschaften werden durch die Trusts bald gesprengt, und es entstehen internationale Gesellschaften, die schließlich ganze Produktionszweige global monopolisieren (Schwedischer Weltzündholztrust). Die bedeutendsten amerikanischen Trusts sind die Standard-Oil-Company, der Stahltrust und der Schuhmaschinentrust. Um sich den Folgen der Antitrustgesetze zu entziehen, werden viele Trusts echte Fusionen (verschmolzene Betriebe). Die Bezeichnung Trust bleibt jedoch bestehen. Es handelt sich dabei fast ausschließlich um sogenannte horizontale Trusts, d. h. um die Vereinigung gleichartiger oder ähnlicher Unternehmungen. Einen neuen Typus stellt der nach dem ersten Weltkrieg sich ausbreitende vertikale Trust dar (s. u.).

*Konzerne*

*138* Der Begriff des Trusts überschneidet sich vielfach mit dem des Konzerns. Man spricht von Konzernen im allgemeinen dann, wenn finanzielle Querverbindungen zwischen verschiedenen Unternehmungen bestehen oder wenn ein Unternehmen einen seiner Vertreter in den Aufsichtsrat oder in die Leitung einer anderen Unternehmung entsendet. Die konzernbildenden Faktoren sind meist Großbanken, die ihre Kapitalien in der Industrie anlegen. In Deutschland entwickeln sich nach 1900 eine Reihe mächtiger Konzerne. So wird fast die gesamte Elektroindustrie in zwei Gruppen: der Allgemeinen Elektrizitätsgesellschaft (AEG) unter Führung Emil Rathenaus und in dem Siemens & Halske-Konzern, zusammengeschlossen. Auch die oben erwähnten Vereinigungen der chemischen Industrie bilden praktisch einen Konzern (Anilinkonzern). Die Gelsenkirchener Bergwerksgesellschaft baut im lothringischen Erzgebiet zur Verarbeitung der dortigen phosphorreichen Erze einen Konzern auf, dessen Aktienkapital sich in zwei Jahren (1909—1911) um mehr als das dreifache erhöht. Ebenfalls in Lothringen liegt der Schwerpunkt des von August Thyssen gegründeten Konzerns, der u. a. am Kohlensyndikat, am Roheisenverband und am Stahlwerksverband beteiligt ist. Hugo Stinnes baut um die Deutsch-Luxemburgische Bergwerks- und Hütten AG einen Konzern auf. Auch die Krupp-Werke in Essen verwandeln sich seit den neunziger Jahren in einen Konzern, zu dem u. a. seit 1902 die Germania-Werft in Kiel und die Maschinenfabrik in Tegel gehören. An der Saar erwächst der von Karl Ferdinand Stumm geschaffene Stumm-Konzern. Andere deutsche Konzerne sind die Siemens-Rheinelbe-Schuckert-Union, der Schultheiß-Patzenhofer-Kahlbaum-Konzern in der Bierbrauerei, der Lahusen-Konzern in der Textilindustrie. Die großen Rüstungsfirmen aller Länder sind konzernartig aufgebaut und durch gegenseitige Beteiligung oder über die Großbanken miteinander verflochten. Das gilt von Krupp ebenso wie von dem französischen Konzern Schneider-Creuzot, den österreichischen Skodawerken, den russischen Putilow-Werken, von Armstrong-Vickers in England und Bofors in Schweden. Von vielen großen Wirtschaftsmächten läßt sich nicht eindeutig sagen, ob sie besser als Trusts oder als Konzerne bezeichnet werden, so die von den Amerikanern Rockefeller und Carnegie aufgebauten Petroleum- und Stahltrusts oder die in London entstandene Nobel-Dynamite-Trust-Company, die deutsche Reis- und Handelsgesellschaft in Bremen und die Mühlenbauaktiengesellschaft.

### Der Staat als Unternehmer

*139* Im Zeitalter des Liberalismus hatte man geglaubt, den Wirkungsbereich des Staates von allen Seiten einschränken zu können. Die Wirtschaft, die sich im Sinne der Ideen von Adam Smith (1723—1790) aus dem freien Spiel der Kräfte entwickeln sollte, lehnte jeden staatlichen Eingriff und jede andere staatliche Aufsicht als die im Rahmen des Strafgesetzbuches gebotene ab. Die Forderung nach Freiheit der Forschung und der Lehre, nach Abschaffung jeglicher Zensur, nach freiem Koalitions- und Versammlungsrecht verbannte den Staat aus dem Bereich der Kultur. Nur gewisse Polizeifunktionen sollten ihm bleiben. Man sprach vom „Nachtwächter-Staat". Dem Ideal eines solchen auf das Allernötigste beschränkten Staates war man um die Jahrhundertmitte, vor allem in den angelsächsischen Ländern, in zweiter Linie in den Staaten Westeuropas, nahegekommen. In Mitteleuropa, wo der Liberalismus niemals zur vollen Macht gelangt und der Staat sehr wesentliche Rechte und Aufgaben behält, die er im Westen verloren hatte, wachsen ihm auch zuerst wieder neue Aufgaben zu. Mit dem Übergang des Deutschen Reiches zur Schutzzollpolitik und mit dem Beginn der sozialpolitischen Gesetzgebung werden dem Staat neue Wirkungs- und Arbeitsgebiete erschlossen. Die Wirtschaft wird weitgehend von ihm abhängig, die Zollpolitik kann die Entfaltung gewisser Wirtschaftszweige ebenso fördern wie hemmen, die Gestaltung der Preise beeinflussen und insbesondere das Verhältnis von Industrie und Landwirtschaft nach politischen Gesichtspunkten regeln. Durch die Schutzzölle fallen dem Staat Einnahmen zu, die ihm, unabhängig von dem Kredit der großen Banken, auch größere Leistungen ermöglichen. In die gleiche Zeit fällt die Verstaatlichung der Eisenbahnen in Preußen (1879). Dem preußischen Beispiel folgen andere deutsche Staaten und sehr bald auch außerdeutsche Mächte, so daß mit Ausnahme der angelsächsischen Staaten zu Beginn des neuen Jahrhunderts ein sehr großer Teil des Welteisenbahnnetzes Besitz der jeweiligen Staaten ist. Die Verstaatlichung der Eisenbahnen erfolgt meist aus militärischen Gründen, ebenso wie die Neuanlage von Eisenbahnen im 20. Jahrhundert vielfach strategisch bedingt ist. Die Staaten werden aber durch die Übernahme der Eisenbahnen zu Großunternehmern. Die Bewirtschaftung der Bahnen erfolgt fast immer in der Form, daß der Staat nicht unmittelbar als Unternehmer auftritt, sondern die Bahnen unter einer wirtschaftlichen Leitung als selbständiges Unternehmen organisiert, dessen Arbeitsweise sich nach den Gesichtspunkten der freien Wirtschaft richtet. Dennoch ist das Gewicht der staatlichen Faktoren in der Führung dieser Unternehmen entscheidend. Die Eisenbahnen, in den Anfangszeiten der kapitalistischen Wirtschaft Gegenstand gewagter Spekulationen und beliebte Anlagewerte, hören auf, der Spekulation zu dienen, und ihre Tarifpolitik wie ihre Neuinvestitionen werden immer mehr nach den Gesichtspunkten des staatlichen Interesses und des öffentlichen Wohles bestimmt. Das große Heer der Beamten und Angestellten, das von den Eisenbahnverwaltungen beschäftigt wird, nimmt zwischen den Staatsbeamten und den Lohnarbeitern der freien Wirtschaft eine Mittelstellung ein.

Zu den ältesten unmittelbaren Staatsunternehmen gehören die Staatsgüter (Domänen, Forsten). Mit wachsender Industrialisierung des Großgrundbesitzes wird der Staat auf dem Gebiet seiner Domänen zum industriellen Unternehmer. Sägewerke, Ziegeleien, Steinbrüche, Mühlen, Brennereien, Zuckerfabriken, Molkereien werden von der staatlichen Güterverwaltung betrieben. Je nach seinem Anteil am Großgrund- und Waldbesitz tritt der Staat im landwirtschaftlichen Sektor und in der Grenzzone zwischen Landwirtschaft und Industrie als Unternehmer auf, akkumuliert Kapital und legt es in neuen Werten an.

Selbstverständlich betreibt der Staat zahlreiche Kultureinrichtungen, die allerdings meist mehr Geld kosten, als sie einbringen, und, kapitalistisch besehen, zur „toten Hand" gehören. Indem der Staat aber beträchtliche Summen aus seinen Einnahmen in diesen kulturellen Instituten anlegt, sei es durch ihren Bau, sei es durch ihre Unterhaltung, entzieht er diese Kapitalien dem freien Spiel der Kapitalkräfte und beeinflußt so den Geldmarkt und den Gang der Produktion. Schulen, Bibliotheken, Theater, Museen werden vom Staate unterhalten und erfordern ein immer wachsendes Budget. Auch die Ausgaben des Staates für die Justizverwaltung und für sein eigentlichstes Arbeitsgebiet, die öffentliche Verwaltung schlechthin (Ministerium des Inneren), wachsen und bedeuten eine Ablenkung des Geldstromes von der freien Wirtschaft zu einer staatlich gesteuerten. In allen Zweigen der Staatsverwaltung vermehrt sich die Beamtenschaft, vor allem des mittleren und unteren Dienstes. Im Verhältnis zu den Angestellten der Privatwirtschaft bilden die öffentlichen Bediensteten und Staatsbeamten einen immer größeren Sektor. Je zahlreicher sie werden, desto schlechter wird allerdings ihre Bezahlung, desto geringer meist auch ihre Leistung, so daß der Staat das Heer seiner Aufsichtsorgane und Beamten weiter vermehren muß. Hier wird eine Fehlentwicklung eingeleitet, deren Folgen sich nach dem ersten Weltkrieg zeigen. Die Anstellung im Staatsdienst wird für viele Menschen, die wenig Eifer und wenig Unternehmungslust haben, aus Gründen der Bequemlichkeit und sozialen Sicherheit zum idealen Ziel. Nicht mehr die Ehre und das Pflichtbewußtsein, sondern die Möglichkeit eines bequemen Dienstes und einer sicheren Versorgung bestimmen vielfach die Auslese für den öffentlichen Dienst. Je weiter diese Entwicklung fortgeschritten ist, desto weniger erfüllt der Staatsdiener die gesellschaftliche Aufgabe, in Pflichterfüllung, gewissenhafter Ausführung seines Dienstes und in seinem außerdienstlichen Verhalten das Vorbild für andere Berufsstände zu sein.

Zur Stützung der Staatsfinanzen geht man zu Ende des Jahrhunderts vielfach wieder zur Bildung von Staatsmonopolen über, wie sie der absolutistische Staat des 17. und 18. Jahrhunderts gekannt hatte. Massenbedarfsartikel werden vom Staat mit Vorliebe monopolisiert (Salz, Zündhölzer, Tabak). Diese Monopole bilden im Rahmen der Gesamtwirtschaft mächtige, den Trusts und Konzernen ebenbürtige Faktoren. Sie werfen dem Staat Gewinne ab, die er zum Teil in den betreffenden Industrien anlegt, zum Teil aber auch für andere Zwecke verwendet. Die Gründung von Notenbanken zur Ausgabe von Papiergeld sichert dem Staat auch auf dem Felde des Finanzkapitals eine einflußreiche Stellung. Die Organisation der Notenbank ist von Land zu Land verschieden; es kann sich wie bei der Österreichisch-ungarischen Bank um ein tatsächlich staatliches Institut oder es kann sich wie bei der Deutschen Reichsbank um ein vom Staate kontrolliertes Unternehmen mit privater und Staatsbeteiligung handeln.

## *Staatsaufträge und Wirtschaft*

140 Der Bedeutung des Staates als Wirtschaftsunternehmer kommt seine Bedeutung als Auftraggeber für die private Wirtschaft gleich. Je weiter er seinen Wirkungsbereich ausdehnt, je mehr öffentliche Arbeiten er zu vergeben hat, desto wichtiger wird es für die Privatwirtschaft, den Staat oder die staatlichen Unternehmen zu ihren Kunden zu zählen. Die Errichtung von eigenen Ministerien für öffentliche Arbeiten ist bezeichnend dafür, daß der Staat in die Reihe der Großunternehmer und Großkäufer eingetreten ist. Die Eisenbahnen sind die bedeutendsten Einkäufer von Kohle und Stahl. Für Straßen- und Brückenbauten, für die Errichtung von großen Kulturbauten werden Aufträge an Baufirmen

vergeben und Materialeinkäufe getätigt, die Zehntausenden Arbeit und Verdienst geben. Die größten Aufträge aber vergibt der Staat auf dem Gebiet der militärischen Rüstung. Das Anwachsen der stehenden Heere auf Kopfstärken von 700 000 bis 800 000 Mann, wie sie Deutschland und Frankreich zu Beginn des 20. Jahrhunderts aufweisen, zu noch größeren Kopfstärken, wie sie Rußland hat, die Vermehrung der technischen Truppen und der Artillerie und die Bereitstellung der Ausrüstung für Kriegsstärken von zwei bis drei Millionen Mann bedingen Staatsaufträge an die verschiedensten Industrien. Nicht nur die Schwerindustrie und die metallverarbeitenden Werke, vor allem Geschütz- und Gewehrfabriken, sondern auch die Textilindustrie in allen ihren Zweigen, die Lederwarenerzeugung, die Lebensmittelkonserven-Fabriken und infolge wachsender Kasernenbauten die Bauindustrie gewöhnen sich daran, bei den riesigen Staatsaufträgen große Geschäfte zu machen. Sie sind darum an einem Ansteigen der Rüstung interessiert und wenden große Geldmittel auf, die Presse, die politischen Parteien und einzelne Politiker im Sinne nationalistischer und militaristischer Politik zu bestechen. Dieser Prozeß ist bis zum ersten Weltkrieg bereits sehr weit fortgeschritten. Noch größere Geschäfte als die Rüstung der Landheere gewährleistet die Rüstung zur See. Die Schwerindustrie (Panzerplattenerzeugung, Geschützfabrikation) und die Werften verdienen an dem Bau von Kriegsschiffen ungeheure Beträge. Insbesondere die großen Schlachtschiffe stellen gewinnbringende Daueraufträge dar. Je weiter die Kriegstechnik im Bau von Schlachtschiffen, Kreuzern, Torpedobooten und Tauchbooten fortschreitet, desto kürzer wird das Lebensalter eines Schiffes. Auch ohne die Vermehrung der Einheiten einer Schlachtflotte müssen laufend neue, größere und immer kostspieligere Schiffe auf Kiel gelegt werden. Durch das Wettrüsten zwischen Deutschland und England, das mit dem deutschen Flottengesetz und der Berufung Tirpitz' und Bülows in die Staatssekretariate der Marine und des Äußeren einsetzt (1897), beginnt für die Schwerindustrie und die Werften Großbritanniens, Deutschlands und in weiterem Gefolge ganz Europas eine gewaltige Konjunktur. Alle Versuche, dem Wettrüsten Einhalt zu gebieten, scheitern daran, daß die an der Fortsetzung der Rüstungen interessierten Wirtschaftsmächte die öffentliche Meinung doch in ihrem Sinne beeinflussen. Die Großkampfschiffe von 20 000 bis über 30 000 t Wasserverdrängung, mit Zwillings- und Drillingstürmen mit 30- bis 42-cm-Geschützen, stellen schwimmende Festungen dar, von denen jede rund 80 bis 100 Millionen Mark kostet. Seit der Kiellegung des britischen Schiffes „Dreadnought" nach dem russisch-japanischen Krieg bauen sämtliche Seemächte diese Riesenschiffe und vertreten die Ansicht, daß die älteren und kleineren Schlachtschiffe wertlos seien.

Der Rüstungskonjunktur vor allem ist es zuzuschreiben, daß der Umfang der Schwerindustrie zwischen 1900 und 1917 ungeheuer anwächst. Die Welterzeugung an Eisen steigt in diesem halben Menschenalter von 42 auf 72 Millionen Tonnen jährlich, die Welterzeugung an Stahl von 28,3 Millionen auf 86 Millionen Tonnen. Zwar wird durch diese Ausweitung der Schwerindustrie die Gesamtwirtschaft belebt, es werden Hunderttausenden von Arbeitern Existenzen geschaffen, aber das Wettrüsten und die Investition immer größerer Kapitalien auf dem toten Geleise der Rüstungen führt nicht zu einem gesunden Wachstum der Wirtschaft, sondern notwendig in die Katastrophe des ersten Weltkrieges.

## Die demokratische Gemeinde

141 In ähnlicher Weise wie der Staat wird auch die Gemeinde zum Wirtschaftsunternehmer und zum öffentlichen Auftraggeber. Während sich aber die Verwirtschaftlichung des Staates vorzüglich in kapitalistischem Sinne und als Stärkung der großen Kapitalmächte auswirkt, werden von der Gemeinde her die Elemente einer nichtkapitalistischen Wirtschaftsweise entwickelt und Sprengkörper in die kapitalistische Wirtschaft eingebaut. Die Gemeinde ist im Abendland seit den ältesten Zeiten der Träger sozialer Überlieferung und gemeinwirtschaftlicher Gedanken. Die mittelalterliche Stadt hatte neben Einrichtungen und Ideen der antiken Polis den Geist und das Gedankengut der mittelalterlichen Genossenschaften, der christlichen Solidarität gepflegt. Durch die Zeiten des Frühkapitalismus und des absolutistischen Fürstenstaates, des Feudalismus und des Merkantilismus bewahren Städte und Landgemeinden in weiten Teilen Europas ihre gemeinwirtschaftliche und soziale Tradition. Sie ist in der Gemeinde fast immer an die unmittelbare Demokratie, die Möglichkeit der Mitwirkung aller Bürger an den öffentlichen Angelegenheiten, gebunden. In der Gemeinde ist das öffentliche Regiment übersehbar, in der Gemeinde ist die Auslese der Tüchtigen weit eher als im Staate möglich, in der Gemeinde vermag der einzelne Bürger auch den öffentlichen Haushalt nachzurechnen. Die Selbstverwaltung der Gemeinden, die in der Gemeindeordnung des Freiherrn vom Stein bewußt an die mittelalterliche Tradition anknüpft, wird aus anderen Gründen auch von den liberalen Parteien gefordert und nach 1848 in den meisten Staaten Europas durchgesetzt. Insbesondere die Entwicklung der Gemeindeselbstverwaltung in England (Selfgovernment) wirkt bahnbrechend. Auch der revolutionäre Sozialismus versucht, die Gemeinde als Zelle der Gemeinschaft in sein Zukunftsbild einzuordnen. Die Pariser Communards gehen von der Vorstellung aus, daß ganz Frankreich in eine Föderation völlig autonomer Kommunen zu verwandeln sei, die sich politisch und wirtschaftlich selbst verwalten. Die Möglichkeit einer nicht nur politisch verstärkten Selbstverwaltung der Gemeinden, sondern auch der Erweiterung ihres wirtschaftlichen Wirkungskreises ergibt sich vor allem aus dem raschen Wachstum der Großstädte und der Industriegemeinden. Sie sehen sich seit der Jahrhundertmitte fast über Nacht vor eine Fülle von Aufgaben gestellt, deren Bewältigung zunächst im Rahmen der kapitalistischen Privatwirtschaft versucht wird. Die Auslieferung der gemeindlichen Wirtschaft an private Unternehmer und Konsortien führt aber sehr bald zu Unzukömmlichkeiten und weckt sozialistische Bestrebungen, die sich abseits des klassenkämpferischen Sozialismus der Industriearbeiter entwickeln, im Gegensatz zu diesem an abendländisch-christliche Überlieferungen anknüpfen und vorwiegend von der bürgerlichen Mittelklasse getragen werden.

Die alten und neuen Aufgaben der Gemeinde erstrecken sich nun auf fast alle Gebiete des Lebens. Sie beginnen bei der Anlage und Erhaltung der Verkehrswege (Straßen, Brücken, Flüsse, Kanäle, Straßenbahnen, Stadtbahnen). Die Anhäufung großer Menschenmassen bedingt eine Vermehrung des öffentlichen Gesundheitsdienstes und vorbeugende sowie fördernde Maßnahmen für die Erhaltung der Volksgesundheit und die Bekämpfung der epidemischen und endemischen Seuchen. Die Anlage und Erweiterung von Krankenhäusern, öffentlichen Bädern, Spielplätzen, Heilstätten und Erholungsheimen erweist sich als nötig. Die meisten Großstädte legen städtische Kliniken an (Polikliniken). In das Grenzgebiet volksgesundheitlicher und kultureller Aufgaben fällt die Anlage öffentlicher Gärten, die nicht nur mit ihren Brunnen, Denkmälern, Pavillons, Blumenbeeten und Baumgruppen der Verschönerung des Stadtbildes dienen, sondern als die „Lungen der Großstädte" den nötigen Sauerstoff in das Häusermeer liefern. Auch bei der Anlage von Friedhöfen, zu denen seit Jahrhundertbeginn in steigendem Maße Leichenverbrennungsanstalten treten, der Errichtung von Leichenschauhäusern und Leichenhallen, der Regelung des Beerdigungswesens überhaupt, spielen sozialhygienische Gründe mit. Die Versorgung der Bevölkerung mit Trinkwasser, Gas, elektrischem Strom, die Müllabfuhr und Kanalisierung werden zu gewaltigen technischen und Wirtschaftsaufgaben, die sich privatwirtschaftlich einfach nicht mehr bewältigen lassen. Die Lebensmittelversorgung der Städte macht den Bau und die tierärztliche Kontrolle von Schlachthäusern, die Errichtung von Zentral-Viehmärkten, von Lagerhäusern und medizinisch-chemischen Instituten zur Lebensmittelkontrolle nötig. Im gleichen Maße wie der Staat ist auch die Gemeinde an dem kulturellen Leben beteiligt und die Eigentümerin von Theatern, Museen, Büchereien, Lesehallen, die Erhalterin von Schulgebäuden, Kindergärten und künstlerischen Sammlungen. Sie wird daher ebenso wie der Staat zum Auftraggeber bei Bauten und anderen öffentlichen Arbeiten. Die Erhaltung der alten, die Errichtung neuer Kirchen, die Pflege und Errichtung von Denkmälern nehmen einen breiten Raum in der städtischen und gemeindlichen Wirtschaft ein. Dazu kommen im Sinne der sozialpolitischen Bestrebungen seit dem Ende des 19. Jahrhunderts die Aufgaben der öffentlichen Fürsorge. Der Kreis der Personen, die in sie einbezogen werden, wächst dauernd. Das Ziel ist die Herstellung des geschlossenen Fürsorgekreises, der von der Mütter- und Säuglingsfürsorge über die Betreuung des Kleinkindes und Schulkindes, die Jugendfürsorge, die Fürsorge für Kranke, Hilfsbedürftige, Arbeitslose bis zur Altersfürsorge reicht. So ergibt sich für die Großstädte ein Arbeitsfeld, das dem eines Kleinstaates nicht nachsteht, ja, in der Höhe des gemeindlichen Haushalts und in der Zahl öffentlicher Einrichtungen oft die kleinstaatliche Wirtschaft weit hinter sich läßt. Auch die Gemeinden müssen zur Erledigung ihrer Aufgaben in verstärktem Maße Beamte und Angestellte einsetzen, sie betreuen aber doch weit mehr als der Staat viele Arbeitsgebiete durch ehrenamtliche, aus öffentlicher Wahl oder Berufung durch die gewählten Körperschaften hervorgehende Vertrauensleute. Die unmittelbare Aufsicht über die gemeindlichen Einrichtungen ist der Bevölkerung leicht möglich, die Mitwirkung der Öffentlichkeit an dem Zustandekommen jedes neuen Werkes meist sehr groß.

*Lueger und der Gemeindesozialismus*

142 Diese lebendige Demokratie ermöglicht es, daß um die Jahrhundertwende aus der Gemeindewirtschaft und Gemeindepolitik die unverkennbare Tendenz zu einem System des Gemeindesozialismus erwächst. Als der Schöpfer dieses Kommunalsozialismus und Bahnbrecher von Ideen, wie sie insbesondere in der katholischen Sozialwissenschaft von Ketteler und Vogelsang vorgezeichnet waren, kann der Wiener Bürgermeister Dr. Karl Lueger (1844—1910) bezeichnet werden. Als Sohn kleiner Leute in seiner Vaterstadt Wien aufgewachsen, widmet sich der rednerisch überaus begabte junge Rechtsanwalt seit den siebziger Jahren der Politik und bekämpft zunächst gemeinsam mit den späteren Alldeutschen und den späteren Sozialdemokraten, die in der deutschen Volkspartei vereinigt waren, den Liberalismus des Großbürgertums, der die Führung in Staat und Gesellschaft an die bevorrechteten Stände, die Vertreter von „Besitz und Bildung", binden will. Aus der Opposition gegen die liberale Partei und gegen die altklerikale Partei entsteht in Wien die christlich-soziale Bewegung, in der Lueger sehr bald der führende Mann wird. Nach hartem Kampfe zwischen den Christlichsozialen und den Liberalen wird Lueger, nachdem ihm dreimal die kaiserliche Bestätigung verweigert worden war, 1897 zum viertenmal zum Bürgermeister von Wien gewählt, nunmehr bestätigt, und bleibt bis zu seinem Tode das Oberhaupt der kaiserlichen Residenzstadt. In den dreizehn Jahren seiner Wirksamkeit als Bürgermeister von Wien hat er die ungeheure Leistung vollbracht, die von ihm geführte und verwaltete Stadt zum Vorbild einer völlig neuen Gemeindepolitik und Gemeindewirtschaft zu machen und ihr eine Reihe von Einrichtungen zu schaffen, die Wien aufs neue in aller Welt berühmt gemacht haben. Die Gas- und Stromversorgung der Stadt, das Beerdigungswesen, Stadt- und Straßenbahn, der Schlachthof und viele andere Einrichtungen werden kommunalisiert. Es gelingt Lueger, die Bankkonsortien, die diese Unternehmungen bisher privatwirtschaftlich ausgebeutet hatten, zu entmachten und der Stadt das nötige Kapital zu sichern, obwohl die Banken mit Kreditsperre für Wien drohen. In der städtischen Sparkasse ersteht ein Finanzinstitut, das nicht nur der Stadt selbst, sondern auch dem kleinen Gewerbe billige Kredite sichert. Bäder, Altersheime, Heilstätten, Kinderheime entstehen. Zahlreiche Schulen werden errichtet, eine Fülle von öffentlichen Bauten und Denkmälern kennzeichnen die Aera Lueger. Der Mittelstand, das Kleingewerbe erfahren wirksamen Schutz. Für die sozial Schwachen wird in mannigfacher Weise gesorgt. Gegen Ende seiner Wirksamkeit beginnt Lueger mit dem Bau von Gemeindehäusern für Wohnzwecke, um auch auf diesem Felde den Grundsatz des privaten Nutzens durch den sozialen Gesichtspunkt zu verdrängen. Das Selbstbewußtsein der städtischen Bürger wird gehoben, weiteste Kreise nehmen unmittelbar Anteil an den Geschicken der Stadt, Lueger selbst ist durch ein Jahrzehnt der Abgott

des Wiener Kleinbürgertums. Der Erzherzog-Thronfolger Franz Ferdinand hat die Absicht, Lueger, dessen Partei bei den ersten österreichischen Wahlen nach dem allgemeinen und gleichen Wahlrecht (1907) zur stärksten des Parlaments geworden ist, zum österreichischen Ministerpräsidenten zu machen, sobald er selbst auf den Thron gelangt ist. Da beendet 1910 ein zu früher Tod Luegers Laufbahn.

Neben dem Beispiel Londons, das seit der Schaffung des Großlondoner Grafschaft-Rates und dem Auftreten von John Burns aus Battersea ähnliche Tendenzen zeigt wie der Luegersche Gemeindesozialismus, wird Wien das Vorbild für umstürzende Reformen in der Gemeindewirtschaft und Gemeindepolitik der alten und später auch der neuen Welt. Die großen Städte Österreichs und Ungarns, die reichen Großstädte Deutschlands und der Niederlande, die Kommunen Skandinaviens, und mit Abstand auch die Städte der romanischen Länder, greifen die Anregungen auf, die aus Wien und aus der englischen Selbstverwaltung kommen. Nach dem ersten Weltkrieg werden die Kommunalpolitiker der Vereinigten Staaten von diesen Ideen erfaßt, und Fiorello La Guardia, der lange Jahre in Österreich-Ungarn gelebt hat, erklärt, daß er dort die Gedanken in sich aufgenommen habe, nach denen er die Verwaltung von New York auf völlig neue Grundlagen stellte.

## Die Verflechtung der Weltwirtschaft

**143** Im 19. Jahrhundert ist in einem ganz anderen Sinne, als dieses Wort bis dahin gebraucht werden konnte, eine wirkliche Weltwirtschaft entstanden. „Westeuropa" — sagt Werner Sombart — „war gleichsam zu einer Riesenstadt von 400 Millionen Einwohnern herangewachsen, um die die ganze übrige Erde als ‚Landschaft' herumgelagert war, so wie im Mittelalter um jede Stadt eine Landschaft lag, die sie mit Bodenerzeugnissen versorgte und die von ihr mit gewerblichen Erzeugnissen versorgt wurde." Wurden früher aus Übersee Kolonialwaren eingeführt, die zusätzlich zu der Lebenshaltung der europäischen Menschen den Genuß von Luxusgütern ermöglichten, so ist die industrielle Wirtschaft Europas im 19. Jahrhundert ebenso von der Einfuhr überseeischer Rohstoffe abhängig wie seine Volksernährung vom Import außereuropäischer Nahrungs- und Futtermittel. Dazu kommt die Verflechtung der europäischen Volkswirtschaften untereinander, die nicht nur Rohstoffe gegen Fertigwaren oder Agrar- gegen Industrieprodukte tauschen, sondern vielfach arbeitsteilig und im Veredelungsverkehr produzieren, so daß an der Fertigung vieler Waren die Industrien zweier oder mehrerer Länder teilhaben. Die Beteiligung ausländischen Kapitals an den einzelnen Nationalwirtschaften, die Überschneidungen in den Besitzverhältnissen und in der Organisation der Wirtschaft, die aus der Bildung von Trusts und Konzernen entstehen, vollenden das Bild einer in sich verflochtenen geschlossenen Weltwirtschaft. Seit der Jahrhundertwende kann man von einer Arbeitsteilung der Volkswirtschaften im Rahmen des Weltproduktionsprozesses sprechen. Es gibt Agrar- und Industrieländer, Gläubiger- und Schuldnerstaaten, Handels-

und Erzeugungsgebiete, Länder, die (wie etwa Norwegen) fast reine Schifffahrtsländer sind und die Waren anderer Volkswirtschaften verfrachten, es gibt Ein- und Auswanderungsländer, und die Loslösung eines Landes aus dem Gesamtprozeß der Weltwirtschaft würde sofort auf der ganzen Erde als krisenhafte Erschütterung fühlbar werden. Vorgänge, wie die in kurzer Frist unter politischem und wirtschaftlichem Druck der Briten erfolgte Umwandlung ganz Ägyptens in eine Baumwollprovinz der englischen Textilindustrie, die im Burenkrieg vollzogene Vereinigung der Gold- und Diamantenfelder Südafrikas zu einem einzigen Revier, die Spezialisierung einzelner Gebiete für eine ganz bestimmte Rohstofferzeugung, etwa die Errichtung einer Kautschuk-Rohstoffbasis in den hinterindischen Straits Settlements oder die Anlage einer riesigen Kakaoplantage an der Elfenbeinküste, die Stellung Brasiliens als Kaffeelieferant der Welt, die Rolle, die Indien, Ceylon und Java in der Teeproduktion spielen, die Entwicklung Argentiniens zu einem der größten Getreide- und Futtermittelproduzenten, Australiens zum Hauptlieferanten von Schafwolle, die Konzentration der Citruserzeugung am Mittelmeer, insbesondere des Anbaus von Zitronen in Sizilien, die Belieferung aller Märkte der Erde mit Seefischen aus bestimmten Fischereirevieren, der Aufstieg Kaliforniens zur Obst- und Gemüseprovinz der Vereinigten Staaten, die Belieferung der Margarinefabriken der Erde mit Palmkernen, Kokosnüssen, Erdnüssen und Wal-Tran im Wege eines britischen Konzerns, die Schaffung des Weltzündholz-Trusts, die führende Stellung, die einige deutsche und englische Industrieorte, wie etwa Solingen und Leeds, in der Herstellung von bestimmten Stahlwaren, wie Messern, Scheren und Nähnadeln, haben, die Abhängigkeit gewaltiger schwerindustrieller Anlagen von der Zufuhr bestimmter Spezialmetalle, die nur an ganz gewissen Fundorten zu beziehen sind (Nickel, Wolfram, Osmium), die Bedeutung besonderer Eisenerze für die Stahlproduktion (Mangan- oder Chromerze), die Tatsache, daß mit der Entdeckung des Radiums der zunächst einzige Fundort von Uranpechblende, das kleine Joachimsthal im deutsch-böhmischen Erzgebirge, über Nacht eine ungeheure Bedeutung erhält, das alles charakterisiert den organischen Zusammenhang der einzelnen Wirtschaftszweige wie der einzelnen Volkswirtschaften, die erst in ihrer Gesamtheit den lebendigen Organismus der Weltwirtschaft ergeben.

## *Weltzivilisation*

*144* Im bescheidensten Haushalt und in den entlegendsten Gebieten der Erde ist das Leben ohne den dauernden Güteraustausch mit der Fremde nicht mehr vorstellbar. Sobald die weltwirtschaftlichen Zusammenhänge zerstört, die Handelsverbindungen durchschnitten werden, ergeben sich unabsehbare Nöte. Die Blockade der Mittelmächte durch die Alliierten im ersten Weltkrieg, die Störung der britischen Seeverbindungen durch die deutschen Tauchboote, die Abschließung Rußlands von der Außenwelt durch die Sperrung der Ostsee und der Dardanellen führen zu wirtschaftlichen Revolutionen, politischen Entscheidungen bedeutendsten Ausmaßes, in Mitteleuropa unmittelbar und mittelbar zum Tod von rund einer Million Menschen, in Rußland mit den Weiterungen, die sich aus der bolschewistischen Revolution ergeben, zur völligen Zerstörung der Volkswirtschaft und zum Hungertod von rund acht Millionen Menschen.

Die Entstehung dieser Weltwirtschaft war selbstverständlich nur möglich durch die Entwicklung des Verkehrswesens auf der Grundlage der zahlreichen technischen Errungenschaften des 19. Jahrhunderts. Nur das dichte Eisenbahnnetz, die riesigen Handelsflotten, das Telegraphen- und Kabelnetz der Erde, die Vervollkommnung des Fernsprechers, die Entwicklung der modernen Presse, der Bau von gewaltigen und unerhört schnellen Ozeandampfern von 50 000 bis 70 000 Tonnen, die in vier bis fünf Tagen den Atlantik überqueren, die Verkürzung der Seeverbindungen durch Kanalbauten wie den von Suez oder Panama haben den so engen Zusammenschluß der Volkswirtschaften zur Weltwirtschaft ermöglicht.

Auch die wissenschaftlich-technischen Voraussetzungen der Wirtschaft sind international geworden. Die Erzeugung der Güter ist an die Verwendung zahlreicher Erfindungen und Verbesserungen gebunden, die in den einzelnen Ländern patentiert werden und Urheberschutz genießen, aber zwischen den verschiedenen Volkswirtschaften gehandelt und getauscht werden. Häufig ist ihre Verwendung an Lizenzen gebunden. Eine Erfindung, die in Deutschland oder Amerika gemacht wurde, kann in England oder Frankreich weiterentwickelt werden, und umgekehrt. Oft haben ein Dutzend Techniker verschiedener nationaler Herkunft an einem Verfahren gearbeitet, oft arbeiten Betriebe in verschiedenen Ländern nach einem gemeinsam benützten Patent. International wie die Technik sind ihre wissenschaftlichen Hilfsmittel, die Literatur, die Bibliotheken, Laboratorien, Versuchsstationen. Bei den großen industriellen Unternehmungen sind Fachleute verschiedenster Nationen beschäftigt. Unter den Spezialisten und den Arbeitern, die an den großen Eisenbahnen- und Kanalbauten, bei der Errichtung von Großkraftwerken, bei den Bohrungen nach Erdöl, bei der Täufung von Schächten und der Anlage neuer Bergwerke beteiligt sind, findet man die Völker und Rassen der ganzen Erde vertreten. Die Verflechtung der Weltwirtschaft und Welttechnik geht so weit, daß noch während des ersten Weltkrieges die Rüstungsindustrie der beiden kämpfenden Mächtegruppen auf dem Umweg über neutrale Länder, wie Holland, Spanien, Schweden und die Schweiz, wichtige Rohstoffe, Maschinenbestandteile und Instrumente untereinander tauschten, weil etwa die britische Rüstung ebensowenig ohne gewisse deutsche optische Erzeugnisse wie die deutsche ohne die Zufuhr gewisser Spezialmetalle arbeiten konnten. Um die Benützung von Patenten des feindlichen Landes werden noch nach dem Kriege Verhandlungen und Prozesse geführt.

Die Erkenntnis, daß der wirtschaftlichen Verflechtung und der gegenseitigen Abhängigkeit der Staaten und Volkswirtschaften voneinander auch ein politischer Zusammenschluß entsprechen müßte und daß jede Störung in einem Land auch zu Krisen in zahlreichen anderen führen muß, breitet sich seit der Jahrhundertwende zwar langsam aus, bleibt aber doch weit hinter dem Tempo der wirtschaftlichen Entwicklung zurück.

Der Umfang des Welthandels ist von 1880 bis 1900 auf der Einfuhrseite von rund 27 auf rund 41 Milliarden Mark, von 1900 bis 1914 aber von 41 auf 80 Milliarden gestiegen. Auf der Ausfuhrseite entspricht einer Steigerung von 25 auf 40 Milliarden zwischen 1880 und 1900 ein Ansteigen von 40 auf 72 Milliarden von 1900 bis 1914. Die Politiker versichern zwar immer wieder, daß angesichts der Ganzheit der Weltwirtschaft und der ungeheuren Werte, die auf dem Spiele stehen, ein Krieg unsinnig sei, sie verstehen es aber nicht, den Frieden zu organisieren.

### 3. Die Auflösung des materialistischen Weltbildes

*145* Das materialistische Weltbild des 19. Jahrhunderts, das bis in die neunziger Jahre durch immer neue Entdeckungen und Forschungen bestätigt schien und durch Verflachung und Vereinfachung, wie etwa im Monismus, zum philosophischen Glaubensbekenntnis geworden war, bricht in den eineinhalb Jahrzehnten von 1900 bis zum ersten Weltkrieg auf der ganzen Linie in sich zusammen. Seine Auflösung wird freilich der breiten Öffentlichkeit erst später erkennbar, da die Populärwissenschaft mit ihrer Literatur an Broschüren, Zeitschriften und volkstümlichen Büchern, die naturwissenschaftlichen und volksbildenden Vereine und nicht zuletzt auch die Schule noch auf der Grundlage der überholten Lehren stehen, als die Wissenschaft bereits völlig neue Wege geht. Die Dämmerung des Materialismus kündigt sich bereits in dem Empirismus Ernst Machs an (1838 bis 1916), der, von der Physik zur Philosophie übergehend, die Lehre aufgestellt hat, daß die Sinnesempfindungen das einzig Wirkliche seien. Die Kausalität (ursächlicher Zusammenhang der Erscheinungen, nach Kant eine Kategorie des Denkens) sei nur ein funktionaler Zusammenhang von Empfindungen. Die Naturgesetze nennt Mach Abkürzungen, die wir aus Denkökonomie erfunden haben, um die dauernde Wiederholung von Messungen und Rechnungen zu ersparen. Der Empirismus von Mach ist die letzte Konsequenz des Positivismus; indem er aber die Naturgesetze leugnet, erschüttert er bereits das Weltbild des Materialismus und Positivismus, das ewige Gesetze im Wirken von Kraft und Stoff als Grundlage des kosmischen Geschehens angenommen hat. Machs Schüler Friedrich Adler nennt seinen Lehrer den Überwinder des mechanischen Materialismus. Die neuen Erkenntnisse tauchen in allen Gebieten der Naturwissenschaft beinahe gleichzeitig auf und bewirken geradezu eine Revolutionierung des naturwissenschaftlichen Denkens. Die Philosophie, die von sich aus gegen das Weltbild des 19. Jahrhunderts opponiert hatte, findet in den neuen naturwissenschaftlichen Lehren eine Stütze. In dem neuen Weltbild ist wieder Raum für die Metaphysik und für die Religion. Während diese in einem Zeitalter, das durch den Pontifikat Pius' X. und auf evangelischer Seite durch eine Gestalt wie Adolf von Harnack charakterisiert wird, scheinbar nur die Wahl hat, sich gegen den wissenschaftlichen Fortschritt zu stemmen oder vor ihm zu kapitulieren, ist in Wahrheit der tragische Zwiespalt von Glaube und Wissenschaft bereits überwunden.

### Quanten- und Relativitätstheorie

*146* Im Jahre 1900 veröffentlicht der aus Schwaben stammende Max Planck (1858 bis 1947), der seit 1892 in Berlin wirkt, seine Quantentheorie. Von der Wärmelehre und der Energiestrahlung glühender Körper ausgehend, entdeckt Planck, daß die strahlende Energie (elektromagnetische Strahlung) nicht beliebig unterteilbar ist, sondern aus einzelnen, endlichen Elementarmengen, sogenannten Quanten, besteht. Eine ganze Reihe von Widersprüchen der klassischen Physik und bis dahin nicht aufklärbaren Unstimmigkeiten zwischen Theorie und Experiment, Rechnung und Beobachtung finden durch die neue Theorie ihre Lösung. Planck führt die nach ihm benannte Konstante (Wirkungsquantum) in die Physik ein. Die Dimension einer Wirkung errechnet sich aus der Formel: Energie mal Zeit ($6{,}6234 \times 10^{-27}$ erg. sec.). Damit ist die letzte und einzige erkennbare Substanz im Weltall ausgedrückt. Die Plancksche Entdeckung wälzt die Ansichten über das Verhältnis von Atom, Atomkern und Strahlung von Grund aus um, dagegen hat sie auf die praktische Anwendung der Physik in der Technik keine Wirkung ausgeübt. Die Quantentheorie wird von Planck selbst, der 1918 den Nobelpreis erhält, weiterentwickelt, insbesondere aber von Albert Einstein (1879 in Ulm geboren, 1914—1933 Direktor des Kaiser-Wilhelm-Instituts für Physik, 1921 Nobelpreis) wesentlich ergänzt. 1905 veröffentlicht Einstein seine Entdeckung, daß die Quantelung nicht im Mechanismus des Atoms liege, sondern in der Natur der Energie selbst. 1911 gelingt ihm der Nachweis der sprunghaften Energieänderung bei Atomen und Ionen.

Einstein wird aber vor allem als Schöpfer der Relativitätstheorie bahnbrechend für die neue Naturwissenschaft. Zum Teil von Plancks Quantentheorie, zum Teil von mathematisch-physikalischen Arbeiten des Franzosen Poincaré und des Holländers H. A. Lorentz ausgehend, stellt er 1905 die Spezielle Relativitätstheorie, 1915 die Allgemeine Relativitätstheorie auf. Raum und Zeit sind nach Einsteins Lehre relative Begriffe. Trägheit und Schwerkraft sind dasselbe. Die Masse der Körper wächst mit ihrer Annäherung an die Lichtgeschwindigkeit, so daß kein Körper diese erreichen kann, weil seine Masse sonst unendlich groß würde. Der Unterschied, den die klassische Physik zwischen dem Weltäther und dem leeren Raume machte, hat keine Bedeutung. Alle Messungen im Raume hängen von dem Bewegungszustand des messenden Faktors ab. Einstein zerstört die Vorstellung von einem unendlichen Raume, indem er im Sinne der von Riemann mathematisch erarbeiteten Vorstellung eines gekrümmten Raumes das Weltall als endlich, wenn auch unbegrenzt, annimmt. Mathematisch läßt sich die Einsteinsche Lehre nur durch die nichteuklidische Geometrie verdeutlichen. Der deutsche Gelehrte Hermann Minkowski (1864—1909) führt auf Grund der Speziellen Relativitätstheorie den Begriff der Zeitkoordinate in die Physik ein.

Sie tritt als vierte zu den drei Koordinaten des Raumes hinzu. So entsteht der Begriff der Einstein-Minkowskischen Raum-Zeit-Welt.

Um die Abstimmung der Ergebnisse der Relativitätstheorie und der durch die Quantenmechanik bedingten neuen Lehre vom Atom erwirbt sich der Physiker Arnold Sommerfeld besondere Verdienste. Wie die Quantenmechanik Plancks zwar die Vorstellung von den Vorgängen im Mikrokosmos umwälzt, aber die Gesetze der klassischen Physik für die unmittelbar anschaulichen Erscheinungen bestehen läßt, so läßt auch die Relativitätstheorie Einsteins die klassische Physik für die Vorgänge auf der Erde und selbst im Planetensystem als „Spezialfall" gelten. Erst in den unvorstellbar großen Ausdehnungen des Weltalls hört die Gültigkeit der klassischen Physik auf und beginnt das Reich der nichteuklidischen Geometrie und der Relativitätstheorie.

### Atomphysik und Radioaktivität

*147* Seit Maxwell und Hertz die elektromagnetischen Vorgänge erforscht hatten und man elektrische Wellen nicht nur zu messen, sondern auch zu erzeugen vermochte, hatte die Wellentheorie und auch ihre praktische Anwendung wesentliche Fortschritte gemacht. Hatte Röntgens Entdeckung der X-Strahlen (1895) nicht nur die Medizin in neue Bahnen gewiesen, sondern auch der gesamten Biologie, der Kristallographie und der Technik wesentlich weiter geholfen, so revolutioniert der Italiener Guglielmo Marconi (1874—1937) das Nachrichtenwesen, indem er mit den von Hertz entdeckten Wellen 1895 erste Signalversuche anstellt und 1901 tatsächlich über den Ozean zu telegraphieren vermag. 1909 erhält er den Nobelpreis. Der Engländer Ernest Rutherford, später Lord of Nelson (1871 bis 1937), erforscht die radioaktiven Zerfallserscheinungen chemischer Elemente, und es gelingt ihm, mit Hilfe der Alphastrahlen die Umwandlung chemischer Elemente zu bewirken. Damit ist die klassische Lehre von den Elementen als unveränderlichen Grundstoffen der Materie widerlegt und zugleich die Möglichkeit der Atomzertrümmerung theoretisch gegeben. Seine Forschungen begegnen sich mit denen des Franzosen Henri Becquerel (1852—1908), des eigentlichen Entdeckers der radioaktiven Strahlen. Beider Arbeiten werden entscheidend gefördert durch die Entdeckung des Elements Radium in der Uranpechblende, die nach langen Forschungen und mühseligen Arbeiten im Laboratorium dem französischen Forscher Pierre Curie (1854—1906) und seiner Gattin Marie Curie, geborenen Sklodowska (1867—1934), gelingt. Sie entdecken dann auch das ähnliche Element Polonium, und Marie Curie, die 1906 die Nachfolgerin ihres Gatten in seiner Professur an der Sorbonne wird, legt ihre Forschungsergebnisse 1910 in dem Werk „Traité de radio-activité" nieder. Marie Curie erhält zweimal den Nobelpreis, 1903 für Physik, 1911 für Chemie. Als der englische Chemiker Sir William Ramsay (1852—1916) nachweisen kann, daß eines der Zerfallsprodukte des Radiums das Helium ist, scheint der uralte Traum der Alchimisten erfüllt, die Elemente ineinander zu verwandeln und aus wohlfeilen Stoffen wertvolle zu erzeugen. Die Lehre von der Radioaktivität und die Quantentheorie stürzen die bis dahin herrschenden Vorstellungen von den Atomen als den kleinsten, nicht weiter zerlegbaren Teilen der Materie um. Der Däne Niels Bohr (geb. 1885) stellt eine neue Spektraltheorie auf, die von der Quantentheorie ausgeht, und begründet auf wissenschaftliche Weise das System der Elemente in Übereinstimmung mit dem von Henry Moseley (1887—1916) entdeckten Gesetz vom Zusammenhang der Schwingungszahl der Linien im Roentgenspektrum eines Elements mit der Stellung dieses Elements im Periodischen System; tatsächlich wird so ein neues Element, das Hafnium, entdeckt. 1913 enträtselt Bohr den Bau des Atoms, das aus einem Atomkern und den ihn umkreisenden Elektronen und Neutronen besteht. Bohrs Atommodell zeigt die überraschende Tatsache, daß die unsichtbaren kleinsten Teilchen nach dem gleichen Bilde gebaut sind wie die großen planetarischen Systeme im Weltall. In der Größenordnung zwischen Atom und Kosmos steht der Mensch genau in der Mitte zwischen dem kleinsten und dem größten System, das unserer Erkenntnis zugänglich ist.

Auch die Entdeckung von Max von Laue (geboren 1879), daß man Roentgenstrahlen mit Hilfe von Kristallgittern untersuchen könne (1912), führt die Erkenntnis der Strahlentheorie weiter, indem sie die Wesensgleichheit der X-Strahlen mit den Lichtstrahlen erweist. Immer näher kommt man so der seit urdenklichen Zeiten geahnten, aber nun erst beweisbaren Erkenntnis, daß alle von uns wahrgenommenen Vorgänge im Kosmos auf einen einzigen Urstoff zurückzuführen sind, und daß dieser Urstoff in seinen winzigsten Teilchen nicht Materie im früheren Sinne, sondern schlechthin Energie ist.

Die in die Astronomie hinüberspielenden physikalischen Theorien, vor allem Einsteins, sind nicht nur durch die Vervollkommnung des Baues von Fernrohren (Riesenspiegelteleskopen) gefördert worden, sondern auch durch die Fortschritte der Astrophysik. Adams und Kohlschütter entwickeln die spektroskopische Entfernungsbestimmung, die es ermöglicht, die Entfernung eines Sternes aus seinem Spektrum zu errechnen. Miss Leavitt entwickelt eine Methode der Entfernungsbestimmung, die Messungen bis zu 200 000 Lichtjahren möglich macht.

*Die Überwindung des mechanischen Materialismus in der Biologie*

148 Der Materialismus in der Lehre von den Organismen beruht auf der Vorstellung, daß jedes Lebewesen bis in die Einzelheiten seines Körperbaues schon in der Eizelle vorgebildet sei. Um 1890 versucht der junge Biologe Hans Driesch (1867—1941), ein Schüler und Anhänger von Ernst Haeckel, diese materialistische Lehre durch Versuche an den Eiern von Seesternen zu beweisen. Er bringt den Eizellen der mit geometrischer Regelmäßigkeit gebauten Tiere mit einer glühenden Nadel Verletzungen bei und läßt sie dann reifen. Wenn die Lehre der materialistischen Biologen stimmt, muß aus dem beschädigten Ei ein verstümmelter Seestern hervorgehen. Das erste Experiment scheint die Theorie tatsächlich zu bestätigen. In der weiteren Versuchsreihe aber kommt Driesch 1891 zu einem umwälzenden Ergebnis: wenn Driesch das Seesternei unter dem Mikroskop halbiert oder viertelt, so entstehen immer wieder aus den Teilen

des Eies, solange sie überhaupt entwicklungsfähig bleiben, ganze Seesterne. Der mechanische Materialismus ist damit widerlegt, und Driesch steht nicht an, aus den Ergebnissen seiner Versuchsreihe die entsprechenden wissenschaftlichen und philosophischen Folgerungen zu ziehen. An die Eizelle gebunden, muß ein nichtmaterieller Faktor vorhanden sein, der zweckbestimmt ist und nach Ganzheit drängt. Driesch nennt ihn in Anlehnung an Aristoteles Entelechie. In der französischen Wissenschaft wird er als élan vital bezeichnet. Zwar ist das Vorhandensein dieser nichtmateriellen Entelechie streng naturwissenschaftlich nicht beweisbar, sie ist aber eine Annahme, ohne welche seit den Versuchen von Driesch die Naturwissenschaft und die Philosophie vom Leben nicht mehr auskommen. Driesch selbst nennt seine Lehre Neovitalismus und hat sie in der „Philosophie des Organischen" (1909) begründet und dargestellt.

Der Darwinismus und die Lehren Haeckels haben die Naturforscher zu Untersuchungen über die Vererbung und die Entwicklung der Arten angeregt. Es galt zu beweisen, daß die Lehre von der natürlichen Zuchtwahl durch Kampf ums Dasein, die Beeinflussung der Lebewesen durch das Milieu, das Überleben des Stärkeren und nicht etwa andere, nichtmaterielle Momente für das Werden einer reichgegliederten Pflanzen- und Tierwelt maßgebend seien. Bei diesen Forschungen entdecken die Botaniker Hugo de Vries (1848–1935), Erich von Tschermak-Seysenegg (geboren 1871) und Correns von neuem die von Gregor Mendel, einem Augustinerpater und Gymnasiallehrer, schon 1865 veröffentlichten Vererbungsgesetze. Johann Gregor Mendel (1822–1884) hatte sie durch jahrelange Forschungen an Schmetterlingsblütlern entdeckt und bewiesen; die schmale Schrift, in der er sie publizierte, war aber in Vergessenheit geraten. Die drei Forscher anerkannten Mendels Urheberschaft, und die Gesetze werden seither nach ihm benannt. Sie erschüttern das Lehrgebäude des Darwinismus und begründen eine völlig neue, auf streng erwiesene Gesetzmäßigkeit gegründete Lehre von der Entwicklung der Arten durch Vererbung und Kreuzung.

### Die Lehre von den Mutationen

*149* Den entscheidenden Stoß erhält die Lehre von der natürlichen Zuchtwahl durch eine Entdeckung, die ebenfalls dem Holländer Hugo de Vries bei seinen Vererbungsstudien gelingt. Daß die von Darwin behauptete Selektion (Auslese) für die Entwicklung und das Aussterben bestimmter Arten gilt, wird zwar auch nach der Entdeckung der Mutationen nicht bestritten, doch wissen wir seit den grundlegenden Forschungen von de Vries, daß sich plötzlich durch Umstände, über die wir sehr wenig wissen, entscheidende Veränderungen in der Erbanlage vollziehen können. Die gleichzeitig sich entwickelnde Strahlenphysik und Roentgenologie hat zu dem experimentellen Nachweis geführt, daß mit bestimmten Strahlen behandelte Zellkerne mutieren. Ob bei den Mutationen, die sich im Laufe der Erdgeschichte innerhalb der Pflanzen- und Tierarten vollziehen, solche Einflüsse bestimmend waren, läßt sich nicht nachweisen.

Die Entdeckung der Mutationen weist aber auch der Abstammungslehre neue

Wege. Der Lamarckismus und Neolamarckismus sind ebensowenig haltbar wie die Theorien Darwins und Haeckels, die auf Lamarck fußen. Um die Jahrhundertwende beginnt sich auch in der wissenschaftlichen Abstammungslehre die Erkenntnis durchzusetzen, daß die Entwicklungstendenzen, die bei den höchstorganisierten Säugetieren, insbesondere dem Menschenaffen, festzustellen sind, in ihrer Weiterentwicklung keineswegs zum Menschen führen würden, und daß entscheidende Merkmale des homo sapiens in den noch lebenden wie in den ausgestorbenen und aus Funden rekonstruierten Tierkörpern keinen Ausgangspunkt haben. Die Auffindung der Reste eines prähistorischen Menschen in Mauer bei Heidelberg (1907, homo Heidelbergensis) und die Funde in den Höhlen von Le Moustiers im Tal der Dordogne (homo Mousteriensis) regen die Forscher zu zahlreichen neuen Grabungen an, die insbesondere in Nordchina und auf den Malayischen Inseln in den dreißiger und vierziger Jahren des 20. Jahrhunderts reiche Ergebnisse liefern; das „missing link", die Entwicklungsform, die den Menschenaffen mit dem Affenmenschen verbinden würde, konnte nicht gefunden werden.

## Physiologie und Medizin

150 Sowohl die biologischen Entdeckungen als auch die Entwicklung der Physik führen dazu, daß sich das Bild von den Vorgängen im lebendigen Organismus ändert. Die Einwirkung vor allem kurzwelliger Strahlen auf das Zellwachstum wird erkannt; das Radium wie auch andere strahlende Stoffe werden als Heilmittel gegen die krebsartigen Wucherungen benützt. Auf die Hochblüte der bakteriologisch gerichteten Medizin folgt die Erkenntnis, daß Ansteckung und Vorhandensein von Krankheitskeimen im Organismus nicht immer zu wirklichen Erkrankungen führen müssen, daß andererseits nicht jede Krankheit auf Erreger zurückzuführen ist. Bei der Suche nach den Erregern der bösartigen Geschwülste gelangt man zu dem Ergebnis, daß vielfach chemische und mechanische Einflüsse von außen oder im Körper selbst zur Bildung dieser malignen Tumoren führen. Die Histologie (Lehre von den Geweben) hilft den Physiologen und Pathologen, den Charakter der bösartigen Neubildungen zu erkennen. Die Entdeckung der Hormone, die von den Drüsen mit innerer Sekretion unmittelbar in das Lymphsystem oder in die Blutgefäße und Verdauungskanäle des Körpers ausgeschieden werden, ist ein weiterer entscheidender Fortschritt für Physiologie und Medizin. Die Bedeutung der Vitamine für die menschliche Ernährung wird erkannt, zahlreiche Krankheiten werden als Avitaminosen durchschaut, und die Chemie versucht mit Erfolg die synthetische Herstellung von Vitaminen. Zu den wichtigsten Entdeckungen gehört die des Insulins, das, von der Bauchspeicheldrüse ausgeschieden, den Zuckerstoffwechsel regelt und dessen Mangel die Zuckerharnruhr hervorruft. Seine Entdeckung durch Frederik Banting (1891—1941), die Gewinnung des Insulins aus den Bauchspeicheldrüsen von Rindern und die Herstellung des Heilmittels gehören zu den Großtaten der modernen Medizin. Aber auch die chemotherapeutische Behandlung

von Infektionskrankheiten schlägt neue Wege ein und wird neben dem Impf- und Serumverfahren eine wichtige Waffe des modernen Arztes. Auf der Suche nach einem Stoff, der für die lebende Zelle unschädlich ist, für die sie bedrohenden Erreger aber tödlich wirkt, findet Paul Ehrlich (1854—1915) 1909 gemeinsam mit dem Japaner Hata die Benzolverbindung Salvarsan, die, bei ihrer Entdeckung als das Wundermittel gegen sämtliche Infektionen begrüßt, diese Hoffnungen zwar nicht erfüllt, sich aber als Heilmittel gegen die Syphilis bewährt, deren Erreger, die Spirochäta pallida, 1905 von Fritz Schaudinn entdeckt worden war. Ehrlichs Erfindung bildet den Ausgangspunkt für zahlreiche andere Medikamente und für eine wirksame Bekämpfung der gefährlichsten Krankheitserreger. Gerade die Enträtselung der chemischen Vorgänge im Haushalt des menschlichen Körpers, die Erforschung der Drüsenfunktionen, der Wachstumserscheinungen, der Zellentartungen und der Zusammenhänge zwischen dem Zentralnervensystem und den einzelnen Organen zerstört die vom Materialismus und Sensualismus des 18. Jahrhunderts übernommene Vorstellung, daß es sich bei den Lebensvorgängen nur um einen chemomechanischen Prozeß handelt, und führt im Sinne des Neovitalismus zu der Auffassung, daß auch im Großorganismus ein Faktor da sein muß, der die Bildung einer Ganzheit und das zusammenstimmende Funktionieren der einzelnen Organe bewirkt. Der Berliner Chirurg August Bier schreibt ein Buch über die „Seele" und versucht mit Erfolg, die vitalistische Theorie durch Tierversuche zu erhärten.

*Psychoanalyse*

*151* Neue Bahnen schlägt auch die Psychologie ein. Siegmund Freud (1856—1939, aus Freiberg in Mähren), ein Wiener Arzt, begründet das psychoanalytische Verfahren der Seelenerforschung und der Heilung seelischer Krankheiten. Das bewußte Seelenleben ist nach Freud nur eine schmale Oberschicht, während das unbewußte weit umfangreicher und als der eigentliche Sitz aller menschlichen Bestrebungen anzusehen sei. Als die treibende Kraft erscheint die Libido, als das Ziel Lustgewinn. Aus unbefriedigten Trieben entstehen Verdrängungen ins Unbewußte, die störend wirken. Durch Psychoanalyse können die unbewußten Komplexe bewußt gemacht und dadurch geheilt werden. Durch „Sublimierung der Lusttriebe" werden schöpferische Leistungen auf kulturellem Gebiet erreicht. Die Psychoanalyse Freuds entartet vielfach zur Manie und wissenschaftlich zur einseitigen Betonung der Sexualtriebe. Sie hat aber sowohl der wissenschaftlichen Psychologie als auch der Seelenheilkunde neue Wege gewiesen. Der Schweizer Arzt Carl Gustav Jung (geboren 1875) wendet sich gegen die Einseitigkeit der Freudschen Theorie und baut auf deren Grunderkenntnissen seine Lehre von den Archetypen (Urformen) auf, die als Niederschlag der Entwicklung des Menschengeschlechtes in dem „kollektiv Unbewußten" ruhen und die Formung der Einzelseele bestimmen. Jung wendet seine Theorie auf die Untersuchung der Religionen und religiösen Gefühle an, wobei er auch das Christentum als eine Religion unter anderen psychoanalytisch zu erklären sucht. Der

Wiener Arzt Alfred Adler stellt im Gegensatz zu Freud nicht den Lust-, sondern den Machttrieb in den Vordergrund und entwickelt eine Methode der Individualpsychologie, von der vor allem die neuere Pädagogik starken Gebrauch macht. Neben der theoretischen entwickelt sich im neuen Jahrhundert auf breiter Grundlage die „experimentelle" Psychologie, vor allem im Zusammenhang mit der Erziehungslehre. Die mit dem „Testverfahren" arbeitenden Amerikaner sind auf diesem Gebiete bahnbrechend.

### Neue Richtungen in der Philosophie

*152* Trotz Schopenhauer und Nietzsche bleibt die Schulphilosophie bis zum Ende des 19. Jahrhunderts beinahe völlig im Bann jener Problemstellungen, die aus dem 18. Jahrhundert überliefert waren und zu denen das 19. kaum mehr beitrug als Argumente für und wider, die aus den Naturwissenschaften bezogen wurden. Es ging also immer wieder um Idealismus und Materialismus, wobei dieser als neuen Trieb den Positivismus und jener den Neukantianismus hervorgebracht hat. Auch die vorübergehend Mode gewordene Philosophie Eduard von Hartmanns vermag nur wenig an den herrschenden Ideen zu ändern. Mit dem Beginn des neuen Jahrhunderts und beinahe im gleichen Augenblick, da Friedrich Nietzsche sein Leben in geistiger Umnachtung beschließt, bricht sein Einfluß nicht nur in der Literatur, der Politik und der Kulturphilosophie, sondern auch in der reinen Philosophie mit ungeheurer Gewalt durch. Wie so oft im Laufe der europäischen Geistesgeschichte, spielen die Nationen einander die Bälle zu, und es sind die Franzosen, die in Henri Bergson (1859–1941) dem neuen Jahrhundert den ersten Philosophen schenken. Bergson, der am Collège de France in Paris wirkt und um die Jahrhundertwende nicht nur ein großes Auditorium von Studierenden in seinen Bann zwingt, sondern auch zahlreiche Hörer und Hörerinnen aus der großen Welt der Pariser Gesellschaft zu seinen Füßen versammelt sieht, bricht völlig mit der materialistischen und mechanistischen Auffassung. Die herkömmliche Wissenschaft könne lediglich durch Auflösung der Wirklichkeit in ihre Bestandteile gewisse Ergebnisse von praktischem Wert für unser Verhalten bieten (Pragmatismus), das Wesen der Wirklichkeit könne sie nicht ergründen. Bergson leugnet das unveränderliche Sein, an dessen Stelle er die schöpferische Entwicklung setzt (Evolution créatrice). Diese sei das Leben selbst, das sich in immer neuen Gestalten offenbart (Panvitalismus). Als letzter Antrieb stehe hinter allen Erscheinungen der élan originel, die ursprüngliche Schwungkraft der Schöpfung. Die Materie ist nach Bergson überhaupt nur erstarrtes Leben. So groß auch die Unterschiede zwischen Bergson und dem späten Positivismus Ernst Machs oder dem Neovitalismus von Driesch und schließlich dem neuen physikalischen Weltbild Einsteins und Plancks sind, so lassen sich doch unschwer Parallelen und Berührungspunkte feststellen, die alle diese Geistesrichtungen als Kinder der gleichen Epoche aufweisen. Nach Bergson können wir den Wesenskern der Erscheinungen, eben wegen seines fließenden und irrationalen Urkräften entstammenden Charakters, nicht durch

Verstandesarbeit und kritisches Denken erfassen, sondern nur durch Einfühlung und unmittelbare innere Anschauung (Intuition = Wesensschau). Indem Bergson lehrt, daß auch das menschliche Leben eine schöpferische Entwicklung ist, die wir aus unserem Elan gestalten, bekennt er sich zum Gedanken der Willensfreiheit. Hier leitet seine Philosophie bereits zu den Gedanken über, von denen der spätere französische Existentialismus getragen wird. Mit dem Essai sur les données immédiates de la conscience beginnt Bergson 1889 seine erfolgreiche Laufbahn, 1900 erscheint Le rire, 1907 L'évolution créatrice. Wie Bergson selbst entscheidende Anregungen von Nietzsche empfangen hat, so wirkt seine Philosophie auf Deutschland zurück. Der Bahnbrecher einer neuen Richtung in Deutschland selbst wird aber Edmund Husserl (1859–1938) aus Prosnitz in Mähren, also ein engerer Landsmann von Mach und Freud, der seine Methode und sein System als Phänomenologie bezeichnet. Von dem Phänomen, also von der Erscheinung, müsse die Philosophie ausgehen und versuchen, ewige Wesenswahrheiten schauend zu beschreiben. Husserls Philosophie gewinnt sehr rasch an Boden und befruchtet eine Reihe bedeutender Denker. In der Auffassung, daß wir durch unmittelbare Einsicht Wahrheiten erkennen, berührt sie sich noch mit der Schule Franz Brentanos (1838—1917), der auf dieser Voraussetzung seine Ethik aufgebaut hat, sonst aber von der Psychologie ausgeht, während Husserl die Philosophie von der Psychologie trennen will und die Logik als eine völlig unpsychologische Wissenschaft deutet. Von Brentano kommt Christian Freiherr von Ehrenfels her (1859–1938), der mit der Lehre von den Gestaltqualitäten (1890 zuerst veröffentlicht) einen wesentlichen Beitrag zur Weiterentwicklung der deutschen Philosophie bringt. Die Gestaltqualitäten sind „positive Vorstellungsinhalte", die als Ganzes bestimmten, in unserem Bewußtsein vorhandenen Vorstellungskomplexen entsprechen. Sie bestehen aus Grundelementen (Teilen), die voneinander getrennt werden können, d. h. einzeln vorstellbar sind, aber nur als Ganzes und in einer bestimmten Anordnung die Gestalt ergeben. Ein wenig vergröbert läßt sich das so ausdrücken, daß die Summe der Teile noch nicht das Ganze ergibt, sondern daß etwas rational nicht Erfaßbares hinzukommt. Von Ehrenfels' Philosophie lassen sich viele Fäden zu den entscheidenden Fragen der Kunst als der gestaltenschaffenden Kraft spinnen, aber es zeigt sich auch eine gewisse Parallelität zwischen der Lehre von den Gestaltqualitäten und der neovitalistischen Entelechie.

## *Lebensphilosophie und Neo-Idealismus*

**153** Um die Jahrhundertwende erscheinen die ersten Schriften von Max Scheler (1871–1928), einem Schüler von Eucken, der in Weiterentwicklung von Husserls Phänomenologie eine neue Ethik im Gegensatz zu Kant begründen will. Das Wissen um die sittlichen Werte entspringe einem eigenen Wertfühlen. Anfangs dem Katholizismus verbunden und in katholischen Kreisen als Bahnbrecher eines neuen Antirationalismus gefeiert, gerät Scheler durch seine Lehre vom Vorhandensein einer widergöttlichen personalen Macht in der Welt in

Gegensatz zur katholischen Theologie. Der aus Hannover gebürtige Ludwig Klages (1872–1944), später in der Schweiz lebend, geht von der Psychologie und Charakterkunde aus, ist aber zweifellos von den philosophischen Antrieben, die zwischen Nietzsche und Husserl wirksam waren, sehr stark beeinflußt worden. Er entwickelt die Lehre vom „Geist als Widersacher der Seele". Die Seele als Wertträgerin des Lebens sei ursprünglich ohne Ichbewußtsein, der Geist störe das bewußtlose Leben. In der Auseinandersetzung von Seele und Geist werde der menschliche Charakter geformt. Die Abkehr vom Geist und die Rückkehr in das unbewußte Leben der Seele wird als Ziel gefordert. Berührungspunkte mit Schopenhauer und der indischen Weltanschauung sind erkennbar. Ähnlich wie Nietzsche hat Klages oberflächlichen Massenströmungen Schlagworte geliefert, ist mißverstanden worden und mußte zur Begründung politischer Lehren herhalten, die als Widersacher des Geistes die Rückkehr zur Barbarei predigten.

Während Frankreich und Deutschland so eine neue Grundlage des Denkens suchen, auf der auch der klassische Idealismus überwunden werden kann, hält die Philosophie Italiens mit ihren bedeutendsten Denkern an dem Idealismus fest und begründet in Benedetto Croce (geboren 1866) und Giovanni Gentile (1875–1944) einen Neuhegelianismus. Die Welt erscheint hier wieder als Entfaltung des Geistes, der vier Stufen durchläuft. Auf religiösem Gebiet sind die italienischen Neuidealisten Anhänger eines Pantheismus.

### Das Christentum an der Schwelle des neuen Jahrhunderts

**154** Im Jahre 1903 stirbt Papst Leo XIII., der sich in dem Vierteljahrhundert seines Pontifikats und in einem völlig liberalen und kirchenfeindlichen Zeitalter durch die Macht seiner Persönlichkeit, durch kluge Diplomatie und die Bereitschaft zu Kompromissen mit neuen Zeitströmungen eine gebietende Stellung in der Welt weit über die Grenzen der katholischen Kirche hinaus erworben hat. Sein Nachfolger ist Pius X. (Giuseppe M. Sarto, 1835–1914), ein Mann völlig anderer Prägung. Auf den Aristokraten und weltmännischen Diplomaten folgt der Sohn armer Kleinbauern, ein leidenschaftlicher Seelsorger und eifriger Betreuer aller Verwaltungsangelegenheiten, Bildungseinrichtungen und frommen Institutionen der Kirche. Erschreckt von der Last, die ihm durch die Wahl aufgebürdet wird, bekennt er, nichts sein zu wollen als der Diener Gottes. Sein Ziel: „Alles erneuern in Christus." Wie sehr er ein Kind der Epoche und in manchem den neuen philosophischen Strömungen unbewußt verbunden ist, zeigt eines seiner oft wiederholten Leitworte: „Mit der Kirche fühlen." Daher müsse nur die Religion, nicht Politik, nicht Theologie die Kirchenleitung bestimmen. Erst die folgenden Jahrzehnte haben bewiesen, wie modern im Grunde dieser Papst war, der von den Priestern verlangte, daß sie einen Eid gegen den Modernismus schwören. Der Papst verurteilt diesen, also die grundsätzliche Relativierung des Dogmas, in dem neuen Syllabus (Dekret Lamentabili und Enzyklika Pascendi 1907). Die Verurteilung richtet sich vor allem gegen die Auffassungen des Franzosen Loisy und des englischen Exjesuiten Tyrrell. Die italienischen Häupter des Modernismus, Murri und Minocchi, sagen sich von der Kirche los. In Deutschland droht aus der Forderung nach dem Antimodernisteneid ein neuer Konflikt mit dem Staat zu entstehen, bis die Professoren der katholisch-theologischen Fakultäten auf Fürbitte des Kardinals Kopp von der Eidesleistung befreit wurden. Die Zeitgenossen, nicht zuletzt auch der Protestantismus, erblickten in dem Kampf des Papstes gegen den Modernismus ein Bekenntnis zur Rückschrittlichkeit und zur Feindseligkeit gegen die Wissenschaft. Tatsächlich war die Wissenschaft, gegen die sich der Papst in erster Linie wandte, in jenen Jahren schon überholt, und Pius X. hat im Grunde nur verhindert, daß die Kirche Kompromisse mit einer überwundenen Philosophie schloß. Der Papst führt eine völlige Neuordnung der obersten kirchlichen Behörden durch, vor allem der Kongregationen, und er leitet die Codifikation des Kanonischen Rechtes ein. In zwei Dekreten über die Papstwahl kommt eine Entwicklung zum Abschluß, die sich mit großen Intervallen seit den Anfängen des Investiturstreits vollzieht, denn erst mit der Constitution Commissum nobis (1904) wird endgültig festgesetzt, daß keine weltliche Macht sich in die Papstwahl einmischen und ein ausschließendes Veto aussprechen dürfe. Ausgelöst wurde diese Entscheidung durch einen Vorfall während der Papstwahl, aus der Pius X. selbst hervorgegangen ist. Während dieses Konklave hatte der Kardinal-Fürstbischof von Krakau im Namen des Kaisers von Österreich gegen den zunächst aussichtsreichsten Kandidaten, den Kardinalstaatssekretär Rampolla, die Exklusive ausgesprochen. Der Grund dafür dürfte gewesen sein, daß Rampolla sich nach dem Selbstmord des Kronprinzen Rudolph von Österreich gegen die Gewährung des kirchlichen Begräbnisses für den Kaisersohn ausgesprochen hatte. Zum letztenmal macht ein abendländischer Kaiser, der sich damit auf die Tradition der Kaiser des Heiligen Römischen Reiches beruft, von seinem Vetorecht Gebrauch, und die Heraufbeschwörung dieser Erinnerung wird von der Kirche mit dem Verbot jeder solchen Einmischung beantwortet. Im Gegensatz zu Leo XIII. wendet sich Pius X. gegen eine allzu lebhafte Teilnahme der Geistlichkeit, der Katholiken überhaupt, am politischen Leben. Die Entstehung zahlreicher katholischer Parteien und Gewerkschaften, Vereine und Verbände hatte eine zunächst unübersichtliche Lage geschaffen. In Deutschland greift der Papst zugunsten der rein katholischen Organisationen gegen interkonfessionelle Vereinigungen ein, in Frankreich verbietet er die 1893 von Marc Sangnier gegründete Sillon (1910), eine katholische Sozialorganisation, die in demokratischem Sinne wirkte, seit 1905 aber ihren katholischen Charakter stark verwässert hatte. Die in ihrer Zeit vielumstrittene und erst später eine gerechtere Beurteilung findende Tätigkeit Pius' X. erklärt sich nicht zuletzt daraus, daß er in Angst und Sorge den großen Krieg der Mächte vorausahnt, in den er die Kirche so wenig wie möglich verstrickt sehen, in dem er sie als ein organisatorisch und geistig starkes Bollwerk des christlichen Friedensgedankens erhalten möchte. Wenige Wochen nach Ausbruch des Krieges stirbt er und wird auf seinen Wunsch in einem schmucklosen Grabe in den Grotten von St. Peter beigesetzt.

## Krise des Protestantismus

*155* So heftig sich die katholische Kirche gegen den Geist des 19. Jahrhunderts zur Wehr setzt, so tief dringt er in den schon vorgezeichneten Bahnen, insbesondere in Deutschland, in die evangelische Theologie ein. Die glänzende Persönlichkeit Adolf von Harnacks entfaltet sich im Zeitalter Wilhelms II. zur vollen Blüte. Die Rolle, die Harnack bei Hofe, in der Politik, in der deutschen Wissenschaft und in der evangelischen Theologie spielt, täuscht eine Festigkeit des Protestantismus vor, die er in jener Zeit nicht mehr besitzt. Auch dies haben die Zeitgenossen nicht erkannt. Erst die Krise, die mit dem Zusammenbruch des preußischen Königtums und mit dem Anschwellen antichristlicher Strömungen in Deutschland nach dem ersten Weltkrieg hereinbricht, offenbart ebenso die kluge Voraussicht der katholischen Kirche wie die innere Schwäche des Protestantismus, der dem Liberalismus, und dem Zeitgeist überhaupt, Zugeständnisse gemacht hatte, die im 20. Jahrhundert nicht mehr begründet waren. Zwar gehen aus der evangelischen Geistlichkeit, wie oben erwähnt, Männer hervor, die den neuen sozialen und politischen Ideen aufgeschlossen sind und, wie Friedrich Naumann, nach einer Form für Staat, Gesellschaft und Kirche suchen, die den Klassengegensatz und den Zwiespalt von Glauben und Wissenschaft überwindet, aber das Scheitern eben dieser Männer ist bereits ein bedenkliches Zeichen dafür, daß gerade das evangelische Christentum, dem bis zum ersten Weltkrieg aus Kreisen der bürgerlichen Intelligenz zahlreiche Konvertiten zuwachsen, doch einer Krise und der Forderung nach einer neuen Reformation entgegengeht.

## Raum für Metaphysik und Religion

*156* Der Materialismus hatte alles geleugnet, was nicht greifbar und mit naturwissenschaftlichen Methoden zu überprüfen war. Jenseitige Dinge existierten nicht für ihn. Der Positivismus hatte bereits die Frage nach metaphysischen und transzendenten Problemen als unerlaubt angesprochen. Es ist das Neue an der Naturwissenschaft des beginnenden Jahrhunderts, daß sie wieder metaphysische Fragestellungen erlaubt. Es ist wieder Raum für die irrationalen Begriffe, die mit dem menschlichen Verstand allein nicht begründet werden können. Die Philosophie behauptet, wie wir sahen, auf weiten Strecken, daß überhaupt nur Seelenkräfte, die mit dem Verstand nichts zu tun haben, unser Wissen um die letzten Dinge erweitern können. Intuition, Wesensschau, innere und unmittelbare Evidenz in die ewigen Wahrheiten sind die Antworten, welche die Philosophie nunmehr gibt. Langsam beginnt man, die Theologie wieder als eine Wissenschaft anzuerkennen; die Neuscholastik, von den Päpsten des 19. Jahrhunderts immer wieder gefordert, nimmt erst jetzt greifbare Gestalt an. Vor allem die Leistungen der neothomistischen Wissenschaft auf dem Gebiete der Geschichtsforschung bahnen auch der neuscholastischen Philosophie den Weg. Der Dominikaner Heinrich Denifle (1844—1905) mit seinem großen Werk über Luther, das trotz seiner Einseitigkeit eine gewaltige Forscherleistung ist, der Jesuit und Präfekt der vatikanischen Bibliothek (später Kardinal) Franz Ehrle

(1845—1934) mit seinen tiefschürfenden Studien zur mittelalterlichen Geistesgeschichte, der Thomasforscher Martin Grabmann (geboren 1875) erobern der katholischen Wissenschaft sehr rasch einen Platz neben der liberalen und der protestantischen. In England beginnt sich mit einer Persönlichkeit wie Ralph William Inge (geb. 1860, 1907 Professor in Cambridge, 1911 Dekan bei St. Paul in London) auch in der anglikanischen Kirche ein neuer Geist bemerkbar zu machen. Inge ist der Wiedererwecker von Mystik und Metaphysik, seine ebenso scharfe wie tiefe Kulturkritik richtet sich gegen die Überschätzung des Fortschritts. Neben dem Freigeist Shaw beginnt der 1925 zum Katholizismus konvertierte Gilbert Keith Chesterton (1874—1936) als Publizist, Literat, Satiriker und Kulturphilosoph eine beherrschende Stellung in der angelsächsischen Geisteswelt einzunehmen und über sie hinaus auf das Festland zu wirken. Seine Wertung des Mittelalters, seine überlegene Satire gegenüber den geheiligten Vorstellungen des Liberalismus und des Fortschritts, seine geistvolle Kritik an Sozialismus und Frauenbewegung erschüttern die seit so vielen Jahrzehnten herrschenden Vorurteile. Die fast abgöttische Verehrung, die ein Mann wie Leo Tolstoi im letzten Jahrzehnt seines Lebens bei der jungen europäischen Intelligenz genießt, und die Befassung mit Dostojewskij, tragen ebenfalls zur Entstehung eines neuen Weltbildes bei, in dem die Axiome des Freisinns nicht mehr unwidersprochen hingenommen werden.

*Eine neue Religion?*

*157* Die Philosophie und die Soziologie beginnen nicht nur die Zulässigkeit religiöser und metaphysischer Vorstellungen zu bejahen, sondern rufen von sich aus nach der Religion als einem notwendigen Faktor des gesellschaftlichen und geistigen Lebens. Eines der sinnfälligsten Beispiele dafür ist der tschechische Philosoph und Soziologe Thomas Garrigue Masaryk (1850—1937), der nicht nur auf die junge Intelligenz seines eigenen Volkes eine ungeheuer starke Wirkung geübt, sondern auch in Deutschland und Westeuropa Beachtung gefunden hat. Später versucht er, aus einzelnen seiner philosophischen Lehren praktische politische Folgerungen zu ziehen. Schon in seiner ersten Schrift über den Selbstmord als soziale Massenerscheinung der Zeit (1881) stellt er die Forderung nach der Erneuerung des gesamten Lebens aus dem religiösen Geiste, wobei ihm, der sich von der katholischen Kirche gelöst hatte, die Lehre der böhmischen Brüderkirche und die ihm in England und Amerika nahegekommenen kalvinistischen Ideen vorschweben. Das Christentum müsse eine Form annehmen, die es für ein aufgeklärtes Zeitalter, für die Industriearbeiter und die moderne Intelligenz ohne Widerspruch mit ihren wissenschaftlichen Überzeugungen und ihrem Lebensstil annehmbar macht. Wenn Masaryk auch die Frage noch typisch rationalistisch stellt, also nicht von den Menschen verlangt, daß sie ihre Überzeugung nach dem Glauben richten, sondern von der Kirche, daß sie dem Zeitgeist entgegenkommt, so verficht er doch gegen diesen die unerschütterliche Überzeugung von der Existenz Gottes, der Unsterblichkeit der Seele und der Verantwortung des Menschen vor Gott. Er lehrt, daß die Menschen ohne Glauben und ohne Religion verzweifeln müssen und aus Verzweiflung in wachsender Zahl den Ausweg der Selbstvernichtung suchen. In seiner Schrift über die „Philosophischen und soziologischen Grundlagen des Marxismus" wendet sich Masaryk gegen den Materialismus, sucht aber zugleich die Intelligenz für praktische soziale Forderungen der Arbeiter zu gewinnen (1899). In seiner Schrift über die „Ideale der Humanität" (1902), in seinem großen Werk über „Rußland und Europa", setzt Masaryk die Werbung unter den geistigen Menschen seiner Zeit fort und will sie für ein religiös bestimmtes Weltbild erobern. Bis in die Reihen des Anarchismus macht sich diese Umwertung der Werte bemerkbar. Der deutsche Edelanarchist Gustav Landauer (1870–1919) bekämpft den Rationalismus und Materialismus der Marxisten durch eine mystische Philosophie, die an Bergson erinnert, sucht wie Chesterton Vorbilder einer gerechten sozialen Ordnung im christlichen Mittelalter und erblickt im Sozialismus ein religiöses Anliegen.

### 4. Die europäische Kulturkrise

*158* . Die Menschen der neunziger Jahre hatten das deutliche Gefühl, daß nicht nur zahlenmäßig ein Jahrhundert, sondern daß ein Zeitalter zu Ende gehe. In der Kunst entstand der Stil des Fin de siècle. Nach der Jahrhundertwende empfindet man noch deutlicher, daß man an der Schwelle einer neuen Zeit steht, ahnt allerdings auch, daß zwischen dem Alten und dem Neuen eine große Katastrophe die Grenze ziehen würde. Noch weiß man nicht recht, worin das Neue eigentlich liegt, man überschätzt die Technik als Schöpferin eines neuen Zeitalters, man sucht nach Parolen und Inhalten. Die tatsächlich schon vorhandenen geistigen Elemente eines neuen Weltbildes sind den meisten Zeitgenossen noch unsichtbar. Das Fliegen — Luftschiffe und Flugzeuge — wird zum stärksten Sinnbild einer neuen Zeit, die damit uralte Wunschträume der Menschheit erfüllt. Aber auch Film, Phonograph, drahtlose Telegraphie, die Großkampfschiffe und Tauchboote, die neuen feldgrauen und feldgrünen Uniformen der Millionenarmeen, das Automobil und der Elektromotor, die Sportleidenschaft der Massen — all das sind Bilder und Sinnbilder der neuen Zeit. Erst die spätere Betrachtung konnte das entscheidend Neue in Philosophie und Wissenschaft herausarbeiten, erst aus späterer Sicht zeigen sich auch die menschlichen Repräsentanten des versinkenden und des heraufkommenden Zeitalters.

### *Das Ende des Zeitalters*

*159* In Großbritannien bedeutet der Tod der Königin Victoria (1901), die durch 64 Jahre die Krone Englands getragen und dem britischen Reich die größte je erreichte Ausdehnung gegeben hat, deutlich sichtbar einen Einschnitt. Man spricht vom Victorianischen Zeitalter und meint damit nicht nur die Kunst und Literatur Englands, seine Politik und seine Wirtschaft in den Jahrzehnten von Robert Peel bis zu Joseph Chamberlain, sondern die Selbstsicherheit des britischen

Bürgers, der sich bewußt ist, an der Herrschaft der Welt teilzuhaben, die freiwillige Unterwerfung einer ganzen Nation unter einen in langen Jahrhunderten gewachsenen Lebensstil, den berühmten Cant des Engländers. Man versteht unter dem victorianischen Geist jene Verschmelzung aristokratischer und bürgerlicher Lebensformen, die nur in England gelungen ist, den Geist der Clubs und Societies, die Lebensformen, die sich bei den großen Festen einer Season, den Rennen, Segelregatten, Gardenparties und den Empfängen bei Hofe, kundgaben, wo Fürsten und Adel ganz Europas der kleinen gekrönten Dame huldigten, deren Kinder, Enkel und Urenkel auf den Thronen so vieler Länder sitzen. Man versteht unter victorianischem Geist aber auch die großzügige Duldsamkeit, die es dem „Punch" und anderen Witzblättern erlaubt, selbst die ehrwürdige Königin zu karikieren. Man versteht darunter die geistige Spannweite zwischen Lord Beaconsfield, dem Führer der Tories und Freund der Königin, und dem liberalen Ideologen Gladstone, Englands Great Old Man. Die Königin aber ist das alle Gegensätze ausgleichende Sinnbild, und ihr Begräbnis, das unter Beteiligung ungeheurer Menschenmassen stattfindet, wird bereits von den Miterlebenden als ein Schlußstrich unter die Epoche angesehen.

Früher als in England wandelt sich das Zeitalter in Deutschland, wo mit dem Tode des alten Kaiser Wilhelm und mit dem Rücktritt Bismarcks die alte Zeit endet, die durch jene Mischung von soldatischer Schlichtheit, die der alte Kaiser repräsentiert hatte, und altväterlichem Junkertum, wie es sich in Bismarcks natur- und schollegebundener Lebensart zeigt, charakterisiert war. Durch den frühen Tod Kaiser Friedrichs III., des Schwiegersohnes der Königin Victoria, fällt in der deutschen Führung eine Generation aus, der Kreis liberaler Männer um den Kaiser der hundert Tage kommt nicht zum Zuge. Obwohl sich unter dem jungen Wilhelm II. an der Verfassung des Reiches und an den gesellschaftlichen Vorurteilen und Privilegien nichts ändert, hat man doch das Gefühl, daß in seiner inneren Unsicherheit, dem Hang zur Theatralik, der Sprunghaftigkeit seines Wesens und in der schillernden Vielseitigkeit seiner Bildung eine neue Zeit in Erscheinung tritt. Das getreue Abbild seines Kaisers ist Reichskanzler Fürst Bernhard von Bülow (1849—1929), in dessen Glätte, Verbindlichkeit und Virtuosität ohne Leidenschaft und Tiefe der Unterschied zwischen Bismarck und der neuen Generation deutlich wird. Bülows Sprachgewandtheit, seine ebenfalls sehr vielseitige Bildung, seine von Zitaten strotzende Rhetorik sind typisch für die Internationalität und für die Oberflächlichkeit der neuen Weltzivilisation.

Wie England sein victorianisches, so haben Österreich und Ungarn ihr fransisko-josephinisches Zeitalter. Auch hier wird der überaus korrekte, in seinem Wesen ausgeglichene alte Kaiser zur legendären Erscheinung der Zeit. Seine Persönlichkeit füllt für die Zeitgenossen die Vorstellung des Kaiserlichen schlechthin aus; er selbst nennt sich in einem Gespräch mit dem amerikanischen Präsidenten Roosevelt den letzten Monarchen alter Schule, und er wie seine Untertanen glauben, daß mit seinem dereinstigen Tode die Geschichte des ehrwürdig-alten Habsburgerreiches zu Ende sein werde. Hier ist mit dem Selbstmord des Kronprinzen ebenfalls die liberale Generation ausgefallen; der Thronfolger Franz Ferdinand gehört zwar seinem Geburtsjahrgang nach noch in dieses liberale Zeitalter, er verkörpert aber in seinen Ideen, die man vielfach für reaktionär und mittelalterlich hält, eine neue Zeit, deren autoritären Staatsbegriff, deren Sinn für Föderalismus und soziale Neuordnung, deren stärkere Bindung an die kirchliche Autorität er vorwegnimmt.

Meldet sich in Rußland die neue Zeit mit einem blutigen Aufstand an, so ist in dem Mutterland der bürgerlichen Revolution, in Frankreich, der Übergang von einer Epoche in die andere, wenn man von dem Bruch mit der Kirche absieht, am wenigsten spürbar. Frankreich hat nach dem Sturz des zweiten Kaiserreichs eine neue politische und zum Teil auch neue gesellschaftliche Lebensform gefunden, es ist seither das konservativste europäische Land, das auch in der seelischen Erschütterung des europäischen Menschen nach der Jahrhundertwende die alten Formen sehr zäh bewahrt.

Nirgends ist auch in den menschlichen Repräsentanten das wirklich Neue bereits erkennbar. Es ist für Figuren, die stellvertretend für ihre Epoche stehen, wie König Eduard VII., Kaiser Wilhelm II., Bülow, Josef Chamberlain, Sergius Witte, Giolitti oder Millerand, sehr bezeichnend, daß sie in vielen Farben schillern und keine scharfen Konturen zeigen, während etwa so entschiedene Vertreter neuer Gedanken, wie Stolypin, Erzherzog Franz Ferdinand oder Julius Langbehn, der Zeit als reaktionär erscheinen. Auch das Bild der sozialistischen Politiker hebt sich im menschlichen und geistigen Format noch nicht aus dem Rahmen der bürgerlich-liberalen Epoche, und es vermag daher dort, wo man nach Signalen der neuen Zeit sucht, in der deutschen Jugendbewegung oder in der revolutionären Jugend Rußlands, nicht eigentlich zu überzeugen.

*Das neue Raumbild*

160 Trotz der Ausweitung des europäischen Machtbereiches über die ganze Erde, trotz der so engen wirtschaftlichen und kulturellen Beziehungen zu Amerika und der Erschließung Ostasiens hatte das 19. Jahrhundert im wesentlichen europäisch gedacht. Ein Reich wie das russische, dessen Kolonien zwischen dem Eismeer und dem Kaspisee ohne merkbare Grenze mit dem Mutterland in breiter Front verbunden waren, zerfiel für die russische Verwaltung und für die Vorstellung der Europäer doch in das europäische und das asiatische Rußland, ebenso die Türkei in eine europäische und eine asiatische. Man empfand das Trennende der alten Kulturgrenzen und der Meere, das Fremdartige der außereuropäischen Erdteile und die Zusammengehörigkeit der alten Mächte und Nationen. Seit den neunziger Jahren und der Erweiterung des Mächtesystems um die Vereinigten Staaten und Japan ändert sich das Raumbild der Menschen sehr rasch. Die Beschleunigung und Verdichtung des Weltverkehrs, die enge wirtschaftliche Verstrickung zwischen Europa und seinen Kolonien, zwischen den einzelnen Ländern, die Verfielfachung der volks- und länderkundlichen Literatur, die zahlreichen Reisebeschreibungen, die steigende Leserzahl und der

wachsende Umfang der Zeitungen, die Verbreitung geographischer Kenntnisse durch Schule und Volksbildung, die große Rolle, die außereuropäische Kriege und Bürgerkriege seit 1894 im Denken und in der Phantasie der Menschen einnehmen (japanisch-chinesischer, amerikanisch-spanischer, russisch-japanischer, Burenkrieg, Boxeraufstand) das alles trägt dazu bei, den Menschen des neuen Jahrhunderts das Bild einer größeren Welt zu vermitteln, in der Europa seine einzigartige und bis dahin kaum umstrittene Stellung einbüßt. Die letzten weißen Flecken auf der Landkarte verschwinden. Der Schwede Sven Hedin (geb. 1865) lüftet das große Geheimnis, das über dem Hochland von Tibet, dem Reich buddhistischer Mönche liegt, und seinen Entdeckungsfahrten folgt bald die Einbeziehung Tibets in die britische Machtsphäre. Auch das chinesische Turkestan hat Hedin erschlossen. Die neuen Forschungsexpeditionen sind nicht mehr Abenteuerfahrten ins Ungewisse, sie arbeiten mit allen Mitteln moderner Wissenschaft und Technik. Seit Nansens erfolgreichen Fahrten ins Eismeer beginnt der Wettlauf nach den beiden Polen. Der Norweger Roald Amundsen (1872—1928) entdeckt 1905 den magnetischen Nordpol, 1911 den Südpol, der wenig später auch von der englischen Expedition Robert Scotts aufgefunden wird; Scott kommt mit seinen Gefährten auf dem Rückweg um. An einer der Scottschen Expeditionen hatte auch Sir Ernest Henry Shackleton teilgenommen, der sich dann als selbständiger Forscher große Verdienste um die Erforschung der Südpolarländer erwirbt. Da die öffentliche Meinung sich an dem Thema der Entdeckung der Pole leidenschaftlich erhitzt, treten begreiflicherweise neben ernsten Forschern Hochstapler auf, die sich mit gefälschten Berichten als Entdecker feiern lassen (Cook, Peary). Man vermutet in den arktischen und antarktischen Gebieten Kohle und Erze; daher beginnen die interessierten Mächte um den Besitz dieser Eiswüsteneien zu streiten (Dänemark, Norwegen, England, südamerikanische Staaten). Die strategische Bedeutung der Polargebiete wird erst erkannt, als der Flugverkehr in diesen Breiten und über lange Strecken möglich ist.

*Geopolitik*

*161* Die Geographie wird in diesem Zeitalter aus einer Natur- und Gesellschaftswissenschaft eine unmittelbar in die Politik hinüberspielende Disziplin. Der Schwede Rudolf Kjellén (1864—1922) begründet die Geopolitik, die vom „Staat als Lebensform" ausgeht; sie sieht die Großmächte, in einer merkwürdigen Verquickung von Hegelscher Staatsphilosophie und biologischer Staatsauffassung, als letzte Verwirklichung bestimmter in der Geschichte wirkender Ideen, aber auch als Ergebnis des Zusammenwirkens von räumlichen Bedingungen an und sucht aus der Struktur der Großräume Entwicklungsgesetze abzuleiten. Leider erkennt Kjellén nicht, daß die Großmächte selbst zu jener Zeit schon überholte Gebilde sind und nur als Organe eines größeren Ganzen noch ihren Zweck erfüllen. Die Geopolitik zeitigt viele Trugschlüsse und dient vielfach den Politikern zur Rechtfertigung ihrer Eroberungsziele, die als raumbedingt hingestellt werden. Sie hat andererseits Geographen, Historikern und Politikern den Blick für wesentliche Zusammenhänge, vor allem für die geschichtsbildende Rolle der großen Stromsysteme, geöffnet und ermöglicht es, mit größerer Sicherheit als vordem Schlüsse auf kommende Entwicklungen zu ziehen, die sich aus den Gesetzen des Raumes ergeben. Von den europäischen Mächten ausgehend, führt die geopolitische Betrachtung notwendig zu der Erkenntnis, daß Europa eine Halbinsel des größeren eurasischen Kontinents, daß es in der Welt der werdenden Großraumstaaten aufs stärkste bedroht und keineswegs zu dauernder Führung des Planeten berufen ist. Gerade die Erschließung des Erdballs und die Geopolitik haben geholfen, Europas alten Herrschaftstraum aufzulösen, und haben damit der großen Kulturkrise des Abendlandes neue Nahrung gegeben.

*Flucht in die Ferne*

*162* Die Ausweitung des Raumbildes der europäischen Menschen wird auch von der Kunst widergespiegelt. Ähnlich der Flucht des 18. Jahrhunderts ins Exotische ist der Hang europäischer Künstler des ausgehenden 19. und des beginnenden 20. Jahrhunderts zur Welt der Tropen, der Südsee, des Orients. Der französische Maler Paul Gauguin (1848—1903) verbringt seine letzten Jahre auf den Marquesas-Inseln und erobert der europäischen Malerei neue Motive und neue Wirkungen der Farben. Der französische Lyriker Artur Rimbaud erliegt ebenfalls dem Zauber der tropischen Welt. Pierre Loti (1850—1923), ehemaliger Marineoffizier, läßt seine Romane in fremden Ländern (Bosporus, Island) spielen und bewundert die Naivität der Naturvölker. Der Engländer Rudyard Kipling (1865—1936) besingt in Balladen und spannenden Erzählungen die Größe des britischen Empire, den Ruhm seiner Soldaten und die exotische Romantik fremder Welten (Dschungelbuch, Kasernenballaden u. a.). Der in Polen geborene Josef Conrad Theodor Korzeniowski (1857—1924), Offizier der englischen Handelsmarine, schreibt in englischer Sprache Erzählungen, Novellen, Romane aus dem Leben von Seeleuten, Kolonialpionieren und Kolonisten, Eingeborenen und Mischlingen, eine Prosa von stärkstem Realismus und zugleich leuchtender Bildkraft, aus der die fremden Welten plastisch vor uns erstehen. In der Form von Abenteurergeschichten mit sozialem Einschlag zeichnet uns der Amerikaner Jack London (1876—1916) die Welt der Südsee und das Goldsucherland Alaska. Auch die deutsche Literatur, mit wenigen Ausnahmen bisher nur dem engeren Europa zugewandt, sucht den Weg in die weite Welt. Hans Grimm (geb. 1875) wird in Südafrika zum Dichter und bildet an den Sagas, den Erzählungen, wie sie am Lagerfeuer in der Steppe und im Urwald vorgetragen werden, seine persönliche Art zu erzählen (Südafrikanische Novellen, 1913; Der Gang durch den Sand, 1916; Der Ölsucher von Duala, Olewagen-Saga, 1918). Der impressionistische Lyriker Max Dauthendey reist nach Indonesien und stirbt während des ersten Weltkrieges als Gefangener auf Java.

Auch die Musik beginnt, sich für die Kunst der Primitiven zu interessieren und nimmt in Melodie und Rhythmus Anregungen auf, die ihr aus Asien und Afrika zuströmen. Noch stärker ist freilich die amerikanische Musik von den Tänzen und Volksliedern der amerikanischen Neger beeinflußt. Gefährlich wird der Einfluß der fremden Erdteile auf das Denken der europäischen Menschen da, wo mit der Philosophie der Inder und Chinesen wüster Aberglaube, mißverstandene Gedanken des Orients und sektiererische Bräuche eindringen. Die Lehre von der Seelenwanderung, die orientalische Willensschulung, Traumdeutung, kritiklose Vermengung von Glauben und Aberglauben, Wundertaten und Fakirkunststücken machen sich in Europa breit. Während europäische Missionare in den fremden Erdteilen für das Christentum werben, kapituliert ein Teil der europäischen Christenheit vor den mißverstandenen und veräußerlichten Glaubensidealen Indiens, Chinas und selbst des schwarzen Kontinents.

### Massenorganisationen und Massenführer

163 Im Jahre 1895 erscheint, aus der Feder des Franzosen Gustave Le Bon (1841–1931), ein aufsehenerregendes Buch: „Psychologie des foules" (Psychologie der Massen, dt. 1907). Es führte fort, was der gleiche Verfasser 1894 in seinem Werk über die psychologischen Gesetze der Völkerentwicklung dargelegt hatte, und wird von ihm 1902 in dem Buch über „Psychologie des Sozialismus" fortgesetzt. Nach Le Bon erzeugen die Massen keine Kultur, sondern stören sie. Sie sind impulsiv, unduldsam, leicht zu berauschen und zu verzaubern, geben sich bedenkenlos jenen Führerpersönlichkeiten hin, die es verstehen, sie nach Art von Raubtieren zu zähmen. Le Bon unterscheidet homogene (aus gleichartigen Elementen bestehende) und heterogene (aus einander widersprechenden Bestandteilen zusammengesetzte) Massen. Die bewußte Persönlichkeit verschwindet in der Masse, die Individualität wird zerstört, es bildet sich eine Kollektivseele. Das Buch von Le Bon ist in einer Zeit entstanden, die nicht nur das geschichtliche Anschauungsmaterial eines ganzen Jahrhunderts, vor allem der Vorgänge der Großen Revolution und der ihr nachfolgenden kleineren Erhebungen in Frankreich, bietet, sondern auch den Vorgang der Massenbildung und das Beispiel des Massenverhaltens jedem Beobachter unmittelbar vor Augen führt. Andererseits hat Le Bon über seine Zeit hinaus Folgen der Vermassung vorausgesehen, die erst ein Menschenalter später eingetreten sind. In manchem Punkt führt Le Bon fort, was die deutschen Föderalisten der Jahrhundertmitte, vor allem Konstantin Frantz, bereits angebahnt haben; in vielen Punkten seiner Kritik berührt er sich mit Langbehn, Naumann oder mit den Engländern William Morris und Chesterton. Industrialisierung und Großstadt hatten, wie oben dargestellt, zu bisher nicht dagewesenen Massenbildungen geführt. Gegen Ende des Jahrhunderts werden diese Massen in Organisationen zusammengefaßt, deren Mitgliederzahl alles bis dahin Erlebte in den Schatten stellt. Die Arbeitnehmerverbände, die sozialistischen Parteien, aber auch weltanschaulich gerichtete Vereine und Bünde, Sport-Vereinigungen und Wirtschaftsgenossenschaften zählen Zehntausende und Hunderttausende von Mitgliedern. 1864 war Ferdinand Lassalles Allgemeiner deutscher Arbeiterverein mit rund 4000 eingeschriebenen Mitgliedern eine Massenorganisation gewesen.

Nun gibt es bereits Organisationen, die das Hundertfache dieser Zahl übersteigen. Nur bei den Plebisziten der napoleonischen Diktaturen hatte die Zahl der Abstimmenden die Million überschritten oder weit hinter sich gelassen. Sonst entschieden bei den demokratischen Wahlen des 19. Jahrhunderts meist wenige Hunderte oder äußerstenfalls wenige Tausende das Schicksal des Wahlausganges. Mit dem Sieg des allgemeinen Wahlrechts wachsen die Wählerzahlen sehr rasch in die Millionen. Es ist für die Politiker gar nicht mehr möglich, die einzelnen Wähler zu überzeugen, für die Wähler nicht mehr möglich, die Gewählten wirklich kennenzulernen. Die Politiker müssen versuchen, die Massen durch Schlagworte und allgemein verständliche Redensarten zu gewinnen, den Massen erscheint derjenige als ein großer Politiker, der es versteht, sie aufzupeitschen und mitzureißen. Das Verhalten der Massen bei großen Aufmärschen und Versammlungen unterliegt eben jenen, von Le Bon entdeckten Gesetzen der Massenseele, die mit einer individuellen Psychologie nicht mehr erklärt werden können. Der einzelne, der sich dem Rausch der Masse hingibt, handelt anders, als er im täglichen Leben seinen Charakteranlagen gemäß handeln würde. Oft setzt er dann sinnlos sein Leben ein, oft begeht er ebenso sinnlos Gewalttaten, er kennt keine Hemmungen und entscheidet nicht mehr nach Vernunftgründen. Verantwortungsbewußte Massenführer der Zeit sind sich der ungeheuren Gefahren ihrer eigenen Macht, aber auch der Grenzen ihres Einflusses auf die Massen bewußt. Der Wiener Sozialistenführer Dr. Viktor Adler, ein Arzt und kühler Skeptiker, weist seine Parteigenossen wiederholt darauf hin, daß das Gehirn in erster Linie ein Hemmungsorgan sei, und wendet sich gegen unüberlegte Demonstrationen mit dem Ausspruch, derjenige, der die Massen auf die Straßen führe, müsse sich vorher schon fragen, wie er sie wieder nach Hause bringe. An die Stelle des geistreichen, mit wohlausgewogenen Gründen streitenden Politikers, wie ihn das liberale Zeitalter erfordert hatte, tritt der Massenbändiger. Die sozialistischen Parteien der meisten Länder bringen diesen Typus des neuen Volksführers hervor, wie er nur in den Zeiten der französischen Revolution oder in der Antike seine Vorbilder findet. Jean Jaurès in Frankreich, der radikale Demokrat Lloyd George in England, August Bebel in Deutschland, der Wiener Sozialdemokrat Franz Schumeier (der 1913 von einem fanatisierten Gegner ermordet wird), im Aufbruch der russischen Revolution Sozialrevolutionäre wie Tschernow und vor allem der große Demagog Kerenskij, in Galizien der Pole Daszynski stellen diesen neuen von der Masse getragenen Politikertyp vor.

*Die Masse diktiert*

*164* Unter das Diktat der Masse und ihrer Leidenschaften beugen sich die Mächte der Wirtschaft, der Kultur und der Politik. Die Industrie erzeugt Massenartikel, vor allem auf dem Gebiet der Mode und der Genußmittel, sie kommt dem billigen Geschmack, dem Hang zur Gleichmacherei und zur Nachahmung, dem Schrei nach dem Gewöhnlichen immer stärker nach und verschmäht es, die von anderen Motiven bestimmten Ansprüche einzelner zu beachten. Die öffentlichen Körperschaften stellen sich in den Dienst der Masse, indem sie für den Bau von Sportplätzen, Stadions, Versammlungshallen sorgen; das private Geschäft stellt Massen-Vergnügungsstätten großen Ausmaßes und minderen Geschmacks zur Verfügung. Die Literatur entwickelt neben dem weniger gelesenen ernsten Buch die „Kolportage" für die ungebildete Masse. In ungeheuren Auflagen erscheinen Kriminalromane, sentimentale Liebesgeschichten, Exotica, die auf die infantile Räuber- und Indianerromantik spekulieren, und eine ganz billige Art von historischen Romanen. Vor allem die Presse wird dem Lesebedürfnis der Masse mit ihrem minderen Geschmack gerecht. Ihr sprachliches und inhaltliches Niveau sinkt, und auf diesem Gebiet wird der Unterschied zwischen einer ernsthaften Presse mit geringer Auflage und den in ungeheuren Massen aufliegenden Boulevardblättern immer deutlicher sichtbar. Man spricht von den Jingomethoden der Presse. Der amerikanische Hearst-Konzern, die Blätter des Lord Northcliffe in London sind die ersten Schulbeispiele für diese Entartung der Presse.

Die Wissenschaft wird von den verschiedensten Ausgangspunkten dazu getrieben, sich mit den Massenerscheinungen zu beschäftigen. Die Soziologie als selbständige Disziplin oder als Hilfswissenschaft der Philosophie, der Psychologie, der Völkerkunde erobert sich eine beherrschende Stelle. Der deutsche Philosoph Georg Simmel veröffentlicht im Jahre 1900 seine „Philosophie des Geldes" und versucht, den Zauber des größten Götzen der Zeit zu enträtseln. Amerika, England, Frankreich und Deutschland entwickeln ihre besonderen soziologischen Schulen und Methoden. Mit der Soziologie und neben ihr wird die Statistik, mehr Technik als Wissenschaft, beinahe zu einem Götzenkultus und zu einer Leidenschaft. Man beginnt das ganze Leben statistisch und in Kartotheken zu erfassen, zu verarbeiten und zu durchleuchten. Zwar erweist sich immer wieder, daß man mit der Statistik Argumente für einander scharf widersprechende Ansichten herbeischaffen, daß man mit ihr eben alles beweisen kann und daß sie jeder Theorie dienstbar ist. Dennoch wagt keine Wissenschaft, wagen weder Wirtschaft noch Regierungen, ohne statistisches Material etwas zu unternehmen oder zu verfechten. Im Lager der Massen entspricht der Statistik der Rausch der großen Zahl. Aus ihm entspringt die Rekordsucht, die eine neue Art von Ruhm erzeugt, der zwar meist kurzlebig, oft buchstäblich an den Tag gebunden ist, aber für wenige Stunden oder bestenfalls einige Jahre als das höchste Ziel derer erscheint, die ihre Leistung in Zahlen messen und von der Masse bejubelt sehen wollen.

*Auflösung des alten Lebensstils*

165 Die technische Entwicklung und die Erschließung der Rohstoffe und der Märkte fast des gesamten Erdballs durch die europäische und in steigendem Maße auch durch die nordamerikanische Wirtschaft und Gesellschaft haben den bürgerlichen Lebensstil, wie er um die Mitte des 19. Jahrhunderts noch immer

an die Familie gebunden herrschend war, untergraben und zwei extreme Formen zu leben entstehen lassen. Die besitzende Klasse vermag sich jeden Luxus zu leisten und löst die alte Familiengebundenheit auf, indem die Schwerpunkte aus dem Hause und der Familie in die Vergnügungsstätten verlegt werden. Die proletarischen Massen sehen sich in ihrem Familienleben in eine drangvolle Enge gepreßt, in der jedes höhere Gefühl, jeder Sinn für Gemüt, Besinnung und geistige Entfaltung verlorengehen. Der Besitzbürger verbringt sein Leben, soweit es nicht dem Geschäft gehört, in den internationalen Kurorten, in Spielsälen, am Badestrand, auf den Sportplätzen, in Theatern, Konzertsälen, Variétés, in Nachtlokalen, kurzum: in der Öffentlichkeit, wo er repräsentiert, genießt, konversiert, ohne zu sich selbst zu kommen, ohne der Familie mehr als den Tribut einer herkömmlichen und nur noch formellen Beachtung bei Familienfeiern zu zollen. Mann und Frau sind nicht nur durch ihre Interessenkreise getrennt, sondern verbringen auch ihre Zeit in verschiedenen Zirkeln, erholen sich in verschiedenen Orten, überlassen Haushalt und Kinder einer Schar von Bedienten, und die Kinder selbst entfliehen dem häuslichen Kreis, sobald sie irgend können. Der Arbeiter sucht dem Elend seines Lebens in überfüllten Wohnungen zu entgehen, indem er sich in seiner Freizeit den Organisationen seiner Klasse widmet oder dem Alkoholismus, der Spielleidenschaft und anderen Massentrieben frönt. Mit der Revolte der Jugend gegen die kleinbürgerlichen Lebensformen, wie sie in Deutschland mit der Jugendbewegung einsetzt, wie sie Amerika wenig später in anderer Form erlebt, wird das kleinbürgerliche Familienidyll vollends zerrissen. Die Jugend strebt aus der Familie weg zu neuen Gemeinschaftsformen des Wander- und Lagerlebens, des Sports und ihrer eigenen Feiergestaltung. Die alten Familienfeste verlieren ihren Sinn; kaum daß Weihnachtsabend und Jahreswende die Familien noch einmal vereinen. Auch hier bürgert sich der Brauch ein, daß man diese Feste im Gebirge, beim Wintersport, in Gaststätten und in Jugendgemeinschaften verbringt.

Im Unterhaltungsbetrieb, der auf weiten Strecken das Lustspiel und die Operette des 19. Jahrhunderts ablöst, überwiegt die Frivolität; in Schlagern und Gassenhauern macht man sich über die bis dahin geheiligten Einrichtungen des bürgerlichen Lebens lustig. Die Operette wird durch den musikalischen Schwank (Vaudeville) und die Revue verdrängt. Aber auch dort, wo sie musikalisch noch eine künstlerische Form behauptet, wie bei dem erfolgreichsten Vertreter der Wiener Operette, Franz Lehár (1870–1948), entartet sie zu einer Mischung von Sentimentalität, billigen Witzen und frivoler Ironie, auch bei Oskar Strauß und erst recht bei dem Berliner Paul Lincke.

Die Vorbilder gesellschaftlicher Haltung und die formgebenden Typen des gesellschaftlichen Lebens ändern sich in dieser Zeit sehr rasch. An die Stelle der großen Künstlerpersönlichkeiten, wie sie noch in Lenbach, Makart, Wagner, Verdi, Oscar Wilde dominiert hatten, treten die Stars der Operette, die Sportchampions und vielfach bereits die Helden und Heldinnen der großen gesellschaftlichen Skandale. Die Presse verbreitet in sensationeller Weise den Ruf dieser Lieblinge des Publikums, man ahmt sie in Kleidung und Benehmen nach, feiert sie bei öffentlichen Anlässen, buhlt um ihre Gunst. Nur wenige Zeitschriften, vor allem die Witzblätter, an denen oft sehr begabte Graphiker mitarbeiten (Toulouse-Lautrec, Aubrey Beardsley, Th. Th. Heine, Gulbransson, Thöny, Reznicek), üben zum Teil sehr scharfe Kritik und gehen gegen das Verlogene und Ungesunde der Zeit an.

Die stille Behäbigkeit, die das bürgerliche Leben des 19. Jahrhunderts bei aller Fortschrittlichkeit noch kennzeichnet, weicht mehr und mehr einem atemlosen Tempo und der Sucht nach Sensationen. Die Zeit lebt in dem Gefühl, großen Entscheidungen entgegenzugehen, und schwankt zwischen der Illusion eines unbegrenzten Fortschritts zu Wohlstand, Freiheit und Erkenntnis, und zwischen der Angst vor einer unvermeidlichen Katastrophe. Als 1912 der neueste und größte Luxusdampfer, die „Titanic", ein Opfer der Jagd nach dem Blauen Bande wird und mit 1517 Menschen im Atlantik versinkt, wird dieses tragische Ereignis von den einen als ein Vorzeichen und Sinnbild genommen, von anderen als willkommene Sensation ausgeschlachtet.

### *Krise im Verhältnis der Geschlechter*

*166* Die allgemeine Kulturkrise kommt sehr deutlich darin zum Ausdruck, daß nicht nur die sozialistische Gesellschaftskritik und die Frauenrechtsbewegung das Problem des gegenseitigen Verhältnisses der beiden Geschlechter in der Gesellschaft und die Institution der kirchlich oder staatlich geschlossenen Ehe anfechten, wie dies etwa in Friedrich Engels' Schrift über den „Ursprung der Familie, des Privateigentums und des Staates", in August Bebels vielgelesenem Werk „Die Frau und der Sozialismus" geschieht, sondern daß Philosophie und Kunst diese Fragen als tragische Probleme aufrollen. Schon bei Ibsen spielt die Frauenfrage eine entscheidende Rolle (Nora, Hedda Gabler, Frau vom Meer). Für einen anderen Skandinavier, den Schweden August Strindberg (1849—1912), steht der tragische Gegensatz des männlichen und des weiblichen Charakters im Mittelpunkt seiner dramatischen und erzählenden Kunst. Selbst dreimal unglücklich verheiratet, glaubt Strindberg nicht an die Möglichkeit eines harmonischen Ausgleichs zwischen den Geschlechtern, sondern verkündet den ewigen Fluch, der aus der Spannung zwischen dem Geistwesen Mann und dem Naturwesen Frau entspringt. Mit rückhaltloser Wahrheitsliebe hat Strindberg sein eigenes Leben und seine selbstquälerischen Gedanken vor der Öffentlichkeit ausgebreitet. Vom Naturalismus kommend wird seine Kunst mit den Jahren zu einem vieldeutigen Symbolismus, hinter dem sich die Angst vor größeren Katastrophen kaum mehr verbirgt. In Romanen (Das rote Zimmer, Der Sohn einer Magd, Am offenen Meer), in Novellen, Festspielen (Ostern), historischen Dramen (Gustav Wasa, Erich XIV.) und in modernen Kammerspielen (Vater, Totentanz) hat Strindberg seine pessimistische Weltanschauung niedergelegt. Erscheint bei Strindberg der weibliche Charakter als das zerstörende Element, dem sich der männliche Geist zu seinem Unglück nicht entziehen kann, von dem der Mann immer wieder in die Tiefe gerissen wird, so beantwortet der Deutsche Frank Wedekind (1864–1918) die Frage genau umgekehrt. Er verherrlicht das Naturwesen Weib, das von dem Geistwesen Mann nicht verstanden und nur mißbraucht wird, weshalb es sich kraft seiner stärkeren Kreatürlichkeit an dem Manne rächt und ihn verschlingt. Seit Jahrtausenden wird, nach Wedekind, die Frau in der Sklaverei des Mannes gehalten, wobei der Dichter diese Frage keineswegs politisch sieht, sondern moralisch. Während der Mann in der Liebe die Freiheit der Wahl hat, bestreite die Gesellschaft der Frau das gleiche Recht und zeitige dadurch immer wieder zwei extreme Verbildungen des weiblichen Wesens, das sitzengebliebene alte Mädchen auf der einen Seite, die vom Manne mißbrauchte und an ihm zugrundegehende Prostituierte auf der andern. In „Frühlingserwachen" (1891), einer Kindertragödie, rührt Wedekind sein eigentliches Problem nur leise an, in „Erdgeist" (1897) und „Büchse der Pandora" legt er ein oft mißverstandenes Bekenntnis zu der tragischen Weltanschauung ab, die in dem Spiel zwischen dem Elementarwesen Weib und dem auf Macht ausgehenden Geistwesen Mann eine unlösbare Verkettung sieht. Wedekind sprengt zugleich die Fesseln des naturalistischen Theaters und fordert einen neuen Stil, der von kämpferischer Rhetorik getragen ist und die Bühne wieder, wie im antiken oder klassischen Drama, zur moralischen Anstalt macht, zur großen Tribüne, auf der für die Ideen der Zeit gefochten wird. Was Strindberg und Wedekind künstlerisch ausdrückten, sucht der Wiener Philosoph Otto Weininger (1880–1903) in seinem Werk „Geschlecht und Charakter", das der eben ins dritte Lebensjahrzehnt eingetretene, frühreife junge Schriftsteller bald nach der Jahrhundertwende veröffentlicht, philosophisch zu begründen. Er lehrt, daß der Mensch psychisch und physisch zur Bisexualität neige, so daß in vielen männlichen Charakteren starke weibliche, im weiblichen männliche Elemente zu finden seien. Auf Weininger gehen zahlreiche Schlagworte der modernen Tagesliteratur, wie das von dem Mütter- und Dirnentyp der Frau, zurück. Der zum Geist berufene Mann werde, so folgert Weininger mit Strindberg, durch das nur erotisch empfindende weibliche Wesen hinabgezogen. Weiningers Werk war um so einflußreicher auf die Zeit, als der junge Philosoph aus seiner Theorie die letzte Schlußfolgerung zog und sich, 23jährig, selbst entleibte. Die Verwirrung der Gefühle, die Unordnung im Verhältnis der Geschlechter kommt aber auch bei anderen Künstlern der Epoche zum Ausdruck. Oscar Wilde verkündet in dem „Bildnis des Dorian Gray" ästhetische Gedanken, die kaum mehr verhüllt die Knabenliebe verherrlichen, in der Lyrik Stephan Georges wird ebenfalls die Männerliebe als sittliches Ideal hingestellt, bei Gabriele d'Annunzio wird dem schrankenlosen Machttrieb des Mannes gehuldigt, und Hans Blüher sieht in der deutschen Jugendbewegung das erotische Problem der kulturschöpferischen Männerbünde gelöst. Auch Thomas Mann rührt in der Novelle „Der Tod in Venedig" an dieses Problem, und sein Bruder Heinrich Mann, durch d'Annunzio ästhetisch stark beeinflußt, behandelt in der Novelle „Pippo Spano" die Gestalt eines Künstlergenies, das sich jenseits von Gut und Böse dünkt und eine Frau bedenkenlos dem eigenen Machttrieb opfert. In Heinrich Manns „Professor Unrat" wird ein korrekter Kleinbürger die Beute seiner plötzlich erwachten erotischen Leidenschaft. Im Gegensatz zu den Frauenhassern und Frauenverächtern verkünden der Satiriker Karl Kraus und der Essayist und Lyriker Peter Altenberg (Richard Engländer) in Wien das Lob des Weiblichen. In den beiden Sammelwerken „Die chinesische Mauer" und „Sittlichkeit und Kriminalität" legt Karl Kraus seine Anschauung vom Verhältnis der Geschlechter nieder. Aus der Unfähigkeit des abendländischen Kulturmenschen, die Frau in ihre natürlichen Rechte einzusetzen, folgert er den notwendigen Untergang der weißen Kultur.

*Satire und Zeitkritik*

167 In Karl Kraus (1874—1936) ist der Epoche noch einmal ein Zeitkritiker und Satiriker von gewaltiger Sprachkraft erstanden. Beschränkt er sich auch im wesentlichen auf die Kritik deutscher und im engeren Sinne Wiener Zustände, wobei ihm Österreich mit der Fülle seiner Probleme als eine „Probestation des Weltunterganges" erscheint, so ist sein Kampf gegen den Fortschrittswahn der Epoche, gegen die Unterwerfung des Geistes unter das Geschäft, der menschlichen Persönlichkeit unter die Technik, sein Ringen gegen die Presse, gegen jede Art von Phrase und literarische Lüge doch ein Kampf gegen die Zeit schlechthin. Wie bei so vielen Geistern des beginnenden zwanzigsten Jahrhunderts spielt auch bei Kraus die Philosophie des christlichen Existentialismus des Dänen Sören Kierkegaard (1813—1855) eine entscheidende Rolle. Kraus prägt den Begriff der Technoromantik für den Rausch des modernen Menschen, der, von den technischen Möglichkeiten, von der großen Zahl und vom Rekord besessen, die katastrophalen Folgen der entfesselten Technik nicht mehr sieht; er entdeckt, daß Technik und Presse die Phantasie des Menschen abtöten und ihn deshalb bei scheinbar steigender Bildung jeder wahren Kultur berauben. So entstehe der Typus der „elektrisch beleuchteten Barbaren". In dem Sammelband „Untergang der Welt durch schwarze Magie" hat Karl Kraus seine warnenden Essays vereinigt, die, wie alle seine Schriften, zuerst in der von ihm herausgegebenen, später von ihm allein geschriebenen Zeitschrift „Die Fackel" erschienen sind. Sie enthalten, wie das ganze Werk des Satirikers, später überraschend erfüllte Prophetien der nahenden Katastrophe. In ähnlicher Weise hat der englische Katholik Hilaire Belloc (geb. 1870) die Zeit kritisiert und ihren Untergang vorausgesagt. Im Gegensatz zu diesen echten Satirikern und ihrem notwendigen Pessimismus ist der Ire George Bernard Shaw bei aller Ironie optimistisch und fortschrittsgläubig. Im Sozialismus sieht er die Lösung der Konflikte seiner Epoche. Auch der schon erwähnte Chesterton bleibt in seiner Satire Optimist und vielleicht deshalb oft an der Oberfläche der Erscheinungen. Ein in die Tiefe gehender Zeitkritiker ist dagegen Theodor Haecker (1879—1945), der ebenfalls von Kierkegaard ausgeht und über Newman zum Katholizismus (1921) gelangt. In seinem Werk „Satire und Polemik" (1912) zeigt er die

religiösen Triebkräfte echter Satire auf. Ein Prophet der Katastrophe ist auch der Russe Wladimir Sergjewitsch Solowjew (1853—1900), der zwar von Dostojewskij herkommt, dessen Haß gegen das lateinische Christentum jedoch überwindet, Katholik wird und kurz vor seinem Tode jene „Drei Gespräche" veröffentlicht, die wie eine letzte Warnung an das beginnende Jahrhundert wirken. Dagegen bleibt die Zeitkritik eines so viel gelesenen Autors wie Maximilian Harden (Herausgeber der „Zukunft") doch an der Oberfläche der Erscheinungen haften. Sein Kampf gegen Wilhelm II. und die Hofkamarilla mündet nicht in eine aufbauende Kritik, sondern dient dem deutschen Nationalismus, oft auch der Lust am Skandal. Eine geschichtliche Aufgabe erfüllt in Deutschland aber zweifellos der Kreis, der sich in München um die Zeitschrift „Simplicissimus" des Albert Langen-Verlages versammelt. Zeichner wie Olaf Gulbransson, Thomas Theodor Heine, Thöny, Arnold, Schriftsteller wie Ludwig Thoma, Wedekind, Morgenstern führen von München aus den Kampf nicht nur gegen den Polizeigeist des preußischen Staates, sondern auch gegen die parvenühafte Aufgeblasenheit der technisierten und militaristisch organisierten Großstadtwelt. In Berlin selbst erhebt Walter Rathenau seine Stimme und gibt in glänzend geschriebenen Essays seiner Überzeugung von einem nahen Umbruch in der europäischen Gesellschaft Ausdruck.

*Der jüngere Realismus*

168   Bedeutende Künstler, vor allem auf dem Gebiete des Romans, versuchen, wie im 19. Jahrhundert, das Leben der Zeit einzufangen und in ihren Werken widerzuspiegeln. Die Methoden des künstlerischen Realismus sind weiterentwickelt und verfeinert worden. Die Kritik, die man am Naturalismus seit dem Auftreten von Huysmans übt, trägt ihre Früchte. Die Künstler haben begriffen, daß es nicht mehr darauf ankommt, ein photographisches Abbild der Welt zu liefern, sondern im Bild der äußeren Erscheinungen die tieferen Kräfte, das Wirken der Ideen, das Walten verborgener Mächte deutlich zu machen. Der Meister dieses jüngeren Realismus ist der Norweger Knut Hamsun (geb. 1859). Er hat die halbe Welt bereist, sich als Arbeiter, Seemann, Landstreicher herumgeschlagen und schildert ohne Lüge und Beschönigung nicht nur die äußeren Schicksale der Menschen unserer Zeit, sondern entwirft mit rückhaltloser Offenheit in Gesprächen und Selbstgesprächen ein Bild ihres Seelenlebens. 1890 erscheint sein Roman „Hunger", mit dem die Reihe großer Welterfolge seiner Dichtung beginnt (Pan, Victoria, Segen der Erde, Stadt Segelfoß, Nach Jahr und Tag, August Weltumsegler, Das letzte Kapitel). Hamsun steht der modernen Zivilisation kritisch gegenüber. In Verstädterung, Technik, Kapitalismus sieht er das Verderben der Menschen. Die Angelsachsen scheinen ihm am meisten von dem oberflächlichen Fortschrittswahn angesteckt; in seinem symbolistischen Drama „An des Reiches Pforten" wendet sich der Held in sinnbildlicher Weise vom englischen Einfluß ab und geht nach Deutschland. Hamsuns eigenes Schicksal ist damit vorweggenommen. In der Gestalt des August Weltumsegler schafft Hamsun das wohl großartigste literarische Sinnbild der fortschrittlich-liberalen Weltanschau-

ung. Ruhelos von einem Ort zum andern wandernd, von einem Geschäft sich ins andere stürzend, sinnlosen Spekulationen nachjagend und alles Neue begeistert aufgreifend, nur deshalb, weil es neu ist, wird August am Ende seines unsteten Weltenbummlerdaseins von der tollgewordenen Schafherde, die er sich ohne vernünftigen Zweck als jüngste Spekulation zugelegt hat, in den Abgrund gerissen. In manchem Punkt berührt sich Hamsuns Naturreligion mit der Philosophie von Ludwig Klages, und wie diese wird sie später dazu mißbraucht, Schlagworte für das Neuheidentum und politische Barbarentum abzugeben. Der Engländer John Galsworthy (1867–1933), vor allem durch seine Romanreihe „Die Forsyte-Saga" bekannt geworden, aber auch als Dramatiker erfolgreich, sieht die Welt vom Standpunkt des vornehmen englischen Bürgers, wirbt aber mit seiner Gesellschaftskritik für demokratische, soziale und pazifistische Gedanken. Dem Franzosen André Gide (geboren 1869) wird der Realismus in Verbindung mit Satire, Ironie und philosophischen Tendenzen zu einem Mittel der Selbstenthüllung und Gewissensreinigung, aber auch des Kampfes für seine freisinnigen und später zeitweise kommunistischen und schließlich atheistischen Ideen. Er schreibt unter anderem „Les Caves du Vatican" (Die Verließe des Vatikan), „Les Nourritures terrestres" (Uns nährt die Erde), „Les Faux-monnayeurs" (Die Falschmünzer). Dagegen wirkt Paul Bourget (1852–1935) in Romanen, Kritiken, Theaterstücken für eine Neuordnung der Gesellschaft im Geiste des Glaubens. Den französischen Liebesroman führt die 1873 geborene Colette durch psychologische und sprachliche Verfeinerung zu neuen Welterfolgen. Einen männlichen Heroismus vertritt Claude Farrère in seinen, meist in Offiziers- und Marinekreisen spielenden Romanen. Mit dem gewaltigen Zyklus „A la recherche du temps perdu" von Marcel Proust (1871—1922) wendet sich der französische Roman, die sprachliche Form der klassischen Satzperiode sprengend, einem neuen Stil zu, in dem psychoanalytisch gewonnene Einblicke in das Seelenleben die Tatsachenschilderungen überwiegen.

*Heimat, Mystik, Fremde*

169 In Deutschland tritt der jüngere Realismus in Verbindung mit der sogenannten Heimatkunst auf. Einzelne Autoren wachsen über die Heimatkunst weit hinaus. Thomas Mann (geb. 1875 in Lübeck) schildert in dem Roman „Die Buddenbrooks" (1901) den Niedergang einer hanseatischen Patrizierfamilie; er fängt ein ganzes Jahrhundert bürgerlicher Geistesentwicklung in Deutschland im Spiegel des Romangeschehens ein. An der Spitze der Heimatdichter steht, diese Richtung auch theoretisch verfechtend, der Elsässer Friedrich Lienhardt, dessen Werk „Vorherrschaft Berlins" im Jahre der Jahrhundertwende programmatische Bedeutung hat. Die jüngeren Schweizer Realisten Ernst Zahn, Jakob Christoph Heer und Heinrich Federer knüpfen an die Tradition Kellers an wie der Österreicher Rudolf Greinz an die Roseggers. Die größten Bucherfolge unter den Heimatdichtern haben der Österreicher Rudolf Hans Bartsch (Zwölf aus der Steiermark, 1908) und der Holsteiner Gustav Frennsen (Jörn Uhl, 1901; Hilligenley, 1906). Wesentlich tiefer ist die Dichtung des Schlesiers

Hermann Stehr (1864–1940), die, ähnlich der Dichtung Gerhart Hauptmanns, oft ins Mystische übergleitet. Echten Realismus vertritt der Holsteiner Timm Kröger (1844—1918) und im Typus des psychologischen Zeitromans Jakob Wassermann (1873—1934), in dessen Werk frühzeitig die seelischen Konflikte des deutschen Juden anklingen (Die Juden von Zirndorf, 1897; Die Geschichte der jungen Renate Fuchs, 1900; Die Masken Erwin Reiners, 1910). Aus realistischer Naturschilderung zur Romantik und zu einer mit schwüler Erotik vermischten Mystik wandelt sich Hermann Löns (1866–1914). Am tiefsten zeigt sich, soweit das deutsche Sprachgebiet in Frage kommt, die Erschütterung der abendländischen Kultur in der Dichtung Hermann Hesses (geboren 1877 in Calw, seit 1912 im Tessin lebend). Aus dem kleinen Bürgertum und aus dem geistigen Bereich des schwäbischen Pietismus kommend, hat er durch die Missionstätigkeit seines Vaters frühzeitig Verbindung zur geistigen Welt Indiens bekommen. Die Philosophie und Mystik des asiatischen Ostens läßt ihn nicht mehr los. Als Erzähler und als Lyriker ringt er mit dem Problem der menschlichen Existenz, fühlt er sich als völlig Einsamer und stellt der bürgerlichen Gemeinschaft die Unruhe und Rastlosigkeit seiner Vagabunden entgegen (Peter Camenzind, 1904; Knulp, 1915). Der Untergang des Bürgertums, den der Patrizier Thomas Mann virtuos überlegen schildert, wird Hesse zum quälenden Erlebnis. Der Bruch der jüngeren und der älteren Generation ist für ihn eine tiefe Erschütterung (Unterm Rad, 1905).

### *Neuromantik und Aristokratie des Geistes*

*170* Symbolismus und Neuromantik bedeuteten zunächst den Pendelschlag, den der Naturalismus ausgelöst hatte und der die europäische Literatur von dem einen Pol zum andern schwingen ließ. Stilistisch bedeutete dabei die Kunst des Impressionismus, in der Malerei wie in der Literatur, den Übergang von der photographischen Naturwiedergabe zu einer beseelten Nachgestaltung der äußeren Welt. Wie in Frankreich, so ist auch in Deutschland zunächst die Lyrik das Feld der Impressionisten und Neuromantiker. In Richard Dehmel (1863–1920), der von Nietzsche herkommt, gewinnt die deutsche Lyrik nach Jahrzehnten des Stillstands und jenseits einer theoretischen Revolution, wie sie Arno Holz fordert, in Form und Inhalt Anschluß an die Zeit; durch ihn drückt sie die Gefühle und Gedanken aus, von denen die Generation der Jahrhundertwende zutiefst bewegt ist (Erlösungen, 1891; Weib und Welt, 1896; Zwei Menschen, 1903). Neben Nietzsche ist es Detlev von Liliencron (1844–1909), der Dehmel aufs stärkste beeinflußt und der selbst, freilich auf andere Art als Dehmel, einen neuen Höhepunkt der deutschen Lyrik darstellt. Der ehemalige preußische Offizier ist in seiner Lebenshaltung und Weltanschauung immer Aristokrat und Soldat geblieben. Trotzdem wandert er nach Amerika aus, er erlebt das Elend des Proletarierdaseins und hungert nachher wieder in Deutschland als Schriftsteller, dessen Genie das bürgerliche Zeitalter nicht erkennt. Erst die Erschütterung des bürgerlichen Selbstbewußtseins nach der Jahrhundertwende erschließt den Zeitgenossen das Verständnis Liliencrons, der 1883 „Adjutantenritte und andere

Gedichte", 1897 „Poggfred", ein kunterbuntes Epos, veröffentlicht hat, dessen Kriegsnovellen aus den Jahren 1866 und 1870 von stärkstem Realismus sind und dessen ganze Kunst eine betonte Absage an Lebensgefühl und Wertordnung der bürgerlich-kapitalistischen Gesellschaft ist. Mit Liliencron wird gerade in Deutschland die Flucht aus der bürgerlichen Welt in das Phantasiereich einer Geburts- und Geistesaristokratie mit ihren anderen Werten zu einem geläufigen Protest gegen die Zeit. Der Österreicher Richard von Schaukal (1874—1946), der Niedersachse Börries von Münchhausen (1874—1945), der die deutsche Ballade erneuert, die Westfälin Lulu von Strauß und Torney und die Ostpreußin Agnes Miegel bezeugen diese Form des Protestes gegen die bürgerliche Welt. Bewußt antibürgerlich, betont aristokratisch und nur für einen Kreis von Auserwählten bestimmt ist die Dichtung des Rheinländers Stefan George (1868—1933). In den neunziger Jahren empfängt George, der sich selbst seiner französischen Vorfahren gern rühmt, im Kreise der Pariser Symbolisten den entscheidenden Anstoß zu seinem lyrischen Schaffen. Er umgibt sich mit einem Kreis von Anhängern, die durch die „Blätter für die Kunst" verbunden sind, schafft eine eigene Symbolik und eine nur für seinen Kreis bestimmte historisch-mythologische Welt. Er prägt den Begriff eines „Dritten Reiches" (in Anlehnung an Gedanken Dostojewskijs), nährt überhaupt eine historisch unklare Reichsromantik, die bald an die dekadente Spätantike, bald an das mittelalterliche Sacrum Imperium anknüpft, das Heroische in eigenwilliger Weise mit dem Kult des Morbiden verbindet und die junge deutsche Generation mit gefährlich verschwommenen Gedanken erfüllt. Das kultisch Geheimnisvolle wird noch durch eine willkürliche Orthographie und Zeichensetzung besonders betont. Georges Lyrik (Das Jahr der Seele, 1897; Der siebente Ring, 1907; Stern des Bundes, 1914) zeigt sehr oft bei näherer Betrachtung weder die hintergründige Tiefe, noch die strenge Schönheit der Form, die Georges Anbeter für ihn in Anspruch nehmen, sondern ist oft leeres Wortgeklingel, heroische Phrase, eitle Selbstvergötterung. Sieht man in Langbehn den einen Pol deutscher Geistigkeit, die in der Gefolgschaft Wagners und Nietzsches aufbricht, so könnte man in George den anderen finden. Zwischen ihnen steht gärend und ringend die deutsche Jugendbewegung. Zu dem Kreis Georges gehören unter anderem der Philosoph Ludwig Klages, der Literarhistoriker Friedrich Gundolf, der Historiker Friedrich Wolters, der geniale Karl Wolfskehl, Ernst Bertram, Melchior Lechter und als einer seiner spätesten Jünger Graf Klaus Stauffenberg, der den Heroismus und die aristokratische Idee wirklich ernst nimmt und 1944 die Bombe gegen Hitler schleudert.

Während die aristokratische Haltung von Dichtern wie Liliencron, Münchhausen, Schaukal aus tiefster Überzeugung kommt, ist sie in dem George-Kreis vielfach Spielerei und Theatralik, Maske und ein Deckmantel der inneren Unausgeglichenheit so vieler geistiger Menschen der Epoche. Darum wachsen aus diesem Kreis ebenso die Gefährten Hitlers wie seine schärfsten Gegner, berufen sich auf George und Klages wie auf Nietzsche und Wagner die Freunde und die Feinde der plebejischen Tyrannis des 20. Jahrhunderts.

### Katholische Literatur und Mystik

*171* Mit der Abkehr vom 19. Jahrhundert wächst auch in der Literatur wieder die Bedeutung der katholischen Idee, zunächst in Frankreich. Léon Bloy (1846 bis 1917) ist in seinen tagebuchartigen Werken, in seinen Briefen und Meditationen bewegt von den Problemen der menschlichen Schwäche und Sündhaftigkeit, der göttlichen Gnade und der erlösenden Kraft des Glaubens. Seit Racine und Pascal hat die französische Literatur, von dem romantischen Zwischenspiel abgesehen, keine so erschütternde christliche Bekenntnisliteratur aufzuweisen gehabt. Der deutsche Carl Muth (1867–1944) lernt in Paris die neuen Strömungen des französischen Katholizismus kennen und sucht auch die deutschen Katholiken aus der Selbstbeschränkung ihres „elfenbeinernen Turms" herauszuführen und zu einem geistig bestimmenden Faktor im Leben der Nation zu machen. Zu diesem Zwecke gründet er die Zeitschrift „Hochland" (1903), mit der nach langen Jahrzehnten der liberalen Vorherrschaft im geistigen Leben Münchens die bayerische Hauptstadt wieder ein Mittelpunkt katholischer Geistigkeit wird. Aus dem bayerisch-österreichischen Raum kommt aber auch, genährt vom Geiste des Barock, der hier ungebrochen weiterlebt, die Erneuerung des katholischen Geschichtsromans mit Enrica von Handel-Mazzetti (geboren 1871). In „Jesse und Maria" (1906) lebt nicht nur das Bild der Gegenreformation wieder auf, sondern Glaubensprobleme der Zeit spiegeln sich in dem historischen Geschehen, das auf das große Ziel der Una Sancta aus dem Geiste christlicher Liebe hinweist. In katholischen Kreisen zunächst heftig umstritten, setzt sich Enrica von Handel-Mazzetti dank der literarischen Hilfe Carl Muths sehr bald durch.

Die Ästhetik des George-Kreises mit seinem „L'art pour l'art"-Ideal (Kunst um der Kunst willen) und die geistige Welt des barocken Katholizismus bestimmen auch Wesen und Weg des Österreichers Hugo von Hofmannsthal (1874—1929). In Drama und Lyrik ist er der weitaus bedeutendste Repräsentant einer weltumspannenden Neuromantik, die ins Mittelalter und in die Kultur des Barock zurückgreift, um die großen Formen europäischer Dichtung zu erneuern. Im Mysterienspiel (Jedermann, Salzburger großes Welttheater) findet er den Ausdruck für sein Weltgefühl. Sein Landsmann Arthur Schnitzler, ein Meister der Stimmungsmalerei im Einakter und in der Novelle, geht ebenfalls den Weg vom Naturalismus durch einen verfeinerten Realismus der Seelenschilderung zur Bekenntnisdichtung, in der die Krise der Zeit sichtbar wird. In die Mystik des Ostens aber flieht der Prager Rainer Maria Rilke (1875—1926) mit dem „Stundenbuch" (1899—1903). Nach zwei Rußlandreisen wendet er sich über den Künstlerkreis von Worpswede nach Paris, wo er in den Jahren vor dem ersten Weltkrieg als Sekretär des Bildhauers Auguste Rodin lebt. In Rodin (1840 bis 1917) lernt er eine überragende Künstlerpersönlichkeit kennen, der es darum geht, in der Plastik hinter dem Körperlichen das Geistige sichtbar zu machen. Rodin war einer der frühesten Künder einer Kunst, die man bereits expressionistisch nennen kann (1884–1895 Die Bürger von Calais, 1888 Der Kuß, 1904 Der Denker). Rodin läßt seine Gestalten nur soweit aus der Masse hervortreten, als nötig ist, um die Phantasie des Beschauers den Weg zu führen, auf dem er sie durch die Form zum Wesen bringen will.

*Die neue Kunstsprache*

172 Von der französischen bildenden Kunst gehen überhaupt die ersten Antriebe zu einer neuen Kunstsprache des Abendlandes aus. Was Rodin in der Plastik erreicht, das versucht Vincent van Gogh (1853—1890), der Abstammung nach Holländer, dann aber in Frankreich wirkend, in der Malerei. Mitten unter den Naturalisten der französischen Malerei wirkend, ringt er sich zu einem Stil durch, für den zwar die Natur die Bilderschrift ist, in der er spricht, nicht aber der eigentliche Zweck und Sinn seiner Kunst. Entscheidend ist das innere Erlebnis. Ob van Gogh Fischerboote malt, ob es die durch ihn berühmt gewordene Brücke von Arles ist, ob es Zypressen sind, die wie Flammen aus dem Boden wachsen, ob er kreisende Sonnen, Blüten oder Porträts, ob er ein seinem Gegenstand nach nichtssagendes Interieur malt, immer ahnt man hinter dem Gegenständlichen die Unruhe einer Künstlerseele, in der das Fieber ihrer Zeit glüht und die in Gestalt und Farbe um Ausdruck ringt. Bei van Gogh weilt eine Zeitlang Paul Gauguin (1848—1903), den wir bereits als einen der bedeutenden Gestalter der exotischen Welt genannt haben. Neben diesen beiden muß Paul Cézanne (1839 bis 1906) als ein Vorläufer der Malerei des 20. Jahrhunderts gewertet werden. Er stellt die Einzelheiten zurück gegenüber der künstlerischen Einheit, versucht das Allgemeine in den Erscheinungen zu ergründen und die Form nicht durch Zeichnung, sondern durch Farbenbewegung auszudrücken. In dieser Betonung der Farbe folgt ihm Henri Matisse (geb. 1869), der 1903 die internationale Malergruppe der Fauves begründet. Mit Georges Rouault (geb. 1871), vor allem aber mit Georges Braque (geb. 1882), der von Cézanne beeinflußt ist, sucht die französische Malerei zu Beginn des neuen Jahrhunderts immer kühnere Formen der Abstraktion, wobei sie entweder von der reinen Farbe oder, im sogenannten Kubismus, von der geometrischen Form ausgeht. Die wohl stärkste Künstlerpersönlichkeit der neuen Richtung ist aber der 1881 in Malaga geborene Spanier Pablo Picasso, der seit 1904 in Paris arbeitet (Die Seiltänzerfamilie, 1905; „Rosa Zeit", 1906; Die Fräulein von Avignon).

1909 proklamiert der italienische Dichter Emilio F. T. Marinetti in den „Manifesto futurista" nicht nur eine neue Kunst der Zukunft, eben den Futurismus, sondern verdammt auch alle bisherige Kunst als Passéismus (Vergangenheitskunst). In dem klassischen Land der Museen und Galerien ist diese Revolution eine nationale Auflehnung gegen die Erstarrung in der Pflege der reinen Tradition. Die Malerei des Futurismus soll nicht mehr und nicht weniger erreichen, als die vierte Dimension in das Bild einzuführen und das Nebeneinander im Bilde so zu formen, daß daraus ein Nacheinander in der Zeit erkennbar wird. Bei den Futuristen taucht zum erstenmal ein künstlerisches Problem auf, das die Kunst des 20. Jahrhunderts noch sehr stark beschäftigen wird, die Simultaneität. Angesichts der ungeheuren Vielfalt des modernen Lebens, des Durcheinander und

Ineinander von Ereignissen und Sinneserscheinungen, sucht die Kunst einen Weg, diese Komplexheit darzustellen.

*Sachlichkeit*

*173* In Deutschland hatte die bildende Kunst um die Jahrhundertwende im Jugendstil nach neuen Formen gesucht, war aber, vor allem im Kunstgewerbe, schnell ins Verspielte und schließlich in den Kitsch abgeglitten. Es war das Verdienst von Ferdinand Avenarius, mit seiner Zeitschrift „Kunstwart" den Kampf gegen die kunstgewerbliche Verkitschung aufgenommen zu haben. Weit radikaler als Avenarius geht aber der Wiener Architekt Adolf Loos (1870–1933) gegen das Kunstgewerbe, insbesondere auch gegen die kunstgewerblich führenden Wiener Werkstätten an. Loos, der einige Jahre in Amerika gelebt hat, fordert von der Architektur Sachlichkeit und Material-Echtheit. Er verwirft bei allen zweckbestimmten Bauten und gewerblichen Erzeugnissen das Ornament. Mit dem ersten größeren Bau, den er in Wien ausführt, setzt eine Revolution der europäischen Architektur ein. Das „Haus ohne Augenbrauen" auf dem Michaeler-Platz in Wien, im Volksmund so genannt, weil es die in den vorangegangenen Jahrzehnten unvermeidlichen Fenstersimse nicht mehr hatte, ist der Ausgangspunkt für eine Architektur, die in der Gestaltung der Fassade nur die zweckbestimmte Linie gelten läßt und alle ornamentale Stukkatur verwirft. Loos hat als ein Prophet neuer Ideen, die sich gegen Kitsch, gesellschaftliche Lüge und hohlen Traditionalismus wenden, viele Berührungspunkte mit der deutschen Jugendbewegung und mit dem italienischen Futurismus. Er tritt als einer der ersten Europäer auch für eine Reform der Männerkleidung ein, die er ebenfalls von den verlogenen Ornamenten des Stehkragens, der gestärkten Hemdbrust, der Röllchen und der fertig gebundenen Krawatte befreien will. Zu Beginn des Jahrhunderts als ein Außenseiter angesehen, hat Loos doch die Architektur und den gesamten Lebensstil des neuen Jahrhunderts entscheidend beeinflußt.

*Symbolismus*

*174* Aus dem Jugendstil entwickelt sich in Wien mit der Sezession eine ausgesprochen symbolistische Kunst, deren bedeutendster Vertreter Gustav Klimt (1862–1918) ist. Er bevorzugt in der Malerei flächig aufgetragene Farben, verwendet Gold- und Silbertöne, nähert sich oft dem Stil byzantinischer Mosaiks, versucht aber ebenfalls durch Linie und Farbe Ideen auszudrücken, die hinter den äußeren Dingen stehen. Der vielleicht virtuoseste Künstler der Epoche ist der Leipziger Max Klinger (1857–1920). Als Bildhauer, Maler und Graphiker beherrscht er die Technik gleich meisterhaft und versteht es, mit dem Material souverän umzugehen. Die Unsicherheit, Zerrissenheit und tiefe seelische Erschütterung der Zeit kommt in seinem überaus reichen Lebenswerk wie bei wenig anderen Künstlern zum Ausdruck. Gehört er in mancher Hinsicht noch zu den großen Romantikern der Malerei, so nähert er sich plötzlich wieder den Impressionisten und Meistern der Farbe (Blaue Stunde), wird zum Symbolisten, und in seinen großen graphischen Zyklen, die Dichtungen sein wollen, wird er zum

Künder und Vorläufer sehr moderner und zukunftsträchtiger Ideen. Die Problematik Richard Wagners, die für die deutsche Kunst des 19. Jahrhunderts so weitgehend beherrschend war, ist auch in ihm noch nicht gelöst. Gewagte Vorwürfe, wie „Christus im Olymp", suchen in typisch wagnerianischer Weise Christentum und apollinischen Geist zu vereinen. In seinen Plastiken verwendet Klinger in Anlehnung an die Gold-Elfenbein-Plastiken der alten Griechen und die bemalte Plastik der Antike verschiedenfarbiges Material (Beethoven-Denkmal). Die eigenwillige und oft bedenkenlos vollzogene Vermengung antiker, christlicher und germanischer Sinnbilder und Motive in Klingers Kunst ist für die Zeit und in besonderem Maße für die kritische Situation der deutschen Geistigkeit in dem Ringen alter und neuer Ideen überaus bezeichnend.

*Expressionismus*

175 Seit ungefähr 1903 beginnen sich aber auch in Deutschland künstlerische Richtungen abzuzeichnen, die der französischen und italienischen Moderne nahestehen und wie diese die Lösung der bildenden Kunst von der bloßen Wiedergabe der Natur anstreben. Künstlergruppen wie die „Brücke", „Der blaue Reiter", „Sturm" sind die Wegbahner einer Richtung, für die man dann in der Malerei und in der Dichtung die gemeinsame Bezeichnung „Expressionismus" wählt, weil sich die neuen Bestrebungen damit vom Impressionismus abheben wollen und weil betont werden soll, daß die Kunst Ausdruck eines inneren Erlebens ist. Insofern dies Ziel und Inhalt der Kunst aller Zeiten gewesen ist, ist die Benennung Expressionismus, wie der Name der meisten Stile, ungenau. Für die geistige Situation zwischen der Jahrhundertwende und dem Ausgang des ersten Weltkrieges trifft sie aber ein entscheidendes Merkmal: die Künstler ahnten die kommende Katastrophe und suchten ihrer Angst in der Formensprache von Malerei und Dichtung Ausdruck zu geben. Der Schweizer Ferdinand Hodler (1853–1918) gehört zu den frühesten Vertretern dieser neuen Malerei (Holzfäller, Rückzug von Marignano). An ihn erinnert sehr stark der Tiroler Albin Egger-Lienz (1868–1926). Entscheidende Anregungen empfängt der Expressionismus in der Malerei und vor allem in der Graphik von dem in Belgien geborenen, aber von Engländern abstammenden James Ensor (1860—1949), der phantastische Vorwürfe — etwa den „Einzug Christi in Brüssel" oder Motive, die er von Edgar Allan Poe entlehnt — in einer, auf den ersten Blick kraus erscheinenden Linienführung gestaltet, die den Beschauer unwiderstehlich in ihren Bann zieht. Der Norweger Edvard Munch (1863—1944) kam vom Naturalismus her und entwickelte sich über den Jugendstil zu einer Ausdruckskunst von stärkster Überzeugungskraft. Bezeichnend für seine Technik ist die Verwendung der Holzmaserung für die Linienführung der Zeichnung. Aus dem Kreis des Blauen Reiters geht der Deutsche Franz Marc (1880–1916) hervor, ein kühner Dichter der Farbe. Seine Tierbilder (Turm der blauen Pferde, Rehe, Tiger) haben ihn rasch berühmt gemacht. Die Formen- und Farbensprache des frühvollendeten und im ersten Weltkrieg gefallenen Künstlers läßt den Beschauer das

Zeitgefühl der kurzen Zwischenepoche von der Jahrhundertwende bis zu der europäischen Katastrophe ahnen. Die menschliche Gestalt als eine Chiffre in der Zeichensprache der Schöpfung tritt bei dem 1878 in Karlsruhe geborenen Carl Hofer in den Vordergrund (Masken, Totentanz). Die Verwandtschaft mit spätmittelalterlichen Kunstformen, an die der Expressionismus bewußt und unbewußt anknüpft, wird bei Ernst Barlach (1870–1938) deutlich. Die gotischen Einflüsse überschneiden sich bei diesem tiefreligiösen und mystisch veranlagten Bildhauer, Graphiker und Dichter oft mit einer Formensprache, die er aus der asiatischen Kulturwelt entlehnt. Der Leipziger Max Beckmann (1884—1951) deutet die Welt der Großstadt wie die Landschaft, Volks- und Zirkusszenen im Geiste des Expressionismus völlig ins Abstrakte. In das Reich der Träume und phantastischen Erscheinungen wächst der Expressionismus bei dem Schweizer Paul Klee (1879–1940) hinüber. Hier ist der Übergang vom Expressionismus zu den Stilformen der Zeit nach dem ersten Weltkrieg bereits sichtbar. Unmittelbar überzeugend als Ausdruck eines tragischen Weltgefühls ist der Expressionismus des 1886 geborenen Österreichers Oskar Kokoschka, der in Porträts und Landschaften wie in graphischen Arbeiten und als Dramatiker in dem letzten Jahrfünft vor dem Weltkrieg hervortritt. Aus dem Kreis des Satirikers Karl Kraus kommend, ahnt er die tiefe Erschütterung der abendländischen Menschheit und findet aus einem sicheren Kunstgefühl in Farbe und Linie den Ausdruck für das Hintergründige der Zeit. An Ensor erinnert der in Leitmeritz in Böhmen 1877 geborene Alfred Kubin. Ein Meister der Graphik, insbesondere der Federzeichnung, stellt er in Illustrationen und in eigenen graphischen Kompositionen wie auch in seinen Erzählungen die Nachtseiten des Lebens, das Dämonische, Geheimnisvolle und Abgründige dar. Er illustriert bezeichnenderweise E. T. A. Hoffmann, Edgar Allan Poe, Dostojewskij, Strindberg und den Lyriker Georg Trakl.

## In Erwartung der Katastrophe

*176* Später als in der Malerei setzt sich der Expressionismus in der Literatur durch. Das allgemeine Stichjahr ist 1910 mit der Gründung der in Berlin erscheinenden Zeitschriften „Der Sturm" und „Die Aktion". 1913 folgen „Das neue Pathos" und in München „Die Revolution". Einen kleineren Kreis von Dichtern und Schriftstellern schließt die Zeitschrift „Der Brenner" zusammen, die Ludwig von Ficker in Innsbruck gründet. Es ist zum Teil eine verlorene Generation, die sich um die expressionistischen Zeitschriften schart, junge Dichter, deren Weltangst vielfach nur im ungeformten Schrei aufklingt, ehe sie in Selbstmord oder als Opfer des Krieges enden. Ernst Stadler (1883–1914), Georg Heim (1887–1912), August Stramm (1874–1915) und der von Nietzsche zum Katholizismus durchstoßende Reinhard Johannes Sorge (1892—1916) gehören hierher. Nur wenige Rufer dieser Generation überleben die Katastrophe, die sie kommen sahen, so Paul Zech (1881–1946) und Oskar Loerke (1884–1941). In Deutschland entsteht auch ein expressionistisches Drama, als dessen Repräsentanten Georg Kaiser (1878—1945), der Offizierssohn und Prinzenerzieher Fritz von Unruh (geboren

1885) und Walter Hasenclever (1890—1940) gelten dürfen. Kaisers „Bürger von Calais", Unruhs „Offiziere" und am radikalsten Hasenclevers „Sohn" stecken auf der deutschen Bühne in den Jahren 1912—1914 die Problematik der expressionistischen Dichtung ab. In der Komödie ist die scharfe Satire Carl Sternheims (1878—1942) dem Expressionismus vor allem sprachlich verwandt (Die Hose, Bürger Schippel, Der Snob). Aus dem alten Kulturkreis des Prager Judentums, das, zwischen Deutschen und Slawen stehend, Anregungen beider Völker verarbeitet und Eigenes bewahrt hat, kommen Franz Werfel (1890—1945), der zunächst als expressionistischer Lyriker, dramatisch dann mit einer erschütternden Umdichtung der „Troerinnen" des Euripides hervortritt, und Franz Kafka (1883—1924), dessen eigentlich erst nach seinem Tode bekannt gewordenes Werk, in seiner tiefgründigen Vieldeutigkeit über den Expressionismus hinausführt. Dunkel, klangschön, geheimnisvoll, in Mythos und Mystik verklingend ist die Lyrik von Else Lasker-Schüler (1876—1946), auch sie ein Zeugnis des neuen Weltgefühls, das die nahende Katastrophe spürt. Als Mensch und Dichter ist aber wohl Georg Trakl (1884 als Abkömmling einer Salzburger Protestantenfamilie geboren, im Herbst 1914 nach einem Nervenzusammenbruch auf dem Schlachtfeld an einer zu starken Droge — vielleicht aus freiem Entschluß — im Feldspital gestorben) die tragischste Erscheinung der Zeit. Ein gottbegnadeter Sprachschöpfer und mit einem überwachen Sinn für das Unwägbare der Stimmung einer Landschaft, einer bestimmten Stunde, einer Beziehung zwischen Menschen begabter Dichter, hat Trakl nicht nur, wie viele seiner expressionistischen Zeitgenossen, eine Lyrik geschaffen, die als Dokument der Zeit ihren Wert hat, sondern er hat der sonderbaren Stimmung dieser Zeit vor dem ersten Weltkrieg die gültige Gestalt gegeben. Er ist nicht ohne weiteres unter die Expressionisten einzureihen; manches an seinen Versen ist impressionistische Stimmungskunst, vieles ist symbolisch, aber die entscheidende Triebkraft seines Schaffens ist das religiöse Erlebnis. Seine Gedichte sind bis in die Tage des blutigen Grauens vom August 1914 Sprache der angsterfüllten Kreatur, die aus der Verlassenheit einer mechanisierten Welt, der Technik und der Zivilisation nach dem Schöpfer ruft, den sie als unfaßbar große, das einemal glanzvolle und das anderemal erschreckende Vision der Ferne erblickt.

## Das Ende der romantischen Musik

177 Schwerer als andere Künste löst sich die Musik aus den überkommenen Formen. Sie hat sich bis zum Ausgang des 19. Jahrhunderts allem Realismus zum Trotz aus dem Quell der Romantik genährt und durch das großartige Phänomen des Wagnerschen Musikdramas, das die Zeitgenossen zu einem entschiedenen Für oder Wider zwang, ihr Gepräge erhalten. Aus romantischen Anfängen kommen auch noch die Künstler, die der Musik neue Ausdrucksmöglichkeiten schaffen: Der Münchner Richard Strauß (1864—1949), als Symphoniker (Don Juan, Till Eulenspiegel, Ein Heldenleben, Alpensymphonie) noch im Banne der Wagnerschen Ausdrucksmittel, findet, als er sich um die Jahrhundertwende der Oper

zuwendet, musikdramatisch in der Klangfülle des Orchesters und in der Architektur seiner Kompositionen völlig neue Wege (Salome, Elektra, Rosenkavalier); Arnold Schönberg (1874 in Wien geboren) beginnt romantisch mit den Gurre-Liedern und gelangt über Versuche einer expressionistischen Musik zu dem Zwölfton-System, das jede Harmonik verneint und die Musik auf einen rein gedanklich mathematischen Vorgang gründet. Der Russe Igor Strawinskij (geb. 1882), der Franzose Maurice Ravel (1875–1937) finden vom Impressionismus zu der neuen Formensprache. An die absolute Musik der vorklassischen Zeit knüpft Max Reger (1873–1916) an, ein religiös bestimmter Musiker, für den Bach Vorbild und Ausgangspunkt bleibt. In der Oper hat neben Richard Strauß der Italiener Giacomo Puccini (1858–1924) von den neunziger Jahren bis ins dritte Jahrzehnt des neuen Jahrhunderts das Theater beherrscht. Bei allem Willen zum Realismus in den Textbüchern (Verismus) spiegelt seine Musik die Nervosität der Zeit. In der Wahl der Stoffe zeigt sich bei Puccini die Neigung der Zeit zur Exotik (Madame Butterfly, Mädchen aus dem goldenen Westen, Turandot). Da Bühne und Konzertsaal aber nach wie vor von der klassischen und romantischen Musik beherrscht werden, können bedeutende Epigonen dieser Stilform sich noch immer behaupten. Als einer ihrer markantesten Vertreter darf der Österreicher Gustav Mahler genannt werden (1860—1911), der, als Dirigent und Leiter der Wiener Hofoper überaus verdienstvoll, ein gewaltiges symphonisches Werk in der Gefolgschaft Bruckners schuf. Gegen das Herkömmliche kann sich der größte Meister des Liedes seit Schubert, der Österreicher Hugo Wolf (1860—1903), erst nach der Jahrhundertwende durchsetzen (Mörike-, Eichendorff-, Goethelieder, Italienisches, Spanisches Liederbuch).

## 5. Die Erschütterung der europäischen Hegemonie 1898–1917

*178* Die alleinige Führung Europas in der Weltpolitik beruhte schon im letzten Drittel des 19. Jahrhunderts auf der Selbstbescheidung der Vereinigten Staaten, die, wirtschaftlich noch nicht an der Ausfuhr von Industriewaren interessiert, politisch an der Monroe-Doktrin festhaltend, keinen Anspruch auf Mitbestimmung in den Angelegenheiten der außeramerikanischen Kontinente erhoben. Als sich dies in den neunziger Jahren zu ändern beginnt und Amerika sich aus Gründen seiner wirtschaftlichen Entwicklung wie seiner militärischen Sicherheit, vor allem in den ostasiatischen Fragen nicht mehr desinteressiert zeigen kann, ist das europäische Konzert der sechs Großmächte empfindlich gestört. Gleichzeitig meldet Japan seinen Anspruch auf Weltgeltung, mindestens auf Gleichberechtigung in allen ostasiatisch-pazifischen Fragen an. Während Englands schwer errungener Erfolg über die Buren noch einmal eine Ausweitung britisch-europäischer Weltmacht vortäuscht, beginnt sich in Wahrheit das britische Empire strukturell zu verändern. Japans Sieg über Rußland besiegelt zugleich das Ende der weißen Alleinherrschaft in Asien. Der Kampf um die Abgrenzung der Einflußzonen der Mächte in Afrika und Asien, um die Verteilung der letzten noch freien Märkte, Kolonien und Rohstoffgebiete, das Ringen um die Herrschaft zur See bestimmen die Weltpolitik nach der Jahrhundertwende und führen zu einer Reihe von Konflikten und Krisen, aber auch zu bedeutsamen Übereinkommen, die eher auf ein werdendes, durch Völkerrecht und wirtschaftliche Zusammenarbeit bestimmtes föderatives Weltstaaten-System als auf einen großen Weltkrieg hinweisen. Es sind die im Grunde überalterten innereuropäischen Spannungen, aus denen der Weltkrieg entsteht. Der Nationalismus der europäischen Völker, das Unverständnis der führenden Staatsmänner für die Notwendigkeit überstaatlichen Denkens und überstaatlicher Lösungen, die Unfähigkeit einer in den Vorstellungen des 19. Jahrhunderts herangewachsenen Diplomatie zur Meisterung von Problemen, die angesichts der weltpolitischen Aufgaben Europas längst ihre tatsächliche Bedeutung verloren haben, lassen die europäischen Mächte in die Katastrophe von 1914 stolpern, aus der Europa, welche Partei immer den Sieg davontrug, nur mit einer schweren Einbuße an Macht, Ansehen und Wohlstand hervorgehen konnte. Der Eintritt der Vereinigten Staaten in den Krieg, von den Westmächten betrieben, von Deutschland provoziert, und die russische Revolution als Folge der militärischen Niederlage des Zarenreiches stürzen das Gleichgewicht der Welt um und beenden die Epoche der europäischen Hegemonie.

## Wendung der USA zur Weltpolitik

*179* Die Vereinigten Staaten von Amerika hatten im Laufe des 19. Jahrhunderts nicht nur ihre Unabhängigkeit bewahren, ihre Einheit erfolgreich verteidigen und die Monroe-Doktrin (1823), die den Einfluß der europäischen Mächte in beiden amerikanischen Kontinenten ausschalten will, weitestgehend verwirklichen können, sie waren seit dem Ende der achtziger Jahre auch auf dem besten Wege, eine höhere Einheit Gesamtamerikas zu schaffen. 1889 findet in Washington eine erste panamerikanische Konferenz statt. 1891 wird ein Büro der Panamerican Union gegründet, 1895 kann Präsident Cleveland, als er wegen einer Streitfrage (um Venezuela) gegen Großbritannien Stellung nimmt, bereits erklären: „We are practically sovereign on this continent". Noch aber hält sich Amerika aus den großen weltpolitischen Konflikten heraus. Nur schüchtern tastet seine Politik in den Stillen Ozean vor, der mit dem Wachsen des Ostasienhandels als ein Interessenfeld der Staaten erkannt wird. Der wirtschaftliche Aufschwung der Welt, der mit den Goldfunden und nach dem Abflauen der Weltwirtschafts-Depression im zweiten Drittel der neunziger Jahre eintritt, drängt aber auch das amerikanische Volk auf die Bahn politischer Ausdehnung. 1896 wird McKinley auf ein ausgesprochen „imperialistisches" Programm hin zum Präsidenten der Vereinigten Staaten gewählt. Er verspricht (und verwirklicht 1897) die Angliederung von Hawai, dessen beherrschende Stellung im Stillen Ozean (als Spitze eines Dreiecks, mit der Grundlinie Bering-Magelhaes-Straße) immer deutlicher erkennbar wird, die „Übernahme der (Panama-)Kanalfrage in eigene Hand" und Einschreiten in Cuba. An Cuba war das amerikanische Kapital wegen der

Bedeutung der Insel in der Rohrzuckererzeugung interessiert. Cuba und Puerto Rico aber sind auch strategisch für die Beherrschung der Karibischen See, des Golfs von Mexiko und des Zugangs zur Landenge von Panama wichtig. Sie sind in den neunziger Jahren die letzten Überbleibsel des einst so gewaltigen spanischen Kolonialreiches in Amerika. Auf Cuba kommen die Unruhen und Aufstände gegen die spanische Herrschaft nicht zum Erlöschen. Zweifellos sind sie von amerikanischer Seite geschürt worden; das veraltete Verwaltungssystem Spaniens war aber andererseits unfähig, die Gebiete zu befrieden. Unter der Präsidentschaft McKinleys greifen die USA 1898 in die Kämpfe ein, was zum Kriege mit Spanien führt. In der Bucht von Manila, wo die Flotte der Amerikaner das spanische Philippinen-Geschwader angreift, und auf der Höhe von Santiago de Cuba werden die alten Schiffe der Spanier von der weiterreichenden Artillerie der modernen amerikanischen Panzerschiffe zusammengeschossen, ehe sie selbst zum Feuern kommen. Die Landung eines amerikanischen Expeditionskorps auf Cuba bringt sehr rasch die Entscheidung. Spanien muß 1898 nicht nur Cuba und Puerto Rico herausgeben, sondern auch die Philippinen abtreten. Wird Cuba bei formeller Eigenstaatlichkeit militärisch und wirtschaftlich jetzt doch amerikanische Einflußzone, so wird den Philippinen versprochen, daß sie nach einer Reihe von Jahrzehnten ihre Selbständigkeit erlangen sollen. Bis dahin bleiben sie Besitz der USA. Diese sind damit sehr nahe an Ostasien herangerückt, beteiligen sich wirtschaftlich stärker an der Erschließung Chinas und Indiens und geraten bald in Gegensatz zu Japan. Bei der Niederwerfung des Boxeraufstandes in China treten nicht mehr wie in früheren gemeinschaftlichen Aktionen die sechs europäischen Großmächte als Gremium der Weltpolitik auf, sondern neben ihnen stehen gleichberechtigt die Vereinigten Staaten und Japan.

*Die USA und die alten Mächte*

180 Der Panama-Kanal wird tatsächlich als rein amerikanisches Unternehmen gebaut und seit 1911 auch militärisch befestigt. Das Gebiet von Panama wird 1903 aus dem Staatsverband von Columbia losgelöst und in Abhängigkeit von den USA gehalten. 1905 wird die Kontrolle der USA auf San Domingo und 1910 auf Nicaragua ausgedehnt. Zu Mexiko bestehen bis in die Zeit nach dem ersten Weltkrieg sehr gespannte Verhältnisse, die wiederholt zu einer amerikanischen Intervention zu führen drohen. Die Verstaatlichung der Ölfelder durch die syndikalistischen Regierungen Mexikos hat alte Gegensätze zeitweise scharf zugespitzt, bis unter der Präsidentschaft Franklin D. Roosevelts eine Verständigung zwischen der Union und ihrem südlichen Nachbarstaat angebahnt wird. Auch die Beziehungen zu dem nördlichen Nachbarn Canada bringen zu Beginn des Jahrhunderts Spannungen zu Großbritannien, die erst mit dem Weltkrieg verschwinden. Das Verhältnis der USA zu Großbritannien ist in den Jahren, da die USA die ersten Schritte in der Weltpolitik tun und ihre Schlachtflotte verstärken, beinahe dauernd gespannt, so daß die deutsche Politik zeitweise mit Amerika als einem möglichen Bundesgenossen gegen England rechnet, während

zu Beginn des Jahrhunderts der englische Staatsmann Joseph Chamberlain ein britisch-amerikanisch-deutsches Bündnis erwägt, das stark genug wäre, den Weltfrieden auf lange hinaus zu sichern und die umstrittenen Gebiete des Planeten durch freundschaftliche Abkommen und Schiedssprüche der drei großen Seemächte zu verteilen. Die große Bedeutung, welche Amerika im Pazifik nun hat, kommt 1905 in der Friedensvermittlung zwischen Rußland und Japan und in der Tatsache zum Ausdruck, daß der Frieden auf amerikanischem Boden geschlossen wird. Der Gegensatz zu Japan wächst aber weiter, verstärkt durch die amerikanische Ausnahmegesetzgebung (1906 Gesetz gegen die Zulassung japanischer Kinder zu den Schulen in Kalifornien, 1913 Verbot des Erwerbs von Grundbesitz durch Japaner). 1910 schaltet sich die Union in den Streit um die mandschurische Bahn ein. Rein ideelle Gegensätze bestehen zu Rußland, dessen absolutistisches System dem demokratischen Amerika verhaßt ist. Die Judenverfolgungen, die 1903 und 1911 zu Pogromen in der Ukraine führen und viele Ostjuden zur Auswanderung nach Amerika bewegen, rufen in Amerika sehr laute Proteste hervor. Auch zwischen der jüngsten und der zweitjüngsten Kolonialmacht, zwischen den USA und dem Deutschen Reich, ergeben sich manchmal Reibungen, doch besteht im allgemeinen zwischen beiden Mächten bis 1914 ein herzliches Verhältnis, das durch den Staatsbesuch Präsident Theodore Roosevelts bekräftigt wird. Die beiden neuen Bewerber um stärkere Geltung im Welthandel und in der überseeischen Politik fühlen sich noch durch den gemeinsamen Gegensatz gegen die alten Besitzer, vor allem gegen Großbritannien, verbunden.

*Burenkrieg*

*181* Das britische Weltreich erlebt um die Jahrhundertwende, eben als die USA der ältesten europäischen Weltmacht, Spanien, die letzten wertvollen Besitzungen abnehmen, eine äußerst bedrohliche Krise. Der Krieg mit den beiden Burenrepubliken, in den sich Großbritannien 1899 verstrickt sieht und der erst 1902 beendet wird, zeigt deutlich die Grenzen, die der britischen Macht und der Ausdehnung des Empire gesetzt sind.

Die ursprünglich im Kapland ansässigen Buren (holländisch geschrieben Boeren = Bauern), Nachkommen niederländischer und niederdeutscher Siedler, die sich zu Beginn des 18. Jahrhunderts in der holländischen Kapkolonie niedergelassen hatten, waren von den Engländern nach Norden gedrängt worden. Im Kampf mit den Kaffern hatten sie sich das Weideland nördlich des Oranjeflusses und des Vaal erobert und hier zwei Republiken mit einer urwüchsigen Bauerndemokratie gegründet, den Oranje-Freistaat und die Südafrikanische Republik (auch Transvaal genannt). Diese war bereits 1877 bis 1881 unter britischer Oberhoheit gewesen. Die Souveränität der beiden Staaten gegenüber Großbritannien war umstritten. Die britischen Erwerbungen der siebziger und achtziger Jahre, insbesondere die Gründung von Betschuanaland (1885–1888) und Rhodesien (1891–1895) machen die beiden Burenstaaten zu Inseln in der britischen Umwelt. Die großen Goldfunde in Südafrika (Johannesburg), die Ausbeutung der Diamantfelder von Kimberley reizten das britische Kapital zur Beteiligung. Die Buren, aus bescheidenen Viehzüchtern plötzlich zu reichen Grundherrn geworden, versuchen durch eine fremdenfeindliche Gesetzgebung die Ausländer fernzuhalten. Ein Vorstoß bewaffneter Banden, der von privater Seite organisiert ist, der „Jameson Raid" (1896), wird von den Buren leicht abgewehrt; die britische Regierung rückt von dem Unternehmen ab. Der Deutsche Kaiser beglückwünscht den Präsidenten von Transvaal, Paul Krüger, zu dem Erfolg. Diese „Krüger-Depesche", eine der vielen Stegreifhandlungen Kaiser Wilhelms II., hat die Engländer gegen Deutschland verstimmt, vor allem aber bei den Buren falsche Hoffnungen geweckt. Sie sehen jetzt einem Zusammenstoß mit der britischen Weltmacht ohne Bangen entgegen, da sie Hilfe von Deutschland und vielleicht auch von anderen Großmächten erwarten. Denn eben ist die britisch-französische Spannung auf dem Höhepunkt angelangt (Faschoda), und mit der Feindschaft Rußlands gegen England rechnet man wie mit einer festen Größe. Der Kontinentalblock, der wenige Jahre vorher die Japaner unter Ausschaltung Englands zum Frieden von Shimonosekhi gezwungen hat, könnte vielleicht auch gegen England wirksam werden. So versteift sich der diplomatische Widerstand der Buren zu ultimativen Drohungen gegen England, das Truppen an den Grenzen der Burenstaaten versammelt hat. Am 11. Oktober 1899 bricht der Krieg aus. Er bringt zunächst eine Reihe überraschender Siege der Buren, die sich mit ihrer Taktik (berittene Infanterie, Kampf aus gedeckten Stellungen, Masseneinsatz von Scharfschützen, große Umgehungsmanöver) den Briten überlegen zeigen. England muß alle militärischen Kräfte des Reiches anspannen und gewaltige Truppenmassen (über hunderttausend Mann) nach Südafrika werfen, um der Buren Herr zu werden. Das Jahr 1900 bringt den Umschwung. Die britischen Generale Roberts und Kitchener kreisen die einzelnen Aufgebote der Buren in großen Manövern planmäßig ein und zwingen sie zur Kapitulation (Burengenerale Botha, Dewet, Cronje). Aber auch nach diesen Niederlagen setzen die Buren den Kleinkrieg fort. Die Briten sperren die nicht kriegführende Bevölkerung der Burenrepubliken in Konzentrationslager, in denen bei schlechten gesundheitlichen Verhältnissen und unzureichender Ernährung mehr als 1600 Männer, über 4000 Frauen und 22 000 Kinder zugrunde gehen. Die harte Kriegführung der Briten und ihre Verstöße gegen Völkerrecht und Menschlichkeit tragen dazu bei, die öffentliche Meinung der Welt gegen England einzunehmen.

*Die Haltung der übrigen Großmächte*

182  Die Möglichkeit einer großen Koalition der Festlandmächte gegen England scheint einigemale gegeben. Insbesondere Rußland drängt in Berlin zu einem Schritt gegen das Inselreich. Die deutsche Politik bleibt, vor allem wegen Frankreichs unsicherer Haltung, unentschlossen; am Ende lehnt Berlin jedes Vorgehen gegen England ab. Der greise Buren-Präsident Krüger, der hilfesuchend nach Europa eilt, wird vom Kaiser nicht empfangen. Die öffentliche Meinung Deutschlands und Frankreichs ist englandfeindlich. Presse, Witzblätter, politische Par-

teien und Parlamente toben gegen die britischen Methoden. In London erwägt man, wie einem Vorgehen der drei Großmächte begegnet werden könnte, und scheint entschlossen, in diesem Fall sofort die französische Flotte zu vernichten. Die Vereinigten Staaten sind um das Schicksal Englands besorgt, bieten aber erst nach dem Sieg der Briten ihre Vermittlung an, da die Regierung auch hier die englandfeindliche öffentliche Meinung fürchtet. England spricht schon während des Krieges (1900) die Einverleibung der Burenrepubliken aus (ein Beispiel, das in den beiden Weltkriegen weitgehend Schule gemacht hat), schließt aber mit den unterworfenen Buren am 31. Mai 1902 den Friedensvertrag von Pretoria. Die große Bewährungsprobe des Empire ist vorüber. Die britische Oberhoheit über Südafrika wird nicht mehr angefochten, die Gefahr war aber so ernst, daß die britische Politik sich entschließt, die Politik der „splendid isolation" (glänzende Vereinzelung) aufzugeben. Zwischen 1898 und 1902 versucht England zunächst, ein Bündnis mit dem Deutschen Reich zu schließen, wofür vor allem der Kolonialminister Joseph Chamberlain, der klassische Vertreter des britischen Imperialismus (Anhänger des Schutzzolls), eintritt. Die von Bernhard von Bülow und Holstein, der „grauen Eminenz", geleitete deutsche Politik geht auf die britischen Angebote nicht ein. Inzwischen hat London, vor allem der Premierminister Lord Salisbury (bis 1901, dann von Balfour abgelöst), Fäden zu Frankreich gesponnen. Die Entente cordiale („herzliches Einvernehmen") der Westmächte wird vorbereitet.

### *Südafrika und Australien*

183  In Südafrika treiben die Briten den besiegten Buren gegenüber eine großzügige Verständigungspolitik, die auch bei dem überwiegenden Teil des Burenvolkes auf die gleiche Bereitschaft zur Aussöhnung stößt. Transvaal erhält schon 1906 Autonomie, das Oranjegebiet 1907. Louis Botha, der Oberkommandant der Transvaaltruppen während des Krieges, wird der erste Ministerpräsident der autonomen Kolonie. 1909/10 schließen sich die beiden Burenkolonien mit Kapland und Natal zur Südafrikanischen Union zusammen, wodurch die Buren ihren Einfluß auf ganz Südafrika ausdehnen können. Botha ist der erste Ministerpräsident der Union, die als Dominion im Empire dank ihrer wirtschaftlichen Bedeutung und ihrer strategischen Schlüsselstellung ein entscheidender Faktor der Weltpolitik wird.

Die Schwierigkeiten Englands während des Burenkrieges und der Aufstieg Japans, aber auch die steigende Aktivität anderer Mächte im fernen Osten veranlassen die australischen Kolonien Englands, sich 1900 zum Commonwealth of Australia zusammenzuschließen. So entstehen neue Schwerpunkte der britischen Staaten- und Kulturgemeinschaft, und das Empire verwandelt sich in den Bund der britischen Nationen (British Commonwealth of Nations). Noch wird die Außenpolitik der Dominions von London gesteuert, noch besteht Englands wirtschaftlich-finanzielles Übergewicht. Eine neue Belastungsprobe des Mutterlandes aber muß das Verhältnis zwischen ihm und den Dominions umkehren.

## Umgruppierung in Ostasien

*184* Der erste Schritt aus der Isolierung Großbritanniens führt nicht zu einem europäischen Bündnis, sondern zu einer Allianz mit der jungen Seemacht in Ostasien. Rußland hat den Burenkrieg benützt, seinen Einfluß in Ostasien zu verstärken. Durch die Mürzsteger Vereinbarungen mit Österreich-Ungarn sichert es sich 1903 nochmals die Neutralität seines Balkankonkurrenten, mit dem es seit 1897 in gutem Einvernehmen steht. Alles deutet darauf hin, daß Rußland und Japan in Kürze aneinandergeraten. Es ist bedeutungsvoll, daß England in dieser Lage Japan Rückendeckung gewährt und zugleich durch sein Bündnis die asiatische Großmacht in aller Form als ebenbürtigen Partner der europäischen Mächte anerkennt. Japan, das seine Flotte mit modernen, vor allem sehr schnellen und artilleristisch sehr gut gerüsteten Schiffen ausstattet, glaubt sich nun stark genug für den Waffengang mit Rußland.

Schon vor dem Ausbruch des fernöstlichen Krieges ist aber Ostasien in den Vordergrund der Weltpolitik gerückt. Die rasche Durchdringung Chinas durch den europäischen und neuerdings auch den amerikanischen Handel, die Ausnahmerechte der Fremden, die Festsetzung der Mächte in den wichtigsten Hafenstädten haben die europäerfeindliche Stimmung in China verstärkt. Ein Geheimbund der „Starken Faust" (engl. „Boxer") zettelt Unruhen an, deren Beginn mit dem Ausbruch des Burenkrieges zusammenhängt, vielleicht also auf die Bindung Englands in Afrika abgestimmt war. Die Europäer, auch die diplomatischen Vertreter der Mächte in Peking, werden von den Aufständischen belagert. Die fremdenfeindliche Kaiserin-Witwe Tse-shi arbeitet mit der Boxer-Bewegung zusammen, der reformfreundliche, noch junge Kaiser wird kaltgestellt. Im Sommer des Jahres 1900 sehen sich die Mächte genötigt, zur Rettung der Europäer bewaffnet gegen die Boxer einzuschreiten. Die von der Küste nach Peking vorstoßenden Marine- und Kolonialtruppen unter dem Befehl des britischen Admirals Seymour werden von ihren Verbindungen abgeschnitten und können sich nur unter schweren Verlusten durchschlagen (Seymours Befehl: „The Germans to the front", in Deutschland mißverstanden und nationalistisch mißdeutet). Als der deutsche Gesandte von Ketteler in Peking ermordet wird, fordert Kaiser Wilhelm eine große Aktion der Mächte unter deutschem Kommando. Die Abfahrt der Truppen begleitet der Kaiser mit überflüssigen Drohreden, die dem deutschen Ansehen schaden, zumal der Feldzug bereits beendet ist, als der deutsche Oberbefehlshaber Feldmarschall Waldersee in China eintrifft. Im Sommer 1901 schließen die Mächte Frieden mit China. Ein kaiserlich-chinesischer Prinz (der „Sühneprinz") muß sich in Berlin im Namen Chinas für den Gesandtenmord entschuldigen. Die Uneinigkeit der Mächte ist in der letzten Phase des Krieges offenbar geworden; der Hauptgewinner ist Rußland, das die ganze Mandschurei militärisch besetzt und bei China die Anerkennung dieser Besetzung erreicht. Japan schließt seinerseits einen Vertrag mit Korea und sucht sich zunächst diplomatisch mit den Russen über die Mandschurei zu verständigen. Seit 1902 wird aber deutlich, daß Rußland keine Einigung wünscht.

## Russisch-japanischer Krieg

*185* In der Nacht vom 8. zum 9. Februar 1904 eröffnen die Japaner den Kampf ohne Kriegserklärung durch einen Überfall auf die russischen Schiffe im Hafen von Port Arthur, was ihnen einen entscheidenden Vorteil im Seekrieg sichert und damit auch die Vorbedingung für den Landkrieg, nämlich das Übersetzen und die Versorgung der Armee. Die Japaner überschreiten den Jalu und belagern ab 26. Mai Port Arthur, das von General Stößel verteidigt wird. Die Belagerungsarmee wird von General Nogi befehligt. Im August und im Oktober werden russische Entsatzarmeen von den Japanern bei Liaoyang und am Flusse Schaho zurückgeschlagen. Im August gelingt es der japanischen Flotte, die russischen Geschwader in Port Arthur und in Wladiwostok außer Gefecht zu setzen. Daher rüstet Rußland eine Expeditionsflotte, das „Baltische Geschwader", aus, das im Oktober unter dem Kommando des Admirals Roschdjestwenskij den Kriegshafen Libau verläßt. Das Gros umschifft unter unsäglichen Schwierigkeiten in monatelanger Fahrt das Kap der guten Hoffnung und vereinigt sich bei Madagaskar mit dem Kreuzergeschwader, das durch den Suezkanal gefahren war. Auf der ganzen Fahrt werden die Russen von den Briten nach Kräften behindert, aber von der Hamburg-Amerika-Linie mit deutscher Kohle beliefert. Im Mai 1905 treffen sie in den ostasiatischen Gewässern ein. Inzwischen ist Port Arthur am 1. Januar gefallen und die russische Landarmee unter General Kuropatkin von den Japanern unter Marschall Oyama bei Mukden geschlagen worden (1. bis 9. März). Die schwer bewegliche, durch die lange Fahrt arg mitgenommene russische Flotte wird in der Straße von Tsushima von den Japanern unter Togo gestellt und am 27. und 28. Mai bis auf vier Fahrzeuge vernichtet. Rosdjestwenski gerät verwundet in Gefangenschaft. Am 8. Juni bietet Präsident Roosevelt seine Vermittlung an, die der Zar auf den Rat Kaiser Wilhelms annimmt. Am 5. September wird in Portsmouth (USA) der Friede unterzeichnet: Rußland tritt die südliche Hälfte der Insel Sachalin und sein Pachtgebiet Liaotung (mit Port Arthur) an Japan ab. Beide Mächte räumen die Mandschurei; die mandschurische Bahn wird zwischen ihnen geteilt; Korea wird seinem Schicksal überlassen und, nachdem sich England im Tausch gegen eine Politik der freien Hand in Tibet damit abgefunden hat, von den Japanern annektiert (1910), für die das Land wegen seiner Eisenvorkommen wichtig ist. Rußland erhält dafür freie Hand in der Mongolei, wo es 1911 seine asiatische Eroberungspolitik wieder aufnimmt.

Der russisch-japanische Krieg zeigt noch deutlicher als der Burenkrieg, wie schwierig es für europäische Mächte ist, ihre Herrschaft in überseeischen Gebieten zu verteidigen oder gegen den Widerstand einheimischer Mächte auszudehnen, wenn diese einmal über moderne Waffen, über die nötigen Handelswege und das zum Kriegführen unerläßliche Kapital verfügen (das die Japaner von den angelsächsischen Mächten vorgestreckt erhielten). Eine der gelben Rasse angehörende, nicht-christliche Nation hat zum erstenmal eine europäische Großmacht in einem regelrechten Krieg zu Lande und zur See geschlagen und sie zu Gebietsverzichten gezwungen. Ist mit dem Auftreten der Vereinigten Staaten um die Jahrhundertwende die Alleinherrschaft der sechs europäischen Großmächte durchbrochen worden, so bedeutet der Eintritt Japans in das Kräftespiel der Weltmächte das Ende der Alleinherrschaft der weißen Rasse. Die öffentliche Meinung in Europa hat die Bedeutung dieses Vorganges nicht begriffen. Der Sieg Japans wird vor allem in den liberalen und sozialistischen Kreisen lebhaft begrüßt, weil er das absolutistische Regime in Rußland erschüttert und von einer Revolution in Rußland gefolgt ist. Diese innere Erschütterung des Zarenreiches, durch die Niederlage in der Mandschurei ausgelöst, von den heimkehrenden Soldaten und Kriegsgefangenen gefördert, trägt dazu bei, Rußlands Bedeutung in der europäischen Politik auf einige Jahre stark zu vermindern. Das Übergewicht, das der mitteleuropäische Dreibund dadurch erhält, wird aber wieder aufgehoben durch die inzwischen erfolgte Verständigung zwischen Frankreich und England und durch das langsame Abrücken Italiens von seinen offiziellen Bundesgenossen.

### Die erste Marokko-Krise

186 Als England während des Burenkrieges den Deutschen ein Bündnis anbot, schlug es zugleich Deutschland vor, sich an der atlantischen Küste Marokkos festzusetzen. Die deutschen Diplomaten, die eine Verständigung Englands mit dem Zweibund für ausgeschlossen hielten, lehnten wie das Bündnisangebot so auch die Vorschläge über Marokko ab. Sie gingen aber auch nicht auf die russisch-französische Anregung einer direkten Verständigung über Marokko ein. Dagegen nimmt Frankreich britische Anregungen zu einer Übereinkunft auf. Nach langen Verhandlungen kommt es 1904 zu einem Vertrag, in dem Frankreich auf seine ägyptischen, England auf seine marokkanischen Ansprüche verzichtet. Spanien, mit dem sich Frankreich bereits vorher verständigt hat, tritt dem Abkommen bei. Es soll die Gibraltar gegenüberliegenden Gebiete Marokkos erhalten. Italien hat unterdessen sein Verhältnis zu Frankreich weitgehend verbessert. Da der Versuch, seinen Einfluß von der Kolonie Eritrea am Roten Meer auf größere Teile Abessiniens auszudehnen, 1896 mit der schweren Niederlage bei Adua geendet hat, die ebenfalls in die Reihe der Warnsignale für die europäischen Völker gehört, möchte Italien in Tripolis und Albanien neue Erwerbungen machen. Dabei kann es von Deutschland keine Unterstützung erwarten und muß mit dem Widerstand Österreichs rechnen. Es sucht also eine Brücke zu Frankreich, das seit 1897 durch den Botschafter Barrère in Rom sehr gut vertreten ist. Der Handelszwist zwischen beiden Staaten wird beigelegt, über Tripolis eine Verständigung erzielt. Die Erwerbung Marokkos durch Frankreich scheint genügend vorbereitet.

Eine Reihe Reformvorschläge, die Frankreich dem Sultan von Marokko unterbreitet, soll die Errichtung des Protektorats einleiten. Da landet auf Veranlassung der Reichsregierung Kaiser Wilhelm während seiner Mittelmeerreise von 1905 überraschend in Tanger und verspricht Marokko und dem Sultan Deutschlands Hilfe zur Erhaltung ihrer Unabhängigkeit. Die „erste Marokkokrise" ist da. Da Großbritannien offenbar zum Kriege entschlossen ist, seine Flotte in die Nordsee verlegt und der Erste Lord der Admiralität, John Fisher, erwägt, die im Aufbau befindliche deutsche Flotte „to kopenhaguen", also ohne Kriegserklärung zu überfallen, ist die Lage höchst bedrohlich. Frankreich aber fürchtet bei der Schwäche Rußlands, den deutschen Angriff zu Lande allein aushalten zu müssen, und gibt nach. Der kriegerisch gesinnte Außenminister Delcassé tritt zurück, zwei Tage später sind die Grundzüge einer deutsch-französischen Einigung festgelegt. In Algeciras tritt 1906 eine Konferenz der Mächte zusammen, um eine internationale Garantie für Marokko zu schaffen. Deutschland sieht sich auf dieser Konferenz nur von Österreich-Ungarn unterstützt, Italien und Rußland nehmen die Partei der Westmächte. Die Algeciras-Akte ist aber wertlos, weil Frankreich und seine Freunde ihre zweiseitigen Verträge und nicht die Konferenzbeschlüsse als Rechtsgrundlage für das weitere Vorgehen betrachten. Marokko bleibt ein Konfliktstoff.

## *Triple-Entente*

*187* Schon während der ersten Marokkokrise hat England mit Rußland verhandelt, weil die Entente cordiale ohne Einbau in den russisch-französischen Zweibund nur eine stumpfe Waffe ist. Die Niederlage Rußlands im Fernen Osten hat eine der Haupttreibungsflächen zwischen Großbritannien und dem Zarenreich beseitigt. Englands sinkendes Interesse an der Erhaltung der Türkei hat der Meerengenfrage einiges von ihrer Schärfe genommen. Der britische Staatssekretär des Äußeren, Edward Grey, betreibt in wohlüberlegten Verhandlungen die Entente mit Rußland, zunächst über innerasiatische, dann auch über Balkanfragen. Bei einem Besuch König Eduards VII. in Reval (1908) wird schließlich volles Einvernehmen in allen noch bestehenden Streitfragen erzielt. Damit ist Deutschland auch hier überspielt. Der Vertragsentwurf, zu dem Kaiser Wilhelm 1905 in Björköe den Zaren bestimmt hatte, wird von den Außenministern beider Herrscher nicht ernst genommen und zeitigt keine Früchte, obwohl Deutschland als einzige Macht den Russen während des mandschurischen Feldzuges eine wirklich wohlwollende Haltung bewahrt hatte. Die Ernennung Iswolskijs zum russischen Außenminister (1906) und die Errichtung eines konstitutionellen Systems in Rußland fördern die guten Beziehungen zu England, während sie die Entfremdung zu Deutschland weitertreiben. Der Einfluß der Panslawisten steigt, der des Zaren sinkt. So kann die Mächtegruppierung, die sich in Algeciras zum erstenmal gezeigt hat, 1908/09 eine stärkere Kraftprobe wagen.

## „Einkreisung Deutschlands?"

*188* Von deutscher Seite wurde diese Umgruppierung der Mächte, die Bildung einer britisch-französisch-russischen „Triple-Entente", als eine „Einkreisung Deutschlands" bezeichnet. Weite Kreise des deutschen Volkes faßten sie in gutem Glauben als stete Bedrohung Deutschlands auf. Man führte sie auf die Absichten und den persönlichen Haß König Eduards VII. von England gegen Kaiser Wilhelm II. zurück. Tatsächlich hat der König durch sein persönliches Wirken und sein diplomatisches Geschick weit über das Maß von politischem Einfluß, das die britische Demokratie dem Träger der Krone einräumt, die Politik seines Landes bestimmt und die Entente mit Frankreich gefördert. König Eduard, der Sohn der Königin Victoria und ihres Gatten, des Prinzen Albert von Sachsen-Coburg-Gotha, hatte eine sorgfältige Erziehung genossen, war vielseitig gebildet, sprachenkundig, witzig und geschäftstüchtig, ein Weltmann und Europäer ohne nationale Beschränktheit. Er kannte Frankreich, Deutschland und Österreich aus eigener Anschauung ebenso wie die Länder des britischen Empire. Das lange Warten auf die Krone, die ihm erst in seinem 61. Jahre zufiel, hatte ihn dazu verführt, Zerstreuung und Betätigung auf Gebieten zu suchen, die sonst einem Prinzen verschlossen sind. Er hatte sich aber auch eine scharfe Menschenkenntnis und viele Erfahrungen angeeignet, die regierende Häupter sonst selten besitzen. So wurde er zum Typus eines modernen Herrschers, eines bürgerlich-weltoffenen Monarchen, der nicht durch Macht und legitime Rechte, sondern durch geschickte Menschenbehandlung und ein Netz von Beziehungen zu wirken versteht. Zwischen ihm und seinem Neffen Wilhelm II. (dem Sohn der Royal Princess, späteren Kronprinzessin und dann Kaiserin Victoria) bestanden keine guten Beziehungen; das Wesen beider Männer und ihre politischen Ansichten waren zu verschieden. Eduard VII. hielt den Kaiser wegen seiner Unberechenbarkeit, seines überspannten Ehrgeizes und wegen der Möglichkeiten, die sich aus der preußisch-deutschen Verfassung für einen selbstherrlichen Monarchen ergaben, für gefährlich. Das Ziel der Politik des Königs war aber nicht die kriegerische Bedrohung oder Vernichtung Deutschlands, sondern die Bildung einer Koalition, die so stark und eindrucksvoll sein sollte, daß sie die deutsche Politik und den Kaiser zu einer vernünftigen und maßvollen Politik bewegen konnte. Dabei hat Eduard VII. allerdings die Gefahren unterschätzt, die dem Weltfrieden durch den russischen Imperialismus und die politischen Verhältnisse am Zarenhofe drohten. Daß er sie nicht völlig übersah, zeigt sich an seinem Versuch, auch Österreich-Ungarn in das System der Entente einzubeziehen. Die Voraussetzung hierfür wäre ein österreichisch-russischer Ausgleich über den Balkan gewesen. König Eduard versuchte, Kaiser Franz Joseph für diesen Plan zu gewinnen. Der alte Kaiser aber wollte die starke Sicherung, die ihm das in fast dreißig Jahren bewährte Bündnis mit dem Deutschen Reiche zu bieten schien, nicht aufgeben und Deutschland gegenüber nicht als treulos erscheinen. Auch wollte er die Gefahr vermeiden, in einen Krieg gegen Deutschland verstrickt zu werden, bei dem die Monarchie leicht mit ihrem Bestand die Rechnung hätte begleichen müssen, während den übrigen Mächten einer antideutschen Koalition keine unmittelbare Gefahr drohte. Die Stimmung in England wurde nach dem Scheitern der Annäherungsversuche an Österreich sehr rasch ausgesprochen österreichfeindlich, was der neuen europäischen Krise einen besonders gefährlichen Charakter gab.

## Serbische Revolution

*189* Die Ursachen der sogenannten Annexionskrise von 1908/09 liegen weiter zurück und sind nicht allein durch die Umgruppierung der Großmächte bedingt. In dem gleichen Jahre, da Rußland und Österreich sich in Mürzsteg über den Balkan einigen und Rußland damit freie Hand im Osten gewinnt, während Österreich im Auftrag der Mächte Gendarmerie zur Befriedung des ewig unruhigen Mazedonien einsetzen muß, schafft die serbische Revolution eine völlig neue Lage auf dem Balkan (1903). Das Regime des Königs Alexander aus dem Hause Obrenović war in weiten Kreisen der serbischen Intelligenz und des Offizierskorps verhaßt. Der König war ein starrsinniger und mißtrauischer Despot, der öffentliche Gelder für seine persönlichen Zwecke verschleuderte, eine Günstlingswirtschaft orientalischen Stils betrieb und sich und sein Land durch die Heirat mit der übel beleumdeten Witwe Draga Maschin und durch zahlreiche Affairen zum Gespött des Auslandes machte. Die Außenpolitik seines Landes, das seit Jahrzehnten mit Österreich befreundet war, suchte er vorübergehend nach Rußland auszurichten, da die Donaumonarchie gegen sein verfassungswidriges Regieren Einspruch erhob. Schließlich kehrt aber der König, als die öffentliche Meinung seines Landes sich immer stärker Rußland zuwandte, zu dem in seinem Hause traditionellen österreichischen Kurs zurück. Im Juni 1903 wird der König von einer Offiziersverschwörung, dem Bund „Einigung oder Tod", auch „Schwarze Hand" genannt, im Konak zu Belgrad samt seiner Gattin auf bestialische Weise ermordet. Die Verschwörer rufen Peter Karageorgević, der auf österreichischem Boden den Ausgang des Putsches abwartet, vordem lange in Westeuropa gelebt und radikale Ideen aufgenommen hat, als König ins Land. Man erwartet in Westeuropa, daß Österreich in Serbien einmarschieren werde; England verweigert dem neuen König die Anerkennung. Österreich aber läßt die Gelegenheit zu einer Bereinigung der südslavischen Frage ungenützt verstreichen. Serbien erhält unter Peter I. Karadjordjević einen demokratischen Charakter. Der Führer der radikalen Partei, der ebenfalls im Westen gebildete, überlegene Intelligenz mit bäuerlicher Zähigkeit und balkanischer Schlauheit verbindende Nikola Pasić, wird der einflußreichste Politiker des Landes. Sein Ziel ist es, Serbien zum „Piemont" der Südslawen zu machen, zum Vorkämpfer der demokratischen und nationalstaatlichen Idee. Sie ist gegen Österreich und gegen die Türkei gerichtet. Das absolutistische Rußland wird von den radikalen Demokraten Serbiens ohne Gewissensbedenken als Bundesgenosse und slawische Schutzmacht angenommen. Der Gegensatz zu Österreich verschärft sich, als die Monarchie unter dem Druck der madjarischen Großgrundbesitzer den Handelsvertrag mit Serbien nicht erneuert, die Grenze für die Einfuhr serbischen Viehs sperrt und das Nachbarland in wirtschaftliche Schwierigkeiten stürzt, die nun auch die bäuerliche Bevölkerung mit Haß gegen Österreich erfüllen. Politiker, wie Joseph von Baernreither und der Tscheche Masaryk, die in Wien zu einem entgegenkommenden Kurs gegenüber Serbien raten, werden nicht gehört, die

Pläne des Thronfolgers Franz Ferdinand, der die Einigung der Südslawen — allerdings unter kroatischer Flagge — im Rahmen der Monarchie anstrebt, stehen zunächst nur auf dem unsicheren Konto der Zukunftshoffnungen. So besteht zwischen Serbien und Österreich eine gereizte Stimmung, und auf beiden Seiten gibt es einflußreiche Kreise, die auf eine bewaffnete Austragung drängen, wobei Serbien mit der Hilfe Rußlands rechnet.

*Jungtürkische Erhebung*

*190* In der Türkei ist seit Jahren die jungtürkische Partei, eine liberale und demokratische Bewegung der bürgerlichen Intelligenz, um eine Erneuerung des Staates in westlichem Sinne bemüht. Eine nahezu unblutige, von der Garnison in Saloniki ausgehende Revolution verwandelt im Juli 1908 die Türkei in einen Verfassungsstaat unter jungtürkischer Führung. Die englandfreundlichen Jungtürken haben die Sympathie der britischen Öffentlichkeit, die in dem demokratischen Umbau des osmanischen Reiches eine Möglichkeit erblickt, das alte Ziel der Erhaltung der Pforte mit den politischen Idealen Englands zu verbinden. Da die neue türkische Regierung allgemeine Wahlen ausschreibt, wird die Frage der staatlichen Zugehörigkeit Bosniens und des ostrumelischen Teiles von Bulgarien aufgerollt, die nun eigentlich Abgeordnete nach Istanbul entsenden müßten, obwohl die bosnischen Rekruten seit langem den Treueid auf den Kaiser von Österreich leisten.

Die Mürzsteger Vereinbarungen zwischen Rußland und Österreich sind inzwischen hinfällig geworden. Der Ministerwechsel in Petersburg und ein beinahe gleichzeitiger in Wien haben in beiden Reichen Politiker von großen Fähigkeiten, aber auch von starkem Ehrgeiz ans Ruder gebracht. Sowohl Iswolskij als auch der österreichisch-ungarische Außenminister Baron Alois Lexa von Aerenthal wollen die Entwicklung auf dem Balkan über die Berliner Beschlüsse von 1878 hinaustreiben und für ihre Staaten Neuerwerbungen machen. Als Aerenthal den Bau einer Bahnlinie durch den Sandschak von Novipazar mit Anschluß nach Saloniki ankündigt (wozu Österreich nach den Kongreßbestimmungen berechtigt ist), anwortet Rußland mit dem Gegenplan einer Donau-Adriabahn, die Serbien mit einem albanischen Hafen verbinden soll. Nach der türkischen Revolution aber kommen die beiden Minister in Buchlau in Mähren zusammen (16. September 1908) und einigen sich, freilich ohne schriftliche Festlegung, auf eine Lösung, bei der Österreich-Ungarn die Provinzen Bosnien und Herzegowina annektieren, Rußland seinen Einfluß an den Meerengen verstärken soll. Während Iswolskij in Westeuropa weilt und zu seinem Leidwesen in London erfahren muß, daß Großbritannien dem jungtürkischen Regime keine Zugeständnisse an Rußland zumuten will, verkündet Österreich-Ungarn überraschend die Annexion Bosniens und der Herzegowina (5. Oktober). Am gleichen Tage nimmt Ferdinand von Bulgarien den Königstitel an und erklärt die völlige Unabhängigkeit Gesamtbulgariens von der Türkei.

## Annexionskrise

**191** Das Vorgehen Österreichs ruft bei allen Signatarmächten des Berliner Kongresses Verstimmung hervor, auch bei Kaiser Wilhelm. In Serbien schlagen die Wogen nationalistischer Kriegsstimmung hoch. Man fordert die stammverwandten Provinzen für das Königreich. Die Türkei verhängt einen Boykott über österreichische Waren, der die Wirtschaft der Monarchie empfindlich schädigt. Iswolskij, durch die Haltung Englands und das übereilte Vorgehen Aerenthals um seinen Anteil an der Beute geprellt, und von Aerenthal, der sich auf Rußlands Zustimmung beruft, bloßgestellt, treibt zum Kriege. Den stärksten Widerstand aber findet Österreich in England, das Aerenthals Politik als Vertragsbruch bezeichnet und Österreichs Unterwerfung unter eine europäische Konferenz fordert. Die Jahreswende 1908/09 steht im Zeichen höchster Kriegsgefahr und allseitiger Rüstungen. Die mangelnde Kriegsbereitschaft Rußlands, die Abneigung Frankreichs gegen ein kriegerisches Vorgehen und das entschiedene Eintreten Deutschlands für seinen österreichischen Bundesgenossen bewirken die Überwindung der Krise. Die Türkei läßt sich, nachdem Österreich bereits Novipazar an das osmanische Reich zurückgegeben hat, für Bosnien durch Geld entschädigen, die Mächte verzichten auf die Konferenz und anerkennen – zuletzt England – die Annexion. Serbien muß, nachdem Rußland der Annexion zugestimmt hat, Österreichs Forderungen auf Abrüstung und Verurteilung der antiösterreichischen Tätigkeit (durch einen Armeebefehl des Königs) annehmen. Die Krise ist überwunden, die Gegensätze aber sind verschärft. Iswolskij wird als Außenminister von Sasonow abgelöst, treibt jedoch von seinem Botschafterposten von Paris aus zum Kriege. Rußland brennt darauf, die Scharte auszuwetzen. Eine Begegnung zwischen Zar Nikolaus II. und dem König von Italien in Racconigi zeigt an, daß Österreich eines Zweifrontenkrieges gewärtig sein muß, wenn es zu einem Zusammenstoß auf dem Balkan kommt. Rußland rüstet fieberhaft und verlegt immer stärkere Truppenverbände in seine westlichen Grenzgebiete.

## „Zweite Marokko-Krise" und libyscher Krieg

**192** Von Italien geht der Anstoß zu der entscheidenden Krise aus, an der sich der erste Weltkrieg entzündet. Italien seinerseits war durch die zweite Marokkokrise veranlaßt worden, die Türkei in Afrika anzugreifen. Die französische Politik zielt seit Algeciras darauf ab, Marokko in ein Protektorat nach tunesischem Muster zu verwandeln. Die Überfremdung des Landes zeitigt Unruhen, gegen die Frankreich 1911 militärisch vorgeht. Die Hauptstadt Fez wird besetzt. Deutschland und Frankreich verständigen sich in Kissingen (Staatssekretär Kiderlen-Waechter und Jules Cambon) grundsätzlich darüber, daß Deutschland die neue Lage in Marokko anerkennt, wenn Frankreich eine Kompensation bietet. Das Erscheinen des deutschen Kanonenbootes „Panther" vor Agadir („Panthersprung") und das Eingreifen Englands aber verschärfen die Krise, so daß eine unmittelbare Kriegsgefahr entsteht. Wie 1908/09 zeigen sich in England die öffentliche Meinung und die Politik aufs heftigste erregt. Im November kommt es trotzdem zu einer Einigung zwischen Frankreich und Deutschland, da die Regierungen beider Länder Marokkos wegen keinen Krieg führen wollen. Deutschland anerkennt das französische Protektorat und erhält eine Gebietsentschädigung im Kongogebiet. Frankreichs Griff nach Marokko hat jedoch den Überfall Italiens auf den letzten türkischen Besitz in Afrika, auf Tripolis und die Cyrenaika, ausgelöst. Da die italienischen Truppen nicht imstande sind, weiter in das Land einzudringen, als die Schiffsgeschütze reichen, zieht sich der Krieg in die Länge, obwohl die Türkei kaum reguläre Truppen einzusetzen vermag. Die Verteidigung leitet ein junger Offizier, Enwer Bey, der in raschem Aufstieg innerhalb weniger Jahre zu dem maßgebenden politischen und militärischen Führer der Türkei wird, wo sich nach dem Versuch einer Gegenrevolution und dem Sturz Abdul Hamdis II. (1909) das jungtürkische Regime unter Sultan Muhammed V. rasch festigt, ohne aber eine Bindung der christlichen Untertanen und Araber an das osmanische Reich zustandezubringen. Italien sucht durch Flottenunternehmen einen Druck auf die Türkei auszuüben und besetzt den Dodekanes, den es erst nach dem zweiten Weltkrieg (an Griechenland) herausgibt. Die Notlage der Türkei wird von den zum Balkanbund zusammengeschlossenen Staaten ausgenützt, so daß der italienisch-türkische Krieg, den der Frieden von Lausanne im Herbst 1912 mit der Abtretung Libyens an Italien (gegen eine Geldentschädigung) beendet, unmittelbar in die Balkankriege (1912/13) mündet.

### Balkanbund und erster Balkankrieg

*193* Der Balkanbund war ein Schutz- und Trutzbündnis Serbiens, Montenegros, Bulgariens und Griechenlands gegen die Türkei unter dem Protektorat Rußlands. Iswolskijs Nachfolger, Sasonow, hatte 1910 ein Einvernehmen mit dem neuen deutschen Reichskanzler Bethmann-Hollweg erzielt, in dem Rußland zugesichert wurde, daß Deutschland österreichische Ausdehnungsbestrebungen auf dem Balkan nicht unterstützen würde. Bülow, dessen Stellung beim Kaiser erschüttert war, seit der Kanzler sich in der „Daily Telegraph"-Affäre zweideutig verhalten hatte, war im Sommer 1909 zurückgetreten, als die Konservativen seine Finanzvorlage ablehnten. Die guten Beziehungen zu Berlin und Rom erlaubten es dem Petersburger Kabinett, seinerseits die bis 1909 noch eingehaltenen Grundlinien der russisch-österreichischen Balkanpolitik zu verletzen und den Angriff der Balkanstaaten auf die Türkei diplomatisch vorzubereiten und zu decken.

Während die Mächte in dem Konflikt des Balkanbundes mit der Türkei noch zu vermitteln suchen, eröffnet Nikolaus von Montenegro (seit 1910 König), seine Politik geschickt mit gewinnbringenden Börsenspekulationen verbindend, im Oktober 1912 den Krieg und reißt seine Bundesgenossen mit sich. Die Türkei erweist sich trotz der jungtürkischen Reformen militärisch als sehr schwach. Von den Serben bei Kumanovo, von den Bulgaren bei Kirk-Kilisse und Lüle Burgas geschlagen, fluten die schlecht ausgerüsteten Truppen der Türken in haltloser

Flucht zurück und suchen Schutz hinter den Wällen von Adrianopel. Die Griechen nehmen Saloniki, stehen dann aber lange vor Janina, das ebenso wie Skutari und Adrianopel zäh verteidigt wird. Nach kurzem Waffenstillstand (Dezember) bricht der Krieg um Bulgariens Forderung nach Adrianopel im Februar 1913 aufs neue aus. Die Festungen werden erobert, der Vormarsch der Bulgaren gegen Konstantinopel kommt jedoch an der befestigten Tschadaldscha-Linie zum Stehen (März-April 1913). Ein am 30. Mai in London vereinbarter Präliminarfriede scheint dem Blutvergießen ein Ende zu setzen, als der Streit der Sieger um die Beute zu neuem Krieg führt.

## Zweiter Balkankrieg

*194* Schon nach den ersten Erfolgen der Verbündeten im Herbst 1912 werden die Gegensätze zwischen ihnen sichtbar. Mazedonische, thrazische und albanische Gebiete werden sowohl von den Serben als auch von den Bulgaren, den Griechen und den albanischen Stämmen beansprucht. Außerdem fordert Rumänien von den Bulgaren eine Kompensation. Am 30. Juni 1913 bricht der zweite Balkankrieg aus, in dem Serben und Griechen gegen Bulgarien stehen. Die Türkei greift ebenfalls zu den Waffen und erobert Adrianopel zurück, die Rumänen erklären den Bulgaren den Krieg und stoßen auf die bulgarische Hauptstadt Sofia vor. Bulgarien muß in den Verhandlungen zu Bukarest in die Forderungen seiner Gegner einwilligen. In einer Reihe von Friedensschlüssen werden die vielfach verschlungenen Konflikte beigelegt. Serbien erhält Neuserbien und den Großteil Mazedoniens, Griechenland das südliche Mazedonien mit Saloniki und dem west-thrazischen Hafen Kawalla, Bulgarien lediglich einen kleinen Anteil an Thrazien mit einem Zugang zum Ägäischen Meer, Rumänien von den Bulgaren die südliche Dobrudscha mit der Stadt Silistria. Montenegro muß unter dem Druck einer Flottendemonstration der Großmächte Skutari wieder räumen und erhält nur einen Teil des ehemaligen Sandschak von Novipazar. Ein selbständiges Albanien wird auf Drängen Österreichs und Italiens von den Mächten gegen die serbischen Wünsche auf einen Zugang zur Adria durchgesetzt. Es bleibt aber eine sehr gebrechliche Staatsbildung. Der zum Fürsten gewählte Prinz Wilhelm von Wied (ein Verwandter des rumänischen Königshauses) kann sich nur mit Mühe gegen Aufstände und Verschwörungen halten. Nach dem Ausbruch des europäischen Krieges verläßt er das Land.

## Kräfteverschiebung im Südosten

*195* Die Balkankriege haben nicht nur das bisherige Gleichgewicht auf der Halbinsel zugunsten der kleinen Staaten und auf Kosten der Türkei sowie Österreich-Ungarns verschoben und insbesondere Serbien durch Verdoppelung seiner Bevölkerungszahl und die Steigerung seines Selbstbewußtseins zu einem für Österreich sehr gefährlichen Faktor gemacht, sondern auch Rußlands Macht bedeutend vermehrt. Rumänien neigt sich mehr und mehr dem östlichen Nachbarn zu, wenn auch das Bündnis mit Österreich formell noch besteht. Die österreichische Politik erstrebt ein Bündnis mit Bulgarien, das als Partner auf dem Balkan an die Stelle Rumäniens treten soll, während man in Berlin noch immer auf Rumänien zählt und die Türkei noch mehr als bisher stützt. Da zwischen Türken und Bulgaren nach wie vor ernste Spannungen bestehen, sind die deutsche und die österreichische Konzeption einer Neuorientierung im Südosten schwer zu vereinen. Über diese Fragen wird zwischen Wien und Berlin verhandelt, als die entscheidende Krise eintritt.

Unterdessen hat sich zwischen Deutschland und Rußland um die Jahreswende 1913/14 eine neue Spannung ergeben, die das Ergebnis des Potsdamer Abkommens von 1910 zunichte macht. Die Entsendung hoher deutscher Offiziere in die Türkei und ihre Verwendung im türkischen Dienst sind es, die in Rußland den Eindruck erwecken, daß der Weg zu den Meerengen nur über einen Krieg mit Deutschland freizumachen und daß der Gegner der russischen Ausdehnungsbestrebungen nicht nur in Wien zu suchen ist. Der Tod des österreichisch-ungarischen Außenministers Grafen Aerenthal und die Berufung des Grafen Berchtold, des bisherigen Botschafters in Petersburg, in das Palais am Wiener Ballhausplatz hat die russisch-österreichischen Gegensätze nur vorübergehend gemildert. Die Balkankriege reißen sie wieder auf; beide Staaten haben monatelang bedeutende Truppenmassen an den Grenzen versammelt.

### Poincaré Präsident

**196** Eine gefährliche Vermehrung der europäischen Spannungen tritt dadurch ein, daß 1913 Raymond Poincaré zum Präsidenten der Französischen Republik gewählt wird. Poincaré ist Lothringer, ein unbedingter Anhänger des Revanche-Gedankens und entschiedener Nationalist. Die Linke nennt ihn „Poincaré — la Guerre". 1913 geht Frankreich zur dreijährigen Dienstzeit über. Während die französische Politik im Balkankrieg noch beruhigend auf das Petersburger Kabinett einwirkte, ist während der deutsch-russischen Spannung um die Jahreswende 1913/14 bereits ein stärkerer Druck Frankreichs gegen Deutschland merkbar. Im Juli 1914 reist Poincaré auf einem französischen Kriegsschiff nach Petersburg. In den Trinksprüchen, bei den großen Militärparaden und in der Stimmung der kriegerischen Partei am Zarenhofe kündigt sich eine stärkere Aktivität des Zweibundes an.

### Der britisch-deutsche Gegensatz

**197** Den Schlüssel zur internationalen Lage aber bildet das britisch-deutsche Verhältnis. Nach der Marokkokrise von 1911 haben die Politiker beider Mächte den Eindruck, daß nur eine Bereinigung des deutsch-britischen Gegensatzes einen Krieg verhindern kann. Bethmann-Hollweg erstrebt die Verständigung ebenso wie der britische Premier Asquith und sein Staatssekretär Sir Edward Grey. Das seit dem zweiten deutschen Flottengesetz von 1909 bestehende Wettrüsten zwischen Deutschland und England hat immer schärfere Formen angenommen. Großbritannien legt grundsätzlich für jeden deutschen Neubau zwei Schiffe auf

Stapel, bringt sich aber selbst in eine schwierige Lage, als es zum Bau von Großkampfschiffen des „Dreadnought"-Typs übergeht, wodurch die Überlegenheit der britischen Flotte an älteren Schlachtschiffen ihr Gewicht verliert. Vom Herbst 1911 bis in den März 1912 verhandeln Berlin und London über eine Verständigung. Die Reise des britischen Kriegsministers Haldane nach Deutschland ist der Höhepunkt dieser diplomatischen Aktion, die aber ohne Ertrag bleibt, weil Kaiser Wilhelm, von Großadmiral Tirpitz unheilvoll beeinflußt, in keine Minderung des Flottenprogramms willigt. In allen anderen Punkten (deutsche Kolonialwünsche, Bagdadbahn, Neutralitätsabkommen) wäre England zu Zugeständnissen bereit gewesen, wenn Deutschland einer Herabsetzung seiner Seerüstungen zugestimmt hätte. Nach dem Scheitern der Mission Haldane vermehrt Deutschland seine Rüstungen nochmals zu Wasser und zu Lande. Die Generalstäbe der europäischen Mächte rechnen damit, daß die Rüstungen im Jahre 1917 jenen Punkt erreichen würden, an dem ein Krieg beinahe unvermeidlich wäre. Die Diplomatie wünscht den Krieg nicht, findet aber aus der gefährlichen Lage keinen Ausweg. Alles scheint davon abzuhängen, daß keine neue Krise entsteht und daß die Brandherde durch gemeinsames Vorgehen der Mächte abgeschirmt werden. Dies ist in den Balkankriegen noch gelungen, es scheint in der albanischen Frage möglich — da entzündet sich der Krieg an einem völlig unerwarteten Konflikt.

### Die Belgrader Verschwörung

198 Nach dem Abschluß des Türkenkrieges versucht die serbische Regierung, einen Faden nach Wien zu spinnen, um für das erschöpfte Land eine Ruhepause zu gewinnen und vielleicht Österreichs Zustimmung zum Bau der Adriabahn zu erlangen. Pasićs Bemühungen scheitern an der Verständnislosigkeit der Wiener Politik. Er stößt aber auch im eigenen Lande auf Schwierigkeiten. Zwischen der Armee und dem Parlament sind nach dem siegreichen Kriege gefährliche Spannungen entstanden. Dieselbe Verschwörergruppe, die 1903 die Obrenović gestürzt hat, arbeitet nun gegen Pasić und durchkreuzt seine Politik. Der Bund „Einigung oder Tod" glaubt die Stunde der Abrechnung mit Österreich gekommen. Die Verschwörer versichern sich des Einverständnisses der russischen Kriegspartei, die in Belgrad durch den Militärattaché Oberst Artamanow vertreten ist. In der Hoffnung auf die Hilfe Rußlands bereiten Oberst Dragutin Dimitrijević (genannt Apis) und Major Tankosić die Ermordung des österreichischen Thronfolgers Franz Ferdinand vor. Der Erzherzog erscheint ihnen gerade wegen seiner bekannt slawenfreundlichen Haltung und seiner Pläne für einen bundesstaatlichen Umbau Österreich-Ungarns als der gefährlichste Gegner der großserbischen Bestrebungen. Sein Tod würde die Monarchie in innere Wirren stürzen, vielleicht Aufstände der Nationalitäten hervorrufen und, wenn Österreich zum Kriege schritt, den allgemeinen Weltenbrand entzünden. Die Reise des Erzherzogs Franz Ferdinand zu den bosnischen Manövern im Juni 1914 und der für den 28. Juni, den serbischen Nationaltrauertag „Vidovdan",

(= Veitstag, Datum der Schlacht auf dem Amselfeld 1389), angekündigte Besuch des Thronfolgers in Sarajewo werden als günstige Gelegenheit zur Ausführung des Planes betrachtet.

### Der Mord von Sarajewo

*199* Das in Belgrad vorbereitete, von jungen Bosniern, die in Belgrad ausgebildet waren, durchgeführte Attentat gelingt. Nachdem ein Bombenanschlag des Verschwörers Ćabrinović mißlungen war, erschießt Gavrilo Princip am 28. Juni in Sarajewo den österreichischen Thronfolger und dessen Gemahlin, die Herzogin Sophie von Hohenberg (geborene Gräfin Chotek). Ein Kronrat in Wien beschließt gegen den Einspruch des ungarischen Ministerpräsidenten Stephan Tisza, den Mord von Sarajewo zum Anlaß eines bewaffneten Vorgehens gegen Serbien zu nehmen, sofern Deutschland der Monarchie die nötige Rückendeckung gewährt. Die deutsche Regierung stimmt einem energischen Vorgehen Österreichs gegen Serbien vorbehaltlos zu. Die Untersuchung der Hintergründe des Mordes von Sarajewo ergibt, daß die Verschwörung in Belgrad und von serbischen Offizieren angezettelt wurde. Den vollen Umfang der Mitschuld serbischer Regierungskreise und des russischen Militärattachés haben erst spätere Aktenfunde erwiesen. Am 23. Juli überreicht die Wiener Regierung der serbischen ein auf 48 Stunden befristetes Ultimatum, das von Serbien die Unterdrückung der nationalistischen Bewegung, die Auslieferung der Urheber des Mordes von Sarajewo und die Mitwirkung österreichisch-ungarischer Beamter bei der Untersuchung der Verschwörung fordert. Auf Anraten Rußlands, Frankreichs und Englands nimmt Serbien einige Forderungen an, lehnt allerdings wesentliche ab und macht sein Heer mobil. Österreich bricht die diplomatischen Beziehungen ab, verfügt die Mobilmachung der Hälfte seiner Armee und erklärt, während noch Vermittlungsaktionen laufen, am 28. Juli Serbien den Krieg.

### Österreichs Vorgehen gegen Serbien

*200* Rußland läßt keinen Zweifel darüber bestehen, daß es Serbien gegen Österreich schützen wird. Trotzdem bemühen sich der deutsche Reichskanzler Bethmann-Hollweg und der britische Staatssekretär Sir Edward Grey um Lokalisierung des drohenden Krieges und um Vermittlung zwischen Österreich und Rußland. An der Kurzsichtigkeit des Wiener und an dem Kriegswillen des Petersburger Kabinetts scheitern alle Verständigungsversuche. Greys letzter Vorschlag, Österreich solle Belgrad besetzen und als Faustpfand behalten, während die Großmächte vermitteln, kann von Wien nicht angenommen werden, da der Fall militärisch gar nicht vorbereitet ist. Rußland läßt auf die Teilmobilmachung gegen Österreich sofort die allgemeine folgen, durch die sich Deutschland unmittelbar bedroht glaubt. Am 31. Juli fordert Berlin von den Russen sofortige Einstellung der Mobilmachung, und erklärt, als Sasonow ablehnt, am 1. August an Rußland den Krieg. Ebenso hat Bethmann-Hollweg am 31. Juli in Paris anfragen lassen, wie sich Frankreich im Falle eines deutsch-russischen Krieges verhalten werde, und die Besetzung von Toul und Verdun als Faustpfänder der französischen Neutralität gefordert. Frankreich lehnt ab und macht am 1. August mobil, worauf Deutschland ihm am 3. August den Krieg erklärt. Noch laufen Friedensaktionen zwischen London und Berlin; Bethmann, der deutsche Botschafter Fürst Lichnowsky und Grey suchen einen Weg, die Beteiligung Großbritanniens an dem Krieg abzuwenden, was Grey nur verantworten könnte, wenn Frankreich nicht angegriffen würde, da er in zwei persönlichen Schreiben Jahre zuvor der französischen Regierung die Unterstützung Englands zugesagt hat.

## Ausbruch des europäischen Krieges

*201* In Berlin geht die politische Führung bereits am 1. August vom Kanzler auf die Militärs über; als der Kaiser von dem Chef des Großen Generalstabes, Moltke (einem Neffen des Generalfeldmarschalls), fordert, der Aufmarsch möge unter Verzicht auf den Angriff im Westen gegen Rußland abgedreht werden, erklärt Moltke, daß ein solcher Aufmarsch nicht vorbereitet und eine Änderung der Dispositionen nicht mehr möglich sei. Der Generalstab zwingt der Politik das Gesetz des Handelns auf. Der von dem Gfm. Grafen Alfred von Schlieffen in den neunziger Jahren ausgearbeitete, zuletzt 1905 revidierte, von Schlieffens Nachfolger in Einzelheiten veränderte, aber in der Idee festgehaltene Plan für den Krieg gegen Frankreich sieht den Durchmarsch des größeren Teiles der deutschen Streitkräfte durch Belgien in die von Festungen nicht geschützte Nordostflanke der „Festung Frankreich" vor. Am 2. August fordert Deutschland von Belgien freien Durchmarsch, in der Nacht vom 3. zum 4. August marschieren deutsche Truppen in Belgien ein. Am 4. August erklärt England den Krieg an Deutschland. Die öffentliche Meinung Großbritanniens, am 2. August noch gegen den Krieg eingestellt, entflammt in Empörung über den deutschen Bruch der belgischen Neutralität und folgt dem Parlament willig in den Krieg. Am selben Tage bewilligt der deutsche Reichstag mit den Stimmen aller Parteien die Kriegskredite.

Formell tragen Deutschland und Österreich-Ungarn die ganze Schuld an dem Ausbruch des Krieges. Tatsächlich hat Österreich einen lokal begrenzten Krieg gegen Serbien gewollt und Berlin zu spät erkannt, daß aus der Lage ein europäischer Krieg entstehen würde. Die Ungeschicklichkeit der politischen Führung Deutschlands und nächst ihr die Abhängigkeit der deutschen Politik von der militärischen Führung (Militarismus) setzen Deutschland ins Unrecht. Wirklich gewollt hat einen „großen Krieg" vielleicht nur die Militärpartei am Zarenhof, die in den entscheidenden Stunden den schwachen Zaren Nikolaus II. ausschaltet und durch die Gesamtmobilmachung der ungeheuren Streitmacht Rußlands die Lawine auslöst. Der britischen Politik wird mit gutem Grunde der Vorwurf gemacht, daß sie es versäumt habe, durch nachdrückliche Warnung in Petersburg und in Berlin ihrer Vermittlung die nötige Kraft zu verleihen.

## Das Kräfteverhältnis

**202** Zahlenmäßig sind die Mächte der Triple-Entente nach der Neutralitätserklärung Italiens dem deutsch-österreichischen Zweibund weit überlegen. 196½ Feld- und Reservedivisionen stehen gegen 129, 5 425 000 Mann gegen 3 161 000. Zur See sind die britisch-französisch-russische Marine der deutschen und österreichisch-ungarischen ungefähr in dem Verhältnis 2:1 überlegen. Vor allem jedoch ist die Lage der beiden Mittelmächte in dem Ring der sie bekriegenden Weltmächte die einer belagerten Festung. Rußland verfügt über die ungeheuren Räume seines eurasischen Riesenreiches, Großbritannien beherrscht die Weltmeere und hat den Rückhalt des Empire. Deutschland ist von seinen Kolonien und bald auch vom neutralen Ausland — bis auf die Niederlande, Dänemark, Schweden und die Schweiz — abgeschnitten, da England nicht, wie der deutsche Admiralstab erwartet hatte, die „kleine Blockade" Deutschlands in der Deutschen Bucht durchführt, sondern eine Sperrkette von der französischen Kanalküste über die britischen Inseln und die Orkneys bis Norwegen zieht und entgegen den völkerrechtlichen Bestimmungen auf sämtliche Zufuhren ausdehnt, also den Aushungerungskrieg gegen die Zivilbevölkerung der Mittelmächte beginnt.

Demgegenüber haben Deutschland und Österreich-Ungarn nur drei Trümpfe im Spiel: die raschere Mobilmachung (gegenüber Rußland), weitgehend dadurch wettgemacht, daß Rußland seine asiatischen Korps schon seit dem Frühjahr 1914 nach dem Westen verlegt hat; die qualititive Überlegenheit des deutschen Heeres gegenüber dem russischen; den Vorteil der „inneren Linie", der es den Mittelmächten erlaubt, ihre Truppen rasch von einem Kriegsschauplatz nach dem anderen zu verschieben und an beliebigen Stellen des Kriegstheaters mit lokaler Überlegenheit aufzutreten. Dieses Vorteils begeben sich die beiden Mächte selbst dadurch, daß sie kein einheitliches Oberkommando aufzustellen vermögen.

## Kriegspläne

**203** Der deutsche Generalstab hatte alles auf die Karte jenes von Schlieffen entworfenen Planes gesetzt, der durch den Gewaltstoß in ihre offene Flanke die Streitmacht Frankreichs von Paris abdrängen und zwischen den lothringischen Festungen, der Schweiz und dem am Ende der Schlacht mit verkehrter Front gedachten deutschen Heer etwa im Raume Belfort—Verdun—Dijon einkesseln und vernichten wollte. Dies sollte etwa am 42. Mobilmachungstage vollendet sein. Bis dahin wollte die österreichisch-ungarische Armee die Russen in Wolhynien festhalten. Dann würden der Großteil des deutschen Heeres nach Osten gewendet und Rußlands Armeen noch westlich der großen Sumpf- und Wälderzone des Polesje geschlagen werden. Mit Großbritannien hoffte man dann zu einem Verständigungsfrieden zu kommen, indem man Frankreich und Belgien als Faustpfand, den noch möglichen Einsatz der Flotte als Drohung benützte (Tirpitz' Gedanke der „Risikoflotte": England würde in einer Seeschlacht mit der deutschen Flotte so große Verluste erleiden, daß es einer dritten Macht gegenüber die Seeherrschaft nicht mehr behaupten könnte).

Auf Seiten des französisch-russischen Zweibundes erwartete man umgekehrt die Entscheidung im Osten. Während Frankreich die Masse des deutschen Heeres im Westen binden sollte, würden die Russen mit gewaltiger Überlegenheit an Zahl und Geschützen die österreichisch-ungarische Armee entweder zwischen Weichsel, Bug und Dnjestr vernichten oder in die Karpaten abdrängen, Ostpreußen durch einen Zangenangriff erobern und dann mit gesammelter Kraft auf Berlin vorstoßen („russische Dampfwalze").

## Vom Bewegungskrieg zum Stellungskrieg

204 Beide Kriegspläne scheiterten, und zwar nicht nur wegen der eigenen strategischen Fehler der Kriegführenden und der wirkungsvollen Gegenmaßnahmen der anderen Partei, sondern vor allem deshalb, weil man in sämtlichen Generalstäben die Lehren der mit modernen Mitteln geführten Feldzüge des Buren- und des mandschurischen Krieges nicht richtig erfaßt hat. Ebenso hat man in Europa aus dem ersten Beispiel eines großräumigen Krieges, dem amerikanischen Bürgerkrieg von 1861—1864, keine Lehren gezogen. Es herrscht die Ansicht vor, die Beispiele dieser „Kolonialkriege" seien auf Europa nur sehr beschränkt anwendbar. So rechnet man auf rasche Entscheidungen im Stile der Feldzüge von 1859, 1866 und 1870. Man nimmt an, daß der gewaltige Munitionsverbrauch, den die Schnellfeuerwaffen bedingen, die Schlachten und Feldzüge abkürzen werden. Man vergißt völlig, daß die Truppe vor dem Massenfeuer der modernen Waffen Schutz in der Erde suchen und daß sich dadurch der Bewegungs- in einen Stellungskrieg verwandeln muß. Man übersieht, daß der Einsatz von Millionenheeren bei Anwendung von Schnellfeuerwaffen und notwendiger Verdünnung der Schützenlinien zu einer unmäßigen Verbreiterung der Fronten führt (die sich schon im August 1914 auf viele Hunderte Kilometer erstrecken) und daß dadurch alle Umgehungen und anderen Manöver, soweit man sie nicht im Eisenbahntransport durchführen kann, sehr zeitraubend, für die Truppe erschöpfend und verlustreich werden, daß aber auch das Moment der Überraschung schwinden muß. Erst Flugzeug und Kraftwagen haben Mittel der Bewegung geliefert, die der Zahl der Kämpfer und der Ausdehnung der Front entsprachen, erst die Panzerwaffe ermöglicht wirkliche Durchbrüche durch die feindliche Front und rasche Umgehungsmanöver gegen offene oder aufgerissene Flanken.

## Marneschlacht

205 Den Deutschen gelingt es im August 1914 zwar, die belgische Maassperre (Lüttich und Namur) zu durchbrechen, die Franzosen und Briten bis an die Marne zurückzudrängen, dicht an Paris heranzukommen und auf ihrem linken Flügel die in die Reichslande eingedrungenen Franzosen auf die Moselfestungen zurückzuwerfen. Zu der Entscheidungsschlacht an der Marne fehlt es den Deutschen

aber an den Reserven und einem sicheren Flankenschutz. Die in Lothringen überzähligen Truppen können nicht rasch genug an den rechten Flügel gezogen werden. So treten die deutschen Armeen Mitte September den Rückzug an, womit der Bewegungskrieg für sie verloren und der ganze Kriegsplan gescheitert ist. Den Franzosen selbst erscheint die Rettung in letzter Stunde als das „Marnewunder". Bei dem anschließenden Kampf um die Kanalküste, die für die deutsche Kriegsführung als Basis gegen England wichtig wäre, kommen die deutschen Armeen nicht über Ypern hinaus. Ende 1914 erstarrt die deutsche Westfront im Stellungskrieg. Vom Ypernkanal läuft die Front über La Bassée–Bapaume–Noyon–Soissons–Aisne–nördlich Reims auf Varennes, umschließt Verdun in einem großen Bogen und erreicht über den kleineren Bogen von St. Mihiel den Vogesenkamm, dem sie bis zur burgundischen Pforte folgt, wo ein kleiner Teil des Elsaß von den Franzosen besetzt bleibt. Die Niederlage an der Marne führt zu einem Wechsel im deutschen Oberkommando. An die Stelle Moltkes tritt General Erich von Falkenhayn. Der französische Oberstkommandierende, General Joffre, der durch seine Nervenruhe, Zähigkeit und seine wohlberechneten, auf Prestige-Erfolge verzichtenden Maßnahmen entscheidend zur Rettung der französischen Streitmacht beigetragen hat, bleibt bis 1916 an seiner Stelle. Großbritannien, das anfangs nur sein Expeditionskorps (unter Feldmarschall French) nach Frankreich geworfen hatte, muß immer größere Teile der Front übernehmen, seine Truppen beträchtlich verstärken und zur allgemeinen Wehrpflicht übergehen. Die britischen Armeen in Frankreich fechten dann unter dem Kommando des Generals Haig. Ein einheitliches britisch-französisches Kommando wird zunächst nicht gebildet.

### *Der Krieg im Osten*

206  Wie im Westen der deutsche, so scheitert im Osten der russische Versuch einer siegreichen Entscheidung im Bewegungskrieg. Zwar gelingt es den Russen, durch die Siege bei Lemberg und Grodek die österreichischen Anfangserfolge von Krasnik und Komarow wettzumachen und fast ganz Galizien zu besetzen. Die k. u. k. Armee (von dem ehrgeizigen, sehr befähigten, die Kräfte der eigenen Truppen aber meist überschätzenden General Conrad geführt) entzieht sich der Umklammerung, läßt sich auch nicht in die östlichen Karpaten abdrängen, sondern geht auf Oberschlesien–Krakau zurück. Von den nach Ostpreußen eingedrungenen russischen Armeen wird von der 8. Armee (unter Führung von Hindenburg, Ludendorff und Max Hoffmann) die eine (Samsonow) bei Tannenberg eingekreist und vernichtet (August), die andere (Rennenkampf) an den masurischen Seen geschlagen (September). Im Herbst dringen die deutsche Ostarmee und die Österreicher aus dem Raume von Schlesien und Krakau bis an die Weichsel vor, müssen dann vor einer neuen russischen Offensive zurückweichen und bringen diese – die „Dampfwalze" – durch einen Flankenstoß aus Westpreußen im Norden und den österreichischen Sieg bei Limanowa im Süden zum Stehen. Nun erstarrt auch die Ostfront im Stellungskrieg an einer Frontlinie, die zunächst der ostpreußischen Grenzlinie folgt, dann westlich Nowo-Georgiewsk–

Warschau auf die Pilica und Nida zum Dunajec läuft und weiter dem Karpatenkamm folgt. In beiderseits furchtbar verlustreichen Kämpfen, die im Januar bis in den April währen, scheitert der Versuch der Russen, die Karpatenfront zu durchbrechen und in die ungarische Ebene vorzudringen. Dagegen fällt im März 1915 die starke Festung Przemysl den Russen in die Hände.

### Seekrieg und Blockade

207 Durch das „Einfrieren" der Fronten im Stellungskrieg verlagert sich der Schwerpunkt des Krieges von den Landoperationen in die Weite der Ozeane, wo die britische Blockade Deutschland und Österreich-Ungarn von allen Zufuhren abschnürt und die Deutschen zwar durch ihre Kreuzer, Hilfskreuzer und die in wachsender Zahl eingesetzten Tauchboote den britischen Handel schädigen, Englands Seeverbindungen aber nicht unterbinden können. Der Großteil der deutschen Kolonien (bis auf Deutsch-Ostafrika) wird von den Westmächten (unter Verletzung der Kongo-Akte) besetzt, die Festung Tsingtau von den bereits im August in den Krieg gegen Deutschland eingetretenen Japanern erobert, das deutsche Ostasiengeschwader (unter Graf Spee) bald nach seinem Sieg bei Coronel von den Briten in der Schlacht bei den Falklandinseln vernichtet.

### Die Wendung von Gorlice

208 Im Jahre 1915 gelingt es den Mittelmächten, unter Ausnützung der Vorteile der inneren Linie das Gesetz des Handelns wieder an sich zu reißen. Conrad und Falkenhayn finden ein taktisches Verfahren, das den Übergang vom Stellungskrieg in die Bewegung wenigstens in einzelnen größeren Frontabschnitten und für eine gewisse Zeit möglich macht. Am 2. Mai durchbrechen deutsche und k. u. k. Armeen zwischen der Einmündung des Dunajec in die Weichsel und dem Becken von Gorlice unter Masseneinsatz von Artillerie die russische Front. Voraussetzungen dieser Durchbrüche, mit denen die Strategen des ersten Weltkrieges bis 1918 operieren, sind die strenge Geheimhaltung der Vorbereitungen, Kürze und Präzision des Aufmarsches, Überraschung des Gegners und massiertes, nach vorher berechnetem Feuerplan durchgeführtes Vernichtungsfeuer der schweren Artillerie gegen die feindlichen Stellungen, worauf die Infanterie unter dem Schutz eines weiter vorwärts verlegten, den Zuzug von Reserven hindernden Sperrfeuers zum Sturm antritt. In einer Reihe von immer neuen Durchbruchsschlachten wird die russische Front in Galizien und Polen zerschlagen. Die russischen Armeen (bis zum Sommer 1915 unter dem Kommando des Großfürsten Nikolai Nikolajewitsch, dann unter dem Zaren mit dem Chef des Generalstabes, Alexejew) werden aber trotz hoher Verluste an Gefangenen nicht eingekesselt, sondern im wesentlichen frontal zurückgedrängt. Ende 1915 steht die Ostfront in einer Stellungslinie zwischen Mitau—Wilna—Pinsk—Rowno—Dnjestr. Nur noch ein Teil von Ostgalizien ist von den Russen besetzt. Sie sind aber an Reserven noch stark genug, seit der Jahreswende 1915/16 wieder heftige Angriffe gegen die Front der Verbündeten zu führen. Immerhin ist die Ostdeutschland

und Ungarn drohende Gefahr stark gemindert und sind durch die Begradigung der Front starke Reserven eingespart worden, die es den Mittelmächten ermöglichen, die Kriegslage durch weitere Offensivstöße für sich zu bessern. Dagegen ist es den Armeen der Westmächte nicht gelungen, im Jahre 1915 die deutsche Front in Frankreich in erheblichem Maße einzubiegen oder sie gar zu durchbrechen.

### Die Türkei im Kriege

209   Schon im Herbst 1914 ist das Osmanische Reich in den Krieg eingetreten. Der Ankauf der beiden Kreuzer des deutschen Mittelmeergeschwaders durch die Türkei ermöglicht es dieser, die Seeherrschaft im Schwarzen Meer zu behaupten. Durch den Kriegseintritt der Türken werden die Meerengen für Rußland und die Westmächte gesperrt. Dies ist eine der entscheidenden Ursachen für die spätere Niederlage Rußlands geworden, das aus eigener Kraft nicht genug Waffen und Munition zu erzeugen und weder vom Weißen Meer noch aus Ostasien genügend Material heranzuschaffen vermochte. Im übrigen aber erfüllen sich die Hoffnungen nicht, die man in Berlin auf den Kriegseintritt der Türkei und die Erklärung des „Heiligen Krieges" der Mohammedaner gegen England gesetzt hat. Die arabischen Völker erheben sich im Gegenteil unter britischer Führung gegen die Osmanen; der von Oberst Thomas Edward Lawrence genial organisierte Krieg in der Wüste bringt die türkische Herrschaft nach vorübergehenden, unter deutscher Führung (Generalfeldmarschall von der Goltz) errungenen Erfolgen zwischen Mesopotamien und dem Suezkanal zum Einsturz; Armenien geht an die Russen verloren, während die Türken nahezu eineinhalb Millionen christlicher Armenier in die Wüste treiben und durch Hunger und Seuchen sterben lassen. Um die Meerengen zu öffnen, setzt der britische Marineminister Winston Churchill 1915 Teile der britischen und der französischen Flotte zum Angriff auf die Dardanellen an. Die monatelang währenden Kämpfe enden mit einem vollen Erfolg der türkischen, von deutschen Offizieren geleiteten Abwehr. Nach großen Verlusten an Schiffen und Mannschaften müssen die Alliierten das Unternehmen aufgeben. Die zeitweise sehr kritische Lage der Meerengen-Verteidigung zwingt die deutsche Führung jedoch, im Herbst 1915 nicht an einer der Hauptfronten zu schlagen, sondern die strategischen Reserven an einer Nebenfront, auf dem Balkan, einzusetzen, um den Nachschubweg nach Konstantinopel freizumachen.

### Balkan-Kriegsschauplatz

210   Auf dem serbischen Kriegsschauplatz hatten die Österreicher unter Potiorek zweimal, im Sommer und im Herbst 1914, mit unzureichenden Kräften angegriffen und das zweitemal bedeutende Anfangserfolge erzielt; sie waren aber im Dezember 1914 durch Ausbleiben des Nachschubs und wegen ungeheurer Verluste durch Kälte und Krankheiten von den Serben (unter Putnik) bei Arangjelovac schwer geschlagen worden. Doch waren auch die Serben zu erschöpft, um ihrerseits nochmals anzugreifen, nachdem ihre Vorstöße nach Syrmien und Bosnien immer sehr

rasch zusammengebrochen waren. Nun greifen im Oktober 1915 die Mittelmächte über die Save und Donau an, erobern Belgrad und drängen die Serben nach Süden zurück. Nach langen Verhandlungen und Zusicherung reicher Länderbeute treten die Bulgaren an der Seite der Mittelmächte in den Krieg ein, besetzen Mazedonien und verlegen der serbischen Armee den Weg durch das Wardartal. Nur Trümmer der serbischen Wehrmacht entkommen unter furchtbaren Leiden im tiefen Winter an die albanische Küste und werden auf Corfu von den Alliierten soweit aufgefrischt, daß sie in der zweiten Kriegshälfte mit rund 60000 Mann an der Saloniki-Front wieder in den Kampf eingreifen können. Ein Hilfsunternehmen der Alliierten, unter Bruch der griechischen Neutralität über Saloniki angesetzt, vermag Serbien nicht zu retten, führt aber zur Errichtung einer neuen Front an der mazedonisch-bulgarisch-griechischen Grenze, wo der Großteil der bulgarischen Armee und deutsche Kräfte von nun an durch die alliierte Orientarmee (unter General Sarrail, später Franchet d'Esperey) gebunden bleiben. In Griechenland stürzt der alte Verschwörer Venizelos mit Hilfe der Alliierten den deutschfreundlichen König Konstantin.

## *Italiens Kriegseintritt*

211   Im Mai 1915 war Italien in den Krieg eingetreten, nachdem ihm die Alliierten im Londoner Vertrag nicht nur die italienischen Gebiete Österreichs, sondern auch weite südslawische Länder und einen Anteil an der kolonialen Beute zugesichert hatten. Österreich selbst, dessen Außenpolitik seit Januar 1915 nicht mehr von Berchtold, sondern von Baron Stephan Burian geleitet wird, hatte Italien das Trentino und die italienischen Teile von Görz und Gradiska angeboten, dagegen die Abtretung von Triest und des zu neun Zehnteln serbokroatischen Dalmatien verweigert. Der vorsichtige und methodische Aufmarsch der Italiener (unter Graf Cadorna), durch einen kühnen und gelungenen Stoß der k. u. k. Flotte gegen die gesamte italienische Adriaküste empfindlich gestört und verzögert, schlägt Italien die Trümpfe für einen vielleicht kriegsentscheidenden, von den Alliierten erwarteten Erfolg aus der Hand. Ehe die rund 600000 Mann Italiens an der Tiroler Grenze und mit der Masse vor dem Isonzo aufmarschiert sind, hat Österreich in Eile seine anfangs völlig ungedeckte Grenze durch Landsturm und Tiroler Standschützenbataillone geschützt und am Isonzo aus rasch von der serbischen Front herangeführten Kräften eine Armee (unter General Svetozar Boroević) aufgebaut. In einer ganzen Reihe, jedesmal mehrere Wochen dauernden Angriffsunternehmen (Isonzoschlachten) gelingt es den Italienern bis zum Sommer 1916 nicht, einen nennenswerten Raum- oder strategischen Gewinn zu erzielen.

## *Verdun und Tirol*

212   Nach der Eroberung Serbiens haben die Mittelmächte wieder stärker Reserven, und zwar ausgesprochene Elitetruppen, frei und könnten ihre Strategie von 1915 fortsetzen. In dieser militärisch entscheidenden Lage zerwerfen sich die

deutsche Oberste Heeresleitung (Falkenhayn) und das k. u. k. Armee-Ober-Kommando (Conrad) und gehen getrennte Wege. Die Österreicher erobern Montenegro, dessen König Kapitulation anbietet, im letzten Augenblick aber entflieht und ins Exil geht, aus dem er nicht mehr zurückkehren wird, und bereiten dann eine nur auf ihre eigenen Kräfte gestützte Offensive gegen Italien in Südtirol vor. Die Deutschen aber beschließen, die Festung Verdun anzugreifen, wovon sich Falkenhayn zunächst nur einen Verschleiß der französischen Reserven und ihre Ablenkung von der Somme verspricht, da die Alliierten dort eine große Offensive planen. Der deutsche Angriff bei Verdun, mit zu schwachen Kräften unternommen, dringt nach bedeutenden Anfangserfolgen nicht durch. Die Franzosen unter General Pétain halten die Festung und den Maas-Brückenkopf. In den monatelangen, an Härte alles bisher Dagewesene überbietenden Kämpfen um die „Todesmühle von Verdun" verlieren beide Kampfpartner zusammen an 800 000 Mann. Die Offensive an der Somme findet doch statt, vermag aber, ebensowenig wie die deutsche vor Verdun, die gegnerische Front zu durchbrechen. Die Österreicher greifen, durch Schneefälle an früherem Vorgehen verhindert, im Mai 1916 die Italiener auf der Hochfläche von Folgaria-Lavarone an, haben anfangs Erfolg, erobern Arsiero und Asiago, erreichen aber nicht die erstrebte Ebene, wo der taktische Sieg in eine strategische Operation zur Einkreisung der italienischen Isonzoarmeen münden sollte. Eine große russische Offensive in Wolhynien zwingt Conrad, seinen Lieblingsplan, die große Schlacht in Friaul, aufzugeben und alle verfügbaren Reserven nach Galizien zu werfen, wo General Brussilow eine österreichische Armee zertrümmert hat und Lemberg aufs neue gefährdet ist.

*Die Alliierten im Vorteil — 1916*

**213** Als im Sommer 1916 Russen, Briten, Franzosen, die Saloniki-Armee und die Italiener zugleich angreifen, diese Görz nehmen und Ende August nach langem Zögern Rumänien in den Krieg gegen die Mittelmächte eintritt, hat sich das Blatt gegenüber dem Jahre 1915 völlig gewendet. Die Initiative ist an die Alliierten übergegangen; die Lage der Mittelmächte, die bereits sehr empfindlich an Rohstoffmangel, Schwund ihrer menschlichen Reserven und bedrohlicher Verknappung der Lebensmittel leiden, scheint aussichtslos geworden. Die erste (und einzige) große Seeschlacht des Krieges vor dem Skagerrak (von den Briten Schlacht bei Jütland genannt) ist unentschieden ausgegangen. Zwar hat das deutsche Schlachtkreuzergeschwader des Admirals Hipper dem britischen des Admirals Beatty schwere Verluste beigebracht, beim Zusammenstoß der Flottengros unter den Admirälen Jellicoe und Scheer muß sich aber die deutsche Hochseeflotte nach hartem Kampf der Schlacht entziehen, um nicht von den fast doppelt so starken Briten eingeschlossen und niedergekämpft zu werden (31. Mai 1916).

*Die OHL Hindenburg—Ludendorff*

**214** Die Krise drückt sich in dem Wechsel der deutschen OHL aus, mit der unter dem Druck der öffentlichen Meinung der volkstümlichste Heerführer des Krieges,

Generalfeldmarschall von Hindenburg, betraut wird, wobei die eigentliche Leitung der Operationen in den Händen seines Generalquartiermeisters Erich von Ludendorff liegt. Der Kaiser, der sich, entgegen seinem früheren Verhalten, seit Kriegsbeginn sehr unauffällig und leise verhält, tritt hinter den beiden Militärs immer mehr in den Schatten. Die neue OHL beginnt in die Politik des Reiches dreinzureden und ultimative Forderungen an die verantwortlichen Lenker Deutschlands zu stellen.

Militärisch gelingt es den Mittelmächten, die Lage wiederherzustellen. Der neue Gegner Rumänien wird in einem raschen Bewegungsfeldzug (unter Falkenhayn und Mackensen) niedergeworfen, die Offensiven der Briten, Italiener, Russen werden zum Stehen gebracht.

Politisch verschärft sich die Lage, als im Oktober der sozialdemokratische Politiker Dr. Friedrich Adler den österreichischen Ministerpräsidenten Grafen Stürgkh erschießt und, während so die inneren Risse der Monarchie sichtbar werden, der Tod des Kaisers Franz Joseph (21. November 1916) das Problem des Umbaues des Habsburgerreiches in seiner ganzen Tiefe aufreißt. Andererseits würde vielleicht gerade der österreichische Thronwechsel innen- und außenpolitisch Wege zur Verständigung öffnen, wenn nicht die deutsche Führung nun bei den Militaristen und Wortführern eines Krieges bis zum „Sieg-Frieden" läge.

*Friedensfühler*

215   In Österreich-Ungarn und in Rußland läßt die Widerstandskraft fühlbar nach, in der Donaumonarchie zunächst langsamer, in Rußland dagegen sehr rasch. Die Berufung eines Kabinetts Stürmer in Petersburg wird als Friedenssignal gedeutet. Es ist bekannt, daß der einflußreiche Berater der Zarenfamilie, der rätselhafte Rasputin, für den Frieden wirkt. Ein Verständigungsfriede zwischen Rußland und den Mittelmächten scheint möglich. Da durchkreuzt die deutsche OHL mit ihrer Forderung nach Aufrichtung eines selbständigen Polen, die von Bethmann-Hollweg angenommen wird, alle deutsch-russischen Verständigungsversuche. Die Gründung des Königreichs Polen, das keine wirkliche Souveränität erhält und von Ludendorff nur als Rekrutenreservoir angesehen wird, ist einer der schwersten Fehler der deutschen Führung gewesen.

Ohne entsprechende diplomatische Vorbereitung unternommen, scheitert der Versuch der deutschen und österreichischen Politik, durch ein Friedensmanifest der beiden Kaiser um die Jahreswende 1916/17 das Gespräch über die Beendigung des Krieges in Gang zu bringen. Auch betont der Aufruf der Monarchen unklugerweise die militärischen Erfolge der eigenen Heere und beansprucht die Geltung des Siegers; endlich gibt er keine Anhaltspunkte für ein tatsächliches Friedensprogramms. Präsident Wilson sieht in ihm eine Durchkreuzung seines eigenen, seit langem geplanten Vermittlungsplans.

### Präsident Wilson greift ein

*216* In einer Note vom 19. Dezember 1916 eröffnet der amerikanische Präsident seine Aktion. Die Mittelmächte antworten mit dem Vorschlag zu direkten Verhandlungen, die Entente mit einem festen Programm, das neben weitgehenden Forderungen an die Kaisermächte auch die Annahme der Wilsonschen Vorschläge zur Gründung eines Völkerbundes und eines obligatorischen Schiedsgerichtes enthält. In einer Botschaft an den Senat entwirft Wilson am 22. Januar 1917 sein Friedensprogramm. Seine Aktion wird durchkreuzt durch die Eröffnung des „uneingeschränkten U-Boot-Krieges" (Torpedierung von Handelsschiffen ohne vorherige Warnung) durch Deutschland am 31. Januar 1917. Die deutsche OHL hat in dem verzweifelten Schritt, der die Vereinigten Staaten an die Seite Englands zwingen muß, das letzte Mittel gesehen, den militärischen Sieg zu erringen und Deutschland aus der Umstrickung der großen Koalition zu befreien. Wenige Wochen später bricht die russische Revolution aus und ändert das gesamte Kräfteverhältnis zugunsten der Mittelmächte. Der Vorteil wird aber bei weitem ausgeglichen durch den Eintritt der USA in den Krieg gegen Deutschland. Mit beiden Ereignissen, dem Kriegseintritt Amerikas und der russischen Revolution, tritt der Krieg, zum wirklichen Weltkrieg geworden, in ein neues Stadium; eine neue Epoche der Geschichte beginnt.

DRITTER TEIL

# DER BEGINN DES GLOBALEN ZEITALTERS

Die Welt zwischen Freiheit und Zwang

*217* Nicht der Beginn des ersten Weltkrieges im Jahre 1914 und nicht das Jahr 1918, in dem die Kampfhandlungen durch die Waffenstillstandsverträge der Mittelmächte mit den siegreichen Alliierten beendet wurden, sondern das Jahr 1917 grenzt als entscheidende Zeitwende die Epoche der europäischen Vorherrschaft in der Welt gegen das globale Zeitalter ab. Wir dürfen es so nennen, weil nunmehr der gesamte Globus Schauplatz der weltgeschichtlichen Ereignisse wird, die, ursächlich miteinander verbunden, keine europäische, amerikanische oder asiatische Geschichte mehr darstellen, sondern eben Weltgeschichte. Der Eintritt der Vereinigten Staaten von Amerika in den ersten Weltkrieg hatte diese Großmacht aus der freiwilligen Isolierung, in der sie sich seit der Aufstellung der Monroe-Doktrin befand und die seit 1898 wohl aufgelockert, aber nicht durchbrochen worden war, zum kriegsentscheidenden Faktor in Europa gemacht. Die Vereinigten Staaten traten von allem Anfang an ganz bewußt als Schiedsrichter der Welt und Künder einer neuen Ordnung des Erdballs auf. Im Jahr 1917 scheitern die letzten Versuche europäischer Mächte, von sich aus zum Frieden und zu einer Neuordnung des Kontinents zu gelangen, die ihm mit dem Großteil der überkommenen staatlichen Formen zugleich einen beträchtlichen Rest seiner Macht und Bedeutung gerettet hätte. Mit dem Beginn des uneingeschränkten U-Boot-Krieges und der militärischen Niederlage Rußlands ist es klar geworden, daß Großbritannien auch im Bunde mit zwei anderen europäischen Großmächten und verschiedenen Kleinstaaten nicht imstande war, Deutschland und seine Bundesgenossen zu besiegen, ja, daß es vielleicht nicht in der Lage sein würde, einen Angriff der Deutschen auf die britischen Inseln selbst und die völlige Niederlage aller festländischen Bundesgenossen Englands zu verhindern. Nur das Eingreifen Amerikas konnte die Sache der westlichen Alliierten noch zum Siege führen. Damit ist die führende Stellung zur See und in der Weltpolitik von Großbritannien auf die jüngere angelsächsische Macht übergegangen. Nicht minder bedeutend aber als der Eintritt der USA in die europäische Politik und den europäischen Krieg ist die revolutionäre Umwälzung, die sich zwischen dem

März und dem November 1917 in Osteuropa vollzieht. Schon der Sturz des Zaren und die Errichtung einer Republik nach dem bürgerlich-westeuropäischen Modell bedeutete für Rußland einen ungeheuer tiefen Einschnitt, das Ende einer in vielen Jahrhunderten gewachsenen Welt mit feudal-aristokratischen und zum Teil theokratischen Gesellschafts- und Staatsformen. Es war im Frühjahr 1917 nicht abzusehen, welche weitreichenden Folgen Rußlands Übergang zu einer demokratischen Staatsform, zu dem bürgerlich-freiheitlichen Lebensstil des Westens und der Sieg des Nationalismus bei den gewaltigen Massen der bäuerlichen Ostslawen nach sich ziehen würden. Ehe aber diese Umwälzung noch Gestalt annehmen konnte, vollzog sich mit dem Siege des Bolschewismus im Herbst 1917 eine zweite Revolution, die viel tiefer in den lebendigen Körper der osteuropäischen Völker eingriff, nicht nur die feudale Welt des zaristischen Rußland, sondern auch alle Ansätze einer bürgerlichen Entwicklung zertrümmerte und in ihrem elementaren Charakter einer Glaubensbewegung durchaus geeignet war, nach Asien überzugreifen und die Milliardenmasse der asiatischen Völker in den Wirbel einer durch Jahrzehnte währenden Revolution mit hinabzureißen. Zunächst trennte die bolschewistische Revolution Osteuropa, das seit Peter dem Großen sozial und politisch mit dem Abendland zusammengewachsen war, vom Westen und verband es um so enger mit den asiatischen Gebieten des alten Rußland, die nicht Kolonien blieben, sondern gleichrangige Bestandteile eines neuen eurasischen Reiches wurden, das sich von allem Anfang an nicht mehr als Nationalstaat und Großmacht im alten Sinne, sondern als ein Erdballstaat konstituierte, in dem die verschiedensten Völker, Rassen, Kulturen, Religionen zu einer neuen künstlichen Einheit lediglich durch eine politische Idee und einen auf die Philosophie gegründeten Glauben verbunden werden sollen.

Damit haben sich die Gewichte im Uhrwerk der Weltpolitik von Grund auf verlagert. Während Europa und das britische Empire nicht nur an Macht und Ansehen verlieren, sondern ohne die wirtschaftliche und politische Hilfe einer der außereuropäischen Mächte auch kaum mehr eine weltpolitische Rolle zu spielen vermögen, entwickeln sich in den Vereinigten Staaten und in der Sowjetunion zwei Weltmächte mit gewaltigen Hilfsquellen an Menschen und Gütern, beide beinahe unangreifbar durch die Ausdehnung der von ihnen beherrschten Räume und ihre ozeanischen Grenzen, beide aber auch trotz mancher Ähnlichkeit in ihren Idealen, etwa in der Hingebung an den technischen Fortschritt und der Meisterung schwieriger wirtschaftlicher Fragen durch die Technik, grundverschieden in ihrem politischen und ihrem Lebensideal. So bereitet sich eine Spannung vor, die durch zwei Jahrzehnte den Zeitgenossen nicht deutlich erkennbar war, weil die krampfhaften Versuche der europäischen Großmächte, noch einmal als Nationalstaaten zum imperialen Gedanken und zu Weltbedeutung durchzustoßen, und weil die Ausbildung politischer Formen, in denen der russische Kommunismus nachgeahmt, von deren Trägern er aber bekämpft wurde, das wahre Kräftespiel der Geschichte verdeckten. Erst mit dem zweiten Weltkrieg und insbesondere durch seine Folgen wird die neue Lage der Welt, die zur planetarischen Einheit strebt, aber zwischen die Prinzipien von Freiheit und Zwang gestellt ist, völlig sichtbar.

## 1. Ausgang und Folgen des ersten Weltkrieges

### Charakter der Zeit von 1917—1933

218   In den Jahren 1916 und 1917 wäre die Beendigung des Krieges durch einen Verständigungsfrieden der europäischen Mächte möglich gewesen, wenn zwischen ihnen noch das Gefühl jener abendländischen Solidarität vorgeherrscht hätte, das selbst in den Zeiten so langwieriger und schwerer Kriege wie der napoleonischen oder der großen nationalen Einigungskriege um die Mitte des 19. Jahrhunderts die kriegführenden Staaten über die Grenzen hinweg verbunden hatte. Tatsächlich aber spielen während des ersten Weltkrieges bereits ideologische Gegensätze eine Rolle, die den Krieg zu einem Glaubenskampf stempeln. Aber auch die machtpolitischen Ziele der Kriegführenden sprengten den Rahmen, in dem eine Verständigung noch möglich war, denn sie zielten vielfach auf Vernichtung des Gegners ab. Militärisch gesehen, hielten sich die beiden Mächtegruppen 1917 die Waage. Wenn das Friedensangebot der beiden Kaiser die Mittelmächte als militärische Sieger bezeichnete, so übersah es dabei völlig die Machtlage zur See, in den Kolonien und auf dem Gebiete der wirtschaftlichen Kriegführung. Daß Deutschland gleich darauf zu dem Mittel des uneingeschränkten U-Boot-Krieges griff, und damit die USA auf den Plan rief, beweist, daß man sich militärisch am Ende fühlte und keinen anderen Rat mehr wußte als diesen verzweifelten Schritt. Erst der rasche Zusammenbruch Rußlands, den man um die Jahreswende 1916/17 noch nicht voraussah, hat den Mittelmächten überraschend auch eine militärische Entlastung gebracht. Die gleichen Hindernisse, die sich 1917 einem Friedensschluß entgegenstellten, erschweren auch 1919 nach dem Zusammenbruch Deutschlands den Abschluß eines gerechten und vor allem vernünftigen Friedens. Der Widerstreit nicht nur machtpolitischer Interessen Englands, Frankreichs und Italiens, sondern auch der Ideen, von denen sich die führenden Politiker Europas und Amerikas leiten ließen, macht den Frieden von Versailles zu einem künstlichen und zerbrechlichen Gebilde, das man zum Teil aus den demokratischen und humanitären Ordnungsgedanken des Präsidenten Wilson, zum Teil aus den Machttendenzen der europäischen Staaten konstruiert hatte, unter denen wieder Frankreich und Italien vorwiegend nationalstaatliche und kontinentale Ziele verfolgten, während es England um die Vernichtung der deutschen Weltgeltung, des deutschen Handels und der deutschen Seemacht zu tun war. Da die Vereinigten Staaten ihrem Präsidenten die Gefolgschaft versagen, setzen sich im Friedensvertrag selbst und bei seiner Anwendung zunächst die Bestrebungen der europäischen Siegermächte einseitig durch. Aber da Großbritannien einer französischen Vorherrschaft auf dem Kontinent widerstrebt und sehr bald die Wiederaufrichtung der deutschen Groß-

macht zu fördern beginnt, da sich außerdem die Gleichgewichtsstörung in Osteuropa bemerkbar macht und der deutschen Politik Gelegenheit gibt, bei Rußland Rückhalt gegen den Westen zu suchen, da endlich zwischen Italien und Frankreich eine heftige Spannung entsteht und die Zerstörung Österreich-Ungarns den Donauraum in beinahe chaotische Verhältnisse stürzt, erweist sich das Friedenssystem sehr bald als brüchig und der Revisionismus der Besiegten als die eigentlich gestaltende Kraft in einem Europa, in dem das biologisch viel zu schwache Frankreich unter der Last zusammenbricht, die es sich selbst auferlegt hat. Aus einer Reihe von Bürgerkriegen, Revolutionen, internationalen Krisen, wirtschaftlichen und sozialen Erschütterungen und dem Taumel in den drohenden Untergang wird Europa um die Mitte der zwanziger Jahre durch die wirtschaftliche Hilfe Amerikas und den gleichzeitigen Sieg demokratischer und realpolitischer Kräfte in den meisten europäischen Staaten noch einmal gerettet. Da die europäischen Völker aber die Gelegenheit zu einer wirklichen Bereinigung ihrer überholten Streitfragen ungenutzt verstreichen lassen, werden sie durch die Weltwirtschaftskrise und den Zusammenbruch der amerikanischen Geldhäuser um 1930 aufs neue aus der Bahn friedlicher Entwicklung geschleudert. Der Untergang der deutschen Demokratie, an dem der Westen mitschuldig ist, und die schwächliche Haltung der westeuropäischen Mächte gegenüber dem drohenden deutschen Revisionismus charakterisieren die Wendung, die sich in der Weltpolitik um 1933 vollzieht.

*Der Eintritt der USA in den Krieg und die Persönlichkeit Wilsons*

**219** Die Westmächte hatten zur Finanzierung des Krieges große Anleihen in den USA aufgenommen, andere Lieferungen in Gold bezahlt. Dadurch wandert der finanzielle Schwerpunkt der Welt von London nach New York. Die großen Kriegslieferungen der Vereinigten Staaten führen zu einem fieberhaften Ausbau der amerikanischen Industrie. Die Verluste Großbritanniens und seiner Bundesgenossen an Handelsschiffen, die der deutsche Kreuzer- und U-Boot-Krieg bewirkt, machen die Handelsflotte der USA nicht nur im Verhältnis stärker, sondern geben den amerikanischen Werften auch die Möglichkeit, neue Schiffe in großer Zahl zu bauen und zu vorteilhaften Preisen an die unter dem Mangel an Schiffraum leidenden Staaten zu liefern. Die Rolle des entscheidenden Partners im Kriege, die Amerika 1917/18 übernimmt, ist zugleich die Rolle des Schiedsrichters in der Welt. So will Präsident Woodrow Wilson sie auch verstanden wissen. Thomas Woodrow Wilson (1856 in Staunton, Virginia, geboren, 1924 in Washington gestorben), 1902–1911 Präsident der Princeton-Universität (New Jersey), ursprünglich Anwalt, dann Rechts- und Staatswissenschaftler, 1911–1913 Gouverneur von New Jersey, wird 1912 als Kandidat der Demokraten zum Präsident der USA gewählt, da die in zwei Gruppen (Taft und Theodore Roosevelt) gespaltenen Republikaner ihre seit 1896 behauptete Vorherrschaft verlieren. Der Präsident wendet sein Interesse zunächst innerpolitischen

Reformen zu, wird aber durch den Ausbruch des europäischen Krieges gezwungen, sich immer mehr den Fragen der Weltpolitik zuzuwenden. Wilson ist ein Systematiker und Phantast zugleich. Er träumt von einer Ordnung des ewigen Friedens, der Gerechtigkeit zwischen den Völkern und des demokratischen Fortschritts, sucht die Notwendigkeit und Möglichkeit dieser Ordnung aus der Geschichte und der Philosophie zu erweisen und macht aus seinen Wünschen und Forschungsergebnissen schließlich ein System, eine feste Lehre (Doktrin), die er mit Zähigkeit politisch durchzusetzen versucht. Stößt er aber auf Widerstände, so begnügt er sich oft mit dem äußeren Schein des Erfolges, um die Lehre und die Idee nicht preisgeben zu müssen. Wilson ist mehr als irgendein amerikanischer Präsident vor oder nach ihm ein Mann der Theorie, ein Gelehrter, der sehr zurückgezogen lebt und das Leben mehr aus Büchern als aus der Erfahrung kennt. Das führt dazu, daß Menschen aus seiner Umgebung, die wenigen Berater, denen er Vertrauen schenkt, einen großen Einfluß auf ihn gewinnen, so neben seiner Gattin sein engster Mitarbeiter House (dem er den Colonel-Titel verleiht, obwohl House nie Soldat war) und zeitweise der Tscheche Masaryk, dessen Laufbahn, Philosophie und gelehrt-systematisierende Art des Politisierens an verwandte Saiten im Wesen des Präsidenten rühren. Präsident Wilson gilt bis 1916 als ein Vertreter der strikten Neutralität Amerikas, obwohl er als fortschrittlicher Demokrat mit seinen Sympathien eher auf der Seite Großbritanniens und Frankreichs als der beiden mitteleuropäischen Monarchien steht. Gegen die Verletzung internationalen Rechtes durch Großbritannien protestiert er zwar, aber ohne die Schärfe, mit der er deutschen Rechtsverletzungen entgegentritt. Der U-Boot-Krieg wirft neue völkerrechtliche Fragen auf. Ernste Zwischenfälle entstehen durch Versenkung von Passagierdampfern, wenn amerikanische Bürger dabei ums Leben kommen („Lusitania", Mai 1915). Die Tatsache, daß die Westmächte die Schuldner und die Kunden des amerikanischen Kapitals sind, muß aber auf die öffentliche Meinung der Staaten zugunsten Englands wirken. Auch ist man in den USA schon seit dem Burenkrieg der Überzeugung, daß die jüngere angelsächsische Großmacht die Zertrümmerung des älteren Empire nicht dulden kann. Dazu kommt die plumpe Ungeschicklichkeit der deutschen Politik, die auf einen Krieg zwischen Mexiko und den Vereinigten Staaten hinarbeitet, ein Spionagenetz in den USA unterhält und Sabotageversuche macht. Da Deutschland im Nachrichtendienst von der Welt abgeschnitten ist, die britische Propaganda dagegen ungehemmt arbeiten kann, neigen sich die Sympathien Amerikas immer stärker den Feinden Deutschlands zu. Die Erklärung des uneingeschränkten U-Boot-Krieges in dem Augenblick, da der Präsident seine Vermittlung angeboten hat, muß zum Bruche führen. Am 6. April 1917 beschließt der Kongreß mit großer Mehrheit die Kriegserklärung an Deutschland, und der 1916 als Kandidat der Kriegsgegner wiedergewählte Präsident wird zum Führer der größten kriegführenden Mächtekoalition, welche die Geschichte bis dahin gesehen hat.

## Material- und Ideenkrieg

**220** Mit dem Eintritt der USA in den Krieg nimmt dieser noch mehr die Form eines Wettrüstens an, in dem das größere Gewicht an Rohstoffen und technischen Kriegsmitteln entscheiden muß. Er wandelt sich aber auch aus einem Machtkampf alten Stils immer mehr in einen Krieg der Ideen, in dem die Waffe der Propaganda, der Werbung durch politische Gedanken und Schlagworte gleichwertig neben die Waffenentscheidung tritt. Nun erst, durch den Gegensatz zwischen der größten und freiesten Demokratie der Welt und dem monarchisch-militaristischen Deutschen Reich, erhält der Kampf der europäischen Westmächte gegen den preußischen Militarismus, den Kaiser und die „Theokratie" (eigentlich Gottes-, dem Sinne nach Priester- oder „von-Gottes-Gnaden"-Herrschaft) einen tieferen Sinn und eine breitere Wirkung. Nicht Deutschland zu besiegen, wird als letztes Kriegsziel verkündet, sondern der Welt eine neue und dauerhafte Friedensordnung zu geben und die Deutschen selbst von ihrer militaristisch-absolutistischen Führung zu befreien. Am 27. September 1917 verkündet der Präsident sein Friedensprogramm in den „14 (zuletzt 18) Punkten". Wilsons Alliierte lehnen dieses Programm in wesentlichen Teilen ab, sind aber klug genug, dies nicht deutlich zu sagen. Die Mittelmächte dagegen wenden sich zunächst sehr heftig gegen Wilsons Punkte, so daß ihnen wenigstens nach außen die Verantwortung für die Fortdauer des Krieges zur Last fällt.

## Russische Revolution

**221** Die Umwandlung des Krieges in einen Kampf der demokratischen gegen die absolutistische Idee wird in diesem Umfang erst möglich durch den Sturz des russischen Zarismus. Die russische März- (nach russischem Kalender: Februar-) Revolution ist das zweite Ereignis des Jahres 1917, das dem Kriege und der gesamten geschichtlichen Entwicklung eine unvorhergesehene Wendung gibt. Die Ursachen der russischen Revolution sind in folgenden Erscheinungen und Ereignissen zu sehen:

in der nach dem Scheitern der Stolypinschen Reform noch immer ungelösten russischen Agrarfrage; die Bauernbefreiung Alexanders II. hat die Bauern zwar aus der Leibeigenschaft gelöst, sie aber nicht mit einem ausreichenden Eigentum an Boden ausgestattet;

in der Unzufriedenheit des Bürgertums und der Intelligenz mit dem absolutistischen Regierungssystem, das durch die Reform von 1905/06 zwar gemildert ist, in seinen wesentlichen Erscheinungformen (Polizeistaat, bürokratische Schwerfälligkeit, Willkür, Bestechlichkeit) noch fortbesteht;

in der besonderen Struktur der russischen Gesellschaft, in der sich mitten in einer mittelalterlich-feudalen Dorfgesellschaft modernste Großbetriebe mit einem wurzellosen und durch jahrzehntelange Arbeit revolutionär geschulten Proletariat befinden, während die freiheitliche Bourgeoisie und Intelligenz mit den revolutionären Schichten sympathisieren;

in der engen Bindung der russischen Kirche an den Staat und in Verfallserscheinungen des Mönch- und Priestertums, die es den Revolutionären leicht machen, den Mythos der Revolution an die Stelle des christlichen Glaubens zu setzen;

in einer seelischen Krise des russischen Menschen, die sich schon in der Literatur des 19. Jahrhunderts, vor allem bei Tolstoi und Dostojewskij, ankündigt und christliche Gedanken mit panslawistischen Erlösungsideen, beide aber mit stark nihilistischen (weltverneinenden) Bestrebungen verbindet;

in dem Versiegen des autokratischen Selbstbewußtseins und des Herrschaftswillens der führenden Schichten;

in den militärischen Niederlagen, der wirtschaftlichen Zerrüttung, sozialen Not und der vor allem für die Bauern unerträglich langen Dauer des Krieges sowie der gesteigerten Macht und dem größeren Selbstbewußtsein der in der Rüstungsindustrie beschäftigten Arbeiter.

Im Februar 1917 breitet sich eine Streikwelle, die von den revolutionären Parteien geschickt gelenkt wird, sehr rasch über die großen Rüstungsbetriebe und wichtigen Verkehrszentren aus. Die Truppen und bald auch die Polizei von Petersburg verhalten sich abwartend und gehen schließlich zu den Revolutionären über. Der Zar, seit der Ermordung seines Vertrauten Rasputin durch Mitglieder des kaiserlichen Hauses und des Hochadels (um die Jahreswende 1916/17) seiner Umgebung und seiner Sache nicht mehr sicher, dankt zugunsten seines Bruders ab (der an der Bluterkrankheit leidende dreizehnjährige Zarewitsch Alexej wird übergangen, da sich die Zarenfamilie nicht von dem kränklichen Knaben trennen will). Die revolutionären Parteien der „Kadetten" (bürgerlich-liberale Radikale) und Sozialrevolutionäre gehen jedoch über die Wünsche des Zaren zu radikaleren Lösungen über. Die Dynastie wird abgesetzt, Rußland erhält eine provisorische republikanische Regierung, deren Führung sehr bald den Händen der Bürgerlichen (Fürst Lwow und Miljukow) entgleitet. Der Kriegsminister Kerenskij (Sozialrevolutionär) übernimmt die Regierungsgewalt und übt sie in diktatorischer Form aus. Als Generalissimus der Armee versteht es der redegewaltige Revolutionär, die Soldaten durch demokratische Parolen und soziale Versprechungen noch einmal mitzureißen. Statt des erwarteten Ausscheidens Rußlands aus dem Kriege bringt der Sommer 1917 noch einmal eine große russische Offensive, die jedoch nach stürmischen Anfangserfolgen in Galizien und der Bukowina unter den deutsch-österreichischen Gegenangriffen in eine schwere Niederlage mündet. Ostgalizien wird den Russen entrissen, die Deutschen nehmen Riga und die baltischen Inseln. Während er den demokratischen Krieg predigt, hat Kerenskij es versäumt, durch soziale Taten die Bauern und Arbeiter zufriedenzustellen. Im Sommer kommt es zu neuen Streiks und Aufständen, die nur mit Mühe niedergeschlagen werden. Die Bauern fordern Land und rasche Beendigung des Krieges, der nun an den Fronten in Osteuropa tatsächlich einschläft.

### Niederlage Italiens und Krise Frankreichs

**222** Die Westmächte, die sich vom Sturz des Zaren eine Steigerung der russischen Kriegsleistung erwartet haben, sehen sich vor eine erneute Krise gestellt, als im Herbst 1917 die Mittelmächte zum Angriff auf Italien antreten. In der zwölften Isonzoschlacht zerschlagen deutsche und österreichisch-ungarische Korps die italienische Front zwischen Karfreit und Flitsch, brechen in die Ebene durch, überschreiten den Tagliamento und treiben die Italiener bis an den Piave zurück, während die Österreicher die italienische Front auch in Tirol zurückdrängen. Der Gesamtverlust der italienischen Armee in dieser Katastrophe von Caporetto beträgt 800 000 Mann und fast das gesamte Material der Heeresgruppe am Isonzo. Die Stimmung in Italien ist durch Wochen verzweifelt, die Widerstandskraft des Landes scheint gebrochen. Nur mit Hilfe rasch herbeigeführter französischer und britischer Divisionen bringt der neue Armeeführer General Diaz die Front am Piave zum Stehen.

Inzwischen hat auch Frankreich seine Krise durchlebt. Nach dem Rücktritt General Joffres von der Armeeführung hat der neue Oberkommandierende, General Nivelle, im Frühjahr 1917 unter rücksichtslosem Menscheneinsatz und entsprechend hohen Verlusten ohne Erfolg in der Champagne angegriffen. Die Folge der blutigen Niederlage sind Massendesertionen und revolutionäre Unruhen, gegen die man mit drakonischen Maßnahmen vorgeht. Nur die Tatsache, daß die Deutschen erst viel später von dieser Krise erfahren, hat Frankreich vor schwerem Unheil bewahrt. Im Herbst greifen die Briten in Flandern an, wo die Schlacht aufs neue unter ungeheuren Menschenopfern im Lehm der Trichterfelder erstickt.

### Neue Waffen

**223** Der Krieg hat neue Waffen, eine neue Taktik, aber noch keine neue Strategie hervorgebracht. Neben die immer bedeutsamer werdende, aber nur in der Stellung verwendbare schwere Artillerie ist die von den Briten zuerst entwickelte Panzerwaffe getreten. Ihr erster großer und erfolgreicher Einsatz bei Cambrai 1917 bleibt ohne durchgreifendes Ergebnis, weil die Führung den Erfolg nicht vorausgesehen und keine beweglichen Reserven zur Ausnützung des Durchbruchs bereitgestellt hat. Ebenso bleibt deutscherseits der erste mit großer Wirkung erfolgte Einsatz von Giftgas unausgenutzt. Seit den großen Schlachten von 1917 wird an fast allen Fronten Gas geschossen und abgeblasen, das zum Beispiel bei Karfreit-Flitsch verheerende Wirkung hat. Als Nahkampfwaffe wird die Handgranate wieder eingeführt. Taktisch geht man im Angriff von der Schwarmlinie und der massierten Angriffskolonne zu den besonders geschulten Sturmtrupps und Sturmkompagnien über, denen die Masse der Infanterie folgt, die eigentlich nur besetzt, sichert und Gefangene nach hinten bringt. Die Mittelmächte verwenden zu ihren großen Offensiven eine bestimmte Anzahl immer wieder aufgefrischter und von Front zu Front verschobener Elitedivisionen, deren endgültiger Verschleiß in der Großen Schlacht in Frankreich und am Piave eine wichtige Voraussetzung der Niederlage wird. Das Flugzeug ist seit Kriegsbeginn technisch so weiterentwickelt worden, daß es aus einem noch unsicheren und fragwürdigen Mittel der Fernaufklärung zu einer Angriffswaffe geworden ist, die durch Bomben- und Handgranatenwurf oder Maschinengewehrfeuer in den Erdkampf eingreift. Luftkämpfe finden seit 1916 in steigendem Maße über allen Fronten statt. Das deutsche System des überraschenden und planmäßigen Vernichtungsfeuers mit nachfolgendem Sperrfeuer und der „Feuerwalze", unter deren Schutz die Infanterie vorgeht, wird defensiv überwunden durch die Taktik der Räumung der vorderen Linien und offensiv durch den Masseneinsatz von Panzern. Der moralische Schock, den die Panzerwaffe bewirkt, ist zunächst stärker als ihre tatsächliche Wirkung. An Panzern und Flugzeugen wächst seit 1917 die Überlegenheit der Alliierten über die Deutschen ständig. Auch zur See macht sich die materielle Überlegenheit der Westmächte fühlbar. Es werden mehr deutsche U-Boote vernichtet, als neu in Dienst gestellt werden können. Die unter Geleitschutz von Zerstörern fahrenden Transportzüge sind beinahe unangreifbar geworden. Der Gedanke der alliierten Führung, die amerikanischen Truppen noch vor Abschluß der kriegsmäßigen Ausbildung nach Frankreich zu verlegen und dort zugleich als strategische Reserven bereitzustellen, wird den Deutschen zum Verderben. Um viele Monate früher, als von deutscher Seite gerechnet, sind die Amerikaner einsatzbereit und können kriegsentscheidend verwendet werden.

*Politik und Kriegsführung*

224 Auch auf Seiten der Mittelmächte hat man seit 1917 begriffen, daß der Krieg mit militärischen Mitteln allein nicht zu gewinnen ist Man müßte der Idee der Demokratie entweder Zugeständnisse machen oder ihr eine andere wirkungsvolle Idee entgegensetzen; man müßte Innen- und Außenpolitik in ein rechtes Maß zueinander bringen, und man müßte den Abschluß des Krieges durch diplomatische Aktionen und durch Zugeständnisse zu erreichen suchen. Aber es fehlt bei den Mittelmächten an einer einheitlichen Auffassung der Lage und der Aufgaben, und es fehlt noch mehr an der Macht, die Politik und die Kriegsführung, die Innen- und Außenpolitik auf ein erreichbares Ziel abzustimmen.

Die russische Revolution und die Fernwirkungen der amerikanischen Kriegsbegeisterung stärken auch in Deutschland die demokratischen und sozialistischen Strömungen. Angesichts der wachsenden Macht der Obersten Heeresleitung rafft sich die aus Sozialdemokraten, Zentrum und Freisinnigen bestehende Reichstagsmehrheit, deren aktivster Mann der Zentrumsabgeordnete Matthias Erzberger ist, zu selbständigem Handeln auf. Sie beschließt eine Friedensresolution, in der sie sich für einen Frieden der Verständigung ohne Annexionen und Kontributionen ausspricht. Dabei gerät sie in Gegensatz zu dem Kanzler Bethmann-Hollweg, und nun ergibt sich die merkwürdige, aber für die Richtungslosigkeit der deutschen Politik bezeichnende Tatsache, daß sowohl der Reichstag als auch die Oberste Heeresleitung den Sturz des Kanzlers fordern, der das

Vertrauen des Kaisers und damit nach der Reichsverfassung die Voraussetzung besitzt, im Amte zu bleiben. Der Kaiser gibt den Opponenten nach, entläßt Bethmann und beruft den politisch unbeschriebenen, nur als Beamten bewährten Michaelis zum Reichskanzler. Nach wenigen Monaten schon muß Michaelis zurücktreten. Der bisherige bayerische Ministerpräsident Graf Hertling übernimmt die Leitung der Reichsgeschäfte. Die Linke fordert immer lauter den Übergang zum parlamentarischen Regierungssystem im Reich und die Demokratisierung des preußischen Dreiklassenwahlrechts, in dem die Herrschaft der Junkerkaste verankert ist. Die Radikalisierung der Arbeiter kommt in der Spaltung der Sozialdemokratie und der Bildung einer Unabhängigen sozialdemokratischen Partei (USP) unter Hugo Haase zum Ausdruck, die im Reichstag gegen die Kriegskredite stimmt und mit Aktionen revolutionärer Matrosenkomitees und politischen Streiks in Verbindung steht. Links von ihr entwickelt sich die illegale Spartakus-Bewegung, geistig gelenkt von den in Schutzhaft befindlichen Marxisten Karl Liebknecht und Rosa Luxemburg. In enger Zusammenarbeit mit den Männern der OHL bildet sich dagegen auf der Rechten unter Tirpitz die Deutsche Vaterlandspartei, die für den Kampf „bis zum Endsieg" wirbt und ein maßloses Eroberungsprogramm verficht. Der Kaiser vermag sich weder ein klares Bild der Lage zu machen, noch kann er sich gegen Hindenburg und Ludendorff durchsetzen, die ihm in allen Fragen der Innen- und Außenpolitik ihren Willen aufzwingen. So läßt sich Deutschland nach der Friedensaktion Wilsons auch die Chance entgehen, die Friedensaktion Papst Benedikts XV. im Sommer 1917 für sich zu nützen, da es jede bindende Erklärung über Belgien verweigert. Bei dieser Lage der Dinge stoßen auch die von Wien ausgehenden Versuche zur Anbahnung eines Verständigungsfriedens in Berlin auf kein Verständnis.

*Kaiser Karl*

225 Klarer als irgendein anderer Staatsmann der Mittelmächte hatte der im November 1916 auf den Thron gelangte Kaiser und König Karl I. (in Ungarn Karl IV.) die tatsächliche Machtlage durchschaut und die Folgerungen aus ihr gezogen. Kaiser Karl (1887 als Sohn des Erzherzogs Otto und einer sächsischen Prinzessin in Persenbeug geboren, Großneffe Franz Josephs I., gestorben 1922 in Funchal auf Madeira) hatte als Erzherzog eine sehr oberflächliche, ihn für sein späteres Amt nur unzulänglich vorbereitende Erziehung genossen. Das Erlebnis des Krieges und die Berührung mit seinen Soldaten machen ihn empfänglich für Gedanken, die sowohl aus der Familie seiner Gattin, der Prinzessin Zita von Bourbon-Parma, als auch aus Kreisen des österreichischen Katholizismus (Professor Heinrich Lammasch, Ignaz Seipel, Baron Polzer-Hoditz, Friedrich Wilhelm Foerster) an ihn herangetragen werden. Auf den Thron gelangt, ist er bemüht, so bald wie möglich den Krieg zu beenden. Er weiß, daß dies ohne die Lösung des österreichischen Nationalitätenproblems in föderalistisch-demokratischem Sinne nicht möglich ist. Seit 1914 wird Österreich mit

Hilfe des Paragraph 14 der Verfassung ohne Parlament regiert. Kaiser Karl beruft ein Kabinett (Graf Clam-Martinic), das die verfassungsmäßigen Zustände wiederherstellt, er begnadigt die zum Tode verurteilten tschechischen Politiker Kramář, Rašin und Červinka, er entläßt das von alldeutschen Gedanken stark durchsetzte Armeeoberkommando (Erzherzog Friedrich, Feldmarschall Conrad) und beruft den Grafen Ottokar Czernin zum Außenminister, der auf eine Verselbständigung der österreichischen Außenpolitik gegenüber Berlin und auf eine Verständigung mit Wilson hinarbeitet. Über seine in der belgischen Armee dienenden bourbonischen Schwäger, vor allem über Prinz Sixtus von Parma, nimmt der Kaiser die Verbindung zu Präsident Poincaré auf und regt einen allgemeinen, falls Deutschland aber ablehnen sollte, dann einen Sonderfrieden zwischen Österreich-Ungarn und den Alliierten an. Die Friedensaktion Kaiser Karls, von dem grimmigsten Feind Österreichs, dem tschechischen Politiker Beneš, als die „gefährlichste" für die Friedensgegner im Lager der Entente bezeichnet, scheitert vor allem an dem Widerspruch Italiens, das auf seine Eroberungsziele nicht verzichten und Österreich, wenn nicht zerstören, so doch unter das Maß einer Großmacht herabdrücken möchte. Dazu kommt die Radikalisierung der französischen Politik, die seit dem Herbst 1917 sehr stark unter antikatholischen Einflüssen steht. Diese wünschen keine Verständigung mit dem Hause Habsburg-Lothringen, sondern leihen dem tschechischen Nationalismus ihr Ohr. Vielleicht wäre Kaiser Karls Friedenskonzept noch zu retten gewesen, wenn er innerpolitisch Erfolg gehabt hätte. Hier scheitert er jedoch an dem Widerstand Ungarns gegen alle föderalistischen Reformpläne. Durch die Krönung zum König von Ungarn ist Karl weitgehend von der Politik der madjarischen Gentry abhängig geworden. Obwohl er Tisza entläßt, vermag er die Opposition der Madjaren gegen eine den Slawen entgegenkommende Politik nicht zu brechen. Guten Willens und in seinem politischen Urteil klüger und weiterblickend als seine Minister, ist Kaiser Karl zu wenig energisch gewesen, seine Politik bis ans Ende durchzuführen. Als der französische Ministerpräsident Clemenceau 1918, herausgefordert durch eine unvorsichtige Äußerung des Grafen Czernin, die Briefe veröffentlicht, die Kaiser Karl an den Prinzen Sixtus geschrieben und in denen er Frankreichs Ansprüche auf Elsaß-Lothringen als berechtigt erklärt hat, leugnet der Kaiser den Tatbestand ab, entläßt Czernin und ordnet sich wieder völlig der deutschen Führung unter, in deren militärischem Sieg er jetzt die letzte Rettungsmöglichkeit erblickt. Damit begräbt er seine eigenen und die Hoffnungen seiner Freunde auf eine Umgestaltung der österreichischen Monarchie im Sinne ihrer alten geschichtlichen Sendung und der Forderung Wilsons auf Demokratisierung und Autonomie der Nationen.

## *Der Sieg des Bolschewismus*

226 Die deutsche OHL sucht einen politischen Ausweg in der weiteren Revolutionierung Rußlands. Sie gestattet den radikalen Sozialisten Lenin (Wladimir Iljitsch Uljanow) und Trotzki (Leo Davidovitsch Bronstein), aus ihrem Schwei-

zer Exil in einem plombierten Wagen durch Deutschland über Schweden nach Rußland zurückzukehren. Die beiden Revolutionäre übernehmen die Leitung der bolschewistischen Partei Rußlands (keine Massenpartei, sondern eine rund 500 Köpfe starke Gruppe von Berufsrevolutionären), die am 7. November 1917 in der zweiten Revolution (russisch: Oktoberrevolution) das Regime Kerenskij stürzt und die Diktatur aufrichtet. Während sich in Rußland selbst alle Bande staatlicher und gesellschaftlicher Ordnung lösen, die Großgrundbesitzer erschlagen oder verjagt, die Güter verteilt, die Fabriken enteignet werden und die Produktion beinahe aufhört, läuft die Front auseinander, und die Volkskommissare richten einen Aufruf „An alle", in dem sie sich zum Abschluß eines Friedens auf Grund des Selbstbestimmungsrechtes der Völker, ohne Annexionen und Kontributionen, bereit erklären. Die Mittelmächte nehmen an und verhandeln, nachdem die Alliierten abgelehnt haben, in Brest-Litowsk mit dem bolschewistischen Regime über einen Sonderfrieden. Es zeigt sich sehr bald, daß die Auffassungen beider Parteien unvereinbar sind. Die deutsche OHL wünscht unter dem Vorwand des Selbstbestimmungsrechts ein weitreichendes Annexionsprogramm zu verwirklichen, bei dem praktisch Finnland, das Baltikum, Polen, die Ukraine und der Kaukasus deutsches Herrschaftsgebiet werden sollen; die Russen ihrerseits versuchen die Verhandlungen zu verschleppen, reden zum Fenster hinaus, wollen Deutschland revolutionieren und legen das Selbstbestimmungsrecht so aus, daß Rußland seine alten Grenzen behält, weil sich für jedes der Fremdvölker unter russischer Herrschaft ein bolschewistisches Komitee findet, das den Anschluß an die Sozialistische Republik wünscht. Nur Österreich versucht ehrlich, zu einem raschen Friedensschluß ohne Annexionen zu kommen. Die Verhandlungen werden ergebnislos abgebrochen, der Waffenstillstand deutscherseits gekündigt, und in einem zehntägigen „Eisenbahnvormarsch" besetzten die deutschen und nach einigem Zögern auch österreichisch-ungarische Truppen weite Gebiete Rußlands und der Ukraine.

*Friedensschlüsse von Brest und Bukarest*

227 Lenin drückt gegen den Widerstand des Großteils auch seiner eigenen Partei die bedingungslose Annahme der deutschen Forderungen durch; die Russen erscheinen nochmals in Brest und unterschreiben, ohne sie zu lesen, die deutschen Bedingungen. Rußland werden alle seine Randgebiete und die Ukraine genommen. Die Deutschen sichern sich weitreichende Vollmachten, die ihnen die dauernde Einmischung in russische Fragen gestatten. In einigen Zusatzabkommen versichern sich die Deutschen noch der Herrschaft über die Erdölquellen und andere Bodenschätze im Kaukasus. In den besetzten Gebieten herrscht Bürgerkrieg, der deutsche Oberkommandierende in der Ukraine und der deutsche Botschafter in Moskau werden ermordet, beträchtliche Truppenmassen der Mittelmächte müssen im Osten zurückbleiben, und der erhoffte wirtschaftliche Ertrag des „Brotfriedens" bleibt aus. Nach der Kapitulation Rußlands sieht sich auch Rumänien zum Friedensschluß mit den Zentralmächten gezwungen. Es tritt

in Bukarest die Dobrudscha an Bulgarien und einige Grenzstriche an Ungarn ab; es muß ferner den Deutschen die Herrschaft über die gesamte Wirtschaft des Landes ausliefern. Berlin fordert auch die Absetzung des Königs Ferdinand (der im Herbst 1914 dem ersten Hohenzollern in Rumänien, seinem Oheim Karol I., nachgefolgt ist), Kaiser Karl aber setzt es durch, daß der rumänische Monarch die Krone behält. Die Friedensschlüsse im Osten schaden den Mittelmächten auf zwiefache Weise: sie erscheinen der Welt als Musterbeispiel militaristischer Gewaltfrieden und Diktate, die für kommende Verhandlungen ein böses Vorbild liefern, und sie stärken in weiten Kreisen der deutschen Politik und des deutschen Volkes die ganz unbegründete Hoffnung, es sei nach dem Ausscheiden Rußlands und der Auflösung der Ostfront ein Leichtes, den Krieg im Westen mit einigen raschen Schlägen ebenso gründlich zu gewinnen. In Wahrheit hat die Ostfront schon seit dem Sommer 1917 keine hochwertigen Truppen und nur noch wenig Kriegsmaterial beansprucht. Nur hätten die Mittelmächte ohne das Ausscheiden der russischen Armee den Krieg schon 1917 verloren.

### Die „Große Schlacht in Frankreich" und die Piaveschlacht

228   Ohne einen nochmaligen Versuch zu einer diplomatischen Friedensaktion zu machen, die vielleicht noch Erfolg versprach, solange die letzte deutsche Karte nicht ausgespielt war und die Westmächte den deutschen Angriff fürchteten, tritt die deutsche Führung im März 1918 zur „Großen Schlacht in Frankreich" an. Mit einem alles Bisherige überbietenden Aufwand an Artillerie und Divisionen läßt Ludendorff an der Nahtstelle der britischen und französischen Front zwischen Arras und dem Crozat-Kanal angreifen, zerschmettert die britische Armee Gough, reißt vorübergehend tatsächlich die Front auseinander, vermag aber nicht bis Amiens durchzustoßen. Die Alliierten bilden nun ein einheitliches Kommando unter General Foch, während bisher ein Kriegsrat die Leitung der Operationen inne hatte. Im April versucht Ludendorff, durch einen Stoß über den Kemmelberg an die Kanalküste und zu der angestrebten „großen Operation", der Einkesselung der Briten im Pas de Calais, zu kommen. Da auch dieser Angriff sich vorzeitig festläuft, will er Ende Mai durch einen Ablenkungsangriff zunächst die französischen Reserven binden. Ein Angriff an der Aisne bringt überraschende Erfolge, weshalb Ludendorff sich entschließt, den Hauptangriff gegen Paris zu richten. Bei dem Versuch, über die Marne und östlich Reims anzugreifen, bricht das deutsche Unternehmen gleich im Anlauf zusammen, und der französische Gegenangriff aus den Wäldern von Villers-Cotterêts zertrümmert den vorgeschobenen deutschen Frontbogen. Die „Schlacht in Frankreich" ist für die Deutschen verloren, ohne daß sie sich diese Tatsache und ihre Folgen eingestehen wollen. Eben noch hat die OHL den Staatssekretär Kühlmann gestürzt, weil er, einen Ball des südafrikanischen Ministerpräsidenten Smuts auffangend, davon gesprochen hat, daß der Krieg nicht allein mit militärischen Mitteln zu beenden sei.

Im Juni greifen auch die Österreicher noch einmal zwischen dem Piave und den Sieben Gemeinden an, mit verzettelten Kräften und ungenügender Artillerie. In den Alpen von französisch-britischen Truppen zurückgeschlagen, gelangen sie in der Ebene über den Fluß, müssen den Angriff aber abbrechen, da Hochwasser die Brücken wegreißt und den Nachschub unterbindet. Ebenso verhängnisvoll ist es für Österreich, daß es im Laufe des Jahres 1918 dem tschechischen Nationalrat (Masaryk und Beneš) gelingt, die Anerkennung der Tschechoslowakei als einer kriegführenden Macht bei Frankreich, Großbritannien und am Ende auch bei den USA durchzusetzen. Die Tatsache, daß die aus Rußland über Sibirien nach dem Pazifik strebenden tschechischen Legionen mit den Bolschewiken in Konflikt geraten waren und als einzige Streitmacht der Alliierten zwischen dem Baikalsee und Westeuropa eine Zeitlang eine Art neuer Ostfront gegen die Deutschen bildeten, hat dazu beigetragen, daß die Tschechoslowaken anerkannt werden. Damit ist eine wesentliche Voraussetzung der Erhaltung der Donaumonarchie geschwunden.

*Foch bricht den deutschen Widerstand*

229 Im August schreitet Marschall Foch im Westen zur Gegenoffensive. Durch Panzerangriffe zerschlägt er am 8. August die deutsche Front zwischen Amiens und Montdidier und bringt ungeheure Beute an Geschützen ein. Die großen Ausbuchtungen der deutschen Front, die bei den Frühjahrsangriffen entstanden waren, werden den Deutschen nun zum Verhängnis. Der Reihe nach werden sie von den Alliierten angegriffen und abgeschnürt oder eingedrückt. Die deutschen Reserven schmelzen rasend schnell dahin. Im September beginnt die ganze Front, ihren inneren Zusammenhang mit Mühe noch wahrend, zurückzugehen. Mitte September bricht unter einer Offensive der alliierten Orientarmee die bulgarische Front bei Saloniki zusammen. Am 29. September schließt Bulgarien einen Waffenstillstand, der einer Kapitulation gleichkommt. Am 14. September hat die Wiener Regierung in selbständigem Vorgehen ein Friedensangebot an die Alliierten gerichtet. Am 29. September vereinbaren Kanzler und Oberste Heeresleitung in Spaa die Umbildung der Regierung auf parlamentarischer Grundlage, um in Friedensverhandlungen eintreten zu können. Am 1. Oktober drängt Ludendorff auf sofortigen Waffenstillstand, am 3. Oktober tritt Graf Hertling zurück, und Prinz Max von Baden (der Thronfolger des Großherzogtums, ein wegen seiner demokratischen und außenpolitisch versöhnlichen Haltung bekannter Mann) bildet eine Reichsregierung, der Staatssekretäre aus den Reihen der Reichstagsmehrheit angehören. Zum ersten Male übernehmen Sozialdemokraten in Deutschland verantwortliche Staatsämter. In der Nacht zum 4. Oktober wird ein Waffenstillstands- und Verhandlungsangebot an den Präsidenten Wilson abgesandt. Der Präsident nimmt das Angebot nicht gleich an, sondern verschleppt die Verhandlungen durch immer neue Rückfragen und Bedingungen, aus denen ersichtlich wird, daß er erstens eine innerdeutsche Be-

wegung zum Sturze des Kaisertums entfesseln und zweitens den Waffenstillstand solange hinausschieben möchte, bis die militärische Niederlage Deutschlands unzweideutig feststeht. Der Tscheche Masaryk beeinflußt Wilson, den Krieg bis zur Besetzung Berlins zu verlängern. Erst am 26. Oktober übermittelt der Präsident den Alliierten das deutsche Waffenstillstandsangebot, das mit der Bereitschaft zum Abschluß eines Friedens verbunden und deutscherseits an die 14 Punkte Wilsons geknüpft ist, die von dem amerikanischen Staatssekretär Lansing als Verhandlungsbasis bestätigt werden (aus dieser Tatsache leitet Deutschland später seine Revisionsforderung ab, da die Zusagen der Lansing-Note von den Alliierten nicht eingehalten worden seien).

### Kapitulation der Türkei und Zerfall Österreich-Ungarns

230 Im Oktober bricht auch die Türkei zusammen und bittet um Waffenstillstand, nachdem die Armee des britischen Generals Allenby über Palästina bis Damaskus vorgedrungen ist. Ende Oktober greifen die Alliierten an der Piavefront an. Die österreichisch-ungarische Front hält notdürftig bis zum 28. Oktober; Gegenangriffe sind im Gange, als die Monarchie von innen auseinanderbricht. Am 16. Oktober hat Kaiser Karl ein Manifest an seine Völker erlassen, in dem er den föderalistischen Umbau Österreichs ankündigt, wobei jede Nation einen autonomen Staat „nach klar umgrenzten Siedlungsgebieten" bilden soll; Ungarn löst darauf seine Realunion mit Österreich und anerkennt nur noch eine Personalunion des Monarchen. Am 28. Oktober wird in Prag der selbständige tschechoslowakische Staat ausgerufen. Der letzte Außenminister der Monarchie, Graf Julius Andrassy jr., bietet Wilson die Kapitulation an. Der Präsident erklärt, daß die Annahme der 14 Punkte nicht mehr genügt, da inzwischen die Tschechoslowaken und Jugoslawen als selbständige Nationen und kriegführende Mächte anerkannt seien. Ungarn ruft seine Truppen von der italienischen Front ab, die Tschechen meutern, die kroatischen und bosnischen Truppen fordern ihre Heimbeförderung. Während die Armee, hinter der kein Staat mehr steht, sich rasch auflöst, schließt das Armeeoberkommando am 3. November in Villa Giusti einen Waffenstillstand ab, der von den Italienern anders ausgelegt wird als von den Österreichern und bei diesen zur sofortigen Feuereinstellung führt, während die Italiener die Kampfhandlungen noch 24 Stunden fortsetzen und auf diese Weise 400 000 Gefangene machen (der „Sieg" von Vittorio Veneto).

### Umsturz in Deutschland und Waffenstillstand

231 Anfang November brechen Unruhen in deutschen Hafenstädten aus. Die deutsche Flotte, die auf Befehl der Marineleitung zu einer letzten Schlacht auslaufen soll, meutert und hißt rote Fahnen. In München wird die Republik ausgerufen. Am 9. November verkündet der Kanzler angesichts der Massendemonstrationen sozialdemokratischer Arbeiter und der unsicheren Haltung der Truppe die Abdankung Kaiser Wilhelms und des Kronprinzen, ohne von beiden

dazu ermächtigt zu sein. Eine Regentschaft soll eingesetzt, eine verfassunggebende Versammlung gewählt und der Sozialdemokrat Ebert als Reichskanzler eingesetzt werden. Ehe es dazu kommt, ruft der Sozialdemokrat Scheidemann, von einem Fenster des Reichstagsgebäudes zu den Massen sprechend, die Republik aus. Ein Rat von sechs Volksbeauftragten (drei Mehrheitssozialisten, drei Unabhängige Sozialdemokraten) übernimmt die vollziehende Gewalt. Der Kaiser überschreitet am gleichen Tag die holländische Grenze und erhält von der Königin der Niederlande Asyl.

Die deutsche Waffenstillstandskommission in Compiègne, von der Heimat abgeschnitten, auf Rückfrage von Hindenburg (Ludendorff ist schon vorher durch General Groener ersetzt worden) angewiesen, um jeden Preis anzunehmen, unterzeichnet am 11. November die ihr vorgelegten Bedingungen, über die Marschall Foch keine Diskussion zuläßt. Deutschland muß sich verpflichten: die besetzten Gebiete sofort, Elsaß-Lothringen binnen 15 Tagen zu räumen, auf die Friedensschlüsse von Brest und Bukarest zu verzichten, das linksrheinische Gebiet ganz und rechtsrheinisch drei je 30 Kilometer tiefe Brückenköpfe zu räumen, 5000 Kanonen, 25 000 Maschinengewehre, zahlreiche andere Waffen, 5000 Lokomotiven und 150 000 Eisenbahnwagen auszuliefern, die Hochseeflotte und sämtliche Unterseeboote an England zu übergeben. Die schwerste Bedingung ist, daß die Hungerblockade bestehen bleibt, die in den folgenden Wintermonaten noch Hunderttausende von Todesopfern fordert.

Um die Jahreswende kommt es in Berlin zu Aufständen des kommunistischen Spartakusbundes, die der Volksbeauftragte Gustav Noske niederwirft. Rosa Luxemburg und Karl Liebknecht werden von Soldaten ermordet. In Weimar tritt die verfassunggebende Nationalversammlung zusammen, die Friedrich Ebert zum vorläufigen Präsidenten der Republik wählt; Philipp Scheidemann bildet das erste Kabinett.

*Pariser Konferenz*

232 In Paris versammeln sich zu Beginn des Jahres 1919 die Diplomaten der alliierten Mächte mit ihren Stäben zu der Friedenskonferenz, an der die besiegten Staaten nicht teilnehmen. Präsident Wilson erscheint persönlich, vermag sich aber in dem ihm fremden Milieu nicht durchzusetzen. Um seinen Lieblingsplan, den Völkerbund, zu retten, macht er den Verbündeten immer größere Zugeständnisse auf Kosten seines ursprünglichen Programms, so daß von den 14 Punkten so gut wie nichts übrigbleibt.

Das engere Gremium der Konferenz bilden die „großen Vier": Wilson, Lloyd George, Clemenceau, Orlando. Lloyd George, radikaler englischer Demokrat von wallisischer Abstammung, mehr Massenführer als Staatsmann, hat seine Wahlen im November 1918 unter der Parole durchgekämpft, der Kaiser müsse gehängt werden, und die Deutschen müßten alles bezahlen. Inzwischen ist er zu realpolitischen Ansichten zurückgekehrt und versucht einige besonders unüberlegte

Maßnahmen, wie die Bildung eines polnischen Korridors durch Deutschland und die Einverleibung von dreieinhalb Millionen Deutschen in die Tschechoslowakei, zu verhindern. Auch er unterliegt aber dem zäheren Willen Georges Clemenceaus. Der französische Ministerpräsident, seit November 1917 im Amt, in der höchsten Gefahr von seinem persönlichen Feind Poincaré an die Spitze des Landes gerufen, darf sich mit gutem Grund als Retter Frankreichs fühlen, das er in den schwersten Stunden mit eisernem Willen geführt und immer wieder hochgerissen hat. Er sieht in dem Sieg über Deutschland vor allem die Revanche für 1871. Haß und greisenhafter Starrsinn sind seine Ratgeber. Orlando kämpft gegen Wilson, der die Italiener wenig schätzt und die Jugoslawen begünstigt, einen schweren Kampf um Dalmatien und Fiume. Vorübergehend verläßt er die Konferenz.

Am 7. Mai wird den deutschen Vertretern, die seit dem 25. April in Versailles weilen und als Internierte behandelt werden, der Text des Vertrages von 440 Artikeln übergeben. Deutsche Einwendungen werden nur in ganz geringem Ausmaß berücksichtigt. Auf die Vorbehalte der Nationalversammlung befiehlt Präsident Wilson, den Vertrag als Ganzes anzunehmen oder abzulehnen. Für diesen Fall ist der Vormarsch nach Berlin und die Verschärfung der Blockade vorbereitet. Die Nationalversammlung beschließt die Annahme, und die deutschen Vertreter unterzeichnen unter demütigenden Formen am 28. Juni 1919 im Spiegelsaal von Versailles das Dokument, das von 27 Staaten gegengezeichnet wird.

## *Die Friedensverträge*

233 Die Hauptbestimmungen des Vertrages sind:

Deutschland bekennt sich schuldig, den Krieg entfesselt zu haben (§ 231),

es tritt Elsaß-Lothringen an Frankreich ab, den größten Teil von Posen und Westpreußen an Polen, den gesamten Kolonialbesitz an die Alliierten,

in Nordschleswig, Eupen-Malmedy und Oberschlesien sollen Volksabstimmungen über die Zugehörigkeit dieser Gebiete zu Deutschland oder zu Dänemark, Belgien, Polen entscheiden;

das Saargebiet mit seinen wertvollen Kohlengruben wird unter französische Verwaltung gestellt und soll nach 15 Jahren entscheiden, ob es deutsch oder französisch werden will,

das linke Rheinufer und die Brückenköpfe bleiben für eine lange Reihe von Jahren besetzt;

Deutschland schafft die allgemeine Wehrpflicht ab; es darf ein Berufsheer von 100 000 Man mit zwölfjähriger Dienstzeit ohne schwere Waffen und Flugzeuge unterhalten; Kriegsschiffe über 10 000 Tonnen Wasserverdrängung und Unterseeboote sind verboten, ebenso der Generalstab.

Deutschland verpflichtet sich zur Wiedergutmachung aller der feindlichen Zivilbevölkerung aus dem Krieg erwachsenen Schäden, deren Höhe später von den Alliierten festzusetzen ist; die Bezahlung erfolgt zum Teil in Sachlieferungen (vor allem Kohle, aber auch Milchkühe, Bienen, Lokomotiven u. a. m.), zum Teil in Gold.

Für die Kräfteverlagerung in Europa wiegen die Friedensschlüsse mit Österreich, Ungarn, Bulgarien und der Türkei noch schwerer als der von Versailles. Sie erfolgen in St. Germain, Trianon, Neuilly und Sèvres. Die österreichisch-ungarische Monarchie wird in eine Reihe von Klein- und Mittelstaaten zerschlagen. Die deutschsprachigen Teile der Alpen- und Donauländer, die sich als Republik Deutschösterreich konstituiert und ihren Zusammenschluß mit der deutschen Republik beschlossen hatten, müssen den Namen Österreich annehmen, gelten als Rechtsnachfolger der Monarchie und müssen sich verpflichten, ihre Unabhängigkeit zu wahren. Die deutschen Gebiete von Böhmen, Mähren und Schlesien werden der Tschechoslowakei einverleibt, die aus ungarischem Besitz das slowakisch bevölkerte Oberungarn, madjarisch bevölkerte Teile der Ebene und das ukrainisch bevölkerte „Karpatorußland" erhält. Ungarn wird dafür, daß es nach Ausrufung der Republik (unter Graf Karolyi) versucht hatte, sich mit der Entente anzubiedern, schlecht belohnt. Neben den Abtretungen an die Tschechoslowakei muß es Siebenbürgen und einen Teil der Tiefebene sowie das Banat von Temesvár an Rumänien, Südungarn und das Gebiet von Fünfkirchen an Jugoslawien und das deutschsprachige Burgenland an die Republik Österreich abtreten. Galizien kommt an Polen, die Bukowina an Rumänien, die slowenischen Gebiete der Alpen- und Karstländer zum Teil an Jugoslawien, zum Teil an Italien, das außerdem Triest, Istrien, einen Teil der Adria-Inseln und Südtirol einschließlich des deutschen Gebietes von Bozen—Meran—Brixen bis zum Brenner erhält. Fiume wird eine freie Stadt, bald darauf aber von italienischen Partisanen unter d'Annunzio überfallen und von Italien annektiert. Bulgarien verliert aufs neue die Dobrudscha an Rumänien und muß Thrazien mit dem Zugang zur Ägäis an Griechenland abtreten.

### *Frankreichs Scheinhegemonie und der Völkerbund*

234 Die Pariser Friedensschlüsse beenden die Politik des europäischen Gleichgewichts, die, 1648 angebahnt, seit dem Frieden von Utrecht der leitende Grundsatz aller Kabinette gewesen ist. Durch die völlige Entmachtung Deutschlands und das vorläufige Ausscheiden Rußlands aus der Reihe der Großmächte ist das Gleichgewicht Europas mindestens vorübergehend gestört, durch die Auflösung der Habsburgermonarchie aber ist es an einer entscheidenden Stelle überhaupt aufgehoben. Nutznießer des neuen Zustandes und die treibende Kraft bei der Neuordnung von Versailles ist Frankreich. Aber es ist nur ein Scheinerfolg, über den sich Frankreich einer gefährlichen Selbsttäuschung hingibt: es ist für sich nicht stark genug, die Führung in Europa zu übernehmen. Die französische Politik steht seit 1919 im Zeichen der Furcht vor der wiedererstehenden Macht Deutschlands und des Kampfes um größere Sicherheit für Frankreich. Diesem Zweck dient die Errichtung eines Bündnissystems, das die östlichen Nachbarn

Deutschlands an Frankreich binden und so den Ausfall Rußlands und Österreich-Ungarns wettmachen soll (Bündnisse und Verträge mit Polen, der Tschechoslowakei und Jugoslawien). Der angestrebten Sicherheit dient die französische Politik am Rhein, die Anfang der zwanziger Jahre separatistische Bewegungen begünstigt, später die Besetzung ausdehnt (Ruhrgebiet 1922/23) und sie zu verlängern sucht. Nach dem Scheitern einer offensiven Rhein- und Ruhrpolitik, der Großbritannien und 1924 auch die französische Wählerschaft die Gefolgschaft versagen (Sturz des Ministeriums Poincaré, radikalsozialistischer Wahlsieg, Sturz des Präsidenten Millerand), beginnt Frankreich seine Ostgrenze zu befestigen (Maginotlinie). Ebendies aber entfremdet Frankreich seinen Bundesgenossen, die sich angesichts der französischen Defensivstrategie den erstarkenden Mächten in Mittel- und Osteuropa ausgeliefert sehen und mit ihnen zu paktieren beginnen. Seine Sicherheitspolitik bringt Frankreich ferner in starke Abhängigkeit von Großbritannien, so daß man von ihm als von einem Dominion des britischen Empire spricht. Es fehlt nicht an konstruktiven französischen Plänen zur europäischen Neuordnung; sie sind insbesondere mit den Namen Aristide Briand und André Tardieu verknüpft. Als der Gedanke einer versöhnlichen Haltung gegenüber Deutschland und einer europäischen Einigung sich in Frankreich durchsetzt, ist die Entwicklung in Deutschland in nationalsozialistischem und imperialistischem Sinne fortgeschritten, so daß Frankreich nur noch die Wahl zwischen Kapitulation und neuem Kampf bleibt.

Frankreichs Furcht vor Deutschland lähmt auch den Völkerbund, der als einziger von den Gedanken Wilsons verwirklicht worden war. Dadurch, daß Frankreich aus Angst, einen Freund zu verlieren und ihn an die Seite Deutschlands zu treiben, eine ganze Reihe von Rechtsverletzungen in Kauf nimmt und den Völkerbund nicht zu einem Werkzeug der Gerechtigkeit unter den Nationen macht, sondern ihn zur Beschönigung und Deckung von Unrecht und Mißständen benutzt, bringt es ihn um sein Ansehen. In der Frage der Teilung Oberschlesiens, des italienischen Angriffs auf Korfu, der Behandlung der deutschen Minderheiten in den Nachfolgestaaten Österreich-Ungarns, in der Frage der ungarischen Staatsform und der Einmischung der Tschechen, Serben und Rumänen in die innerungarischen Fragen, bei dem Angriff Japans auf die Mandschurei und auf Shanghai, endlich bei Mussolinis Angriff auf Abessinien läßt sich die französische Politik von dem Gedanken leiten, sie müsse ein kleineres Unrecht dulden, um ein größeres Unheil zu verhindern. So beraubt sie sich selbst der moralischen Kraft, die sie im Kampfe gegen die deutsche Revisionspropaganda dringend brauchen würde.

### *Großbritannien nach dem Kriege*

235 Im Gegensatz zu Frankreich, das den Wiederaufstieg Deutschlands fürchtet, begünstigt ihn Großbritannien, sobald es seine Kriegsziele: Vernichtung der deutschen Kriegs- und Ausschaltung der deutschen Handelsflotte, erreicht hat. In einem erstarkenden Deutschland erblickt Großbritannien ein wünschenswertes

Gegengewicht gegen die russisch-bolschewistische Gefahr, in den ersten Jahren nach dem Kriege auch gegen die Übermacht Frankreichs auf dem Kontinent. Es sind nicht zuletzt wiedererwachende kolonialpolitische Gegensätze, die zwischen Frankreich und England um 1920 eine Entfremdung herbeiführen, die erst nach dem Aufstieg Hitlers einer neuen Entente cordiale (herzlichem Einvernehmen) und einer engen Zusammenarbeit weicht.

Bei der Aufteilung der deutschen Kolonien und des ehemals türkischen Besitzes hat Großbritannien den Löwenanteil erhalten. Die deutschen Kolonien werden der Form nach dem Völkerbund zur Verwaltung übergeben, der diese aber durch Mandatare (beauftragte Mächte) ausüben läßt. So erhält Großbritannien Deutsch-Ostafrika, die Südafrikanische Union Deutsch-Südwest, Frankreich den Großteil von Kamerun und Togo, Japan die deutschen Besitzungen im Stillen Ozean. Die Landbrücke Kapstadt—Kairo—Kalkutta, seit langem ein ideales Ziel der britischen Politik, ist hergestellt, das Indiameer eine britische Binnensee geworden. Ägypten wird zwar 1922 selbständig, aber durch Verträge sichert sich Großbritannien das Besatzungsrecht an den strategisch wichtigen Stellen des Landes und einen entsprechenden Einfluß auf seine Politik. Die arabischen Staaten (Transjordanien, Saudi-Arabien, Irak, Jemen) stehen sämtlich unter britischem Einfluß und können als Glieder des British Commonwealth of Nations angesprochen werden. Ebenso gehört Palästina, wo den Juden im Sinne der Balfour-Deklaration eine nationale „Heimstätte" eingerichtet worden ist, in den Machtbereich des Empire. Dagegen haben die Franzosen das Mandat über die Araberstaaten Syrien und Libanon erhalten. Es fehlt nicht an Reibungsflächen zwischen Großbritannien und Frankreich in diesem Raume.

*Erhebung der Türken*

**236** Der Gegensatz wird deutlich, als die Türken die Spannung zwischen den Großmächten benützen, durch eine nationale und militärische Erhebung unter dem General Kemal Pascha (später Kemal Atatürk, El Ghazi = der Siegreiche) die Revision des Friedens von Sèvres zu erzwingen und ihre völlige nationale Souveränität durchzusetzen. Die britische Politik veranlaßt Griechenland, wohin der während des Weltkrieges exilierte König Konstantin zurückgekehrt ist, den Krieg gegen die Türken aufzunehmen. Nach Anfangserfolgen, die sie bis ins Innere Anatoliens führen, werden die Griechen von Kemal entscheidend geschlagen, der Großteil der Armee vernichtet, die Griechenstädte an der kleinasiatischen Küste niedergebrannt oder geplündert. König Konstantin muß ein zweitesmal außer Landes gehen. Griechenland wird nach einem kurzen Zwischenspiel Georgs II. im Jahre 1923 Republik und gerät bald unter die diktatorische Gewalt von Generalen. Im Frieden von Lausanne muß Griechenland Ost-Thrazien herausgeben und auf seine Ansprüche in Kleinasien verzichten. Vor allem muß es sich verpflichten, 1,4 Millionen Griechen im Austausch gegen etwa 380 000 Türken aus Kleinasien in das Mutterland aufzunehmen. Es ist die erste große Umsiedlungsaktion dieser Art; sie kostet Zehntausenden das Leben, und nur dem Eingreifen des großen Menschenfreundes Fridtjof Nansen ist es zu danken, daß sich die Vertreibung und Neuansiedlung am Ende unter einigermaßen menschlichen Bedingungen abspielte.

Durch das Wiedererstarken der Türkei und die Revision des Friedens von Sèvres ist auch Italien um die ihm versprochene Beute in Kleinasien betrogen worden. Zwischen Italien und den übrigen Siegermächten, aber auch zwischen Italien und der neuen Türkei bleibt eine Spannung bestehen, die für die Politik Italiens in den dreißiger Jahren mitbestimmend wird. Die Türkei lehnt sich sehr eng an die Sowjetunion an, mit der sie sich durch den revolutionären Charakter ihrer Politik und ihrer diktatorischen Staatsidee wie durch den gemeinsamen Gegensatz zu England und Frankreich verbunden fühlt.

Der griechisch-türkische Krieg ist nicht die einzige Bestätigung dafür, daß in den Pariser Verträgen entgegen den Erwartungen der Völker keine wirkliche Friedensordnung, sondern nur ein lokal begrenzter Waffenstillstand erreicht worden ist.

## Kriege in Osteuropa

237  Zwischen der Sowjetunion und Polen bricht 1920 ein Krieg um die westliche Ukraine aus. Mit erstaunlich schwachen Verbänden, wenigen Divisionen und Kavalleriebrigaden, führen die beiden Mächte in den weiten Räumen zwischen Dnjepr und Weichsel einen Krieg, der wieder an die lang überholten Formen früherer Feldzüge erinnert. Der Mangel an Material auf beiden Seiten erklärt es, daß hier die Entwicklung der Massenheere und der modernen Kriegstechnik noch einmal unterbrochen wird. Nach anfänglichen Erfolgen werden die Polen von den Roten Armeen der Generale Tuchatschewskij und Budennyi zurückgetrieben. Mit westlichem Kriegsmaterial und beraten von dem französischen General Weygand, kann Polen in letzter Stunde neue Verbände aufstellen und die bis unter die Mauern von Warschau vorgedrungenen Russen schlagen (Friede von Riga 1921). Der Sieger von Warschau, Marschall Josef Pilsudski, ein alter polnischer Sozialist und Revolutionär, 1914 der Organisator und Kommandant der im österreichischen Heer fechtenden polnischen Legionen, wird zum Nationalhelden Polens, dem es nach einigen Jahren gelingt, eine kaum verhüllte Militärdiktatur zu errichten und die maßgebenden Stellen im Staate mit seinen Offizieren zu besetzen. Mitten im Frieden nimmt Polen die litauische Hauptstadt Wilna weg (1920), so daß zwischen den beiden Staaten bis zum Untergang beider nur ein Waffenstillstand besteht.

Im Baltikum wird jahrelang gekämpft. Deutsche Freikorps werfen die roten Truppen aus dem Lande, so daß Rußland die Selbständigkeit der neuen Staaten Estland und Lettland anerkennt (1920). Polen erhält beim Friedensschluß mit den Sowjets große Teile von Weißrußland und Wolhynien, während die von den Westmächten vorgeschlagene Curzon-Linie eine Abgrenzung nach Nationen versucht und Polen weiter nach Westen gedrängt hatte. In der Sowjetunion selbst tobt jahrelang der Bürgerkrieg zwischen den roten und den „weißen" Armeen. Diese werden zunnächst von den Westmächten (über Odessa und Archangelsk) mit Material unterstützt, dann aber fallen gelassen. Die gegenrevolutionären Generale Koltschak, Wrangel, Kornilow, Judenitsch scheitern. Die Sowjets bauen unter Führung Leo Trotzkis in diesen Kämpfen die russische Armee wieder auf. Sie sind stark genug, zur Offensive überzugehen, das von den Sozialdemokraten regierte Georgien zu überfallen und den Kaukasus zu erobern. Nachdem die Mächte Japan zur Räumung Ostsibiriens gezwungen haben und die tschechischen Legionen heimgekehrt sind, nehmen die roten Armeen auch das frühere Russisch-Asien wieder in Besitz und setzen in der Mongolei die alte Eroberungspolitik der Zaren fort.

## Europa und die Welt

238 Nach der Wiederherstellung des russischen Weltreiches (ohne die westlichen Randgebiete des alten Rußland) beseitigten die Sowjets die alte Teilung von europäischem und asiatischem Rußland, verlegen die Hauptstadt nach Moskau und bilden ein einheitliches Imperium. Sie fördern durch Bahn-, Straßen-, Kanal- und Industriebauten die wirtschaftliche Entwicklung Sibiriens und anderer ehedem kolonialer Gebiete; damit verändert sich der Raumcharakter Rußlands, der Osten bildet einen neuen Schwerpunkt seiner Macht. Der räumliche Begriff Europa in dem überlieferten Sinne besteht nicht mehr. Die Grenze der Sowjetunion im Westen kann als die Ostgrenze Europas gelten.

Auch das britische Weltreich ändert seinen Charakter als eine von Europa aus regierte Kolonialmacht. In dem British Commonwealth of Nations sprechen die Dominions ein entscheidendes Wort. Sie verselbständigen sich immer mehr und haben zum Teil mit dem Mutterland nur noch das Symbol der Krone von England und die Person des Monarchen gemeinsam. Es gibt in den Dominions aber auch starke republikanische Strömungen. Die Politik Großbritanniens ist nach dem ersten Weltkrieg noch mehr als vordem Weltpolitik, in der europäische Fragen erst an zweiter Stelle stehen.

Die Verwandlung der Welt aus einer von Europa gelenkten Gemeinschaft freier Staaten und von den weißen Völkern beherrschter Kolonien in eine Gesellschaft autonomer weißer und farbiger Völker, in der Europa nur noch eine Nebenrolle spielt, wäre unmittelbar nach dem ersten Weltkrieg deutlicher sichtbar geworden, wenn die Vereinigten Staaten nicht zur Politik der Isolierung zurückgekehrt wären. Das amerikanische Volk war von den Pariser Verträgen tief enttäuscht. Es sah die Forderungen Wilsons, für die es gekämpft hatte, nur zum kleinsten Teil erfüllt, sollte aber im Völkerbund die Garantie für die Aufrechterhaltung der neuen Ordnung übernehmen. Es fürchtete, seine Söhne sehr bald in einen neuen Krieg schicken zu müssen, um ein Vertragssystem zu verteidigen, das den Idealen der amerikanischen Nation nicht entspricht. Der Kongreß lehnt die Ratifizierung des Versailler Vertrages ab, und die USA treten dem Völkerbund nicht bei. An Stelle Wilsons wird 1920 der Republikaner Harding zum Präsidenten gewählt. Da Amerika dem Völkerbund fernbleibt, erhalten England und Frankreich in ihm ein stärkeres Gewicht, als ihrer weltpolitischen Bedeutung zukommt. Andererseits bringt es die Struktur des Bundes mit sich, daß außereuropäische Staaten (wie die südamerikanischen und asiatischen) die Mehrheit in der Bundesversammlung bilden und über europäische Fragen entscheiden. Die Satzung verleiht auch den kleinen Staaten eine verhältnismäßig große Macht, was dazu führt, daß die Großmächte sich in wichtigen Fragen nicht um den Bund kümmern. Da ihm eine Exekutivgewalt fehlt, die den Beschlüssen des Rates Geltung verschaffen könnte, und da so große Weltmächte wie die USA und die Sowjetunion ihm nicht angehören, verliert er bald an Bedeutung und erscheint oft nur als ein Zerrbild dessen, was Wilson vorgeschwebt hat. Seine wichtigste Aufgabe zur Erhaltung des Friedens wäre die in der Satzung vorgesehene friedliche Revision der Verträge, sobald diese sich als Hemmschuh einer gesunden Entwicklung erweisen. Da für solche Revisionen aber Einstimmigkeit erforderlich ist, kann man vom Völkerbund keine Abhilfe der Mißstände erwarten, zu denen die Pariser Verträge in weiten Teilen Europas, vor allem im Donauraum, auf dem Balkan und im nahen Osteuropa geführt haben.

Die Vereinigten Staaten bleiben trotz ihrer ablehnenden Haltung zum Völkerbund nicht untätig in den Fragen der Weltpolitik. Die Gegensätze, die zwischen ihnen und Großbritannien vor allem auf wirtschaftspolitischem Gebiet entstanden waren, werden durch unmittelbare Verhandlungen mit dem nach Washington gekommenen britischen Premierminister Ramsay Macdonald ausgeglichen. Der USA-Staatssekretär Kellogg schlägt gemeinsam mit dem französischen Außenminister Briand den Staaten einen Kriegsächtungspakt vor, der von allen bedeutenden Mächten und zahlreichen kleinen Staaten unterzeichnet wird (Kellogg-Pakt). Vor allem aber beteiligen sich die Vereinigten Staaten an der Lösung der deutschen Reparationsfrage, an der sie als die Gläubiger der ehemaligen Alliierten besonders stark interessiert sind.

## Deutschland und der Westen

239 Die deutsche Republik zeigt bereits ihn ihren ersten Jahren nur eine geringe Festigkeit. Die Opposition, die sich zunächst aus den Deutschnationalen (größtenteils die ehemaligen preußischen Konservativen) und aus der Deutschen Volkspartei, hinter der vor allem die Schwerindustrie steht, zusammensetzt, ist zwar parlamentarisch der Weimarer Koalition (Sozialdemokraten, Zentrum, Demokraten) nicht gewachsen, findet aber außerhalb des Parlaments stärkste Unterstützung durch die Generalanzeigerpresse des Geheimrats Hugenberg (der übrigens auch das Haupt der deutschen Filmindustrie ist), durch zahlreiche völkische Vereine und Verbände, durch die Freikorps, die nach den Kämpfen im Baltikum und in Oberschlesien nach Deutschland zurückkehren und im Bürger-

krieg gegen die Kommunisten eingesetzt werden. Außerdem geben die Bürokratie, der Richterstand und die Wirtschaft den Gegnern der demokratischen Republik Rückhalt. Die Sozialdemokratie ist durch das Anwachsen der Unabhängigen und, nachdem diese sich wieder mit der Mehrheitspartei vereinigt haben, durch die Kommunisten geschwächt. Die Kommunisten entfesseln 1920 und 1923 in Mitteldeutschland und im Ruhrgebiet Bürgerkriege, wobei sich der Bandenführer Max Hölz hervortut. Zur Niederwerfung dieser Rebellionen müssen neben der Polizei Reichswehr und Freiwillige eingesetzt werden. Das gibt dem Berufsheer ein noch größeres Gewicht und zeigt der Regierung ihre Abhängigkeit von dem Wohlwollen der Generale. Auch die bewaffneten Freikorps werden durch diese Kämpfe einflußreich. Die Gegnerschaft gegen die demokratische Staatsform und gegen die Außenpolitik („Erfüllungspolitik") der Koalition von Weimar kommt in einer Kette von politischen Morden und Attentaten zum Ausdruck, denen 1921 der Zentrumspolitiker Erzberger und 1922 der Reichsaußenminister Walter Rathenau zum Opfer fallen. Einen Rechtsputsch des Generallandschaftsrates Kapp und des Generals Lüttwitz, vor dem die Regierung nach Stuttgart flieht, schlagen die Gewerkschaften durch einen Generalstreik unblutig nieder. Auch nach dem Rathenaumord treten sie in den Streik. Die Regierung des Reichskanzlers Dr. Josef Wirth sucht der Reaktion durch das Gesetz zum Schutz der Republik zu begegnen; es fordert die Gegner heraus, bleibt aber wirkungslos. Die Rechtlosigkeit des besiegten Deutschland, die Ohnmacht der demokratischen Regierung gegenüber der Willkür der Sieger, wie sie sich bei der Teilung Oberschlesiens und den polnischen Bandeneinfällen, in der Reparationsfrage und durch die Zustände im besetzten Rheinland äußert, gibt der nationalistischen Bewegung Auftrieb und schwächt die Republik. Rathenau hatte versucht, durch das Rapalloabkommen mit Rußland für Deutschland eine größere Bewegungsfreiheit zu schaffen. Auch die Reichswehr arbeitet mit den Sowjets zusammen. Die Beziehungen zu den Westmächten, vor allem zu Frankreich, sind denkbar schlecht.

Konflikte zwischen Deutschland und Frankreich über die zu leistenden Sachlieferungen führen 1922 zum Ruhrkrieg, daß heißt zur Besetzung des Ruhrgebietes durch französische Truppen, zur Unterstellung der Bergwerke unter militärisches Kommando und zum Versuch der deutschen Arbeiter, die Besetzung durch passive Resistenz und Streiks der Eisenbahner um ihre Wirkung zu bringen. Obwohl der deutsche Widerstand die Franzosen nicht zum Abzug zwingen kann, sondern nur die deutsche Wirtschaft zerrüttet und die Inflation der deutschen Währung (die ein einseitiges Geschäft für die Schwerindustrie wird) zu nie erlebten phantastischen Formen steigert (November 1923 1 Goldmark = 1 Billion Papiermark) geben die Franzosen den Kampf am Ende auf.

Als Deutschland Ende 1923 die Inflation überwindet und zu einem festen Währungssystem übergeht, zugleich auch innerpolitisch aus der Zeit der Bürgerkriege und Putsche in eine Ära der Festigung von Staat und Gesellschaft gelangt, ändern die Westmächte ihre Politik gegenüber dem besiegten Land. Deutschland tritt 1926 in den Völkerbund ein. Durch den Vertrag von Locarno wird die deutsch-französische Grenze unter die Garantie Englands und Italiens gestellt und von den beiden unmittelbar interessierten Partnern freiwillig als unverrückbar anerkannt. An dieser Politik der Verständigung kommt den Außenministern Frankreichs, Großbritanniens und Deutschlands, Aristide Briand, Austin Chamberlain und Gustav Stresemann, ein Hauptverdienst zu. Sie werden mit dem Friedens-Nobelpreis ausgezeichnet. Zwar bestehen deutscherseits in der Frage der deutschen Ostgrenze, insbesondere wegen des polnischen Korridors, der Ostpreußen vom übrigen Reich trennt, und wegen der unter Verletzung älterer Zusagen von den Alliierten diktierten Teilung Oberschlesiens und seines Kohlenreviers zwischen Deutschland und Polen noch Revisionswünsche; aber die Befriedung Europas scheint soweit gediehen, daß man an einen Krieg in absehbarer Zeit nicht zu denken braucht. Es scheint sich ein Konzert der vier europäischen Großmächte zu entwickeln, das an die Stelle der Sechsmächtegruppe vor dem Weltkrieg tritt.

*Konflikte in Mitteleuropa*

240 Weniger befriedigend verlaufen die Ereignisse in dem Raume, den einst die Habsburgermonarchie einnahm. Nur scheinbar haben sich auf ihrem Boden Nationalstaaten gebildet. In Wahrheit sind auch die Nachfolgestaaten, insbesondere die Tschechoslowakei, Nationalitätenstaaten mit zahlreichen fremdnationalen Minderheiten. Während aber in Österreich keine Nation beansprucht, die alleinige Staatsnation zu sein, erklären sich in den neuen Staaten die Tschechen, Polen, Rumänen, Serben als Staatsnation und unterdrücken die übrigen Völker, indem sie ihnen ihre Sprache aufzwingen, das Schulwesen drosseln, sie von der Besetzung der öffentlichen Stellen ausschließen, sie wirtschaftlich benachteiligen und vielfach politisch verfolgen. Die Deutschen, Madjaren, Slowaken, Polen und Ukrainer in der Tschechoslowakei, die Madjaren in Rumänien, die Kroaten in Jugoslawien, die Deutschen und Slowenen in Italien, die Deutschen und Ruthenen in Polen, die Deutschen und Slowaken in Ungarn fühlen sich als unterdrückte Minderheiten, berufen sich auf Wilson und das Selbstbestimmungsrecht der Völker und fordern Autonomie oder Revision der Grenzen. Zu diesen nationalen Beschwerden und zu den zahlreichen wirtschaftlichen Schwierigkeiten, die aus der Zerschlagung des großen Wirtschaftsraumes in Kleinstaaten erwachsen sind, kommen der ungarische Revisionismus und der Wunsch der Österreicher, sich an das deutsche Reich anzuschließen. Ungarn findet die Grenzen des Vertrages von Trianon unerträglich. Man hat die Madjaren auf einen von allen Seiten ungeschützten Staat in der Mitte des inneren Donauraumes eingeschränkt. Alle Flüsse Ungarns entspringen im Ausland, Bodenschätze und Wälder liegen in den abgetretenen Gebieten, in denen aber auch rund 2½ Millionen Madjaren leben. Gegen Ungarns Forderung nach Revision der Grenzen bildet der tschechoslowakische Außenminister Beneš die Kleine Entente, ein militärisches Bündnis der Tschechoslowakei mit Rumä-

nien und Jugoslawien. Ungarn ist formell noch immer ein Königreich, faktisch nach dem Zusammenbruch der kommunistischen Diktatur Béla Kuns (März bis August 1919) ein halbdiktatorisches Staatswesen mit einem Reichsverweser (Admiral Nikolaus Horthy) an der Spitze. Alle Versuche, den legitimen König wieder auf den Thron zu setzen und die Macht der regierenden Oberschicht damit einzuschränken, werden von der Kleinen Entente mit ultimativen Kriegsdrohungen beantwortet. Aber auch zwischen der Tschechoslowakei und Polen, zwischen Bulgarien und Jugoslawien, Bulgarien und Rumänien, Italien und Jugoslawien bestehen gefährliche Spannungen. Die kleine Republik Österreich krankt an wirtschaftlichen Schwierigkeiten und an dem politischen Grundübel, keinen staatlichen Lebenswillen zu besitzen. So sind die Zustände in dem Vielvölkerraum Mitteleuropa schon in den zwanziger Jahren eine stete Quelle politischer Gefahren, die in ihrem Wesen von den Großmächten zunächst nicht erkannt werden.

### Überseeische Welt in Gärung

**241** Im Weltkrieg haben Frankreich und Großbritannien farbige Truppen in großer Zahl in Europa eingesetzt. Die Kolonialbevölkerung macht sich die militärischen Erfahrungen vielfach zunutze und erhebt die Waffen gegen ihre europäischen Herren. Das französische Kolonialreich wird von zahlreichen Aufständen heimgesucht, deren gefährlichster die Erhebung der Rifkabylen unter Abd el Krim ist (1924). Erst nach langen Kämpfen und mit Einsatz stärkster Machtmittel wird sie niedergeworfen und Marokko dann durch Marschall Lyautey befriedet. Aber auch im britischen Empire zeigen sich gefährliche Risse. Indien fordert für seine Leistungen im Kriege und im Sinne der Wilsonschen 14 Punkte das Selbstbestimmungsrecht. Der nationalreligiösen Freiheitsbewegung Indiens ersteht in Mahatma Gandhi (= die große Seele) eine Führerpersönlichkeit von lauterster Gesinnung und unbeugsamem Willen. Mohandas Karamchand Gandhi ist 1869 als Sohn eines Ministers geboren, studiert in London die Rechte, wird Anwalt in Indien und dann in Südafrika, wo er für die politische Gleichberechtigung der Inder kämpft. 1906 ruft er dort, nachdem seine Vorstellungen in London erfolglos blieben, zum erstenmal zum passiven Widerstand auf, als die englische Regierung mit der Asiatic Registration Act u. a. von den Indern den Fingerabdruck verlangt. In seinem Kampf erhält er dreimal Gefängnisstrafen. 1914 kehrt er nach Indien zurück. 1919 tritt er wieder in die Politik ein, indem er gegen das strenge Gesetz über Meuterei und Aufruhr (Rowlatt Act) Einspruch erhebt. Von nun an erfaßt seine Propaganda der Non-cooperation (passiver Widerstand) immer weitere Kreise des hindostanischen Volkes. Durch Spinnen im Hause, um Indien von der britischen Textilindustrie unabhängig zu machen, durch symbolisches Schöpfen von Salz aus dem Meer zur Hinterziehung der Salzsteuer und ähnliche Demonstrationen rüttelt Gandhi sein Volk auf. Wiederholt tritt er in den Hungerstreik, einige Male wird er verurteilt, eingekerkert, begnadigt. Die Befreiung Indiens wird erschwert und aufgehalten durch den Gegensatz zwischen den Moslim und den Hindus, der immer wieder zu blutigen

Zusammenstößen zwischen den Anhängern der beiden Bekenntnisse führt und di Herrschaft der Engländer dann als einzige Sicherheit gegen völlige Anarchie erscheinen läßt. Auch kommunistische Ideen dringen seit 1919 in Indien ein.

1922 wird der jahrzehntelange Kampf der Iren um Home Rule („Selbstregierung") endlich von Erfolg gekrönt. Nach neuen, überaus blutigen Kämpfen, sowohl zwischen Regierungstruppen und Iren als auch zwischen den protestantischen Ulsterleuten und den katholischen Nationaliren, wird Irland unter Führung Eamon de Valeras ein Freistaat, der nur noch sehr lose mit dem Vereinigten Königreich zusammenhängt, das außer Großbritannien nur mehr das protestantische Nordirland (Ulster) umfaßt. Der Erfolg der Iren ermuntert auch die übrigen unterdrückten Völker des britischen Reiches in ihrem Widerstand. Auch im nahen Orient hat die Bildung arabischer Nationalstaaten unter Völkerbundsmandat oder britischem Schutz keine dauernde Befriedung gebracht. Zwischen Juden und Arabern wird in einem fast ununterbrochenen Kleinkrieg um Palästina gerungen. Die arabische Welt wird von der teils religiösen panislamitischen, teils nationalen panarabischen Bewegung erfaßt. Durch Erhebung der Wahabbiten (einer im 18. Jahrhundert gegründeten islamitischen Reformbewegung) wird 1925 Nordarabien ein einheitlicher Staat. An ihrer Spitze steht Ibn Saud (eigentlich Abd al Asis), ein Herrscher, der in sich den Reformeifer eines aufgeklärten Despoten mit der Abenteuerlust des Nomadenführers und den geschäftlich-diplomatischen Talenten eines modernen Politikers verbindet. Seine zum Teil untereinander verfeindeten Verwandten sitzen auf den Thronen von Irak, Transjordanien und kleinerer Fürstentümer. In Ägypten wächst der Nationalismus, der mit der WAFD-Partei immer schärfer Front gegen England bezieht.

Von ungeheurer Bedeutung für die weitere Entwicklung der europäischen zur Welt-Politik sind die Vorgänge in China. Nur vorübergehend ist dieses Riesenreich durch die Errichtung der Republik (1912) zur Ruhe gekommen. Durch Japans Angriff auf Kiautschou und die Wegnahme dieser deutschen Besitzungen wird es aufs neue in Bewegung gebracht. Es tritt formell in den Krieg gegen Deutschland ein, wird aber von Japan, das die Schwäche Rußlands ausnützt, zur Aufgabe seiner Rechte in der Mandschurei gezwungen. 1921 tritt Sun Yat Sen an die Spitze der südchinesischen Republik, während Nordchina in Provinzen zerfällt, an deren Spitze die einander befehdenden „Generale" (tatsächlich Bandenführer großen Stils) stehen. Mitte der zwanziger Jahre organisiert Sun Yat Sens Schwager und Nachfolger, der christliche Marschall Tschiang Kai Schek, Südchina, das wirtschaftlich und geistig am weitesten fortgeschrittene Gebiet des Reiches im Sinne der Ideen der Kuomintang, einer, wie wir früher sahen, sozialistisch-nationalen Erneuerungsbewegung; Tschiang stellt eine große Armee auf und wirft mit ihr die Generale des Nordens nieder. Bis dahin in enger Zusammenarbeit mit den Kommunisten und der Moskauer Dritten Internationale stehend, bricht der Marschall nun mit dem Bolschewismus und drängt in zähen Kämpfen die kommunistischen Bandenführer nach Westen und Nordwesten in die Wüste und in die von Rußland abhängigen mongolischen Gebiete zurück.

Japan hatte nach der russischen Revolution seine Macht bis an den Baikalsee ausgedehnt. Es wird von Amerika gezwungen, seine Truppen aus Russisch-Ostasien zurückzuziehen. 1921 fühlt es sich auf der Seeabrüstungskonferenz von Washington überspielt, weil man ihm nicht die Flottenparität mit den beiden angelsächsischen Mächten zugesteht (Größenverhältnis der Flotten 5:5:3). Das Bündnis mit England wird nicht erneuert. Im Innern von schweren Krisen bedroht, wartet Japan auf die Gelegenheit zu weiterer Ausdehnung seiner Macht, die durch die Gewinnung der deutschen Stützpunkte im Pazifik zwar militärisch gewonnen hat, aber neue Siedlungs- und Rohstoffgebiete braucht. Die Spannungen im vorderen Orient, im pazifischen Raum und in Afrika, die Wendung Rußlands und der Komintern gegen Osten, die mit dem Machtantritt Stalins um 1926 einzusetzen scheint, stellen Europa eine Ruhepause in Aussicht. Die scheinbare Befriedung und Erholung des alten Kontinents Europa wird jedoch durch die revolutionären Strömungen unterbrochen, von denen zunächst Italien und dann Deutschland erfaßt werden.

## 2. Wirtschaft, Gesellschaft und Staat des Spätkapitalismus

### *Wirtschaft, Staat und Mensch*

242  Zu allen Zeiten haben große Kriege nicht nur gewaltige Zerstörungen angerichtet, sondern die Menschen auch zu außerordentlichen Leistungen auf dem Gebiet der Technik und der wirtschaftlichen Organisation angetrieben. Der Untergang überholter Wirtschaftsformen, der sich sonst im Verlauf einer langen Depressionsperiode abspielt, wird in kriegerischen Zeitläuften auf wenige Jahre zusammengedrängt. Der ungeheure Verbrauch an Gegenständen der militärischen Rüstung, mit fortschreitender Kriegstechnik immer weitere Gebiete der wirtschaftlichen Erzeugung umfassend, läßt neue Industrien entstehen und alte Produktionsmethoden durch bessere ersetzen. Die Zerschneidung der Handelsverbindungen durch Blockaden zu Lande und zur See, der dadurch bedingte Mangel an Rohstoffen, die Not an Nahrungsmitteln zwingen die Menschen, nach Auswegen zu suchen. So haben einst die napoleonischen Kriege und die Kontinentalsperre der Entwicklung des festländischen Industriekapitalismus wie auch der Landwirtschaft (Rübenzuckererzeugung) einen bedeutsamen Anstoß gegeben. In größerem Umfang vollzieht sich dieser Prozeß während des ersten Weltkrieges. In dem Jahrzehnt, das auf ihn folgt, wird zwar die Wirtschaft fast überall von der Kriegs- auf die Friedensproduktion umgestellt, die Anstöße, die sie durch den Krieg erhalten hat, wirken aber weiter und führen im Zusammenhang mit den Grenzverschiebungen und der Neuverteilung der Märkte zur Revolutionierung der Wirtschaft.

Die gesteigerte Macht der großen Arbeiterorganisationen auf der einen Seite, des in wenigen Händen vereinigten Finanzkapitals auf der anderen, der Einfluß der Sozialisten auf die Regierung vieler Staaten und die Abhängigkeit dieser Staaten von den großen Geldmächten führen dazu, daß die freie kapitalistische Wirtschaft weitgehend durch den organisierten Kapitalismus ersetzt wird, der alte Krisenursachen ausschaltet, aber zahlreiche neue schafft. Unter den Theoretikern und Praktikern der Wirtschaftspolitik stehen einander liberale und sozialistische Parteigänger gegenüber. Die einen fordern die Rückkehr zum freien Spiel der Kräfte, die anderen straffere Organisation, Planung und Verstaatlichung der Wirtschaft. Aus dieser Lage entstehen nicht nur neue gesellschaftliche Bildungen, sondern auch neue Formen des politischen Lebens. Aus den Massenbewegungen erwachsen kollektivistische Staats- und Gesellschaftsformen, die sich mit den demokratischen Idealen auf der Ebene des Staates schwer vertragen. Sie drängen vielmehr zur Bildung plebiszitärer Diktaturen und zu einer Staatsform, die man totalitär nennt, weil sie alle Bereiche des Lebens vom Staate her überwachen und beherrschen will. Aber nicht nur um das Staatsideal, sondern auch um das Bild des Menschen, um seine Stellung zur Gesamtheit, seine Rechte und seine Freiheit geht das Ringen.

*Die genormte Kriegswirtschaft*

243  Während des ersten Weltkrieges wurde die amerikanische Wirtschaft durch die Rüstungsaufträge Großbritanniens und Frankreichs, später aber auch der Vereinigten Staaten selbst, vor neue, kaum zu bewältigende Aufgaben gestellt. In kürzester Zeit sollten gewaltige Mengen von Gewehrläufen, Kolben, Schlössern, von Kanonenrohren, Panzerschutzschildern, Bajonetten hergestellt werden. Um sie zu erzeugen, brauchte man ein Vielfaches der bisherigen Produktion an Edelstahl. Um den Stahl zu produzieren, war mehr Koks erforderlich, also mehr Kohle, mehr Eisenerz, vor allem aber auch Nickel, Wolfram, Chrom und andere Veredelungsmetalle, man brauchte neue Hochöfen, Bessemer-Birnen, Martin-Öfen; zur Anlage und zum Betrieb dieser Werke waren Eisenbahnen, Straßen, Schleppkähne, Spezialfrachter für den Ozeanverkehr nötig. Um die einzelnen Bestandteile zu montieren, wurden große Fabrikanlagen erforderlich, riesige Montagehallen mit elektromagnetischen Krananlagen, Drehbänken und anderen Werkzeugmaschinen. Zu den Rüstungsaufträgen im engeren Sinne kamen aber die Bestellungen für Uniformen, Stiefel, Zeltbahnen, Tornister, die der Textilindustrie mit verlohnenden Aufträgen zugleich die Schwierigkeit brachten, solchen Massenbedarf in kürzester Zeit zu befriedigen. Zur Verpflegung der Truppen und zur Ernährung der Zivilbevölkerung, insbesondere wieder der Rüstungsarbeiter selbst, mußten Konserven erzeugt werden. Die Entwicklung des Flugwesens und der Luftwaffe erzwang die Steigerung der Bauxit-Verhüttung und der Erzeugung von Leichtmetallen. Außerdem mußten Flugzeugmotoren in Serien von Tausenden und Zehntausenden hergestellt werden. Nicht minder schnell entwickelte sich das Kraftfahrwesen, so daß auch hiefür Motoren, Bereifungen, Karosserien in bisher nicht dagewesener Menge gebaut werden mußten.

Kraftfahrzeuge und Flugmaschinen brauchten Benzin und Öl. Von den russischen und rumänischen Ölgebieten abgeschnitten, deren sich die Mittelmächte zur Durchführung des U-Boot-Krieges bemächtigten, waren die Westmächte auf die Öllieferungen Amerikas angewiesen. So steigerte sich dort die Ölproduktion, was wieder die Errichtung von Raffinerien, großen Öltanks, Verladeeinrichtungen und den Bau eigener Frachtdampfer, sogenannter Tanker, erforderte. Die Versenkung von Millionen Tonnen Schiffsraum durch deutsche Kreuzer und U-Boote zwang zum raschen Neubau von Fahrzeugen, die leistungsfähig, vor allem schnell genug sein mußten, um in Geleitzügen mitzufahren. Zum Schutz der Geleitzüge mußten schnelle Kreuzer und Torpedofahrzeuge gebaut werden. Zu all dem kam der gigantische Verbrauch an Munition in den Materialschlachten an der deutsch-französischen Front. Wochenlang warfen tausende alliierte Geschütze aller Kaliber Tag und Nacht viele tausende Tonnen Stahl und Blei auf die deutschen Stellungen. Diese Munitionsmengen mußten erzeugt werden; zu ihrem Transport wurden Eisenbahnwagen, Lokomotiven, Frachtdampfer gebraucht. Die amerikanische Wirtschaft hat all das in kürzester Zeit bewältigt, aber sie mußte zu diesem Zwecke zu revolutionären Mitteln greifen. Nur indem man die Erzeugung rationalisierte und die Produkte selbst weitgehend normte, konnte man den Massenbedarf befriedigen. Man zerlegte also den Arbeitsprozeß immer weiter, bis man dazu kam, daß der einzelne Arbeiter nur wenige Handgriffe, oft nur einen einzigen, auszuführen hatte. Nur so war das Heer von Industriearbeitern aufzubringen, das man brauchte und das sich nunmehr zum weitaus größten Teil aus ungelernten oder in wenigen Stunden anzulernenden Arbeitern ergänzte. Außerdem mußte ein immer größerer Teil des Arbeitsvorganges von der Maschine bewältigt werden, die von dem Arbeiter nur noch bedient wird, so daß weniger die Maschine ein Werkzeug des Menschen, als der Mensch ein Teil der Maschine wird.

Im Lager der blockierten Mittelmächte spielen sich ähnliche Vorgänge ab, wenn auch der Mangel an Rohstoffen den Bemühungen eine Grenze setzt und ebenso der Mangel an Arbeitskräften, trotz der gewaltsamen Heranziehung belgischer Arbeiter und der Verwendung von Kriegsgefangenen in der Landwirtschaft, nicht zu beheben ist. Doch haben auch hier Techniker und Wirtschaftsorganisatoren, vor allem Walter Rathenau und sein Stab, die für die deutsche Rohstoffversorgung verantwortlich waren, Erstaunliches geleistet. Trotz des Mangels vermag auch die deutsche Wirtschaft durch Rationalisierung des Arbeitsprozesses, durch Erfassung und Verwertung aller erreichbaren Rohstoffe (Sammeln von Altmetall, Einschmelzen von Glocken, Hausgeräten u. ä.), durch Normung und Sparsamkeit die Kriegsindustrie bis 1918 noch mit Material zu versorgen. Gegen Ende des Krieges freilich treten Mangel an Munition, an Geschützersatz, an warmen Uniformen und Stiefeln, in erster Linie aber an ausreichenden Nahrungsmitteln auf. In der Erzeugung von Motoren, Kraftwagen, Flugzeugen, vor allem aber an Panzern, bleibt Deutschland immer weiter hinter dem Westen zurück.

## Rationalisierung der Friedenswirtschaft

**244** Sollten die großen Industrieanlagen, die der Kriegswirtschaft gedient hatten, für die Friedenserzeugung nutzbar gemacht werden, dann mußten sich die Güter der Friedenswirtschaft dem Gesetz der Serienerzeugung weitgehend anpassen. Nur wenn man von ein- und demselben Warenmuster gewaltige Mengen erzeugte und absetzte, wenn man also auch auf die früher übliche Buntheit im Warenangebot weitgehend verzichtete, konnte man Werkzeughallen, Maschinen und Arbeiterheere der rationalisierten Industrie auch im Frieden verwenden. Da in der Serienproduktion wesentlich billiger erzeugt wurde, war es nicht schwer, die an Qualität und Mannigfaltigkeit der Formen oft überlegene ältere Produktion doch aus dem Feld zu schlagen. Auf vielen Gebieten setzten sich die genormten Waren durch, die das Zeichen DIN (das ist Norm, urspr.: Deutsche Industrie-Normen) führen, und die wissenschaftliche Forschung sucht durch Befragung der öffentlichen Meinung, durch Versuche und Statistiken auf zahlreichen Gebieten des Verbrauchs den tatsächlichen, rational begründeten Bedarf an verschiedenen Mustern festzustellen. So wird etwa errechnet, daß an Stelle von rund 450 Arten von Taschenmessern, die ehedem auf den Markt kamen, ein Zehntel davon sämtliche Geschmacksrichtungen und Bedürfnisse zu befriedigen vermag. In der Erzeugung von Patent- und Druckknöpfen, von Baubestandteilen, von Installationsmaterial für Wasser- und Stromleitungen, von hygienischen Anlagen, von Autobestandteilen und vielen anderen industriellen Produkten setzt sich die Normung durch. Sie ist schon deshalb nicht mehr zu entbehren, weil die Beschaffung der Ersatzteile, wie sich im Krieg an Waffen und Motoren immer wieder zeigte, nur dann gesichert ist, wenn über alle Grenzen hinweg und bei aller Verschiedenheit der Modelle die wichtigsten Bestandteile maschineller Einrichtung genormt sind.

Um mit den modernsten Fabrikanlagen Schritt halten zu können, müssen auch die im Kriege noch nicht umgebauten Industrien zu den rationalisierten Arbeitsmethoden übergehen. Eine wesentliche Voraussetzung für die Rationalisierung eines Betriebes ist die Gleichschaltung im Tempo der einzelnen Maschinen und der verschiedenen Fertigungen. Dieser in der Technik aufgekommene Ausdruck wird dann später bezeichnenderweise auf Politik und Kultur übertragen. Nur wenn bei der Erzeugung, etwa von Kraftwagen, die Fertigung der Motoren, der Karosserie, der Räder mit der Bereifung und endlich die Montage des Ganzen gleichgeschaltet sind, werden sich in der Erzeugung keine Lücken und Verzögerungen, kein Leerlauf für die eine oder andere Abteilung ergeben. Sie müssen in ihrem Bedarf an Maschinen, an Versorgung mit Kraft und in der Zahl der Arbeiter genau aufeinander abgestimmt sein. Ferner müssen die einzelnen Maschinen in ihrer Leistungsfähigkeit zueinander stimmen, so daß auch hier nicht etwa durch die Zwischenschaltung einer veralteten Maschine Stauungen eintreten. Endlich müssen im rationalisierten Betrieb die verschiedenen Montagen und in jeder Halle die einzelnen Maschinen so hintereinander aufgestellt sein, daß der Weg des Erzeugnisses von der Rohform bis zum Fertigprodukt durch möglichst wenige Umwege und Transporte unterbrochen wird, und daß eine Maschine der anderen, ein Arbeiter dem nächsten das Arbeitsstück weiterreichen kann. Auf diesem Wege kommt man — zuerst in den großen Autofabriken Henry Fords in Amerika (Detroit), sehr bald auch in Europa, z. B. in Deutschland bei den Opel-, später bei den Volkswagenwerken, in der Tschechoslowakei in der Schuhindustrie, wie sie Thomas Bata in Zlin (Mähren) einrichtet — zu dem System des Fließbandes. Eine lange Reihe von Arbeitern und von Maschinen ist entlang diesem Bande aufgestellt, das, in einem bestimmten Rhythmus bewegt, ihnen die Arbeit zubringt, sie zwingt, ihre Handgriffe in einer genau bemessenen Zeit auszuführen und ihnen das Arbeitsprodukt wieder entführt. In den Ford-Werken wird es so möglich, in 36 Stunden ein Automobil herzustellen. Der zweite Weltkrieg hat dann diese Methode so verfeinert, daß der amerikanische Großunternehmer Kaiser in rund 24 Stunden ein Liberty-Schiff auf seinen Werften baute. Je präziser die Maschinen arbeiten, desto weniger wichtig wird die Arbeit des Menschen, desto kürzer die Zeit, die man für das Zupassen der maschinell erzeugten Bestandteile braucht. Auch der Verschleiß verringert sich, wodurch wiederum Rohstoff und Arbeit gespart, der Bedarf an Arbeitskräften gesenkt wird.

Es gibt kein Gebiet der Industrie, vor dem die Rationalisierung Halt gemacht hätte. Ob wir an die Textilindustrie denken, in der heute in einem großen Maschinensaal eine Arbeiterin Dutzende von Webstühlen oder Spinnmaschinen betreut, wo früher zahllose Arbeiter beschäftigt waren, ob es sich um die Erzeugung von Baustoffen und Baubestandteilen handelt, die heute dabei angelangt ist, daß ganze Häuser mit sämtlichem Zubehör in wenigen Stunden gestanzt und montiert werden, ob es um die Fertigung von Motoren, Werkzeugen, Haushaltsgeräten, um die Produktion von Spielzeugen, Kraftwagen, Möbeln, um Konservenbüchsen und Verpackungen, um Druck und Kunstdruck und endlich um den Betrieb in den großen Schlachthäusern und Nahrungsmittelfabriken geht, überall haben die während des ersten Weltkrieges entwickelten Formen der Erzeugung sich durchgesetzt.

*Neue technische Fortschritte*

**245** Selbstverständlich machen diese Arten der Produktionssteigerung den technischen Fortschritt im engeren Sinne nicht überflüssig. Rastlos arbeiten einzelne Erfinder, vor allem aber in steigendem Maße Forschungsinstitute der Großbetriebe wie der Technischen Hochschulen und eigens zusammengestellte Stäbe von Technikern und Ingenieuren an der steten Verbesserung der Maschinen, mit denen die Menschheit heute ihren ungeheuren Bedarf an Industrieerzeugnissen deckt. Gewaltige Fortschritte hat die Wärmetechnik gemacht, nicht nur auf dem engen Gebiet des Baues von Heizanlagen, sondern vor allem auch in der Wärme- und damit Krafteinsparung bei Maschinen, besonders in der Ausnutzung des Dampfes. Der Übergang von der Kolbendampfmaschine zur

Turbine, seit dem Ende des 19. Jahrhunderts angebahnt, hat die Leistungsfähigkeit der mit Dampfkraft betriebenen Maschinen erheblich gesteigert und sie in weiten Bereichen die Konkurrenz mit der Elektrizität halten lassen. Dennoch kann man von einem Zeitalter der Elektrizität sprechen. Der Führer der kommunistischen Revolution in Rußland, Lenin, hat, als von der technischen Rückständigkeit seines Landes gesprochen wurde, mit der Parole geantwortet: Mit der Elektrizität über den Sumpf! Tatsächlich ermöglicht die Ausnutzung der Elektrizität, insbesondere der durch Wasserkräfte erzeugten, die Erschließung weiter Gebiete in kürzester Zeit und die Bewältigung zahlreicher Aufgaben, an die man mit der Dampfmaschine nicht herangehen konnte. Wo auch die Elektrizität versagt, können Benzin und Dieselmotor aushelfen, so bei der Durchquerung von Wüsten, bei der Überwindung großer Steigungen, bei der Anlage kleiner Kraftwerke in entlegenen Gegenden. Bahnbrechend für die Elektrifizierung war nicht nur die Konstruktion riesiger, von gestauten Wassermassen betriebener Turbinen, die wiederum Dynamomaschinen in Bewegung setzen, sondern vor allem auch die Erfindung von elektrotechnischen Einrichtungen, mit denen man Ströme von sehr hoher Spannung, von tausenden und später zehntausenden Volt, erzeugen kann. Dadurch wurde es möglich, den elektrischen Strom in Überlandleitungen über viele hunderte Kilometer zu führen, so daß er weit von seinem Erzeugungsort entfernt zum Betrieb von Maschinen, zur Beleuchtung von Städten und zu jedem anderen möglichen Zweck verwendet werden kann. Das Transformieren der Ströme von hohen auf normale Spannungen ist eine weitere Bedingung für die Entfaltung der Elektrotechnik.

Ähnlich bedeutsam wie die Weiterentwicklung der Elektrotechnik wird eine Reihe chemischer Fortschritte. Die Gewinnung von Stickstoff aus der Luft (Haber-Bosch-Verfahren 1913, Leuna-Werk 1916) ermöglicht es Deutschland, während des ersten Weltkrieges unabhängig von dem Import von Chilesalpeter die Erzeugung von Schießpulver und Sprengstoffen aufrechtzuerhalten. Nach Friedensschluß wird das Verfahren zur Herstellung von Stickstoff-Kunstdünger verwendet und weiter ausgebaut. Bergius findet 1921 eine Methode zur Verflüssigung von Kohle und 1931 ein Verfahren zur Verzuckerung von Holz. Die Gewinnung von Öl aus Kohle im Hydrierverfahren erlangt in Deutschland unter dem nationalsozialistischen Regime, insbesondere während des zweiten Weltkrieges, erhöhte Bedeutung, weil sie die Autarkiebestrebungen der deutschen Wirtschaft unterstützt. Diese Auswertung der Kohle ist aber nur ein Weg der chemischen Verwandlung dieses wichtigen Rohstoffes in einen anderen. Die Zahl der Erzeugnisse, die aus Kohle gewonnen werden, geht in die Tausende. Als Rohstoff zur Erzeugung von künstlichem Kautschuk (Buna), von Fasern, von Medikamenten, Werkstoffen der verschiedensten Art wird Kohle verwendet, und zwar vor allem die minderwertige Kohle, also mindere Sorten von Braunkohle und Abfälle. Während die Kohle durch das Erdöl und die mit Wasserkraft gewonnene Elektrizität vielfach aus der Industrie verdrängt wird, während sich beispielsweise der Großteil der Ozeanschiffahrt auf Ölfeuerung umstellt, gewinnt die Kohle als Ausgangsprodukt für die genannten Werkstoffe und für Teerfarben, Schmieröle, Lacke größere Bedeutung. Der deutsche Ruhrkohlenbergbau, nach dem ersten Weltkrieg vor harte Konkurrenzbedingungen gestellt, entwickelt zuerst jenes Sortierverfahren, bei dem die Steinkohle nach ihrer Qualität in Gruppen gesondert wird, von denen die besten als Industriekohle auf den Markt kommen, die minderen als Hausbrandkohle und die schlechtesten als Rohstoff für weitere Verarbeitung oder zur Briketterzeugung benutzt werden. Der technisch zurückgebliebene britische Kohlenbergbau, der diese Methoden nicht übernimmt, verliert den Großteil seiner Märkte, gerät in eine Dauerkrise und kann sich erst während des zweiten Weltkrieges erholen. Zu seiner Modernisierung sind jedoch so große Kapitalien nötig, daß die Grubenbesitzer der Verstaatlichung der Schächte durch die Arbeiterregierung keinen ernsten Widerstand leisten. Die neuen Verwendungsmöglichkeiten der Kohle verändern das Wertverhältnis zwischen Stein- und Braunkohle. Da sich diese zur chemischen Verarbeitung ebenso gut eignet wie jene, erlangen die Braunkohlenlager und die Länder mit Braunkohlevorkommen neue Bedeutung. Ebenso wird das Holz, infolge der zahlreichen Verfahren zur Gewinnung von Kunstfasern aus Zellulose, ein überaus wichtiger Rohstoff unserer Zeit. Die Kunstfasereuzeugung bleibt bei den aus Zellulose gewonnenen Werkstoffen (Kunstseide, Zellstoff) nicht stehen, sondern geht zur Benutzung von mineralischen Rohstoffen über, wie sie in der Nylon- und Perlonfaser vorliegen. In Verbindung mit der Metallurgie arbeitet die Chemie an der Herstellung neuer Metall-Legierungen, vor allem unter Benutzung von Leichtmetallen und von Chrom, die mehr und mehr die früher gebräuchlichen Legierungen, wie Bronze und Messing, durch Weißmetalle und verchromte Metallkonstruktionen verdrängen. Die Veredelung des Stahls und die Erzeugung von rostfreiem Stahl wird auf mannigfache Weise erzielt. Die Bauindustrie benutzt Werkstoffe häufiger als Naturstein oder Ziegel. Durch die Erfindung des Klaviersaitenbetons (Hoyer) werden neue Möglichkeiten für den Eisenbetonbau (Hoch- und Tiefbau, Brücken, Betonschiffe) erschlossen. Die Entwicklung der Tafelglaserzeugung im Walzverfahren (bedeutendstes Werk Mühlig-Union, Teplitz-Schönau) kommt den Bedürfnissen des Eisenbetonbaues entgegen. Das Glasbetonhochhaus wird die charakteristische Bauform des dritten und vierten Jahrzehntes unseres Jahrhunderts. Daneben aber treten bereits Stahlhäuser und für den im zweiten Weltkrieg in Massenverfahren durchgeführten Barackenbau die maschinelle Fertigung von großen und kleinen Baubestandteilen aus Werkstoffen verschiedenster Art. Mit dem Auftauchen neuer Werkstoffe verlieren viele einst hochbegehrte Rohstoffe an Bedeutung. Seide und Baumwolle werden durch den Wettbewerb der Kunstfasern zurückgedrängt, Kautschuk durch Buna, die Verwendung des Kupfers wird durch die Erfindung von Drähten mit Stahlkern eingeschränkt, Metall und Holz werden bei der Erzeugung von Geräten durch gieß- und prägbare Kunstharze und ähnliche Werkstoffe ersetzt; an die Stelle des Glases tritt zum Teil das unzerbrechliche Plexiglas, während andererseits wieder die verdrängten Rohstoffe für neue Zwecke Verwendung finden.

Ungeheuer ist der Fortschritt in der Konstruktion von Werkzeugmaschinen aller Art, wodurch die menschliche Arbeit mehr und mehr ausgeschaltet wird und langwierige komplizierte Arbeitsgänge ausschließlich durch das präzise, bis auf kleinste Bruchteile eines Millimeters, und im Tempo auf ebenso kleine Bruchteile einer Sekunde aufeinander abgestimmte Maschinenverfahren bewältigt werden. War das 19. Jahrhundert ein Jahrhundert der Technik dank der revolutionären Umwälzung, die durch die Maschine in der Wirtschaft bewirkt wurde, so ist das 20. Jahrhundert es in dem neuen Sinne, daß die Ausschaltung der Maschine aus unserem Erzeugungsprozeß die Menschheit vor das Nichts stellen würde. Der Mensch ist von der Technik völlig abhängig geworden, die menschliche Gesellschaft kann in ihrer heutigen Zusammensetzung und mit der Bevölkerungszahl der Erde ohne die Technik nicht mehr bestehen.

## Motor und Flugzeug

246 Seit dem Beginn der industriellen Revolution greifen die Entwicklung der maschinellen Produktion und die Mechanisierung des Verkehrs fördernd ineinander. Das 19. Jahrhundert war das Zeitalter der Dampfeisenbahn. Die Erfindung des Explosions- und dann des Verbrennungsmotors hat nicht nur den Kraftwagen neben die Eisenbahn und damit ihrer Ausdehnung eine Grenze gesetzt, sie hat auch im Flugwesen die Überwindung des Luftschiffs durch die Flugmaschine herbeigeführt. Innerhalb eines Menschenalters freilich zeigte sich, und zwar wiederum durch die fieberhafte Beschleunigung der technischen Entwicklung im zweiten Weltkrieg, daß ein mit Motor und Propeller angetriebenes Flugzeug nicht das letzte Wort der Flugtechnik bedeutet. Das Flugzeug mit Düsen- und Raketenantrieb, theoretisch seit langem vorausgeahnt und gefordert, ist seit dem zweiten Weltkrieg im Militärflugwesen gebräuchlich, wird sich aber vermutlich auch im friedlichen Luftverkehr durchsetzen. Die Vermehrung der Zahl der Flugzeuge, die Verbilligung der einzelnen Maschinen durch die Serienproduktion, die größere Steigfähigkeit, der wachsende Aktionsradius, die Vergrößerung auch von Fassungsraum und Ladegewicht, die höhere Sicherheit in der Steuerung der Maschine und im Fluge überhaupt wirken zusammen, daß sich seit den zwanziger Jahren das Flugwesen rasend schnell entwickelt. Nicht nur die Großstädte, sondern auch zahlreiche kleinere industriell oder als Verkehrspunkte bedeutende Siedlungen haben ihre Flugplätze und sind an den internationalen Luftverkehr angeschlossen. Ein dichtes Netz von Luftverkehrslinien überzieht die Kontinente und überspannt im Transkontinental- und Transozeanverkehr die Erdteile und Weltmeere. In rascher Folge mehren sich um die Mitte der zwanziger Jahre die Ozeanüberfliegungen. Major Lindbergh, ein Amerikaner schwedischer Herkunft, fliegt 1927 in 33 Stunden von Amerika nach Frankreich, die Deutschen Köhl und Hünefeld mit dem Iren Fitz-

maurice überqueren bald darauf (1928) den Atlantik in der schwierigeren Ost-West-Richtung. Die Weltflüge der Luftschiffe (Zeppelin mit Kapitän Hugo Eckener, italienische Luftschiffe mit General Nobile) erscheinen nun sehr bald als Reminiszenzen an eine überwundene Entwicklungsstufe des Luftverkehrs. Nachdem es gelungen ist, Maschinen zu bauen, mit denen man die Weltmeere, sei es im direkten Flug, sei es mit Zwischenlandungen auf den Inselgruppen der Ozeane oder auf fest stationierten Spezialschiffen, regelmäßig überqueren kann, ist das Problem der Überfliegung der Pole in den Vordergrund getreten. Der Norweger Amundsen, die Amerikaner Byrd und Wilkins, der Italiener Nobile und die Deutschen mit dem Luftschiff „Graf Zeppelin" sind mit Erfolg um die Erforschung der Polargebiete durch Flüge mit Luftschiff und Flugzeug bemüht. Als eine italienische Expedition verunglückt und Amundsen auf der Suche nach ihr verschollen bleibt, rüsten die Russen zu ihrer Rettung die Eisbrecher „Krassin" und „Malygin" aus, deren Vorstoß ins Polargebiet weitere Entdeckungen zu danken sind. In den dreißiger Jahren gelingt es den Russen, über den Nordpol bis auf das amerikanische Festland zu fliegen. Für den Luftverkehr wichtiger als diese Pionierleistungen ist zunächst der planmäßig sich vollziehende Ausbau der großen Flugplätze mit ihren Rollbahnen, Flugzeughallen, meteorologischen und nautischen Einrichtungen, ihren Leuchttürmen und Signalanlagen, der ein festes Gerüst für den Luftverkehr schafft. Der Ausbau der Verkehrslinien folgt im wesentlichen den Bahnen, die durch den überlieferten Welthandel und durch die politischen Bindungen innerhalb der großen Imperien vorgezeichnet sind. So baut Großbritannien die Luftverbindungen nach Südafrika und über das Mittelmeer nach dem nahen und fernen Orient aus, die Vereinigten Staaten erschließen nicht nur den eigenen Doppelkontinent, sondern vor allem auch den Pazifischen Ozean, Frankreich den Verkehr zwischen dem Mutterland und Nordafrika sowie über und um die Sahara nach Zentralafrika. Die deutsche Lufthansa breitet ein dichtes Luftverkehrsnetz über Mitteleuropa, mit Anschlüssen nach dem Norden und dem Südosten, das sich mit französischen, tschechischen und polnischen Linien überschneidet, die Sowjetunion baut den eurasischen Verkehr aus, und in Ostasien wetteifern, schon aus politischen und militärischen Gründen, Briten, Amerikaner, Russen und Japaner um die Beherrschung des Luftnetzes über China.

*Der Weltverkehr*

247  Betrachtet man auf einer Isochronen-Karte die Räume, die vor mehr als hundert Jahren mit der Postkutsche, die um 1900 mit der Eisenbahn und die 1950 mit dem Flugzeug in einer bestimmten Anzahl von Stunden von einem bestimmten Ort aus überwunden werden können, so erhält man ein Bild der Beschleunigung des Weltverkehrs, das alle Phantasien des ausgehenden 19. Jahrhunderts in den Schatten stellt. In wenigen Tagen kann der Erdball umflogen werden, in Stundenfrist sind die Entfernungen zwischen den europäischen Hauptstädten zu meistern, in wenig mehr als einem Tag wird der Antlantik überquert,

und auf kleineren Luftverkehrsstrecken erreicht die Zeitrentabilität darin ihre Grenze, daß es länger dauert, aus dem Stadtzentrum zum Flugplatz und vom Flughafen wieder in das Stadtzentrum zu gelangen, als die hundert oder zweihundert Kilometer Entfernung zwischen den Städten im Flugzeug zu überwinden. Das Geschäftsleben im internationalen Verkehr, zu Beginn des Jahrhunderts wesentlich auf Telegraph und Fernsprecher gestellt, kann sich durch den raschen und dichten Luftverkehr wieder stärker auf den persönlichen Kontakt der maßgebenden Verhandlungspartner umstellen. Aber auch die Politik beginnt seit den dreißiger Jahren den Vorteil raschester Verbindungsmöglichkeiten durch das Flugzeug auszunützen. In persönlichen Zusammenkünften der führenden Staatsmänner werden die schwebenden Fragen durch rasch einberufene Konferenzen oft in kurzer Frist gelöst. Das führt allerdings auch dazu, daß an die Stelle staatsrechtlicher Erwägungen und diplomatischer Feinheiten die oft übereilte und willkürliche Entscheidung einzelner tritt. Hitler und Mussolini nutzen die neuen technischen Möglichkeiten einer solchen Politik zuerst für sich aus und haben dabei das Moment der Überraschung auf ihrer Seite. Während des zweiten Weltkrieges gehen aber auch die Staatsmänner des Westens dazu über, in persönlichen Treffen entscheidende Beschlüsse zu vereinbaren. Von München (1938) bis Potsdam (1945) vermittelt das Flugzeug eine Reihe derartiger folgenschwerer Zusammenkünfte der führenden Politiker der Erde.

So wenig sich auch heute noch im Transport von Rohstoffen und Massengütern der Frachter und die Eisenbahn durch das Flugzeug ersetzen lassen, so stark schaltet sich dieses neue Verkehrsmittel seit dem ersten Weltkrieg in den Handel mit wertvollem Stückgut ein. Vielfach dient es dabei dem Luxusbedürfnis oder unterstützt eine sensationelle Werbung, wenn etwa die Dollarmillionäre im amerikanischen Osten kalifornische Früchte und Frischgemüse aus dem Süden verzehren, die im Flugzeug angeliefert werden, oder wenn ein Berliner Restaurant zum bayerischen Bier die täglich im Flugzeug aus München gelieferten Weißwürste anbietet. Dagegen erfüllt das Flugzeug, mit dem ein Schwerkranker der rettenden Operation zugeführt oder mit dem einem anderen Kranken Medikamente rechtzeitig gebracht werden können, eine humane Aufgabe. Sie verbindet sich in den großräumigen Staaten der neuen Welt und des Ostens mit segensreichen wirtschaftlichen Funktionen, wenn etwa durch Naturkatastrophen von der Umwelt abgeschnittene Menschen aus dem Flugzeug versorgt werden. Ja, man hat Flugzeuge zur Aussaat von Getreide, man hat sie zur Schädlingsbekämpfung und anderen wirtschaftlichen Zwecken eingesetzt. Der zweite Weltkrieg hat nicht nur die Bedeutung, die Verwendungsmöglichkeit und die Ausbaufähigkeit des Luftfrachters erwiesen, sondern auch der Entwicklung auf diesem Gebiet neuen Antrieb gegeben.

Dient das Flugzeug vorwiegend dazu, große Entfernungen zu überwinden und entlegene Räume zu erschließen, so macht der mit Öl oder Benzin betriebene Kraftwagen es, wie schon einmal erwähnt, möglich, den Verkehr auch auf kleinstem Raume wesentlich zu beschleunigen und in den Zwischenräumen der Eisenbahnnetze bis zu den letzten Weilern und kleinsten Dörfern zu verästeln. Um den Lastkraftwagen auch dem Fernverkehr dienstbar zu machen, bedurfte es der Anlage neuer Straßen und Autobahnen, weil das alte Straßennetz dem Bedarf weder in der Anlage vielfach gekrümmter Wege noch in seinem Unterbau genügte. Der Verschleiß an Reifen, die Zahl der Pannen und der Verkehrsunfälle war zu groß, als daß man schwerste Lastwagen und gar Kolonnen auf diese Straßen setzen konnte. Auch mußten Städte und Dörfer mit Umgehungsstraßen versehen werden, weil sich die Innenbezirke der Großstädte und die Enge der Dorfstraßen durch die zunehmende Zahl von Kraftwagen heillos verstopfen. So geht man in Amerika zuerst, dann auch in Europa zum Bau besonderer, mit Beton- und Asphaltdecken versehener, kurvenarmer Autostraßen über, und das nationalsozialistische Regime baut in Deutschland, seine Leistung allerdings propagandistisch gewaltig übertreibend, ein Netz von Autobahnen, die Schnelligkeit mit größter Verkehrssicherheit verbinden und nicht nur durch gewaltige Brückenbauten, durch Tunnel und Dammanlagen die Höhenunterschiede im Gelände ausgleichen, sondern auch in geschickter Weise den Straßenzug so in das Bild der Landschaft einfügen, daß er es kaum stört. Dienen diese Straßen zunächst vor allem einem dichteren und schnelleren Personenverkehr durch Kraftwagen, so sind sie doch vor allem zur Entlastung der Bahnen im Güterverkehr bestimmt, freilich auch gerade in Deutschland für militärische Zwecke gedacht. Sie haben 1939 und 1940 den raschen Aufmarsch der deutschen Armeen und ihre schnelle Umgruppierung ermöglicht, sie haben aber auch 1945 den Alliierten den Vormarsch ins Innere Deutschlands erleichtert. Autobahnen sind fast immer Fernstraßen, schon im kleinräumigen Europa, vollends in den großräumigen Kontinenten, wo mit ihrer Hilfe Wüsten, Prärien, große Gebirgszüge überquert werden können, vorausgesetzt, daß man sich des jeweils für die Landschaft geeigneten Wagenmaterials bedient.

Vielfach sind Flugzeuge und Kraftwagen für die Eisenbahn zu einer ernsten Konkurrenz geworden. Aus gewinnbringenden Unternehmungen wurden die Eisenbahnen sehr oft zu Verlustgeschäften, so daß die Privatbesitzer einer Verstaatlichung nicht widerstrebten, sondern sie forderten. Allerdings hat sich auch die Eisenbahn im Lokomotiven- und Wagenbau dem technischen Fortschritt angepaßt, sie ist leistungsfähiger geworden, und man versucht vor allem, durch Elektrifizierung der großen Bahnstrecken den Betrieb zu beschleunigen, den Nachteil der Schmutz- und Rauchentwicklung zu bekämpfen und durch Verwendung des elektrischen Stromes die Betriebskosten herabzusetzen. Im Wettbewerb mit Autobussen, Autocars bedient sich die Eisenbahn sogenannter Triebwagen, die auf nichtelektrifizierten Strecken Motorantrieb haben.

Nach größerer Beschleunigung, nach mehr Bequemlichkeit und Sicherheit strebt auch der Seeverkehr, wobei allerdings die Luxusdampfer für die großen Seeverkehrslinien meist keinen Gewinn einbringen, sondern eine sehr kostspielige, aber nötige Werbung und Repräsentation sind. Man baut seit dem zweiten Jahrzehnt des Jahrhunderts Dampfer von 50 000—85 000 Tonnen, schwimmende Luxushotels für Tausende von Passagieren, wie die sehr bekannt gewordenen Dampfer „Normandie", „Bremen", „Europa", „Queen Mary". Auf den Bau von Frachtern hat schon der Seekrieg 1914—1918 Einfluß gehabt, noch stärker hat der zweite Weltkrieg die Richtung des Frachtschiffbaues bestimmt. Der Bau von Spezialschiffen (Öltankern, Kühlschiffen, Getreideschiffen) hat stark zugenommen.

## Technik und Landwirtschaft

**248** Während des ersten Weltkrieges drohte die Getreideversorgung Westeuropas daran zu scheitern, daß der Schiffsraum nicht ausreiche, um die langen Transportwege von Australien und Argentinien bis in die britischen und französischen Häfen schnell genug zu bewältigen. In Nordamerika aber gab es weite Landstriche, in denen man bis dahin kein Getreide gebaut hatte, weil die in dem großen Weizen- und Maisgebiet des Südens angebauten Sorten in dem rauheren Klima der nördlichen Staaten und des südlichen Kanada nicht rechtzeitig reif wurden. In den pflanzenphysiologischen Laboratorien war man seit längerem um die Züchtung widerstandsfähigerer und in kürzerer Zeit auch bei rauherem Klima reifender Getreidearten bemüht. Nun erhielten diese Versuche aus dem Bedürfnis der Kriegswirtschaft neuen Antrieb, man experimentierte im großen, und es gelang, die Anbaugrenze für Roggen und für Weizen in Nordamerika um durchschnittlich 100 Kilometer nach Norden zu verschieben. Ähnlich ging man in der Sowjetunion vor, als die große Hungersnot der zwanziger Jahre die Verwandlung von Steppenland in Getreidefelder dringlich machte. In beiden Fällen konnte man aber schon aus Zeitmangel nicht etwa Bauern ansiedeln oder einen Großgrundbesitz mit allem technischen Zubehör einrichten, sondern man setzte vielscharige Dampfpflüge ein, breite, gekoppelte Sämaschinen und bald auch den Mähdrescher, eine neue Maschine, die das Dreschen unmittelbar mit dem Schneiden des Getreides verbindet. Zur Aussaat und zur Ernte wurden Arbeiterkolonnen angeworben, größtenteils Leute, die nie in ihrem Leben mit der Landwirtschaft zu tun gehabt hatten und die nach wenigen Wochen wieder entlassen wurden. In der Zwischenzeit überließ man das Land sich selbst. Da es sich um billigen und zusätzlichen Boden handelte, war auch bei schlechtem Ertrag der Gewinn groß, vor allem aber der kriegswirtschaftliche Zweck erreicht. Die Russen nennen das Verfahren „Getreidefabrik". Von dieser Art extensiver Landwirtschaft geht man zwar bald wieder ab, das Verfahren hat aber seine Spuren hinterlassen und auf die Ausgestaltung des Getreidebaues, insbesondere in der Sowjetunion, stärkste Wirkung geübt. Durch die Verwendung von landwirtschaftlichen Maschinen in einem weit größeren Ausmaß, als dies im Rahmen der Bauernwirtschaft möglich gewesen war, durch Einführung von Dampfpflug und Mähdrescher, durch Ersetzung der Zugtiere durch Traktoren wird auch die Landwirtschaft rationalisiert, allerdings unter der Voraussetzung, daß sie vom bäuerlichen Klein- und Mittelbetrieb zum Großbetrieb übergeht. Die Marxschen Vorhersagen über die Entwicklung der Landwirtschaft, in den Zeiten des deutschen Revisionismus heftig bestritten, scheinen sich also doch noch zu erfüllen. Dies gilt aber vorläufig doch nur für jene Länder, in denen der Kollektivismus in der Landwirtschaft von Staats wegen diktiert wird. In Sowjetrußland und den von ihm beherrschten Staaten werden Zwangsgenossenschaften (Kolchosen) und Staatsgüter (Sowchosen) geschaffen, in denen der Privatbesitz des einzelnen Bauern nicht größer ist als der eines Landarbeiters im alten Feudalsystem. In den freien Ländern versuchen die Bauern sich durch genossenschaftlichen Zusammenschluß die Vorteile der Mechanisierung nutzbar zu machen, wobei es allerdings oft nötig wird, durch freiwillige Arrondierung des Besitzes, Neuregelung des Wegerechtes und andere Maßnahmen die Umstellung zu erleichtern.

## *Kollektivismus, Planwirtschaft, Absatzkrise*

249 Wo nicht die staatliche Gewalt in der Technisierung der Landwirtschaft ein Mittel zur Erreichung ihrer Zwecke sieht, wie in Sowjetrußland, verebbt die Welle der Begeisterung für diese Neuerungen, die der erste Weltkrieg ausgelöst hat, sehr bald wieder. In Rußland aber werden Grundbesitzer (Kulaken) enteignet und der Privatbesitz durch kollektive Zwangswirtschaft ersetzt, die mit großen Maschinenparks arbeitet. Wo man der Steppe oder der Wüste neues Land abgewinnt, entstehen meist gewaltige kollektivistisch bewirtschaftete Monokulturen. So wird Turkestan, nachdem man das Gebiet durch eine Eisenbahn (die Turk-Sib) und durch künstliche Bewässerungsanlagen erschlossen und kultiviert hat, eine der größten Baumwollprovinzen der Erde. Dagegen sind in weiten Teilen Europas Ackerbau und Viehzucht notwendig an die Form des bäuerlichen Klein- und Mittelbesitzes gebunden, weil die Mittel- oder Hochgebirgslandschaft oder die Besonderheit des Anbaus (z. B. Wein- und Gemüsebau) der Anwendung von großen Maschinen widerstrebt. Selbstverständlich findet auch hier die Düngung mit chemischen Mitteln Eingang, werden mancherlei Maschinen, Elektromotoren oder wasserkraftbetriebene Geräte benutzt, macht man sich die Errungenschaften der wissenschaftlichen Pflanzenzüchtung und Schädlingsbekämpfung zunutze. In Ländern, wo man zu Monokulturen neigt, wie in den Vereinigten Staaten, hat man gerade durch die wissenschaftlichen Forschungen der letzten Jahrzehnte die Erkenntnis gewonnen, daß die Plantagenwirtschaft den Boden erschöpft und daß auf längere Sicht planvoller Fruchtwechsel und gemischte Kulturen rationeller sind. Die Vereinigten Staaten haben unter der Präsidentschaft Franklin D. Roosevelts im Zusammenhang mit der Regulierung von Wildströmen und der Gewinnung von Elektrizität aus Wasserkraft große Gebiete für Anbauexperimente zur Verfügung gestellt; das bekannteste Versuchsfeld dieser Art ist das Tennessee-Projekt, das sich auf ein Gebiet in der Größe von Bayern erstreckt.

Künstliche Düngung und planmäßige Züchtung bestimmter Fruchtsorten haben die Verlagerung zunächst von Plantagen, dann auch der Märkte über ganze Kontinente ermöglicht. An der Afrikanischen Goldküste ist eine große Kakao-Monokultur entstanden, die der südamerikanischen Erzeugung den Rang streitig macht. Guatemala und Columbien haben im Anbau von Kaffee eine für Brasilien fast katastrophal wirkende Konkurrenz geschaffen. Die Züchtung von Zuckerrohr mit einem wesentlich höheren Zuckergehalt hat den Rohrzucker Holländisch-Indiens und Cubas neben dem europäischen Rübenzucker wieder konkurrenzfähig gemacht und diesen im Zusammenhang mit den Absperrungen des ersten Weltkrieges weitgehend vom britischen Markt verdrängt. Rastlos arbeiten die Pflanzenphysiologen in den großen Laboratorien an der Züchtung neuer Pflanzenarten, die den Unbilden der Witterung besser standhalten, auf kärglichem Boden Ertrag liefern und in der Zahl und Qualität der Früchte besser werden. In Deutschland wurden die bitterstofffreie Lupine und krebsfeste Kartoffelsorten gezüchtet. Russischen Biologen sind bedeutende Fortschritte in der Züchtung frostfester Obstsorten gelungen. Durch die Behandlung des Saatgutes in einer Art von Brutöfen, das heißt durch Bestrahlung der Saatkörner, hat man eine wesentliche Verkürzung der Reifefristen erzielen können. Das ideale Ziel der Pflanzenzüchter ist das immerwährende Getreide, also eine Art von Weizen oder Roggen, das wie Gras ausgesät wird und ohne jährliche Neusaat immer wieder wächst und Frucht liefert. In Rußland werden größere Anbauversuche mit einem dreijährigen Roggen gemacht. Unerforscht ist freilich noch die Frage, wie weit diese Eingriffe des Menschen in die Natur Wesen und Aufbau der Pflanze wandeln und vielleicht auf die Dauer ihren Wert für die menschliche Ernährung wieder mindern.

Die Steigerung der landwirtschaftlichen Produktion durch Erweiterung der Anbauflächen, durch künstliche Düngung und durch pflanzenphysiologische Experimente hat sehr bald nach dem ersten Weltkrieg zu einem Überangebot landwirtschaftlicher Erzeugnisse, insbesondere von Weizen, geführt. Die Dauerkrise der Landwirtschaft, die so entstand und insbesondere die alten europäischen Weizenländer traf, sich aber auch in Argentinien verhängnisvoll auswirkte, ist eine der entscheidenden Ursachen der großen Weltwirtschaftskrise der dreißiger Jahre. Erst die Vernichtungsarbeit des zweiten Weltkrieges und die ihm folgenden revolutionären Ereignisse in Ostasien haben wieder eine größere Nachfrage nach Getreide und Reis geschaffen, der die Erzeugung zunächst nicht zu folgen vermochte.

## Die Kriegsschulden

250 Der Krieg hatte die finanziellen Rücklagen der einzelnen Staaten in kürzester Zeit verschlungen. Nach den Gesetzen der Friedenswirtschaft hätten alle Kriegführenden schon im ersten Kriegsjahr den Staatsbankerott erklären müssen. Tatsächlich haben sie aber Mittel und Wege gefunden, die immer kostspieliger werdende Kriegführung mit ihrem nie geahnten Aufwand für die Aufstellung und Ausrüstung von Millionenheeren, den Bau von Schiffen, Luftflotten, strategischen Bahnen und Straßen und für die Versorgung der Verwundeten, Erwerbsunfähigen, der Hinterbliebenen und Angehörigen der eingezogenen Reservisten zu finanzieren. Die Mittelmächte schreiben immer neue Kriegsanleihen aus, durch

welche zunächst der größte Teil des Sparkapitals ihrer Bürger für die Kriegführung erfaßt wird; später werden die hohen Summen von Milliarden Mark und Kronen aber nur noch durch die Belehnung (Lombardierung) der gezeichneten Beträge aufgebracht. Die großen Geldinstitute strecken bei diesem Verfahren dem Staat, zu Lasten der die Kriegsanleihe zeichnenden Bürger, einen Betrag vor, der oft ein Vielfaches der Summe beträgt, die tatsächlich eingeht. Aus der Differenz des hohen Zinsfußes, den der Staat für die Kriegsanleihe zahlt, und des niedrigeren, den die Bank oder Sparkasse für die Lombardschuld erhebt, soll diese abgetragen werden. So gewagt diese Finanzmanöver waren, haben sie doch der Finanzierung des Krieges, bei freilich sinkendem Wert der Währung und damit der Kaufkraft des Geldes, bis 1918 die entscheidende Stütze geboten. Außerdem suchte man durch Aufkäufe und freiwillige Sammlungen die Goldvorräte der Bevölkerung zu erfassen. Da der Außenhandel der Mittelmächte immer mehr eingeschränkt wurde, die Hauptbedarfsgüter für den Verbrauch der Bevölkerung (Brot, Zucker, Fleisch, Fett) bewirtschaftet waren und zahlreiche andere Preise, z. B. für Kohle, staatlich gebunden wurden, war der Währungsverfall lange Zeit nicht deutlich erkennbar. Gegen Kriegsende freilich steigen in Deutschland und Österreich nicht nur die Preise für die noch freien Produkte sprunghaft an, sondern es müssen auch die Preise der bewirtschafteten Waren beträchtlich erhöht werden, wodurch sich wieder Lohnerhöhungen, vor allem für die Rüstungsarbeiter, als nötig erweisen. Auf dem freien Markt und im Schwarzhandel wird das Papiergeld als Tauschmittel vielfach ausgeschaltet und durch den unmittelbaren Tauschverkehr mit Waren ersetzt. Schon dadurch wird eine weitgehende Verlagerung des Besitzes von den städtisch-bürgerlichen auf die dörfisch-bäuerlichen Schichten eingeleitet.

Die Westmächte, die ihren Kriegsbedarf zum großen Teil aus dem neutralen oder befreundeten Ausland einführen, vor allem aus den Vereinigten Staaten, Südamerika und den britischen Dominions, sehen sich nach dem Schwinden ihrer Gold- und Devisenvorräte zu einer anderen Kriegsfinanzierung gezwungen. Sie müssen Anleihen aufnehmen, die ihnen die Großbanken Amerikas in einem bedeutenden Umfang gewähren. Damit verschiebt sich der finanzielle Schwerpunkt der Weltwirtschaft aus der Londoner City und von den berühmten „Big Five", den fünf größten britischen Banken, nach der New Yorker Wallstreet. Die ungeheure Steigerung der amerikanischen Produktion und der gewaltige Ausbau der Industrie durch die Rüstungsaufträge ermöglichen eine stete Ausweitung des Kredits. Die Vereinigten Staaten bzw. ihre Bevölkerung und, soweit es die Anleihen garantiert, das Schatzamt, werden zu den Gläubigern der westeuropäischen Nationen. Bei Kriegsende schulden diese Amerika Milliardenbeträge in Dollars, deren Bezahlung sie vor kaum mehr lösbare Aufgaben stellt, da ihre eigene Wirtschaft, vielfach zerstört und zerrüttet, auf neue Kredite angewiesen ist und außerdem durch die Konkurrenz Amerikas und anderer überseeischer Gebiete ihre alten Märkte und damit die Möglichkeit der Ausfuhr und der Gewinnung von Devisen verloren sind. Die zahlreichen Kleinstaaten, die zwischen dem Weißen und dem Ägäischen Meer durch die Zerschlagung Österreich-Ungarns und die Ablösung der westlichen Rangebiete von Rußland entstehen, brauchen zur Organisierung ihres wirtschaftlichen und staatlichen Lebens ebenfalls Anleihen, die wiederum in Amerika vergeben werden. Die Sowjetunion lehnt es ab, irgendwelche Schulden des Zarenregimes zu zahlen. Dadurch verlieren die französischen Banken, und, da diese hauptsächlich mit dem Kapital der kleinen Sparer und Rentner gearbeitet haben, das französische Bürgertum, Milliarden Franken.

*„Reparationen"*

251 Die 14 Punkte des Präsidenten Wilson, die von Deutschland als Grundlage der Kapitulation angenommen wurden, enthielten u. a. die Bestimmung, daß keinerlei Kriegsentschädigungen zu leisten wären. Dagegen sollten die Schäden, die der Zivilbevölkerung durch die deutsche Kriegführung in Belgien und Frankreich sowie zur See entstanden waren, wieder gutgemacht werden. Es war klar, daß diese Wiedergutmachung — Reparation — nur eine andere Form der Kriegsentschädigung bedeutete, aber man nahm in Deutschland zunächst an, daß die zu zahlende Summe gemäß dem Text der 14 Punkte aus den tatsächlichen Schäden errechnet werden würde, die durch die Zerstörung von Gebäuden, industriellen Anlagen, Brücken usw. sowie durch die Versenkung von Handelsschiffen entstanden waren. Schon bei der Berechnung dieser Werte ergeben sich jedoch zwischen den deutschen und den alliierten Schätzungen beträchtliche Unterschiede. Die Alliierten beziehen ferner in die Wiedergutmachungspflicht sämtliche Renten ein, die sie den Versehrten und den Hinterbliebenen der Gefallenen zahlen, durch deren Kapitalisierung sich die geforderte Reparationssumme auf Hunderte von Milliarden Goldmark erhöht. Dadurch hofft man, die eigenen Schulden an Amerika bezahlen zu können. Das Reparationsproblem wird zu einer der schwierigsten Fragen nicht nur der deutschen, sondern der Weltwirtschaft. Es wird erschwert, weil Deutschland zunächst Sachlieferungen (vor allem Kohle und Koks) leistet und dadurch zu einem unliebsamen Konkurrenten vor allem der britischen Wirtschaft wird, die sich bis zum zweiten Weltkrieg nicht von den Schlägen erholt, die ihr die kurzsichtige britische Politik zufügt, indem sie den Deutschen auf dem Wege der Reparationen die Kohlenmärkte öffnet. Im weiteren Verlauf zeigt sich die Unmöglichkeit, der deutschen Wirtschaft die geforderten Beträge zu entnehmen und vor allem die für den Transfer nötigen ausländischen Devisen zu beschaffen. Das Eingreifen Amerikas ermöglicht zweimal eine scheinbare Lösung des Reparationsproblems. Aber weder der sogenannte Dawes-Plan mit der Verpfändung deutscher Staatseinnahmen (Reichsbahn und Monopole), noch der Young-Plan, der die deutsche Schuld auf rund 60 Milliarden senkt, so daß mit dem Zinsendienst insgesamt etwa 110 Milliarden in etwa 60 Jahren zu zahlen wären, sind wirklich durchführbar gewesen. Nach kurzer Zeit erweisen sie sich als schwerste wirtschaftliche und politische Belastung, so daß auf der Konferenz von Lausanne

1932 die weiteren deutschen Reparationsverpflichtungen bis auf eine Anerkennungssumme gestrichen werden. Auch diese Summe ist nicht mehr bezahlt worden. Nach deutschen Berechnungen betrug die wirkliche Leistung insgesamt etwas über 40 Milliarden, nach den Berechnungen der Gegenseite etwa die Hälfte davon. Da aber die Siegermächte ihrerseits ihre Schulden an Amerika nicht bezahlen, hat der amerikanische Steuerzahler im wesentlichen die Kriegskosten des ersten Weltkrieges beglichen. Trotzdem hat Amerika, wie wir schon ausführten, durch die Entfaltung seiner Wirtschaft, durch die Gewinnung neuer Märkte und die Übernahme der Schlüsselstellung der kapitalistischen Macht in der Welt einen gewaltigen Kriegsgewinn heimgebracht.

*Inflation*

252 In Deutschland und in den sogenannten Nachfolgestaaten Österreich-Ungarns sind es die sozialen Schichten des Mittelstandes und des Kleinbürgertums, die den Krieg durch eine tatsächliche, in vielen Fällen bis zur völligen Enteignung und Vernichtung ihrer sozialen Existenz gehende Vermögenssteuer bezahlen. Sie wird nicht durch ein Gesetz erhoben, sondern durch einen kapitalistischen Raubzug, der schon mit dem Währungsverfall gegen Ende des Krieges eingeleitet war und über den politischen Wirrwarr der ersten Nachkriegszeit durch die Reparationsforderungen in das Stadium einer wüsten Inflation bzw. in einigen Ländern in eine gesetzliche Deflation mündet. Die Inflation, in ihren späteren Stadien die völlig sinnlose Herstellung von Noten, die während des Druckes und der Ausgabe beinahe von Stunde zu Stunde im Werte sinken, wird dadurch gefördert, daß in den von ihr erfaßten Ländern, vor allem in Deutschland und in Rest-Österreich, die Staatsautorität geschwunden und die Regierung zu schwach ist, dem Treiben der kämpfenden Wirtschaftsmächte Grenzen zu setzen. Produktion und Handel treiben die Preise in die Höhe, die Arbeiterschaft und ihre Organisationen erzwingen Lohnerhöhungen, die zwar mit der Preissteigerung nicht Schritt halten, dem Unternehmer aber die Begründung für weitere Preiserhöhungen liefern. Die Staatswirtschaft selbst wird auf dem Notendruck basiert, da die Steuereingänge in wertlosem Geld erfolgen und die Steuersätze angesichts der astronomischen Ziffern der Wirtschaft ihren Sinn verlieren. In Österreich kann die Entwertung der Krone durch das Eingreifen des Völkerbundes und die energische Politik des Bundeskanzlers Seipel aufgefangen werden, als der Wert des Dollars bei ungefähr 60 000 Kronen hält. In Deutschland wird durch den Versuch der Reichsregierung, französischen Gewaltmaßnahmen, wie der Besetzung des Ruhrgebietes, durch passiven Widerstand der Arbeiter zu begegnen, wobei den Streikenden Unterstützungen gezahlt werden mußten, die Währung in einen grauenhaften Todeswirbel gestürzt. Im Jahre 1923 erreicht der Dollar Kurse, die in die Billionen Mark gehen, die Preise steigen von Stunde zu Stunde, das Geld ist weniger wert als das Papier, auf dem es gedruckt wird, und Vermögen sind buchstäblich zu nichts zusammengeschmolzen. Mit Hilfe der Einführung einer Roggen-Mark und dann der Rentenmark wird

die deutsche Währung 1923/24 verhältnismäßig rasch stabilisiert. Da die Hauptgewinner der Inflation selbstverständlich ihren Gewinn nicht in Geld, mindestens nicht in inflationiertem Geld, sondern in Devisen und in Sachwerten angelegt haben, retten sie ihn auch über die Deflation hinweg. Dagegen erhalten die in der Inflation Enteigneten auch nach der Stabilisierung der Währung durch sogenannte Aufwertung nur einen kleinen Bruchteil ihrer ehemaligen Vermögen oder ihrer Ansprüche zurück. In den Ländern, wo man rechtzeitig mit einer Deflation begonnen hat, etwa in der Tschechoslowakei, wo der (später von einem Kommunisten ermordete) Finanzminister Rašin sehr bald nach dem Kriege den Wert sämtlicher umlaufenden Noten um die Hälfte herabgesetzt hatte, waren die sozialen Folgen bei weitem nicht so verheerend wie in den Staaten mit inflationierter Währung. Aber auch die Deflation durch Geldabstempelung, also Verminderung des Notenumlaufs und Entwertung der Noten, traf nicht die Kriegsgewinnler mit ihrem sicheren Besitz in Sachwerten, sondern die kleinen Sparer, die Festbesoldeten, die Mittelklasse.

Nach der Stabilisierung der deutschen Mark und der Währungen in den Nachfolgestaaten kommt es durch die Spekulationen einzelner Finanziers und großer Bankhäuser noch mehrere Male zu Katastrophen, bei denen immer wieder die gleichen Opfer, eben die kleinen Sparer, die Leidtragenden sind. Durch Spekulationen mit dem französischen Franc wird die Wirtschaft Frankreichs erschüttert, das politische Gleichgewicht des Landes erheblich gestört, das französische Bürgertum nochmals um seine Ersparnisse betrogen. Gerade diese Finanzmanöver aber wirken auch nach Mitteleuropa zurück und rufen Bankkrisen, insbesondere in Österreich, hervor. In den ehemals österreichisch-ungarischen Gebieten führt die fast völlige Entwertung der Kriegsanleihen zum Zusammenbruch vieler Geldinstitute und zur Verarmung jener Sparer, die ihre gefährdeten Papiere nicht rechtzeitig verschleudert hatten. Es sind neben den ehedem patriotisch gesinnten Schichten der Bevölkerung, also wiederum den Mittelschichten, vorwiegend die Angehörigen der deutschen Minderheiten in der Tschechoslowakei, in Polen, Jugoslawien, Rumänien und Ungarn, die von dieser Katastrophe betroffen werden.

Während auf der einen Seite innerhalb eines halben Jahrzehnts durch diese Verschiebungen alte Vermögen verschwinden, häufen sich auf der anderen Seite neue Vermögen an. Der wirtschaftlichen folgt eine soziale Erschütterung von gewaltigem Ausmaß. Millionen Menschen, die vor dem Kriege die Träger nicht nur wirtschaftlichen Wohlstandes und einer alten Kultur, sondern auch konservativer Ideen, einer patriotischen Gesinnung und einer peinlich bewahrten Sauberkeit der gesellschaftlichen Moral gewesen waren, sind verarmt, deklassiert und völlig haltlos geworden. Sie stellen in allen Ländern, vor allem aber in dem am meisten betroffenen Deutschland, jene Masse von Verzweifelten und Abenteurern dar, aus der neue und radikale politische Parteien ihre Anhänger rekrutieren. Der großen Masse der Enteigneten und Deklassierten steht eine kleine Schicht von Neureichen gegenüber, die dem gesellschaftlichen Leben ihr

Gepräge gibt und die, ohne Kultur, Tradition und moralische Bindung, zu dem schnellen Verfall der öffentlichen Moral und des staatlichen Lebens sehr viel beiträgt. Ihr Treiben erbittert die Opfer der wirtschaftlich-sozialen Umwälzung nur noch mehr und liefert den Gegnern des bestehenden Wirtschaftssystems, der Gesellschaft und des demokratischen Staates eine Fülle von Argumenten.

### *Organisierter und „Feudal"-Kapitalismus*

**253** Wir haben bei der Betrachtung des Zeitabschnittes von der Jahrhundertwende bis zum ersten Weltkrieg gesehen, wie sich aus dem Schoße der freien kapitalistischen Marktwirtschaft Organisationen entwickeln, die das freie Spiel der Kräfte einschränken oder völlig aufheben. Die Kartelle, Trusts und Konzerne suchen die Preise dem Gesetz von Angebot und Nachfrage zu entziehen, die Konkurrenz auszuschalten, den Ankauf von Rohstoffen, die Erzeugung und den Verkauf zahlreicher Produkte und nicht zuletzt auch den Arbeitsmarkt dem Willen der organisierten Unternehmerschaft zu unterwerfen. Vielfach wächst sich die Macht dieser neuen Gebilde zu monopolartiger Beherrschung großer Wirtschaftszweige aus. Die Staatsgewalt nimmt, wie in den Vereinigten Staaten seit der Präsidentschaft Theodore Roosevelts, den Kampf gegen die monopolistischen Wirtschaftsmächte auf, sie vermag aber nicht zu verhindern, daß diese ihre Herrschaft oder doch ihren Einfluß auf politische Parteien, auf Zeitungen und endlich auf den Staatsapparat selbst, auf Parlament und Regierung, ausdehnen. Indem die Staaten den Grundsatz des freien Handels aufgeben und zum Schutzzoll übergehen, werden sie selbst zu monopolistischen Wirtschaftsmächten, die den freien Güterverkehr hemmen, die Preisbildung dem Gesetz von Angebot und Nachfrage entziehen und bestimmte Schichten von Erzeugern begünstigen. Durch diese von den verschiedensten Seiten ausgehenden Eingriffe in die freie Wirtschaft, zu denen noch, wie wir gesehen haben, die Einrichtungen des Gemeindesozialismus und die verstaatlichten Unternehmen treten, ändert sich die Struktur der kapitalistischen Wirtschaft. Indem man auf der Seite der Unternehmer versucht, die Nachteile der freien Wirtschaft zu beseitigen, zugleich aber ihre Vorteile zu wahren, werden die Unsicherheit und die Schwankungen einer von zyklischen Krisen heimgesuchten Ordnung nicht wirklich behoben, wohl aber der Mechanismus gestört, der bis dahin auf jede Krise eine neue Konjunktur folgen ließ. Der amerikanische Liberalismus setzt sich im ersten Weltkrieg das Ziel, die fortschreitende Bildung von großen Monopolen und von schutzzöllnerisch gegeneinander abgeriegelten Staaten durch einen politischen Vorstoß zu unterbrechen. Präsident Wilson fordert die Anerkennung des freihändlerischen Prinzips als einer Grundlage der neuen Friedensordnung. Seine europäischen Verbündeten aber sind so wenig geneigt, diesen Grundsatz anzunehmen, wie sie bereit sind, das Prinzip der Freiheit der Meere anzuerkennen. Das ehedem freihändlerische Großbritannien weicht bei dem Umbau des Empire in das Commonwealth von dem freihändlerischen Prinzip weitgehend ab; es befreundet sich, um die Dominions an das Mutterland zu binden, mit Schutzzoll und Meistbegünstigung. So bleiben die Pläne Wilsons auch auf diesem Gebiete unausgeführt.

Die Umstellung der Wirtschaft auf den Krieg, die enge Verbindung von Staatsgewalt und Wirtschaftsführung während des Krieges, die Schwierigkeiten, die sich für den freien Güteraustausch nach dem Kriege aus der allgemeinen Zerrüttung der Währungen, aus den Grenzveränderungen und dem Egoismus der neugeschaffenen Klein- und Mittelstaaten ergeben, begünstigen überall die monopolistischen Wirtschaftsformen und zerstören die Voraussetzung einer freien und gesunden Weltwirtschaft. Das Ausscheiden Rußlands aus der Reihe der Mächte, die sich den Gesetzen des freien Spiels der Kräfte beugen, auf Jahre hinaus auch der Ausfall der russischen Produktion, die Zerstörung Österreich-Ungarns, die revolutionären Erschütterungen Chinas, dies alles sind politische Momente, die zu einer Strukturkrise der Weltwirtschaft beitragen.

Die Versuche, den großen Wirtschaftsmonopolen durch Gesetze beizukommen, erweisen sich auf die Dauer als unzulänglich. Tatsächlich wird das Kapital der großen Schlüsselindustrien in wenigen gewaltigen Konzernen und Trusts vereinigt, und die Besitzer dieser Riesenvermögen kontrollieren den Großteil der Wirtschaft. Rockefeller, Ford, Vanderbilt, Carnegie und der Bankier John Pierpont Morgan in Amerika, Hugo Stinnes, Ivar Kreuger, Loucheur und zahlreiche andere Geldmänner in Europa werden zu ungekrönten Königen im Reiche der Wirtschaft, und von ihrem und von dem Wort ihrer Direktoren hängt das Schicksal von hunderttausenden Arbeitern, hängt der Kredit der Staaten, hängen entscheidende Vorgänge der Politik ab. Wiederholt kommt es durch das Eingreifen von großen Banken oder Wirtschaftsgruppen zu Regierungskrisen, so etwa in Frankreich oder in Norwegen. In der Frage der deutschen Reparationen entscheiden am Ende nicht mehr die politischen Mächte, sondern die großen Finanzleute. Über die Köpfe der Regierungen hinweg verhandeln schon Anfang der zwanziger Jahre Stinnes und die Männer des französischen Comité des forges über die Bildung eines großen Kohlen- und Stahlsyndikats, das die deutsche, belgische und französische Schwerindustrie zusammenfassen soll. Die Ohnmacht der Parlamente und demokratischen Regierungen gegenüber den anonymen Geldmächten, dem Finanzkapital und den großen Monopolen nährt in der Masse der Bevölkerung, vor allem bei den deklassierten Kleinbürgerschichten, die Zwangsvorstellung, daß nur ein Diktator und eine autoritäre Regierung imstande sein würden, das Volk von der Herrschaft der Finanzbourgeoisie zu befreien. Der faschistische Diktator Italiens, Benito Mussolini, prägt das Wort von den Plutokratien und den proletarischen Nationen, wobei er vor allem die angelsächsischen Demokratien als reine Geldmächte anspricht, in Deutschland und Italien die von der Verteilung der Reichtümer der Erde ausgeschlossenen proletarischen Nationen erblickt.

Die Kritiker des Kapitalismus, insbesondere die sozialistischen Theoretiker, bezeichnen in den dreißiger Jahren den organisierten Kapitalismus mit seinen großen Monopolen vielfach als Feudalkapitalismus. Sie wollen damit ausdrücken, daß die kapitalistische Wirtschaft im Zeichen der Bildung monopolistischer Organisationen und durch die Preisgabe des freien Spiels der Kräfte ihre ursprüngliche Funktion der dynamischen Weiterentwicklung der Wirtschaft verloren hat. Wie einst der Feudalismus, beruhe sie nur noch auf den Privilegien der großen Besitzer, die sich durch den Mißbrauch der Staatsgewalt ihre Einkünfte sichern lassen. Dieser Feudalkapitalismus münde notwendig in den Faschismus, ein Regierungssystem, bei dem bewaffnete Banden, eine den Staat beherrschende Partei und der Staatsapparat dem Großkapital den sicheren Bezug seiner Renten gewährleisten, wofür das Kapital jenen Mächten einen Tribut entrichtet. Umgekehrt behaupten die Wortführer des Faschismus, daß gerade durch diese Herrschaftsform die Macht des Kapitals über den Staat und die Gesellschaft gebrochen, insbesondere das Finanzkapital den Interessen von Staat und Nation dienstbar gemacht und die illegalen Einflüsse der Wirtschaft auf die Politik beseitigt wurden.

## Abkehr von der Goldwährung

**254** Die Übermacht des Finanzkapitals hängt zweifellos mit der Goldwährung und der Vereinigung des Goldschatzes der Weltwirtschaft in den Händen weniger Besitzer zusammen. Innerhalb der kapitalistisch wirtschaftenden Nationen ist es Amerika, das durch die Verschuldung der europäischen Staaten fast die gesamten Goldvorräte der Erde unter seine Kontrolle oder in seinen Besitz bringt. Im zweiten Weltkrieg setzt sich, da die Vereinigten Staaten den Kriegführenden zunächst nach der Cash and Carry-Klausel nur nach Bezahlung in Gold oder Devisen liefern, die Konzentration des Goldes in den USA fort. Bei Kriegsende sind rund 85 Prozent der Goldvorräte der Erde in den USA vereinigt. Die Anleihepolitik Amerikas nach dem Kriege verstärkt diese Tendenz nochmals. Es war selbstverständlich, daß die Staaten ohne Gold ihre Währung vom Golde zu lösen versuchten. Nicht nur die kollektivistischen und totalitären Staaten wenden sich gegen die Goldwährung, sondern auch in den Demokratien und in liberal-sozialistischen Kreisen sind Bestrebungen dieser Art entstanden. Der schärfste und geistvollste Kritiker einer auf Goldwährung beruhenden Wirtschaft ist durch viele Jahre der Engländer John Maynard Keynes. Auf Betreiben Winston Churchills geht Großbritannien trotzdem bald nach dem ersten Weltkrieg wieder zur Goldwährung über. Dagegen geben die Vereinigten Staaten sie unter der Präsidentschaft Franklin D. Roosevelts vorübergehend auf, weil ihre eigene Wirtschaft am Golde zu ersticken droht. Die Länder ohne Gold sind nämlich nicht mehr in der Lage, amerikanische Waren zu kaufen und die Zinsen für amerikanische Anleihen zu bezahlen. Die furchtbare Krise der amerikanischen Wirtschaft nach dem New Yorker Börsenkrach von 1930 kann also nur noch durch revolutionär wirkende „antikapitalistische" Maßnahmen behoben werden.

Während der Weltwirtschaftskrise der dreißiger Jahre sehen sich zahlreiche Länder gezwungen, aus Gold- und Devisenmangel zur Devisenbewirtschaftung überzugehen, also tatsächlich den Außenhandel weitgehend zu verstaatlichen, wie es das kommunistische Rußland seit langem getan hat. Man versucht soviel Güter wie möglich im eigenen Lande herzustellen, den Bedarf der Bevölkerung an Einfuhrgütern künstlich oder gewaltsam zu drosseln, möchte andererseits aber die eigene Ausfuhr steigern. Dazu dienen Dumping-Methoden (Verkauf der Waren im Ausland unter den Erzeugungskosten, wofür der Inlandsverbraucher und der Steuerzahler durch Zahlung von Überpreisen den Ausgleich schaffen müssen). Diese Autarkiebestrebungen sind in den totalitären Staaten am stärksten entwickelt, zunächst in der Sowjetunion, hierauf auch in Deutschland und in Italien. Sie beschränken sich aber keineswegs auf diese faschistischen oder kommunistischen Staatswesen, sondern gelangen weitgehend auch in den Demokratien zum Durchbruch. Lediglich die Vereinigten Staaten fordern immer wieder den freien Austausch der Güter und den Verzicht auf zweiseitige Handelsverträge, die auf dem gegenseitigen Warenaustausch beruhen. Diese Frage ist eine der Hauptursachen des deutsch-amerikanischen Gegensatzes. Das nationalsozialistische Deutschland hat die Wirtschaftspolitik der zweiseitigen Verträge soweit getrieben, daß sie sich am Ende totgelaufen hat. Man übernimmt von den europäischen Südoststaaten und später auch von Italien ungeheure Mengen von Rohstoffen und Fertigwaren, so daß bis zu neun Zehntel der Ausfuhr nach Deutschland gehen, aber man vermag mit den vereinbarten Gegenlieferungen nicht mehr nachzukommen, findet auch mit den deutschen Exportgütern (etwa Photokameras, Schreibmaschinen u. ä.) in den Aufnahmeländern nicht mehr genügend Käufer, so daß bei der Verrechnung der Austauschwerte immer höhere „Clearingspitzen" zugunsten der anderen Länder entstehen. Das trägt nicht zum geringsten mit dazu bei, daß Deutschland während des zweiten Weltkrieges diese Länder militärisch unterwirft und sich dadurch auch die Herrschaft über ihre Wirtschaft sichert.

*Etatismus*

255 Die Erscheinungen des Etatismus, also der Verstaatlichung von Wirtschaftseinrichtungen und der staatlichen Eingriffe in die private Wirtschaft, von denen im zweiten Hauptabschnitt die Rede war, nehmen nach dem ersten Weltkrieg an Umfang zu. An dem Ausbau der Wasserkräfte und der Anlage von Elektrizitätswerken, an der Erweiterung der Verkehrswege und der Vermehrung der Verkehrsmittel (Autostraßen, Luftverkehr), an der Errichtung von Nachrichtenanlagen (Rundfunk) sind der Staat und Körperschaften des öffentlichen Rechts in erheblichem Maße beteiligt. Die Entwicklung der Kriegstechnik hat, wie wir sahen, den Kreis der früher als Rüstungsindustrie bezeichneten Wirtschaftszweige längst überschritten. Die Staaten, die ihre Rüstung in den zwanziger Jahren weiter ausbauen, und jene, die in den dreißiger Jahren wieder aufrüsten, beschäftigen als Auftraggeber und zum Teil als selbständige Unter-

nehmer nicht nur die Metallindustrie und die Grundindustrien, sondern auch die Textilerzeugung und vor allem das Baugewerbe. Festungsanlagen wie die französische Maginot-Linie, der deutsche Westwall, die tschechoslowakischen Grenzbefestigungen, der Bau von Militärflugplätzen und Kriegshäfen erfordern den Einsatz von ganzen Arbeiterheeren mit militärisch-technischen Stäben („Organisation Todt" in Deutschland), die Investierung großer Kapitalien und ihre Aufbringung aus Steuermitteln und durch Anleihen. Ohne Staatsaufträge vermögen wichtige Industrien oft kaum mehr zu bestehen. Durch das Vergeben von Aufträgen sichert sich also der Staat Einfluß auf die Wirtschaftsunternehmungen, während umgekehrt diese durch Korrumpierung von Politik und Presse den Staat zu beherrschen versuchen. Vielfach wird die wirtschaftliche Machtstellung der Staatsgewalt dazu mißbraucht, mißliebige Minderheiten zu unterdrücken, so in den Nachfolgestaaten Österreich-Ungarns die Deutschen, Slowaken, Kroaten und Ukrainer, später im nationalsozialistischen Deutschland die religiöse oder rassische Minderheit der Juden.

Über die Erscheinungen des Etatismus und Staatskapitalismus, die bereits im Schoße der demokratischen Staaten entstehen, führt die Entwicklung auf weiten Strecken zu kollektivistischen Wirtschafts- und Gesellschaftsformen.

## *Die Macht der Industrie-Arbeiter*

*256* Der Krieg hat der industriellen Arbeiterschaft in allen Ländern eine bis dahin nicht erlebte wirtschaftliche Bedeutung gegeben und damit auch ihre politische Macht in ungeahnter Weise vermehrt. Die immer mehr mit liberalen Ideen durchsetzte sozialistische Lehre des Spät- und Vulgärmarxismus hatte sich vor dem ersten Weltkrieg kein Bild von der sozialen Revolution zu machen gewußt, von der sie dauernd sprach. Man glaubte, durch das allgemeine Wahlrecht auf demokratische Weise die Mehrheit in den Parlamenten erlangen und dann durch die Gesetzgebung die Wirtschaft sozialisieren zu können. Wie diese Sozialisierung sich vollziehen würde, in welchem Tempo, in welcher Reihenfolge und in welcher Rechts- und Betriebsform, das wurde der Zukunft überlassen, weil die Erörterung derartiger Fragen als utopisch, darum als unwissenschaftlich galt. Die Verbindung der sozialistischen Idee mit humanitären und pazifistischen Gedanken hatte dazu geführt, daß die sozialistische Internationale ihr Hauptziel in der Verhinderung eines großen Krieges sah, und die Überschätzung ihrer eigenen Macht hatte sie glauben lassen, daß die Arbeiter stark genug sein würden, den Krieg tatsächlich zu verhindern. Nur kleine radikale Gruppen rechneten mit der Unvermeidlichkeit des Krieges und setzten ihn in ihre revolutionären Rechnungen ein. Insbesondere haben die russischen Bolschewisten den imperialistischen Krieg nicht als ein Unglück, sondern als die günstigste Gelegenheit zur Entfesselung der proletarischen Revolution angesehen. Lenin bekennt sich als einziger sozialistischer Parteiführer offen zu dem Grundsatz, daß die revolutionäre Arbeiterklasse die Niederlage des eigenen Staates wünschen und fördern müsse, weil sie nur über die Niederlage der Regierung selbst zur Macht gelangen könne. Die übrigen sozialistischen Parteien waren während des Krieges in sämtlichen Ländern früher oder später zu Sozialpatrioten geworden, sie bewilligten die Kriegskredite, förderten die Kriegspolitik und traten in die Kabinette ein. Daneben gab es überall kleinere Gruppen von Kriegsgegnern, die ihre Ablehnung des Krieges aber fast allgemein mit humanitären und pazifistischen Motiven begründeten.

Tatsächlich zeigte sich während des ersten Weltkrieges, daß der Mitbegründer des wissenschaftlichen Sozialismus, der nicht nur politisch, sondern auch strategisch denkende Friedrich Engels, die Entwicklung richtig vorausgesehen und den Krieg als den Ausgangspunkt einer sozialen Revolution erkannt hat. Engels hatte noch in seinen letzten Lebensjahren, also Anfang der neunziger Jahre, die Auffassung vertreten, daß die Einberufung von Millionen Industriearbeitern, ihre Ausrüstung mit Waffen und die Verwandlung der stehenden Heere in Massenheere von Reservisten und Landstürmern die bestehende politische Ordnung umwälzen und den proletarischen Waffenträgern notwendig auch die politische Macht in die Hände spielen müsse. Wenn auch das Bild, das sich Engels von der Lage unmittelbar nach der Mobilmachung der Reserven machte, im einzelnen nicht stimmte, indem nämlich die zur Fahne gerufenen Proletarier die Waffen keineswegs sofort gegen ihre eigene Regierung kehrten, sondern von der nationalen und vaterländischen Begeisterung mitgerissen und durchaus verläßliche Soldaten wurden, so behielt der revolutionäre Theoretiker doch insofern recht, als das Gewicht der Arbeitermassen im Verlaufe des Krieges in allen Staaten immer stärker fühlbar wurde. Dabei lag der Schwerpunkt der revolutionären Kraft nicht einmal in den aus Arbeitern und großenteils Sozialisten ergänzten Heeren, in denen die militärische Erziehung und der Drill lange Zeit jede revolutionäre Bewegung hemmten, sondern in den Rüstungsbetrieben, den Bergwerken und bei den Arbeitern der Verkehrsmittel. Hier, wo der proletarische Klassenkämpfer sozusagen auf seinem gewohnten Manövergelände und mit den ihm vertrauten Waffen focht, wo er im Rahmen seiner Organisationen verblieb und der sozialistischen Agitation trotz Kriegszensur und einschränkenden Polizeimaßnahmen leicht zugänglich blieb, begann sich die revolutionäre Bewegung zu entfalten. Hunger, schlechte Arbeitsbedingungen, steigende Preise waren der Agitation förderlich. Es sind überall zunächst nicht politische Forderungen, die erhoben werden, sondern Forderungen nach höherem Lohn, besserer Verpflegung und Milderung der Arbeitsdisziplin. In allen Ländern werden die Rüstungsindustrien zu Mittelpunkten der sozialrevolutionären Bewegung, am stärksten in Rußland, dann, nicht zuletzt unter unmittelbarem Einfluß der russischen Revolution, in Deutschland, Österreich und Ungarn, aber auch in Frankreich und Italien, wo lediglich die 1918 über Erwarten rasch erfolgte siegreiche Beendigung des Krieges den Fortgang der sozialen Revolution aufhält. Nur in den angelsächsischen Staaten ist zunächst von revolutionären Strömungen wenig zu spüren. Erst der große Wahlsieg der britischen Labourparty

(Arbeiterpartei) im Jahre 1924 zeigt, daß sich auch in England seit dem Krieg und durch den Krieg die Arbeiterschaft sozial radikalisiert hat.

*Der Kommunismus „in einem Lande"*

257 Die Bewegung verläuft, den besonderen geschichtlichen und gesellschaftlichen Bedingungen der einzelnen Länder entsprechend, in sehr mannigfachen Formen. In Rußland führt die Verbindung der sozialistischen Revolution, die von den Arbeitermassen einiger Großstädte und Industriereviere, ja in den entscheidenden Stunden eigentlich nur von den Arbeitern Petersburgs und Moskaus getragen wird, mit einer Bauernrevolution, hinter der Millionen in jeder Hinsicht zurückgebliebener land- und friedenshungriger Bauern stehen, und mit dem radikalen Liberalismus der bürgerlichen Intelligenz zu einem unerwartet stürmischen Ablauf der einzelnen Phasen des Dramas. In wenigen Monaten werden die Stadien durchlaufen, die man aus dem Schema der bürgerlichen Revolution in Frankreich kennt, hierauf kommt mit dem Staatsstreich der Bolschewisten ein völlig neuartiges Regime ans Ruder. Es übt seine Macht nach der Sprengung der Nationalversammlung diktatorisch aus, obwohl es sich auf die Arbeiter- und Soldatenräte (später auch Bauernräte) als legale Machtgrundlage beruft. Tatsächlich bestimmen die Räte weder in der Gesetzgebung noch in der Exekutive, sondern haben ihre Funktion im Empfang und in der einstimmigen Annahme der Weisungen, die ihnen von der Staatsführung und der mit der Staatsführung identischen Parteiführung zukommen. Über die verschiedenen äußeren Verwandlungen des Räte-(Sowjet-)regimes hinweg, also über die provisorischen Verfassungszustände der leninschen Ära, die spätere stalinsche Verfassung der Sowjetunion und die Reformen, die daran während des zweiten Weltkrieges durchgeführt wurden, bleibt der einzig entscheidende und völlig diktatorisch regierende Faktor in der Sowjetunion das Exekutivkomitee der kommunistischen Partei. Über den Posten eines Generalsekretärs der Partei kommt Stalin ans Ruder, der erst während des zweiten Weltkrieges auch die Funktion eines Vorsitzenden des Rates der Volkskommissare und als Marschall den Oberbefehl über die bewaffnete Macht übernimmt.

Trotz der Schaffung einer diktatorischen Spitze des sozialistischen Staatswesens hat sich die Revolution selbst zunächst in wilden Formen und unabhängig von dem Willen und den Theorien der marxistischen Staatsführer entwickelt. Die Bauern teilen das Land, die Arbeiter besetzen die Fabriken, die Erzeugung sinkt auf ein bis zwei Prozent der Produktion von 1913, hört also faktisch auf. Diesen Kriegskommunismus versuchen die Volkskommissare durch eine Fülle bürokratischer Weisungen in geregelte, mit ihren Theorien übereinstimmende Bahnen zu lenken. Aber auch dieser „Dekretinismus" (Wortspiel aus Dekret und Kretinismus) vermag die Produktion nicht in Gang zu bringen. Erst die Neue ökonomische Politik (NEP), zu der Lenin unter rücksichtsloser Preisgabe aller sozialistischen Doktrinen im Jahre 1920 übergeht, bringt die russische Wirtschaft wieder in Gang. Es werden Lizenzen an ausländische Kapitalisten vergeben, die auf diese Weise dazu verlockt werden, große Kapitalien in Rußland anzulegen. Amerikanisches, britisches, französisches und auch deutsches Kapital strömt in den sozialistischen Staat. In den Betrieben werden staatliche Leiter („rote Direktoren") eingesetzt, das System der Bezahlung nach Leistung mit Akkordlöhnen wird wieder eingeführt, eine scharfe Arbeitsdisziplin erzwungen. Die Gewerkschaften werden verstaatlicht und dienen nicht mehr dem — theoretisch als überholt erklärten, praktisch durch den Aufbau eines Polizeiapparats überwundenen — Klassenkampf, sondern der Erziehung und Lenkung der Arbeiter im Sinne der Diktatur. Wenige Jahre später gibt der neue Diktator Stalin der Entwicklung des Kollektivismus in Rußland die Richtung auf den „Sozialismus in e i n e m Lande", obwohl dies mit der überlieferten marxistischen Lehre in schreiendem Widerspruch steht. Die Opposition gegen den neuen Kurs, deren bedeutendste Gruppe von dem ehemaligen Menschewisten, späteren Kampfgefährten Lenins und Organisator der roten Armee, Trotzki, geführt wird, wirft Stalin mit Gewalt nieder. Trotzki geht 1929 als Verbannter außer Landes und wird während des zweiten Weltkrieges von einem stalinistischen Agenten in seinem mexikanischen Asyl ermordet (1940). Die Trotzkisten und alle anderen oppositionellen Führer und Funktionäre, die man schließlich unter dem Sammelbegriff des Trotzkismus zusammenfaßt, darunter alte Bolschewiken und Kampfgefährten Lenins wie Sinowjew (Apfelbaum), Bucharin und Radek, werden in der zweiten Hälfte der dreißiger Jahre vor Gericht gestellt und zum Teil hingerichtet, zum kleineren Teil mit hohen Gefängnisstrafen belegt und in die Konzentrationslager abgeschoben. Der Aufbau des Sozialismus erfolgt seit der Übernahme der Macht durch Stalin nach planwirtschaftlichen, von der Regierung bestimmten Richtlinien. Für fünf Jahre wird jeweils ein Wirtschaftsplan ausgegeben (Pjatiletka), der den einzelnen Produktionszweigen ein Mindestsoll vorschreibt, das aber, wollen die verantwortlichen Leiter nicht in Ungnade fallen, überschritten werden muß. Innerhalb des Fünfjahresplanes sind die Produktionsziffern für die einzelnen Jahre ebenfalls festgelegt. Das Gewicht liegt einseitig auf dem Ausbau der Schwerindustrie. Die Erzeugung von Verbrauchsgütern wird weit zurückgestellt. Rußland entwickelt auf diese Weise innerhalb von zwei Jahrzehnten eine gewaltige Industrie, deren Kraft die Deutschen während des zweiten Weltkrieges zu ihrer großen Enttäuschung zu spüren bekommen. Immerhin hat die Schaffung neuer Industrien, die Elektrifizierung, die Anlage von Staudämmen, Kanälen, Erschließung neuer Montangebiete, die Gründung riesiger Industriereviere und Städte, die auf keiner Landkarte noch verzeichnet waren, die Zusammenfassung von Großbetrieben in gewaltigen Kombinaten, die im Aufbau den vertikalen Trusts nachgebildet sind, sie aber an Leistungfähigkeit vielfach übertreffen, nicht vermocht, dem Riesenreich jenes Industriepontential zu sichern, das zur militärischen Selbstbehauptung gegenüber dem deutschen Angriff genügt hätte. Nur durch die von Amerika an die Sowjetunion gelieferten Waffen, Lebensmittel und Ausrüstungsgegenstände hat Rußland den Krieg gewinnen können. Die fieberhaft vorwärtsgetriebene Entwicklung der Schwerindustrie wird durch einen bis zur Jahrhundertmitte nicht überwundenen Mangel an Verbrauchsgütern, vor allem an industriellen Fertigwaren für den Massenbedarf der Bevölkerung bezahlt. In den ersten Jahren der Planwirtschaft herrscht auch empfindlicher Mangel an den nötigsten Lebensmitteln. Das dritte Jahrzehnt des Jahrhunderts bringt dem sozialistischen Rußland viele Jahre schwerster Hungersnot, an deren Folgen Millionen Menschen zugrundegehen. Der Mangel an Lebensmitteln wird wohl behoben, doch liegt die Ernährung der russischen Bevölkerung auch weiter qualitativ weit unter dem Lebensstandard der europäischen Völker und vollends Amerikas.

### Die Bauern unter der proletarischen Diktatur

*258* Vor besonders ernste Fragen sieht sich die kommunistische Diktatur in Rußland auf dem Gebiet der Landwirtschaft gestellt. Sie hat 1917 nur siegen können, weil sie den Bauern Land versprach. Die Bauern nehmen sich das Land, und die Kommunisten müssen diese ihren Theorien widersprechende Aufteilung des Großgrundbesitzes — an Stelle der erwünschten Sozialisierung — zunächst legalisieren. Der österreichische Linkssozialist Otto Bauer, ein führender Theoretiker des europäischen Sozialismus nach dem Krieg, rühmt in den zwanziger Jahren als die unvergängliche weltgeschichtliche Leistung der russischen Revolution, daß sie in dem Riesenlande 22 Millionen freier bäuerlicher Besitzer geschaffen habe. Wäre es dabei geblieben, so hätten die Bolschewisten ungefähr das gleiche erreicht, was der große russische Staatsmann Stolypin mit seinen Reformplänen bezweckte: die Schaffung einer bürgerlichen modernen Gesellschaft in Rußland auf der Grundlage eines breiten bäuerlichen Besitzes. Politisch hätte Rußland dann zu einer gemäßigten Demokratie übergehen müssen, in der die bäuerlichen Parteien wahrscheinlich die Führung gehabt hätten. Um dies zu verhindern, beginnt die kommunistische Diktatur sehr bald mit der Enteignung der Bauern. Im Rahmen der Planwirtschaft werden Zwangsgenossenschaften und Staatsgüter (Kolchosen und Sowchosen) geschaffen und nach und nach alle Bauern gezwungen, mit ihrem Besitz in diese kollektiven Organisationen einzutreten. Die Bauern werden so zu Hintersassen des bürokratisch verwalteten Großgrundbesitzes; es verbleibt ihnen zwar ein Rest von Privateigentum an den Bedarfsgütern und ein Nutzungsrecht an Haus und Garten; Land und Vieh aber gehören dem Kollektiv, der Umfang und die Art der Erzeugung werden vorgeschrieben, der Arbeitsertrag gehört dem Staate. Bauern, die sich nicht in die Kollektive einordnen, gelten als Kulaken (was ursprünglich Großbauern bedeutete), als Dorfaristokratie, und werden wirtschaftlich gedrückt, polizeilich als Staatsfeinde überwacht und — wenn dies nicht verfängt — meist gewaltsam enteignet. Die staatliche Planwirtschaft ermöglicht es, den Kollektivbauern die technischen und wissenschaftlichen Errungenschaften zugänglich zu machen. Sie arbeiten mit modernen Maschinen; die Pflege des Saatgutes, die Viehzucht, die Schädlingsbekämpfung werden von den biologischen Instituten des Staates gelenkt und überwacht. Die Produktionsleistung der russischen Landwirtschaft ist so zwar weit über das Maß der Produktion von 1914 gestiegen, bleibt aber im Verhältnis hinter der Leistung des freien bäuerlichen Besitzes in den nichtkommunistischen Ländern zurück.

Die Erhaltung der kommunistischen Diktatur erfordert einen Polizeiapparat, der an Umfang und an Macht alles weit hinter sich läßt, was die Geschichte bisher auf diesem Gebiete hervorgebracht hat. Zu dieser kostspieligen Einrichtung kommt der Aufwand für die Wirtschaftsbürokratie, deren man für die Planung, Lenkung, Überwachung der Produktion, für die Verteilung der Güter und für den staatlichen Handel nicht entraten kann. Sie wächst an Zahl mit jedem Planjahr, gewinnt dauernd an Macht und verschlingt einen immer größeren Anteil an dem Sozialprodukt. Neben der Partei, der Polizei und der Armee wird sie der stärkste Faktor im sozialistischen Staat. Obwohl man dauernd nach Saboteuren fahndet und das Volk auch zur Kritik an der Bürokratie ermuntert, die allgemeine Unzufriedenheit mit Vorliebe auf die Bürokratie ablenkt, ist sie im kollektivistischen Staat unentbehrlich und ein wucherndes Geschwür, das das Gefüge der Gesellschaft und des Staates durchwächst und zersetzt.

## *Der liberale Sozialismus*

259 Für die europäischen Sozialisten lag es 1918 nahe, das russische Beispiel nachzuahmen, obwohl seine wirtschaftlichen Erfolge gleich Null waren. Aber auch nach den Theorien des liberalen Sozialismus kam es ja zunächst nur darauf an, die Staatsmacht zu gewinnen und die Produktionsmittel in den Besitz der Arbeiter zu überführen. Dies schien in Rußland gelungen zu sein. Es zeigt sich aber sehr bald, daß die demokratischen und liberalen Bestrebungen in der europäischen Sozialdemokratie die sozialistischen überwogen. In Deutschland, Österreich, Polen, der Tschechoslowakei begnügten sich die mit dem Umsturz vom November 1918 an die Macht gelangten Sozialisten, ob sie diese Macht nun vorübergehend allein übten (wie in Deutschland vom November 1918 bis zum Januar 1919) oder ob sie sich in Koalitionsregierungen mit bürgerlichen Parteien in die Macht teilten, mit der Einrichtung demokratischer Republiken und der Durchsetzung ihrer politischen und auf kulturellem Gebiet ihrer freisinnigen Forderungen. Auf sozialem Gebiet ging es sehr langsam vorwärts. Solange die Sozialisten politisch stark waren, konnten sie sich untereinander theoretisch nicht über die Forderungen nach Vollsozialisierung oder Teilsozialisierung, Verstaatlichung oder Vergesellschaftung in anderer Form einigen. Inzwischen verloren sie überall an Macht, und die schüchternen Sozialisierungsversuche der ersten Nachkriegszeit wurden um 1921 überall eingestellt. In Ungarn und in Bayern war es zur Errichtung von Rätediktaturen nach russischem Muster gekommen, die aber nach kurzer terroristischer Herrschaft und einigen Sozialisierungsexperimenten kläglich zusammenbrachen. In beiden Ländern war die Bevölkerung auf lange hinaus jeder Art kommunistischen oder sozialistischen Experi-

ments entschieden abgeneigt. In Italien besetzen die Arbeiter nach dem Kriege und nach einer Welle von Streiks in vielen Provinzen die Fabriken, doch bricht ihre Aktion zusammen und fördert lediglich das Emporkommen des Faschismus. Die Unternehmer und Großgrundbesitzer, die der ebenfalls sozialrevolutionären und nationalistischen faschistischen Bewegung zunächst feindlich gegenüberstanden, glauben nach der Fabriksbesetzung im Faschismus die einzige Rettung vor dem Kommunismus zu erblicken. In Westeuropa ist der Sozialismus nach dem Kriege nicht stark genug, um Sozialisierungsversuche unternehmen zu können. Vor allem in Frankreich kommt er in den dreißiger Jahren wieder zu einer gewissen Bedeutung. In Großbritannien siegt die Labourparty 1924, und es wird eine Arbeiterregierung als Minderheitskabinett gebildet. Sie hält sich mit Hilfe der Liberalen einige Monate am Ruder, wird dann gestürzt und erleidet in den Wahlen eine empfindliche Niederlage. Ein Versuch der britischen Gewerkschaften, durch einen Generalstreik gewisse Forderungen durchzusetzen, mißlingt und schwächt die Arbeiterbewegung Großbritanniens aufs neue. 1929 erringt die Labourparty wieder einen Wahlsieg, wagt es aber nicht, soziale Reformen durchzuführen, sondern begnügt sich damit, auf außenpolitischem Gebiete die gefährlichen Gegensätze zwischen England und den Vereinigten Staaten zu bereinigen und dem Völkerbund eine größere Autorität zu sichern. Über wirtschaftliche Maßnahmen kommt es zu einer Spaltung der Partei, wobei sich die angesehensten Führer, John Ramsay Macdonald und Philip Snowden, von der Partei trennen und eine Koalition mit den Konservativen eingehen, um an der Spitze einer nationalen Regierung den wirtschaftlichen Schwierigkeiten der großen Krise zu begegnen. Die Neuwahlen bringen den Konservativen eine starke Mehrheit und lassen die kleine Gruppe nationaler Sozialisten wieder verschwinden.

### *Erfolge des „Reformismus"*

**260** So kläglich der europäische Sozialismus nach 1918 mit seinen schüchternen Versuchen einer sozialen Revolution scheitert, so erfolgreich ist er auf dem Gebiete der sozialen und wirtschaftlichen Reform. Das System der Sozialversicherung wird fast überall, wo Sozialisten zeitweise in der Regierung sitzen, bedeutend erweitert. Es erstreckt sich auf fast alle Schichten der Lohnarbeiter und Gehaltsempfänger, auf Kranken-, Unfalls-, Erwerbslosen- und Altersversicherung, es steigert die Leistungen, kann allerdings nirgends darauf verzichten, den Versicherten selbst zu erheblichen Beiträgen heranzuziehen. Durch die Sozialversicherung verfügt die öffentliche Hand über gewaltige Kapitalien, die wieder der Schaffung billigen Kredits und der Finanzierung öffentlicher Arbeiten zugeführt werden. Der Achtstundentag, später vielfach die Vierzigstundenwoche, werden in den meisten Ländern gesetzlich verankert. Die Arbeiterschutzbestimmungen werden erweitert, vor allem für Frauen und jugendliche Arbeiter zahlreiche hygienische Schutzbestimmungen erlassen, den jugendlichen Arbeitern größerer Urlaub erwirkt, die gewerbliche Fortbildung während der Arbeitszeit ermöglicht. Durch Schaffung von Betriebsräten wird den Arbeitern eine legitime Vertretung ihrer Interessen im Betrieb, durch Arbeitsgerichte die Durchsetzung ihrer Ansprüche im Prozeßverfahren gesichert. In immer größerem Umfang werden gesetzlich geschützte Tariflöhne auf Grund von Tarifverträgen für ganze Branchen oder für bestimmte regionale Gebiete abgeschlossen. Streiks und Aussperrungen werden immer häufiger durch Schiedsspruch unter Beteiligung des Staates geschlichtet, das Schiedsverfahren vielfach verpflichtend gemacht. Die Gewerkschaften mit ihren Millionen von Mitgliedern stellen nicht nur im politischen Leben und im sozialen Kampf der Arbeiter mächtige Faktoren dar, sondern sind auch als Kapitalbesitzer von Bedeutung. Arbeiter- und Gewerkschaftsbanken werden gegründet, die das Millionenvermögen der Arbeiterorganisationen verwalten und verwerten. Die Gewerkschaften unterhalten zahlreiche soziale und kulturelle Anstalten, wie Erholungsheime, Sanatorien, Gewerkschaftsschulen. Ebenso mächtig entfaltet sich die Genossenschaftsbewegung, deren nationale Zweige in einer eigenen Genossenschaftsinternationale zusammengeschlossen sind wie die Gewerkschaften in einer Gewerkschaftsinternationale. Längst begnügen sich die Genossenschaften nicht mit der Errichtung von Konsumvereinen, sondern erwerben und errichten Fabriken, Lagerhäuser und Großeinkaufsgesellschaften. Freilich werden alle diese Institute der Arbeiterbewegung vielfach selbst nach kapitalistischen Gesichtspunkten geführt und bewirtschaftet. Die Arbeiterorganisationen beschäftigen ein Heer von Angestellten und Arbeitern, denen gegenüber sie, nicht anders als der Privatunternehmer, als Arbeitgeber auftreten, die sie nach den allgemeinen Tarifen bezahlen und die ihrerseits in dem sozialistischen Arbeitgeber einen Unternehmer erblicken. Die Bürokratisierung der Arbeiterbewegung, die ihr viel von dem Schwung nimmt, der sie einst emporgetragen hat, ist eine der bedenklichsten inneren Schwierigkeiten, unter denen sie leidet, und gibt einen Vorgeschmack der Zustände, die sich bei fortschreitender Verstaatlichung und Sozialisierung der Wirtschaft ergeben müssen.

Der italienische Faschismus und der deutsche Nationalsozialismus danken ihren Aufstieg zum Teil dem Kampf gegen die sozialistische Arbeiterbewegung und gegen den Kommunismus. Beide aber sind in ihren Grundsätzen bereits selbst weitgehend kollektivistisch. An die Macht gelangt, ersetzen sie die freie Wirtschaft durch eine staatlich gelenkte Zwangswirtschaft. Der Faschismus schafft als Grundlage des sozialen Lebens die Syndikate und Korporationen, in denen jeder Klassenkampf aufhört und Arbeiter und Unternehmer unter staatlicher Führung verbunden sind. Der Nationalsozialismus geht viel weiter als der Faschismus; dessen Sozialordnung wird zwar in der Deutschen Arbeitsfront nachgeahmt, auch die Einrichtung des Dopo lavoro in der Organisation „Kraft durch Freude" übernommen; in der Beherrschung der Wirtschaft durch den Staat, der Übernahme wirtschaftlicher Aufgaben durch Staat, Partei und Parteiformationen aber geht die nationalsozialistische Diktatur, vielfach dem russischen Vorbild folgend, zu einem stärkeren Kollektivsystem über. Die Enteignung politischer Gegner, z. B. der Gewerkschaften, und die Beraubung verfolgter Minderheiten, wie der Juden, die Ausplünderung eroberter Staaten und unterworfener Völker während des zweiten Weltkrieges ermöglichen dem Nationalsozialismus den Aufbau einer staatssozialistischen Wirtschaft.

## Das Ende der Prosperity

261 Wir haben gesehen, daß die Vereinigten Staaten durch ihre Kriegslieferungen und die Finanzierung der Kriegsführung Großbritaniens und Frankreichs ihre Wirtschaft ausgeweitet und ihren Reichtum vermehrt haben, obwohl die Alliierten ihre Kriegsschulden nicht bezahlten. Elf Milliarden Dollar betrugen diese Außenstände. Dazu kamen weitere fünfzehn Milliarden, die nach dem Kriege europäischen Staaten, Gemeinden und Privatfirmen vorgeschossen wurden. Der Umsatz auf dem Inlandsmarkt war dank der hohen Löhne der Arbeiter so sehr gewachsen, daß von einer Krise auch nach dem Abflauen der Rüstungskonjunktur zunächst nichts zu merken war. Je mehr Anleihen man dem Ausland bewilligte, desto mehr konnte man an Waren exportieren. Ein Jahrzehnt lang befand sich Amerika, unter den republikanischen Präsidenten Harding, Coolidge und Herbert Hoover, in einem Taumel der Prosperity, der wirtschaftlichen Konjunktur. Die Aktienspekulation breitet sich aus; nicht nur die Großbanken und kleine Unternehmer, auch der Kleinbürger spekuliert. Um die blühende amerikanische Wirtschaft gegen die Konkurrenz der europäischen Industrie zu schützen, beschließt man 1930 einen Zolltarif, der nicht nur für Amerika verhängnisvolle Folgen hat, sondern auch wesentlich dazu beiträgt, den internationalen Handel zu stören, da er die schutzzöllnerischen Bestrebungen der anderen Staaten unterstützt. Die Prosperity war 1929 plötzlich durch eine ungeheure Bankkatastrophe unterbrochen worden. Ihr waren schwere Krisen und Zusammenbrüche im Bankensystem Mitteleuropas vorangegangen. Vor allem die Wiener Großbanken hatten eine Reihe von Katastrophen erlebt, die zum Teil darauf zurückzuführen waren, daß dem kleinen Rest-Österreich und der Millionenstadt Wien nach der Zerschlagung der Großmacht Österreich-Ungarn das wirtschaftliche Hinterland fehlte. Während in Prag, Budapest, Belgrad und Warschau neue Banken und Konzerne entstanden, schrumpfte der Umfang der einst mächtigen Wiener Finanzwirtschaft auf einen Kleinstaat ohne Kohlen und andere wichtige Rohstoffe ein. Eine zweite Ursache des österreichischen Zusammenbruchs war die Bildung riesiger Spekulationsvermögen, die in der Zeit der Inflation und der mit gewagten Schiebungen und Schmuggelgeschäften verbundenen Abrüstung Österreichs und der Abwicklung der altösterreichischen Vermögenswerte entstanden waren. Aus kleinen Geschäftsleuten waren über Nacht Finanzmagnaten geworden, die Wirtschaft, Staat und Gesellschaft beherrschten, sich auf Kosten der zu Hunderttausenden verarmten Kleinbürger maßlos bereicherten und für Tausende von Spekulanten Vorbild und Anreiz wurden. Die bekanntesten und gefährlichsten unter ihnen waren Siegmund Bosel und Camillo Castiglioni. Dem Zusammenbruch der großen Wiener Banken folgten ähnliche Katastrophen in Deutschland, vor allem die schwere Krise des Danat-Konzernes (Deutsche

Bank — National-Bank). Die Bankkrise griff nach Westeuropa über, wo bereits die französische Frankenspekulation, an der die Wiener Großschieber führend beteiligt waren, das wirtschaftliche Gleichgewicht erschüttert hatte. England muß den Goldstandard wieder aufgeben. Überall müssen die Regierungen helfend eingreifen und aus den Staatskassen, d. h. aus Steuergeldern, einen Teil der Verluste decken, die durch die gewissenlose Finanzpolitik der Großbanken entstanden sind. Die europäischen Staaten stellen zum großen Teil nunmehr auch den Zinsendienst an Amerika ein, und auch die Privatschuldner der USA zahlen weder die Anleihe zurück, noch entrichten sie Zinsen. Zunächst wird der Börsenkrach vom Herbst 1929 für eine Folge der zu gewagten Aktienspekulation gehalten und in seinen Auswirkungen unterschätzt. Präsident Hoover versucht 1932 der sich ausbreitenden Krise durch die Reconstruction Finance Corporation (RFC) zu begegnen. Die RFC stützt durch Anleihen die Großkonzerne, Großbanken und die in Amerika noch immer eine Hauptposition des Kapitalismus darstellenden Eisenbahnen. Man hofft, daß dieser Kapitalsegen befruchtend nach unten weiterwirken werde. Tatsächlich verschlingen aber die großen Bankrotteure Millionen, während sich unter den kleinen Geschäftsleuten und den Farmern die Krise weiterausbreitet, die Arbeitslosigkeit steigt und viele Millionen von Industriearbeitern und von der Scholle flüchtender Farmer (im Jahre 1932 14,7 Millionen) ohne öffentliche Unterstützungen auf die private Wohltätigkeit angewiesen sind. Im Zeichen dieser Not finden die Präsidentschaftswahlen statt, die der demokratischen Partei einen großen Sieg bringen. Nach drei republikanischen Präsidenten zieht 1933 mit Franklin Delano Roosevelt wieder ein Demokrat in das Weiße Haus ein. Als er das Staatsruder ergreift, sind in 47 von 48 Staaten der Union die Banken ganz geschlossen oder nur in sehr beschränktem Umfange in Tätigkeit. Die RFC hat versagt. Amerika ist sich bewußt, daß der neue Präsident nur mit revolutionären Mitteln das soziale Gleichgewicht wiederherstellen kann, und daß diese Mittel in der Richtung des wirtschaftlichen und sozialen Kollektivismus liegen werden, den Amerika bis dahin verworfen hat.

*Roosevelt und der New Deal*

262 Die zahlreichen Gesetze und Verordnungen, mit denen Roosevelt der Krise Herr zu werden versucht, faßt man gewöhnlich unter dem Namen New Deal zusammen. Der Präsident will, da die Trümpfe bisher in den Händen der Großkapitalisten waren, die Karten neu mischen und „a new deal", ein neues Spiel, austeilen. Roosevelt knüpft zunächst an das Bankengesetz seines letzten demokratischen Vorgängers, Wilson, an und vermehrt durch ein neues Gesetz die Verfügungsgewalt des von Wilson gegründeten Federal Reserve Board. Die kleinen Spargelder werden garantiert, Anleihungen und Investierungen einer strengen Kontrolle unterworfen. Eine sehr weitgehend planwirtschaftliche Maßnahme stellt die National Industrial Recovery Act (NIRA) dar, durch welche eine einheitliche Organisation der Großindustrie, Ausschaltung der Konkurrenz und staatliche Lenkung von Preisen und Löhnen ermöglicht werden. Herstellung

und Verbrauch in der Landwirtschaft werden durch die Agricultural Adjustment Act (AAA) geregelt, zugleich werden die Farmer gegen die Pfändung ihrer Besitzungen durch die Hypothekeninhaber geschützt. Es ist eine für Amerika wahrhaft revolutionäre Maßnahme, daß den Landwirten nicht nur die Erzeugungsquoten, sondern sogar die Art der Bebauung vorgeschrieben wird. Der Präsident geht aber weiter. Die großen Monokulturen, das Abholzen der Wälder, die rücksichtslose Ausbeutung des Bodens haben in den Vereinigten Staaten zur Austrocknung und Versteppung weiter Gebiete geführt, wodurch zehntausende Farmer gezwungen wurden, ihre Scholle zu verlassen. Sandstürme und andere Naturkatastrophen waren die Folgen dieser Bodenverschlechterung. Durch die Soil Conservation Act soll dieser Zerstörung des Nationalvermögens Einhalt geboten werden. Für die arbeitslosen Industriearbeiter und die völlig erschöpften kommunalen und privaten Wohltätigkeitsfonds wird eine sofort wirksame Hilfe durch die Federal Emergency Relief Administration eingeleitet. Zur Arbeitsbeschaffung wird die Works Progress Administration geschaffen. Die Durchführung ausgedehnter öffentlicher Arbeiten (Kraftwerke, Straßen, öffentliche Gebäude) wird durch die Public Works Administration garantiert. Einen noch schärferen Einschnitt in das soziale Gefüge und die bisher in Amerika herrschenden Vorstellungen von persönlicher Freiheit stellt die Schaffung des Civilian Conservation Corps (CCC), einer Art Arbeitsdienst dar, wie ihn der Nationalsozialismus in Deutschland geschaffen hat. Roosevelt legt die Grundlage zu einer Alters- und Arbeitslosenversicherung. Er versucht, den Arbeitern Mindestlöhne zu garantieren und schützt ihr Koalitionsrecht, wobei er sich um die Schlichtung von Arbeitskonflikten bemüht. Gegen diese Planwirtschaft setzt sich zunächst der oberste Gerichtshof zur Wehr, der zahlreiche Maßnahmen des Präsidenten und viele der neuen Gesetze als verfassungswidrig erklärt. Roosevelt nimmt den Kampf auf und schafft sich durch Ernennung ihm nahestehender Männer einen gefügigen Gerichtshof. Vor allem der Bundesrichter Frankfurter wird sein enger Mitarbeiter. Zur Durchführung seiner umfassenden Pläne bildet der Präsident einen Kreis von Mitarbeitern um sich, den sogenannten Brain Trust (Hirntrust), der sich aus Wissenschaftlern, Wirtschaftsexperten, Technikern, Propagandisten und begabten Selfmademen zusammensetzt. Die Gegner Roosevelts bezeichnen den Brain Trust als eine illegale Nebenregierung. Die Gewerkschaften beginnen unter Roosevelt und dank seiner Politik in Amerika eine Rolle zu spielen, die sie aus einer geduldeten Standesorganisation zu mächtigen Mitgestaltern des öffentlichen Lebens macht. Neben der sehr gemäßigten American Federation of Labour (AFL) kommt der radikale Congress of Industrial Organisations (CIO) zu immer noch steigender Bedeutung. Die Organisationen des New Deal erfordern, wie jeder planwirtschaftliche Apparat, eine große Bürokratie, die sich, einmal geschaffen, dauernd weiter vermehrt, indem sie immer neue Arbeitsbereiche für immer neue Angestellte erzeugt. Die Milderung oder Beseitigung der Arbeitslosigkeit in sämtlichen kollektivistisch aufgebauten Staatswesen ist zum guten Teil darauf zurückzuführen, daß die planwirtschaftliche Organisation ein Heer von Angestellten beschäftigt. Da diese aber aus Steuergeldern oder durch die Erhebung von Überpreisen bezahlt werden, ist die Planwirtschaft nur durch eine Senkung des Lebensstandards anderer sozialer Schichten oder des ganzen Volkes aufrechtzuerhalten. Politisch gesehen wird durch die planwirtschaftliche Organisation mit ihrem ungeheuren Beamtenapparat und dessen Anhang ein Wählerkader geschaffen, der für die Erhaltung der Macht entscheidend werden kann. Je mehr Menschen von dem kollektiven System unmittelbar leben und an seiner Erhaltung interessiert sind, desto sicherer kann sich die Partei fühlen, die den kollektivistischen Umbau der Gesellschaft durchführt.

Selbstverständlich steigt durch die Planwirtschaft die Staatsschuld gewaltig an. Unter Roosevelt hat sie sich in den USA in zwei Wahlperioden mehr als verdoppelt (von 19 auf 44 Milliarden Dollar). Trotz allem ist es Roosevelt nicht gelungen, mit dem New Deal die Arbeitslosigkeit ganz zu beseitigen und die Krisenerscheinungen völlig zu beheben. Seine Wirtschaftspolitik erlitt schwere Rückschläge und konnte in vielen Bereichen als gescheitert betrachtet werden, als der Ausbruch des europäischen Krieges, den der Präsident allerdings sehr früh vorausgesehen hat, 1939 eine Lage schafft, in der auch für die Vereinigten Staaten und ihre Wähler der Primat der Außenpolitik sich geltend macht. Außerdem kommt, ähnlich wie vorher in Italien und Deutschland, zu den planwirtschaftlichen Maßnahmen eine ausgesprochene Rüstungskonjunktur hinzu, wodurch die Arbeitslosigkeit verschwindet, die Löhne steigen und der innere Markt sich erweitert. So ist dem amerikanischen Kollektivismus die Probe aufs Exempel zunächst erspart geblieben. Indem Deutschland den Ausweg aus wirtschaftlichen Schwierigkeiten, die der Nationalsozialismus nur scheinbar behoben hatte, durch den Eroberungskrieg sucht, öffnet es auch für andere kollektivistisch wirtschaftende Staaten den Ausweg aus der Sackgasse. In den dreißiger Jahren aber war die Welle des Kollektivismus hoch angestiegen, und es hatte so ausgesehen, als sollte die gesamte Welt sich rasend schnell in einige große, von einander beinahe unabhängige, selbstgenügsam wirtschaftende und kollektivistisch organisierte Nationalwirtschaften auflösen. Die Sowjetunion, Deutschland, Italien, die USA und bis zu einem gewissen Grade auch bereits Japan gehen diesen Weg. Die Abschließung der Mächte voneinander, der Aufbau sozialistischer Wirtschaftssysteme und die kollektive Umformung der Gesellschaft vermehren aber die internationalen Spannungen und treiben zu kriegerischer Lösung, weil das Ideal des Kollektivismus notwendig die eine und einheitliche, nach seinem Muster organisierte Welt ist.

## *Die Umschichtung der Gesellschaft*

263 Der erste Weltkrieg und seine Folgen haben die alte europäische Gesellschaft zerschlagen. Die Zertrümmerung bestimmter sozialer Schichten und die Verwandlung des Gesamtbildes der Gesellschaft vollzieht sich nicht überall gleichartig, aber sie erstreckt sich doch auf das ganze Gebiet des alten Europa vom

Ural bis an den Atlantik. In Rußland hat die Revolution zunächst die Aristokratie, dann das Großbürgertum, endlich aber auch die intellektuelle und kleinbürgerliche Mittelschicht und in ihrem weiteren Verlauf auch die Bauernklasse beseitigt. An ihre Stelle tritt die kommunistische Gesellschaft, die keineswegs, wie man es erträumte, aus sozial und rechtlich gleichgestellten freien Arbeitern besteht, sondern ihrerseits in scharf gegeneinander abgegrenzte Stände zerfällt. Die privilegierte Führungsschicht besteht aus der hohen Parteibürokratie, in die nur die verläßlichsten Mitarbeiter des Diktators Eingang finden. Es folgen dann privilegierte Stände, wie die Apparatschiki (die Angestellten und Mitarbeiter des Parteiapparats), die staatliche Bürokratie, das Offizierskorps. Neben ihnen entwickelt sich wiederholt der Ansatz zu einer neuen Bourgeoisie aus Händlern, Bauern und Fachkräften der Industrie, doch werden diese Keime eines neuen Bürgertums nach kurzer Zeit jeweils wieder erstickt. Unter den Industriearbeitern bilden die Akkordarbeiter (Stachanowci, nach dem Erfinder eines Akkord- und Wettbewerb-Systems namens Stachanow genannt), eine bevorzugte Schicht. Dann erst kommt die Masse der Arbeiter, unter denen die Parteimitglieder nochmals eine Oberschicht bilden. Die bäuerliche Gesellschaft hat sich in eine Klasse von hörigen Landarbeitern verwandelt, unter denen, ebenso wie unter den Industriearbeitern, die Stachanowzen und die Parteimitglieder eine gehobene Stellung einnehmen. Insgesamt aber ist die Lebenshaltung des Landarbeiters schlechter als die des Industrieproletariers. Die Intellektuellen bilden keine selbständige Gruppe der Gesellschaft mehr, sondern fügen sich den übrigen Ständen ein, je nachdem, ob die Parteileute, Theoretiker des Marxismus und der dialektisch-materialistischen Philosophie zu den führenden, oder ob sie als besonders begehrte und nützliche Fachkräfte zu den gehobenen Schichten, oder als bloße Kopfarbeiter und politisch verdächtige oder mißliebige Intellektuelle zu den unteren Arbeiterschichten gehören. Die ständische Gliederung der kommunistischen Gesellschaft kommt sehr deutlich darin zum Ausdruck, daß die Verteilung der Konsumgüter, sei es durch besondere, nur bestimmten Schichten zugängliche Kaufhäuser, sei es durch Bezugscheine, nicht gleichmäßig erfolgt, sondern nach der Privilegienordnung des kommunistischen Staates.

Die Wandlungen, die sich in Mitteleuropa, vor allem in Deutschland und Österreich, vollzogen haben, waren weniger tief einschneidend als die in Rußland. Aber auch hier umfassen sie das ganze System der Gesellschaft. Die grundbesitzende Aristokratie wird in einer Reihe von Staaten durch gesetzliche Bodenreform weitgehend enteignet und entmachtet, ihre politischen Privilegien beseitigt, ihre gesellschaftliche Stellung durch den Übergang zu einem rein bürgerlichen Lebensstil fast völlig untergraben. Nur durch staatliche Stützung, etwa in der Zeit der deutschen Republik durch die sogenannte Osthilfe, kann sich eine Schicht wie das preußische Junkertum noch behaupten. Im übrigen begegnet man dem Aristokraten von Geburt immer öfter als Unternehmer, Geschäftsmann, Politiker oder auch geistigem Arbeiter, häufig freilich auch in den Reihen der Deklassierten und politischen Abenteurer. Zu den wirtschaftlichen Schwierigkeiten der Großgrundbesitzerkaste kommt besonders in Deutschland auch ihre biologische Schwäche. Der preußische Landadel hat, wie in allen Kriegen Preußens, so auch im Weltkrieg einen sehr hohen Blutzoll entrichtet. Seine kräftigsten Vertreter, sein jugendlicher Nachwuchs, ist auf den Schlachtfeldern Frankreichs geblieben. Er hat nach dem Kriege nicht mehr die Kraft, aus eigenem eine politische und soziale Reaktion gegen die Demokratisierung Deutschlands durchzuführen. Er stellt sich daher zum großen Teil den halbmilitärischen und bewaffneten Parteiorganisationen zur Verfügung, von deren Aufstieg er sich seine eigene Rückkehr zur Macht verspricht. Ähnlich verhält es sich mit der durch den Krieg noch zahlenmäßig vermehrten Offizierskaste. Trotz der gewaltigen Blutverluste des aktiven Offizierskorps gibt es durch den Zustrom von Freiwilligen und Reserveoffizieren bei Kriegsende in Mitteleuropa ein Heer von Männern, die nur das Soldatenhandwerk erlernt haben und ihm ihr Leben widmen wollten. Nur zum geringsten Teil finden sie in den vertraglich abgerüsteten Heeren Deutschlands und Österreichs oder in den Armeen der Nachfolgestaaten neue Offiziersstellen. Die große Mehrheit von ihnen muß einen andern Broterwerb suchen. Die Aufstellung von Freikorps im Baltikum und in Oberschlesien, von Parteiarmeen und im nationalsozialistischen Staat von uniformierten Parteigliederungen oder halbmilitärischen Organisationen ist für diese ehemaligen Offiziere eine willkommene Gelegenheit, zu ihrem alten Beruf zurückzukehren.

## Deklassierung des Bürgertums

264   Das patrizische Bürgertum mit seinen traditionsgebundenen Lebensformen ist durch die Inflation zu einem sehr großen Teil völlig verarmt. Die Rentner und Empfänger staatlicher Ruhegelder müssen während der Notzeiten der Inflation ihren Besitz veräußern und leben auch nach der Wiederherstellung einer kaufkräftigen Währung von sehr schmalen Einkünften, einen Schein ihres früheren Wohlstands, oft unter schweren Entbehrungen und Demütigungen nach außen eben noch wahrend. Auch jene Schichten des Mittelstandes, die sich aus kleinen Unternehmern, Handwerkern, Kaufleuten und aus selbständigen oder beamteten geistigen Arbeitern ergänzen, haben nur zum geringsten Teil die Verluste wieder wettmachen können, die sie an Einkommen und Vermögen während des Krieges und in den folgenden Jahren erlitten hatten. In Deutschland gelingt es zwar, in der Zeit einer vorübergehenden Konjunktur nach 1925 das Einkommen der Beamten und öffentlichen Angestellten auf die alte Höhe aufzuwerten, und auch die freien geistigen Arbeiter erfreuen sich durch einige Jahre wieder eines gewissen Wohlstands, doch sind die Steuerlasten größer als vor dem Kriege und die Aufstiegsmöglichkeiten, vor allem für die Jugend, meist schlecht. Der große Andrang zu den Hochschulen und von den akademischen Lehranstalten in die graduierten Berufe übersteigt die Aufnahmefähigkeit des Staates und der Gesellschaft. Schlecht bezahlte und arbeitslose Akademiker, aber auch junge Kaufleute, Techniker und Bauernsöhne, die keine

Stellung finden oder sich zurückgesetzt fühlen, stellen wie die deklassierten Offiziere die Rekruten des Nationalsozialismus. In den Nachfolgestaaten liegen die Verhältnisse ähnlich, vor allem für die Angehörigen nationaler Minderheiten, also in erster Linie wieder der Deutschen; diese begrüßen deshalb den neuen Machtanstieg Deutschlands und die Aussicht auf die Schaffung eines großen nationalsozialistischen Reiches. Gleichzeitig mit dem Niedergang des alten Bürgertums vollzieht sich der sehr rasche Aufstieg einer Klasse von Neureichen, der Kriegsgewinnler, Spekulanten, Schieber, der „Haifische" und „Hyänen" der großen Inflation. Es sind oft Menschen aus der Hefe der alten Gesellschaft, ohne Kultur und Bildung, ohne Hemmungen, vielfach Angehörige jener Volksgruppen, die der Krieg und die russische Revolution in Osteuropa entwurzelt und als gesellschaftlichen Flugsand nach dem Westen verweht haben. Über Nacht gewinnen diese Leute, die das Volk mit Haß, Verachtung, aber bei der Umwertung aller Werte oft mit Neid und Bewunderung betrachtet, riesige Vermögen, sie kaufen Schlösser und Stadtpalais auf, werden zu Besitzern ganzer Häuserzeilen und Wohnblöcke, von Bauernwirtschaften, Gütern und Fabriken, sie stapeln Mangelwaren auf, handeln mit Devisen und Gold, verschachern und verschieben diesen Besitz oft binnen weniger Stunden, und manchmal geht ihr Vermögen ebenso schnell wieder verloren, wie es angesammelt wurde. Ohne sittliche Bindungen, korrumpieren sie nicht nur das Geschäftsleben, sondern auch den Staat. Die eben an die Macht gekommenen proletarischen Parteien sind oft den Versuchungen aus dieser Sphäre stärker ausgesetzt als die bürgerlichen Politiker. Es kommt in Deutschland und in Österreich zu zahlreichen Korruptionsfällen, und die Affären um Barmat oder Kutisker, die engen Bindungen, die in Österreich zwischen den Großschiebern und manchen Politikern der Linken bestehen, die Wiederholung ähnlicher Fälle in dem Frankreich der dreißiger Jahre sind willkommener Agitationsstoff für die Gegner der Demokratie und die Anhänger eines starken, von militärischen Organisationen autoritär regierten Staates.

*Arbeiter und Arbeitslose*

265 Nach Westen hin nehmen diese Zersetzungserscheinungen der alten Gesellschaft wohl ab, doch sind weder Frankreich noch England, weder Italien und Spanien noch Belgien von ihnen völlig verschont geblieben. Nur in den Ländern, die während des ersten Weltkrieges neutral geblieben sind und die weder von Bürgerkriegen noch von schweren Finanzkrisen heimgesucht wurden: in den Niederlanden, der Schweiz, Skandinavien, vollziehen sich die gesellschaftlichen Verwandlungen kaum merkbar, bleiben Bürgertum und Mittelklasse im Kern noch gesund und erfolgt der Aufstieg der Arbeiter als ein langsames Hineinwachsen der Industrieproletarier in die Lebenshaltung und den Lebensstil des Kleinbürgertums.

Die große Wirtschaftskrise von 1930 führt zu neuen Erschütterungen, von denen nun auch die Industriearbeiterklasse in stärkstem Maße mit erfaßt wird.

Je höher die Zahl der Arbeitslosen ansteigt, je mehr Arbeitslose von den Versicherungen ausgesteuert und auf die öffentliche Fürsorge oder private Wohltätigkeit angewiesen sind, je geringer vor allem für ältere Arbeiter die Aussicht wird, noch einmal einen Arbeitsplatz zu erhalten, desto tiefer wird die Kluft zwischen den noch beschäftigten und den bereits arbeitslosen Proletariern. Die von Marx begründete Vorstellung einer in Bourgeoisie und Proletariat gespaltenen Gesellschaft, seit langem durchlöchert und brüchig geworden, löst sich während der großen Krise völlig auf. Klassenkampf und Klassenhaß wirken nun weniger zwischen den besitzenden bürgerlichen und den lohnarbeitenden proletarischen Schichten als innerhalb der Arbeiterschaft zwischen den Krisenopfern und den von der Arbeitslosigkeit verschont gebliebenen früheren Klassengenossen. Der erbitterte Kampf um jede Arbeitsgelegenheit, Neid, Mißgunst und Hartherzigkeit herrschen an Stelle der Klassensolidarität. Der Arbeitslose versucht durch Schwarzarbeit und durch das Angebot seiner Arbeitskraft zu niedrigerem Preis seine Lage zu bessern, der noch beschäftigte Arbeiter verteidigt nicht nur seinen Arbeitsplatz, sondern auch seinen Lohn gegen jeden Versuch, durch Lohnsenkung oder Kurzarbeit die Krisenopfer in den Produktionsprozeß wieder einzubeziehen. Indem sich die Gewerkschaften hauptsächlich zu Verteidigern der ungeschmälerten Löhne und der bestehenden Rechtsverhältnisse machen, entfremden sie sich den Arbeitslosen und erleichtern diesen den Weg in die faschistischen Parteien und in eine Denkart, die sich nur von der Zertrümmerung der bestehenden sozialen Rechtsordnung, vom Kollektivismus auf nationaler Grundlage und von der „Faschisierung" oder Verstaatlichung der Gewerkschaften die Behebung der sozialen Not verspricht.

## *Wandlungen des Staates*

266 Vor dem ersten Weltkrieg herrschte die monarchische Staatsform in Europa vor. Außer der Schweizer Eidgenossenschaft, Frankreich und (seit 1910) Portugal gab es nur noch die zwei Zwergrepubliken San Marino und Andorra. Die Monarchien waren sämtlich konstitutionelle Staaten, d. h. daß sie eine Verfassung besaßen, an die der Monarch gebunden war, und derzufolge die Bevölkerung durch ihre gewählten Vertreter an der Gesetzgebung und zum Teil auch an der Bildung der Exekutivgewalt teilnahm. Vom Osten nach Westen nahm die Macht des Monarchen ab und die der Volksvertretung zu. Rußland wurde trotz der Errungenschaften der Revolution von 1905 noch immer halbautokratisch regiert. Großbritannien rein parlamentarisch. 1917 stürzt der Zarismus in Rußland, ihm folgt nach wenigen Monaten die bürgerliche Republik, und mit der Sowjetrepublik wird eine neue Staatsform, die proletarische Diktatur, tatsächlich die Diktatur der Machthaber der bolschewistischen Partei, geboren. Mit der Niederlage der Mittelmächte brechen im November 1918 binnen weniger Tage die Throne sämtlicher deutscher Fürsten und das älteste Kaisertum des Abendlandes, das der Habsburger, zusammen. Nur in Ungarn wird nach dem Zwischenspiel einer bürgerlich-

radikalen und einer kommunistischen Räterepublik die Monarchie de jure wiederhergestellt, der Thron aber von dem legitimen Monarchen nicht mehr eingenommen. Die auf ehemalig russischem und österreichisch-ungarischem Gebiet entstandenen Staaten Finnland, Estland, Lettland, Litauen, Polen, Tschechoslowakei, Österreich (Deutschösterreich) nehmen sämtlich die republikanische Staatsform an. In der Türkei wird der letzte Padischah 1922 abgesetzt und zugleich das Kalifat beseitigt. Die neue Türkei besitzt zwar ein Parlament, steht aber tatsächlich unter der Diktatur des Generals Kemal Pascha, der sich später Kemal Atatürk nennt. In Spanien wird die Monarchie seit den Bürgerkriegen des 19. Jahrhunderts dauernd durch Terroraktionen der Republikaner, Anarchisten und Syndikalisten bedroht. Nur unter der Regentschaft der Königin-Witwe Maria Christine (1885—1902) ist eine gewisse Beruhigung im Lande eingetreten. Die Niederlage im spanisch-amerikanischen Krieg (1898) schafft neue Unzufriedenheit, und die Regierung Alfons XIII. ist eine Kette von Schwierigkeiten, denen sich nach einer schweren Niederlage der spanischen Armee im Kampf mit den aufständischen Rifkabylen (1922) der König durch die Auslieferung der Staatsmacht an einen Militärdiktator, den General Primo de Rivera, zu entziehen sucht. Auch dieser aber weicht dem Druck der republikanischen Parteien, und im Jahre 1931 verläßt der König, nachdem die Wahlen eine demokratisch-republikanische Mehrheit erbracht haben, das Land. Auch in Spanien wird nun die Republik ausgerufen. In Griechenland wird nach den Wirren, die der verlorene Krieg mit den Türken hervorruft, König Georg II. vertrieben, nach eineinhalb Jahrzehnten aber durch eine Volksabstimmung wieder zurückgerufen. So sind nur noch die Balkanstaaten (Rumänien, Bulgarien, Jugoslawien), ferner Italien, Belgien, die Niederlande, die drei skandinavischen Königreiche, Großbritannien und die Zwergstaaten Luxemburg, Liechtenstein und Monaco erbliche Monarchien.

Die Ablösung der monarchischen durch die republikanische Staatsform täuscht den Betrachter dieser Epoche meist über die wesentlichen Wandlungen hinweg, die der Staat überhaupt, ohne Rücksicht auf die monarchische oder republikanische Verfassungsform, durchmacht und die in einer Reihe von Staaten zur Errichtung von Diktaturen und autoritären Regierungen führen, in den demokratischen Staaten aber vielfach zu schweren Krisen, aus denen die Völker des europäischen Kontinents keinen Ausweg finden. Dies hängt in erster Linie mit dem stets wachsenden Aufgabenkreis des Staates, es hängt zweitens mit der Bildung großer, durch Schlagworte leichter als durch sachliche Argumente zu lenkender Massen und ihrer Einflußnahme auf den Staat, es hängt endlich mit dem Versagen des demokratisch-parlamentarischen Mechanismus vor den Aufgaben der neuen Zeit zusammen.

*Der totale Staat*

267 Im 19. Jahrhundert hatte man, dem politischen Ideal des Liberalismus gemäß, den Staat auf die nötigsten Funktionen beschränkt, so daß ihm außer der

Führung der äußeren Politik, der Landesverteidigung, der Justizpflege und der Polizei kaum ein Aufgabenbereich verblieb. Auch in der Kulturpolitik versuchte man ihn, soweit es möglich war, auszuschalten, das kirchliche Leben vom staatlichen zu trennen und im Schulwesen den Staat nur soweit gelten lassen, als es nötig schien, um die Kirche zu bedrängen. Mit dem Überganz zum Schutzzoll, mit der Schaffung eines sozialen Versicherungswesens, mit der Beaufsichtigung der Industrie durch staatliche Organe und mit dem Aufbau eines eigenen Arbeitsrechtes überhaupt wachsen dem Staat um die Jahrhundertwende zahlreiche neue Aufgaben zu, was in der Errichtung neuer Behörden und neuer Ministerien Ausdruck findet. Die steigende Macht der industriellen Arbeiterschaft und ihrer Organisationen, der Zusammenschluß des Unternehmertums zu monopolartigen Wirtschaftsgruppen und der damit verschärfte Klassenkampf lassen nur die Wahl offen zwischen einem völligen Verfall des Staates und dem Einreißen anarchischer Zustände oder einer Stärkung der Staatsgewalt, die sich als Schiedsrichter zwischen die streitenden Parteien stellt. Der Versuch, die Macht der Kartelle, Trusts und Konzerne, der Großbanken und der Unternehmerverbände einzuschränken, muß die Staatsautorität, sofern sie Erfolg damit hat, weiter verstärken. Die sozialistischen Parteien und Gewerkschaften, die Konsum- und Agrargenossenschaften fordern vom Staate Schutz und sind geneigt, ihm jeden Zuwachs an Autorität zu gewähren, den er für seinen Kampf gegen den Monopolkapitalismus benötigt. Die Unternehmerverbände, aber auch die kleineren Besitzer und vielfach die Mittelklasse fordern ihrerseits das Einschreiten des Staates gegen mutwillige Streiks, gegen terroristische Aktionen radikaler Gruppen, gegen die Gewerkschaften, gegen den Kommunismus. Sie sind bereit, dem Staat ein Mehr an Rechten zuzubilligen, damit er diese Aufgaben erfüllen kann. So tragen beide um die Vorherrschaft in der Gesellschaft ringenden Gruppen dazu bei, die Staatsgewalt zu stärken, obwohl jede von ihnen für sich Freiheit, der feindlichen Gruppe gegenüber Autorität fordert. Versagt die Staatsgewalt, so können vorübergehend, wie in dem Deutschland der unmittelbaren Nachkriegszeit, in dem Italien des sozialistischen Terrors von 1921, bürgerkriegsähnliche und anarchische Zustände eintreten. Die Folge ist dann fast immer der Ruf nach dem starken Mann und die Stärkung jener Parteien, die eine autoritäre Staatsführung befürworten.

## Krise der Formaldemokratie

268 In den mitteleuropäischen Staaten, deren Völker durch ein Jahrtausend von Monarchen regiert worden waren, besitzt die republikanische Staatsform keine Tradition und der demokratische Staat nur insoweit Autorität, als er etwa in Polen und in der Tschechoslowakei zur Herrschaftsform einer Nation über die andere wird. Die demokratischen Verfassungen, die sich die Völker gegeben haben, sind kaum irgendwo aus der eigenen Geschichte und den tatsächlichen Machtverhältnissen erwachsen, sondern fast alle nach der Schablone westeuropä-

ischer, zu jener Zeit bereits weitgehend veralteter Verfassungen geschaffen worden. Das Volk selbst hat keine innere Beziehung zu dieser Art von Demokratie. Es vermißt einen Ersatz für den Monarchen, zumal die Monarchie in Deutschland, Österreich, Ungarn und wohl auch in Polen nicht durch eine vom Nutzen der republikanischen Staatsform überzeugte Mehrheit beseitigt wurde, sondern unter dem Zwang außenpolitischer Verhältnisse im Stadium drohenden Bürgerkriegs und nicht zuletzt durch den übereilten Verzicht der Dynasten. Die Richter und Beamten, die sich lediglich dem Monarchen persönlich zur Treue verpflichtet fühlten, lehnen zum großen Teil den neuen Staat ab, der nicht genug Autorität besitzt, sich gegen seine eigenen Amtswalter durchzusetzen. In Deutschland werden die Gegner der Republik, die in der Presse und in Versammlungen den Staat, den Reichspräsidenten, die Minister und die Hoheitszeichen der Republik in grober Weise verhöhnen, von den Richtern fast immer freigesprochen. Die Polizei ist unfähig, Attentäter und Mörder auszuforschen, die Terrorakte gegen Politiker der Linken und gegen staatliche Würdenträger verübt haben. Der politische Mord wird verherrlicht, die Mörder werden als Nationalhelden gefeiert. Allerdings gilt auch hier vom Liberalismus, daß er die Früchte erntet, die er selbst gesät hat. Jahrelang waren in der demokratischen und liberalen Presse Terroristen verherrlicht oder ihre Taten mindestens beschönigt worden, wenn sie sich gegen Monarchen und Persönlichkeiten der konservativen Rechten richteten. Nun nimmt eine rechtsradikale Bewegung das gleiche moralische Recht für sich in Anspruch. Der Rechtspositivismus, der Verzicht auf ein absolut bindendes göttliches Recht, wirkt sich im politischen Leben aus. Unter Duldung der westlichen Demokratien hat man in Jugoslawien und in der Tschechoslowakei die Mörder des österreichischen Thronfolgers, deren Verschwörung und Untat den Anlaß zum Weltkrieg geliefert haben, durch Denkmäler und Votivtafeln als Helden gefeiert. Der nationalsozialistischen Jugend Deutschlands wie den von den Serben unterdrückten Kroaten und Mazedoniern erscheint es folgerichtig, ihrerseits die Pistolen auf die demokratischen Politiker oder auf ihre nationalen Unterdrücker zu richten. und sie nehmen das gleiche Recht in Anspruch, als Nationalhelden zu gelten.

In Deutschland trägt die von den Siegern diktierte Schaffung eines Berufsheeres mit zwölfjähriger Dienstzeit dazu bei, im demokratischen Staat eine selbständige Macht zu begründen, die sich als Inhaber der Exekutive fühlt und betätigt und ohne deren Billigung der Staat nicht mehr regiert werden kann. Zur Reichswehr treten dann die Verbände der ehemaligen Frontkämpfer, vor allem der Stahlhelm und die nationalsozialistischen Parteiarmeen der SA und SS (Sturmabteilung und Schutzstaffel). Ähnlich bilden sich in Italien aus Frontkämpfern die Fasci, aus denen die faschistische Partei (Partito Fascista Italiano) entsteht. In Westeuropa spielen die Frontkämpfer zwar nicht die gleiche Rolle, da es an wesentlichen sozialökonomischen und geistigen Voraussetzungen für die Bildung von Parteiarmeen noch fehlt, aber in dem Frankreich der dreißiger Jahre versuchen immerhin die Feuerkreuzler (Croix de feu) eine Rolle zu spielen, in Belgien begründet Léon Dégrelle die Bewegung der Rexisten, und selbst in den Vereinigten Staaten erzwingen die Veteranen des Krieges, obwohl sie doch ein verschwindend kleiner Teil der Gesamtbevölkerung sind, von Roosevelt durch ihren Marsch zum Kapitol eine beträchtliche Erhöhung ihrer Renten.

### *Neue Staatstheorien*

269 Die Staatswissenschaft bemächtigt sich sehr bald nach dem Kriege der neuen Probleme. Auf der eine Seite entwickelt der Marxismus im Leninismus die Theorie der proletarischen Diktatur, auf der anderen Seite fordern konservativ-revolutionäre Staatstheoretiker den autoritären Staat und die Diktatur als Schutz gegen die proletarisch-kommunistische Revolution und als Lösung der Dauerkrise des demokratischen Staates, der in Klassenkampf, Bürgerkrieg, Korruption und Schwäche unterzugehen scheint. Der deutsche Staatswissenschaftler Karl Schmitt wird der führende Theoretiker der Anhänger einer Diktatur. Der Kultursoziologe und Philosoph Oswald Spengler kündigt den neuen Cäsarismus als eine notwendige Entwicklungsstufe an und prophezeit die Diktatur der großen Wirtschaftsführer. Arthur Moeller van den Bruck, ursprünglich Kritiker und Interpret der modernen Literatur, wird zum Staatsphilosophen, entwirft in seinem aufsehenerregenden Buch „Das dritte Reich" das Bild einer Republik, die weder bürgerlich noch proletarisch, sondern autoritär, aristokratisch und militärisch sein soll. Der Wiener Professor der Staatswissenschaft Othmar Spann fordert einen neuen Universalismus, sucht in der Staatsphilosophie die Tradition Platos und Fichtes fortzusetzen und fordert in diesem Sinne die Bildung eines eigenen „Staatsstandes", einer geistig-politischen Führungsschicht, die unabhängig von Klasseninteressen und Partei-Ideologien den Staat als eine eigene Kategorie vertreten soll. Aber auch der linkssozialistische Professor Leonard Nelson kritisiert mit scharfen Argumenten eine auf Mehrheitsentscheidungen begründete Demokratie und fordert, daß der Staat von einer eigens für die Politik erzogenen Kaste hierarchisch regiert werde. Er gründet in Deutschland den internationalen sozialistischen Kampfbund (ISK), der für diese autoritär-sozialistische Staatsidee wirbt. Der italienische Faschismus schafft sich ebenfalls eine — auf Nietzsche, Hegel und den französischen Anarchisten Sorel zurückgreifende — Staatstheorie zur Rechtfertigung der Diktatur. Der starke Mann, die Führerpersönlichkeit, die revolutionär-dynamischen Kräfte der Gesellschaft, die kriegerische Auslese werden hier wie in Deutschland verherrlicht. Aber auch der englische Sozialist H. G. Wells, der durch utopische Romane für seine Ideen wirbt, verkündet den Untergang der Zivilisation, die Entstehung von Diktaturen und die Bildung einer neuen Herrenschicht, die aus Technikern, Fliegern und Panzeroffizieren bestehen werde. Selbst der alte Fabier, radikale Demokrat und überzeugte Sozialist George B. Shaw zeigt zeitweise Sympathien für die kommunistische wie für die faschistische Diktatur, verspottet die Demokratie und liefert ihren Gegnern willkommenes Material. Der deutsche Modeautor

Emil Ludwig (Cohn), Verfasser zahlreicher Biographien, die in Riesenauflagen erscheinen und in zahlreiche Sprachen übersetzt werden, zählt sich zwar zur geistigen Elite der Republik von Weimar und bekämpft in Deutschland Reaktion und Nationalsozialismus, verherrlicht aber in seinen Biographien mit Vorliebe den starken Mann und seine Machtpolitik jenseits von Gut und Böse. Insbesondere wird er der Lobredner Mussolinis. In dieser geistigen Atmosphäre gedeihen diktatorische Bestrebungen und verkümmert das demokratische Denken.

*Mängel des parlamentarischen Systems*

270 Der Zusammenbruch der Demokratie in Mitteleuropa und ihre Schwäche im Westen sind allerdings nur zu erklären, wenn man sich über die zahlreichen Mängel Rechenschaft gibt, die sich im Aufbau der demokratischen Staaten zeigen und deren Abstellung vor allem an der Starrheit der herrschenden politischen Cliquen scheitert. Je größer die Zahl der Wähler geworden war, desto mehr ging die Fühlung zwischen ihnen und den Gewählten verloren. Die Beseitigung der indirekten Wahlverfahren, bei denen die Urwähler ihre Wahlmänner und diese erst einen Abgeordneten wählen, erschwert die Auslese. Zehntausende von Wählern, die einen Abgeordneten in die Kammer entsenden, sind nicht mehr in der Lage, den Mann ihres Vertrauens wirklich kennenzulernen und zu beurteilen. Der Kandidat aber kennt seinerseits nur einen winzigen Bruchteil seiner Wähler und vermag weder ihre Sorgen, Stimmungen und Meinungen genau zu ergründen, noch ihren Willen unmittelbar in die Tat umzusetzen. So schiebt sich zwischen die Masse des Volkes, das nominell Träger der Souveränität ist, und seine parlamentarischen Vertreter, aus deren Reihen die Regierung hervorgeht, die politische Partei. Mit der Durchsetzung des Verhältniswahlrechtes, das nach 1918 in den meisten Staaten des Kontinents herrschend wird (in Frankreich zeitweise aufgehoben), erlangen die Parteien ein Übermaß von Macht, das sie zu den eigentlichen Herren im Staate erhebt. Der Wähler wählt nun überhaupt nicht mehr einen Kandidaten, sondern nur noch eine Partei. Die Parteivorstände nominieren die Kandidaten und bestimmen praktisch die Zusammensetzung des Parlaments. Das Verhältniswahlrecht bringt es auch mit sich, daß die Wahlen im allgemeinen nur geringfügige Verschiebungen ergeben und die Tendenz des Wählerwillens nicht mehr klar zum Ausdruck kommt. Von den unwesentlichen Veränderungen in der Stärke der Parteien abgesehen, ergänzen sich die Parlamente also aus den Beauftragten der Parteigremien, wobei diese sich meist selbst delegieren. Mandate werden durch gefügiges Verhalten gegenüber der Parteiführung ersessen. In einzelnen Ländern erhalten die Parteien die Vollmacht, meuternde Abgeordnete, die nach ihrem Gewissen und nicht nach einem Parteibeschluß entscheiden, durch das Wahlgericht ihres Mandates entkleiden zu lassen. Der Ausdruck Mandat verliert seinen Sinn, weil der Abgeordnete nicht mehr den Auftrag der Wähler ausführt, sondern ein Angestellter seiner Partei ist. Innerhalb der Parteien jedoch herrscht

in den seltensten Fällen Demokratie, sondern die Wahl der Parteiausschüsse, die politischen Entscheidungen, die Aufstellung der Kandidaten werden von einem ganz kleinen Führungskreis gesteuert, der sich zur Durchsetzung seines Willens eines immer größer werdenden kostspieligen Parteiapparates bedient. In Mitteleuropa herrschen unter den Abgeordneten der Parlamente nicht mehr wie einst die freien Berufe vor, sondern Beamte, Partei- und Gewerkschaftsbürokraten. Indem die Parteien auch die Parlamentsmandate an ihre Sekretäre, Journalisten und an die mittelbar von ihnen abhängenden Angestellten von Verbänden, Genossenschaften und Gewerkschaften vergeben, machen sie sich den Staat vollends untertan. Dadurch verengt sich der Kreis der Männer, aus denen die Gesetzgeber und Regenten ausgewählt werden; eine freie Auslese nach Begabung und Leistung gibt es nicht mehr, die Qualität der Politiker sinkt sehr schnell, und das Volk verliert das Interesse an der Politik, vermag auch nicht daran zu glauben, daß diese Art Demokratie wirklich auf der Souveränität des Volkes beruht. Parteien und Männer, die auf die Diktatur hinarbeiten, lernen aus den Methoden der angeblich demokratischen Parteien. Da es offenbar nur darauf ankommt, die Massen mit Schlagworten zu füttern und durch eine geschickte Agitation dorthin zu lenken, wo man sie haben will, ist es kein Problem mehr, sie auch zur freiwilligen Preisgabe der demokratischen Grundrechte zu überreden. Agitation, Propaganda und das geschmeidige Eingehen auf die Instinkte der Masse treten an die Stelle der politischen Diskussion, der ruhigen Erwägung und verantwortungsbewußten Wahl.

Die Parlamente selbst werden zu Abstimmungsmaschinen. Da die Meinungen der Parteien feststehen und die Fraktionen an den Parteibeschluß gebunden sind, da selbst die Minister ihre Weisungen von den Parteigremien empfangen, verliert das parlamentarische Leben jeden Reiz, wird langweilig und dem Volke lächerlich. Man sieht in den Parlamenten nur noch überflüssige „Schwatzbuden", deren Mitglieder öffentliche Gelder ohne Gegenleistung beziehen. Der ursprüngliche Wortsinn des Parlaments als einer öffentlichen Tribüne ist entwertet. Da auch der glänzendste Redner seine Parteigegner nicht zu überzeugen und umzustimmen vermag, wird die Kunst der Rede nicht mehr gepflegt. Da für die Auswahl der Parlamentarier nur noch die Herrschaftsinteressen der Parteien maßgebend sind, gibt es auch kaum mehr Redner im alten Sinne. Die Parlamentsreden werden gelesen, und man muß zu Maßnahmen, wie der Demontierung des Rednerpults, greifen, um die Abgeordneten zum freien Sprechen zu zwingen. Durch die Entwicklung der Technik, durch den Rundfunk, den modernen Nachrichtendienst, die große Presse, das Kino, haben sich die Mitteilungs- und Werbemethoden von Grund auf gewandelt. Der parlamentarische Betrieb mit den langweiligen heruntergelesenen Reden und Parteierklärungen erscheint völlig veraltet in einer Zeit, da die Massenführer durch Lautsprecher und über den Rundfunk zu Tausenden unmittelbar, zu Millionen mittelbar sprechen. Diese Art der Verbindung mit der Masse setzt aber auch eine Vergröberung des Sprechstils und der Beweisführung voraus. Die geschliffene Rede, das spitzfindige

Argument, die feine Ironie, der kühne Gedankengang, der kunstvolle Satzbau werden unverständlich. Mit einem geringen Wortschatz, mit grobschlächtigen Argumenten, billigen Witzen und durch die dauernde Wiederholung von Schlagworten wirken die neuen Volksführer auf die Masse. Nur so werden sie verstanden, nur so können sie in wenigen Stunden das Wunder vollbringen, eine namenlose und formlose Masse von der scheinbaren Richtigkeit ihrer politischen Formeln zu überzeugen. Die Funktion der Masse ist nicht mehr Wahl, Diskussion und abwägende Entscheidung, sondern Zustimmung und Echo.

## Technik und Politik

*271* Das Zeitalter des Rundfunks und des Flugzeugs erfordert auch in der Politik blitzartig rasche Entscheidungen, in denen binnen Stunden über das Schicksal von Völkern und Staaten die Würfel fallen. Das parlamentarisch-demokratische Verfahren zeigt sich diesen Anforderungen zunächst nicht gewachsen. Die Diktatoren verwenden Flugzeuge und Rundfunk nicht nur in der Propaganda, sondern auch zur Herbeiführung überraschender Entscheidungen in persönlichen Besprechungen. Nur jene Demokratien, die von alters her entwicklungsfähige Einrichtungen besitzen, aus denen Gegengewichte gegen die innere Verrottung des Parlamentarismus entstehen und die sich auf die neuen Bewegungsgesetze der Politik im Zeitalter der Massen umschalten lassen, sind der Krise gewachsen. Dies gilt vor allem für die Vereinigten Staaten von Amerika, wo das Amt des Präsidenten dem Bedürfnis einer starken Staatsführung entgegenkommt und die unmittelbare Mitbestimmung der öffentlichen Meinung in der Politik ihrer parteipolitischen Erstarrung entgegenwirkt, es gilt auch von England, wo die Staatsidee sich in der Krone überparteilich symbolisiert, wo der Ministerpräsident eine starke Stellung besitzt, das Zweiparteiensystem und die Mehrheitswahl das politische Leben in ständigem Fluß halten und die Mitwirkung der Öffentlichkeit und der Opposition keinen Parteienstaat entstehen lassen, wie er in Mitteleuropa zur notwendigen Vorstufe des Einparteistaates geworden ist.

Staatstheoretiker, Publizisten und vereinzelt auch Politiker versuchen in den zwanziger und dreißiger Jahren, dem Untergang der Demokratie entgegenzuwirken und nach Reformen zu suchen, mit denen Mängel und Schwächen des veralteten Systems überwunden, die sittlichen Grundlagen des demokratischen Rechtsstaates aber gerettet werden können. Man schlägt ein System der funktionellen Demokratie vor, was im Grunde nur einen neuen Ausdruck für die Gedanken des Föderalismus bedeutet, wie ihn klassisch Konstantin Frantz vertreten hat. Durch eine sinnvolle Verteilung der öffentlichen Funktionen auf Gemeinde, Selbstverwaltungskörper (Kreise), Länder und Staat, auf Berufsorganisationen, Wirtschaftsverbände und andere Organisationen, durch die Einschaltung der öffentlichen Meinung in das politische Leben, durch Volksabstimmungen, durch Presse und Rundfunk und durch das funktionelle Ineinandergreifen all dieser Kräfte, durch ein System des Gleichgewichts zwischen auseinanderstrebenden Mächten soll die Demokratie gesichert werden. Die liberale Demokratie selbst aber hat durch Jahrzehnte alle Ansätze eines föderalistischen Staatslebens, wie es der angelsächsische Westen lebendig bewahrt hat, in Mitteleuropa verschüttet, und die in ihrer Alleinherrschaft bedrohten Parteien tun ein übriges, jede Reform der Demokratie zu verhindern.

### *Rückkehr zur Monarchie?*

272   Zahlreiche um das Schicksal des demokratischen Rechtsstaates besorgte Kritiker sehen in der Wiederherstellung der Monarchie auf konstitutionell-parlamentarischer Basis ein Heilmittel. Die Tatsache, daß es allein in England, in Belgien, Holland und in den skandinavischen Monarchien noch eine stabile Demokratie gibt, und daß die Grundlagen des Rechtsstaates in den 1918 beseitigten Monarchien selbst unter der Regierung eines so diktaturlüsternen und gefährlichen Charakters, wie Wilhelm II. es war, niemals ernstlich gefährdet waren, führt die Anhänger einer demokratischen Monarchie zu der Auffassung, daß nur die Beseitigung der Republik die Heraufkunft der Diktatur verhindern könne. In diesem Sinne versuchen deutsche Politiker aus dem Kreise um den Kanzler Brüning 1932 Deutschland in die Form der konstitutionellen Monarchie hinüberzuretten. Der Versuch scheitert, ehe er seine letzte Kraftprobe im Kampf mit den Parteien zu bestehen hätte, an dem Widerstand des Reichspräsidenten von Hindenburg, der keine Monarchie nach englischem Muster, sondern das altpreußische Königtum oder gar keines wünscht. In Österreich vertritt der Historiker und Staatsphilosoph Ernst Karl Winter in den dreißiger Jahren den Gedanken der „sozialen Monarchie", die eine Versöhnung zwischen christlichen und sozialistischen Arbeitern erreichen und Österreich vor dem staatlichen Untergang retten, zugleich aber von der Vorherrschaft der faschistischen Heimwehr befreien soll. Der österreichische und ungarische Kronprätendent Otto von Habsburg, dessen Sprachrohr Winter zunächst ist, vertritt persönlich ähnliche Anschauungen. Auch der Gedanke des Ständestaates, den Engelbert Dollfuß als österreichischer Bundeskanzler verwirklichen will, sollte nach den Ideen seines Gründers in eine ständisch geordnete Monarchie münden. Ehe aber all diese Reformbestrebungen durchdringen und die vielfach einander widersprechenden Ideen zur Rettung des demokratischen Rechtsstaates und des europäischen Friedens ausreifen, überholen die revolutionären Bewegungen mit ihrer Dynamik die Entwicklung, zerstören in Mitteleuropa den Rechtsstaat und stürzen die Welt in einen neuen Krieg.

### 3. Auf dem Wege zu einem neuen Weltbild

### *Masse und Kultur*

273   Das 20. Jahrhundert steht vor allem im Zeichen des Eintritts der großen Menschenmassen wie in das politische so auch in das kulturelle Leben. Zugleich

mit dem Prozeß der Massenbildung vollzieht sich die Zerbröckelung und das Verschwinden der alten Eliten, ohne daß zur Bildung neuer Führungsschichten mehr als schüchterne Ansätze vorhanden wären. Die Masse wirkt nicht kulturschöpferisch. Ihre ungeheure Schwerkraft aber bestimmt die Entwicklung der Kultur. Als Konsument der Kulturgüter entscheidet die Masse auf weitem Felde auch die Erzeugung dieser Werte. Der Geschmack der alten Auslese und der früheren Herrenschichten vermag immer weniger die Entwicklung von Literatur und Kunst zu beeinflussen. Der Durchbruch zu einer Demokratie der großen Massen, der Sieg kollektivistischer Gedanken in Wirtschaft und Politik zeitigen zunächst wohl die Vorstellung, die Massen könnten aus eigener Kraft eine neue Kultur hervorbringen (proletarische Kultur, Kultursozialismus). Diese Illusion, in den kollektivistischen Staaten noch als offiziell diktierte These aufrechterhalten, löst sich sehr bald in die Erkenntnis auf, daß auch im Massenzeitalter nur die Einzelpersönlichkeit schöpferisch sein kann und daß die organischen Bindungen von Familie, Volk und Stand, die geistigen von Religion, Gesinnung, Geschmack, die in der alten Gesellschaft maßgebend waren, durch das Entstehen amorpher Massen, wie sie die Großstadt, die Industrie, die Politik und der Sport des 20. Jahrhunderts hervorbringen, nicht ersetzt werden. Dem Massenbedarf dienen die großen technischen Neuerungen auf dem Gebiet der Unterhaltung, der Film und der Rundfunk, ohne daß die Frage entschieden wäre, ob der technische Fortschritt in letzter Ursache die Entstehung der Massen oder ob die Massenbildung den technischen Fortschritt bedingt habe. Immer tiefer wird die Kluft zwischen der ungeheuren Zahl, die im Besuch der Sportplätze, des Kinos, der Massenaufmärsche, im Abhören der Rundfunksendungen von seichter Unterhaltungsmusik, Schlagern und volkstümlichen Hörspielen ihre Befriedigung findet, und der kleinen Schicht, die in der Literatur, im Theater, im Konzertsaal Qualität im Sinne der alten Kultur sucht.

Die Zerstörung der alten Lebensformen und die Erkenntnis, daß die eklektische Nachahmung früherer Stile in Spielerei und Kitsch ausartet, erzeugen die Sehnsucht nach einem neuen Stil, der Ausdruck des Zeit- und Weltgefühls eines neuen Jahrhunderts sein könnte. In den Lebensformen sowohl der kollektivistischen Staaten als auch des demokratischen Amerika sind Ansätze zu solch einem neuen Stil des Lebens vorhanden. Die totalitären Diktaturen in Mitteleuropa versuchen ihrerseits, aus militärischen, die Masse durch Disziplin und Uniform bändigenden Elementen wie aus dem imperialen Herrscherwillen der diktatorischen Führungsschicht einen neuen Stil zu bilden. Es wird aber auch hier von der Möglichkeit oder Unmöglichkeit der Bildung einer geistigen, moralischen und politischen Auslese abhängen, ob die Epoche ihren Ausdruck und ihre bleibende Prägung in einem neuen Stil erhält.

Auch das Weltbild der neuen Zeit ist erst im Werden. Die festen Punkte, die seinen Grundriß bestimmen, lassen sich aber seit dem Ausgang des ersten Weltkrieges bereits deutlicher erkennen. Die Naturwissenschaft hat Wege beschritten, auf denen man wieder zu einer Vorstellung vom Weltganzen und seinem Zusammenklang mit der religiösen Sehnsucht der Menschen, zur Vereinigung von Glauben und Wissenschaft gelangen kann. Die Philosophie findet wieder ihren Platz im Gesamtgebäude der Wissenschaft als die Ordnerin, die naturwissenschaftliche und geisteswissenschaftliche Erkenntnisse zum Gesamtbilde zusammenfügt. Sie ist freilich in der Epoche zwischen den Weltkriegen sehr weitgehend auch noch Ausdruck der Verzweiflung, der Ratlosigkeit und der Stimmung des Untergangs. Zum Unterschied von der Periode, die zwischen dem Ende des 19. Jahrhunderts und den großen Erschütterungen um 1917 liegt, wird sich die Menschheit nach dem ersten Weltkrieg der furchtbaren Gefahren, von denen sie bedroht ist, in hohem Maße bewußt. Insbesondere die europäischen Völker beginnen jetzt erst zu erkennen, daß die Epoche ihrer Vorherrschaft vorüber, daß die abendländische Kultur gefährdet ist und daß man mitten im Untergang steht. Freilich wird dabei der Untergang einer bestimmten politischen Form, einer Kultur und einer Gesellschaft oft mit dem Untergang der Kultur überhaupt und des ganzen Menschengeschlechtes verwechselt. Pessimismus und Nihilismus kennzeichnen darum das europäische Denken dieser Jahrzehnte, während der Geist der neu aufsteigenden Kontinente Eurasien und Amerika von einem stürmischen Optimismus getragen ist. Erst nach dem zweiten Weltkriege läßt sich die Tendenz zu einem Ausgleich vor allem zwischen dem Optimismus Amerikas, in dem die ersten Zweifel sichtbar werden, und dem Pessimismus Europas, an dem sich zarte Triebe neu erwachender Hoffnung zeigen, in Umrissen erkennen.

## *Ein neues Bild der Materie*

274   Wir haben oben gezeigt, wie die Begründung der Quantenphysik durch Max Planck und die Enträtselung der Strahlungen, die von gewissen Elementen ausgehen, durch Becquerel, Rutherford und das Ehepaar Curie, das Bild zerstören, das die klassische Physik und die Chemie sich von der Materie und ihrem Aufbau gemacht haben. Auf die bahnbrechenden Entdeckungen und neuen Theorien der Jahrhundertwende folgen in rascher Entwicklung jene wissenschaftlichen Erkenntnisse, die uns den Bau des Atoms, die Vorgänge in ihm und damit auch den Charakter der Materie selbst erschließen. Max Planck und Albert Einstein nehmen selbst an diesen Forschungen noch tätigen Anteil, während auf ihren Spuren eine Generation jüngerer Gelehrter weiter in das Geheimnis der Materie einzudringen sucht. Dabei stehen technischer Fortschritt und wissenschaftliche Entdeckungen wie seit je in einem Wechselverhältnis. Der Bau ungeheurer Spiegelteleskope und Riesenfernrohre (Mount Palomar, Einsteinturm bei Berlin, Yerkes-Sternwarte bei Chicago), die Konstruktion des Interferometers (Gerät zur Bestimmung des Verhältnisses der Längeneinheit zur Lichtwellenlänge) (Michelson 1852–1931), des Photometers (Gerät zur Messung von Lichtstärken) (Guthnick), der Bau von Zyklotronen (in der Kernphysik Gerät zur Beschleunigung elektrisch geladener Teilchen), in dem Amerika voran-

geht, ermöglichen der Astronomie und der Physik wesentliche Fortschritte, während diese wieder die Technik weiterführen. Die Fortschritte der wissenschaftlichen Elektrotechnik erlauben den Bau von Apparaten, mit denen elektrische Spannungen von Millionen Volt (künstlicher Blitz) erzeugt werden. Dadurch können Physiker und Chemiker Experimente durchführen, die vordem technisch unmöglich waren. Die Grenzen zwischen Chemie und Physik verschwinden. Insbesondere die anorganische Chemie hat ihre Sonderstellung eingebüßt, seit die Unwandelbarkeit der Elemente widerlegt ist. Nicht nur, daß man durch die wissenschaftliche Ergründung des Systems der Elemente neue Grundstoffe errechnet, nicht nur, daß man den möglichen Zerfall der Elemente und ihre Verwandlung bewiesen hat, es gelingt den Atomphysikern auch, neue Elemente zu schaffen und so die Reihe der Grundstoffe bis auf vorläufig hundert zu erhöhen (Neptunium, Plutonium, Americium, Curium, Berkelium, Kalifornium usw. bis Centurium). 1919 ist Rutherford die erste Atomumwandlung gelungen. 1934 vermag Joliot künstliche Radioaktivität hervorzurufen. 1935 führt Enrico Fermi (geb. 1901 in Rom) zuerst praktisch die Kernspaltung durch, ohne es freilich selbst zu wissen. Der Deutsche Otto Hahn (geb. 1879) vermag die Lehre von der Atomzertrümmerung und der Verwandlung der Elemente durch Atomspaltung entscheidend weiterzuführen. Die Amerikaner wenden die neuen Erkenntnisse in dem Institut von Berkeley, wo es Riesenzyklotrone gibt, mit größtem Erfolg an. Glenn T. Seaborg setzt die Forschungen Fermis, Strassmans, Rutherfords und Joliots fort. In Weiterführung der Lehren von Planck, Hendrik Antoon Lorentz (1853—1928, Professor in Leiden) und Einstein gelangen Werner Heisenberg (geb. 1901, Schüler von Sommerfeld, 1926 bereits Professor in Kopenhagen, 1927 in Leipzig), Erwin Schrödinger (geb. 1887 in Wien, Professor in Breslau, Zürich, Berlin, Oxford, Dublin), Pascual Jordan (geb. 1902 in Hannover), Arthur Holly Compton (geb. 1892 in den USA), Max Born (geb. 1882), der jüngere Herzog von Broglie (Louis Victor, geb. 1892) zu Erkenntnissen, durch welche die Wellenmechanik und die Quantenmechanik mit der neuen Lehre vom Atom zu einem physikalischen Weltbild vereinigt werden, das auch das Licht auf die Korpuskularstrahlen, also auf Quanten, zurückführt und den Charakter der Materie als Energie erkennen läßt. Heisenberg stellt den Lehrsatz von der Unschärferelation auf, nach dem es unmöglich ist, zugleich einen bestimmten Ort und eine bestimmte Zeit für physikalische Vorgänge zu fixieren. Compton weist die Korpuskularstrahlung und den Korpuskulareffekt nach (Röntgenstrahlen zeigen beim Durchgang durch Elektronenschwärme oder Schwärme von freien Atomen Wellenvergrößerung und Zerstreuung). Born erweitert die Gittertheorie der Kristalle. Nicht nur die Grenzen zwischen Physik und Chemie werden im Zeitalter der Atomphysik verwischt, auch von der Physik zur Biologie, von der organischen Chemie zur Physiologie und Biologie werden immer mehr Brücken geschlagen. Schrödinger versucht, die Erkenntnisse der neuen Mechanik auf die Vorgänge an der lebendigen Zelle anzuwenden („Was ist Leben?", 1943). Auch hier helfen großartige technische Leistungen der Wissenschaft weiter, so etwa die Konstruktion des Elektronen-Strahlenmikroskops (Übermikroskop), das 1932 bei Siemens & Halske nach dem Entwurf von Bodo von Borries und Ernst Ruska konstruiert wird, und das eine dreißigtausendfache Vergrößerung ermöglicht. Das Photographieren auch von Bewegungen mit Hilfe dieses Ultramikroskops wie mit Hilfe von neuen Strahlen (Infrarotphotographie) bieten dem Physiker, Chemiker und Biologen, aber auch dem Techniker neue Möglichkeiten. Flugtechnik und Ballistik machen sie sich zunutze. Von der Physik kommen zahlreiche Forscher zur Philosophie, da sie, wie schon Max Planck und auch Einstein, die Zusammenhänge zwischen physikalischem und philosophischem, ja metaphysischem Denken erkennen. Dies gilt insbesondere von Schrödinger und von Pascual Jordan, dem wir eine sehr geistvolle Weltentstehungstheorie danken, in der die modernsten wissenschaftlichen Lehren mit dem Schöpfungsbild der Offenbarung verbunden werden. Aber auch ein Denker wie Werner Heisenberg, dessen Weltbild nicht religiös bestimmt ist, spricht die ungeheuer wichtige Erkenntnis aus, daß sich die moderne Wissenschaft mit jeder neuen Entdeckung der Enträtselung des Weltalls und der letzten Dinge nicht etwa nähert, sondern nur um so schärfer erkennt, wie unzulänglich alle menschlichen Erkenntnisse und um wieviel größer nach jedem Fortschritt die Kluft zum Irrationalen ist.

## Die Naturwissenschaften im 20. Jahrhundert

275 Selbstverständlich nehmen auch die Astronomie und die Mathematik an der Auswertung der neuen physikalischen Lehren und der neuen technischen Forschungsmittel teil. Die Mathematik tritt, insbesondere bei dem Briten Bertrand Russell (geb. 1872, lehrte in Cambridge, Peking und in USA), mit der Philosophie (Logik) und Naturwissenschaft in Verbindung, bei dem Franzosen Henri Poincaré (1854–1912) mit der Astronomie. Die besonderen Probleme der Mathematik münden mit der sogenannten Grundlagenkrise, die sich aus Widersprüchen in der Mengenlehre ergibt, immer wieder in philosophische Gedanken, so daß die modernen mathematischen Schulen der Formalisten, Logizisten und Intuitionisten sich vielfach mit philosophischen Schulen decken. Die Zahlentheorie, von David Hilbert (1862–1943) wesentlich gefördert, und die nichteuklidische Geometrie ergeben immer wieder Berührungspunkte sowohl mit der reinen Philosophie wie mit der Physik und Astronomie. Auch deren Sonderprobleme, die Erforschung der großen Nebel im Weltenraum, die Spiralbewegungen in den astrischen Systemen, die Frage der Endlichkeit und Ausdehnung des Weltraumes, die Frage seiner Krümmung sind Grenzfragen der Philosophie, Physik, Mathematik und Astronomie geworden; sie münden am Ende, wie gerade Pascual Jordan zeigt, in Metaphysik und Theologie. Andere Probleme der Astronomie, wie die Erforschung der Vorgänge an der Oberfläche der Sonne, die astrophysischen und durch die Spektralanalyse zu begründenden Erscheinungen, führen zur Chemie. Unter den bedeutendsten Astronomen des 20. Jahrhunderts sind neben den schon erwähnten Forschern zu nennen: Eddington (1882–1946), Seeliger, Schwarzschild, Strömgren, Hubble.

Die Überwindung des mechanischen Materialismus und die bahnbrechende Entdeckung von Hans Driesch, von der wir oben berichtet haben, leiten in der Biologie einen bis heute noch nicht abgeschlossenen Kampf zwischen den Anhängern der darwinistischen Lehre und den Vitalisten ein. Der Darwinismus gibt sich vor allem in der Abstammungslehre noch nicht geschlagen, sondern versucht immer wieder, die Einwände seiner Gegner und deren Beweismaterial, das sich aus neuen Funden ergibt, in seine Theorie einzuordnen, wodurch die Schule des Neodarwinismus entsteht, der freilich in einigen wesentlichen Punkten lediglich die maßvolle Haltung Darwins selbst wieder zur Geltung bringt. Für die Umrisse eines neuen Weltbildes wesentlich wichtiger sind die Kämpfe, die um den Begriff des Lebens, das Wesen der mikrokosmischen Vorgänge in der Zelle und um den Charakter der von Driesch behaupteten Entelechien geführt werden. Wie in der Physik und in der Chemie, so führen auch in der Biologie die naturwissenschaftlichen Probleme unmittelbar zu philosophischen Fragestellungen. Das Experiment und die Statistik herrschen nicht mehr wie im Zeitalter des Positivismus unumschränkt, sondern öffnen immer wieder den Weg zu spekulativen und metaphysischen Erwägungen. Durch die Erforschung des Vorganges der Kristallisierung auf der einen Seite, der Tätigkeit des Virus und Ultravirus (winzigster Teilchen, deren Wesen als anorganische Moleküle oder als Mikroben umstritten ist) auf der anderen Seite versucht man, den Ursprung des Lebens zu klären. Die Nachfolger der Materialisten und Positivisten behaupten, daß sich hier ein Übergang von der anorganischen zur organischen Sphäre feststellen lasse, die Vitalisten nehmen an, daß ein nichtkörperlicher Faktor mitspielen müsse, und die religiös gebundenen Forscher glauben, hier den Eingriff der schöpferischen Kraft von außen feststellen zu sollen. Groß ist die Zahl der Forscher, die auf diesem Gebiet arbeiten und die Streitfragen einer Lösung näherzubringen versuchen (es seien, da kein unbedingt überragender und wie Driesch oder Darwin epochemachender Entdecker auftritt, nur einige Namen herausgegriffen, an die sich der Streit knüpft: R. Goldschmidt, Oskar Hertwig, Schindewolf, Westenhöfer, Lecomte du Noüy, Nilsson, Richard Woltereck, Julian Huxley, Weinert, Heberer, Mitschurin). Einen vollkommenen Ausgleich zwischen der neuen Biologie und der christlichen Lehre sucht mit philosophischen wie mit naturwissenschaftlichen Methoden Hedwig Conrad-Martius. Als einer ihrer bedeutendsten Vorläufer darf Edgar Dacqué genannt werden, der die wissenschaftlichen Forschungsergebnisse der Abstammungslehre mit den mythischen Überlieferungen der Völker und der Offenbarung vergleicht. Wichtige Aufschlüsse verdankt die Biologie der Umweltlehre des Deutschbalten Jakob von Uexküll (geb. 1864). Er hat in zahlreichen Schriften und an überzeugenden Beispielen deutlich gemacht, daß jedes Lebewesen nur innerhalb einer bestimmten Umwelt denkbar ist. Diese Umweltlehre Uexkülls ist nicht zu verwechseln mit der Milieutheorie des französischen Historikers und Soziologen Taine, die in dem Menschen ein Produkt seiner Umwelt sieht.

Auf dem Wege zu einem neuen Universalismus, der die weitgehende Spezialisierung der Wissenschaften im 19. Jahrhundert überwindet, werden auch die Grenzen zwischen der Biologie und der Medizin weniger scharf. Auch hier schlägt das philosophische Denken Brücken. Friedrich Dessauer (geb. 1881), der Begründer der Tiefentherapie durch Röntgenstrahlen, beschäftigt sich vor allem mit dem Verhältnis zwischen Seele und Technik und kommt von der Medizin zur Psychologie, zur Philosophie und endlich zu einer philosophischen Zusammenschau der Elemente der Naturwissenschaft, des christlichen Glaubens und der Philosophie. Ähnlich hat Bernhard Bavinck (1879–1947) in seiner großen Schrift über „Ergebnisse und Probleme der Naturwissenschaften" eine Zusammenfassung der großen Forschungen der letzten Jahrzehnte in philosophischem Geiste gegeben. Victor von Weizsäcker (geb. 1886) begründet eine neue Krankheitslehre, die meist als psychosomatisch bezeichnet wird, weil sie die Bedeutung des Seelischen für den Krankheits- wie für den Heilungsprozeß betont, die aber wissenschaftlich präziser als eine anthropologische, also von der menschlichen Gesamtpersönlichkeit ausgehende Theorie zu bezeichnen ist.

*Erfolge der Medizin*

276 Die Medizin war, wie wir oben sahen, durch die ungeheuren Erfolge der Bakteriologie und der Serumforschung in eine Richtung gedrängt worden, von der sie um die Jahrhundertwende die Konstitutionslehre wieder ablenkt. Man erkennt, daß keineswegs alle Krankheiten ihren Ursprung in einer Infektion durch Bakterien haben und daß nicht jeder Mensch für alle Arten von Infektionen empfänglich ist. So beginnt man nach neuen Krankheitsursachen, vor allem für die in den Kulturländern rasch zunehmenden Krebserkrankungen zu suchen und nähert sich in gewissem Sinne wieder der älteren Anschauung Virchows, daß die Zelle selbst zu erkranken oder zu entarten vermag. Die Erforschung des Schneeberger Lungenkrebses, die Behandlung der Krebsgeschwülste durch Radium und Röntgenstrahlen führen zu überraschenden Ergebnissen. Man stellt fest, daß gewisse chemische Einflüsse (Anilinfarben und Kohlenteer), daß Strahlen und mechanische Wirkungen die Entstehung des Krebses mindestens fördern. Die Krebszelle, als eine unreife, an embryonale Bildungen erinnernde Wucherung, wird nun nicht mehr auf einen Erreger zurückgeführt. Man beginnt die Zusammenhänge zwischen Ernährung und Krankheiten zu erforschen (Emil Abderhalden, 1877 geboren, Erforscher der Abwehrfermente und Entdecker des hormonalen Testes zur Feststellung einer Schwangerschaft; Carl Harko von Noorden, geb. 1858). Zahlreiche sehr gefährliche Leiden werden als Mangelkrankheiten erkannt (z. B. Beri-Beri als Folge des einseitigen Genusses von geschältem Reis und des Mangels an B-Vitamin; Rachitis und Skorbut als Folge des Mangels an C-Vitamin). Bahnbrechend für die Heilung der Mangelkrankheiten wird die Entdeckung der Amerikaner Murphy und Minot, daß die bis dahin tödlich verlaufende perniziöse Anämie durch Leberfütterung verschwin-

det. Zugleich macht aber auch die Chemotherapie, die durch Ehrlich und Hata wieder angeregt worden war, bedeutsame Fortschritte. Deutsche Pharmazeuten der Bayerwerke finden im Germanin und in seiner Abwandlung Naganol wirksame Heilmittel gegen die Schlafkrankheit und verschiedene durch Trypanosomen verursachte Tierseuchen. Ebenfalls in den Bayerwerken wird die Heilwirkung der Sulfonamide entdeckt, die, in zahlreichen Spezialpräparaten erzeugt, bis dahin überaus gefährliche infektiöse Erkrankungen (Lungenentzündung, Rotlauf, allgemeine Sepsis, infektiöse Hirnhautentzündung und andere durch Streptokokken, Staphylokokken und Gonokokken hervorgerufene Leiden) sehr rasch überwinden helfen. Die Anwendung der Sulfonamide durch Laien, wie sie insbesondere in Frankreich und Amerika üblich wurde, führt aber auch zu der bemerkenswerten Entdeckung, daß die Bakterienstämme immun werden können und daß so die Wirkung der Heilmittel aufgehoben wird. Bakteriologie, Physiologie und Biochemie wirken zusammen, um immer deutlicher den Infektions- und Krankheitsvorgang sowie die Abwehrmaßnahmen des Körpers in ihren einzelnen Phasen erkennen zu lassen. Das Wesen der Toxine (von den Bakterien ausgeschiedene Gifte) und der Antitoxine (Gegengift des Körpers), die Funktion der Abwehrstoffe werden ergründet und damit der Therapie neue Wege gewiesen. Sir Alexander Fleming (geb. 1881) entdeckt 1928 das Penicillin, einen Schimmelpilz, dessen Kulturen im Blut als überaus rasch wirksame Feinde der gefährlichsten Bazillen angesetzt werden können. Im zweiten Weltkrieg wird das Penicillin bei der Wundbehandlung mit größtem Erfolg angewandt; in der gleichen Richtung werden dann die noch wirksameren Kulturen des Streptomycin und Aureomycin gefunden. Es gelingt auch, Penicillin in Tablettenform zu erzeugen, das nicht injiziert werden muß, sondern oral eingenommen wird. Die Chemotherapie bringt nach dem zweiten Weltkrieg unter anderem die ersten unmittelbar antibiotisch wirkenden Tuberkuloseheilmittel (Tb 1 oder Conteben und PAS) hervor. Zu den größten Erfolgen der neueren Medizin gehört die Bekämpfung der progressiven Paralyse des Gehirns durch künstlich erzeugtes Fieber, die auf die Entdeckung des Wiener Psychiaters Julius Ritter von Wagner-Jauregg (1857—1940) zurückgeht. Die Methode wird von amerikanischen Medizinern weiterentwickelt und auch auf andere Krankheiten angewandt; die hohen Körpertemperaturen werden statt durch Impfung mit Malariabazillen durch elektrische Heizapparate hervorgerufen.

Die neuen biologischen und physiologischen Erkenntnisse, die Verfeinerung der Instrumente, vor allem auch die Einführung elektrischer Apparate (Galvanokaustor, Cystoskop) und die Verbesserung der Narkosemethoden und der Lokalanästhesie ermöglichen auch der Chirurgie neue und sehr kühne Versuche. Operationen im Brustkorb, sowohl an der Lunge als auch am Herz und den großen Schlagadern, sowie Hirnoperationen erweitern das Feld des Chirurgen im menschlichen Organismus beträchtlich. Ein Wegbahner dieser neuen Chirurgie, vor allem der Lungenchirurgie, ist Ernst Ferdinand Sauerbruch (1875—1951). Unterstützt wird die Chirurgie von der Röntgenologie, die, als neuer selbständiger Zweig der Medizin, die sehr genaue Feststellung eines Leidens ermöglicht (stereoskopische Untersuchung, Tomographie = Schichtenaufnahme, Cholöcystographie = Aufnahmen der Gallenblase u. a. m.). 1896 hatte Ludwig Rehn die erste Herznaht erfolgreich durchgeführt. Inzwischen werden die kompliziertesten Operationen am Herzen vorgenommen (besonders sensationelle Operationen durch O'Shaughnessy und Leriche). Nach dem Vorschlag des Chirurgen Trendelenburg wird bei Lungenembolie die Lungenschlagader geöffnet und das Blutgerinnsel herausgeholt. Große Erfolge macht die chirurgische Behandlung der Lungentuberkulose, sei es durch Thorakoplastiken mit Hilfe von Rippenresektion, sei es durch Entfernung erkrankter Lungenlappen und durch chirurgische Behandlung der Kavernen. Der zweite Weltkrieg regt ebenso wie der erste die Chirurgen und Orthopäden zu neuen Heilversuchen an. Muskelverpflanzungen, Verpflanzung von Knochenspänen, Nagelung von Knochen, Ersetzung von Knochen durch Kunststoffe und Verbindung ursprünglich nicht zusammengehörender Muskeln durch künstliche Sehnen und Bänder (Sauerbruchs Erfindung einer künstlichen Hand) helfen den Verstümmelten, mindestens einen Teil ihrer Arbeitsfähigkeit wiederzugewinnen.

Für die Entwicklung der Wissenschaft im Zeitalter des Kollektivismus ist es bezeichnend, daß der Kampf zwischen freier Forschung und staatlich gelenkter Wissenschaft zur Bildung einander bekämpfender Schulen in der Biologie führt. Nicht nur, daß die von den Sowjets gelenkte Wissenschaft den Materialismus und Darwinismus zu verteidigen sucht, daß man dort mit sehr fragwürdigen Experimenten nachweisen will, daß erworbene Eigenschaften vererbt werden können, es bildet sich auch unter Führung des russischen Biologen Lyssenko (geb. 1898) eine Schule der Biologie, die zwar mit ihren praktischen Zuchtversuchen erstaunliche Ergebnisse zeitigt, zugleich aber die Mendelsche Vererbungslehre als „reaktionär" und „kapitalistisch" abtut, der gesamten freien Forschung des Westens den Krieg ansagt und ihre Thesen nicht so sehr wissenschaftlich als politisch begründet.

*Philosophie und Geisteswissenschaften*

277  Die große Krise der abendländischen Kultur, der politische Niedergang Europas, der Aufstieg neuer Kontinente und das Gefühl, mitten in einem Umbruch der Zeiten zu stehen, fördern bei den Gelehrten wie bei den gebildeten Lesern nach dem ersten Weltkrieg das Interesse für die Kulturphilosophie, die auch als Kulturmorphologie (Spengler) und Kultursoziologie erscheint. Als Vorläufer einer nationalökonomisch und soziologisch arbeitenden Geschichtsphilosophie darf hier noch Max Weber (1864—1920) genannt werden, der sich um die Ergründung der großen Geistesströme der Neuzeit, um den Nachweis der Zusammenhänge zwischen Kalvinismus und Kapitalismus und um die Widerlegung der materialistischen Geschichtsauffassung verdient gemacht hat. Oswald Spengler (1880—1936), ursprünglich Mathematiker, erzielt sensationelle Breiten-

wirkung mit seinem Werk „Der Untergang des Abendlandes" (1918—1922). Nach Spengler entstehen, leben und sterben die großen Kulturen in der gleichen Art wie Einzelwesen nach organischen Gesetzen. Wie die indische, die antike, die arabische Kultur, werde auch die „faustische" des Abendlandes untergehen, und die europäischen Völker würden zu Fellachen werden. Eine ähnliche Theorie hat bereits der 1919 ermordete Gustav Landauer vertreten, der allerdings von ausgeruhten und ausruhenden Völkern sprach, die abwechselnd große Kulturen hervorbringen und dann wieder in den Ruhezustand zurücksinken. Der Engländer Arnold J. Toynbee (geb. 1889) setzt der Spenglerschen Lehre in seiner „Study of History" eine vom Standpunkt des Historikers gesehene These entgegen, nach der die Kulturen nicht wie Organismen altern und sterben, sondern im Laufe der Jahrtausende immer neue Tochterkulturen und Verwandlungen hervorbringen. Im Grenzgebiet von Soziologie und Philosophie liegt das Werk des deutschen Soziologen Ferdinand Tönnies (1855—1936), der sich mit dem Problem von Gemeinschaft und Gesellschaft beschäftigt hat. Der deutschbaltische Graf Keyserling (Schule der Weisheit) ist symptomatisch für den starken Einfluß, den philosophisch-religiöse Gedanken Asiens auf Europa nehmen. Philosophie und Psychologie widmen sich der Erforschung des Religiösen (u. a. Leopold Ziegler, C. G. Jung, Emil Brunner, Erich Przywara). Religionsgeschichte und Geschichtsphilosophie verbinden sich in dem Werke des protestantischen deutschen Gelehrten Ernst Troeltsch (1865—1923), der als einer der ersten wieder auf die große Bedeutung des christlichen Mittelalters hinweist und die insbesondere im evangelischen Lager bestehenden Vorurteile gegen diese Epoche der abendländischen Geschichte widerlegt. Der Holländer Johan Huizinga (1872—1945), ein gründlicher Kenner des Spätmittelalters und des Humanismus, fördert ebenfalls das Verständnis für die universale Kultur des Mittelalters („Herbst des Mittelalters") und macht in seinen kulturphilosophischen Schriften auf den menschlichen Spieltrieb als Ausgangspunkt der Kultur aufmerksam (Homo ludens). Ein neues Mittelalter verkündet und fordert auch der Russe Nikolai Berdjajew (1874—1948). Er verficht allerdings auch die religiöse Überlegenheit des Ostens gegenüber dem Westen im Sinne Dostojewskijs. Der Spanier Miguel de Unamuno (1864—1936) befaßt sich in seinen Schriften mit dem tragischen Weltgefühl und sieht in der Erscheinung des Don Quichotte des Cervantes das Urbild der abendländischen Tragik. Unamunos Landsmann José Ortega y Gasset (geb. 1883), der auf Nietzsche und Scheler zurückgeht, untersucht das Wesen der geschichtlichen Krisen und setzt in seiner bedeutsamen Schrift „Der Aufstand der Massen" (1929) die Linie Le Bons fort. Zum Unterschied von Ortega, der die Technik zwar kritisch betrachtet, sie aber doch für die Grundlage eines bis dahin nie dagewesenen Wohlstands hält, vertritt der deutsche Lyriker Friedrich Georg Jünger (geb. 1898) in seiner nach dem zweiten Weltkrieg erschienenen Schrift „Die Perfektion der Technik" die umwälzende Auffassung, daß die Technik notwendig zum Pauperismus führe, uns zum Raubbau an den nur einmal vorhandenen und nicht ersetzbaren Schätzen der Erde verleite und überhaupt nicht schöpferisch, sondern störend wirke. F. G. Jüngers älterer Bruder Ernst Jünger (geb. 1895) wird mit seinen glänzend geschriebenen Essays und Manifesten („Der Arbeiter", „Die totale Mobilmachung") wie mit seinen Romanen der stärkste Verkünder jenes heroischen Nihilismus, den kulturmorphologisch Spengler begründet und der, wie wir bereits erwähnten, mit dem Erlebnis von Krieg und Niederlage durch die deutsche Jugend zusammenhängt.

Eine besondere Gruppe unter den Geschichtsphilosophen und Soziologen bilden die Anhänger des Marxismus, der freilich längst keine geschlossene Schule mehr ist, sondern nach den politischen Richtungen von Kommunismus, Sozialismus und Sozialreformismus gespalten erscheint. Die Italiener Pareto und Arturo Labriola, der Holländer Pannekoek, die Österreicher Max Adler, Otto Bauer und Karl Renner, der Deutsche Ferdinand Cunow, der Flame Lu Mertens, der Ungar Georg Lukacs, der Engländer Harold Laski, unter den Russen neben Lenin besonders Bucharin, Lunatscharski, Pokrowski, Rjazanow seien aus der sehr großen Zahl der Vertreter des Marxismus verschiedener Richtung herausgegriffen.

## Ontologie und Existentialismus

278   Die reine Philosophie wird in der Zeit zwischen den Weltkriegen und noch nach dem zweiten Weltkrieg vor allem von zwei großen Themen beherrscht: der Frage nach dem Sein (Seinsphilosophie, Ontologie) und der Frage nach der Existenz (Existentialismus). Eine kritische Ontologie, die auf Aristoteles und Kant aufbaut, entwickelt der von Scheler herkommende Nicolai Hartmann (1882—1950, in Riga geboren). Seine Kategorienlehre unterscheidet verschiedene Schichten der Wirklichkeit. Jede Philosophie münde in Metaphysik, doch könne die Frage nach dem Gottesbegriff philosophisch nicht beantwortet werden. Die katholische Philosophie, die vor allem Seinsphilosophie im Sinne des Aristoteles und des Thomas von Aquin ist, wird in Deutschland von dem Jesuiten Erich Przywara (geb. 1889), von Joseph Bernhart (geb. 1881) und Josef Pieper (geb. 1904) vertreten. August Brunner gibt in seinem Werk „Stufenbau der Welt" ein ontologisches System. Die Existenzphilosophie erobert sich in Deutschland mit Karl Jaspers (geb. 1883) einen hervorragenden Platz. Nach Jaspers (Der philosophische Glaube, Von der Wahrheit) findet der Mensch den Sinn seiner Existenz, indem er in das Transzendente hinübergreift. Radikaler als Jaspers ist Martin Heidegger (geb. 1889), der die gesamte Philosophie der Griechen und des Abendlandes seit Plato ablehnt und der Wahrheit durch eine von ihm eigens geprägte, aber höchst dunkle und von seinen Kritikern oft als sinnlos bezeichnete Sprache des Philosophierens näherzukommen sucht. Den christlichen Existentialismus repräsentiert in Deutschland Peter Wust (1884—1940). In Frankreich hat er in Gabriel Marcel (geb. 1889) seinen Hauptvertreter. Der französische Schriftsteller Jean Paul Sartre (geb. 1905 in Paris) verkündet dagegen einen atheistischen Existentialismus und wandelt in den Spuren Nietzsches und des

Nihilismus. Der Mensch sei absolut frei und sei nur das, was er aus sich selbst mache. Obwohl Sartre und seine Anhänger behaupten, daß eben dieses Bekenntnis zur Freiheit den Menschen verpflichte, sittliche Grundsätze zu haben, propagiert Sartre in seinen Romanen und Theaterstücken einen sittlichen Indifferentismus, und wie Nietzsche das Mitleid, so sieht er die Reue als das größte Verbrechen des Menschen an sich selbst an. Durch die französische Widerstandsbewegung, in der es darauf ankam, moralische Hemmungen zu überwinden, und die nach dem Kriege zum Teil in Anarchismus ausartet, ist der Existentialismus Sartres volkstümlich geworden. Indem er ihn mit allen Mitteln der Kolportage (Film, Romane, Theater, eigene Nachtlokale der Existentialisten, Mode, Clubs) propagiert, vermag Sartre seinen Existentialismus eine Zeitlang beinahe zu einer Massenströmung zu machen. Gegen diese Tendenzen wirkt in Frankreich vor allem das neuerwachte katholische Element mit einer Reihe glänzender Schriftsteller: Emmanuel Mounier (1905—1950) bekämpft die Vermassung durch den christlichen Personalismus; Jacques Maritain (geb. 1882 in Paris, nach dem zweiten Weltkrieg Professor in Princeton-USA) vertritt den Thomismus; und Robert Morel fordert einen radikalen Katholizismus in der Gefolgschaft von Léon Bloy.

Die amerikanische Philosophie in der Zeit nach dem ersten Weltkrieg verlegt sich ihrer Tradition entsprechend vor allem auf Psychologie, insbesondere Experimentalpsychologie, oder pflegt die Erkenntnistheorie (kritische Realisten und Neurealisten). Die Grundrichtung bestimmen hier noch immer Denker des vorigen Jahrhunderts, wie John Dewey, der den Instrumentalismus (Neuhumanismus auf anthropologischer Grundlage) begründet, und William James (1842—1910), dessen Pragmatismus und radikaler Empirismus dem Amerikaner besonders zusagt, da er nicht von der Spekulation, sondern vom täglichen Leben ausgeht. Als Kulturkritiker und Vertreter einer skeptischen Richtung hat der Engländer Aldous L. Huxley (1894) ein großes Publikum gewonnen. Er wendet sich später mystischen Richtungen zu. Der Personalismus William Sterns knüpft in manchem an Scheler an und hat in Amerika zahlreiche Vertreter.

Der Positivismus ist weder in der alten noch in der neuen Welt völlig überwunden. Er lebt wieder auf in der Schule der Neupositivisten oder Logistiker, die von einer Kritik der Begriffe ausgehen und verlangen, daß sich jede Aussage, wenn sie philosophisch diskutabel sein soll, auf mathematisch beweisbare Tatsachen stützen müsse („Wiener Schule", vor allem Rudolf Carnap, geb. 1891, Professor in Wien, Prag, und später in Chicago).

Der Einfluß von Klages wirkt nach, doch wird der Geist-Seele-Gegensatz, den er lehrte, in der nationalsozialistischen Ära vielfach mißdeutet und zur Begründung der geistfeindlichen Politik des Systems herangezogen. Weder der Faschismus noch der Nationalsozialismus haben eine eigene Philosophie hervorgebracht, obwohl der Nationalsozialismus behauptete, eine Weltanschauung zu sein. Sein Parteiphilosoph Alfred Rosenberg (Der Mythus des 20. Jahrhunderts) gibt Lesefrüchte aus dritter Hand und verbindet sie zu einem unverdaulichen Brei von nationalistischen und antichristlichen Schlagworten.

## Philosophie und Theologie

*279* Im neuen Jahrhundert hört auch die scharfe Trennung von Philosophie und Theologie wieder auf. Die Renaissance des Universalismus in der Philosophie, die größere Beachtung, die also Aristoteles, Thomas von Aquin und Leibniz finden, auf der anderen Seite der Versuch der Theologie, die Glaubenslehren mit den Erkenntnissen und Errungenschaften der modernen Wissenschaft in Einklang zu bringen, haben viele Gegensätze überbrückt. Zwar hält die katholische Kirche an der Ablehnung jener Lehren fest, die schon der Syllabus Pius' IX. und die antimodernistischen Thesen Pius' X. verworfen haben, sie schenkt aber der modernen Entwicklung der Physik, der Biologie, der Astronomie und der Philosophie größtes Augenmerk. Soweit die Wissenschaft der Zeit nicht zu einem Relativismus in Glaubens- und sittlichen Fragen führt, soweit sie nicht als Historismus die Heilsgeschichte zu einer bloßen Funktion der menschlichen Entwicklung macht, wird sie dem Lehrgebäude eingefügt. Pius XII. betont wiederholt die Tatsache, daß die neue Wissenschaft die Berechtigung des Glaubens erweise, er grenzt jedoch in der Enzyklika Humani Generis (1950) die kirchliche Lehre gegen jene Geistesrichtungen ab, die von der Dogmatik zur Gnosis führen. In der evangelischen Kirche macht sich ein entschiedener Rückschlag gegenüber der liberalen Theologie Harnacks bemerkbar. Der Schweizer Theologe Emil Brunner (geb. 1889) betont die sozialethische Seite des Christentums und berührt sich hier mit katholischen Sozialethikern. Der ebenfalls aus der Schweiz stammende und zeitweise in Deutschland lehrende Karl Barth (geb. 1886) fordert eine neue Reformation und eine „dialektische Theologie". Seine große Studie über den Römerbrief leitet eine Entwicklung ein, die auch politisch bedeutsam ist, weil sie über die Barmer Klausel zur Gründung der „Bekennenden Kirche" führt, die dem Nationalsozialismus keine Zugeständnisse macht. Neben dieser, vom Kalvinismus aufs stärkste beeinflußten Richtung Barths gibt es in der evangelischen Kirche auch eine katholisierende Strömung, die auf den jungen Luther hinweist und im Geiste der Una-sancta-Bewegung mit gleichgestimmten Katholiken, wenn nicht die Überwindung, so doch die Milderung der Gegensätze zwischen den Bekenntnissen anstrebt. Der oldenburgische Landesbischof Stählin vertritt in Deutschland diese Richtung. Haben sich einzelne evangelische Kreise dem Nationalismus weitgehend genähert, so sind in der anglikanischen Kirche kommunistenfreundliche Richtungen aufgetaucht. Bedeutsam sind in der Zeit nach dem ersten Weltkrieg die ökumenischen Einheitsbestrebungen sowohl innerhalb des Kreises der evangelischen Kirchen als auch zwischen diesen und den Trümmern der orthodoxen Kirche. Eine führende Rolle spielt dabei Natan Söderblom (1866—1931, Erzbischof von Uppsala seit 1914), als Theologe und Kirchenhistoriker liberal, dabei ein Wortführer des praktischen Christentums im amerikanischen Sinne. Die katholische Kirche nimmt an den ökumenischen Einheitsbestrebungen nicht teil, begrüßt sie aber und erhofft von der Una Sancta-Bewegung Abbau der Feindschaft, Förderung des Verständnisses zwischen den Kirchen. Die orthodoxe Kirche erleidet einen schweren Rückschlag durch ihre Einschaltung in das Herrschaftssystem des Kommunismus während des zweiten Weltkrieges, nach dem nur noch in den nichtbolschewistischen Ländern eine freie Kirche des griechischen Ritus übrigbleibt. Völlig vernichtet wird die griechisch-unierte (ukrainische) Kirche. Die Befreiung Indiens macht auch die hindostanischen Religionen zu Faktoren der Weltpolitik. Pius XII. betont bei der Antrittsaudienz des indischen Gesandten im Vatikan die Gemeinsamkeit der sittlichen Ideale des indischen und des christlichen Glaubens.

*Interesse an der Geschichte*

280 Die Abwendung der Naturwissenschaften vom mechanischen Materialismus und die Zweifel, die von ihnen her gegen das Kausalitätsgesetz auftauchen, kommen den Geisteswissenschaften zugute. Soviel diese methodisch durch den Primat der Naturwissenschaften gewonnen haben, waren sie doch unselbständig geworden und trotz philosophischer Bemühungen um ihre Eigengesetzlichkeit (Dilthey) nicht mehr imstande, Wesentliches zum Weltbild der Zeit beizutragen. Das ändert sich mit der Revolution der Naturwissenschaften und dem Wiederaufbau eines universalen Systems.

Die Geschichtsforschung macht sich nach wie vor die neuen Untersuchungsmethoden zunutze, die ihr durch die Entwicklung der Technik erschlossen wurden (chemische Untersuchung von Schreibmaterial und Papier oder Pergament, Röntgenphotographie vor allem in der Kunstgeschichte, mikroskopische Untersuchungen usw.). Manche alte Streitfrage kann geklärt werden. Die Durchforschung der Staats- und Privatarchive liefert noch immer neues Material, während zugleich aus der jüngsten Zeit eine Fülle von Quellen nachströmt. Der erste Weltkrieg hat seine Spur in einer großen Zahl von Memoiren der Staatsmänner und Militärs hinterlassen. Die großen Aktenpublikationen, die Öffnung der Archive durch Rußland und Deutschland geben der Geschichtsschreibung neuen Stoff, führen aber auch zunächst zu einseitiger Beurteilung mancher Probleme, etwa der Kriegsschuldfrage. Es bedarf zahlreicher Kontroversen, um der geschichtlichen Wahrheit näher zu kommen. Vom Zeitungsstil und von den Bedürfnissen des volkstümlichen Schrifttums her wird eine neue Art literarischer Geschichtsschreibung Mode, die in Form sensationeller Enthüllungen, spannender Reportagen und gutgeschriebener, aber meist nicht objektiver Biographien insbesondere das Gebiet der neueren Geschichte durchpflügt. Der historische Roman, wie er zwischen Walter Scott und den Serienromanen gelehrter deutscher Professoren im 19. Jahrhundert üblich war, wird durch die romanhafte Biographie und das historische „Porträt" verdrängt. In Deutschland, wo diese Art von literarischer Geschichtsschreibung die größten Erfolge hat, sind Emil Ludwig, Valeriu Marcu und Mirko Jelusich ihre erfolgreichsten Repräsentanten. Die Biographien oder Porträts Emil Ludwigs erscheinen in ungeheuren Auflagen und werden in zahlreiche Fremdsprachen übersetzt, bis die Mode sich Ende der dreißiger Jahre verläuft. Wesentlich wertvoller nach der historischen und literarischen Seite sind die historischen Essays und Monographien der auch als Dichterin großen Ricarda Huch (1864—1947) und die Biographien aus der Feder von Duff Cooper (Talleyrand), Octave Aubry, André Maurois. Die großen Erfolge dieser Art volkstümlicher Geschichtsschreibung zeitigen die erfreuliche Folge, daß sich auch die gelehrte Historiographie wieder ihrer Verpflichtung erinnert, spannend und flüssig zu schreiben und ihre Forschungsergebnisse einem breiteren Publikum zugänglich zu machen. Das macht sich insbesondere in Deutschland bemerkbar, wo die professorale Entartung der Geschichtsschreibung am weitesten gediehen war.

### Neue Probleme der Historie

281  Die Befruchtung der Geschichte durch Kulturphilosophie und Geschichtsphilosophie ist seit Jacob Burckhardt und Nietzsche deutlich zu erkennen. Aber auch von der Soziologie, der Nationalökonomie und der Psychologie her wird die Geschichte, wie schon das Werk Karl Lamprechts bewiesen hat, neu angeregt. Das Streben nach Universalität macht sich auch in der Geschichtswissenschaft geltend. Die weitgehende Aufspaltung in Fachgebiete weicht dem Bestreben, eine bestimmte Epoche im Querschnitt unter Berücksichtigung aller Lebenserscheinungen, eine Persönlichkeit im Rahmen ihrer Epoche und mit allen Verästelungen ihrer geistigen Wurzeln nachzuzeichnen. So werden auch hier Grenzen verwischt, und es ergeben sich Übergänge zwischen Kultur- und politischer Geschichte, Literar-, allgemeiner Geistes-, Sozial- und Wirtschaftsgeschichte. Die Erforschung des Altertums zieht Nutzen aus den neuen Funden der Ägyptologen (Erschließung des Tut-ench-Amun-Grabes durch Lord Carnarvon und Carter 1922), durch die Aufschlüsselung alter Schriften (Hethiterschrift durch Hrozny), durch die Fortschritte der Orientalisten in der Sprachforschung. Die Parallelität zwischen dem Untergang der Antike und der Gegenwart regt zur Betrachtung der Übergangserscheinungen zwischen Altertum und Mittelalter an. Der Belgier Henri Pirenne (geb. 1862), einer der gründlichsten Kenner der mittelalterlichen Wirtschafts- und Sozialgeschichte, stellt die These auf, daß erst durch den Einbruch des Islam in die Mittelmeerwelt das Altertum zu Ende sei. Der Russe Michael Rostovtzeff (geb. 1870) erforscht die Wirtschaftsgeschichte der Spätantike, insbesondere die Wirtschafts- und Sozialordnung des römischen Großgrundbesitzes und des Colonats wie des Devisenschwunds im spätrömischen Reich. Der Wiener Historiker Alfons Dopsch (geb. 1868 in Lobositz) entwickelt seine Kontinuitätstheorie, die weitverbreitete Vorurteile beseitigt und in den Germanen der Völkerwanderung nicht mehr die Zerstörer, sondern die Erhalter und Fortsetzer antiker Kultur sieht. Sie ist grundlegend für die Geschichtsphilosophie Toynbees. Von hier aus ergibt sich auch eine neue Wertung von Persönlichkeiten wie Geiserich und Theoderich, die gerade in der französischen Geschichtsschreibung durchdringt. Allgemein ist das stärkere Interesse am Mittelalter, nicht zuletzt durch Huizinga, Troeltsch, Berdjajew, angeregt. Die

deutsche Geschichtsschreibung, im Zeichen Sybels und Treitschkes völlig auf die preußische Historie konzentriert, wendet sich wieder ohne Vorurteile der Erforschung und Darstellung des Hochmittelalters zu (Johannes Haller, Karl Hampe, Hans Hirsch, Ernst Kantorowicz, Fedor Schneider). Die Kirchengeschichte befaßt sich vor allem mit Humanismus und Reformation, wobei katholische und protestantische Auffassung (für jene etwa Joseph Lortz, für diese Karl August Meissinger beispielgebend) einander im Gesamturteil sehr nahe kommen. Ihr Ergebnis ist die Einsicht, daß die Reformation ein gesamteuropäischer Vorgang war, an dem auch die Katholiken teilhaben, und daß die lutherische und kalvinische Reformation nur extreme Sonderfälle des Gesamtprozesses sind. Wissenschaftliche Geschichtsschreibung und Geschichtsphilosophie verbindet in hervorragender Weise Eugen Rosenstock in seinem großen Werk „Die europäischen Revolutionen", einer von Spengler abweichenden und zu Toynbee weisenden und zutiefst religiös fundierten Deutung der abendländischen Geschichte. Für die Verbindung von Wirtschafts- und Kulturgeschichte mit der Darstellung des politischen Geschehens ist der Engländer Macaulay Trevelyan (geb. 1876) eine vorbildliche Erscheinung. Die neuere Geschichte wird in Frankreich von Charles Seignobos (geb. 1859), in Deutschland durch Friedrich Meinecke (geb. 1862), durch Heinrich von Srbik (1878—1951), Wilhelm Schüßler (geb. 1888) und Hermann Oncken (1869—1946) vertreten. Srbik und Schüßler fordern eine gesamtdeutsche Geschichtsauffassung, in der Österreich und Persönlichkeiten wie Prinz Eugen, Maria Theresia, Metternich, Erzherzog Karl neben den preußisch-deutschen Gestalten der deutschen Geschichte wieder stärker zur Geltung kommen. Daß durch neue Aktenfunde und die Auswertung unerschlossenen Quellenmaterials auch scheinbar längst geklärte Vorgänge in neues Licht gesetzt und das Bild geschichtlicher Persönlichkeiten verändert werden kann, zeigt der tschechische Historiker Josef Pekar (1870—1937) an Wallenstein. Friedrich Meinecke erwirbt sich Verdienste um die Klärung der Zusammenhänge von Staatsauffassung und Geistesgeschichte (Weltbürgertum und Nationalstaat, Staatsräson). Das große kriegsgeschichtliche Werk Hans Delbrücks (1848—1929) wird von Emil Daniels in klassischer Weise fortgesetzt.

Vervollkommnung der Methoden und philosophische Durchdringung des geschichtlichen Denkens kommen im besonderen Maße der Kunst- und Literaturgeschichte zugute. Der Schweizer Heinrich Wölfflin (1864—1945) wirkt als Forscher, Darsteller und Lehrer durch seine Persönlichkeit und durch seine tiefschürfenden Deutungen des Kunstwerkes bahnbrechend. Josef Strzygowski (1862 bis 1941) entwickelt seine interessante These von den Zusammenhängen zwischen geographischem Raum (Kunstboden) und künstlerischem Stil, zeigt bemerkenswerte Zusammenhänge zwischen der Kunst Nordasiens und der der indoeuropäischen, vor allem germanischen Völker auf, zwischen Zeltbau, Schiffsbau und Gewölbekonstruktionen. Julius Schlosser, der ebenso wie Strzygowski in Wien lehrt und von dem Italiener Benedetto Croce beeinflußt ist, lehrt demgegenüber eine Theorie der Kunstdialekte. In ähnlichem Sinne deutet A. E. Brinckmann die

Kunstsprache der einzelnen europäischen Völker und des gesamten Abendlandes. Max Dvořak (1874–1921) erforscht und schreibt Kunstgeschichte vorwiegend als Geistesgeschichte, wobei er eine neue Deutung für die Gotik findet. Richard Benz (geb. 1884) erschließt in glänzend geschriebenen Werken auch einem größeren Publikum geistesgeschichtliche Zusammenhänge zwischen Kunst und Musik, Musik und Literatur (Gotik, Barock, Beethoven, Schubert). Josef Nadler (geb. 1884) wirkt auf dem Gebiete der Literaturgeschichte bahnbrechend durch seine Theorie vom Zusammenhang zwischen Landschaft, Stamm und Dichtung. Die stilkritisch ästhetische Methode führt Oskar Walzel (1864–1944) weiter. Dem George-Kreis gehört Friedrich Gundolf an, der im Geiste der Philosophie Bergsons und Husserls, also aus Intuition, Literaturgeschichte schreibt und das wissenschaftliche Werk zum Kunstwerk gestaltet (Shakespeare, Goethe, Caesar). Literaturgeschichte mit Kultur- und Zeitkritik verbindet in seinen Biographien und Essays der Däne Georg Brandes (1842–1927).

Den Universalismus auf katholischer Grundlage stellt Franz Schnabel (geb. 1887) wieder her (Deutsche Geschichte im 19. Jahrhundert). Die neueste deutsche Geschichte wird von Veit Valentin, Erich Brandenburg, Arthur Rosenberg bis 1933 gepflegt. Das totalitäre Regime in Deutschland bringt ebenso wie das russische eine Reihe von parteigebundenen Historiographen hervor, deren wissenschaftliche Leistung gering anzuschlagen ist.

Unter den übrigen geisteswissenschaftlichen Disziplinen blühen vor allem die Pädagogik (in Deutschland hervorragend vertreten durch Eduard Spranger, geb. 1882, und Georg Kerschensteiner, 1854–1932), die schon erwähnte Psychologie, die Soziologie, von der sich zahlreiche Übergänge zu den rein technischen Wissenschaften finden. Ein Kennzeichen der Epoche ist es, daß fast alle Disziplinen den Schwerpunkt von der Betrachtung des Individuums auf das Soziale verlegen, so daß wir von Sozialhygiene, sozialer Medizin, sozialer Erziehungslehre, Sozialstatistik und ähnlichem mehr sprechen.

*Bildungsideal und Erziehung*

282 Im 19. Jahrhundert war das humanistische Bildungsideal allmählich verlorengegangen. Äußerlich hält man zwar an der Vorstellung einer humanistischen Bildung durch die klassischen Sprachen fest und läßt das Gymnasium bestehen. Tatsächlich aber entwickelt man in den meisten Kulturländern neben den Gymnasien zahlreiche andere Schultypen, die sich mehr oder weniger weit von dem Studienplan des humanistischen Gymnasiums entfernen (Realgymnasium, Reformgymnasium, Lyzeum, Musisches Gymnasium, Realschule). Da man sich aber weder entschließt, auf die humanistische Bildung völlig zu verzichten und Spezialisten heranzubilden, wie sie in den technischen und Handelsschulen erzogen werden, noch den Geist des Gymnasiums festhält, zerstört man das alte Bildungsideal und ersetzt es durch eine Fülle von zwieschlächtigen Bestrebungen. Zahlreiche Reformbestrebungen, die Lehrplan, Bildungsziel und die Unterrichts-

methode betreffen, laufen seit dem Beginn des Jahrhunderts nebeneinander her, durchkreuzen einander oft und lassen insbesondere in den mitteleuropäischen Ländern das Schulwesen nicht zur Ruhe kommen. Während in Amerika, von wo die modernen Bestrebungen vielfach ausgehen, langsam eine gewisse Tendenz zur universalen Bildung sichtbar wird, strebt man in Europa nach der Einheitsschule, die sich in der Praxis meist als eine Gabelung und Aufspaltung in zahlreiche Äste erweist. Die Preisgabe des humanistischen Bildungsideals, für das kein Ersatz gefunden wird, rächt sich in dem geringen Widerstand, den die junge Generation den kulturfeindlichen Bestrebungen und der geistigen Gleichschaltung in den totalitären Staaten entgegensetzt. Diese machen sich, ebenso wie sie in ihrer kirchenfeindlichen Politik auf den Schultern des Liberalismus stehen, auch im Erziehungswesen die Diffamierung der humanistischen Bildung zunutze und ersetzen sie durch ein Spezialistentum mit einheitlicher Ausprägung des militärischen Gehorsams und der Ausrichtung auf den Gedanken des totalitären Staates und des Führers, der „immer recht hat". Dem Kommunismus gelingt es, durch die völlige Einschaltung der Schule in seine Machtbestrebungen die Jugend einseitig in kollektivistischem Geiste zu erziehen und sie der Urteilsfähigkeit zu berauben. Nationalsozialismus und Faschismus versuchen das gleiche, nehmen sich aber durch ihre Kriegspolitik selbst die Möglichkeit, längere Zeit auf die heranwachsende Generation einzuwirken. Nach dem zweiten Weltkrieg herrschen amerikanische Erziehungstendenzen in Europa vor. Zu einem einigermaßen unumstrittenen neuen Schulsystem ist man aber noch nicht gelangt. Die Reformen führen insbesondere in Deutschland meist zu Halbheiten. Während die Wissenschaft den Weg zum Universalismus sucht, bleibt das Erziehungswesen mit seiner Tendenz zur Senkung des Bildungsniveaus, zur Einebnung auf niedriger Stufe und zur Ausbildung von technischen Spezialisten hinter der Zeit zurück. Den europäischen Universitäten und Hochschulen fehlt das vorbereitende Studium im Sinne des amerikanischen Colleges, das eine allgemeine Bildung vermittelt. Diese Aufgabe hatte in Europa früher die höhere Schule, insbesondere das Gymnasium, erfüllt, das aber durch zu starke Belastung mit Spezialfächern, durch das stete Anwachsen des Bildungsstoffes auf mathematisch-naturwissenschaftlichem Gebiet und durch die Verringerung der Schulzeit den Ansprüchen nicht mehr genügt. So wirkt die Schule der Vermassung und Verflachung der Menschen nicht in dem Grade entgegen, in dem es nötig wäre, um eine auf humaner Gesinnung, Gerechtigkeitsgefühl und kritischem Urteil beruhende Demokratie zu erhalten.

Mit der politischen Demokratisierung Mitteleuropas hat das Volksbildungswesen, über dessen Ursprünge wir früher berichteten, nach Zahl der Volksbildungsstätten, der Hörer und der Kurse einen gewaltigen Aufschwung genommen. Einzelne Länder haben vorbildliche Volksbildungsgesetze geschaffen, das Volksbüchereiwesen ausgebaut. Auch hier wirkt das amerikanische Vorbild, neben das in Europa in erster Linie die Volksbildungseinrichtungen der skandinavischen Völker treten. In Deutschland hat die äußerlich sehr stark entwickelte Volksbildungsbewegung ihr eigentliches Ziel nicht erreicht. Die Masse des deutschen Volkes erweist sich gegenüber den Gefahren, die seit 1930 aus der plebejischen Massenbewegung des Nationalsozialismus aufsteigen, nicht kritisch genug, auf weiten Strecken unfähig zum Widerstand. Die soziologische These, daß die Diktatur die Staatsform der analphabetischen Länder des Ostens und Südeuropas sei, wird 1933 in Deutschland widerlegt. Nach 1945 versucht man beim Wiederaufbau des deutschen Volkshochschulwesens, nicht zuletzt mit amerikanischer Hilfe, die Fehler von einst zu korrigieren und eine auf die staatsbürgerliche Erziehung, auf Duldsamkeit, Bereitschaft zur Diskussion und Bildung einer kritischen Meinung gerichtete Volksbildungsarbeit anzuregen. Die Abneigung gegen Politik, das Mißverständnis, daß jede Politik Parteipolitik sei, und die deutsche Neigung zum einseitigen Spezialistentum erweisen sich auch noch nach den Erfahrungen mit dem totalitären Regime als Hindernisse. Die Emanzipation der Jugend, die der Emanzipation der Frau auf dem Fuße folgte und durch eine ganze Reihe neuer Mächte der Meinungsbildung — den Film, den Rundfunk, die Presse —, aber auch durch die Jugendarbeit in den industriellen Betrieben bedingt ist und die bis zu einem gewissen Grade von den totalitären Diktaturen gefördert wird, weil man die Jugend gegen die besonnene ältere Generation ausspielt, stellt das Erziehungswesen vor neue Aufgaben. Frühzeitig werden die jungen Menschen mit allen Erscheinungen des Lebens bekannt, die sie vordem erst in reiferem Alter kennenlernten. Die wissenschaftliche Pädagogik, Politiker und Kirchen, die mit der Jugendfürsorge betrauten Stellen und Jugendführer selbst befassen sich mit diesem Problem. Die Zerstörung der Familie und aller anderen organischen Gliederungen der Gesellschaft durch Großstadt, Industrie und Massenleidenschaften führen, wenigstens zeitweise, in den von Krieg und Revolution am stärksten heimgesuchten Gebieten zur Verwahrlosung der Jugend (Kriminalität, venerische Erkrankungen, Verfall der Sitten und der Bildung). Der totalitäre Staat ersetzt Familie und Elternhaus, Berufsstand und Gemeinde durch die Partei und die staatlich gelenkten Organisationen. In den Demokratien ist es weit schwerer, die emanzipierte Jugend durch neue Autoritäten zu lenken. Das Erziehungsproblem verbindet sich mit der größeren Frage der gesellschaftlichen Reform. Es wächst sich zu dem Problem aus, ob eine technisierte, großstädtische, auf dem Zusammenleben großer Menschenmassen beruhende und von Massentrieben beherrschte Gesellschaft die organischen Zusammenhänge wahren und für Familie, Haushalt, Nachbarschaft, Gemeinde und Berufsstand wieder Raum schaffen kann.

## Presse und Publizistik

283 Stärker als die Mächte der Erziehung wirken im 20. Jahrhundert die Kräfte der Publizistik im weitesten Sinne auf die junge Generation und auf die Massen ein. Auch der Entwicklung der Presse hat der erste Weltkrieg neuen Anstoß gegeben. Die Zeitungen gingen zum täglichen Erscheinen über, in den Großstädten sehr oft zu mehreren Ausgaben im Tage. Der auf einem festen Abnehmer-

kreis gegründeten Presse erwächst durch die auf freien Verkauf und darum auf Sensationsmache angewiesene Boulevardpresse eine scharfe Konkurrenz. In den großen Städten erscheinen von Stunde zu Stunde in Auflagen von Hunderttausenden die Boulevardblätter, die einander an blutrünstigen Meldungen, Skandalen, politischen Sensationen zu überbieten suchen. Die Meldung eilt dem Ereignis voraus, sie provoziert es, sie bauscht es maßlos auf. Die Entwicklung der Illustrationstechnik führt dazu, daß fast alle Zeitungen bebildert erscheinen, wobei die Qualität der Bildwiedergabe und des Gegenstandes selbst nicht mehr entscheidend sind, sondern oft nur die bloße Tatsache, daß überhaupt irgend etwas im Bilde gezeigt wird, sehr oft die groteske Häßlichkeit, das Abschreckende, Aufpeitschende, Lüsterne und Schamlose. Der amerikanische Zeitungsstil des Überwucherns der bezahlten Anzeige greift nach Europa über. Das ruhige Bild älterer europäischer Zeitungen wird durch die sensationelle Aufmachung mit schmalen Druckspalten, Balkenlettern, Zweifarbendruck, Illustrationen und Geschäftsreklame ersetzt, wobei die Sprache immer gewöhnlicher wird, der Schrei, der Telegrammstil, der Kommandoruf, besonders im Titel, den logisch gebauten Satz verdrängt. In den totalitären Staaten wird die Presse „gleichgeschaltet" und der staatlichen Lenkung unterworfen. In den demokratischen Staaten wird sie vielfach zum Instrument der großen Geldmächte und der politischen Parteien. Daneben entwickelt sich in den Verfallszeiten der großen Geldspekulationen, sozialen Katastrophen und politischen Wirrnisse nach 1919 auch auf dem europäischen Kontinent in großer Üppigkeit jener Typus der Zeitung, den man in Amerika schon früher kannte (Jingopresse) und der keinem bestimmten Geldgeber hörig ist, sondern sich jedem bereitwillig verkauft, daneben auf eigene Faust die Wirtschaft und die Privatleute wie die Politiker durch Erpressungen brandschatzt. Die Strafgesetze erweisen sich gegenüber dem Treiben dieser Pressehyänen als unzulänglich. Die kulturgeschichtliche Bedeutung dieser Erscheinung wird besonders klar beleuchtet durch den jahrelang währenden Kampf, den der Wiener Kulturkritiker und Satiriker Karl Kraus, zeitweise wirksam unterstützt von dem sozialdemokratischen Publizisten Friedrich Austerlitz, im wesentlichen aber von Staat, Parteien und allen anderen Mächten im Stich gelassen, als einzelner gegen die Wiener Erpresserjournalistik, insbesondere gegen den Gründer und Herausgeber des typischesten dieser Blätter („Die Stunde"), den aus Budapest zugewanderten Imre Bekessy, führt. In dem Sieg, den Karl Kraus am Ende erringt, als der Chefredakteur des Wiener „Abend", Sandor Weiß, verhaftet wird und Bekessy aus Wien flieht, siegt noch einmal die Macht der sittlichen Persönlichkeit und die Überlegenheit des künstlerischen Genies über Korruption, Erpressergewalt und Kulturlosigkeit.

*Rundfunk und Kino*

284 Hat schon die Erfindung des Kinematographen eine neue Macht der öffentlichen Meinung geschaffen, die sich zwischen Zeitung und Kolportageliteratur auf der einen, das Theater auf der anderen Seite einschiebt, so tritt seit dem

ersten Weltkrieg mit der raschen technischen Entwicklung des Rundfunks (Übertragung von Tönen durch elektrische Wellen) eine Macht auf den Plan, die, wirksamer als die Presse, für diese eine schwere Konkurrenz werden, das Nachrichtenwesen umgestalten und die Politik in die Lage versetzen sollte, in ganz anderem Maße als bisher die Massen anzusprechen. Der Rundfunk verbreitet eine Nachricht unmittelbar nach dem Ereignis in winzigsten Zeiträumen um die ganze Erde. Er nimmt einerseits der Presse das Monopol der Nachrichtenübermittlung und schränkt ihre Aufgabe auf den Kommentar sowie auf die Reproduktion der bereits bekannten Meldung ein. Er wird andererseits von der Presse und den großen Nachrichtenagenturen verwendet. Wir erwähnen an anderer Stelle, welche Bedeutung er für Wirtschaft, Politik und Kriegswesen hat. Indem er neben Meldungen, Kommentaren, Vorträgen auch Hörspiele, Konzerte, Theateraufführungen überträgt, indem er die Massen seiner Hörer zu unmittelbaren Ohrenzeugen bedeutsamer Ereignisse, politischer Aussprachen, feierlicher Kundgebungen macht, wird er eine symbolische und je nach seiner Verwendung gefährliche oder segensreiche Macht des neuen Jahrhunderts. So alte Einrichtungen wie die katholische Kirche stellen ihn in ihren Dienst, der Vatikan richtet eine eigene Sendestation ein, Predigten und Gottesdienst werden im Rundfunk übertragen. Auf der anderen Seite und in unmittelbarem zeitlichen Nacheinander bringt der Rundfunk, ähnlich wie die Presse es in räumlichem Nebeneinander tut, bezahlte Geschäftsreklamen (die in Amerika die finanzielle Grundlage für den Sendebetrieb bilden), billigste Schlager, Tanzmusik, kabarettistische Unterhaltungen und sogenannte Conférencen, die, oft auf niedrigstem Niveau, die Ansprüche der ungebildeten Masse befriedigen. Diese wichtige Waffe dem freien Spiel der Kräfte, der Willkür von Geldmächten, Parteien und Massenpublikum zu überlassen, erscheint ebenso gefährlich wie ihre Auslieferung an die Staatsgewalt, die sie totalitär und diktatorisch benützen kann. Während die technische Entwicklung des Rundfunks über das Fernsehen weitergeht und noch lange nicht abgeschlossen ist, wird auch für die großen Demokratien die Frage brennend, zwischen absoluter Freiheit und strenger Bindung in der Lenkung des Sendebetriebes die rechte Mitte zu finden.

Der Geschmack und die Bedürfnisse des Zeitungslesers, der Masse wie des gebildeten Publikums, werden ebenso wie durch den Rundfunk auch durch den Film angeregt und beeinflußt. Auch hier sind die technischen Fortschritte im Bau von Aufnahme- und Reproduktionsapparaten und der Verbesserung der Lichtquellen und Linsen, wodurch die Anlage riesiger Lichtspieltheater möglich wird, seit dem ersten Weltkrieg nicht zum Stillstand gekommen. Der Tonfilm führt nicht nur zu steigendem Interesse an der Filmkunst, die jetzt ebenso sehr auf das Ohr wie auf das Auge wirkt, sondern auch zu einer Umwälzung in der Filmdramaturgie. Der Farbfilm und als nächste zu erwartende, in der Erfindung bereits vorhandene Erneuerung, das räumliche Sehen (stereoskopischer Film), verleihen der Erfindung der Brüder Lumière ein halbes Jahrhundert nach ihrer ersten Erprobung den Rang einer publizistischen und künstlerischen Weltmacht.

Für die Volkserziehung und die Bildung der öffentlichen Meinung ist in erster Linie der Dokumentarfilm wichtig (Wochenschau, Propagandafilm). Die totalitären Regime haben dies früher erkannt als die demokratischen. Der italienische Faschismus bedient sich des Schmalfilms zur politischen Eroberung des Dorfes. Die Sowjetunion und nach ihrem Beispiel auch der Nationalsozialismus benützen sehr bald den Spielfilm wie den Dokumentarfilm zur Propagierung ihrer Ideen. In den großen Demokratien stellen die privaten Erzeuger sensationelle Propagandafilme her, um die Wünsche ihrer Kunden zu befriedigen. Der Film wirkt aber weit über das Politische hinaus erzieherisch oder zerstörend, er bildet oder verbildet den Geschmack, er formt den Lebensstil der Epoche.

## Film und Bühne

285   Weit mehr als das Theater ist der Film eine kollektivistische Kunst und kommt dem Geist der Zeit schon deshalb entgegen. Das fertige Werk entsteht aus dem Zusammenwirken einer Unzahl von Kräften (Autoren, Bearbeitern, Regisseuren, Aufnahmeleitung, Filmarchitekten, Statisten, Photographen, Technikern). Große Kapitalien sind nötig, um einen Film herzustellen. Die Einflüsse der Geldgeber und kaufmännischen Direktoren sind meist stärker als die der künstlerischen Mitarbeiter. Von der Filmidee bis zum fertigen Bild ist ein ungeheuer weiter Weg. Die Frage, ob der Film eine Kunst oder eine Technik ist, ob er etwa als technisches Mittel in der Hand des schöpferischen Künstlers eines Tages so benutzt werden kann wie auf einer technisch niedrigeren Stufe der Pinsel oder der Meißel, ist eine Frage, mit der sich die Kunstkritik in den zwanziger und dreißiger Jahre viel beschäftigt (erster Theoretiker des Films: Béla Balasz). Auch die Aufführung eines Kunstwerkes auf der Bühne ist eine kollektive Leistung. Sie muß aber Abend für Abend neu vollbracht werden. Der fertige Film kann auf technischem Wege beliebig vervielfacht werden, und seine Vorführung ist ein rein maschinelles Problem. So können hervorragende künstlerische Leistungen zu wohlfeilem Preis im entferntesten Dorf dem Publikum zugänglich gemacht werden. Andererseits vermag der Darsteller an der einmal festgelegten Ausdrucksform nichts mehr zu ändern. Beim Theater sind fast immer Stück und Aufführung voneinander getrennt. Der Autor schreibt das Drama, ein Theater führt es auf. Beim Film sind Autorschaft und Darstellung in einem Arbeitsvorgang verbunden. Es gibt keine zur Lektüre bestimmten Filmbücher (außer als Kuriosa). Der Film stellt nach der Überwindung seiner ersten Kinderkrankheiten den Weiterbestand des Sprechtheaters in Frage. Je mehr er sich technisch vervollkommnet, desto stärker wird er als Konkurrent des Theaters spürbar. Die großen Theater der Welt befinden sich, soweit sie nicht staatlich unterstützt werden, seit den zwanziger Jahren in einer finanziellen Dauerkrise. Noch ist nicht abzusehen, wie sich Film und Theater weiter entwickeln und zueinander verhalten werden; der Versuch des Theaters, durch szenischen Aufwand, durch ein Massenaufgebot von Komparsen, durch die Übernahme des Starsystems und durch die

Wahl von Filmsujets sensationeller Art seine Lebensberechtigung zu erweisen, stellt sich als Fehlschlag heraus. Die Entwicklung nach dem zweiten Weltkrieg, da die Theater infolge der Zerstörungen vielfach mit den primitivsten Mitteln arbeiten müssen, zeigt, daß die Unmittelbarkeit der künstlerischen Wirkung und die Besinnung auf die Pflege des Wortes dem Theater auch in der modernen Kultur noch einen Platz sichern. Indem der Film für ein Massenpublikum erzeugt und von Millionen Menschen aufgenommen wird, das Theater zu einer Angelegenheit einer kleinen Schicht wird, zeigt sich auch hier die kulturelle Aufspaltung der modernen Gesellschaft. Der Film ist mehr als irgendeine Kunst international. Dennoch entwickelt sich sehr bald eine Reihe von nationalen Richtungen im Film. Amerika baut in Hollywood mit gewaltigem Kapital eine Filmindustrie auf, die durch verschwenderischen Aufwand und durch das Engagement der teuersten Stars und Regisseure und durch gewaltige Massenszenen wirkt. Die führenden amerikanischen Filmgesellschaften sind Paramount, Metro-Goldwyn-Meyer, Fox. In Deutschland wird die UFA der mächtigste Filmkonzern, neben dem aber eine Reihe anderer, wie Tobis, Bavaria usw., bestehen bleiben. Der deutsche Film sucht nicht so sehr durch Aufwand und Massenszenen als durch dramaturgische Erfassung der filmischen Besonderheiten zu wirken. Er erreicht im historischen und im literarischen Film seine besten Leistungen. Der französische Film zeichnet sich durch Verzicht auf jede kostspielige Regie, durch Witz, Satire und literarischen Geschmack aus. In den zwanziger Jahren setzt sich durch den russischen Film (Eisenstein, Pudowkin) der revolutionäre Filmstoff und zugleich eine Symbolsprache des Bildmotivs durch (Panzerkreuzer Potemkin, Sturm über Asien). In Deutschland wirken bahnbrechend der große Nibelungenfilm (Regie Fritz Lang) und „Variété" mit Emil Jannings. Einen ganz eigenartigen humoristisch-satirischen Stil schafft der geniale amerikanische Komiker Charlie Chaplin. Regisseure, die zunächst in Europa wirken, dann nach Amerika geholt werden, wie Ernst Lubitsch, Mauritz Stiller, Sternberg, Erich von Strohheim, sind für die Entwicklung des Filmstils vom Stumm- zum Tonfilm maßgebend geworden. Große Stars, deren Wirksamkeit und Erfolge aber auch der Mode unterworfen sind, charakterisieren die einzelnen Phasen der Entwicklung des Films: Greta Garbo, Marlene Dietrich, Douglas Fairbanks, Clark Gable, Ingrid Bergmann u. a. m. in Amerika, in Deutschland Harry Liedtke, Henny Porten, Willy Fritsch, Gustav Fröhlich, Emil Jannings, Willy Birgel, Zarah Leander. Eine besondere Gattung des Films stellt der gezeichnete (Trickfilm) dar, dem der Amerikaner Walt Disney (Mickymaus, Schneewittchen) zu Welterfolgen verhilft. Der französische Film dankt seinen besonderen Stil vor allem dem Regisseur René Clair und Darstellern wie Albert Préjean und Annabella. Auf Wiener Boden entsteht der Tradition entsprechend der Operettenfilm in historischem Gewand, wie ihn vor allem Willy Forst repräsentiert. Durch den Film werden sehr oft Darsteller der Sprechtheater berühmt und zu Stars, die dann wieder zum Sprechtheater zurückkehren oder abwechselnd Theater spielen und filmen (Werner Krauß, Rudolf Forster, Paul Hörbiger, Paula Wessely, Hilde Krahl in Deutschland, Barrault in Frankreich, Orson Welles in Amerika).

Das Theater versucht in den zwanziger Jahren, den Stil des Films nachzuahmen. In Verbindung mit revolutionärer Propaganda inszeniert Erwin Piscator in Berlin klassische Dramen, die bis zur Unkenntlichkeit verändert werden. Massenszenen, Verwendung von Film im Theater, Lautsprecher, Reflektoren, Teilung der Bühne in ein Schottensystem von zahlreichen neben- und übereinander gebauten Bildern sollen das Theater dem Film angleichen. Die dramatischen Autoren kommen diesem Bestreben entgegen. Die Stücke von Ferdinand Bruckner (Verbrecher, Elisabeth von England) suchen das Problem der Simultaneität (Gleichzeitigkeit) des Geschehens auf technische Weise zu lösen, während Georg Kaiser es rein künstlerisch versucht (Nebeneinander). Auch nach dem zweiten Weltkrieg benutzt insbesondere das amerikanische Drama neue technische Möglichkeiten, die dem Film abgesehen sind (Thornton Wilder: Wir sind noch einmal davon gekommen). Auch die Operettenbühne macht der Konkurrenzkunst des Films Zugeständnisse. Die Zeit der klassischen Wiener Operette, die in den Werken Franz Lehárs noch triumphiert hat und in den Operetten von Kálmán, Leo Fall, Künnecke eine Nachblüte erlebt, geht um 1930 zu Ende. Die Revue und Revueoperette tritt an ihre Stelle. Man bearbeitet ältere Werke und gibt ihnen die äußere Gestalt von Revue- und Ausstattungsoperetten. In glücklicher Weise löst Bert Brecht das Problem eines lebendigen, aktuellen und bunten Theaters ohne Anleihen beim Film mit seiner Neubearbeitung der englischen Bettleroper (Dreigroschenoper, mit Musik von Kurt Weill).

*Krise des Theaters*

286 Die ersten Jahre nach dem Weltkrieg 1914–1918 bringen noch zahlreiche Versuche der expressionistischen Dramatik. In Deutschland werden Bert Brecht (Trommeln in der Nacht), Walter Hasenclever (Der Sohn), Arnolt Bronnen (Vatermord), Alfred Brust (Wölfe) bekannt. Sternheim und Georg Kaiser (Gas, Nebeneinander, Kolportage) behaupten sich im Spielplan der deutschen Bühne. Sehr bald aber verklingt die expressionistische Mode, und das Theater bevorzugt wieder Stücke älterer Stilform. Franz Werfel wendet sich vom Expressionismus ab und der Historie, dem Symbol- und Ideendrama zu (Juárez und Maximilian, Reich Gottes in Böhmen, Paulus unter den Juden). Der erfolgreichste Bühnenautor Deutschlands wird Carl Zuckmayer, der volkstümliche Stoffe auf sehr volkstümliche Weise mit sicherem Blick für das Bühnenwirksame bearbeitet und die Unzerstörbarkeit des echt Theatralischen beweist (Der fröhliche Weinberg, Katharina Knie, Schinderhannes, Hauptmann von Köpenick). Er hat auch nach seiner Rückkehr aus der Emigration als einziger deutscher Bühnenautor nach dem zweiten Weltkrieg wirklich große und nachhaltige Erfolge mit dem Drama „Des Teufels General". Unerschöpflich in seiner Schaffenskraft ist auch in dieser Epoche George Bernard Shaw, der unbekümmert um Film und Moderichtungen seine Werke als Ausdruck seiner sittlichen Überzeugung schreibt, mit

Humor und Ironie die allgemein menschlichen Schwächen und die Laster der Zeit an den Pranger stellend (Die heilige Johanna, Der Kaiser von Amerika). Der Italiener Luigi Pirandello (1867—1936) scheint eine Zeitlang mit aparten Einfällen dem Theater neue Impulse zu geben (Sechs Personen suchen einen Autor). Das geistreiche Salonstück leichter Art, das auf Kammerspielbühnen noch immer Erfolg hat, wird von dem Ungarn Franz Molnár (Der Schwan, Der Gardeoffizier) gepflegt und auch nach Amerika verpflanzt; in Paris ist es mit Paul Geraldy unter vielen anderen vertreten. In England und weit darüber hinaus sind die Stücke von William Somerset Maugham (geb. 1874) erfolgreich. Von Shaw und Pirandello beeinflußt ist der Tscheche Karel Čapek (1890—1938), dessen geistvolle und bühnenwirksame, immer um eine bestimmte Idee und ein Problem kreisende Stücke in viele Sprachen übersetzt und in der ganzen Welt gespielt werden (Aus dem Leben der Insekten, Die Sache Makropulos, Adam der Schöpfer, Die weiße Krankheit). Das Gesicht des amerikanischen Theaters wird durch Eugène O'Neill (geb. 1888) bestimmt, dessen Stücke (Trauer muß Elektra tragen) auch die europäischen Bühnen erobern. Noch erfolgreicher ist Thornton Wilder (geb. 1879; Romane; Kurzdramen, Unsere kleine Stadt, Wir sind noch einmal davongekommen). Kammerspiele voll feiner Psychologie schreibt der Amerikaner William Saroyan (geb. 1908; Das Lied der Taube). Nach dem zweiten Weltkrieg bestimmt vor allem die junge französische Dramatik den Stil des europäischen Theaters. Jean Anouilh (geb. 1910) entwickelt an Stoffen und Themen des griechischen und des klassischen Dramas Probleme der neuen Zeit. Der aus der Widerstandsbewegung hervorgegangene Albert Camus (geb. 1913) ringt noch mit dem düsteren Nihilismus der Résistance (Die Pest). Am erfolgreichsten ist Jean Paul Sartre mit seinen existentialistischen Tendenzdramen (Die Fliegen, Die schmutzigen Hände). Neben der großen Bühne lebt auch die Kleinkunstbühne weiter, wie sie um die Jahrhundertwende in Blüte gekommen war. Wir begegnen ihr in der Form des literarisch-künstlerischen Theaters noch im „Blauen Vogel" Jushnijs, einer russischen Bühne, die auch in zahlreichen Städten des Auslands gastiert, in den politischen Kabaretts, die vor dem zweiten Weltkrieg der Auseinandersetzung mit dem Faschismus dienen, im Volkstheater, wie es in München Karl Valentin (1882—1948) und Weiß Ferdl, bei den Tschechen Vlasta Burian verkörpern, und in zahlreichen Kabaretts der Zeit nach dem zweiten Weltkrieg. In der Form des Studios wird es vielfach Zufluchtsstätte junger Autoren und Regisseure, arbeitsloser Schauspieler und jeder Art von Avantgardisten. Entwickelt sich so das Theater zu seiner Kleinstform, so hat es auf der anderen Seite die Tendenz zum Festspiel (Mysterienspiel, Freilichtspiel), die sich seit der Gründung des Bayreuther Festspielhauses durch Richard Wagner in einer freilich nicht ungebrochenen Linie nachweisen läßt. Zeitweise scheint tatsächlich aus der Massenbewegung mit dem Sprechchor und der neuen Tanzkunst, wie sie etwa Mary Wigmann vertritt und verkündet, ein neuer Theaterstil zu entstehen. Linksradikale und rechtsradikale Autoren stellen sich in den Dienst dieser Versuche (Ernst Toller: „Masse Mensch", „Maschinenstürmer",

Dietrich Eckart mit seinen nationalen Weihespielen). Der Sprechchor führt aber notwendig zur sprachlichen Primitivität, erweist sich nicht als entwicklungsfähig, und die kollektivistische Tanzgruppe vermag kein neues Drama zu schaffen, setzt sich auch neben dem künstlerischen Einzeltanz nicht durch.

Der große Regisseur Max Reinhardt widmet sich in den letzten Jahren seines Lebens und seiner Wirksamkeit in Europa mit Leidenschaft dem Festspiel sowohl im Sinne von Bayreuth, wenn er in Salzburg alljährlich ein internationales Publikum versammelt, das Mozartsche und andere Opern, Kammermusik und Symphoniekonzerte hört, als auch im Sinne der Regie großer Mysterienspiele (Jedermann, Mirakel). Hugo von Hofmannsthal, dessen barocker Stil schon um die Jahrhundertwende eine Hinwendung der Kultur zu der universalistisch-katholischen Überlieferung des Abendlandes angedeutet hat, weist dem Theater auch in seinen Spätwerken den Weg zu den großen spanischen Mysterien (Der Turm). Paul Claudel, der bedeutendste katholische und repräsentative französische Dichter der Epoche (geb. 1868) krönt sein Lebenswerk mit der gewaltigen Mysteriendichtung „Der seidene Schuh", die allerdings in ihren szenischen und zeitlichen Ansprüchen die Maße des Theaters sprengt. Ebenso hat sich das teils noch expressionistische, zum andern Teil aus einem Mosaik realistischer Szenen bestehende Werk von Karl Kraus „Die letzten Tage der Menschheit" nur als Buchdrama durchsetzen können.

Die soziologische und die künstlerische Kritik beschäftigen sich seit dem ersten Weltkrieg mit der Krise des Theaters im Verhältnis von Theater und Film, Theater und Rundfunk, mit den Entwicklungstendenzen der Bühnenkunst. Sie übersehen, daß ein ebenso großer Konkurrent wie das Kino und der gefährlichste Feind der Geisteskultur die Sportleidenschaft der Massen ist, die sich als der beherrschende Trieb des modernen Massenmenschen herausgestellt hat. Ungeheure Summen werden meist mit der Begründung, es handle sich um Förderung der Volksgesundheit, in dem Bau von Sportarenen, Stadions, Fußballplätzen angelegt. Millionen und Abermillionen von Menschen versammeln sich ein- bis zweimal in der Woche an diesen Stätten, die an den Zirkuskult des alten Rom erinnern, und nehmen leidenschaftlichen Anteil an den Vorgängen auf dem Spielfeld. Boxen, Ringkämpfe, Eishockey und Sechs-Tage-Rennen, vor allem aber das Fußballspiel der Berufsgladiatoren des 20. Jahrhunderts erregt und beschäftigt einen Großteil der Menschen. Die Verbindung des Sports mit dem Wettgeschäft (Fußballtoto) steigert noch das Fieber, von dem die Menschen erfaßt sind. Rundfunk, Presse und Film stellen sich in den Dienst dieses Kults, die Politik erweist ihm ihre Huldigung, selbst die Kirche wagt nicht, offen gegen den Götzen des 20. Jahrhunderts zu kämpfen. Stärker als Politik und Religion, als die Bande der Familie und als die Freude an der Kunst ist die Teilnahme an Verlauf und Ausgang der sportlichen Kämpfe. Nicht selbst Sport zu üben, sondern als Zeuge die Spannung des Zuschauers, Hörers und Lesers zu erleben, ist der eigentliche Anreiz. Die Registrierung und Statistik der Rekorde, die Biographie der meist rasch wieder vergessenen Helden der Sport-Arenen beanspruchen das Interesse des Publikums. In dem Ringen zwischen Kollektivismus und Freiheit hat jener den Vorteil, daß er die Massen zu dirigieren und ihre Sportleidenschaft politisch und militaristisch auszuwerten versteht, während die Demokratie von keiner Gefahr auf die Dauer so sehr bedroht erscheint wie von dem Verbrauch aller menschlichen Energie durch die Massenleidenschaft für den Sport.

## *Die Welt im Spiegel der Dichtung*

287 Das 19. Jahrhundert hatte sich vor allem im Roman gespiegelt. Es war mit den großen Realisten die stärkste Ausdrucksform für das bürgerliche Jahrhundert geworden. Die neuen Mächte, die das Theater und die Presse so stark bedrängen, Film und Rundfunk, bedeuten auch für den Roman und sogar für die Lyrik einen nicht mehr zu übersehenden Faktor. Die Art zu sehen und zu hören ist durch sie verändert worden. Die Möglichkeit, den Schauplatz im Bruchteil einer Sekunde zu ändern, durch Überblendungen und Tricks, durch die verschiedene Einstellung der Kamera, durch Nah- und Großaufnahmen ein höchst anschauliches Bild der so komplexen Vorgänge des modernen Lebens zu geben, zwingt auch dem Roman neue Gesetze auf. Dazu kommt die Psychoanalyse, die Erforschung der Vorgänge im Unbewußten des Seelenlebens, die Ergründung der Triebe und unterdrückten Leidenschaften, die den psychologischen Roman des 19. Jahrhunderts als überholt erscheinen läßt und von dem psychologisierenden Romanschriftsteller neue Methoden verlangt. Die Gewöhnung des Lesers an den Zeitungsstil und die Reportage tut ein übriges, den literarischen Romanstil zu verändern. Das große Problem, im Roman ein Bild der Welt und des Lebens zu geben, beschäftigt die Autoren aller Nationen. Eine Reihe französischer Romanciers versucht in Fortsetzung der von Balzac und Zola angewandten Methode in großen Romanreihen das Gesicht der Zeit zu zeigen, in der Geschichte einzelner Familien die Epoche sich spiegeln zu lassen. So Marcel Proust (1871 bis 1922) in dem umfangreichen Werk „Auf den Spuren der verlorenen Zeit", Roger Martin du Gard (geb. 1881) in der Romanreihe „Les Thibault" und Georges Duhamel (geb. 1884) in der „Chronique des Pasquiers". Einen völlig neuen Stil und eine neue Art der Erzählung findet der Ire James Joyce (1882 bis 1941). In seinen umfangreichen Romanen schildert er wenige Stunden aus dem Leben unbedeutender Durchschnittsmenschen, deren Sprache, deren Art zu denken er in einem oft krausen Wortgestammel wiedergibt, jede Assoziation festhaltend, das Nebensächliche und das Gemeine ebenso mit äußerster Naturtreue aufzeichnend wie irgendeinen höheren Gedanken. Er erfindet dabei neue Wörter, indem er das Kauderwelsch tratschender Weiber, das Stammeln geistig Minderwertiger nachahmt (Ulysses, Anna Livia Plurabelle). In ähnlicher Weise geht der Franzose Louis Ferdinand Céline den Spuren der Niedrigkeit, des Verbrechens, des Sittenverfalls nach (Reise ans Ende der Nacht). In seinen späteren Schriften trifft er sich mit dem deutschen Antisemitismus in der Zwangsvorstellung, die Juden seien an allem Unglück schuld. Der englische Romantiker David Herbert Lawrence (1885–1930) sucht in schonungslos offenen Büchern die Ver-

logenheit der englischen Gesellschaft und ihres Puritanismus aufzudecken und glaubt in der Natürlichkeit der unteren Volksschichten den Quell einer sittlichen Erneuerung zu entdecken. Die Hemmungslosigkeit seiner Sprache macht die Verbreitung einzelner seiner Romane unmöglich (Lady Chatterley und ihre Liebhaber). In den zwanziger Jahren beginnt der amerikanische Roman die Welt zu erobern. Sein nüchterner Realismus setzt zunächst die Überlieferung des europäischen Realismus fort und knüpft an Knut Hamsun oder den amerikanisierten Polen Josef Conrad an. Es ist zunächst vielfach nicht die Art zu schreiben, die das Neue und Fesselnde an diesen Romanen ist, sondern der Stoff, das amerikanische Leben, die amerikanische Problematik. John Dos Passos (geb. 1896) wird mit seinem Roman „Manhattan Transfer" rasch berühmt. Theodore Dreiser (geb. 1871), schon vor dem ersten Weltkrieg durch sozialkritische Romane (Jennie Gerhardt, Der Titan) bekannt geworden, veröffentlicht 1926 seinen breit angelegten Roman „Amerikanische Tragödie", in dem er die seelische Brüchigkeit der Jugend seiner Zeit und seines Landes aufdeckt. Sinclair Lewis (1885—1951) schildert in „Main Street" die typische amerikanische Kleinstadt und setzt in „Babbitt" (1922) die Standardfigur des amerikanischen Spießbürgers neben die großen tragikomischen Figuren der Weltliteratur. Der Generation von Don Passos gehören die Schöpfer des amerikanischen Surrealismus an, die Dichter der „verlorenen Generation". Das Erlebnis des ersten Weltkrieges, die zivilisatorische Fülle der reichgewordenen amerikanischen Bürgerwelt, die sich jeden Genuß leisten kann, der Lebensüberdruß der jungen Menschen, die bis zum Ekel alles durchgekostet haben und keinen Sinn ihres Leben mehr erkennen, berührt sich mit dem heroischen Nihilismus der deutschen Frontgeneration. Die Verkünder des Nihilismus in Deutschland sehen aber in den zwanziger Jahren im Krieg, in der militärischen Zucht, im Tod, den es männlich zu bestehen gilt, noch den Sinn ihrer Existenz. Dies fällt bei den Amerikanern weg. Ihre Art zu erzählen ist schmucklos, nüchtern, objektiv bis zur Grausamkeit, schonungslos gegen sich selbst. Sie entblößen die Seele und zeigen den Menschen beherrscht von den animalischen Trieben der Selbsterhaltung ohne Hemmungen und sittliche Bedenken. William Faulkner (geb. 1897), Ernest Hemingway (geb. 1898) mit seinem Roman „In einem andern Land" sind die bedeutendsten Repräsentanten dieser Richtung. Auch der schon genannte Dramatiker O'Neill und Elmer Rice (geb. 1892) gehören in die gleiche Reihe. In Europa hat der Schweizer John Knittel (geb. 1891) mit Romanen ähnlicher Tendenz große Erfolge (Via mala). Dieser düstere Stil setzt sich während des zweiten Weltkrieges auch in der französischen Literatur (Louis Aragon und Jean Cassou), nach dem Kriege in Deutschland und Italien durch.

## *Religion und Literatur*

288 In Frankreich entsteht neben einer radikalen, dem Kommunismus nahestehenden Richtung (André Malraux) und neben den Existentialisten um den schon

genannten Sartre eine radikal-katholische Richtung, die durch Georges Bernanos (1888–1948; Tagebuch eines Landpfarrers) und die oben schon erwähnten Autoren Morel und Mounier, durch François Mauriac (geb. 1885) und vor allem durch Claudel repräsentiert wird. Zum Katholizismus übergetreten ist auch die große skandinavische Erzählerin Sigrid Undset (geb. 1882; 1927: Katolks Propaganda), die ihre Stoffe aus der nordischen Sagenwelt wie aus dem Leben der Zeit schöpft. Ihr bedeutendster Roman ist „Kristin Lavranstochter" (1920 bis 1922). Alfred Döblin, der aus dem deutschen Expressionismus hervorgegangen ist und in den zwanziger Jahren die ersten surrealistischen Romane in Deutschland schreibt (Berlin Alexanderplatz, Wallenstein) konvertiert später ebenfalls zum Katholizismus. Franz Werfel erweist gegen Ende seines Lebens dem Katholizismus eine glühende Huldigung in dem Roman „Das Lied von Bernadette". Auch Werner Bergengruen (geb. 1892) ist Konvertit. Er darf nach dem zweiten Weltkrieg mit seiner Lyrik (Dies irae) und seiner erzählenden Dichtung (Der Großtyrann und das Gericht) neben Reinhold Schneider als einer der bedeutendsten katholischen Dichter Deutschlands gelten. Elisabeth Langgässer (1899 bis 1950), die vor 1933 Lyrik und kleinere Erzählungen veröffentlicht hat, schreibt während des Krieges den großen mystisch-surrealistischen Roman „Das unauslöschliche Siegel", in dem das Schicksal der Zeit, der Kampf der Ideen und das Ringen um den Glauben, in den größeren Zusammenhang der heilsgeschichtlichen Vorgänge gestellt wird. Auch in England wird die katholische Dichtung wortführend mit dem Werke Graham Greenes (geb. 1904), der in virtuoser Weise die Form des Sensationsromans (Thriller) mit dem katholischen Bekenntnis verbindet (Die Macht und die Herrlichkeit, Das Herz der Dinge). Im anglikanischen Lager vertritt Thomas S. Eliot (1888 in Amerika geboren) durch sein lyrisches, kulturkritisches und dramatisches Werk (Mord im Dom) den Geist religiöser, um die letzten Dinge ringender Dichtung. Zutiefst religiös bestimmt sind auch der Russe Mereschkowskij, der Tscheche Jaroslav Durych („Friedland") und der große tschechische Kulturkritiker František X. Šalda. Mit dem Flamen Felix Timmermans (1886–1947) und der überragenden Persönlichkeit des schon genannten Franzosen Paul Claudel stehen diese Autoren an der Spitze einer langen Reihe christlich, vor allem aber katholisch und universal gerichteter Schriftsteller und Dichter, die für die Wendung der europäischen Literatur zum Religiösen bezeichnend sind. In dem langen Ringen um ein neues Thema der Dichtung hat sich angesichts der gewaltigen politischen und geistigen Entscheidungen der Jahrhundertmitte das religiöse Anliegen, die Frage nach dem Verhältnis von Gott, Mensch und Welt in einem Maße durchgesetzt, wie es seit der Barockzeit nicht mehr der Fall war. Auf der anderen Seite entwickelt sich eine Front der kommunistischen Literatur, die in Rußland auf den noch vom 19. Jahrhundert entscheidend bestimmten Maxim Gorkij zurückgeht, in den zwanziger Jahren im Zeichen der revolutionären Begeisterung für die neue und aus Trümmern erstehende Welt der kommunistischen Gesellschaft in Begeisterung erglüht, dann aber Staats- und Parteiliteratur wird, die stärker noch als die deutsche Literatur unter dem Nationalsozialismus von den Diktatoren abhängt und in den kleinlichen und öden Richtungskampf zwischen den Parteidoktrinären hineingezogen wird. Der größte Teil der namhaften Autoren des Kommunismus kam noch aus dem alten Rußland, hat die Revolution kämpfend und leidend miterlebt, glaubt nach ihrem Siege ehrlich an das große Ideal. Der 1883 geborene Gladkow veröffentlicht 1925 den symbolträchtigen Roman „Zement", Pantelejew Romanow (geb. 1884) wird Anfang der dreißiger Jahre durch das Werk „Drei Paar Seidenstrümpfe" weltbekannt; zu nennen sind weiter der Erzähler Konstantin Fedin (geb. 1892), Katajew (geb. 1897), der Satiriker Michael Sostschenko, der die Schwächen der sowjetischen Bürokratie geißelt (geb. 1895). Eine jüngere Generation meldet sich mit Michael Scholochow (geb. 1905) zu Worte, dessen erster Roman „Der stille Don" sehr Großes verspricht, der aber dann ebenfalls zum bloßen Parteidichter wird. Ergänzt wird die Reihe durch die Juden Isaak Babel (geb. 1894), der die Taten der Revolutionsarmeen besingt (Budennyis Reiterarmee), und Ilja Ehrenburg (geb. 1891), der zunächst mit leicht sentimentalen und virtuos geschriebenen Romanen und Stories ein Lieblingsautor der westlichen Bourgeoisie ist (Die Liebe der Jeanne Ney, 13 Pfeifen), dann aber im zweiten Weltkrieg zum haßerfüllten Propagandapoeten des Kommunismus wird und diese Mission später gegen Amerika fortsetzt. Auch im Westen gibt es in der Zeit nach dem ersten Weltkrieg eine Art Dichtung und Literatur, die nach dem Ideal des Sozialismus ausgerichtet ist, den Aufstieg des Proletariers und der Arbeiterklasse verherrlicht, das Ziel der kommenden Menschheitsbefreiung verkündet. Am überzeugendsten wird sie in Skandinavien vertreten, so von dem Dänen Martin Andersen-Nexö (geb. 1869), der mit seinen Romanen „Pelle der Eroberer" und „Stine Menschenkind" eine Zeitlang zu den meistgelesenen Autoren der Weltliteratur gehört, bezeichnenderweise aber im Kommunismus landet. Upton Sinclair in Amerika, Henri Barbusse in Frankreich, der das erste große Kriegsbuch (Das Feuer) geschrieben hat, auch Romain Rolland, in Deutschland vor allem Ernst Toller, die Lyriker Karl Broeger, Max Barthel und Paul Zech, die Tschechen Wolker und Bezruč mögen für eine Reihe anderer Autoren stehen, die der gleichen Sache dienen.

### Das Erbe der alten Zeit

289 Zwischen den Fronten des Kommunismus und der christlichen Dichtung gibt es die Erben und Fortsetzer der liberalen und nationalen Literatur des 19. Jahrhunderts. Aber auch sie wenden sich im Zeichen der untergehenden alten Gesellschaft und der großen revolutionären Erschütterungen der Welt zum großen Teil der Problematik der letzten Dinge zu. Thomas Mann, der im „Zauberberg" einen Querschnitt durch die kranke Welt der europäischen Gesellschaft um 1910, eine großartige symbolische Dichtung gegeben hat, schreibt in den dreißiger Jahren, politisch inzwischen von der Rechten nach der Linken ab-

gewandert, die aus dem Mythos schöpfenden Josefsromane und nach dem zweiten Weltkrieg den Roman „Doktor Faustus", der sinnbildlich die Tragödie des deutschen Geistes an einer Nietzsche ähnlichen Hauptgestalt entwickelt. Hermann Hesse, im bedrohten Abendland ein Künder asiatischer Weisheit (Siddharta, Morgenlandfahrt, Aus Indien), schreibt in den zwanziger Jahren den symbolistischen Roman vom „Steppenwolf", dem Tier im Menschen, und während des zweiten Weltkrieges die Utopie „Das Glasperlenspiel", die er in eine Epoche nach Abschluß des „feuilletonistischen Zeitalters" verlegt. Auch der glänzende Repräsentant französischen Geistes Paul Valéry (1871–1945) beschließt sein Werk mit einer Faustdichtung. Gerhart Hauptmann kehrt in den letzten Jahren seines Lebens bei den Stoffen und den Urmotiven aller menschlichen Tragödie, den griechischen Sagen, ein. Ein jüngerer deutscher Autor, Hermann Kasack (geb. 1896), veröffentlicht 1947 den während des Krieges entstandenen symbolistischen Roman „Die Stadt hinter dem Strom", der sich ebenfalls vom Abendland abwendet und aus der Mystik des fernen Ostens schöpft.

Krieg, Politik und der menschliche Heroismus vor den neuen technischen Gewalten sind ein anderes Thema des Romans. In der zweiten Hälfte der zwanziger Jahre kommt es zu einer Konjunktur des Kriegsbuches. Ludwig Renn, ein zum Kommunisten gewordener adeliger Offizier, schildert den Krieg nach Art des Franzosen Barbusse, grausam und ohne Romantik. Erich Maria Remarque schreibt den größten Erfolgsroman jener Jahre „Im Westen nichts Neues", eine ins Kolportagehafte gehende Nachgestaltung des Krieges. Edwin Erich Dwinger (geb. 1898) gestaltet das große Prosa-Epos von den Kriegsgefangenen und der Revolution in Sibirien (Armee hinter Stacheldraht, Zwischen Weiß und Rot), Schauwecker, Beumelburg, Josef Magnus Wehner verherrlichen den nationalen Kampfgeist, und Ernst Jünger (geb. 1895) baut aus den Elementen des Krieges seine heroische Philosophie. Auch für Hans Carossa (geb. 1875) ist das Kriegserlebnis eine entscheidende Wende. Vom Geist des Unterganges getragen, eingespannt zwischen den Katastrophen seines Vaterlandes und seines Volkes, kündet Josef Weinheber (1892–1945) als Österreicher und Wiener das Leid und den Schmerz der Zeit in seiner Lyrik. Ein anderer Österreicher, Bruno Brehm, neben Dwinger der Schöpfer jener Romanform, die man als Prosa-Epos bezeichnen kann, gestaltet den Untergang der Habsburger Monarchie in der Trilogie „Apis und Este – Das war das Ende – Weder Kaiser noch König". Der große Erzähler Josef Roth (1894–1939) setzt seinem zerstörten Vaterland Österreich ein großartiges Denkmal in dem Roman „Radetzkymarsch". Frank Thieß (geb. 1890 in Livland) verherrlicht den heroischen Nihilismus in dem Prosa-Epos „Tsushima". Auch der zweite Weltkrieg wirft wieder die künstlerische Frage auf, wie Schicksal und Erlebnis des Krieges im Roman eingefangen werden können. Theodor Plievier, der schon den Seekrieg des ersten Weltkrieges in „Des Kaisers Kulis" erzählt hatte, versucht in der riesigen Reportage „Stalingrad" das entscheidende Ereignis des zweiten Weltkrieges nachzugestalten. Der Franzose Vercors (Jean Bruller, geb. 1902) fängt in einer großartigen Novelle „Das Schweigen des Meeres" Geist und Problem des französischen Widerstandes ein. Je mehr sich jedoch die Entscheidung über die künftige Gestalt der menschlichen Gesellschaft und ihrer Ordnung auf dem Globus zuspitzt, desto deutlicher wird es, daß auch die Dichtung und die Literatur der einzig wesentlichen Fragestellung der Zeit nicht ausweichen können.

### *Die Musik sucht einen neuen Stil*

**290** Verworren wie die Zeit zwischen dem Untergang einer alten und dem Aufgang einer neuen Epoche, erfüllt von ungelösten Problemen und von dem Ringen um die zeitgemäße Ausdrucksform für das Weltgeschehen und seine bewegenden Ideen sind, wie die Literatur, auch die Musik und die bildende Kunst. Sie waren im Zeitalter des Barock, an dessen abendländischem Universalismus sich die neue Zeit gern mißt, der sinnfälligste Ausdruck des Zeitgefühls und des damals alles beseelenden Glaubens der Harmonie des Weltalls. An dem, was sie wollen und erreichen oder nicht erreichen, ist auch im 20. Jahrhundert die Reife und Unreife der Epoche und ihrer Kultur zu messen.

Auf dem Gebiet der Musik erscheinen zahlreiche neue Begabungen, schöpferische Komponisten, die sich vor allem gegen die Romantik und das 19. Jahrhundert wenden, aber bewußt oder unwillkürlich an das 17. und 18. Jahrhundert, an die Musik der Barockzeit anknüpfen. Sie fordern von der Kunst mathematische Klarheit und wenden sich oft mehr an den Verstand als an das Gefühl. Paul Hindemith (1895 in Hanau geboren) ist als Komponist und Theoretiker eine der führenden Persönlichkeiten des Kampfes um einen neuen, an Barock und Polyphonie anknüpfenden Stil. Der Schweizer Arthur Honegger (1892 in Le Havre geboren), der religiöse Musik bevorzugt, der Österreicher Arnold Schönberg (geb. 1874) als ältester Vertreter der neuen Kunst und Wegbahner der Zwölftonmusik, der Russe Igor Strawinskij (geb. 1882), Komponist von Melodramen, Symphonien, Opern, Balletts (Geschichte vom Soldaten, Ödipus Rex), der Wiener Ernst Křenek (geb. 1900; „Johnnie spielt auf", erste Oper mit Jazzmusik) sind neben Hindemith zu nennen. Die erste große Oper neuen Stils ist wohl die Vertonung der Büchnerschen Tragödie „Woyzeck" durch Alban Berg (1885–1935). Der Franzose Darius Milhaud (geb. 1892) mit seiner Oper „Columbus", der Deutsche Werner Egk (geb. 1901), ebenfalls mit einer Columbusoper und einer Reihe von Balletts, der Münchner Carl Orff (geb. 1895) mit neuartigen Chor- und Operndichtungen (Carmina Burana, Die Kluge, Die Bernauerin), Kurt Weill (geb. 1900) mit der Musik zur Dreigroschenoper und der ebenfalls zu einem Text von Brecht komponierten Oper „Aufstieg und Fall der Stadt Mahagonny" erobern der neuen Musik eine beachtliche Stellung, ohne sie doch zur Kunst des Volkes und zum anerkannten Ausdruck des Geistes der Zeit machen zu können. Noch weniger gilt dies von den Revolutionären der neuen Musik wie etwa dem Franzosen Oliver Messiaen (geb. 1908) und seinen Landsleuten Francis Poulenc, Jolivet oder Erik Satie (1866—1925), der einer der ersten Rufer im Streite war.

Die gemäßigte Moderne, wie sie die Tschechen Leoš Janáček (1854–1928; Opern „Jenufa", „Katja Kabanowa", „Aus einem Totenhaus" u. a.) und Jaromir Weinberger (geb. 1896) mit der Oper „Schwanda der Dudelsackpfeifer" oder der Ungar Béla Bartók unter starker Anlehnung an Volkslied und Volkstanz pflegen, setzt sich, eben durch solches Kompromiß, stärker durch. Trotz aller Modernität der zeitgenössischen Musik stehen ältere Meister wie der Romantiker Hans Pfitzner (1869–1949) und vor allem der 1949 verstorbene Richard Strauß mit seinen frühen und späten Werken im Vordergrund. Der repräsentative Musiker der Sowjetunion, Schostakowitsch, wendet sich auf Parteibefehl von der Moderne ab und kehrt zu einer konventionellen und volkstümlichen Musik zurück. Auf dem Sondergebiet der Kirchenmusik schaffen abseits des geschäftigen Konzertbetriebes der Italiener Ettore Desderi und der Deutsche Kurt Doebler.

Die Erfindung des Rundfunks hat der Pflege der Musik durch die großen Orchester in Konzertsälen und Operntheatern kaum Abbruch getan. Die Übertragung der Konzerte durch den Rundfunk hat die ernste Musik weiten Kreisen zugänglich und diese für die Feinheiten der Wiedergabe empfänglich gemacht. So kommt es, daß auch in der Zeit täglicher Konzertsendungen durch den Rundfunk die großen Dirigenten zu den bekanntesten und volkstümlichsten Erscheinungen des kulturellen Lebens und ebenso wie im 19. Jahrhundert zu beifallumrauschten und bewunderten Lieblingen des Publikums werden. Zu den älteren Meistern des Taktstockes, dem Italiener Arturo Toscanini (geb. 1867), dem Amerikaner Leopold Stokowski (geb. 1882), dem Deutschen Wilhelm Furtwängler (geb. 1886) sind zahlreiche andere und zum Teil jüngere Meister getreten, der Holländer Mengelberg (1871–1951), der Engländer Beecham, der Wiener Herbert von Karajan, der Tscheche Talich.

Die Überfremdung der europäischen Kultur durch Einflüsse aus anderen Kontinenten und durch die Kunst der Primitiven kommt zum Teil in Richtungen der bildenden Kunst, am stärksten aber doch in der Verwandlung der Unterhaltungs- und Tanzmusik durch den Jazz zum Ausdruck. Den amerikanischen Negern abgelauscht, erobert der Jazz zuerst die neue Welt, dann aber auch, insbesondere mit Hilfe von Rundfunk und Tonfilm, Europa. Fremdartige synkopische Rhythmen, Dissonanzen, Ton- und Geräuscheffekte, die mit neuartigen Instrumenten erzeugt werden, die atemlose Unruhe des Tempos und der Ausdruck von Schmerz und Zerrissenheit in der Melodik kennzeichnen ihn. In Verbindung mit den aus Amerika übernommenen Tänzen, die ebenfalls ins Zivilisatorische übersetzte Negertänze sind, herrscht er insbesondere nach dem zweiten Weltkrieg in ganz Europa und wird als Beweis der Amerikanisierung, aber auch als Dokument der Barbarisierung angesehen. Vom Standpunkt der formlosen Masse, deren dunkler Triebhaftigkeit er entgegenkommt, ist er als musikstilistischer Ausdruck der Zeit zu werten. Von den Gebildeten und den Kultur-Eliten abgelehnt, beweist er, daß auch auf diesem Gebiet noch nicht entschieden ist, wer die neue Epoche formen wird: die Masse oder der schöpferische Einzelmensch.

## Die Sprache der bildenden Kunst

**291** In der bildenden Kunst sind die Jahrzehnte nach dem ersten Weltkrieg kaum über die Ausdrucksformen hinausgekommen, die der Expressionismus im ersten und zweiten Jahrzehnt des 20. Jahrhunderts gefunden hatte. Noch immer sind die meist noch lebenden Meister Paul Klee, Braque, Kandinsky, Hofer, Ernst Barlach, Otto Dix, Picasso, Matisse und der zu früh gestorbene Franz Marc repräsentativ für die Epoche. Unmittelbar nach dem ersten Weltkrieg setzt zugleich mit dem literarischen Unfug des Dadaismus (bewußt ins Kindische und Blöde gehender Primitivismus) auch auf dem Gebiet der Malerei und Plastik eine Tendenz ein, die jede durch den Geschmack erwachsener Menschen bestimmte Formgebung ablehnt und das Läppische zum Kunstwerk erheben will. Diese Krankheit ist bald überwunden. In Deutschland unterbricht die von der politischen Führung diktierte Kunstpolitik 1933 die natürliche Entwicklung, so daß die Spätformen des Expressionismus, die Anfänge des Surrealismus, die 1945 aus dem Westen wieder importiert werden, als neu erscheinen wollen. Tatsächlich hat das Publikum den Sinn dafür inzwischen verloren. Dies führt zu einer besonders tragischen Situation der modernen Kunst in Deutschland. In Frankreich hat sich inzwischen (vor allem durch Chirico vertreten) der Surrealismus durchgesetzt, der in einer Symbol- und Traumsprache Elemente des Unbewußten schaubar machen, die Angst und Verlorenheit des Zeitalters ausdrücken will. Er begegnet sich vielfach mit den Bestrebungen der Existentialisten in der Literatur. Die abstrakte Malerei stellt sich als ein neuer Stil vor, wird aber weder vom Volke verstanden, noch selbst von der avantgardistischen Kritik ohne Widerspruch hingenommen. Sie verzichtet auf jede Formensprache, die konkrete Gegenstände darstellt, und versucht in einem Spiel von Linien und Farben in Fortsetzung des Kubismus auf mathematisch-geometrische Weise künstlerisches Erleben auszudrücken. Da diese abstrakte Formensprache aber immer nur von ihrem Schöpfer verstanden wird, für den Zuschauer dagegen eine Geheimschrift ist und in ihm keine Assoziationen auslöst, hat sie wenig Aussicht, zu mehr als ornamentalen und dekorativen Wirkungen zu gelangen.

In Deutschland darf der Bildhauer Georg Kolbe (1877–1947), den das nationalsozialistische Regime ablehnt, als ein Künstler genannt werden, der die Tradition der abendländischen Skulptur nicht verleugnet, sondern weiterentwickelt und in seinen Figuren wie in der Kombination größerer Gruppen dem Geist Ausdruck gibt, der im ersten Drittel des 20. Jahrhunderts die deutsche Jugendbewegung erfüllt. Von den expressionistischen Künstlern reift vor allem Oskar Kokoschka zu einem international anerkannten Meister heran, der dabei seine künstlerische Sprache ernst nimmt und nicht wie Picasso durch gelegentlichen Übergang zu konventionellen Formen den Eindruck eines innerlich von seiner Kunst gar nicht überzeugten Virtuosen erweckt. Auch Ernst Barlachs Werke mit ihrer religiösen Inbrunst beweisen die Ausdrucksfähigkeit des expressionistischen Spätstils, wo er von einem wirklichen Genie getragen ist. Der

Tscheche Jan Stursa, der kroatische Meister Iwan Mestrović wandeln in den Bahnen von Rodin, dessen Stil sie aber im Geiste einer jüngeren Generation und ihrer nationalen Eigenart weiterentwickeln. Als Satiriker der graphischen Kunst erlangt der Deutsche George Grosz (seit 1933 in Amerika tätig) Weltruf. Seine Zeichnungen wenden sich mit erbarmungsloser Karikatur gegen das Bürgertum, den Militarismus, die Bürokratie. Seine kämpferische Art hat nichts mehr mit dem Humor eines Olaf Gulbransson und auch wenig mehr mit der bissigen Satire Thomas Theodor Heines zu tun, die um die Jahrhundertwende im Simplicissimus den neuen Stil der Karikatur geschaffen haben und schöpferisch wie als Vorbilder bis zur Jahrhundertmitte wirken.

*Auftragskunst*

292 Unter dem Regime Hitlers wird in Deutschland die bildende Kunst durch öffentliche Aufträge gefördert, zugleich aber diktiert diese Auftragskunst ihr den rein traditionellen Stil, der von dem durchschnittlichen Geschmack der herrschenden Kaste bestimmt wird. So werden auch zweifellos vorhandene Begabungen um die Möglichkeit künstlerischer Entwicklung und Reifung gebracht. In der Architektur wie in der Plastik sucht man nach einem neuen monumentalen Stil, der an die Renaissance anknüpft. Die großen Parteibauten, die Reichskanzlei, die Ordensburgen, werden zu Manifestationen des imperialen Herrscherwillens. Hitler selbst bestimmt sehr weitgehend die Planung, wobei er sich zunächst von dem begabten Architekten Troost, später von dessen Witwe und von Albert Speer beraten läßt. So kalt die meisten dieser Prunkbauten sind, stellen sie doch einen dem Geiste ihrer Schöpfer gemäßen totalitären Staatswillen bildhaft dar. Dies gilt auch von den Plastiken der Bildhauer Arno Breker und Josef Thorak, die von Hitler mit der Ausschmückung der öffentlichen Bauten beauftragt waren. Die Autobahnen und andere Zweckbauten, in denen sehr oft in glücklicher Weise Technik und Landschaft zum Einklang gebracht werden, können auch über die Dauer des diktatorischen Regimes hinaus als Ausdruck des Zeitgefühls und Elemente eines neuen Stils angesprochen werden.

Demgegenüber hat der Kommunismus in Rußland auf sämtlichen Gebieten der bildenden Kunst nichts geschaffen, was nicht Nachahmung des billigsten Amerikanismus wäre. Die Ursache dafür liegt darin, daß er an der Fiktion einer Diktatur des Proletariats festhält und den Willen der Persönlichkeit nicht so stark betont, und daß er auch nicht Zugeständnisse an den Geschmack einer traditionsbewußten Bürgerschicht macht, sondern sich an Kleinbürger und Proletarier wendet. Gigantische Betonbauten mit pompösen Ornamenten aus den verschiedensten Stilformen, riesige Gipsplastiken, die wie die vergrößerten Abgüsse der kitschigen Erzeugnisse der europäischen und amerikanischen Porzellanindustrie anmuten, in der Malerei tendenziöse Historiken und Genrebilder im Stile der akademischen Schulen des 19. Jahrhunderts, das ist das Ergebnis der sowjetischen Kunstdiktatur.

Auch in Amerika herrscht stärker, als es dem Geist einer weltumspannenden Macht entspricht, in der bildenden Kunst auf weiten Strecken der kleinbürgerliche Geschmack des 19. Jahrhunderts vor. Die modernen europäischen Kunstrichtungen erscheinen nur an der Peripherie des amerikanischen Lebens. Nur die Architektur ist mit ihren gewaltigen Zweckbauten (Staudämmen, Fabriken, Geschäftshäusern, Bahnhöfen, Flugplätzen), ihren Kombinationen aus Stahl, Beton und Glas sinnfälliger Ausdruck des Geistes der neuen Welt.

### Utopie und Besinnung

293 Mit der Frage eines neuen Lebensstils beschäftigt sich auch die Literatur. H. G. Wells hat in seinen utopischen Romanen versucht, das Bild Europas nach den großen Zerstörungen eines zweiten Weltkrieges zu zeichnen: man werde wohl noch die Kenntnis der wissenschaftlichen Errungenschaften besitzen, nicht aber die technische Möglichkeit, sie auszunutzen. Zwischen den Trümmern der Zivilisation würden Primitive hausen. Flieger und Panzersoldaten würden die Herren in einem neuen Feudalismus sein. In anderen Romanen entwirft Wells das Zukunftsbild einer amerikanisierten Welt. — Der Deutsche Theodor Lessing (in der Emigration von einem Nationalsozialisten ermordet) sah in „Europa und Asien" den Untergang der Kultur, den Sieg Asiens, das „Wachsen der Tundra" als den notwendig zu beschreitenden Weg an. — Hermann Hesse gibt in dem erwähnten „Glasperlenspiel" ein Bild der Welt um das Jahr 2200, wo die Geistigen in einem weltlichen Orden vereint sind, neben dem aber auch die christlichen Orden weiterbestehen. Ernst Jünger, der sich seit seinem gegen die Hitlerdiktatur gerichteten Roman „Auf den Marmorklippen" von dem heroischen Nihilismus abgewandt hat und sich zu einer aristokratischen und gottgebundenen Humanität bekennt (seine Tagebücher „Gärten und Straßen", „Strahlungen", sprachlich großartige Schöpfungen), versucht in „Heliopolis" Kultur, Staat und Gesellschaft der Zukunft vor einem letzten entscheidenden Krieg zwischen der ritterlich-adeligen und der plebejisch-tyrannischen Lebensform utopisch zu schildern. Bei ihm wird eine höchst entwickelte Technik nicht mehr als Beherrscherin, sondern als Werkzeug des Menschen vorausgesetzt.

Nach dem zweiten Weltkrieg erscheint in dem seit dem Jahrhundertbeginn nicht abreißenden Strome geschichts- und kulturphilosophischer Werke das schon einmal erwähnte Buch des Wiener Kunsthistorikers Sedlmayr „Der Verlust der Mitte". Leidenschaftlich diskutiert, von den einen ebenso unbedingt bejaht wie von den andern als reaktionär abgelehnt, ist es doch, stärker als irgendein anderes Werk, Ausdruck jenes Gefühls, das nach zwei Weltkriegen und einer weltumwälzenden Erschütterung von Staat und Gesellschaft die Menschen vor allem der alten Welt bewegt. Es ist die Frage, ob die Menschheit ohne den Glauben an eine höhere Gewalt bestehen kann. Die Verankerung von Sittlichkeit, Recht und Kultur in der Religion wird im Zeitalter des atheistischen Kollektivismus seinen Gegenspielern überzeugend klar. Die ungeheuren Kräfte, die der Kommunismus, der Geist der Diktatur und der Vernichtung alles Menschlichen aus seiner philosophisch-religiösen Idee, aus dem fanatischen Bekenntnis zur Gottlosigkeit schöpft, weckt auch in den Gegnern des Kommunismus die Frage nach der Begründung der Humanitas, den Ruf nach einer Idee und einem Glauben, auf den die Idee gegründet ist. Das Ringen um einen neuen Stil, um den künstlerischen Ausdruck der Zeit bleibt notwendig ohne Erfolg, solange die Zeit selbst nicht ihren Mittelpunkt gefunden hat.

4. Ursachen, Entstehung und Verlauf des zweiten Weltkrieges

*Die Illusionen von 1919*

294 Die Ursachen des zweiten Weltkrieges können in zwei Punkten zusammengefaßt werden: es sind erstens die Unzulänglichkeit und die innere Schwäche der 1919 in Paris geschaffenen Friedensordnung und zweitens das Herübergreifen der von Rußland ausgehenden revolutionären Erschütterung auf die asiatischen und europäischen Nachbarvölker der Sowjetunion, in denen sich so ein nationalrevolutionärer Eroberungsdrang entwickelt. Da dieser von den konservativen Mächten nicht rechtzeitig eingedämmt wird, entzündet sich an ihm zunächst ein neuer europäischer Krieg, der sich zu einem zweiten Weltkrieg ausweitet.

Die zahlreichen Mängel des Versailler Vertrages und der übrigen in den Pariser Vororten geschlossenen Friedenspakte hätten sich vielleicht beheben lassen, wenn der Völkerbund (Ligue des Nations), für dessen Zustandekommen Präsident Wilson, wie wir sahen, den europäischen Alliierten schwerwiegende Zugeständnisse gemacht hatte, die Autorität und den Willen besessen hätte, die Völker schrittweise an eine höhere Ordnung internationalen Rechts zu gewöhnen und zur Einhaltung seiner Satzungen zu zwingen. Für das Versagen des Völkerbundes war die Isolationspolitik der Vereinigten Staaten ausschlaggebend. Nur in ihrer Politik war vieles von den Ideen Wilsons wirklich lebendig, nur sie hätten auch die Macht besessen, die übrigen Völker in ihrem egoistischen Nationalismus zu bändigen. Daß die Besiegten zunächst nicht in den Völkerbund aufgenommen wurden, hat seinem Ansehen gerade beim deutschen Volk schwer geschadet und konnte durch den späteren Eintritt Deutschlands in den Genfer Bund nicht mehr wettgemacht werden. Daß ihm auch Rußland nicht angehörte und die Sowjetunion ihn für lange Zeit als ein Instrument der imperialistischen Kriegspolitik bekämpfte, nahm ihm ebenfalls viel von der Bedeutung, die er im Sinne seines Gründers Wilson erlangen sollte. Durch die Schaffung des Völkerbundes war eine Entwicklungsstufe übersprungen worden, die zwischen dem Nationalstaat und einer Weltorganisation der Völker offenbar nicht zu entbehren ist: die regionale Föderation einzelner Kontinente. Neben der panamerikanischen Union und dem British Commonwealth of Nations, zu denen als dritte große und weltumspannende Föderation noch die Union der sozialistischen Sowjetrepubliken trat, hätte es eines engeren Zusammenschlusses der europäischen Festlandsmächte bedurft, wie sie in den Jahren zwischen den zwei Weltkriegen die von Graf Richard-Coudenhove-Kalergi begründete Paneuropa-Bewegung forderte. Obwohl sie vor allem in Frankreich viele Anhänger fand und sich Staatsmänner wie Aristide Briand für sie einsetzten, führte sie zu keinem praktischen Ergebnis. Die Unentschlossenheit der festländischen Nationen, die nicht über den Nationalstaat hinauszudenken vermochten, und das Widerstreben Großbritanniens gegen eine kontinentale Ordnung, die Englands traditionelle Schiedsrichterrolle beendet hätte, tragen die Hauptschuld an der Fortdauer der europäischen Zerrissenheit. Die Verträge von 1919 haben diese Zerrissenheit Europas nicht nur bestätigt, sie haben sie in seinem empfindlichsten Teil, wie wir feststellten, noch erheblich vermehrt. Unter allen europäischen Großmächten vor 1918 hatte nur Österreich-Ungarn nicht den Charakter eines Nationalstaates. Es war eine Union oder Föderation von elf Nationen, unter denen keine einzige so stark war, daß sie die anderen hätte beherrschen können, und die überhaupt nur durch das gemeinsame Interesse und den gemeinsamen Willen der Mehrheit dieser Völker bestehen konnte. Hier war im Zeitalter des Nationalstaates bereits eine übernationale Organisation vorgebildet, ein europäischer Kernraum vorhanden: 52 Millionen Menschen, die ein Dutzend Sprachen hatten und sechs Religionsbekenntnissen angehörten, sich außerdem über wirtschaftlich und kulturell sehr verschiedenartige Räume verteilten und doch eine Macht bildeten; hier war im Kleinen jene Ordnung durchgeführt, nach der sich in größerem Maße 250 Millionen Europäer hätten einigen können. Die völkerrechtlich garantierte Autonomie der österreichisch-ungarischen Völker und ihr föderalistischer Zusammenschluß sollten nach den ersten Plänen des Präsidenten Wilson wie nach dem Willen zahlreicher österreichischer Patrioten (Lammasch, Seipel, Polzer-Hoditz, des Madjaren Kristoffy, der Tschechen Schmeral und Tobolka, der kroatischen Rechtspartei, des Rumänen Vajda-Voevod, der Slowaken Hlinka und Hodža u. v. a.) ein Kernstück der europäischen und der Weltfriedensordnung bilden. Als sich statt dessen die Forderung der Tschechen Masaryk und Beneš: „Détruisez l'Autriche-Hongrie!" (Zerstört Österreich-Ungarn!) durchsetzte und als Präsident Wilson sich von Masaryk zu dieser Auffassung bekehren ließ, wurde statt eines föderalistischen Kerns der europäischen Einigung ein machtpolitischer Hohlraum an der Donau geschaffen, der das Gleichgewicht des Kontinents empfindlich störte. Obwohl der Balkan mit seinen kriegerischen Kleinstaaten, der gewissenlosen Großmannsucht nationalistischer Völker und der dauernden Einmischung der Großmächte in diese Streitigkeiten Ausgangspunkt zahlreicher Krisen und schließlich des ersten Weltkrieges geworden war, dehnte man in Paris 1919 die Balkanisierung auf den ganzen Raum des ehemaligen Habsburger Reiches aus und machte sie auch zum Ordnungsgedanken des Ostseeraumes. Dieses „Zwischeneuropa" mit seinen Klein- und Mittelstaaten wird zu einem Krisenherd, der um so gefährlicher wirkt, als seine unmittelbaren Anrainer: Rußland, Deutschland, Italien, sich in revolutionärer Gärung befinden. Erst nach dem zweiten Weltkriege haben maßgebende Politiker des Westens erkannt und zugegeben, daß die Zerstörung Österreich-Ungarns der schwerste Fehler der Sieger von 1919 und eine entscheidende Ursache für den zweiten Weltkrieg gewesen ist.

Das System von Versailles beruhte auf der Fiktion einer französischen Vorherrschaft in Europa. Sie längere Zeit aufrechtzuerhalten, war Frankreich biologisch, wirtschaftlich und militärisch zu schwach. Es hat trotz der Rückgliederung Elsaß-Lothringens nach dem Kriege weniger Einwohner gehabt als vorher. Seine Bündnisse mit den neugegründeten Kleinstaaten in Mitteleuropa vermögen auf die Dauer kein zureichendes Gegengewicht gegen das Erstarken Deutschlands, gegen die feindliche Haltung Italiens und die Gefahr eines russischen Vorstoßes nach Europa zu bilden. Zu diesen politischen Problemen kommen zahlreiche ungelöste soziale und Wirtschaftsfragen, Spannungen, die sich — wie wir sahen — in einer gewaltigen Weltwirtschaftskrise und in der Arbeitslosigkeit von fast fünfzig Millionen Menschen entluden. Der Sieg des Kommunismus in Rußland und das Scheitern aller Versuche einer Gegenrevolution, wodurch der Bolschewismus wider allgemeines Erwarten Epoche macht und die eurasische Welt von Grund auf verwandelt, sind ein weiterer Störungsfaktor, dem die übrige Welt nur dann erfolgreich widerstanden hätte, wenn sie in den entscheidenden Fragen einig gewesen wäre. Zahlreiche Spannungen auf dem Felde der Weltpolitik, vor allem die Gegensätze im pazifischen Raum, reiften einer Krise entgegen. Diese hätte aber, wenn überhaupt, erst sehr viel später zu einem Zusammenstoß der großen Weltmächte geführt. Indem sich aber Deutschland und Italien, die ihrer Größenordnung nach gar nicht mehr in die Reihe der Weltmächte ersten Ranges gehörten, die keine überragende Seemacht, keine Stützpunkte von überragender Bedeutung und keine wirtschaftlichen Reserven für eine Weltpolitik besaßen, durch eine abenteuerliche Hasardpolitik in die Reihe der globalen Mächte eindrängten, konzentrierten sie die Spannung der Weltpolitik auf Europa und brachten sie hier vorzeitig zur Entladung.

*Amerika und Asien*

295 Seit dem Ende des 19. Jahrhunderts hatten sich die Schauplätze der Weltpolitik vermehrt und vielfach verschoben. Wir haben diesen Entwicklungsgang vom spanisch-amerikanischen und vom Burenkrieg über den russisch-japanischen bis zum ersten Weltkrieg verfolgt. Mehr noch als der Sieg der Vereinigten Staaten über Spanien und die Besetzung der Philippinen hat die Eröffnung des Panama-Kanals dazu beigetragen, den pazifischen Raum, der bis dahin abseits der großen Weltpolitik lag, zu einem politischen Spannungsfeld erster Ordnung zu machen. Der Westen der Vereinigten Staaten, auch durch die großen Goldfunde in Alaska in seiner Bedeutung gewachsen, durch die großen Transkontinentalbahnen verkehrspolitisch erschlossen, nach dem Weltkrieg durch den Bau gewaltiger Staudämme am Columbia-River und an anderen Strömen mit Kraft versorgt, beginnt sich großartig zu entwickeln. San Francisco ersteht nach dem großen

Erdbeben von 1905 wieder in raschester Zeit und in modernsten Formen, daneben entwickelt sich Los Angeles in Kalifornien mit der benachbarten Filmstadt Hollywood zu einem kosmopolitischen Zentrum. Durch diese Fenster wendet Amerika sein Gesicht dem Pazifik zu. Es blickt nach Australien, China, Insulinde.

Amerikas Handel nach Ostasien steigt rasch an. Betrug die Einfuhr der Vereinigten Staaten aus Asien in dem Jahrfünft 1910–1914 5,6 Prozent der gesamten Einfuhr der USA, so in dem Jahrfünft 1921–1925 11,3 Prozent. In der Ausfuhr der USA ist der Anteil Asiens in den gleichen Zeiträumen von 15,3 auf 27,3 Prozent gestiegen. Der steigende Umsatz im Handelsverkehr mit Asien und Australien trägt dazu bei, daß die Vereinigten Staaten ihren Anteil am Welthandel dauernd erhöhen. 1926 erreicht er 26 Prozent. Die amerikanische Ausfuhr nach Australien steigt in zwei Jahren, von 1923 bis 1925, von 17 auf 24 Prozent. Mit dem Anwachsen des Handels wächst auch die Handelsflotte der USA vor allem im Pazifik. So kommt es, daß sie in zehn Jahren, von 1914–1924, von vier Millionen BRT auf 15,9 Millionen BRT anwächst, während die Englands in der gleichen Zeit, obwohl in diese Periode die Ausschaltung und Wegnahme der deutschen Handelsflotte fällt, nur von 11,9 auf 19,1 Millionen Tonnen steigt. Indem die amerikanische Industrie in Ostasien Bahnen, Brücken und Kraftwerke baut, indem sie Kapital investiert und Maschinen liefert, trägt sie zur Industrialisierung Japans, Chinas und vor allem Indiens bei. Vorderindien führt 1918/19 für 3,26 Millionen Pfund Maschinen ein, im Jahre 1920/21 bereits für 21 Millionen Pfund. Die Beteiligung der USA an der Maschineneinfuhr Indiens aber ist von 1914–1920 von 1,8 auf 29 Prozent gestiegen. Im gleichen Tempo sinkt die Einfuhr britischer Garne und Baumwollwaren nach Indien. Das Kaiserreich Indien, das ehemals der größte Abnehmer für britische Textilwaren und Garne gewesen ist, erzeugt nicht nur große Teile seines Eigenbedarfs selbst und geht vom Spinnen und Weben im Heimverfahren zur Fabrikerzeugung über, sondern beginnt auch bereits mit seinen billigen Erzeugnissen in Afrika und Indonesien mit der britischen Ausfuhr in Wettbewerb zu treten. Zugleich macht sich die japanische Ausfuhr bemerkbar. 1913/14 kamen 86 Prozent der in Indien eingeführten Baumwollgarne aus England, nur zwei Prozent aus Japan. Zehn Jahre später liefert England noch 47, Japan aber bereits 46 Prozent. Die primitive Lebensweise der japanischen Arbeiter ermöglicht es der Industrie, bei niedrigen Löhnen zu niedrigsten Preisen zu exportieren. China, Indien, aber auch die Vereinigten Staaten sind Hauptabnehmer der japanischen Ausfuhr, die vielfach auch mit Dumping arbeitet. Japanische Erzeugnisse dringen in den vorderen Orient, nach dem Balkan und selbst auf die mitteleuropäischen Märkte vor. Als sinnfälligstes Beispiel für die Billigkeit der japanischen Waren wurde gelegentlich angeführt, daß man Taschenuhren nach dem Gewicht zum Kaufe anbot. Für die große Bedeutung des ostasiatischen Raumes spielt es auch eine Rolle, daß die Kautschukerzeugung Hinterindiens sich gewaltig entwickelt hat und für die Automobilindustrie der gesamten Welt die Hauptrohstoffquelle an Kautschuk darstellt. Die Zinn-Erzeugung Hinterindiens bedeutet beinahe ein

Monopol für dieses reiche Gebiet. Von der Reisernte des gleichen Raumes leben zahllose Menschen. Holländisch-Indien exportiert nicht nur Tee und Kakao, sondern nach der Umstellung der Zuckerindustrie auch wieder Rohrzucker. Australien, als Gold- und Schafwollproduzent von Bedeutung für den Welthandel, hat im ersten Weltkrieg auch seinen Rang als Weizenland neu bestätigt und vermehrt durch den Ausbau seiner Industrie die Zahl der Arbeiter wie sein Kapital. Es gerät wirtschaftlich und bald auch politisch, ähnlich wie Kanada, in das Spannungsfeld zwischen Großbritannien und den Vereinigten Staaten, da beide Dominions für ihre wirtschaftliche Entfaltung und ihre Sicherheit von den USA unter Umständen mehr zu erhoffen haben als von ihrem englischen Mutterland. Nach wie vor spielt in den übervölkerten ostasiatischen Räumen das Problem der Auswanderung und Kolonisation eine große Rolle. Die Bevölkerung Japans hat sich zwischen 1873 und 1930 von 33,3 Millionen auf 64,5 Millionen vermehrt. Sie würde bei gleichbleibender Zunahme mit mehr als 34 Geburten auf tausend Köpfe in weiteren dreißig bis vierzig Jahren nochmals auf das Doppelte ansteigen. Das menschenarme Australien sperrt sich gegen jede japanische Einwanderung ab. Auch die Vereinigten Staaten schaffen nach dem Kriege ein neues antijapanisches Einwanderungsgesetz. So wendet sich Japan dem asiatischen Festland zu und sucht in der höchst entwicklungsfähigen Mandschurei ein Kolonisationsgebiet, stößt hier aber auf die erfolgreichere chinesische Kolonisation, die in wenigen Jahrzehnten über zwanzig Millionen Menschen nach der Mandschurei einsickern läßt. Die chinesische Unterwanderung, getragen von Händlern, Handwerkern, Kulis, wirkt sich im gesamten pazifischen Raum und an allen seinen Küsten aus. Sie tritt aber auch in Südafrika neben die indische Einwanderung und verschärft dort das Rassenproblem. Der vielfach im Großen betriebene Export chinesischer Kulis (etwa auch nach Guayana) schafft nicht nur rassische, sondern auch soziale Konfliktstoffe. Sehr rasch wird Japan, dessen Aufstieg unter der Meiji-Aera von den angelsächsischen Großmächten gefördert wurde und das nur mit deren finanzieller Hilfe den Krieg gegen Rußland hatte durchfechten können, zum Gegenspieler und Konkurrenten sowohl der USA als auch Englands. Zwischen beiden angelsächsischen Mächten aber bestehen in Ostasien und im Pazifik ebenfalls Gegensätze und Spannungen. Sie werden zum Teil durch die Verständigungsaktion, die unter der zweiten englischen Arbeiterregierung 1929 eingeleitet wurde, überwunden. Um diese Zeit beginnt aber auch bereits wieder der russische Druck in Ostasien fühlbar zu werden. Er wirkt vor allem gegen Japan in der Mandschurei und von Wladiwostok her in den Pazifik, er ist aber auch in China immer stärker fühlbar und richtet sich dort gegen die nationalchinesische Partei wie gegen England und Amerika. Der Ausbau großer Industriebasen im Raume von Charbin und Nikolajewsk ermöglicht den Russen die Aufstellung einer großen Fernostarmee, um deren Stärke, Ausrüstung, Position und Führung der Schleier dichten Geheimnisses gelegt wird, so daß sie um so mehr als bedrohlicher Faktor erscheinen muß. Wiederholt kommt es an der mandschurischen Grenze zu bewaffneten Zwischenfällen zwischen den Japanern und der Roten Armee, die sich zeitweise zu regelrechten Gefechten und langwierigen Stellungskämpfen ausweiten, ohne daß der Kriegszustand erklärt wurde.

## Japan in Gärung

296  In Japan machen sich seit dem ersten Weltkrieg die Nachteile der fieberhaften Modernisierung des Landes, in der zweiten Hälfte des 19. Jahrhunderts, bemerkbar. Die Entstehung von Millionenstädten und großen Industrierevieren, die Übervölkerung (168 Menschen auf den Quadratkilometer), das Eindringen sozialistischer und kommunistischer Gedanken, vor allem aber das Nebeneinander mittelalterlicher Denk- und Lebensformen und der Ideen des westlichen Rationalismus und Positivismus, schaffen eine überhitzte Atmosphäre. In der Armee lebt der kriegerische Kastengeist der Samurai (Ritter); er verbindet sich aber bei der Ergänzung des Offizierskorps aus den besitzlosen Schichten und bei der Abneigung beider Kreise gegen Kapitalismus und Liberalismus mit sozialistischen Gedanken. Die Parallele zu der deutschen Entwicklung ist leicht zu erkennen. In beiden Völkern stößt der Kapitalismus mit seinen ideologischen Begleiterscheinungen — Liberalismus und Demokratie — nicht nur auf den Widerstand von Arbeitern und Kleinbürgern, sondern auch auf die Abneigung militärischer Kreise, die sich ihre ritterlich-feudale Denkart bewahrt haben. In Deutschland wie in Japan werden die Armeen zu Stützen autoritärer antidemokratischer Richtungen, die zugleich stark sozialistisch gefärbt sind. Der Aufstieg des japanischen Kapitalismus hat insbesondere zwei große Familienkonzerne zu ungeheurem Reichtum und gewaltiger Macht geführt: die Mitsui und die Mitsubichi. Sie sind im Offizierskorps aufs tiefste verhaßt, und der Kampf gegen sie und die mit ihnen versippten Regierungskreise führt, ganz ähnlich wiederum wie in Deutschland, zu einer Reihe von politischen Morden und Attentaten. In sehr vielen Fällen sind Offiziere die Täter oder Anstifter. 1921 wird der erste nichtadelige Ministerpräsident, Hara, ermordet, 1923 ein Anschlag auf den Prinzregenten verübt, 1930 ein Attentat auf den Ministerpräsidenten Hamaguchi, 1932 wird ein Attentatsplan gegen Kaiser Hirohito entdeckt, im selben Jahre wird der ehemalige Finanzminister Inouye erschossen, ebenso der Direktor des Mitsui-Konzerns, Baron Dan, und der Ministerpräsident Inu Kai. Im Jahre 1936 kommt es zu einem gefährlichen Offiziersputsch, der zwar niedergeschlagen wird, aber doch die kritische Lage innerhalb der Armee beweist. Die revolutionären Neigungen der jungen Offiziere entspringen zum Teil auch dem Gegensatz der Generationen, da in dem langlebigen japanischen Volk Staatsmänner und Generale bis ins hohe Alter im Amte bleiben und bei dem raschen Bevölkerungszuwachs den jungen Menschen den Aufstieg versperren. Da nur ein Krieg und große Eroberungen der Masse der jungen Offiziere ein rasches Fortkommen ermöglichen könnten, drängt die Armee in Japan auf eine aktive Außenpolitik. Das Fortwirken feudal-ritterlicher Überlieferungen im japanischen Staatswesen begünstigt auch die Bildung von „Clans", also von Cliquen und Bünden, die zum Teil durch gemeinsame An-

schauungen und Interessen, zum Teil aber auch durch verwandtschaftliche Bande und persönliche Beziehungen zusammenhalten. So spricht man von einem Armeeclan und einem Marineclan, die in der Regierung gegeneinander kämpfen, wobei der eine den bevorzugten Ausbau des Heeres und eine ausgreifende Eroberungspolitik auf dem Festland, der andere die Aufrüstung der Flotte (Japan verläßt in den dreißiger Jahren die Abrüstungskonferenz und erklärt sich durch ihre Beschlüsse nicht gebunden) und den Krieg gegen die USA um die Seeherrschaft im Pazifischen Ozean fordert. 1936 schließt Japan mit Deutschland den Antikominternpakt zur Bekämpfung des Kommunismus. Noch ist es aber keineswegs ausgemacht, daß Japan bei einem weltpolitischen Zusammenstoß an der Seite Deutschlands ins Feld zieht. Bis in den Sommer 1939, ja in gewissem Sinne bis zum 22. Juni 1941 sind verschiedene weltpolitische Konstellationen möglich und die größten Überraschungen denkbar. Die Politik des 20. Jahrhunderts, zum Teil im Zeichen totalitärer Großstaaten mit diktatorischer Führung, unterscheidet sich von der des 19. Jahrhunderts auch dadurch, daß es keine festen Bündnisse von langer Dauer und keine konstanten Feindschaften gibt, mit denen sich rechnen läßt. Ende der dreißiger Jahre scheint sich im pazifischen Raum wohl eine kriegerische Entladung vorzubereiten, es wird zwischen den Kabinetten von Washington, Tokio, Moskau und London immer wieder verhandelt, niemand vermag aber mit einiger Sicherheit vorauszusagen, wie die Mächte sich bei einer solchen Auseinandersetzung gruppieren werden.

Obwohl zwischen Japan und China seit 1937 ohne Kriegserklärung tatsächlich Kriegszustand herrscht, ist auch die Stellung Chinas nicht fest umrissen, da in dem Riesenreiche drei Richtungen gegeneinander wirken. Schon 1930 war Wang Tsching Wei gegen Marschall Tschiang Kai Schek aufgetreten. 1931 bildet er eine Gegenregierung in Kanton. Nach dem Angriff der Japaner einigen sich beide Politiker, Wang übernimmt die politische, Tschiang die militärische Führung. Es gelingt aber den Japanern, den ehrgeizigen, vielleicht auch weiterblickenden Wang auf ihre Seite zu ziehen. Er tritt als Sprecher jener Chinesen auf, die ein Zusammengehen mit Japan gegen den Kommunismus und gegen die angelsächsischen Mächte befürworten. Anfang der dreißiger Jahre hatte der Kommunismus von neuem sein Haupt erhoben, und die von Rußland unterstützten Generale bilden in Fukiën eine Gegenregierung. In schweren Kämpfen, die bis 1935 dauern, wirft Tschiang Kai Schek die kommunistische Revolution nochmals nieder. Japan versucht seit der Herausgabe von Kiautschou, zu der es die Mächte 1922 gezwungen haben, immer wieder, in China Fuß zu fassen und Zwischenfälle heraufzubeschwören, denen die nationalchinesische Regierung aber vorsichtig ausweicht. 1932 verkündet Japan die Unabhängigkeit der an Rohstoffen reichen Mandschurei, und zwei Jahre später setzt es den Mandschu Pu Yi, der seinerzeit als dreijähriger Knabe vom chinesischen Kaiserthron gestürzt worden war, als Kaiser Kan The in dem jetzt Mandschuko genannten Staat ein; der neue Herrscher ist tatsächlich ein Vasall Japans. China läßt es aber auch darüber nicht zum Bruch kommen. Japanische Truppen operieren nicht nur in der

Mandschurei, sondern auch in Nordchina; der Völkerbund läßt es bei leeren Protesten bewenden und ist weder gewillt nach fähig, Chinas Souveränität und Integrität zu schützen. 1936 kommt es an der Marco-Polo-Brücke bei Peking zu einem Gefecht zwischen japanischen und chinesischen Truppen. Aus ihm entsteht der große japanisch-chinesische Krieg, der erst mit Japans Zusammenbruch im Jahre 1945 sein Ende findet. In rascher Folge erobern die Japaner die großen chinesischen Häfen, sie dringen entlang der Bahnen und an den großen Strömen vor, können aber die riesigen Räume weder besetzen noch befrieden. Der China-Krieg verschlingt immer mehr Truppen und Material, ohne daß Japan mehr als schmale Küstenstreifen und einige Verkehrsadern zu beherrschen vermag. Indem es aber die Regierung des Marschalls Tschiang Kai Schek schwächt und Nationalchina in immer größere Zerrüttung stürzt, bahnt es dem Kommunismus den Weg.

1940 bildet sich unter Führung des Fürsten Konoye in Japan eine „Bewegung zur Unterstützung der kaiserlichen Regierung", in der sich der uralte japanische Glaube an die göttliche Herkunft des Kaisers (Tenno) und an die religiös-politische Führungsaufgabe des Monarchen mit nationalsozialistischen und militärischen Gedanken verbindet. Im gleichen Jahr schließt Japan in Berlin mit Italien und Deutschland den Dreierpakt, ein Kriegsbündnis, in dem sich bereits der bevorstehende Übertritt Japans in das Lager der kriegführenden totalitären Mächte ankündigt.

*Indien, Vorderasien, Afrika*

297 Während die ostasiatische Geschichte diese Stadien durchläuft, geben die fremden Mächte Stück um Stück ihre Sonderrechte in China preis. Der Nimbus des Europäers und Amerikaners schwindet, „der weiße Mann verliert sein Gesicht". Japaner und Chinesen leisten sich Übergriffe gegen Briten und andere Europäer, ohne daß man Sühnemaßnahmen zu ergreifen wagt. Dieser Niedergang der europäischen Macht in China bleibt nicht ohne Rückwirkung auf Indien. 1928 hat das britische Unterhaus eine Kommission zur Untersuchung des indischen Problems nach Asien entsandt. An ihrer Spitze steht Sir John Simon. 1930 erstattet die Kommission ihren Bericht, und im gleichen Jahre beruft Ministerpräsident Macdonald in London eine Konferenz am runden Tisch (Round-Table-Conference) ein, an der sich aber nur die indischen Fürsten und die Vertreter der gemäßigten Nationalpartei, nicht die Radikalnationalen beteiligen. Die Konferenz empfiehlt die Bildung einer indischen Regierung unter Vorbehalt der militärischen Führung und gewisser finanzieller Rechte für den britischen Vizekönig. Gandhi fordert vollen Dominionstatus für Indien. Neben Gandhi tritt in jenen Jahren immer mehr die Führerpersönlichkeit Pandit Nehrus hervor. Noch schärfer nimmt Subha Chandras Bose gegen England Stellung. Er arbeitet während des zweiten Weltkrieges mit dem nationalsozialistischen Deutschland zusammen. Als es nach dem Tode König Georgs V. und durch die Abdankung Eduards VIII. im Jahre 1936 zu einem zweimaligen Thronwechsel in England kommt, verzichtet der neue König Georg VI. auf die

Krönung in Delhi. Die mannigfachen Schwierigkeiten, auf die England in Ostasien und in Indien stößt, schwächen seine Politik in den dreißiger Jahren und erklären zum Teil die britische Nachgiebigkeit gegenüber Italien und Deutschland. Sie täuschen aber auch die Berliner Politik über die Gefahr eines Krieges mit England, das im entscheidenden Augenblick doch ohne Rücksicht auf seine asiatischen Interessen in den europäischen Krieg eingreift.

Ein weiteres Spannungsfeld der Weltpolitik hat sich, wie wir bereits oben schilderten, im vorderen Orient (dem britischen Nahen Osten) entwickelt. Es geht hier um die Beherrschung des Suez-Kanals und des kürzeren Seeweges von Europa nach Indien, es geht um die Landverbindungen und Luftlinien von Syrien und Anatolien nach Mesopotamien und zum Persischen Golf, es geht um die Ölfelder und vermuteten Ölvorkommen von Mossul und in Persien. Sobald Rußland Bürgerkrieg, Hungersnot und den wirtschaftlichen Zusammenbruch der ersten Revolutionsjahre überwunden hat, nimmt es die alte russische Politik des Dranges zum eisfreien Meer nach allen Richtungen wieder auf. Sein freundschaftliches Verhältnis zu der neuen Türkei läßt die Bedeutung der Meerengenfrage und des Landweges über Armenien zunächst zurücktreten. Dagegen strebt Rußland über das Kaspische Meer nach Persien und zum Persischen Golf. Um das Öl von Mossul kämpfen in wirtschaftlichem und politischem Wettbewerb Franzosen und Briten, bis es den Engländern zufällt. Die beiden Rohrleitungen (Pipelines) zum Mittelmeer werden aber durch die französische Position in Syrien und Libanon flankiert bzw. beherrscht, so daß Großbritannien notwendig auf die Zusammenarbeit mit Frankreich angewiesen ist. Um den Sandschak von Alexandrette (Iskanderun) streiten Syrer und Türken. Um die Türkei in der bevorstehenden Auseinandersetzung mit Deutschland auf ihre Seite zu ziehen, geben Frankreich und England Alexandrette 1939 an die Türken heraus. In Palästina kommen die Kämpfe zwischen Juden und Arabern nicht zur Ruhe. Die deutsche Politik macht sich den Gegensatz zunutze und schürt den arabischen Widerstand, während Rußland in der Begünstigung von Juden und Arabern schwankt. England muß in seinem palästinensischen Mandatsgebiet starke Truppen unterhalten und verfeindet sich mit beiden Parteien, da keine zu einem Kompromiß bereit ist. Die Palästinafrage einigt und entzweit abwechselnd auch die arabischen Mächte. Der Streit um die Führerstellung in einer künftigen arabischen Union schafft insbesondere zwischen Ägypten und Saudi-Arabien Gegensätze. Die Unruhe im Nahen Orient verlockt die italienische Politik zu ihrem Vorstoß nach Abessinien und spielt in den Berechnungen Hitlers und Mussolinis eine bedeutsame Rolle.

Fällt in Nordafrika die Macht des panarabischen und panislamitischen Gedankens immer stärker ins Gewicht, so beginnt sich in Zentralafrika bereits die Bewegung der schwarzen Rasse fühlbar zu machen. Amerikanische Neger tragen die Botschaft der rassischen und nationalen Befreiung in die afrikanische Heimat und erschüttern hier, wenn auch noch nicht die politische Macht, so doch das Ansehen der weißen Mächte. In Südafrika versucht Großbritannien seinen

Einfluß zugunsten einer liberalen Handhabung der Rassengesetze geltend zu machen, löst aber dabei nur um so schärferen Widerstand bei den Afrikaanders, also der burischen Bevölkerung, aus und stärkt die Tendenzen, die in der südafrikanischen Union auf die völlige Trennung von England und auf die Einverleibung der noch unter britischer Oberhoheit stehenden Gebiete hinarbeiten. Noch wirken Persönlichkeiten wie Feldmarschall Smuts (1870–1950) und Hertzog für das Verbleiben im Commonwealth, der Führer der radikalen Afrikaanders, Malan, gewinnt aber immer stärkeren Einfluß und erringt nach dem zweiten Weltkrieg die parlamentarische Mehrheit; er annektiert 1950 das ehemalige Deutsch-Südwestafrika und betreibt die Losreißung von England. Nach der Thronbesteigung Georgs VI. lehnt es die Union ab, ihre Minister den Eid auf den König leisten zu lassen. Die Krise der britischen Weltmachtstellung wird auch in Südamerika fühlbar, wo der amerikanische Handel, der Einfluß des Dollars in Wirtschaft und Politik und die Diplomatie von Washington die frühere dominierende Stellung Englands längst untergraben haben. Das zähe Ringen zwischen den beiden Schwesternationen, auch hier durch Macdonalds Versöhnungspolitik seit 1929 gemildert, kommt vorübergehend in dem kriegerischen Zusammenstoß zwischen Bolivien und Paraguay drastisch zum Ausdruck. Die beiden Republiken führen einen langwierigen und erbitterten Kampf um das wüste Gebiet am Gran Chaco, in dem große Ölvorräte fündig geworden sind. Im Hintergrund stehen amerikanische und englische Ölinteressen.

## *Um das Erbe des British Empire*

**298** So scheint die drohende Auflösung des britischen Weltreichs eines der brennendsten Probleme der Zeit nach dem ersten Weltkrieg zu sein. Im Zusammenhang mit dem Aufstieg Japans, dem gewaltigen Machtzuwachs, den die Vereinigten Staaten erlangt haben, mit dem Auftauchen ganz neuer Mächte, wie es das revolutionäre China, das nationale Indien und die arabischen Nationen sind, endlich angesichts der Bildung eines kommunistischen Eurasien scheint sich — wenn man keine friedliche Lösung findet — ein neuer Weltkonflikt eines Tages an dem Streit um das Erbe Großbritanniens und seiner Aufteilung entzünden zu sollen. Schon hat das Ringen um Stützpunkte und wichtige Verkehrslinien selbst die polaren Gebiete erfaßt; Rußland, England und Amerika erwägen die Möglichkeit der strategischen Auswertung der Arktis wie der Antarktis: der Bau von riesigen Schlachtschiffen (bis zu 45 000 Tonnen), von Flugzeugträgern, die ganze Geschwader von Bombern und Jägern mitführen, die Entwicklung der Tauchbootwaffe, die raschen Fortschritte des Weltluftverkehrs und der Luftwaffe weisen auf einen Zusammenstoß der großen Weltmächte hin, in dem die Entscheidung in gewaltigen See- und Luftschlachten, auf Fronten von tausenden Kilometern, in den Weltmeeren und in bisher kaum erschlossenen Gebieten fallen würde. Den weltkundigen Betrachtern der Zeitgeschichte erscheint bis in die Mitte der dreißiger Jahre, an diesen Möglichkeiten gemessen, die europäische Politik kleinlich, nebensächlich und die Gefahr eines europäischen Krieges gering. Selbstverständlich zeichnen sich in der Weltpolitik auch ideologische Gegensätze zwischen den totalitären Staatsauffassungen und der Demokratie, zwischen Faschismus und Liberalismus und nicht zuletzt der freilich noch nicht in seiner ganzen Bedeutung erkannte Gegensatz zwischen Kommunismus und Freiheit als Spannungsmomente ab. Immer dringender wird die Schaffung einer Weltorganisation zur Lösung der wirtschaftlichen, sozialen und politischen Probleme, an denen der Friede zu zerbrechen droht. Die Abrüstung, 1918 als Kriegsziel verkündet, ist einseitig bei den Besiegten durchgeführt worden. Als die Siegervölker in den dreißiger Jahren des Rüstens müde werden, beginnen die Besiegten aufzurüsten und ein neues Wettrüsten zu entfesseln. Weder gibt es eine verbindliche Schiedsgerichtsbarkeit für internationale Konflikte, noch eine Exekutive, die einem internationalen Schiedsspruch auf jeden Fall Geltung verschaffen könnte. Der Briand-Kellogg-Pakt (1928) sieht ebenfalls keine Sanktionen gegen Friedensbrecher vor und wird von niemand ernst genommen. Daß der Völkerbund die auf ihn gesetzten Hoffnungen sehr bald enttäuscht hat und völlig ungeeignet ist, den Weltfrieden zu erhalten, zeigt sich Mitte der dreißiger Jahre ganz deutlich an dem japanisch-chinesischen und dem italienisch-abessinischen Krieg.

## Die Mängel der Pariser Verträge

299 Der erste Weltkrieg hat sich in seinem Verlauf aus einem Krieg um begrenzte Forderungen und um Machtfragen in einen Krieg um Ideen und Prinzipien verwandelt, mit denen sich die Forderung nach Vernichtung des Gegners oder doch nach seiner auf lange Zeit berechneten Ausschaltung aus der Reihe der Großmächte verband. Nach dem Sieg der Alliierten hat sich weder der von den Franzosen, Briten und Italienern vertretene Grundsatz eines reinen Machtfriedens durchgesetzt, noch Wilsons Plan eines Verständigungsfriedens als Grundlage internationaler Rechtssatzungen. Gerade die heillose Vermengung beider Prinzipien hat aus dem Frieden von Versailles und den übrigen Pariser Verträgen eine Scheinlösung erstehen lassen, deren Unzulänglichkeit ihre Urheber sehr bald erkannt und vielfach auch eingestanden haben. Der amerikanische Kongreß weigert sich, den Frieden zu ratifizieren, und begnügt sich mit der Erklärung, daß der Kriegszustand mit Deutschland beendet sei. Georges Clemenceau, der „Tiger", der jahrzehntelang von der Demütigung und Niederwerfung Deutschlands geträumt und sie als sein Lebensziel angesehen hatte, ist von dem Ergebnis des Krieges enttäuscht, als er begreift, daß durch all' die Halbheiten des Vertrages von Versailles Frankreich keine wirkliche Sicherheit erhalten hat, sondern nur eine größere Last tragen muß. Er betitelt seine Memoiren „Größe und Elend eines Sieges". Ein anderer Franzose nennt in einem umfangreichen kritischen Werk den Vertrag „La Paix malpropre" (Der unsaubere Friede). Lloyd George, einer der entscheidenden Männer von Versailles, rückt sehr bald

von seinem Werk ab; Churchill kritisiert es heftig; der bedeutendste englische Nationalökonom, John Maynard Keynes, wendet seine Überredungskunst und seinen Scharfsinn durch viele Jahre an die Kritik vor allem der Reparationsbestimmungen, in denen er das Unglück nicht nur Deutschlands, sondern der Weltwirtschaft überhaupt sieht. Nicht nur die Besiegten also, auch die Sieger sind unzufrieden. Weder Polen noch Jugoslawien glauben, das ihnen Gebührende erhalten zu haben, und Italien schwenkt vollkommen in das Lager der revisionistischen Mächte ein.

Eines der Hauptübel des Friedenswerkes ist die schon besprochene Lösung der Wiedergutmachungsfrage. Wahrscheinlich wäre Deutschland bereit und auch fähig gewesen, in etwa einem Jahrzehnt eine Kriegsentschädigung von fünfzig bis sechzig Milliarden Goldmark zu zahlen. Man verlangt aber zunächst Hunderte von Milliarden, ruiniert die deutsche Wirtschaft, reißt die Wirtschaft der Siegerstaaten mit in die Krise hinein und erhält am Ende nicht mehr als höchstens vierzig Milliarden Goldmark. Die schlimmste Folge der fehlerhaften Lösung des Wiedergutmachungsproblems ist aber die Aufpeitschung des deutschen Nationalismus, der sich gerade an dieser Frage jahrelang erhitzt. Man stellt insbesondere der deutschen Jugend vor Augen, daß die Reparationsverpflichtungen Deutschland durch zwei bis drei Generationen wirtschaftlich lähmen und zum Sklaven des internationalen Kapitals machen würden. Die nationalsozialistischen Thesen von der Zinsknechtschaft, von der Diktatur der Großbanken, wobei man dann Finanzkapital und Judentum kritiklos gleichsetzt, sind durch die leidenschaftlichen Debatten über die Reparationen, über den Dawes- und den Young-Plan genährt worden.

### Die deutschen Kolonien und die Ostgrenze

*300* Zu einer halben Lösung ist man auch in der Frage der deutschen Kolonien gelangt. Man nimmt Deutschland seine überseeischen Besitzungen und begründet das mit der historisch nicht haltbaren Behauptung, daß die Deutschen moralisch unfähig gewesen seien, eine zivilisatorische Aufgabe zu erfüllen. Die Tatsache, daß die einheimische Bevölkerung von Deutsch-Ostafrika bis zum Kriegsende unter dem Kommando des Generals Lettow-Vorbeck für die Deutschen gekämpft hat, die günstige wirtschaftliche Entwicklung zahlreicher deutscher Kolonien und der Umstand, daß es in den Kolonialgebieten der übrigen Mächte nicht weniger Unruhen und Aufstände gegeben hat als in den deutschen Schutzgebieten, widerlegen die These von der deutschen Unfähigkeit zur Kolonisation. Gerade diese Begründung hat den deutschen Widerstand gegen die Wegnahme der Kolonien gestärkt. Einem eindeutigen Machtspruch hätte sich das deutsche Volk auch in dieser Frage wahrscheinlich eher gefügt als einem offensichtlich scheinheiligen Urteil, das die nationalistische Propaganda als den „Raub" der deutschen Kolonien abstempelt. Die Sieger nähren dabei die deutsche Revisionsforderung, denn sie annektieren die Kolonien nicht, sondern überantworten sie dem Völkerbund, der sie wiederum als Mandate den Großmächten zur Verwaltung überträgt.

Selbstverständlich denken diese nicht daran, sie wieder herauszugeben. In Deutschland aber fordert man, daß der Völkerbund die Mandate Deutschland, als dem ursprünglichen Besitzer der Kolonien, erteile. Die wirtschaftlichen Nöte Deutschlands werden von den revisionistischen Kreisen in sehr geschickter Propaganda zum Teil auf die Reparationen, zum andern auf den Verlust der Kolonien zurückgeführt. So fraglich es ist, ob Deutschland durch die Rückgabe der Kolonien seinen Außenhandel und seine Rohstoffversorgung wirklich hätte verbessern können, so fest ist um 1930 die Masse des deutschen Volkes davon überzeugt, daß nur die Rückgewinnung der Kolonien Deutschlands Rohstoff- und Devisenknappheit beheben könnte. Der Nationalsozialismus hat dann durch zielbewußte Propaganda (Reichskolonialbund) den Revisionismus dieser Richtung gefördert, obwohl Hitler zunächst ganz andere Ziele verfolgte, in seinem Programmbuch „Mein Kampf" die Erwerbung überseeischer Kolonien sogar als politischen Fehler bezeichnet hat und die Kolonialforderungen Deutschlands vorwiegend als Druckmittel gegen England benutzt. Berechtigt waren die deutschen Klagen über die Ostgrenze. In der schlesischen Frage verkünden die Alliierten zunächst die Unteilbarkeit des gesamten Abstimmungsgebietes, weil sie mit einem Erfolg der Polen rechnen, und teilen Oberschlesien dann doch, obgleich sich die große Mehrheit der Abstimmenden für Deutschland entscheidet. Durch die Teilung, für die sich vor allem der italienische Außenminister Graf Carlo Sforza einsetzt, wird das Industriegebiet durchschnitten und die Grenze so willkürlich festgesetzt, daß sie mitten durch die Stollen der Bergwerke läuft, daß Städte von ihren Wasser- und Gaswerken abgeschnitten, Bahnen und Straßen oft mehrfach unterbrochen werden. Ebenso schikanös ist die Grenzziehung zwischen Ostpreußen und dem Korridor, weil in vielen Fällen den Anrainern der Zugang zur Weichsel verwehrt ist. Die Lostrennung Danzigs, einer fast rein deutschen Stadt, vom Reich mit der Begründung, Polen müsse einen Hafen an der Ostsee erhalten, wirkt provozierend, da Polen auf seinem eigenen Gebiet mit großen Kosten den Konkurrenzhafen Gdingen (Gdynia) ausbaut, ihn durch eine eigene Bahnlinie mit dem oberschlesischen Industrierevier verbindet und die Weichsel versanden läßt. Der sogenannte Korridor trennt die deutsche Provinz Ostpreußen vom übrigen Reich. Der deutsche Revisionismus verweist immer wieder darauf, daß keine Großmacht, ja überhaupt kein Staat es auf die Dauer ertragen würde, wenn eine seiner Provinzen auf solche Weise von ihm getrennt, wirtschaftlich schwer geschädigt und dauernder Bedrohung ausgesetzt würde. Vor allem britische Staatsmänner erklären die Korridorfrage frühzeitig als revisionsreif, wenn nicht durch sie ein neuer Krieg entstehen soll. Das deutsche Volk ist mit einer in anderen Fragen niemals erzielten Einmütigkeit der Ansicht, daß der Korridor eines Tages zu Deutschland zurückkehren müsse, und Hitler hat mit treffsicherem psychologischem Empfinden den Krieg gerade an diesem Problem entzündet, weil sich hier das deutsche Volk im Recht fühlte. Polen selbst hält die Lösung für unzulänglich, nur verlangt der polnische Revisionismus, eben zur Bereinigung des Korridorproblems, den Anschluß Ostpreußens an Polen, wie es auch nicht aufhört, ganz Oberschlesien zu fordern, das lange Zeit durch polnische Banden unter Korfanty beunruhigt wird. Die langjährige Besetzung des linken Rheinufers und der Brückenköpfe, die Abtretung von Eupen-Malmedy, wo eine Volksbefragung unter sehr verdächtigen Umständen inszeniert wird, die Verpfändung des Saargebiets an Frankreich auf fünfzehn Jahre sind weitere Punkte, bei denen die deutsche Revisionspropaganda sich halbe oder unglückliche Lösungen durch den Friedensvertrag erfolgreich zunutze macht. Die Abrüstung Deutschlands war mit dem Versprechen verbunden gewesen, daß auch die Sieger abrüsten werden und daß Deutschlands Entwaffnung nur den Anfang eines allgemeinen Abbauens der stehenden Heere und der schweren Waffen bedeute. Tatsächlich erhöht nicht nur Frankreich seine Rüstung, sondern vor allem die östlichen Nachbarn Deutschlands. Die deutsche öffentliche Meinung hätte die Ungleichheit in der Rüstung Frankreichs und des besiegten Deutschland vielleicht hingenommen, sie empört sich aber darüber, daß Polen und die Tschechoslowakei Armeen und Luftflotten unterhalten, die jede für sich an Zahl und Material der deutschen Wehrkraft bedeutend überlegen sind. Der Druck der schwerbewaffneten östlichen Nachbarn auf Deutschland wird um so mehr empfunden, als die Staatsmänner in Warschau und Prag keine Gelegenheit vorübergehen lassen, Drohungen an die Adresse Deutschlands zu richten und ihre eigene Stärke in für Deutschland demütigender Weise zu betonen. Im Jahre 1919 empfinden viele Deutsche die Niederlage und den Verlust großer Gebiete deshalb nicht so drückend, weil sie den Anschluß Deutsch-Österreichs an die deutsche Republik erwarten und in der Wiedervereinigung der 1866 getrennten deutschen Stämme die Erfüllung eines nationalen Wunschtraumes, in Österreich einen vollwertigen Ersatz für die verlorenen Provinzen sehen. Das Verbot des Zusammenschlusses der beiden deutschsprechenden Völker weckt neue Verbitterung und gibt dem deutschen Revisionismus ein weiteres Ziel. Besonders hart wird es empfunden, daß sich die Sieger noch 1931 dem zwischen Deutschland (Reichsaußenminister Curtius) und Österreich (Bundeskanzler Schober) vereinbarten Plan einer Zollunion widersetzen und diese verhindern, obwohl die Niederlegung der Zollgrenzen von aller Welt als wirksame Krisenbekämpfung gefordert wird.

*Unterdrückung nationaler Minderheiten*

301 Wachsende Erbitterung löst unter den Deutschen die Behandlung der deutschen Volksgruppen und Minderheiten in den östlichen und südöstlichen Nachbarstaaten aus. In Polen wird das Deutschtum unterdrückt, in den böhmischen Ländern der sudetendeutschen Volksgruppe, die durch viele Jahrhunderte ein gleichberechtigter Teil der Staatsnation, Kulturbringer und Träger des Staatsgedankens gewesen war, jede Möglichkeit der wirtschaftlichen und kulturellen Entfaltung genommen. Ein Drittel des deutschen Schulwesens wird vernichtet, mehr als hunderttausend Deutsche werden von ihren Beamtenstellen und ihren Arbeitsplätzen verdrängt, die deutsche Selbstverwaltung geschmälert, den Deut-

schen der Gebrauch ihrer Sprache beschränkt und auch nach dem Eintritt deutscher Minister in die tschechoslowakische Regierung (1926) der Volksgruppe, die ein Viertel der Gesamtstaatsbevölkerung ausmacht, jeder wirkliche Einfluß auf die innere und äußere Politik versagt. Auch in Rumänien, Ungarn und Jugoslawien werden die seit vielen Jahrhunderten dort ansässigen Deutschen unterdrückt. Beschwerden beim Völkerbund bleiben wirkungslos, im europäischen Westen wird die Stimme der Deutschen durch eineinhalb Jahrzehnte nicht gehört, und eine zum großen Teil bestechliche Presse, die aus den Propagandafonds der Warschauer, Prager und Belgrader Regierung gespeist wird, bringt verfälschende Berichte über die Verhältnisse in den Nachfolgestaaten. Insbesondere die Politik und die Tätigkeit des tschechoslowakischen Außenministers Dr. Eduard Beneš, der bereits der Friedenskonferenz das von Fälschungen wimmelnde Mémoire III vorgelegt hatte, fordert deutschen Widerspruch und Widerstand heraus und nährt den Haß, der Ende der dreißiger Jahre zum Ausbruch kommt. Die unterdrückten Minderheiten schließen sich zu einem europäischen Verband zusammen, der unter dem Vorsitz des Slowenen Dr. Wilfan deutsche, slawische und ungarische Volksgruppen vertritt. Sie alle fordern ein internationales Minderheitenrecht, Schutz der Volksgruppen und internationale Garantie ihrer Rechte. So findet auch hier der Nationalsozialismus ein weites Feld für seine Agitation vor und kann lange Zeit mit dem Anspruch auf Vertretung sittlich berechtigter Forderungen operieren. Dem nationalsozialistischen Bund der Auslandsdeutschen stellt sich eine Gruppe demokratisch gesinnter Deutscher unter Führung des Deutschbalten Schiemann entgegen, die aber so wenig wie die demokratischen Sudetendeutschen in der großen Krise von 1938 den deutschen Revisionismus aufzuhalten vermag. Je stärker Deutschland wird, und je mehr Nachdruck es seinen Revisionsbestrebungen zu geben vermag, desto mehr schließen sich andere Völker, die mit der Ordnung von 1919 unzufrieden sind, an Deutschland an. Slowaken, Ungarn, Kroaten und Bulgaren erwarten nun von Deutschland die Erfüllung ihrer eigenen Forderungen. So wächst der deutsche Einfluß im Donauraum und auf dem Balkan, und Deutschland erscheint hier bis 1940 nicht als der imperialistische Angreifer und Eindringling, sondern als der Vorkämpfer für das Recht der kleinen Nationen und für eine vernünftige Friedensordnung. Früher und zunächst viel lebhafter als der deutsche rührt sich der ungarische Revisionismus. Ungarn droht in der Einkreisung durch die Kleine Entente zu ersticken. Dieses Bündnis der Nutznießer des Vertrages von Trianon, das den ungarischen Revisionismus bändigen soll, steigert nur die Erbitterung des madjarischen Volkes, das nicht müde wird, dem Diktat der Sieger sein „Nem, nem, soha" (Nie, nie, niemals!) entgegenzusetzen. Ungarn findet Unterstützung bei Italien, das die Gelegenheit begrüßt, im Donauraum Fuß fassen zu können und seinem Gegenspieler an der Adria, Jugoslawien, in den Rücken zu kommen. Aber auch einflußreiche britische Kreise unterstützen den ungarischen Revisionismus, so der englische Zeitungsmagnat Lord Rothermere, dessen Blätter eine leidenschaftliche Campagne für die Wiedergutmachung des an Ungarn geschehenen Unrechtes entfesseln. Revisionistisch ist selbstverständlich Bulgarien, das weder auf die Dobrudscha, noch auf Thrazien mit dem Zugang zum Ägäischen Meer, noch auf Mazedonien verzichtet. Die Mazedonier und ihre revolutionären Komitees bilden auf dem Balkan einen steten Unruhe- und Gefahrenherd. Sie stürzen Bulgarien in eine Reihe schwerer Regierungskrisen, denen das Land durch diktatorische Maßnahmen zu entgehen versucht. Nur der besonnenen Führung und ausgleichenden Haltung des Königs Boris (regierte 1918–1943) war es zu danken, wenn das Land durch die zahlreichen Putsche, Verschwörungen und diktatorischen Experimente bis 1941 heil hindurchkam. Der Revisionismus der Türkei richtete sich, nachdem er bereits in der Erhebung unter Kemal Pascha das erste Friedensdiktat der Sieger zertrümmert hatte, auf die Rückgewinnung von Alexandrette und auf die Revision der Bestimmungen über die Entmilitarisierung der Meerengen. Die Türken erreichen sie in dem Vertrag von Montreux (1936). Griechenland fordert vergeblich von Italien die Auslieferung des Dodekanes, welche Inselgruppe die Italiener seit dem libyschen Krieg von 1911/12 widerrechtlich besetzt hielten. Aber auch in Cypern gibt es eine griechische Nationalbewegung, die auf die Loslösung der Insel von England hinarbeitet. An der Adria stoßen der jugoslawische und der italienische Revisionismus aufeinander. Italien fordert unter Berufung auf das Londoner Abkommen von 1915 das Ostufer der Adria, Jugoslawien richtet seine Blicke nach dem kroatischen Istrien und dem slowenischen Küstenland (Görz). Als italienische Freischärler unter der Führung des Dichters Gabriele d'Annunzio Fiume überfallen und die Stadt durch einseitigen Machtspruch einverleibt wird, weckt dies nicht nur den Groll der Jugoslawen, sondern ermuntert auch alle anderen revisionistischen Bestrebungen, denn es zeigt, daß die Sieger unter Umständen einen Gewaltstreich als vollzogene Tatsache anerkennen. Obzwar Italien und Jugoslawien durch ein Abkommen ihre Interessen an der Adria abgrenzen, bleibt der Gegensatz zwischen beiden Staaten lebendig und bedroht immer wieder den europäischen Frieden. In Kärnten hat 1920 eine Volksabstimmung der slowenischen Minderheit zugunsten Österreichs entschieden. Auch hier aber findet sich der jugoslawische Nationalismus mit der Grenzziehung nicht ab. Zwischen Österreich und Ungarn ist das Burgenland umstritten, dessen Hauptstadt Ödenburg (Sopron) unter Abänderung der ursprünglichen Bestimmungen des Friedensvertrages an Ungarn zurückgegeben wird, da auch in diesem Falle die Alliierten vor ungarischen Gewaltmaßnahmen zurückweichen. Italien hat im Frieden von St. Germain das deutsche Südtirol (Bozen, Brixen, Meran) bis zum Brenner erhalten und treibt hier eine rücksichtslose Entnationalisierungspolitik. Österreich ist zu schwach, Revisionsforderungen mit Nachdruck zu vertreten. Der deutsche Revisionismus verzichtet in diesem einzigen Fall auf Revision, weil Hitler die Freundschaft des italienischen Faschismus sucht. Unter den Siegern ist Italien ins Lager der Revisionisten übergegangen. Zwar sind seine Erwerbungen im Verhältnis zu seinen Kriegsleistungen nicht klein, da sie aber hinter den Erwartungen des italienischen Volkes zurückbleiben, klagt man die Verbündeten nichtgehaltener

Versprechungen an, fordert Dalmatien und Kolonien und beginnt mit dem Anschwellen des deutschen Revisionismus kühner zu werden und auch die alten Forderungen der Italia irredenta nach Savoyen, Nizza, Korsika und Malta wieder aufzunehmen.

## Österreich, Rußland, „Kleine Revision"

302 Das kleine entwaffnete und fast wehrlose Rest-Österreich verfolgt zwar keine revisionistischen Ziele, die irgendeinem Nachbarn Land oder Bevölkerung entreißen möchten, aber es ist durch seinen bloßen Bestand ein dauerndes Element des Revisionismus. Diesem Staatswesen, das nicht aus eigenem Willen entstanden, sondern bei der Aufteilung der Habsburgermonarchie übriggeblieben und durch den Willen der Sieger zum Staat geworden ist, fehlt die wichtigste Voraussetzung zur Selbständigkeit: Staatsbewußtsein und Staatswillen der Bevölkerung. Volksabstimmungen, die 1920 in einer Reihe Bundesländer durchgeführt werden, ergeben, daß fast 100 Prozent der Österreicher den Anschluß an Deutschland wünschen. Ein Staat, der seinen eigenen Bestand verneint und in der Erhaltung seiner Hoheit und seiner Grenzen keinen Sinn zu erblicken vermag, ist nicht lebensfähig. Erst der Sieg des Nationalsozialismus in Deutschland läßt die andersdenkenden Österreicher sich des Nutzens ihrer Eigenstaatlichkeit bewußt werden. Unter den Bundeskanzlern Dollfuß und Schuschnigg nimmt die Staatsführung die Gedanken des weitblickenden, klugen und realpolitisch denkenden Kanzlers Dr. Ignaz Seipel wieder auf, der Österreich in den zwanziger Jahren mit Kraft und Umsicht durch schwere Krisen gesteuert, aber nicht vermocht hatte, in seinem Volk eine österreichische Staatsgesinnung zu wecken. Dies gelingt bis zu einem gewissen Grade erst seinen Nachfolgern unter den zugleich günstigeren und gefährlicheren Voraussetzungen der dreißiger Jahre. Doch führt das Anknüpfen an die altösterreichische Tradition und die Erweckung eines österreichischen Staatsbewußtseins notwendig dazu, in dem früher oder später zu erreichenden föderativen Zusammenschluß der 1918 voneinander getrennten Donauvölker ein sinnvolles politisches Ziel zu erblicken. Da sich die Kleine Entente, insbesondere der tschechische Außenminister Dr. Beneš, diesem Bestreben mit aller Kraft widersetzen, wird dem großdeutschen Revisionismus auch hier die Bahn geebnet.

Schließlich gehört auch die Sowjetunion in die Reihe der revisionistischen Mächte, und gerade die Rolle Sowjetrußlands als Reserve aller revisionistischen Kräfte hat diesen Nachdruck und Schwung verliehen. Die Sowjets fordern zunächst von Rumänien die Rückgabe Bessarabiens, sie beanspruchen von Polen ukrainische und weißrussische Gebiete, haben sich aber auch mit der Selbständigkeit der kleinen Baltenstaaten niemals wirklich abgefunden.

Bis etwa in die Mitte der dreißiger Jahre kann man von einem großen und einem kleinen Revisionismus sprechen, von einem Maximal- und einem Minimalprogramm der Unzufriedenen. Dieses war vielleicht durch friedliche Revision, jenes nur durch einen Krieg zu verwirklichen. Indem die maßgebenden Mächte der „kleinen Revision" bis aufs äußerste Widerstand leisten, helfen sie die verheerenden Kräfte entfesseln, die den Krieg und die „große Revision" heraufbeschwören. Da die verschiedenen Revisionsforderungen einander vielfach überschneiden, war durch nationalstaatliche Abgrenzung eine befriedigende Lösung überhaupt nicht zu finden. Nur ein Zurückgehen auf die vor 1918 bestandenen föderativen Staatsformen oder die Weiterentwicklung der damals vorhandenen Ansätze zur übernationalen Föderation, und nur eine allgemeine Bereinigung der europäischen Krisenerscheinungen auch in der Wirtschaft und Gesellschaft hätten die vielen Reibungsflächen wenn nicht beseitigen, so doch abschleifen und vermindern können. Dazu aber hätte es einer überstaatlichen Autorität bedurft. Da der Völkerbund sie nicht besaß und sein moralisches Ansehen frühzeitig preisgegeben hatte, setzten die Völker ihre Hoffnungen, soweit sie nicht auf den Krieg gerichtet waren, auf die Wiederherstellung des Gleichgewichts der Großmächte und auf eine aus England, Deutschland, Frankreich und Italien zu bildende Vierergruppe, die stark genug gewesen wäre, eine allgemeine Revision und friedliche Neuordnung Europas sicherzustellen. Kurze Zeit scheint es, als solle es tatsächlich zu dieser Lösung kommen, dann aber erweisen sich die Gegensätze zwischen den Großmächten als weit schärfer, als man angenommen hatte, und hinter dem deutschen und italienischen Revisionismus werden Pläne und politische Ziele erkennbar, die weit über das Maß einer Bereinigung des 1919 verübten Unrechts hinausgehen.

## *Der Faschismus*

*303* In Italien war seit Jahrzehnten revolutionärer Zündstoff angehäuft. In Oberitalien gab es eine radikale sozialistische Bewegung, die von anarchistischen Elementen stark durchsetzt war. In Unteritalien und Sizilien führte die üble Lage der Landarbeiter und der kleinen Pächter (Cafoni) wiederholt zu Unruhen, die zeitweise die Form von Aufständen annahmen. Die schwache liberale Staatsgewalt vermochte weder den Radikalismus der Sozialdemokraten noch den Übermut der Großgrundbesitzer einzudämmen. Der Gegensatz zwischen Staat und Kirche minderte das Ansehen der Monarchie. Die katholische Volkspartei, unter Führung von Don Sturzo, neigte republikanischen Auffassungen zu. Der Mangel an Rohstoffen, vor allem an Kohle, machte das Land von fremden Mächten abhängig und zwang es zu einer vorsichtigen Außenpolitik, während das nationalistische Bürgertum in Verkennung der gegebenen Machtverhältnisse eine aggressive Politik gegen Österreich-Ungarn und zeitweise gegen Frankreich forderte, um das „unerlöste Italien" (Italia irredenta), möglichst aber auch anderssprachige Gebiete, wie Dalmatien und Albanien, mit Italien zu vereinigen. Die Forderung nach dem mare nostro, als welches die Adria angesprochen wurde, fand auch 1919 keine Erfüllung. An die Stelle des Gegensatzes zu Österreich tritt der zu Jugoslawien. Um der Übervölkerung zu steuern und die Auswanderung nicht in fremde Gebiete lenken zu müssen, fordert der italienische Nationalismus Kolonien. Tripolitanien ist für Kolonisten nur wenig aufnahmefähig. Dagegen leben in dem französischen Tunis etwa 70 000 Italiener. Radikale Bewegungen unter den Intellektuellen, der Futurismus etwa und der zum Götzendienst gesteigerte Nationalismus, wie ihn der nationale Dichter Italiens, d'Annunzio, verkündet, haben den Boden für eine Bewegung aufgelockert, in der sich sozialrevolutionäre, nationalistische und imperialistische Gedanken verbinden. Schon 1910 versucht der Nationalist Federzoni eine Organisation zu schaffen, die für diese Ideen wirbt. Am 23. März 1919 gründet Benito Mussolini den Fascio di combattimento (Kampfbund). Er stützt sich vorwiegend auf die Interventionisten von 1915, also jene Kreise, die damals durch ihre Agitation den Krieg gegen Österreich erzwungen haben, und auf Frontkämpfer. Zunächst bleibt die Bewegung sehr schwach; bei den Wahlen im Jahre 1919 vermag sie nur 4000 Stimmen zu gewinnen. Erst das Anschwellen der kommunistischen Welle und der kommunistische Terror, der sich bis zur Besetzung der Fabriken, zur Untergrabung der Staatsautorität und zur Lähmung der Wirtschaft steigert, haben dem Faschismus (Fascismo), wie die Bewegung nun genannt wird, die Bahn freigemacht. Die italienische Arbeiterbewegung ist in jenen Jahren in drei Parteien gespalten, die gemäßigte sozialistische, die radikale Partei der Maximalisten und die noch radikalere der Kommunisten. Aber auch der Faschismus ist zunächst in seinen Zielen wie in seinen Methoden revolutionär. Er knüpft schon im Namen an die revolutionären Fasci der sizilianischen Kleinbauern der neunziger Jahre an. Er fordert Zerschlagung des Großgrundbesitzes, Beseitigung der Monarchie und Verminderung der Macht der Kirche. Daneben stellt er eine Reihe sozialer Forderungen auf, die besonders die Kriegsopfer und Frontkämpfer gewinnen sollen. Da er aber vor allem eine starke Staatsführung fordert und gegen den Kommunismus mit den schärfsten Mitteln vorgeht, findet er bald die Unterstützung der Unternehmerkreise, selbst der Großgrundbesitzer und der bürgerlichen Rechtsparteien. 1921 läßt der Ministerpräsident Giolitti die Faschisten auf seiner Liste kandidieren. Sie erlangen 38 Abgeordnetensitze und bleiben in der Kammer eine selbständige Fraktion. Im folgenden Jahre wächst die Bewegung sehr rasch, und als unter dem schwachen Kabinett Facta die Staatsgewalt jede Autorität verliert, beschließt der faschistische Parteikongreß zu Neapel am 28. Oktober 1922 den „Marsch auf Rom". Die Faschisten sind sicher, daß sie auf keinen Widerstand der Exekutive stoßen. Der Einzug von 40 000 „Schwarzhemden", wie sie sich nach ihrer Parteiuniform nennen, zwingt Facta zum Rücktritt und den König Victor Emanuel III. zur Berufung eines faschistischen Kabinetts unter der Präsidentschaft Benito Mussolinis. Wesen und Geschichte des italienischen Faschismus sind mit der Persönlichkeit und dem Werdegang seines Gründers und Führers eng verbunden. Zwar waren die sozialen Voraussetzungen für die Entstehung einer solchen Bewegung vorhanden, und auch die Ideen, von denen der Faschismus lebt, lagen in der Luft. Sie zu einer politischen Ideologie zusammengefaßt und zu ihrer Durchsetzung eine Organisation geschaffen zu haben, war jedoch das Werk eines Mannes. Der italienische Faschismus ist zum Unterschied vom deutschen Nationalsozialismus und vom russischen

Kommunismus niemals eine geschlossene Philosophie (Weltanschauung) geworden. Daher vermag er sich später mit der Kirche weitgehend zu verständigen und in seiner Politik die kühnsten Wendungen durchzuführen. Er ist im wesentlichen immer die Partei und das persönliche Machtorgan Mussolinis gewesen.

## *Mussolini und sein Weg*

*304* Benito Mussolini ist im Jahre 1883 in Predappio (Provinz Forlì) als Sohn eines Schmieds und einer Lehrerin geboren. Als junger Arbeiter schließt er sich der sozialistischen Bewegung an. Er arbeitet viel im Ausland, unter anderem im Tessin und im österreichischen Trentino, wo er unter den Einfluß des Sozialisten Cesare Battisti gerät, der sich im Weltkrieg als radikaler Nationalist entpuppt, zu den Italienern überläuft, aber von den Österreichern gefangen und standrechtlich abgeurteilt wird. 1912 wird Mussolini Chefredakteur des führenden sozialistischen Blattes „Avanti" in Mailand. Nach Ausbruch des Weltkrieges überwirft er sich mit der sozialdemokratischen Partei wegen deren kriegsfeindlicher Haltung. Mit Geldern, die ihm von den Propagandastellen der Westmächte durch Vermittlung des französischen Sozialisten und späteren Kommunisten Cachin verschafft werden, gründet er das Blatt „Popolo d'Italia", das im Sinne der „Interventisten" Propaganda für den Eintritt Italiens in den Krieg macht. Im Kriege dient er als Freiwilliger, bringt es zum Unteroffizier und wird leicht verwundet. Seine eigentliche Frontdienstleistung scheint sich auf eine sehr kurze Zeit beschränkt zu haben. Mussolini bringt aus der Sozialdemokratie eine sehr gründliche Schulung mit. Er hat die marxistische Theorie in ihren Stärken und Schwächen erkannt und die Organisations- und Werbemethoden der Sozialdemokratie erfolgreich weiterentwickelt, während die sozialdemokratischen Parteien selbst seit dem ersten Weltkrieg in den alten Methoden erstarrt sind. Außerdem steht Mussolini aber sehr stark unter dem Einfluß Nietzsches und des französischen Anarchisten Sorel wie des italienischen Soziologen Pareto. Endlich wirken in ihm und dem Faschismus überhaupt trotz ihrer antiliberalen Haltung die Gedanken des italienischen Risorgimento, vor allem der zum religiösen Fanatismus gesteigerte Nationalismus Mazzinis und der Giovine Italia (des „jungen Italien") fort. Als leitender Staatsmann verbindet Mussolini persönliche Eitelkeit und Machtgier mit großer taktischer Wendigkeit, rücksichtslose Energie mit viel Phantasie. Seine Verbindung mit Hitler wird ihm zum Verhängnis, da er in immer größere Abhängigkeit von dem deutschen Partner gerät und so mit diesem ins Verderben gerissen wird.

Der Faschismus dankt seine Erfolge vor allem drei Faktoren: dem Terror, der Propaganda und der Organisation. Er ist von allem Anfang ein militärisch organisierter und uniformierter Kampfverband. Durch planmäßig durchgeführte Terroraktionen werden die Gegner eingeschüchtert und ihre Kampfmittel zerstört. Berüchtigt sind die Überfälle auf sozialistische Vereinshäuser, auf rote Dörfer und andere Zellen der politischen Gegner, deren Wortführer oft gezwungen werden, Rizinusöl zu trinken. Die sozialistischen Volkshäuser werden geplündert und niedergebrannt. Der Terror wird auch in den ersten Jahren nach der Machtergreifung fortgesetzt; immer wieder kommen dabei Menschen ums Leben. 1924 wird der Oppositionsführer Giacomo Matteotti am helllichten Tage mitten in Rom überfallen, entführt und in einer einsamen Gegend ermordet. Zahlreiche Gegner des Faschismus entfliehen und leben als Emigranten im Ausland. Andere werden in Konzentrationslagern, zum Beispiel auf den unwirtlichen Liparischen Inseln, eingekerkert. In seiner Agitation und Propaganda wendet der Faschismus nicht nur modernste technische Mittel an (Rundfunk, Schmalfilm), sondern entwickelt auch, ähnlich dem Kommunismus, die Methode, der Masse gewisse Schlagworte einzuhämmern, den Gegner des nationalen Verrats zu bezichtigen, die Wahrheit rücksichtslos zu unterdrücken, Tatsachen zu verfälschen und aus richtigen Prämissen, die leicht beweisbar sind, mit scheinbarer Logik falsche Schlüsse zu ziehen. Die gegnerische Presse wird zunächst durch scharfe Zensurmaßnahmen gehemmt, später ganz unterdrückt. Am längsten und erfolgreichsten kämpft das satirische Witzblatt Becco giallo (Gelbschnabel) gegen den Faschismus. Es wird aber schließlich doch verboten. Neben der eigentlichen Partei baut der Faschismus die nationale Miliz auf, die eine vollkommen ausgerüstete Armee darstellt. Außerdem gibt es Sondermilizen der Eisenbahner, Forstleute usw. Zur Gewinnung der Arbeiter wird die Organisation Dopo lavoro geschaffen, in der die Freizeitgestaltung geschickt mit politischer Werbung verbunden wird. 1926 sichert sich der Faschismus das Monopol der Jugenderziehung in der Opera Nazionale Balilla. Dadurch werden die Kinder vom fünften Lebensjahre an einem Erziehungssystem unterworfen, das ihnen die Thesen des Faschismus, vor allem das Hauptgebot: „Mussolini hat immer recht", einhämmert und sie militärisch drillt.

### Kampf und Arbeit

305   Zunächst gibt es noch eine parlamentarische Opposition gegen den Faschismus, die sich aus Sozialisten, Volksparteilern und einer kleinen Gruppe Liberaler zusammensetzt. Nach der Ermordung des Sozialistenführers Matteotti verläßt die Opposition die Kammer und tagt auf dem Aventin als Gegenparlament. Ihre Machtlosigkeit und der faschistische Terror zermürben sie aber und lassen auch die Bewegung der Aventiner im Sande verrinnen. Durch zwei Wahl- und Parlamentsreformen 1923/24 und 1928/29 sichert sich Mussolini zunächst eine faschistische Kammermehrheit, dann die Umwandlung des Parlaments in eine scheinbar ständige Vertretung, die in Wahrheit auf das Einparteisystem und die Ernennung der Abgeordneten durch die faschistische Partei hinausläuft. Nur im Senat, der in der alten Form beibehalten wird, kommt es gelegentlich noch zu schüchternen Kundgebungen der Opposition, die später ebenfalls unterdrückt werden. Als einen Staatsrat, der die obersten Führungsstellen besetzen und auch beim Fehlen eines männlichen Thronerben die Thronfolge regeln soll, ruft

Mussolini den Großen Rat (Gran Consilio) der faschistischen Partei ins Leben. Er zählt vierzig Mitglieder. Dieser Große Rat ist es, der Mussolini am Ende zu Fall bringen sollte. Der Diktator ist zugleich Führer der Partei (Duce) und Regierungschef (Capo di Governo). In der Regierung vereinigt er zeitweise sechs Ministerien in seiner Hand. Unter seinen Mitarbeitern in der Regierung liebt er dagegen Abwechslung, um sie in ihren Ämtern nicht zu mächtig werden zu lassen. Mit einer gewissen Regelmäßigkeit findet eine solche „Wachablösung" statt. Insbesondere im Außenministerium wechselt Mussolini seine Mitarbeiter je nach dem Kurs, den er einschlägt. Er verwendet etwa Suvich, solange er mit Frankreich zusammengeht, dann Ciano für die Zusammenarbeit mit Deutschland. Die soziale Frage versucht Mussolini 1927 durch die Carta del lavoro in seinem Sinne zu lösen. Die Gewerkschaften werden verstaatlicht, Streiks und Aussperrungen verboten, Unternehmer und Arbeiter in den Korporationen vereinigt. 1929 gelingt Mussolini die Verständigung mit dem Heiligen Stuhl und die Beilegung des Konfliktes, der durch Jahrzehnte das Königreich Italien und den Vatikan getrennt hat. Der Papst erhält zur Sicherung seiner Stellung als weltlicher Souverän das Gebiet der Vatikanstadt (Città del Vaticano), die neben dem Vatikan und der Peterskirche noch ein kleines Häuserviertel auf dem rechten Tiberufer mit den diplomatischen Vertretungen umfaßt und den kleinsten Staat der Welt bildet. Zum erstenmal seit 1870 betritt ein Bischof von Rom wieder römisches Stadtgebiet außerhalb des päpstlichen Palastes, und der Heilige Vater bezieht nun im Sommer auch wieder seine zweite Residenz Castel Gandolfo. Zwischen Staat und Kirche wird ein Konkordat abgeschlossen, doch bestehen wegen der Frage der Jugenderziehung und der dauernden Behinderung der Actio catholica auch weiterhin Gegensätze und Reibungen. Die monarchische Staatsform läßt Mussolini bestehen, die tatsächliche Macht des Königtums ist aber fast aufgehoben. Immerhin behält der König in der Armee einen gewissen Einfluß und einen starken Anhang. Sie sind der Hebel, mit dem er den Faschismus schließlich aus den Angeln hebt. Die Opposition der Offiziere und anderer konservativer Kreise gruppiert sich immer deutlicher um den Kronprinzen Umberto. Auf wirtschaftlichem Gebiet bekämpft Mussolini vor allem die Großbanken, deren Vormachtstellung er tatsächlich bricht. Das hat freilich zur Folge, daß sich Italien, auch im Ausland, bei der Vergebung von Anleihen großen Schwierigkeiten gegenübersieht. Zur Festigung der Staatsgewalt und zur Zertrümmerung der Opposition löst Musolini die Freimaurerlogen auf, die in dem liberalen Italien die Regierung weitgehend kontrolliert und entscheidend bestimmt hatten.

Die Durchführung großer öffentlicher Arbeiten, wie Straßenbauten, Trockenlegung der Pontinischen Sümpfe und Binnenkolonisation, Ausbau der Häfen, großzügige städtebauliche Anlagen vor allem in Rom (Via imperialis), dienen zur Bekämpfung der Arbeitslosigkeit, aber auch zu einer uferlosen Propaganda für das faschistische System, das diese Leistungen vollbringt. Die Staatsverwaltung und das Verkehrswesen werden von gewissen, im liberalen Italien chronischen Korruptionserscheinungen und Nachlässigkeiten gereinigt, jedoch greift die Korruption in der faschistischen Partei selbst um so mehr um sich. 1926 führt Mussolini eine Heeresreform durch, die bei achtzehn Monaten Dienstzeit die Aufstellung eines dauernd mobilen Präsenzheeres bezweckt, das mit dreißig Divisionen und zahlreichen Spezialverbänden, vor allem mit vielen schnellen Truppen den Staat in ständige Bereitschaft versetzen soll, seiner Außenpolitik militärischen Nachdruck zu geben. In kriegsmäßigen Manövern wird diese neue Armee gründlich geschult. Auch die italienische Luftflotte wird vermehrt und verbessert, die Marine mit neuen Großkampfschiffen, besonders schnellen Kreuzern, zahlreichen Unterseebooten und Motorschnellbooten, einer schon gegen Ende des Weltkriegs bewährten Torpedowaffe, ausgerüstet.

## Italiens Imperialismus

*306* Der Schwerpunkt der faschistischen Politik liegt aber von allem Anfang an auf dem außenpolitischen Gebiet. Italien, das sich durch die Friedensschlüsse von 1919 benachteiligt fühlt, zu einer gebietenden Machtstellung in Europa, im Mittelmeerraum und in Übersee zu verhelfen, bleibt das auch offen zugegebene Ziel Mussolinis.

1926 sichert sich Italien durch den Vertrag von Tirana die Schutzherrschaft über Albanien, wodurch es Jugoslawien in der Südwestflanke faßt und auch Griechenland bedroht, mit dem Italien insbesondere seit der mitten im Frieden erfolgten Beschießung Korfus durch italienische Kriegsschiffe in schlechten Beziehungen steht. 1927 wird ein Freundschaftsvertrag mit Ungarn geschlossen, dessen Revisionsbestrebungen Italien unterstützt, um auch vom Donauraum her auf Jugoslawien einen Druck ausüben zu können. Mit diesem wird zwar ebenfalls ein Freundschaftsvertrag abgeschlossen, doch bestehen weiter starke Spannungen. Deutschland gegenüber ist die Haltung Italiens zunächst unfreundlich. Die gewaltsame Unterdrückung der Südtiroler führt zu einem Rededuell zwischen Mussolini und dem Reichsaußenminister Stresemann, ebenso zu einer Spannung mit Österreich. 1930 jedoch sucht Österreich Anlehnung an Italien, und der Bundeskanzler Schober stattet Mussolini in Rom einen Staatsbesuch ab. Die Freundschaft mit Österreich und Ungarn wird befestigt, nachdem die von Mussolini begünstigten und vielleicht auch finanziell unterstützten Heimwehren entscheidenden Einfluß auf die österreichische Regierung erhalten und der Kanzler Dollfuß ein autoritäres Regime errichtet. In den römischen Protokollen übernimmt Italien eine Art Schutzherrschaft über die beiden Donaustaaten. Nach der Ermordung Dollfuß' durch nationalsozialistische Putschisten (25. Juli 1934) läßt Mussolini kriegsbereite Truppen am Brenner aufmarschieren und verhindert dadurch eine deutsche Intervention in Österreich. Im gleichen Jahre wird der jugoslawische König Alexander (aus dem Hause Karadjordjević, das durch den Königsmord von 1903 auf den Thron gekommen war) in Marseille von einem Attentäter ermordet, der seinerseits von der Polizei erschossen wird.

Hinter dem Attentat steht eine größere mazedonisch-kroatische Verschwörung, deren Spuren nach Rom weisen. Der in der Verschwörung eine Rolle spielende Pavelić findet jedenfalls in Italien ein Asyl, aus dem er 1941 als Oberhaupt des kroatischen Staates in seine Heimat zurückkehrt. Auch der französische Außenminister Louis Barthou wird ein Opfer des Marseiller Attentats. Die jugoslawische Regierung unter der Regentschaft des Prinzen Paul sucht trotz des Mordes von Marseille gute Beziehungen zu Italien zu unterhalten. (Da sie sich auf ihren französischen Bundesgenossen immer weniger verlassen kann und zu Sowjetrußland in gespannten Beziehungen steht, sucht sie später unter dem Ministerpräsidenten Stojadinović Rückhalt in Berlin.) Die kolonialen Ausdehnungsbestrebungen Italiens haben nur geringen Erfolg. 1924 tritt England das wenig wertvolle Gebiet von Jubal an Italienisch-Somaliland ab. 1925 gestehen die Briten eine Grenzberichtigung an der ägyptisch-italienischen Grenze in der Cyrenaika zu. Italiens Wünsche nach tunesischem Gebiet bleiben unerfüllt. Gelegentliche Einschüchterungsversuche Mussolinis gegenüber der Türkei werden von Kemal Pascha in eindeutigen Worten zurückgewiesen, und da hinter den Türken zunächst Rußland, später die Westmächte stehen, kann Italien nicht daran denken, seine Hoffnungen auf Smyrna und andere anatolisch-kilikische Gebiete in die Tat umzusetzen. Zu Beginn des Jahres 1935 nimmt Italien an der Konferenz zu Stresa teil, wo es gemeinsam mit Frankreich und Großbritannien gegen die deutsche Aufrüstung als einen Bruch des Vertrages von Versailles protestiert. Mussolini hofft, daß die Westmächte, um ihn als Bundesgenossen zu erhalten, die nunmehr von ihm eingeleitete Aktion gegen Abessinien dulden würden. Als er sich darin getäuscht sieht, vollzieht er eine radikale Schwenkung seiner Außenpolitik und beginnt sie auf die Zusammenarbeit mit Deutschland zu gründen.

Mussolini hat gelegentlich erklärt, der Faschismus sei kein Exportartikel. Dennoch begünstigt er, allerdings nur dort, wo es den machtpolitischen Interessen Italiens entspricht, also vor allem in Österreich und Ungarn, faschistische Bewegungen. Dem deutschen Nationalsozialismus und der Person seines Führers Adolf Hitler, steht er zunächst kühl, ja ablehnend und sogar feindlich gegenüber. Hitler dagegen bewundert Mussolini, ahmt ihn nach und sucht seine Freundschaft. Die tatsächliche Zusammenarbeit beider wird aber erst durch den raschen Zusammenbruch der Politik von Stresa möglich.

### *Die Wurzeln des Nationalsozialismus*

307 Wie der italienische Faschismus, so hat auch der deutsche Nationalsozialismus seine Wurzeln in sozialen und geistigen Erscheinungen, die bereits vor dem ersten Weltkriege auftreten. Wir haben im zweiten Hauptabschnitt erzählt, wie seit den neunziger Jahren die Gedanken Nietzsches und Langbehns von der jüngeren Generation des deutschen Volkes Besitz ergreifen. Wir haben auf Friedrich Naumanns Nationalsozialismus und seinen Gedanken des Volks-

kaisertums, auf den um 1910 auftretenden religiösen Sozialismus und auf den Niederschlag dieser Ideen in der deutschen Jugendbewegung verwiesen. Wir haben die Anzeichen einer alldeutschen und imperialistischen Denkart registriert, die zu Deutschlands Flottenpolitik beiträgt und andererseits durch die wachsende Seegeltung des Reiches genährt wird. Wir haben die Widersprüche aufgezeigt, die zwischen der Bismarckschen Verfassung und den gesellschaftlichen Lebensformen des Militär- und Junkerstaates einerseits und der Entwicklung Deutschlands zu einem Industrie-, Handels- und Arbeiterstaat auf der anderen Seite entstehen. Wir haben endlich von dem Glauben der deutschen Jugend an die Verwirklichung ihrer unklaren Ideale durch den Krieg gesprochen, den sie für einen deutschen Verteidigungskrieg hielt und von dem sie sich die Überwindung des bürgerlichen Klassenegoismus, der Geldherrschaft und des Standesdünkels durch eine wahre Volksgemeinschaft und eine gerechte Neuverteilung der Erde unter die weißen Völker versprach.

Als Hauptursache der Entstehung und des Aufstiegs einer nationalsozialistischen Massenbewegung in Deutschland lassen sich erkennen:

Das Streben weiter Kreise des deutschen Volkes und insbesondere der deutschen Jugend nach einer neuen Staats- und Gesellschaftsform, in der sich das Ideal der sozialen Gerechtigkeit mit der Erfüllung der nationalen Sehnsucht nach einem Reich aller Deutschen, der Gedanke der Volksgemeinschaft im Sinne der Jugendbewegung mit der geschichtlichen Überlieferung Deutschlands und des preußischen Militärstaates verbinden könnten:

— die Zertrümmerung der alten Gesellschaft durch Krieg und Inflation, insbesondere die Enteignung des Patriziats und des Kleinbürgertums, die Deklassierung des Offizierstandes und das Emporkommen einer im Volke verhaßten Schicht von Neureichen;

— der plötzliche und nach einer langen Reihe von militärischen Erfolgen unerwartete militärische Zusammenbruch mit der darauf folgenden Enttäuschung über den Bruch der Wilsonschen Versprechungen durch die Sieger;

— die Unzulänglichkeit der 1918 an die Macht gelangten politischen Parteien und der von ihnen geschaffenen unitarischen, im Gefühl und im Denken des Volkes nicht verwurzelten Verfassung;

— die Abhängigkeit der Republik von dem nach dem Diktat der Sieger geschaffenen Berufsheer und die Unfähigkeit der Demokratie, sich einen ihr innerlich verbundenen Staatsapparat und Richterstand zu schaffen;

— die durch das Fronterlebnis, durch die Kulturphilosophie Spenglers und den Groll der aus dem Kriege heimkehrenden Soldaten erfolgte Weiterbildung der von Nietzsche herkommenden philosophischen Ideen zu einem „heroischen Nihilismus";

— der Aufstieg eines fünften Standes von Gescheiterten, Glücksrittern, Phantasten, Landsknechten und ebenso asozialen wie amoralischen Elementen aus dem menschlichen Strandgut des Krieges, des Bürgerkrieges und der Inflation;

— die Erfüllung der zur Demokratie noch nicht reifen, über Nacht von ihren

bisherigen geistigen, sozialen und politischen Bindungen gelösten und verelendeten Mittelschichten mit Scheinidealen und aus Legenden, Geschichtsfälschungen und Ressentiments genährten Anschauungen der Alldeutschen, Antisemiten und Teutomanen, deren Vorläufer vor allem im deutsch-österreichischen Kleinbürgertum zu suchen sind, aus dem Hitler hervorgegangen ist;
— endlich die falsche Politik der Sieger, die der deutschen Demokratie Schwierigkeiten bereiten, Demütigungen zufügen und ihr keine Chance geben, während sie vor der Drohung des revanchelüsternen Nationalismus zurückweichen.

Zu diesen in den zwanziger Jahren vorhandenen Ursachen tritt mit der großen Weltwirtschaftskrise und der sozialen Aufspaltung der Arbeiterschaft in Beschäftigte und Arbeitslose eine neue soziale Erschütterung, die sich in einem politischen Erdrutsch auswirkt. Der russische Kommunismus und der italienische Faschismus haben auf den Nationalsozialismus vielfach als Vorbilder gewirkt, er hat von ihren Terror- und Propagandamethoden, ihrem Polizei- und Nachrichtensystem, ihrer Taktik und ihren Organisationsformen viel gelernt, ohne daß er aber durch sie entscheidend angeregt worden wäre. Der Kampf gegen den Kommunismus war in Deutschland weniger als in Italien eine unmittelbare Ursache der nationalsozialistischen Erfolge. Die kommunistische Gefahr, die Deutschland 1919–1924 droht, wird durch die besonnene und demokratische Haltung des Großteils der deutschen Arbeiter, durch die bewaffnete Macht der Reichswehr und durch die kluge Politik des ersten Reichspräsidenten Friedrich Ebert abgewehrt. In den Jahren 1930–1933 hat eine ernste kommunistische Gefahr trotz des Anwachsens der kommunistischen Stimmen und der Massenarbeitslosigkeit kaum mehr bestanden. Der Kommunismus ist in diesen Jahren eher ein Popanz, mit dem die Nationalsozialisten das Bürgertum schrecken, während sie in Wahrheit in zahlreichen Fällen mit ihm zusammenarbeiten und seine Wahlerfolge als willkommene Gelegenheit begrüßen.

Bereits vor Hitler hat der sudetendeutsche Nationalsozialist Rudolf Jung ein nationalsozialistisches Programm verfaßt, in dem alldeutsche Forderungen mit sozialreformerischen Gedanken, vor allem mit der Forderung einer Neuordnung der Wirtschaft durch Schaffung von zinslosem Freigeld (nach Silvio Gesell) und mit demokratischen Parolen verknüpft werden, wie sie die Sudetendeutschen im Nationalitätenkampf mit den Slawen notwendig vertraten. In München gründet Anton Drechsler gemeinsam mit dem Schriftsteller Harrer 1919 eine Deutsche Arbeiterpartei, der sich Adolf Hitler als Mitglied Nummer 7 anschließt. 1920 tritt er als Redner der Partei auf und verkündet ihr Programm. Sie heißt nun Nationalsozialistische Deutsche Arbeiterpartei (NSDAP). 1921 übernimmt Hitler auch formell ihren Vorsitz.

### *Hitler*

308  Adolf Hitler wird 1889 in Braunau am Inn als Sohn eines kleinen Zollbeamten geboren. Er ist ein schlechter Schüler, der früh verwaist; die Realschule

in Linz absolviert er nicht bis zur Reife, sondern versucht in Wien als Kunstakademiker anzukommen. Er wird nicht zum Kunststudium zugelassen und lebt dann unter dürftigen Verhältnissen, meist in Asylen wohnend, von Gelegenheitsarbeiten als Anstreicher, Bauarbeiter und vom Verkauf seiner Aquarelle. In Wien wird er mit den alldeutschen und antisemitischen Gedanken Georg von Schönerers vertraut. 1912 übersiedelt er nach München, 1914 tritt er als Kriegsfreiwilliger in die bayerische Armee ein, obwohl er österreichischer Staatsbürger ist. Den Krieg macht er an der Westfront mit, wo er lange Zeit als Meldegänger verwendet wird, eine Tätigkeit, um die man später eine Heldenlegende spinnt. Hitler bringt es nur bis zum Gefreiten. 1918 liegt er, infolge einer Gasvergiftung zeitweise erblindet, im Lazarett zu Pasewalk. Als er die Nachricht von dem deutschen Zusammenbruch erhält, beschließt er, Politiker zu werden. Nach München zurückgekehrt, arbeitet er als Nachrichtenmann für die Reichswehr, die nach der Niederwerfung des kommunistischen Putsches (Räteregierung) das politische Leben durch derartige Vertrauensleute beobachten läßt. So kommt er in Berührung mit politischen Kreisen und wird Mitglied der Deutschen Arbeiterpartei. Er steht unter dem Einfluß des Schriftstellers Dietrich Eckart, des Deutschbalten Scheubner-Richter (der 1923 an seiner Seite fällt), später des Balten Alfred Rosenberg. Durch Rudolf Heß wirken die geopolitischen Gedanken Karl Haushofers auf ihn. Hitlers Persönlichkeit gibt zahlreiche Rätsel auf, die weder zu seinen Lebzeiten noch nach seinem Tode einwandfrei zu lösen waren. Er trägt zweifellos zahlreiche Kennzeichen des Deklassierten, ist von dem Haß des Asozialen gegen die gebildeten und begüterten Schichten der Nation erfüllt, versucht sich ihnen aber auch anzubiedern, bei ihnen Eindruck zu machen und in ihre Kreise einzudringen. Hitler hat viele krankhafte Züge, die gegen Ende seines Lebens immer stärker hervortreten. Er neigt zu Zwangsvorstellungen, von denen er sich nicht abbringen läßt, ist in höchstem Grade von sich und seiner Berufung überzeugt, liest, wie er selbst eingesteht, nur das, was seine Gedanken bestätigt, niemals etwas, das ihnen widerspricht, spricht viel und ohne Unterbrechung, während er anderen kaum zuhört und keine Einwände gelten läßt. Er hat hysterische Ausbrüche, und zwar sowohl Wutanfälle wie Weinkrämpfe, benimmt sich dann wie ein Irrer, vermag aber andererseits auch geistig höherstehende Menschen, soweit sie gegen seine Wirkung nicht immun sind, zu faszinieren und zu überzeugen. Er hat ein erstaunliches Gedächtnis für Einzelheiten, etwa der Heeresorganisation, der Waffentechnik, oder etwa auch in architektonischen Fragen. Sein künstlerisches Interesse tritt immer wieder hervor, sein Geschmack aber ist auf das Mittelmäßige und oft Kitschige gerichtet. Nur wo er in monumentalen Formen bauen kann, durchbricht er die Grenzen eines Kunstgewerblers aus der Zeit des Jugendstils. Er besitzt ein außerordentlich feines Gefühl für die Stimmung der Massen und für propagandistische Wirkung. Als Redner bringt er alles auf die einfachste, in Schlagworten zu fassende Form. Er reißt die Massen mit, begeistert vor allem die Frauen, enttäuscht aber durch den ledernen Amtsstil seiner Reden geistig anspruchsvolle Hörer. Da er das Ausland nicht kennt, keine Fremdsprache spricht und wenig liest, versagen seine Urteilskraft und sein Einfühlungsvermögen vor den anderen Nationen. Sein mit den Jahren wachsender Glaube an sich selbst und an die Rolle, die ihm die Vorsehung zugedacht hat, gibt ihm den Mut zu kühnen Entschlüssen, mit denen er in der Innen- und lange Zeit in der Außenpolitik seine Gegenspieler überrumpelt. In Verbindung mit seinem erst später nachlassenden Instinkt für die Launen und Leidenschaften der Masse verleiht ihm dieser Glaube jene „traumwandlerische" Sicherheit, die lange Zeit auch seine Gegner an sein unwandelbares Glück und seine außerordentliche Begabung glauben läßt. Bei der Beurteilung seiner Erfolge darf aber nicht vergessen werden, daß er in Deutschland und später in der Weltpolitik lange Zeit nur auf schwächliche Gegner stieß, die es ihm leicht machten zu siegen.

*Die völkische Bewegung*

309 Die Nationalsozialistische Partei ist zunächst nur eine von zahlreichen Gruppen, die nach dem Weltkrieg auf den Sturz der demokratischen Staatsform, auf die Remilitarisierung Deutschlands, den Vergeltungskrieg gegen Frankreich und eine soziale Umgestaltung hinarbeiten. Es gibt daneben in Norddeutschland einige völkische (also antisemitische) Parteien und Vereine, es gibt die Freikorps (zum Beispiel Brigade Erhard, Freikorps Lüttwitz, Freikorps Oberland), es gibt die Geheimorganisation Konsul, die an der Inszenierung politischer Attentate führend beteiligt ist, es gibt in Bayern eine antikommunistische Bürgerwehr, die Organisation Escherich, und es gibt den 1919 am Tage der Unterzeichnung des Versailler Vertrages von Moeller van den Bruck gegründeten „Juni-Klub". Alle diese Gruppen vertreten ähnliche Forderungen, wenn auch das Gewicht jeweils mehr auf der Innen- oder Außenpolitik, dem Antisemitismus oder dem Franzosenhaß liegt, und die einen sich mehr an die Masse, andere, wie der Juni-Klub, an eine geistige Elite wenden. Der Ruhrkampf von 1923 begünstigt mit der amtlich geförderten Entfesselung nationaler Leidenschaften die völkische Bewegung. Es kommt im Ruhrgebiet zu Terror- und Sabotageakten. Albert Leo Schlageter, der ein Attentat auf einen Truppentransport verübt, wird von den Franzosen standrechtlich erschossen und von den Völkischen zum Nationalhelden erhoben. Die Kommunisten versuchen, Fühlung mit der nationalen Bewegung zu bekommen und arbeiten auf ein deutschrussisches Bündnis hin. Karl Radek hält seine berühmte Schlageter-Rede, in der er die völkische Jugend auffordert, unter den Fahnen des Kommunismus gegen den westlichen Imperialismus zu kämpfen.

Besonders günstig lagen die Verhältnisse für Hitlers Agitation in Bayern. Die kommunistische Revolte von 1919 hatte Bürgertum und Bauern mit Furcht vor der Wiederholung kommunistischer Experimente erfüllt und eine Reihe von Organisationen erstehen lassen, die in der Beseitigung der Republik den einzigen wirksamen Schutz gegen Anarchie und Kommunismus erblickten. Weite

Kreise des bayerischen Volkes wünschten die Wiederherstellung der Monarchie. Im Jahre 1923 nahmen die Zustände im Reich zeitweise die Form drohenden Zerfalls und völliger Auflösung an. Im Rheinland entwickeln sich separatistische Bestrebungen, im Ruhrgebiet und in Mitteldeutschland arbeiten die Kommunisten mit allen Mitteln auf die Errichtung von Räterepubliken hin. In Bayern wächst die Abneigung gegen Berlin und das Reich, so daß der Zerfall Deutschlands in eine nordostdeutsche Sowjetdiktatur, ein französisch besetztes Rheinland und ein konservatives Süddeutschland bevorzustehen scheint. In Bayern wird die Reichswehr auf die Landesregierung vereidigt, die Polizei (Polizeipräsident Pöhner) ist in den Händen der Reaktion. Die bayerische Regierung setzt Herrn von Kahr zum Generalstaatskommissar mit besonderen Vollmachten ein. General Ludendorff, der im Jahre 1918 nach Schweden geflohen war und nun in München seinen Sitz aufgeschlagen hat, schließt sich der Hitler-Bewegung an. Hat er schon bald nach dem verlorenen Krieg die Alleinschuld an der deutschen Niederlage auf die zersetzenden Kräfte im Hinterland abgewälzt, so beginnt er unter dem Einfluß seiner zweiten Frau, Mathilde Ludendorff, eine wirre Theorie von der Beherrschung der Welt durch die „überstaatlichen" Mächte (Freimaurer, Juden, Jesuiten) zu entwickeln und seine gegen die Demokratie gerichteten Pläne mit einer heidnisch germanischen Mythologie zu verbrämen. Die sogenannte Dolchstoßlegende spielt in der Agitation aller völkischen und reaktionären Kreise eine große Rolle. Weder die deutschen Fürsten noch das deutsche Bürgertum haben sich 1918 durch besonderen Mut und heldische Haltung ausgezeichnet. Der Kaiser war wie ein Deserteur nach Holland geflohen, Hindenburg hatte ihm zu dieser unwürdigen Tat geraten, hatte dann die Unterzeichnung des Waffenstillstandes um jeden Preis gefordert, sich der Republik zur Verfügung gestellt und das Oberkommando weitergeführt. Die Linke war nirgends auf ernsten Widerstand gestoßen. Nun sucht das Bürgertum, soweit es Republik und Demokratie ablehnt, und suchen die militärischen Kreise, die nach neuer Macht streben, die Schmach von 1918 abzuwaschen. Sie tun es nicht durch eine Anerkennung der Tatsachen, sondern durch die Behauptung, das deutsche Heer sei „im Felde unbesiegt" gewesen und kurz vor dem sicheren Endsieg durch den Dolchstoß der Heimat, durch eine im Solde des Feindes stehende Verschwörung der „Novemberverbrecher" um den Sieg betrogen worden. Nur wenige Militärs haben den Mut und sind ehrlich genug, auf die schweren Fehler der politischen und militärischen Führung Deutschlands während des Krieges hinzuweisen und zuzugeben, daß die deutsche Wehrmacht der Übermacht an Zahl und Material erlegen ist und bei ihren furchtbaren Verlusten, bei der trostlosen Lage in der Heimat keine Aussicht auf Sieg mehr hatte, wenn sie auch vielleicht in einer festen Stellung noch bis zum Frühjahr 1919 hätte kämpfen können. Eine solche Stellung aber hatte die OHL nicht vorbereitet, weshalb sie ja auch selbst Ende September 1918 sofortigen Waffenstillstand forderte. Die Regierung der Republik hatte es versäumt, der Dolchstoßlegende und der tückischen Agitation der völkisch-reaktionären Kreise rechtzeitig durch Volksaufklärung und durch entschiedene Maßnahmen gegen die Verleumder und Geschichtsfälscher entgegenzutreten. So fanden diese und ihre Gefolgschaft von Halbgebildeten oder kritiklosen und ungebildeten Politikern freies Feld.

## Der Novemberputsch

*310* Am 8. November 1923 ruft Hitler in einer Versammlung im Münchner Bürgerbräukeller die deutsche Revolution aus. Mit vorgehaltener Pistole zwingt er den Generalstaatskommissar von Kahr, sich dem Putsch anzuschließen. Ludendorff wird zum Diktator ausgerufen, der Marsch nach Berlin angekündigt, Hitler schwört, daß der folgende Tag Deutschland frei oder ihn tot sehen werde. Die Putschisten bleiben aber in den folgenden Stunden untätig, während Kahr alles zu ihrer Niederwerfung einleitet. Am 9. November marschieren Hitler und Ludendorff an der Spitze eines Demonstrationszuges durch München, werden an der Feldherrnhalle von Landespolizei aufgehalten und durch eine Salve der Polizisten auseinandergetrieben. Hitler flieht und wird wenige Tage später verhaftet. Im Jahre 1924 wird er zu fünf Jahren Festung verurteilt, Ludendorff dagegen freigesprochen. Hitler verbüßt nur ein Jahr seiner Strafe in leichter und bequemer Haft auf der Festung Landsberg. Er empfängt Besuche und diktiert seinem Sekretär das Manuskript des Buches „Mein Kampf", einer merkwürdigen Mischung von Selbstbiographie, politischem Bekenntnisbuch und Programmschrift. Das Buch erscheint bald darauf und erreicht ungeheure Auflagen. Es befreit Hitler aus seinen finanziellen Nöten und wird das Evangelium der nationalsozialistischen Bewegung. Während Hitlers Haft hatte sich die Partei in streitende Sekten aufgelöst. Nach seiner Begnadigung übernimmt er von neuem die Führung. Er ist nun entschlossen, auf legale Weise die Macht zu erobern und eine Massenpartei mit parlamentarischer Vertretung aufzubauen. Das „unabänderliche" Programm der Partei, die „25 Punkte", und das Buch „Mein Kampf" sind die Grundlagen der Propaganda. Die Nationalsozialisten fordern in unklaren und vieldeutigen Worten eine Wirtschaftsreform im Sinne des Leitsatzes „Gemeinnutz geht vor Eigennutz". Je nach dem agitatorischen Zweck betonen sie stärker den Kampf gegen Banken und großkapitalistische Organisationen oder gegen Gewerkschaften und Konsumgenossenschaften. Im staatlichen Leben soll das Führerprinzip, also eine diktatorische Führung, an Stelle der parlamentarischen treten. Außenpolitisch nimmt die Partei gegen den Versailler Vertrag Stellung, dessen völlige Beseitigung durch die nationale Revolution verheißen wird. Hitler entwickelt den Gedanken, daß Deutschland im Bunde mit dem faschistischen Italien und mit dem germanischen England das „vernegerte" und freimaurerische Frankreich niederwerfen, sich so den Rücken freimachen und dann den Kampf gegen das bolschewistische Rußland aufnehmen müsse. Die frühere Kolonialpolitik sei falsch gewesen, es komme darauf an, Siedlungsland zu gewinnen, das nur im Osten zu holen sei. Die Ausdehnung Deutschlands über die Ukraine bis an den Kaukasus und den Ural müsse das Ziel einer weitblickenden Politik sein. England könne dann die Herrschaft über die Meere üben, und Deutschland werde den Bestand des britischen Reiches garantieren. Das Kernstück des Programms und der nationalsozialistischen Weltanschauung ist die Rassenlehre. Sie ist theoretisch niemals fest verankert worden. Man spricht von einer nordischen, einer arischen, einer deutschen Rasse, stützt sich auf die von den Gelehrten als Dilettantismus bezeichnete Rassentheorie von Günther oder auf Houston Stewart Chamberlain und gebraucht unklare Worte, wie „arteigen, deutschblütig, Geheimnis des Blutes", wendet sich aber in jedem Falle gegen die Juden als die angeblichen Repräsentanten einer minderwertigen Rasse, mit der man sich nicht vermischen und die man aus dem Volkskörper ausscheiden müsse. Die Agitation gegen das Judentum wird in demagogischer Weise mit der gegen den Kapitalismus, die Novemberverbrecher, Landesverräter und Freimaurer verknüpft. Niedrigste Instinkte werden entfesselt, und es nützt den Gegnern des Nazismus wenig, daß sich die Propagandaformeln der Nationalsozialisten leicht widerlegen lassen. Daß zahlreiche Juden in der deutschen Armee gekämpft haben, daß ein hoher Prozentsatz von ihnen gefallen ist, daß die Führung des Krieges zum Teil nur durch Erfindungen jüdischer Gelehrter (Stickstoffgewinnung durch Haber!) möglich war, daß die Juden in Deutschland keineswegs nur Träger liberaler und demokratischer Gedanken, sondern vielfach die Theoretiker und die Stützen konservativer Staatsauffassung und Politik gewesen sind, daß ihr Anteil an den wissenschaftlichen Leistungen des deutschen Volkes, seiner Technik, seinem Handel, seiner Literatur zum überwiegenden Teil so war, daß er den Deutschen zur Ehre gereichte, das alles gilt nicht, wo Schlagworte und dumpfer Haß allein noch entschieden. So erfolgreich die antisemitische Hetze in Deutschland war, so sehr hat sie dem Nationasozialismus von allem Anfang an im Ausland geschadet. Vorübergehend findet sich dieses nach Hitlers Machtergreifung mit den Gewalttaten gegen die jüdische Minderheit ab, um so heftiger aber ist die Gegenwirkung des Auslandes im zweiten Weltkrieg, zumal da die Juden selbst, vor allem in Amerika, bedeutenden Einfluß auf die öffentliche Meinung haben und mit größter Leidenschaft gegen eine Nation kämpfen, deren Regierung ihnen Vernichtung geschworen hat und diese Vernichtung auch an Millionen Angehörigen des jüdischen Volkes in grausamer Weise vollzieht.

## Der Aufbau der NSDAP

311 In der zweiten Phase der nationalsozialistischen Parteigeschichte seit Hitlers Haftentlassung findet dieser neben den Abenteurern und Wirrköpfen seiner früheren Gefolgschaft eine Reihe wichtiger Mitarbeiter, denen nicht zuletzt der rasche Aufstieg der Bewegung zu danken ist. Gregor Straßer vor allem schafft einen schlagkräftigen Organisationsapparat, durch den sich die Partei in der Folge allen ihren Konkurrenten überlegen erweist. Sein Bruder Otto Straßer, der sich allerdings schon 1930 von Hitler trennt und die in sozialen

Fragen radikalere Schwarze Front gründet, leistet als Agitator und Leiter des „Kampfverlages" Bedeutendes. Der Rheinländer Josef Goebbels, ein Literat, der dem Georgekreis nahegestanden hatte und ein Schüler des jüdischen Literarhistorikers Gundolf war, übernimmt die Leitung der Propaganda und erweist sich auf diesem Gebiete als ein ebenso erfinderischer wie skrupelloser und draufgängerischer Spezialist. Der ehemalige Hauptmann Röhm macht aus der SA eine im politischen Kampf durch ihren rücksichtslosen Terror gefürchtete Parteiarmee. Der Bayer Heinrich Himmler rekrutiert aus der SA die Schutzstaffel (SS), die als gefährlichste und in vieler Beziehung radikalste nationalsozialistische Elite in bedingungslosem Gehorsam zu Hitler steht und sich mehr und mehr zur Keimzelle einer Prätorianerschicht entwickelt, vor der alle übrigen Parteigänger Hitlers zittern und die einst nach der Alleinmacht nicht nur in Deutschland, sondern in ganz Europa streben wird. Enger Mitarbeiter Adolf Hitlers wird der ehemalige Fliegerhauptmann und letzte Führer der Kampfstaffel Richthofen, Hermann Göring. Der Aufbau der Partei nimmt in jeder Einzelheit auf die erstrebte Machtergreifung Rücksicht und stellt einen Staatsapparat im kleinen dar. Die Spezialisierung aller Aufgaben ist ebenso peinlich ausgeführt, wie die Kontrolle sämtlicher Parteistellen durch die oberste Führung garantiert ist. Frühzeitig schafft Himmler einen Nachrichtendienst, der die Gegner wie die Parteigenossen überwacht und Material gegen sie sammelt, so daß jederzeit durch Erpressungen und, nach der Machtergreifung, durch ein Polizeiverfahren ein Gegner unschädlich gemacht werden kann. Die Mitgliederzahl der NSDAP steigt von 27 000 im Jahre 1925 auf 176 000 im Jahre 1929 und 1,4 Millionen im Jahre 1932. Die äußeren Verhältnisse sind nach der wirtschaftlichen und innerpolitischen Beruhigung Deutschlands um die Mitte der zwanziger Jahre dem politischen Radikalismus nicht günstig. Die Außenpolitik Gustav Stresemanns führt Deutschland in die Gesellschaft der großen Nationen zurück, es tritt dem Völkerbund bei, die Reparationspolitik wird, wie wir sahen, revidiert.

### Die Ära Hindenburg

*312* Nach dem Tode des Reichspräsidenten Friedrich Ebert, der sich als ein gerechter, kluger und umsichtiger Staatsmann bewährt hatte, wird im Frühjahr 1925, nachdem ein erster Wahlgang keine Mehrheit gebracht hatte, im zweiten Wahlgang der Kandidat der Rechten, Generalfeldmarschall Paul von Hindenburg und Beneckendorff im Alter von 78 Jahren zum Reichspräsidenten gewählt. Die Volkstümlichkeit des politisch zwar sehr weit rechtsstehenden, in der politischen Praxis unerfahrenen und nie im politischen Leben hervorgetretenen alten Marschalls ruft rund zwei Millionen Wähler mehr an die Urnen, als im ersten Wahlgang abgestimmt haben. Die Sonderkandidatur der Kommunisten nimmt den republikanischen Linksparteien und ihrem Kandidaten Wilhelm Marx (Zentrum) soviel Stimmen weg, daß Hindenburg die relative Mehrheit erringen kann. Die radikalen Rechtspolitiker sind von ihrem Präsidenten bald enttäuscht.

Hindenburg hält sich an die Verfassung, er duldet die Außenpolitik Stresemanns und sieht zu, wie die Linke des Reichstags den bewährten Organisator der Reichswehr, Generaloberst Hans von Seeckt, den vielleicht bedeutendsten militärischen Kopf, den die deutsche Armee im ersten Weltkrieg hervorgebracht hat, zum Rücktritt zwingt, weil er die Teilnahme eines Hohenzollern-Prinzen an den Manövern ermöglicht hat. Mit Seeckt verliert die Reichswehr einen Führer von höchster Autorität, der sich übrigens in gefährlichen Zeiten bewährt und den jungen demokratischen Staat vor Schaden behütet hat. Als Gegner Hitlers und einer plebejischen Diktatur hätte er vielleicht die Macht der Reichswehr gegen den Nationalsozialismus in die Waagschale werfen können. Seine Entfernung ist ein Scheinerfolg der Linken, die das geringe Maß von Macht und Energie, über das sie verfügt, in diesen Jahren sinn- und nutzlos im Kampf gegen das Gespenst einer monarchistischen Reaktion verbraucht, ohne die wirkliche Gefahr zu erkennen, die der Demokratie aus der Massenbewegung des Nationalsozialismus erwächst. 1928 wird im Zeichen der von Amerika herüber wirkenden Prosperity ein neuer Reichstag gewählt, in den die Sozialdemokratie mit ansehnlichem Gewinn einzieht. Die NSDAP erringt nur zwölf Mandate. Hindenburg betraut den Sozialdemokraten Hermann Müller mit der Regierungsbildung. Die Weltwirtschaftskrise erschüttert aufs neue das soziale Gefüge Deutschlands. Die Reichsregierung steht der Katastrophe ratlos gegenüber. Die Sozialdemokratie und die Gewerkschaften begreifen nicht das Neuartige dieser Krise und verkennen die Gefahr des Nationalsozialismus, der 1929 auf dem Reichsparteitag in Nürnberg bereits eine gewaltige Zahl an Anhängern mustert. Im gleichen Jahr schließt sich die NSDAP mit den von Hugenberg geführten Deutschnationalen und dem „Stahlhelm" zu einer Kampfgemeinschaft gegen den Young-Plan zusammen. Sie unterliegen zwar bei dem Volksentscheid, tragen aber bedeutenden agitatorischen Gewinn ein. 1930 rufen die Sozialdemokraten ihren Parteigenossen Hermann Müller von dem Kanzlerposten ab, weil er eine Beitragserhöhung der Arbeiter zur Sozialversicherung nicht verhindern kann. Hindenburg beruft nun, von seinem verfassungsmäßigen Rechte zur Bildung von Präsidialkabinetten Gebrauch machend, einen Mann seines persönlichen Vertrauens, den Zentrumsabgeordneten Dr. Heinrich Brüning. Brüning ist neben Ebert, Rathenau und Stresemann einer der wenigen wirklich bedeutenden Köpfe, die das demokratische Deutschland zwischen 1918 und 1933 hervorgebracht hat. Als katholischer Gewerkschaftsführer hat der überaus ernste, hervorragend gebildete und in seiner persönlichen Lebenshaltung fast asketische Politiker, der es im ersten Weltkrieg bis zum Hauptmann der Reserve gebracht hat, bis dahin wenig von sich reden gemacht. Da er dem lauten Getriebe der Fraktionen ferngeblieben war und ernster Arbeit gelebt hatte, kannten ihn die Abgeordneten kaum. Nun geht er an die schwere Aufgabe heran, das Staatsschiff durch die gefährliche Krise zu steuern, von der die deutsche Wirtschaft und die Republik bedroht werden. Reichstagswahlen im September

1930 bringen den Nationalsozialisten einen sensationellen Erfolg, sie wachsen von 12 auf 107 Mandate an und ziehen als zweitstärkste Partei in den Reichstag ein. Brüning, vom Vertrauen des Reichspräsidenten getragen, sucht seine Mehrheit im Reichstag von Fall zu Fall und wird von den Sozialdemokraten geduldet, weil sie von Neuwahlen oder von ihrem Übergang in die Opposition nur weitere Erfolge der Nationalsozialisten erwarten. Im übrigen benützt Brüning den Artikel 48 der Weimarer Verfassung, der dem Präsidenten in Ausnahmefällen ein Notstandsrecht gewährt, zur Erlassung von Notverordnungen, die den Reichstag praktisch bereits entmachten. Die Staatsausgaben werden durch Kürzung der Gehälter gesenkt, die Preise herabgedrückt, die Arbeitslosenbeiträge erhöht. Dem Großgrundbesitz in Ostelbien wird aus Staatsmitteln die Osthilfe gewährt. Brünings Deflationspolitik saniert zwar den Staatshaushalt, schränkt aber den inneren Markt ein und erhöht damit die Arbeitslosigkeit. Im Oktober 1931 schließen sich Deutschnationale, Stahlhelm und NSDAP zu der Harzburger Front zusammen. Eine neue Kraftprobe sind die Reichspräsidentenwahlen im Frühjahr 1932. Hitler, der im letzten Augenblick durch seine Ernennung zum Staatsbeamten in Braunschweig, wo die Nationalsozialisten in der Landesregierung sitzen, die deutsche Staatsbürgerschaft erwirbt, kandidiert gegen Hindenburg, den Brüning als einzig erfolgversprechenden Kandidaten gegen Hitler vorschlägt und den auch die Sozialdemokraten akzeptieren. Erst im zweiten Wahlgang dringt Hindenburg durch, und zwar mit 19,35 Millionen Stimmen gegen Hitler, der 13,41 Millionen, und Thälmann, der 3,7 Millionen Stimmen erhält. Nun verbietet der Reichswehr- und Innenminister Groener (früherer General) die SA und die SS. Er wird aber wenig später von Hindenburg entlassen. Landtagswahlen in Preußen und anderen Ländern zeigen die NSDAP in weiterem Fortschreiten. Brüning hofft, auf der bevorstehenden Konferenz von Lausanne die Streichung der deutschen Reparationen zu erreichen und damit über den Berg zu sein. Überraschend wird er am 30. Mai von Hindenburg entlassen. Um den Reichspräsidenten hat sich eine Kamarilla gebildet, die aus seinem persönlichen Adjutanten, als welcher sein Sohn Oskar fungiert, aus dem Vorsitzenden des junkerlichen „Herrenklubs", Franz von Papen, aus Hindenburgs Gutsnachbar Elard von Oldenburg-Januschau und anderen Männern der Reaktion besteht. Dazu kommt der Einfluß des Generals Kurt von Schleicher, der als Chef des Ministeramtes im Reichswehrministerium dort seit langem im Hintergrund die führende Rolle spielt. Die Familie Hindenburg fürchtet, daß Enthüllungen über Mißbräuche bei der Verteilung der Osthilfe den Reichspräsidenten kompromittieren könnten. Eine von Brüning geplante Siedlungsaktion im Osten wird Hindenburg als „Bolschewisierung" dargestellt. In einer Audienz von wenigen Minuten beendet der Reichspräsident seine Zusammenarbeit mit dem Kanzler seines Vertrauens, der sich wenige Wochen vorher in einem aufreibenden Wahlkampf für Hindenburg eingesetzt hat. Zum Kanzler wird Franz von Papen ernannt.

## „Reaktion" und „Machtergreifung"

*313* Die reaktionäre Junkerpartei sieht sich aber in ihren Erwartungen getäuscht. Die NSDAP ist nicht bereit, das Kabinett Papen zu unterstützen, und die Reichstagswahl am 31. Juli bringt den Nationalsozialisten 230 von 608 Sitzen. Göring wird Reichstagspräsident. In der ersten Sitzung des neuen Reichstags wird ein Mißtrauensantrag gegen Papen mit großer Mehrheit angenommen, der Reichstag aufs neue aufgelöst. Ein Versuch Hindenburgs, die Nationalsozialisten zur Beteiligung am Kabinett zu bewegen, wobei er Hitler das Reichspostministerium anbietet, endet nach kurzer Besprechung erfolglos. Die Reichstagswahl im November 1932 bringt zum erstenmal einen Rückgang der nationalsozialistischen Stimmen um rund zwei Millionen (von 230 auf 196 Sitze). Papen tritt zurück, und General Schleicher, der längst im Hintergrund seiner Stunde harrt, wird Reichskanzler. In seiner Programmrede nennt er sich einen sozialen General. Sein Ziel ist die Bildung einer außerparlamentarischen Machtgruppe, die aus dem gemäßigten Flügel der NSDAP unter Gregor Straßer, den Freien Gewerkschaften und der Reichswehr bestehen soll. Durch wiederholte Reichstagsauflösung will er Hitler zermürben. Die NSDAP befindet sich in einer schweren Krise. Ihre Hilfsquellen sind erschöpft, sie hat große Schulden, es gärt in der Partei, weil bei vielen Nationalsozialisten Zweifel darüber auftauchen, ob man mit Hitlers Methode zum Ziele kommen werde. Zwischen Hitler und Gregor Straßer kommt es zum Bruch. Straßer kämpft aber nicht, sondern legt seine Parteiämter nieder und fährt ins Ausland. Der Vorsitzende der freien Gewerkschaften, Theodor Leipart, schreckt vor den kühnen Plänen Schleichers zurück, die ihm verfassungswidrig scheinen, und verweigert dem General die Gefolgschaft. Während Schleicher eine neue Reichstagsauflösung betreibt, bringen Papen und Oskar von Hindenburg ihn zu Fall. Papen hat inzwischen eine Besprechung Hitlers mit Bankiers und Industriellen vermittelt, in der die Grundzüge einer gemeinsamen Politik festgelegt werden, da auch das deutsche Großkapital die Schleicherschen Pläne fürchtet. Landtagswahlen in Lippe, von Hitler und Goebbels mit äußerstem Einsatz aller Werbemittel vorbereitet, zeigen die NSDAP wieder im Aufstieg. Am 30. Januar 1933 ernennt Hindenburg Hitler zum Reichskanzler und Papen zum Vizekanzler. Die sogenannte Machtergreifung war tatsächlich das Ergebnis einer Hofintrige und das Werk Papens. Dem Kabinett gehören zunächst nur wenige Nationalsozialisten an. Die Deutschnationalen und Stahlhelm-Leute überwiegen. Der Reichstag wird aufgelöst, der neue Wahlkampf von den Nationalsozialisten mit terroristischen Mitteln und Einsatz der Staatsgewalt für die Harzburger Front geführt. Am 27. Februar brennt das Reichstagsgebäude nieder. Hitler bezeichnet sofort die Kommunisten als Brandstifter und geht gegen die kommunistische Partei wie auch gegen die Sozialdemokraten mit schärfsten Mitteln vor. Tatsächlich hat die NSDAP mit Hilfe eines von ihr mißbrauchten ausländischen Kommunisten, des Holländers van der Lubbe, den Reichstagsbrand inszeniert. Die von der Polizei als Täter bezeichneten Kommunisten Torgler und Dimitrow müssen später in dem Reichstagsbrandprozeß von dem Reichsgericht in Leipzig mangels Beweisen freigesprochen werden. Die Wahlen am 5. März bringen der NSDAP mit 288 Mandaten noch keine absolute Mehrheit. Nur mit den Deutschnationalen zusammen übersteigt die Regierungskoalition die 50 Prozent. Da aber die kommunistischen Mandate nicht zugeteilt werden, sichert sich Hitler eine weit größere Mehrheit. Der Reichstag tritt in der Garnisonskirche zu Potsdam zusammen, wo Hitler eine programmatische Erklärung abgibt. Gegen die Stimmen der Sozialdemokraten liefert ihm der Reichstag in dem Ermächtigungsgesetz für vier Jahre die gesetzgebende und ausführende Gewalt aus. Dies ist das Ende der parlamentarischen Demokratie in Deutschland. Noch im gleichen Jahr wird ein Teil der deutschen Parteien verboten, die anderen lösen sich selbst auf, der Stahlhelm wird in die SA überführt, und durch ein Gesetz gegen die Neubildung politischer Parteien wird die Alleinherrschaft der NSDAP als „Willensträgerin der Nation" hergestellt. Die Länder verlieren ihre Autonomie und werden durch Reichsstatthalter regiert. Politische Gegner werden in Massen in Schutzhaft genommen und ohne Gerichtsurteil von der Geheimen Staatspolizei (Gestapo), die zunächst Göring, später Himmler und unter ihm Heydrich, zuletzt Kaltenbrunner leitet, in Konzentrationslager eingewiesen. Sehr bald werden, vor allem im Ausland, furchtbare Einzelheiten über die Zustände in den Konzentrationslagern (Oranienburg, Dachau, Buchenwald, Papenburg u. a. m.) bekannt, wo Mord, Totschlag, Folter und schwerste Arbeit bei schlechter Ernährung und skandalösen hygienischen Verhältnissen zahllose Opfer fordern. Die Polizei wird weitgehend mit der SS verschmolzen, zur Bewachung und Bespitzelung der Staatsbürger wird außerdem der Sicherheitsdienst (SD) geschaffen. Zur Durchführung politischer Prozesse wird der Volksgerichtshof eingesetzt, der während des Krieges für kleinste Vergehen Bluturteile verhängt. Zu diesem Polizeiterror kommen wohlorganisierte, als spontaner Volkszorn aufgezogene Terrorakte der SA, vor allem gegen Juden, hinzu. Nachdem die Juden bereits aus dem Staatsdienst und dem kulturellen Leben verdrängt sind, werden sie durch die Nürnberger Gesetze 1935 zu einer völlig rechtlosen Helotenschicht degradiert. Heiraten zwischen „Deutschblütigen" und Juden werden unter schwerste Strafe gestellt. Im Herbst 1938 wird den Juden nach der berüchtigten „Kristallnacht" fast das gesamte Vermögen genommen, während des Krieges werden sie in die Vernichtungslager in Polen verschickt und dort, soweit sie zu schwerster Arbeit nicht taugen, in Gaskammern hingemordet. Die Gewerkschaften werden, nachdem sie sich zunächst gedemütigt und für das System erklärt hatten, am 2. Mai 1933 aufgelöst, ihr Vermögen der Deutschen Arbeitsfront übertragen, einer Zwangsorganisation, in der Unternehmer und Arbeiter vereinigt sind. An ihrer Spitze steht Robert Ley. Ähnlich dem italienischen Faschismus führt auch der Nationalsozialismus große öffentliche Arbeiten durch, vor allem den Bau der Autobahnen und öffentlicher Prunkbauten. Die Wiederaufrüstung der deutschen Wehrmacht schafft eine Rüstungskonjunktur, durch welche die Arbeitslosigkeit völlig beseitigt wird. Der Staat gründet neue Industrien (Reichswerke, Göringwerke), die Bodenschätze werden auch dort ausgebeutet, wo es nicht rentabel ist, aber zur Einsparung von Devisen dient. Die Freiheit des religiösen und kirchlichen Lebens wird entgegen früheren Versprechungen und ohne Rücksicht auf das mit dem Vatikan geschlossene Konkordat immer weiter eingeschränkt, die Jugenderziehung von der Partei und dem Staat übernommen (Hitlerjugend). Wie der Faschismus, so erzieht auch der Nationalsozialismus die Jugend nicht nur zu Brutalität, Verachtung der humanen Werte und Vergötzung der Nation und des Staates, sondern schmeichelt ihr auch durch bewußte Herabsetzung der natürlichen Autorität von Eltern, Lehrern, Geistlichen (Hitlers Grundsatz: „Die deutsche Jugend erzieht sich selbst"). Der Versuch, eine deutsche Staatskirche zu schaffen, mißlingt, da sich unter den Protestanten die starke Gruppe der Bekennenden Kirche bildet, die Katholiken auf Hitlers Pläne überhaupt nicht eingehen. Im Anschluß an die Partei werden zahlreiche Formationen und Gliederungen geschaffen, um alle Gebiete des Lebens mit dem Geiste des Nationalsozialismus zu durchdringen und von der Partei her zu beherrschen. Neben den Parteiorganisationen gibt es auch neue staatliche Einrichtungen zur vormilitärischen Erziehung, z. B. den Reichsarbeitsdienst (unter Führung von Konstantin Hierl). Zur Heranbildung eines verläßlichen Führungskorps der Partei dienen die Ordensburgen, die Adolf-Hitler-Schulen und die Nationalpolitischen Erziehungsanstalten. Zur Pflege der Volksgemeinschaft und zur Finanzierung der öffentlichen Fürsorge wird neben der NSV (Nationalsozialistischen Volkswohlfahrt) das Winterhilfswerk ins Leben gerufen (WHW), dessen öffentliche Sammlungen, mit Eintopfsonntagen und gemeinschaftlichen Eintopfessen in den Gaststätten verbunden, gleichzeitig der Schaustellung der Macht und Größe der Partei dienen. Das kulturelle Leben wird durch die Reichskulturkammer beaufsichtigt und gelenkt. Das Reichspropagandaministerium unter Josef Goebbels baut vor allem Rundfunk und Film zu riesigen Agitationsmitteln aus, während die Presse „gleichgeschaltet" und dem Reichspressechef unterstellt wird.

Großen Wert legt das Regime auf die Steigerung der Geburtenzahl, die durch Steuerbegünstigungen und andere Unterstützungen, Mütterehrung (Mutterkreuz) und schließlich durch Aufklärung der Mädchen über ihre Pflicht, dem Führer Kinder zu schenken, durch eigene Organisationen der SS (Lebensborn) und Förderung frühzeitiger Eheschließung erreicht werden soll.

## Die autoritäre Anarchie

*314* Trotz der autoritären Führung des Staates und seiner Verwandlung in einen totalitären, also sämtliche Lebensgebiete durchdringenden, überwachenden und beherrschenden Obrigkeitsstaat, bietet sich nach wenigen Jahren in Deutschland auf vielen Gebieten das Bild einer völligen Anarchie dar („autoritäre Anarchie"). Dies rührt daher, daß sich aus den einzelnen Formationen, Ministerien und persönlichen Klüngeln, den Partei- und Staatsämtern konkurrierende Mächte entwickeln, die erbittert und vor keinem Mittel zurückscheuend einander den Rang streitig machen. Nicht nur, daß zwischen Wehrmacht und Partei, Wehrmacht und SS die schärfsten Gegensätze bestehen, kämpfen auch die Kanzlei des Führers und die Reichsregierung, Propaganda- und Außenministerium und Reichssicherheitshauptamt, schwarze und grüne Polizei, SA und SS, am Ende sogar Partei und SS gegeneinander. Ein Gauleiter bekriegt oft den anderen; zwischen den führenden Männern der Partei und des Staates, vor allem zwischen Göring, Himmler, Heß, Röhm, Goebbels, Ribbentrop, Heydrich, tobt dieser Kampf, als dessen Opfer meist die nachgeordneten Organe und sehr oft Unbeteiligte stürzen und auch mit dem Leben bezahlen. Am 30. Juni 1934 wirft Göring im Auftrag Hitlers eine angebliche Revolte der SA nieder. In dieser deutschen „Bartholomäusnacht", wie Otto Straßer sie genannt hat, werden hunderte SA-Führer ohne Urteil von der SS erschossen, aber auch eine ganze Reihe anderer Gegner des Regimes beseitigt. General Schleicher, Dr. Klausner, der Führer der katholischen Aktion in Deutschland, Papens Privatsekretär Jung, Hitlers alter Gegner Kahr und auch einige völlig Unbeteiligte, die durch Namensverwechslung in das Räderwerk der Todesmühle geraten, fallen an diesem Tage. Die Zahlenangaben der Regierenden über die Opfer schwanken. Man nimmt an, daß mehr als tausend Menschen getötet wurden. Zwar hatte Röhm, der ebenfalls erschossen wird, anscheinend mit General Schleicher und vielleicht auch mit Papen konspiriert, von einer tatsächlichen Revolte der SA aber war nicht die Rede. Die blutige Aktion dient dazu, die Macht Görings und Himmlers zu festigen. Wenige Wochen später stirbt der Reichspräsident Hindenburg. In seinem Testament soll er angeblich Hitler zur Wiedereinführung der Monarchie verpflichtet haben. Der Öffentlichkeit wird eine Erklärung übermittelt, in der Hindenburg Hitler als Nachfolger nennt. Die Reichswehr wird sofort auf Hitler vereidigt, in einer Volksabstimmung läßt Hitler sich als „Führer und Reichskanzler" auf Lebenszeit bestätigen. Er ist nun tatsächlich Alleinherrscher, mit einer größeren Machtvollkommenheit ausgestattet als je ein Mann in der deutschen Geschichte. Mit Hindenburg schwindet der letzte Rückhalt, den die konservativen Kräfte noch hatten. Hindenburg ist eine der merkwürdigsten Gestalten der jüngeren deutschen Geschichte. Er wurzelt mit seinem ganzen Wesen noch tief in der altpreußischen Zeit und in den Erinnerungen an die Feldzüge von 1866 und 1871. Während des ersten Weltkrieges war er weniger durch eigenes Verdienst als durch den Zufall zu einer legendären Gestalt geworden und galt im Volke als großer Feldherr, während er, von beschränktem Intellekt, in Wahrheit nicht mehr als ein schlichter Truppenführer mit guten Nerven war. Als Reichspräsident hat er sich zunächst streng an seinen Eid gehalten, sich aber in Zeiten, da seine geistigen Kräfte bereits arg in Verfall waren, von seiner Umgebung dazu mißbrauchen lassen, Hitler an die Macht zu bringen und damit all das, was ihm selbst teuer war, zu vernichten. Er besaß manche soldatische Tugend, war aber, wie seine engsten Mitarbeiter bezeugen, im tiefsten Wesen treulos, opferte seine Freunde, wo er es für nützlich hielt, und vernichtete so den preußischen Staat, dem seine ganze Liebe gehörte. Die Männer seiner Richtung: Hugenberg, Papen und endlich auch Hjalmar Schacht, der als Reichsbankpräsident und Wirtschaftsminister die Finanzierung der nationalsozialistischen Planwirtschaft und Aufrüstung durch seine kühne Finanzpolitik der Geldvermehrung ohne offene Inflation ermöglicht hat, werden aus dem Kabinett entfernt. Schachts Nachfolger wird der Nationalsozialist Funk.

Hitler schafft seiner Diktatur und den Gewaltmaßnahmen, mit denen er Staat und Gesellschaft durchgreifend verändert, die Legalität durch Volksabstimmungen, die er teils mit der Ernennung der Reichstagsabgeordneten, teils mit der Befragung über außenpolitische Entscheidungen (Austritt aus dem Völkerbund) verbindet. Die Abstimmungen ergeben gewaltige Mehrheiten zwischen 90 und 99 Prozent für das nationalsozialistische Regime. Terror und Propaganda, oft wohl auch Wahlfälschungen tragen zu dem Ergebnis wesentlich bei. Dabei darf nicht übersehen werden, daß der Terror unter der Diktatur ein seelischer Dauerzustand ist und nicht im einzelnen Fall als Drohung aufzutreten braucht. Die allgemeine Furcht, die stets im anderen einen Spitzel sehen läßt, die an die Allgegenwart der Polizei glaubt und von ihrer Allmacht mit Recht überzeugt ist, verhindert jede Opposition. Nur durch Verschwörungen, Querverbindungen, auf dem Umweg über offizielle Ämter und Parteiinstitutionen, durch Tarnung und „Camouflage" (zweideutige Sprache in Literatur und Presse, die von den Eingeweihten verstanden wird) kann die Opposition noch wirken. All das würde aber Hitlers große Popularität und die Erfolge, die er bei den Volksabstimmungen hat, den Massenbesuch seiner Versammlungen, den Jubel des Volkes bei seinem Erscheinen nicht erklären. Es kommt dazu, daß Hitler durch Jahre tatsächlich der Führer und Exponent einer nationalen Revolution war und daß Millionen an ihn und seine Mission glaubten, ohne Nationalsozialisten zu sein. Die Kritik an seinen Maßnahmen und an seiner Person war manchmal in gewissen Parteizirkeln stärker als bei den Außenstehenden. Nur eine Minderheit der Deutschen dachte und fühlte nationalsozialistisch, nur eine sehr kleine Gruppe wußte um die tatsächlichen Vorgänge, die inneren Zusammenhänge und die Ziele der Bewegung Bescheid. Aber eine bedeutende Mehrheit der Deutschen hat jahrelang in blindem Vertrauen und in Bewunderung zu Hitler aufgeblickt und in ihm einen von Gott gesandten Befreier und Führer gesehen. Daneben gibt es noch die Gruppe jener Deutschen, die Hitlers Sturz für wünschenswert und unabwendbar halten, ihm aber eine zeitlich begrenzte geschichtliche Wirksamkeit zugestehen wollen, weil nur durch ihn und die Revolution Deutschlands Befreiung und Wiederaufstieg erreicht werden könnten. Diese vor allem in der Wehrmacht verbreitete Auffassung glaubt geschichtliche Parallelen, vor allem die Geschichte Englands unter der Diktatur Oliver Cromwells, als Beweis heranziehen zu können. Der Nimbus, der sich um Hitler rankt, der Glaube der Deutschen an seine Berufung und Unfehlbarkeit werden aber nicht zuletzt durch die Haltung des Auslandes erklärt und bestärkt. Bis zum Jahre 1938 haben immer weitere Kreise der ausländischen

Politik, haben Staatsmänner, Journalisten, Literaten ihrer Bewunderung für Hitler Ausdruck gegeben, die Untaten seines Regimes beschönigt oder verschwiegen, wenn nicht gebilligt, haben sich ihm in devoter Weise genähert und ihm nicht zuletzt durch weitgehende Nachgiebigkeit Erfolge ermöglicht, die in den Augen der Deutschen die Legitimation für seine Politik bilden mußten.

## Das Zusammenspiel der „Aggressoren"

315 Die Gegner Hitlers in Deutschland hatten lange Zeit angenommen, sein Machtantritt würde von den Garantiemächten des Versailler Vertrages mit einer bewaffneten Aktion gegen Deutschland beantwortet werden. Es gab vor allem in Frankreich und in Polen Kreise, die das wiederholt angekündigt hatten. Das Zurückweichen der westlichen Demokratie vor gewissen Provokationen Mussolinis und vor allem auch Japans, das soeben die Losreißung der Mandschurei von China und die Schaffung eines japanischen Tributstaates Mandschukuo durchgesetzt hatte, ließen aber voraussehen, daß auch Hitler im Ausland auf keinen Widerstand stoßen würde. Der polnische Staatsführer Marschall Josef Pilsudski, der die Gefahr erkannte, die Polen von dem Erstarken des deutschen Nationalismus und Revisionismus drohte, nahm nach Hitlers Machtantritt nochmals mit Frankreich Fühlung und schien zu einem Vorgehen gegen Deutschland entschlossen. Als die Westmächte ablehnten, beschritt er als erster den Weg, auf dem ihm zahlreiche Nachbarn Deutschlands folgen sollten. Er suchte eine unmittelbare Verständigung mit Berlin. Hitler, der für die Aufrüstung Deutschlands Zeit brauchte und erst um 1940 zu einer wirklich aggressiven Außenpolitik übergehen wollte, griff seinerseits gern nach der Hand Polens. Es mußte auf die Welt einen starken Eindruck machen, wenn das angeblich kriegslüsterne Deutschland sich mit seinem schärfsten Gegner friedlich verständigte. Der deutsch-polnische Vertrag von 1934 beseitigt zwar nicht die tatsächlichen Gegensätze zwischen den beiden Mächten (Korridor, Danzig, Oberschlesien), aber er ist doch ein erster Durchbruch durch das von England und Frankreich verkündete System der „kollektiven Sicherheit" und wird der erste in einer Reihe zweiseitiger Verträge, mit denen Hitler in sehr geschickter Weise die Nachbarstaaten ihren früheren Freunden entfremdete, scheinbar zu Deutschlands Freunden machte und im gegebenen Augenblick vereinzelt angreifen konnte. Im Herbst 1933 tritt Deutschland aus dem Völkerbund aus und verläßt die Abrüstungskonferenz, weil die Westmächte sich weigern, Deutschlands Gleichberechtigung anzuerkennen. Frankreich, das seine Sicherheit durch die Entente mit England nicht unbedingt gewährleistet sieht, nach dem deutsch-polnischen Vertrag aber seinen Bundesgenossen in Mitteleuropa mißtraut, sucht unter dem Außenminister Louis Barthou die Verbindung mit Sowjetrußland, das nach Hitlers Austritt aus dem Völkerbund sich diesem anschließt. Im Jahre 1934 hat es den Anschein, als sollte Österreich das erste Ziel der deutschen Revisionspolitik sein. Die von Mussolini unterstützten Heimwehren

unter Führung des Fürsten Starhemberg und des Majors Fey provozieren im Februar 1934 die Sozialdemokraten zu einem Aufstandsversuch, der nach dem Einsatz von Truppen in wenigen Tagen zusammenbricht. Die österreichische Sozialdemokratie hatte in den zwanziger Jahren einen mächtigen Aufschwung genommen. Ihre Macht war aber einseitig auf Wien und einige wenige Industriereviere gegründet, während die Bundesländer fest in der Hand der Christlichsozialen waren. Die Sozialdemokratie dankte ihre Erfolge in Österreich vor allem ihrer Einigkeit, da sie als eine der wenigen sozialistischen Parteien Europas, die von der Spaltung verschont geblieben waren, mit keiner kommunistischen Konkurrenz zu rechnen hatte. Das Verbleiben der radikalen Elemente in der Partei führte aber dazu, daß die Gesamtpartei wesentlich weiter links stand als die Sozialdemokratie der übrigen Länder. Die gemäßigten Führer (Karl Renner) wurden mehr und mehr ausgeschaltet, die Parteiführung von dem bedeutenden Theoretiker, aber wenig beweglichen Taktiker Dr. Otto Bauer fast diktatorisch beherrscht. Bauer war ein unentwegter Anhänger des großdeutschen Ideals, erfüllte die Sozialdemokratie mit diesem großdeutschen Geiste und glaubte, als Wortführer der nationalen Forderungen wie durch sein auf Gewinnung der Bauern zugeschnittenes Agrarprogramm der Sozialdemokratie die Mehrheit erobern und Österreich in eine Arbeiter- und Bauerndemokratie verwandeln zu können. Die Spannungen zwischen dem „roten" Wien und den christlich-bäuerlichen Ländern, zwischen den zu einem österreichischen Staatsgefühl erwachten Anhängern der Heimwehr und des Bundeskanzlers Dollfuß und den großdeutsch gestimmten Sozialdemokraten, zwischen den bewaffneten Heimwehren und dem ebenfalls bewaffneten republikanischen Schutzbund der Sozialdemokraten erzeugten eine Bürgerkriegssituation. Seit 1933 war die Lage besonders gefährlich geworden, weil sich in Österreich sehr rasch eine nationalsozialistische Bewegung bildete und Hitler den Widerstand der Regierung Dollfuß gegen den Anschlußgedanken mit Repressalien beantwortete. Dollfuß forderte von den Sozialdemokraten, daß sie im Interesse der österreichischen Selbständigkeit seinen Kampf gegen die Nationalsozialisten unterstützen sollten, die Sozialdemokraten forderten von Dollfuß, daß er die Heimwehren auflöse, die Anlehnung an Italien aufgebe und eine parlamentarische Verständigung zwischen Christlichsozialen und Sozialisten ermögliche. Aus dieser Lage entsteht im Februar 1934 der erwähnte Aufstand des republikanischen Schutzbundes, der durch den Zusammenbruch des Generalstreiks und das Ausbleiben der erwarteten Volkserhebung die Schwäche der Sozialdemokratie enthüllt. Dollfuß löst die Sozialdemokratie auf und geht zunächst mit sehr scharfen Maßnahmen gegen die Führer des Aufstandes vor. Die Hauptverantwortlichen, Otto Bauer und der Schutzbundführer Julius Deutsch, waren allerdings in die Tschechoslowakei geflohen. Die Schutzbündler liefern ihre Waffen, soweit diese nicht beschlagnahmt wurden, vielfach den Nationalsozialisten aus, ein Teil der früheren Sozialdemokraten schließt sich der nationalsozialistischen Bewegung an. Am 25. Juli 1934 wagen die Nationalsozialisten einen sehr kühnen Putsch.

In österreichischen Uniformen überfallen illegale SS-Leute das Bundeskanzler-Palais am Ballhausplatz, ermorden den Kanzler Dr. Engelbert Dollfuß, besetzen die Rundfunkstation und rufen den früheren christlichsozialen Landeshauptmann von Steiermark, Dr. Anton Rintelen, dessen Rolle in dem Putsch niemals ganz geklärt wurde und der am gleichen Tage einen Selbstmordversuch beging, zum Bundeskanzler aus. Da aber die geplante Festnahme des Bundespräsidenten Miklas mißlingt und dieser den Justizminister Dr. Kurt von Schuschnigg mit der Bildung einer neuen Regierung betraut, scheitert der Putsch. Die Verschwörer, im Bundeskanzlerpalais eingeschlossen, müssen kapitulieren, und zwei von ihnen werden, da sie des Mordes an Dollfuß geständig sind, standrechtlich hingerichtet. An einzelnen Punkten der Länder kommt es zu Kämpfen zwischen Nationalsozialisten und Militär, das sich durchaus verläßlich erweist. Die drohende Haltung, die Mussolini annimmt, hält Hitler von jedem Eingreifen in Österreich ab. Er entsendet Franz von Papen als Sonderbotschafter nach Wien und versucht nun auch in Österreich die Machtergreifung vorsichtiger und durch Aufbau einer illegalen Bewegung vorzubereiten. Im Frühjahr 1935 erklärt Hitler die Abrüstungsbestimmungen des Versailler Vertrages für ungültig, da sie an die Abrüstung der Sieger gebunden gewesen seien. Diese hätten, da sie nicht abrüsteten, selbst den Vertrag gebrochen. Deutschland führt die allgemeine Wehrpflicht ein, errichtet ein Kriegsministerium und eine Luftwaffe. Kriegsminister wird Generaloberst von Blomberg, an die Spitze des Heeres tritt General von Fritsch, an die Spitze der Kriegsmarine Admiral Raeder, Chef der Luftwaffe wird Göring. England, Frankreich und Italien protestieren auf der Konferenz von Stresa, aber schon wenige Monate später schließt England, wo inzwischen der Konservative Stanley Baldwin an Stelle Ramsey Macdonalds Premierminister geworden ist, mit Hitler ein Flottenabkommen, das die Stärke der britischen und der deutschen Kriegsflotte auf das Verhältnis 100:35 festsetzt. 1937 wird es durch ein qualitatives Zusatzabkommen ergänzt, bei dem die Größe und Bestückung der einzelnen Schiffsklassen festgesetzt wird. Im Saargebiet war bereits vom Friedensvertrag eine Volksabstimmung im Jahre 1935 vorgesehen. Frankreich hält sich an diese Bestimmung, und die Volksabstimmung findet im Januar 1935 statt. Mehr als 90 Prozent der Bevölkerung stimmten für die Rückgliederung an Deutschland. Die staatlichen Kohlengruben werden von Deutschland zurückgekauft. Hitler und Goebbels deuten die Abstimmung als einen Sieg des Nationalsozialismus und die Rückgliederung des Saargebietes als einen Erfolg der nationalsozialistischen Revisionspolitik.

### Der Angriff auf Abessinien

316   Wir haben erwähnt, daß Mussolini für seine Haltung während des Naziputsches in Österreich und auf der Konferenz von Stresa von den Westmächten einen Beweis des Dankes erwartete. Er hatte sich längst entschlossen, der italienischen Ausdehnungspolitik in Abessinien ein greifbares Ziel zu setzen. Das

Hochland von Äthiopien, auf dem sich seit den ältesten Zeiten das selbständige Kaisertum Abessinien erhalten hatte, und wo es eine aus der Zeit der Urkirche herstammende, an koptische Überlieferungen anknüpfende christliche Nationalkirche gab, ist klimatisch zur Ansiedlung europäischer Kolonisten geeignet, birgt wertvolle Bodenschätze und ist, an den Quellen des Blauen Nil gelegen, zwischen dem Sudan, dem Roten Meer und dem Indischen Ozean eine geopolitische Schlüsselstellung von Bedeutung. Italien hatte schon 1896 versucht, von seiner Küstenkolonie Eritrea aus das Land zu erobern, war jedoch von dem Eingeborenenheer des Kaisers Menelik bei Adua schwer geschlagen worden. Abessinien gehörte seit 1924 dem Völkerbund an. Es stand seit 1930 unter der Regierung des aufgeklärten und reformwilligen Kaisers (offizieller Titel: Negusa Nagast) Haile Selassie. Mussolini rechnet damit, das schlechtgerüstete, von dürftigen und kaum geschulten Truppen verteidigte Land rasch überrumpeln und die Westmächte zur Billigung des Überfalls bewegen zu können. Frankreich unter der Regierung von Pierre Laval möchte Mussolini um jeden Preis als Bundesgenossen gegen Deutschland erhalten und ist bereit, den Rechtsbruch zu beschönigen. Die britische Regierung aber erblickt in Italiens Vorstoß nach Äthiopien eine Bedrohung ihrer eigenen Nahost-Stellung und das Ende des Systems der kollektiven Sicherheit. Der Völkerbund erklärt unter britischem Einfluß Italien zum Angreifer und beschließt die Durchführung von Sanktionen. Es handelt sich um Ausfuhrverbote nach Italien, die aber eine Reihe sehr kriegswichtiger Rohstoffe nicht umfassen, so daß Italiens Kriegsführung keineswegs gelähmt, sondern lediglich seine Autarkiebestrebungen gestärkt und der italienische Handel zum Teil von den britischen auf die deutschen Märkte umgeleitet wird. Deutschland liefert Waffen und Kohle, auch Österreich und Ungarn schließen sich der Sanktionspolitik nicht an. Die Sowjetunion versorgt Italien mit Öl und mit den für die Panzererzeugung unentbehrlichen Manganerzen. Nur die Sperrung des Suezkanals könnte Italiens Angriff wirklich hindern. Die Westmächte scheuen aber vor dem Bruch mit Italien und den Kriegsdrohungen Mussolinis zurück. Vermutlich haben in ihrer Politik auch Geschäftsinteressen der Suezkanalaktien-Besitzer eine Rolle gespielt. Mussolinis entschiedenster Gegner ist der britische Völkerbundsminister Anthony Eden, der im Laufe des Konfliktes an Stelle Sir Samuel Hoares Außenminister wird, aber eine wirklich wirksame Sanktionspolitik ebenfalls nicht durchzusetzen vermag. Im Abessinienkonflikt zeigt sich zuerst, wie wirksam die neuen Methoden der Propaganda und die Taktik der Einschüchterung sind, die der Faschismus und der Nationalsozialismus entwickelt haben. Der sonst so verläßlich arbeitende britische Nachrichtendienst durchschaut die militärische Schwäche Italiens nicht, und die maßlosen Übertreibungen der faschistischen Propaganda über die Stärke der italienischen Luftmacht, der Unterseewaffe und der neuartigen Torpedoschnellboote halten die öffentliche Meinung Englands und sein Kabinett tatsächlich von einer energischen Politik zurück. Erst der zweite Weltkrieg hat erwiesen, daß eine energische Flottenaktion Großbritanniens im Jahre 1935

Italien wahrscheinlich ohne große Mühe in kurzer Frist auf die Knie gezwungen hätte.

Am 3. Oktober 1935 beginnt der Krieg Italiens gegen Abessinien. Er bringt den Italienern, trotz ihrer gewaltigen Überlegenheit an Waffen und an Kämpfern, zunächst einige Rückschläge, sowohl an der Gebirgsgrenze Äthiopiens gegen das Rote Meer als auch in den schwer zugänglichen Wüstengebieten an der Grenze zum Somaliland. Italien muß unter Anspannung seiner finanziellen Kräfte große Truppenmassen und gewaltige Nachschubmengen durch den Suezkanal schleusen, um den Krieg zum erfolgreichen Ende zu bringen und den Völkerbund zu überrennen. Der Oberkommandierende der italienischen Armee, Marschall Pietro Badoglio, übernimmt persönlich die Führung auf dem abessinischen Kriegsschauplatz. Im Frühjahr 1936 bricht er nach Einsatz von Gas und starken Fliegerverbänden sehr rasch den Widerstand der Äthiopier. Haile Selassie flieht nach England, seine Hauptstadt Addis Abeba wird am 5. Mai 1936 von den Italienern besetzt. Mussolini macht den König von Italien zum Kaiser von Äthiopien. Es kommt noch zu kleineren Aufständen in dem eroberten Land, das von den Italienern durch große Straßenbauten erschlossen und pazifiziert wird. Vor der großen Offensive Badoglios hatten der britische Außenminister Hoare und der französische Ministerpräsident Laval einen Plan zur Teilung Abessiniens vorgeschlagen, den der Völkerbund aber verworfen hatte. Nach dem Sieg Italiens anerkennen die Westmächte doch die vollzogene Tatsache, und Großbritannien schließt mit Italien ein Gentleman Agreement, das zur Zurückziehung der britischen Flottenverstärkung aus dem Mittelmeer führt. Das Ansehen des Völkerbunds ist neuerdings geschwächt, der Revisionismus ist ermutigt worden. Die britische und die französische Politik haben sich als schwächlich und schwankend erwiesen.

Die westlichen Demokratien hatten 1935/36 die Möglichkeit, den Völkerbund zu einem wirklichen Instrument einer neuen Friedensordnung zu machen dadurch, daß sie durch zielbewußtes und kraftvolles Vorgehen eine der nationalistischen Diktaturen zu Fall brachten und damit auch die andere entscheidend schwächten. Sie haben diese Gelegenheit versäumt. Indem sie Italien schonten, um Deutschland nicht zu stärken, haben sie den Faschismus in ganz Europa gestärkt. Indem sie Italiens Rechtsbruch legalisierten, haben sie Hitlers Kampf gegen die „verlogene" Politik der Demokratie neue Vorwände geliefert. Indem sie Italien reizten, haben sie zur deutsch-italienischen Verständigung beigetragen. Hitlers Ziel, die Annäherung an Italien, die Zusammenarbeit der beiden Diktaturen, rückte in greifbare Nähe. Sehr bald sollte sich die „Achse Berlin—Rom", wie die Propagandisten der beiden Diktatoren ihre Arbeitsgemeinschaft nannten, auf einem neuen Schauplatz zu erproben haben.

*Bürgerkrieg in Spanien*

317 Schon Lenin hatte Spanien als das Land bezeichnet, das infolge seiner zurückgebliebenen Agrarverfassung und seiner Rückständigkeit in der Volksbildung

als erstes nach Rußland zum Sieg des Kommunismus reif sein werde. Während die sowjetische Republik durch den Eintritt in den Völkerbund und die Bündnisse mit Frankreich und der Tschechoslowakei in die Bahnen einzulenken scheint, in denen die Nutznießer des Versailler Vertrages wandelten, arbeitet die kommunistische Internationale eifrig an der Bolschewisierung Spaniens, das als einziges europäisches Land der Revolution einen Angriffspunkt zu liefern scheint. Die Taktik der Kommunisten in jenen Jahren ist die „Volksfront". Man schließt sich mit den so lange als Sozialfaschisten bekämpften Sozialdemokraten, mit den „reformistischen" Gewerkschaften, mit bürgerlich-freisinnigen Linksgruppen und unter dem Deckmantel zahlreicher kommunistischer Tarnorganisationen mit Gruppen der Intelligenz zu einem Bündnis zusammen, dessen Sinn angeblich die Bekämpfung des Faschismus und der Kriegsgefahr sein soll, in Wahrheit aber die Durchsetzung der gesamten Volksfront mit kommunistischen Gedanken, die Schwächung der Staatsgewalt und die Herbeiführung revolutionärer Situationen ist. Im Februar 1936 siegt die Volksfront in Spanien. Sofort beginnt der rote Terror zu wüten. Unter den Offizieren der spanischen Armee bildet sich mit dem Schwerpunkt in Spanisch-Marokko eine Gegenverschwörung, die im Juli 1936 durch die Ermordung des Monarchistenführers Calvo Sotelo zu vorzeitigem Losschlagen provoziert wird. Der Aufstand mißlingt in Madrid, siegt aber im Süden und in Altkastilien. An die Spitze der Aufständischen tritt General Francisco Franco (1892 in El Ferrol geboren, Gründer der spanischen Fremdenlegion, Stabschef der Afrika-Armee), der später Staatsoberhaupt und Regierungschef (Caudillo) wird. Der spanische Bürgerkrieg wird mit aller Leidenschaft und aller Grausamkeit eines Glaubenskampfes durchgefochten. Es geht nicht, wie die Marxisten behaupten, um Klasseninteressen, sondern zum erstenmal im 20. Jahrhundert so gut wie ausschließlich um Ideen, ja um religiöse Grundsätze. Die alten politischen Fronten in Spanien lösen sich auf, der Riß geht mitten durch die früheren Parteien, durch Stände, Klassen, Konfessionen. Der große Philosoph Miguel Unamuno, Rektor der ehrwürdigen Universität Salamanca, ein Vorkämpfer der spanischen Demokratie, stellt sich in einer prophetischen Erklärung auf die Seite Francos. Der Bruder Francos kämpft in den Reihen der roten Armee. Hohe Offiziere, wie der Generalissimus der Volksfront, General Miaja, sind überzeugte Parteigänger der Linken. Beide Parteien erhalten starken Zuzug von Freiwilligen, beiden wird Kriegsmaterial aus dem Ausland geliefert. Der zunächst schwungvoll vorgetragene Angriff der Aufständischen kommt vor Madrid zum Stehen, und durch den Kampf um diese Stadt zieht sich der Krieg jahrelang hin. Im Bergwerksgebiet von Asturien und in Katalonien bilden sich weitere starke Widerstandszentren der Volksfront, die auch das Küstengebiet am Mittelmeer beherrscht. Die nationale Regierung sitzt in Burgos, die rote in Valencia. Diese verfügt über den Goldschatz, aus dem sie Waffen ankauft und mit dem sie kostspielige Propagandastellen unterhält. Internationale Brigaden kämpfen an der

Seite der Volksfrontregierung, während Franco starke italienische Hilfsverbände, die nur dem Namen nach Freiwillige sind, und die deutsche Fliegerlegion „Condor" als wichtige Verstärkung erhält. Während Deutschland und Italien die Regierung Francos anerkennen, beschließen England, Frankreich und zwanzig andere Staaten Nichteinmischung. Eine internationale Flotte überwacht die Küsten Spaniens, vermag aber den Waffenschmuggel nicht zu verhindern. Das Ansehen der Demokratien wird weiter geschwächt, da sich ihre Nichteinmischungspolitik als tatsächliche Hilflosigkeit erweist. Es ist unverkennbar, daß Deutschland und Italien auf spanischem Boden einen Zweikampf mit dem Kommunismus, hinter dem Rußland steht, austragen. So wird der spanische Bürgerkrieg zu einem Probemanöver des neuen Weltkrieges, bei dem scharf geschossen und um einen der wichtigsten Punkte Europas gerungen wird. Die deutsche Luftwaffe erweist sich bereits in Spanien als ein höchst gefährlicher Gegner, während die italienischen Milizen militärisch wenig Rühmliches leisten. Im Kampfe der Kommunisten gegen die Panzerwaffe werden Methoden improvisiert, die erst gegen Ende des zweiten Weltkrieges völlig ausgewertet und weiterentwickelt wurden (Dynamiteros, Einzelkämpfer, die den herannahenden Panzer durch geballte Sprengladungen bekämpfen). Anfang 1939 bricht der Widerstand der Roten zunächst in Katalonien zusammen. Nach der Einnahme Barcelonas durch Franco kapitulieren Madrid und Valencia. Im März 1939 ist der Krieg beendet, die Führer der Volksfront fliehen ins Ausland, wo sie Exilregierungen bilden, Franco baut in Spanien einen Staat, der die faschistischen Einrichtungen bis zu einem gewissen Grade übernimmt, die parlamentarische Demokratie beseitigt, sich aber weniger auf die faschistische Falange als auf die Armee und auf die Gefolgschaft jener Kreise stützt, die von einem neuen Regimewechsel Anarchie und Kommunismus befürchten.

*Revision an allen Fronten*

*318* Die Erfolge der beiden Revisionsmächte in Europa ermutigen auch Japan zu einer ausgreifenden Eroberungspolitik. Im November 1936 schließt es mit Hitler den Antikominternpakt, 1937 schreitet es zur Eroberung Chinas. Während der Völkerbund die Fiktion einer friedlichen Welt, eines ungeteilten Friedens und der kollektiven Sicherheit aufrechterhält und sich eben dadurch um den Rest von Ansehen bringt, tobt bereits auf zwei großen Schlachtfeldern, in Spanien und in China, der Krieg. Das Zusammenspiel zwischen den beiden Achsenmächten Deutschland und Italien und ihrem ostasiatischen Partner Japan wird immer deutlicher. Die Westmächte, die es versäumt haben, rechtzeitig den italienischen und den japanischen Imperialismus einzudämmen, weil sie den deutschen fürchteten, sehen sich seit 1937 einer weltpolitischen Entente zwischen Berlin, Rom und Tokio gegenüber, die Zug um Zug ihre Gegner mattsetzt und, wenn diese sich gegen eine der Revisionsmächte wenden, jeweils an anderer Stelle vorbrechen. Großbritannien hat unter der Regierung Macdonalds seine

Streitmacht in der Luft und zur See verfallen lassen. Erst um 1937 beginnt es unter dem Kabinett Baldwin aufzurüsten, kämpft aber diplomatisch um Zeitgewinn, weil es sich erst Anfang der vierziger Jahre Deutschland gewachsen glaubt. Der unentwegte Mahner zu einer energischen Politik und vorbeugenden Maßnahmen ist Winston Churchill, der die Auffassung vertritt, daß man Hitler nicht früh genug entgegentreten könne, wenn man Gut und Blut sparen wolle. Im Jahre 1936 durchlebt England eine Krise, die in ihrer Art bezeichnend für das Land ist. Obwohl es die älteste parlamentarische Demokratie und das Königtum fast nur noch eine dekorative Einrichtung ist, nimmt die öffentliche Meinung leidenschaftlich Anteil an der Frage, ob König Eduard VIII., der 1936 seinem Vater Georg V. auf dem Throne gefolgt ist, die Amerikanerin Miss Simpson, eine zweimal geschiedene Frau, heiraten dürfe oder nicht. Fast einmütig stellt sich das Land hinter Baldwin, der den König vor die Wahl zwischen der Frau und der Krone stellt. König Eduard dankt ab und räumt unter dem Namen des Herzogs von Windsor den Thron seinem jüngeren Bruder Albert, der ihn als Georg VI. besteigt. Baldwin wird bald darauf als Premierminister von Neville Chamberlain (dem jüngeren Sohn Joseph Chamberlains) abgelöst, einem Staatsmann, dessen Name mit der britischen Politik des Appeasement (Befriedungspolitik) eng verbunden ist. Chamberlain will nicht nur Zeit gewinnen, um England erstarken zu lassen, sondern ist der Ansicht, daß man sich mit den in Mitteleuropa entstandenen neuen Machtverhältnissen abfinden, dem deutschen Revisionismus dort, wo er moralisch begründet sei, nachgeben und so versuchen müsse, zu einer friedlichen Lösung der europäischen Streitfragen zu kommen. Ein Viererpakt England–Deutschland–Frankreich–Italien, scheint an die Stelle des alten Sechsmächtesystems Europas treten zu sollen. Frankreich befindet sich in der gleichen Zeit in einer verhängnisvollen inneren Krise. Faschistische und nationalistische Verbände bekämpfen die Demokratie, die sich durch neue Finanz- und Korruptionsskandale (Stavisky-Affäre) bloßgestellt hat. Sozialisten, Kommunisten und Radikale bilden unter dem Sozialdemokraten Léon Blum ein Volksfrontkabinett, das sich aber weder zu einer energischen Außenpolitik durchringen, noch im Inneren Ruhe schaffen kann. Streiks und 40-Stunden-Woche lähmen die Produktionskraft Frankreichs, das zwar keine Arbeitslosen hat, aber volkswirtschaftlich immer schwächer wird. Die Armee, insbesondere die Luftflotte, werden vernachlässigt. Als Hitler 1937 die deutsche Wehrmacht in das vertraglich entmilitarisierte Rheinland einmarschieren läßt und den Locarnopakt als ungültig erklärt, weil er durch das französisch-russische Bündnis verletzt worden sei, begnügt sich Frankreich wiederum nur mit einem Protest. In der österreichischen Frage, die sich immer mehr in den Vordergrund schiebt, verläßt man sich im Westen noch immer darauf, daß Mussolini den Anschluß Österreichs an Deutschland nicht dulden werde. 1936 schließt Österreich mit Deutschland einen Freundschaftsvertrag, in dem Hitler die Unabhängigkeit Österreichs garantiert, Schuschnigg aber den österreichischen Nationalsozialisten Amnestie gewährt. Die immer noch illegale nationalsozialistische

Bewegung in Österreich greift immer mehr um sich, beunruhigt durch Terrorakte das öffentliche Leben und zersetzt die staatliche Verwaltung. In Übereinstimmung mit ihrem Bundesgenossen Dr. Benesch, der im Dezember 1935 tschechoslowakischer Staatspräsident geworden ist, wendet sich die französische Volksfrontregierung gegen die Wiedereinsetzung der Habsburger in Österreich. Blum erklärt, daß der Anschluß Österreichs an Deutschland im Sinne der geschichtlichen Entwicklung ein Fortschritt, die Rückkehr der Habsburger ein Rückschritt wäre.

Unter den demokratischen Staatsmännern erkennt neben Winston Churchill nur Präsident Roosevelt frühzeitig und im vollen Umfange die vom Nationalsozialismus her drohende Gefahr. Er versucht die amerikanische Öffentlichkeit und die demokratischen Staaten der Erde zum Widerstand aufzurufen, wendet sich in seinen Reden („Quarantänerede" von 1937) gegen die Angreifernationen, stößt aber in seinem eigenen Lande zunächst auf den schwer zu überwindenden Widerstand der Isolationisten, die Amerika nicht ein zweites Mal in das Abenteuer eines europäischen Krieges stürzen wollen.

Nach dem Scheitern der französischen Volksfront und dem Rücktritt Blums kommt 1938 mit dem Kabinett Daladier (Außenminister Bonnet) in Frankreich eine Richtung ans Ruder, die, ähnlich wie Chamberlain, ein Appeasement erstrebt und zweifellos im französischen Volk stärksten Rückhalt hat. Die Generation, die den ersten Weltkrieg miterlebt und erlitten hat, wünscht im Grunde in keinem europäischen Lande einen zweiten Krieg. Auch in Frankreich bricht immer stärker die Überzeugung durch, daß man in Versailles schwere Fehler begangen, Unrecht zu Recht gemacht habe und die mitteleuropäischen Bundesgenossen unter Umständen opfern müsse, weil es sich nicht verlohne, hunderttausende junger Franzosen für die fehlerhafte Politik der Tschechen, Polen und Serben zu opfern. Das russische Bündnis wird zugleich immer mehr als Belastung empfunden, zumal inzwischen das Verhältnis zu England wieder enger gestaltet wurde, freilich auch Frankreichs Abhängigkeit von der britischen Politik Formen erreicht hat, die zeitweise an ein Vasallenverhältnis erinnern.

## Das Ende Österreichs

*319* Zu Beginn des Jahres 1938 entläßt Hitler den Reichskriegsminister Generalfeldmarschall Blomberg und den Reichaußenminister Freiherrn von Neurath, der noch aus der alten Diplomatie hervorgegangen war und bei den bisherigen Abenteuern Hitlers ein Gegengewicht in mäßigendem Sinne gebildet hatte. Das Außenministerium übernimmt Joachim von Ribbentrop, der seit langem Hitlers persönlicher Vertrauensmann und als solcher Botschafter in London gewesen war, wo er allerdings keine besonders glückliche Rolle spielte. Ribbentrop war ursprünglich Sektreisender und besaß einige Sprachkenntnisse, durch die er bei Hitler Eindruck machte. Überaus ehrgeizig, eigensinnig und mißtrauisch, aber ohne Blick für die politischen Zusammenhänge, ohne den sicheren Instinkt des geborenen Diplomaten und ohne Kenntnis des diplomatischen

Handwerks, brachte er für seine Stellung nichts mit als die Bereitschaft, Hitlers Aufträge bedenkenlos auszuführen und die Lage stets so zu sehen, wie Hitler sie zu sehen wünschte. Für Blomberg wird kein Nachfolger ernannt. Hitler übernimmt als oberster Kriegsherr auch die Funktionen, die bisher der Kriegsminister ausgeübt hat. Zur Durchführung seiner Befehle wird General Keitel bestellt, der den Titel eines Chefs des Oberkommandos der Wehrmacht erhält. Auch Keitel ist, ähnlich wie Ribbentrop, nur von dem einen Willen beseelt, bei seinem Herrn nicht in Ungnade zu fallen und seine Befehle blindlings auszuführen. Das Oberkommando des Heeres, das bisher General Werner von Fritsch innehatte, wird General Walter von Brauchitsch übertragen. Um Fritsch zu stürzen, hatte man ihn durch falsche Zeugen ehrenrührigen Verhaltens bezichtigt. Es gehört zu den Eigenheiten der totalitären Regime, daß politische und sachliche Meinungsverschiedenheiten nicht ehrlich ausgetragen, sondern daß die mißliebigen Persönlichkeiten unter falschen und meist ehrabschneiderischen Anschuldigungen beseitigt werden.

Der Wechsel in den führenden Stellen sollte, wie sich bald zeigte, eine neue Phase der deutschen Außenpolitik einleiten. Im Februar empfängt Hitler den österreichischen Bundeskanzler Schuschnigg auf dem Obersalzberg und erzwingt von ihm mit der Drohung militärischen Einmarsches eine Reihe von Zugeständnissen, vor allem die Aufnahme des Nationalsozialisten Seyß-Inquart in die Bundesregierung. Eine Reichstagsrede Hitlers, Schuschniggs mutige Antwort und endlich die Ankündigung einer Volksabstimmung über Österreichs Unabhängigkeit verschärfen die Lage. Durch Mittelsmänner läßt Schuschnigg die befreundeten Regierungen wissen, daß Gefahr im Verzuge sei und er damit rechne, daß Hitler die Volksabstimmung zum Anlaß einer Intervention benützen werde. Hitler ist entschlossen, die Volksabstimmung um jeden Preis zu verhindern, da sich bei dem wahrscheinlichen Zusammengehen der christlichsozialen und sozialdemokratischen Kreise eine Mehrheit für Schuschnigg ergeben hätte. Vom Ausland im Stich gelassen, verschiebt Schuschnigg zunächst die Volksabstimmung und tritt am 11. März 1938, nachdem Hitler ein Ultimatum nach Wien gerichtet hatte, vom Bundeskanzleramt zurück. Während auf den Straßen bereits der Aufruhr tobt, bildet Seyß-Inquart ein Kabinett, und Goebbels kündigt an, daß auf einen Hilferuf Österreichs deutsche Truppen dort einrücken würden. Tatsächlich wartet man noch mit dem Einmarsch und entschließt sich dazu erst, nachdem man der Neutralität der Westmächte und Italiens sicher ist. Die Hoffnung des Westens, Mussolini werde auch diesmal vorangehen und Hitler an der Eroberung Österreichs hindern, hat getrogen. Mussolini fühlt sich dazu längst nicht mehr stark genug und glaubt, nur noch mit Hilfe Hitlers seine eigenen Ziele erreichen zu können. Am 12. März marschiert die deutsche Wehrmacht in Österreich ein, Hitler spricht in Linz und in Wien zu den jubelnden Volksmassen und verkündet den Anschluß Österreichs an Deutschland. Eine Volksabstimmung bestätigt einige Wochen später mit der gewohnten überwältigenden Mehrheit die vollzogene Tatsache. Der Name Österreich wird abgeschafft, der Bundesstaat in Reichsgaue zerschlagen; im ganzen Lande, vor allem aber in Wien, setzen heftige Judenverfolgungen ein, die sich zum großen Teil in aller Öffentlichkeit und in den widerlichsten Formen abspielen.

### Vom Obersalzberg zum Münchner Abkommen

*320* Das Ende Österreichs und die lendenlahme Haltung der Mächte, die den Staat 1919 geschaffen und die seine Unabhängigkeit erzwungen hatten, als er sich an ein demokratisches Deutschland in föderalistischer Form anschließen wollte, zeigen aller Welt, wie stark Hitler sich fühlt. Unmittelbar wirken sich die österreichischen Ereignisse auf die Tschechoslowakei aus. Dort war 1935 Dr. Eduard Beneš dank der Hilfe der Kommunisten zum Staatspräsidenten gewählt worden. Die Regierung wurde von dem Slowaken Dr. Milan Hodža geführt, einem ideenreichen und ehrgeizigen, aber infolge persönlicher Umstände von Benesch abhängigen Politiker. Seine Pläne zur Schaffung einer Donauföderation konnte Hodža nicht verwirklichen, weil sie in Widerspruch zu der Politik Beneš standen. Dieser glaubte die Tschechoslowakei durch das Bündnissystem, das sie mit Frankreich, Rußland, Rumänien und Jugoslawien verband, genügend gesichert. Er hoffte, daß es in absehbarer Zeit zum Krieg kommen würde und daß eine neue Niederlage Deutschlands die 1919 geschaffene Ordnung endgültig garantieren werde. Unter den Sudetendeutschen hatte sich indessen eine nationalrevolutionäre Partei gebildet, die Sudetendeutsche Heimatfront (später Sudetendeutsche Partei) Konrad Henleins, in der nationalsozialistische mit konservativ-föderalistischen Kräften um die Führung rangen, unter dem Eindruck der Erfolge Hitlers aber der nazistische Flügel mehr und mehr die Oberhand gewann. Die Verweigerung aller wirklichen Zugeständnisse an die demokratischen Parteien der Sudetendeutschen, die von der Wirtschaftskrise besonders hart getroffen waren, kam der Bewegung Henleins und den Wünschen Hitlers entgegen. Durch den Anschluß Österreichs an Deutschland waren die historischen Länder (Böhmen, Mähren, Schlesien) von Deutschland umfaßt und lagen wie eine Halbinsel im deutschen Meer. Das mit großen Kosten errichtete tschechoslowakische Befestigungssystem war weitgehend entwertet, da es von der mittleren Donau her im Rücken gefaßt werden konnte. Die Sudetendeutschen wurden durch die Verwirklichung des großdeutschen Ideals in einen Wirbel nationaler Begeisterung versetzt; zwei der bisher demokratischen Parteien schlossen sich der Sudetendeutschen Partei an, nur die deutschen Sozialdemokraten leisteten ihr noch Opposition. Aber auch sie verließen die Regierung. Henlein nannte acht Forderungen, von deren Verwirklichung er die Verständigung der Sudetendeutschen mit den Tschechen abhängig machte. Kurz vor den Gemeindewahlen führte Benesch eine Teilmobilmachung durch, die er mit deutschen Truppenbewegungen und mit einer Warnung aus London begründete. Hitler nahm, wie er später behauptete, diese tschechische Mobilmachung zum Anlaß der Befestigung der deutschen Westgrenzen und will nun erst beschlossen haben, die tschechische Frage noch im Laufe des Sommers zu lösen. Die Gemeindewahlen bringen der Sudetendeutschen Partei mehr als neun Zehntel der deutschen Stimmen. Die tschechische Regierung erklärt sich zu Verhandlungen bereit. Sie nehmen einen schleppenden Verlauf. Unterdessen entsendet die britische Regierung, die einen Zusammenstoß zwischen Deutschland und der Tschechoslowakei befürchtet, Lord Runciman als Beobachter nach Prag. Tatsächlich spielt Runciman die Rolle eines Schiedsrichters, von dessen Urteil das weitere Schicksal der Tschechoslowakei abhängen mußte. Er empfiehlt seiner Regierung anfangs September die Lostrennung der deutschen Gebiete von der Tschechoslowakei. Hitler fordert auf dem Reichsparteitag in Nürnberg das Selbstbestimmungsrecht für die Sudetendeutschen und versichert sie der Hilfe des Großdeutschen Reiches. Die Sudetendeutsche Partei bricht die Verhandlungen mit den Tschechen ab, diese antworten mit der Auflösung der Henlein-Partei, es kommt zu bewaffneten Zusammenstößen. Henlein flieht nach Deutschland und ruft zur Bildung eines sudetendeutschen Freikorps auf. Die Krise nähert sich ihrem Höhepunkt. Einflußreiche Kreise der deutschen Generalität sind entschlossen, den Krieg zu verhindern und planen Hitlers Verhaftung. Hitler kehrt aber vom Parteitag nicht nach Berlin zurück, sondern eilt auf den Obersalzberg, wo der britische Premierminister Chamberlain ihm seinen Besuch angekündigt hat. Chamberlain verspricht Hitler, daß die Westmächte die Tschechen zur Herausgabe der deutschen Gebiete veranlassen würden. Wenige Stunden später wird der tschechischen Regierung diese Forderung von ihren Verbündeten unterbreitet, und die Tschechoslowakei gibt nach. Zur Festsetzung der Einzelheiten einer Volksabstimmung und einer vorläufigen Besetzung der Sudetengebiete durch neutrale Truppen begibt sich Chamberlain nochmals zu Hitler, mit dem er diesmal in Godesberg am Rhein zusammentrifft. Hitler hat inzwischen seine Forderungen erweitert und kündigt die militärische Besetzung des Sudetengebietes ab 1. Oktober an. Chamberlain reist unverrichteter Dinge ab, während Beneš am gleichen Abend die allgemeine Mobilmachung anordnet. Die Westmächte beginnen ebenfalls mobil zu machen. Europa befindet sich im Alarmzustand, an der Schwelle des Krieges. Eine Rede Hitlers im Sportpalast mit ultimativen Forderungen an die Tschechoslowakei kennzeichnet den Ernst der Lage. Am 28. September regt Mussolini den Zusammentritt einer Viermächtekonferenz in München an, die bereits am 29. zustande kommt. In wenigen Stunden entscheiden Hitler, Chamberlain, Daladier und Mussolini über das Schicksal der Tschechoslowakei. Hitlers Forderungen werden in den wesentlichen Punkten angenommen. Ab 1. Oktober rücken deutsche Truppen in vier Etappen in das Sudetengebiet ein, das ohne Volksabstimmung an Deutschland abgetreten wird. Erst wenn auch die Wünsche Polens und Ungarns an die Tschechen befriedigt wären, sollten die Grenzen der neuen Tschechoslowakei garantiert werden. Beneš hat inzwischen, ohne Polen dadurch umstimmen zu können, das wirtschaftlich ungeheuer wichtige Steinkohlen- und Erzgebiet von Teschen zur Abtretung angeboten.

## „Frieden in unserer Zeit?"

**321**  Wenige Tage nach der Münchner Konferenz tritt Eduard Beneš zurück und verläßt bald darauf, unter Mitnahme seiner Archive und eines beträchtlichen Vermögens, die Tschechoslowakei. Zum Präsidenten des tschechoslowakischen Staates wird Dr. Emil Hácha gewählt, ein Verwaltungsjurist von internationalem Ruf und ein Mann lauteren Charakters. Die Krise der Tschechoslowakei hatte deshalb zu einer so raschen Katastrophe geführt, weil sich in entscheidender Stunde nicht nur Deutschland, sondern auch Polen und Ungarn gegen Prag wandten, die Slowaken dem zentralistischen Nationalstaat die Gefolgschaft versagten und weder die großen noch die kleinen Verbündeten der Tschechoslowakei bereit waren, für sie zu kämpfen. Auch die Sowjetunion erklärte den Bündnisfall für nicht gegeben. Den Slowaken wird nun von den Tschechen eine sehr weitgehende Autonomie mit eigener Landesregierung gewährt. Deutschland und Italien werden um ihre Vermittlung im Konflikt mit Ungarn angerufen und teilen diesem in dem Wiener Schiedsspruch nicht nur das rein ungarische Gebiet, sondern auch slowakisch bevölkerte Grenzstreifen, u. a. die Stadt Kaschau, zu. Polen erhält das Teschener (Olsa-) Gebiet, das es unmittelbar nach der Septemberkrise militärisch besetzt hatte. Die Grenze zwischen dem Sudetengebiet und dem von Berlin als Rest-Tschechei bezeichneten tschechoslowakischen Staat wird mit mehrfachen willkürlichen Korrekturen von den Deutschen bestimmt, wobei für das tschechische Verkehrswesen und die staatliche Sicherheit der neuen Republik überaus gefährliche Lösungen getroffen werden. Noch im Laufe des Winters zeigt sich, daß Hitler, der die Herausgabe des Sudetengebietes als die letzte territoriale Forderung bezeichnet hatte, nicht gewillt ist, die neue Tschechoslowakei zu garantieren und zu einem friedlichen Ausgleich mit ihr zu kommen. Trotz weitgehender tschechischer Bereitschaft zur Zusammenarbeit mit Deutschland verschleppt Berlin die Verhandlungen und schafft immer neue Konfliktstoffe.

Chamberlain hatte in München einen Friedenspakt mit Deutschland unterzeichnet, den er seinem Volke als Gegenwert der Preisgabe der Tschechoslowakei mitbrachte und von dem er sich, wie er erklärte, Frieden für eine Generation (Peace in our time) versprach. Ein ähnlicher Pakt wurde zwischen Frankreich und Deutschland abgeschlossen. Der weitaus größte Teil der Briten und Franzosen begrüßte die Verständigung, und nur eine verhältnismäßig kleine Opposition, die in England von Churchill, Eden und Duff Cooper geführt wurde, lehnte die „Munichois" ab und erklärte, daß Hitler den Krieg trotzdem heraufbeschwören werde.

Hitler hätte nach den ungeheuren Erfolgen, die er ohne Blutvergießen in wenigen Monaten errungen hatte, die Diktatur auflockern können, ohne seine Herrschaft zu gefährden. Er konnte auch ohne Anwendung von Waffengewalt zu Abkommen mit den mitteleuropäischen Staaten gelangen und Deutschland in diesem Raume die wirtschaftliche und politische Führung sichern. Ein Großteil des deutschen Volkes erwartet eine solche Wendung der nationalsozialistischen

Politik. Man ist um so eher geneigt, an sie zu glauben, als offenbar auch das Ausland mit ihr rechnet. Der Nationalsozialismus scheint Epoche zu machen, die friedliche Durchdringung Mitteleuropas mit deutschem Einfluß scheint für eine Generation gesichert, man erwartet die Bildung eines langfristigen Viermächtepakts (allenfalls, mit Einbeziehung Polens, eines Fünfmächtepakts). Wie die spätere Forschung auch dokumentarisch nachweisen konnte, hat Hitler aber das schon in „Mein Kampf" entworfene Eroberungsprogramm keineswegs aufgegeben. Für ihn sind die Erfolge von 1938 nur die Vorstufe für die Erfüllung eines Planes, der weit größere Ziele in sich schließt.

## Hitler bricht die Verträge

322 Im November 1938 ermordet ein Jude, der die an seinem Volke begangenen Gewalttaten rächen will, in Paris den deutschen Diplomaten vom Rath. In Deutschland finden sofort organisierte Judenmassaker statt, denen weitere schwerste gesetzliche Vergeltungsmaßnahmen folgen. Um die gleiche Zeit beginnt Hitler unter Berufung auf die deutschfeindliche Haltung der britischen Antimunichois England in Reden und durch Zeitungsartikel zu bedrohen. Um die Jahreswende fordert die faschistische Presse Italiens von den Franzosen die Herausgabe von Tunis und Korsika. Im März 1939 läßt Hitler durch deutsche Studenten in Prag Krawalle inszenieren, die von Goebbels maßlos übertrieben und als blutige Verfolgung der in der Rest-Tschechei verbliebenen Volksdeutschen hingestellt werden. Einen neuen Konflikt zwischen den Slowaken und den Tschechen benützt Hitler, um den slowakischen Ministerpräsidenten Dr. Tiso nach Berlin kommen zu lassen, wo er ihn vor die Wahl stellt, entweder die Slowakei zum selbständigen Staat unter deutschem Schutz zu erklären oder die slowakische Selbständigkeit an Ungarn zu verlieren. Die Slowaken proklamieren ihre Unabhängigkeit von Prag, Deutschland übernimmt das Protektorat über die Slowakei, und angesichts eines mächtigen Aufmarsches deutscher Divisionen an sämtlichen tschechischen Grenzen begibt sich der tschechische Staatspräsident Hácha nach Berlin, um dort persönlich mit Hitler zu verhandeln. Unter schweren Drohungen, persönlich in schmachvoller Weise behandelt, unterschreibt Hácha das ihm vorgelegte Protokoll, durch das Böhmen und Mähren als Protektorat unter den Schutz des Führers gestellt und dessen willkürlicher Diktatur ausgeliefert werden. Hácha weist von Berlin aus seine Regierung an, dem Einmarsch der deutschen Truppen keinen Widerstand zu leisten. Am 15. März besetzen deutsche Truppen das tschechische Gebiet, Hitler selbst erscheint noch vor Hácha auf der Prager Burg und nimmt Besitz von den Ländern Böhmen und Mähren. Zum erstenmal hat die Revisionspolitik Hitlers die Grenzen überschritten, die er unter Berufung auf das Selbstbestimmungsrecht der Deutschen, die vierzehn Punkte Wilsons und das Nationalitätenprinzip beanspruchen konnte. Das Reich wird aus einem großdeutschen Nationalstaat zu einem Imperium. In den nächsten Tagen besetzen und annektieren die Ungarn die Karpato-Ukraine und die östlichen Grenzstriche der

Slowakei. Litauen gibt das Memelgebiet an Deutschland zurück. Rumänien schließt einen zweiseitigen Handelsvertrag mit Deutschland, der es wirtschaftlich zu einem deutschen Vasallenstaat macht. In den gleichen Tagen verurteilt aber der englische Minsterpräsident Hitlers Überfall auf die Tschechoslowakei als Vertragsbruch und gibt dem in London erschienenen polnischen Außenminister Beck eine Garantieerklärung für die Unabhängigkeit und Integrität Polens. Zu Ostern 1939 besetzt Mussolini Albanien und erklärt es als Bestandteil des römischen Imperiums. Präsident Roosevelt fordert Hitler und Mussolini auf, eine Garantie für einunddreißig namentlich von ihm genannte Staaten abzugeben. Hitler antwortet im Reichstag in höhnischer und brüsker Form. Er bietet den Nachbarstaaten zweiseitige Nichtangriffspakte an. Zugleich kündigt er das Flottenabkommen mit England und den deutsch-polnischen Nichtangriffspakt. Noch sucht er den Anschein zu wahren, als richte sich die deutsche Politik ausschließlich gegen das kommunistische Sowjetrußland. Es ist aber kein Geheimnis mehr, daß Hitlers nächste Forderungen sich auf Danzig und den polnischen Korridor beziehen. Am 22. Mai schließt Deutschland mit Italien ein Schutz- und Trutzbündnis ab. Die Achse Berlin–Rom wird zum „Stahlpakt". Die Westmächte suchen dem drohenden Zusammenstoß durch Schaffung eines großen Bündnissystems zu begegnen, das Deutschland und Italien einkreisen und an der Fortsetzung der revisionistischen Politik hindern soll. Mit Griechenland, der Türkei und Rumänien wird verhandelt, vor allem aber versucht man Rußland zu gewinnen. Der sowjetrussische Außenminister Litwinow wird durch Molotow abgelöst. Aber nur die besteingeweihten Kenner der russischen Politik wissen diesen Wechsel richtig zu deuten. Die Verhandlungen der Westmächte mit Rußland ziehen sich über den Sommer hin, da Rußland das Durchmarschrecht durch Polen und freie Hand im Baltikum fordert. Im Mai hat England die allgemeine Wehrpflicht wieder eingeführt und ein Rüstungsministerium geschaffen. Deutschland rüstet fieberhaft, während Hitler für den September den „Parteitag des Friedens" einberuft. Die internationale Lage ändert sich blitzartig am 23. August, als der Abschluß eines Nichtangriffs- und Konsultativpaktes zwischen Deutschland und der Sowjetunion bekannt wird, der seine Ergänzung in einem umfangreichen Wirtschaftsabkommen findet. Die Vertreter der Westmächte brechen die Verhandlungen in Moskau ab, und Hitler bietet Großbritannien an, er werde den Besitzstand des gesamten Empire militärisch garantieren, ebenso eine Garantie der deutschen Westgrenze eingehen, wenn die Danziger Frage in seinem Sinne gelöst würde. England lehnt ab und gibt bekannt, daß es mit Polen ein Bündnis geschlossen habe. Da auch Mussolini sich gegen einen Krieg erklärt, verschiebt Hitler den für den 26. August geplanten Einmarsch in Polen und versucht nochmals mit England zu verhandeln. Wie in den letzten Tagen vor Ausbruch des ersten Weltkrieges, so laufen auch jetzt einige Vermittlungsaktionen nebeneinander, aber die auf allen Seiten einsetzenden militärischen Kriegsmaßnahmen überschneiden sich mit den improvisierten und teilweise nicht mehr ehrlich gemeinten diplomatischen Aktionen. In Görings

Auftrag versucht der Schwede Birger Dahlerus zwischen Berlin und London zu vermitteln. Präsident Roosevelt mahnt zur Verständigung, die Westmächte versuchen durch Mussolini auf Hitler einzuwirken. Hitler fordert direkte Verhandlungen mit Polen, dieses sendet einen Unterhändler nach Berlin, gibt ihm aber keine Vollmachten; Hitler läßt durch Ribbentrop den Briten und Polen einen Vorschlag unterbreiten, ohne daß diese den Text in die Hand bekommen und behauptet, die Frist zur Beantwortung sei von den Polen versäumt worden. An der deutsch-polnischen Grenze kommt es zu zahlreichen Zwischenfällen, wobei jede Partei der anderen die Verantwortung zuschiebt und die Zusammenstöße als Provokation bezeichnet. Am frühen Morgen des 1. September überschreiten deutsche Verbände in breiter Front zwischen Oberschlesien und der Ostsee die polnische Grenze, die deutsche Luftwaffe belegt die Flugplätze Polens und zahlreiche andere Ziele mit Bomben. Einige Stunden später erklärt Hitler im Reichstag, er habe als Vergeltung polnischer Angriffshandlungen den Schießbefehl gegeben; die deutsche Wehrmacht werde die unhaltbaren Zustände im Osten beseitigen. Nach dem Scheitern letzter Vermittlungsversuche Mussolinis erklären am 3. September Großbritannien und einige Stunden später auch Frankreich an Deutschland den Krieg. Auch die deutsch-polnische Krise wäre vielleicht noch beizulegen gewesen, und Polen hätte sich unter Umständen mit der Rückgliederung Danzigs an Deutschland wie auch mit Hitlers Vorschlägen zur Bereinigung der Korridorfrage (Volksabstimmung und Bau einer exterritorialen deutschen oder gegebenenfalls polnischen Bahn und Autobahn durch den polnischen Korridor oder das deutsche Gebiet) einverstanden erklärt, wenn Deutschland tatsächlich nur eine Revision in diesem Umfang erstrebt und auf einer internationalen Konferenz in Ruhe darüber verhandelt hätte. Die nach dem Kriege bekannt gewordenen Geheimdokumente beweisen zur Genüge, daß Hitler die Vernichtung Polens wollte und es ihm lediglich darum zu tun war, die Westmächte vorläufig aus dem Kriege herauszuhalten. In völliger Verkennung des britischen Nationalcharakters und der Grundsätze britischer Politik glaubte er aus dem Verhalten Englands im Jahre 1938 schließen zu können, daß die Briten auch der Aufteilung Polens untätig zusehen würden. In einem geheimen Zusatzabkommen zum deutschen Vertrag hatten sich Berlin und Moskau über die Teilung Polens bereits geeinigt.

*Die neue Strategie*

323 Der zweite Weltkrieg, der am 1. September 1939 begonnen hat, ist in seiner ersten Hälfte (bis Ende 1941) durch eine Reihe von Blitzfeldzügen gekennzeichnet, in denen Entscheidungen größten Ausmaßes binnen weniger Wochen und oft weniger Tage fallen, die Schlachten selbst von kurzer Dauer sind, die Umgehungs-, Einkreisungs- und Verfolgungsmanöver sich über hunderte Kilometer und riesige Räume erstrecken und die Strategie, zum Unterschied von den Ereignissen des ersten Weltkrieges, wieder die klassischen Formen des Bewegungskrieges zeigt. Die Voraussagen jener Militärs und Kriegswissenschaftler, die

nach dem ersten Weltkrieg an die Verewigung des Stellungskrieges und der langdauernden Materialschlachten glaubten, erweisen sich als haltlos, die Lehre ihrer Gegner, die an die Wiederkehr des Bewegungskrieges geglaubt haben und das Prinzip des Grafen Schlieffen „In der Bewegung liegt der Sieg" verkündeten, ist plötzlich gerechtfertigt. Nicht nur deutsche Kriegswissenschaftler, sondern auch Briten und Franzosen (insbesondere der Engländer Fuller) hatten eine neue Aera des Bewegungskrieges angekündigt. Aber nur die deutschen Militärs hatten aus der Theorie praktische Nutzanwendungen gezogen.

Seit dem ersten Weltkrieg hatte die Kriegstechnik wohl Fortschritte gemacht, sie hat aber in zwanzig Jahren keine neuen Waffen erfunden. Bomben-, Kampf- und Jagdflugzeuge, schwere und leichte Panzer, Maschinengewehre, Schnellfeuergeschütze, schwere und leichte Flak- und Steilfeuergeschütze, Flammenwerfer und Handgranaten, motorisierter Nachschub, Stahlhelm und Stahlschutzschilde, Granatwerfer, Minen und ebenso die Seekriegsmittel, Schlachtschiffe, Unterseeboote, Torpedoschnellboote, gibt es bereits im ersten Weltkrieg. Zur See ist lediglich der Flugzeugträger als neue und sehr wichtige Schiffstype hinzugekommen. Die im ersten Weltkrieg oft entscheidende Gaswaffe wird im zweiten Weltkrieg nicht eingesetzt, obwohl die Kriegführenden Gasmunition vorbereitet haben. Worin liegt also der entscheidende Unterschied zwischen 1918 und 1939? Wohl sind alle die genannten Waffen bedeutend verbessert worden. Es gibt weit größere, besser geschützte, sicherer fliegende und tragfähigere Flugzeuge, die einzelnen Typen sind ihrem besonderen Zweck viel besser angepaßt, die Motoren leistungsfähiger geworden, die Einrichtung mit optischen und anderen Instrumenten reichhaltiger, die Panzer sind größer, beweglicher, ihre Armierung stärker, die automatischen Waffen sind leistungs- und widerstandsfähiger, aber all' das ist nicht entscheidend, auch nicht die zahlenmäßige Vermehrung der modernen Waffen. Was der Kriegsführung von 1939 bis 1941 ihr Gepräge gibt und was Blitzkriege ermöglicht hat, ist die strategische Verwendung der neuen technischen Mittel im Gegensatz zu ihrer bloßen taktischen Auswertung in den Jahren 1917 und 1918. Die Zusammenfassung der Panzer zu Divisionen, Korps und Panzerarmeen, die gelernt haben, in geschlossenen Formationen zu operieren, das Zusammenwirken von leichten und schweren Panzern, motorisierter Infanterie und motorisierter Artillerie (wobei mit dem deutschen Sturmgeschütz eine wesentliche Vervollkommnung, nämlich die Verbindung von Motor, Rohr und Lafette erreicht wird), das taktische Zusammenwirken von Verteidigungs- und Angriffswaffen im infanteristischen Vorgehen, vor allem aber die Bildung einer strategischen Luftwaffe und der taktische Einsatz der Kampfflieger, insbesondere der Sturzkampfflugzeuge (Stuka) beim Niederkämpfen befestigter Stellungen begründen die neue bzw. die Wiederherstellung der älteren Strategie. Im ersten Weltkrieg hatten sich die Kampffronten bei verhältnismäßig geringer Tiefe ungeheuer in die Breite entwickelt. Die Heere boten keine Flanken mehr, und um zur Operation zu kommen, mußte der Gegner die Front erst durchstoßen. Jede Operation aber erforderte für Aufmarsch, Durchbruch und Verfolgung so viel Zeit, daß nur noch sehr selten und für eine sehr begrenzte Dauer eine Überraschung möglich war. Auch die stärksten und kühnsten Angriffe bleiben nach Anfangserfolgen stecken. Zur Fortsetzung des Angriffs bedarf man eines langwierigen Aufmarsches. Durch das Operieren mit Panzerverbänden, durch Luftlande- und Fallschirmtruppen ist es wieder möglich geworden, Durchbrüche sehr rasch zur Operation auszuweiten, auch eine zusammenhängende Front mit gedeckten Flanken auf dem Luftwege zu umgehen und von rückwärts zu bedrohen. Durch die Verwendung des Motors, der große Entfernungen in kurzer Zeit überwindet, vermag man die Operation aus der Tiefe zu nähren, die Reserven wieder in Räumen zu versammeln, wo sie sich dem Einblick des Gegners entziehen, und sie überraschend an beliebige Stellen der Front zu werfen. So wird es wieder möglich, den Gegner an der entscheidenden Stelle mit relativer Übermacht anzufallen, an anderen Stellen der Front Truppen zu sparen, rasch auszuweichen und Umgruppierungen vorzunehmen. Die begonnene Operation wirkt kraft der motorisierten Angriffs- und Nachschubmittel rasch in die Tiefe des Raumes und gegen die rückwärtigen Verbindungen des Gegners. Große Vernichtungsschlachten sind die Folge. Kleinräumige Staaten werden in erstaunlich kurzer Zeit einfach überrannt oder sie werden zum Schauplatz der Vernichtung ihrer völlig eingekreisten Streitkräfte. Die zweckentsprechende Handhabung der verbesserten und technisch hochentwickelten Waffen, Nachrichtenmittel, motorisierten Fahrzeuge, die Bedienung insbesondere von Flugzeugen und Panzern, aber auch das taktische Zusammenwirken der einzelnen Waffen erfordern lange Ausbildung, gründliche Schulung, technische Kenntnisse, Mut und Entschlußkraft, nicht nur bei dem Offizier, sondern bei allen Unterführern und selbst noch bei den Mannschaften. Nur durch frühzeitig einsetzende militärische Erziehung der Jugend, durch lange Ausbildungsdauer, gute technische Vorbildung und großzügig durchgeführte Übungen können diese Eigenschaften erworben und ausgebildet werden.

## Die deutsche Wehrmacht

324 Im Vertrag von Versailles haben die Sieger in kurzsichtiger Weise Deutschland verboten, ein Heer der allgemeinen Wehrpflicht aufzustellen, und ihm statt dessen die Bildung eines langdienenden Berufsheeres von hunderttausend Mann auferlegt. Diese deutsche „Reichswehr" ist von Hans von Seeckt, einem der bedeutendsten Soldaten und militärischen Denker der Neuzeit, organisiert und bewußt als Kaderheer ausgebildet worden. Als Hitler die allgemeine Wehrpflicht wieder einführt, die Zahl der deutschen Divisionen auf 54 vermehrt und bei Kriegsbeginn eine weitere Anzahl von Verbänden aufstellt, verfügt diese Armee über ein Korps von glänzend ausgebildeten Unteroffizieren, die durchschnittlich eine zehnjährige Dienstzeit hinter sich haben und tatsächlich die Qualitäten ausgezeichneter Offiziere besitzen. Nur mit diesem Korps von Unterführern war es möglich, in verhältnismäßig kurzer Zeit Millionen Reservisten auszubilden, nur mit ihm konnte man eine Angriffstaktik entwickeln, die auf dem selbstän-

digen Vorgehen und auf dem Zusammenwirken kleiner infanteristischer Gruppen in jeder Art Gelände beruht und die von dem Gruppenführer die Fähigkeit und den Mut zu selbständigen Entschlüssen fordert. Die Überlegenheit der deutschen Wehrmacht in der ersten Phase des Krieges beruht zum großen Teil auf dem Vorhandensein dieser zahlreichen und in der Ausbildung von keiner anderen Armee erreichten Unterführerschaft. General von Seeckt, der so wenig wie Ludendorff den Ausbruch des zweiten Weltkrieges erlebt hat, spielt für die Entwicklung der deutschen Wehrmacht, für die Rückkehr der Strategie des Bewegungskrieges und die Geschichte der Kriegskunst überhaupt eine ähnliche Rolle wie einst Scharnhorst, der das preußische Heer geschaffen hat, mit dem Blücher und Gneisenau 1813—1815 gesiegt haben. Deutschland hat seinen Gegnern aber auch voraus, daß diese in den zwanziger Jahren gewaltige Summen in den Ausbau einer Rüstung gesteckt haben, die sich zehn Jahre später als veraltet und unbrauchbar erwies. Deutschland hat nicht nur infolge der rücksichtslos durchgeführten Aufrüstung durch Hitler einen Vorsprung vor den Westmächten, die in den gleichen Jahren ihre Rüstung vernachlässigen, sondern es vermag auch die Erfahrungen aller anderen Militärmächte auszunützen und im Zusammenhang mit den Lehren des japanisch-chinesischen, des italienisch-abessinischen und des spanischen Bürgerkrieges Ende der dreißiger Jahre eine nach Material, Taktik und Führung hochmoderne Wehrmacht ins Feld zu schicken. Welche Rolle ein Vorsprung von wenigen Jahren zu spielen vermag, wie rasch aber auch scheinbar unübertreffliche Waffen veralten, erfährt Deutschland seit dem Sommer 1940 an der Überlegenheit der britischen Luftwaffe, die wiederum bereits die Erfahrungen der ersten Kriegsmonate zu verwerten beginnt. Indem Hitler die Politik völlig der militärischen Zweckmäßigkeit unterordnet und alle moralischen wie diplomatischen Bedenken beiseite wirft, sichert er seiner Wehrmacht auch nach Zeit und Ort des Angriffs die günstigsten Vorbedingungen für die geplanten Feldzüge. Endlich aber erweist sich der totalitäre Staat zunächst als ein der Demokratie weit überlegenes Instrument kriegerischer Machtpolitik. Er sichert scheinbar reibungslos die Finanzierung des Krieges, er stellt die Wirtschaft in den Dienst der Rüstung und der Kriegführung, er verhindert jede Opposition, macht aus der Nation, wenigstens nach außen und mit dem Schein der Überzeugung, eine völlige Einheit, die einem einzigen Willen gehorcht und von einem Geist erfüllt ist, er stellt sämtliche Mittel der Propaganda und Erziehung in den Dienst der ideologischen Kriegsführung im Innern wie in der Wirkung auf den Feind. Die Brüchigkeit dieses Systems sollte sich erst später erweisen. Die demokratischen Staaten müssen dem totalitären Prinzip manche Zugeständnisse machen, um auf die gleiche Höhe der Schlagfertigkeit zu kommen, die Deutschland besitzt. Sie überholen es dann nicht nur dank der Unerschöpflichkeit ihrer wirtschaftlichen Hilfsquellen, sondern auch durch die Wahrung demokratischer Grundsätze in der Führung des Staates, wodurch sie eben die schädlichen Wirkungen der totalitären Ordnung vermeiden, die unter der Diktatur üppig wuchern und sie am Ende lähmen.

## Niederwerfung Polens

*325* Mit 54 Divisionen (zwei Heeresgruppen bzw. fünf Armeen) greift die deutsche Wehrmacht Polen an. Dieses verfügt über 22 Infanteriedivisionen, 7 Kavalleriebrigaden und nur sehr schwache Panzerverbände. Die Aufstellung der Reservedivisionen, die nochmals etwa 20 bis 25 Divisionen ergeben würde, scheitert bereits an dem raschen Zerfall des Staates. Die deutschen Panzerverbände stoßen durch die aufgerissenen Fronten tief in den Rücken der polnischen Armeen vor, die unklugerweise mit dem Schwerpunkt in dem vorspringenden Gebiet von Posen versammelt waren. In wenigen Tagen befindet sich der Korridor in der Hand der Deutschen, die nun auch aus Ostpreußen jenseits der Weichsel vorstoßen. Das oberschlesische Industriegebiet wird umgangen, die Verteidigungsstellen der Polen durch den Vorstoß deutscher Verbände aus der Slowakei (über den Jablunkapaß) flankiert. In einer Reihe großer Kesselschlachten, deren größte an der Bzura stattfindet, wird die polnische Feldarmee vernichtet. Wesentlich beigetragen hat zu dem raschen deutschen Sieg, daß die etwa 700 einsatzfähige Maschinen zählende polnische Luftwaffe von der über 2000 modernste Maschinen verfügenden deutschen Luftflotte bereits in den ersten Stunden des Krieges meist noch in den Hangaren und auf den Rollbahnen vernichtet worden war. Die Hauptstadt Warschau verteidigt sich heldenmütig einige Tage, wird aber dann von der deutschen Luftwaffe und schwerer Artillerie unter vielstündiges Vernichtungsfeuer genommen und muß kapitulieren. In vier Wochen ist die Wehrmacht Polens vernichtet, das polnische Staatsgebiet besetzt. Seit dem 17. September beteiligt sich Sowjetrußland an dem Krieg gegen Polen. Nach Aufkündigung des Nichtangriffspaktes erklärt es die polnische Staatssouveränität als erloschen und läßt seine Truppen in Ostpolen einrücken. Ein neues Zusatzabkommen zu dem deutsch-russischen Vertrag bestimmt eine „Interessengrenze" zwischen der Sowjetunion und Deutschland; die Russen nehmen dabei nicht nur das eigentliche Ostpolen, sondern auch das ukrainische Ostgalizien mit Lemberg in Besitz. Die polnische Regierung hat das Land verlassen und geht ins Exil nach London. Hitler bietet den Westmächten, die sich bisher am Kriege nur durch einige schwächliche und leicht abgeschlagene Luftangriffe gegen die deutsche Nordseeküste beteiligt haben, Frieden an, wenn sie ihm im Osten freie Hand lassen. Dieser Vorschlag wird abgelehnt, der Krieg im Westen aber beschränkt sich auf Vorposten- und Stoßtrupptätigkeit, Luftaufklärung und gegenseitige Blockierung der Küsten, wobei Deutschland neben U-Booten auch magnetische Minen verwendet. Zur See verlieren die Deutschen ihr „Taschenschlachtschiff" Graf Spee, das sich nach einem Kampf mit britischen Kreuzern in der La Plata-Mündung selbst versenkt, während deutsche U-Boote und Flugzeuge erfolgreiche Angriffe gegen britische Einheiten führen. Das größte Aufsehen erregt der kühne Vorstoß eines U-Bootes unter Kapitänleutnant Günter Prien in den britischen Kriegshafen Scapa Flow.

Polen wird nach der Abtrennung des östlichen Gebietes nochmals geteilt: Oberschlesien, Posen, das ehemalige Westpreußen und ein größerer Grenzstreifen, der bis nahe an Warschau reicht, werden unmittelbar mit dem Großdeutschen Reich vereinigt, der Rest als Generalgouvernement verwaltet. Es beginnt ein Vernichtungsfeldzug gegen die polnische Intelligenz und die wohlhabenden Bürgerschichten. Standgerichte wüten, auch Massenhinrichtungen ohne Urteil finden statt. Die Masse des Volkes wird durch Hunger bekämpft. Die Juden werden, soweit man sie nicht sofort hinmordet, in den Ghettos von Warschau und Litzmannstadt (Lodz) unter grauenhaften Verhältnissen zusammengepfercht. Überall wird die polnische Bevölkerung als Sklavenproletariat niederster Art behandelt. Besonders grausam wird die katholische Kirche verfolgt. Eine Armee von Geschäftemachern und Glücksrittern, meist aus den Reihen der SS, SA und des Parteiführerkorps, ergießt sich über das unglückliche Land, verwüstet es, auch zum Nachteil der deutschen Eroberer, und eignet sich unter dem Titel von Treuhänderschaften das Volksvermögen der Polen an. Aus den in Reichsgaue verwandelten Gebieten werden die Polen, soweit man sie nicht der Germanisierung würdig befindet, verjagt und durch deutsche Siedler ersetzt, die aus Wolhynien, Ostgalizien, der Bukowina und dem Baltikum hierher verpflanzt werden. Die Lenkung dieser gewaltsamen Umsiedlung bleibt in den Händen der SS. Inzwischen schreiten auch die russischen Eroberungen fort. Estland, Lettland und, gegen die ursprüngliche Verabredung mit Deutschland, auch Litauen werden von den Russen militärisch besetzt und mit einem Netz von Polizeispitzeln überzogen. An Finnland wird das Ansinnen gestellt, den Sowjets ähnliche Zugeständnisse zu machen. Das tapfere kleine Volk nimmt den Kampf auf und hält in dem Winterfeldzug 1939/40, völlig auf sich selbst gestellt, dem übermächtigen Druck der Russen drei Monate stand. Am 12. März 1940 muß es im Friedensvertrag den Sowjets wohl die karelische Landenge, einen Grenzstrich nördlich des Ladogasees, einen Teil der Fischerhalbinsel und den Marinestützpunkt Hangö ausliefern, vermag aber seine Unabhängigkeit zu wahren.

### „Drôle de guerre" und Nordlandkrieg

326 Im Westen zieht sich der Scheinkrieg, den die Franzosen und Engländer „Drôle de guerre" (komischen Krieg) nennen, über den Winter hin. Wie schon während des Abessinienkrieges erliegen die Westmächte auch 1939 der Wirkung deutscher Propagandabluffs und überschätzen die militärische Stärke der Deutschen, vor allem die ihrer Luftwaffe und des Westwalls. Während des Polenfeldzuges stehen im Westen wenig über ein Dutzend zweitrangige, nichtmotorisierte Divisionen der Deutschen, der größte Teil ihrer Luftwaffe ist in Polen und zum Schutz der Nordseeküste eingesetzt. Ein energischer Vorstoß der an Zahl und Material überlegenen französischen Armee, unterstützt von der Royal Air Force, hätte Ende September 1939 die Westmächte in den Besitz der Rheinlinie

und vielleicht des Ruhrgebietes bringen können. Ihre Entschlußkraft wird aber nicht nur durch militärische Erwägungen gelähmt, sondern auch durch die politische Uneinigkeit Frankreichs, dessen Volk den Krieg nur mit halbem Herzen führt, ihn für eine rein englische Angelegenheit hält und sich in weiten Kreisen sehr aufgeschlossen und empfänglich für die zielbewußte Propaganda Hitlers und seiner „fünften Kolonne", also der kriegsgegnerischen Franzosen zeigt. Anfang 1940 werden nochmals Fäden von der deutschen Opposition zu der englischen Regierung gesponnen. So furchtbar der Terror gegen die Gegner des Nationalsozialismus in Deutschland selbst wütet, so unmöglich es ist, offen Opposition zu treiben und irgendwelche Massenorganisationen gegen den Nationalsozialismus zu bilden, so zählebig ist aber auch die von militärischen, kirchlichen und zivilen Kreisen getragene Untergrundbewegung. Die Möglichkeit eines Erfolges hängt allerdings völlig von den hohen Militärs ab, da nur sie über die Machtmittel verfügen, die eine Gegenrevolution braucht. Ein totalitäres Regime kann nicht durch einen Volksaufstand und nicht durch den organisierten Kampf der Massen, sondern nur durch einen Staatsstreich aus den Angeln gehoben werden. Ob der Bombenanschlag, der am Abend des 8. November 1939 in einer Münchner Versammlung der „alten Kämpfer" gegen Hitler verübt wurde, aber nur unter den Besuchern der Versammlung Opfer fordert, da sich Hitler vor der Explosion der Höllenmaschine entfernt hat, ein Werk der Opposition, ob er die Tat eines Einzelnen oder eine nationalsozialistische Lockspitzelarbeit war, ist bis heute nicht geklärt. Die britischen Kreise, mit denen die deutsche Opposition verhandelt, erklären sich bereit, nach dem Sturz Hitlers mit einer neuen deutschen Regierung, selbst mit einem Kabinett Göring, Frieden zu schließen und Deutschland die Grenzen vom August 1939, in der polnischen Frage eine befriedigende Lösung des Danziger- und Korridorproblems zuzugestehen. Die maßgebenden Generale von Brauchitsch und Halder (Nachfolger des während der Tschechenkrise zurückgetretenen Chefs des Generalstabes des Heeres, Ludwig Beck) versagen sich der Aktion, Brauchitsch mit der Begründung, man stehe unmittelbar vor einem militärischen Schlag und könne darum nicht meutern. Tatsächlich mochten die Generale sich und der Opposition die moralische Stoßkraft nicht zutrauen, die für die Beseitigung Hitlers nötig war. Dieser hatte es verstanden, sich schon im Polenkrieg den Nimbus des genialen Feldherrn und des Schöpfers der siegreichen Wehrmacht zu sichern, und genoß nicht nur in der Armee, sondern auch bei der Bevölkerung ein größeres Ansehen als je zuvor. So wird die größte Chance, die Deutschland während des Krieges hatte, ausgeschlagen. Am 9. April landen deutsche Truppen in Norwegen und besetzen Dänemark, das nach einem ersten Anlauf den militärischen Widerstand aufgibt. Hitler begründet sein Vorgehen mit der Notwendigkeit, einem geplanten Vorstoß der Engländer zuvorkommen zu müssen. Tatsächlich hatten die Briten im Februar 1940 einen Neutralitätsbruch begangen und das deutsche Schiff „Altmark" in norwegischen Hoheitsgewässern überfallen. Sie planten auch eine Expedition nach Narvik, um den Deutschen die Zufuhr des schwedischen Erzes, die über den Hafen Narvik lief, zu sperren. Die Landung in

Norwegen war ein überaus kühnes Unternehmen der an Einheiten und Bewaffnung schwachen deutschen Kriegsmarine, die auch empfindliche Verluste erleidet, den Angriff starker britischer Seestreitkräfte aber erfolgreich abwehrt. Ende April ist fast ganz Norwegen in der Hand der Deutschen; der König und die Regierung sind nach London ins Exil gegangen. Nur in Narvik, wo die Briten eine deutsche Zerstörerflottille vernichtet haben, sind die Deutschen unter General Dietl eingeschlossen. Ende Mai geben die Briten den Landekopf in Narvik preis. Durch die Sicherung der Seeflanke und der schwedischen Erzzufuhren, mit der Hitler den Traum eines großgermanischen Reiches verbindet, hat er die Voraussetzung für eine ursprünglich schon im Herbst geplante Offensive gegen Frankreich geschaffen.

## Der Westfeldzug

327 Am Morgen des 10. Mai überfallen deutsche Luftgeschwader, Panzereinheiten und Infanteriedivisionen die neutralen niederländischen Staaten. Luxemburg wird kampflos besetzt, Holland und Belgien nehmen den Kampf gegen die deutsche Invasion auf. Durch Fallschirmtruppen wird die Maas-Sperre Eben Emael im Handstreich genommen, am 15. Mai Rotterdam, das Zentrum der „Festung Holland", durch einen Luftangriff zerstört, das holländische Verteidigungssystem durch Luftlande- und Fallschirmtruppen im Rücken angegriffen. Die niederländische Armee kapituliert, während Königin Wilhelmine mit der Regierung nach London flieht. Im Raume von Brüssel und Namur stoßen die Deutschen auf die ersten französischen Streitkräfte, die auf die verlängerte Maginotlinie zurückgeworfen werden. Deutsche Panzer durchbrechen bei Sedan das französische Befestigungssystem und stoßen bis an die Kanalküste auf Abbéville durch. Während nachdrängende Infanteriedivisionen an der Aisne und der Somme den niederländischen Kampfraum gegen die Franzosen abschirmen, werden die Briten, Belgier und der Nordflügel des französischen Heeres im Pas de Calais, im Raum von Arras und in Westflandern eingekreist. König Leopold III. von Belgien, der sich von seinen Verbündeten verlassen, seine Armee der Vernichtung ausgesetzt sieht, kapituliert am 28. Mai, die britische und ein Teil der französischen Armee entkommt, trotz schwerstem deutschem Bombardement aus der Luft, unter Zurücklassung des Materials und einer großen Zahl von Gefangenen aus Dünkirchen nach der britischen Insel. Die Räumung Dünkirchens, von Hitler als schwere Niederlage der Briten dargestellt, erweist sich politisch und strategisch als ein bedeutender Erfolg für England.

Am 5. Juni greifen die Deutschen die französische Front an der Somme und an der Aisne an. Der französische Oberkommandierende, General Gamelin, ist inzwischen durch den energischeren und fähigen Marschall Weygand abgelöst worden. Da die Briten Weygand die erbetene Unterstützung durch Jagdgeschwader verweigern, vermag er das improvisierte System von Feldbefestigungen nicht lange gegen die Deutschen zu halten. Diese brechen an der Somme durch, überschreiten die untere Seine, dringen mit schnellen Divisionen in die Normandie und in die Bretagne ein, während nach dem Durchbruch der Aisnefront Panzerdivisionen ins Rhônetal und in die Rüstungszentren Frankreichs vorstoßen. Paris wird geräumt, die französische Armee ist völlig geschlagen, und ihre Trümmer, vermischt mit den Massen der fliehenden Zivilbevölkerung, werden von deutschen Panzern überholt, von deutschen Flugzeugen angegriffen. Am 10. Juni, nachdem die Entscheidung bereits gefallen ist, tritt Italien in den Krieg gegen die Westmächte ein. Von schwachen französischen Kräften aufgehalten, vermögen die Italiener, obwohl Hitler den Abschluß des Waffenstillstandes hinauszögert, nur einen schmalen Grenzstreifen zu besetzen. England bietet den Franzosen in letzter Stunde die Union, das heißt das Aufgehen Frankreichs im britischen Empire, an. Eine französische Regierung unter dem Marschall Pétain, dem Retter Verduns im ersten Weltkrieg, ersucht Deutschland, nachdem auch die großen Festungen der Maginotlinie kapituliert haben, um Waffenstillstand, der am 22. Juni in Compiègne in dem historischen Waggon unterzeichnet wird, in dem 1918 Marschall Foch die deutsche Waffenstillstandsdelegation empfangen hatte. Das französische Heer wird entwaffnet und geht in Gefangenschaft, die gesamte Atlantikküste, Nord- und Ostfrankreich mit Paris bleiben von den Deutschen besetzt, im unbesetzten Frankreich bildet sich mit Pétain als Staatschef ein autoritäres Regime, in dem insbesondere Pierre Laval die Tendenz der Verständigung mit Hitler verficht. General Charles de Gaulle organisiert auf englischem Gebiet eine neue französische Armee, der es gelingt, einen Großteil der französischen Kolonien in ihre Hand zu bringen, nachdem die Briten einen Teil der französischen Flotte in Oran und Dakar überfallen und versenkt haben.

Hitler bietet, allerdings mit der Geste des Siegers, den Briten nochmals Frieden und eine Teilung der Welt an, droht zugleich bei Fortsetzung des Krieges mit der Vernichtung Englands. Die deutsche Öffentlichkeit rechnet damit, daß in wenigen Wochen die Landung in England erfolgen und die Insel unterworfen würde. Tatsächlich ist die deutsche Wehrmacht für eine solche Aktion nicht vorbereitet. Die Invasion in England — das Unternehmen „Seelöwe" — wird zwar von Hitler befohlen, muß aber immer wieder hinausgeschoben und am Ende aufgegeben werden, weil es nicht gelingt, als erste Voraussetzung hiefür die deutsche Luftherrschaft über Großbritannien zu erringen. Die Royal Air Force zeigt sich zur Überraschung der Deutschen in der Verteidigung überlegen und bringt die deutschen Luftangriffe unter schweren Verlusten der Deutschen zum Scheitern. Die englische Zivilbevölkerung besteht die schweren Prüfungen, die ihr der deutsche Bombenkrieg („der Blitz") auferlegt. London wird wochenlang fast täglich angegriffen, die Industriestadt Coventry wird zerstört. Bei Einbruch des Winters aber werden die großen Angriffe eingestellt, ohne daß Englands industrielle Kraft gebrochen wäre. Die englische Luftwaffe geht inzwischen zu Gegenangriffen über und bombardiert zunächst vor allem west- und nordwestdeutsche Städte.

## Balkankrieg

*328* Das Scheitern der Invasionspläne führt zu einer ersten schweren Krise der deutschen Kriegsführung. Der Abschluß des Dreierpaktes (Deutschland, Italien, Japan), dem sich kleinere Staaten anschließen, bedeutet keine Entlastung für Deutschland und keine Vermehrung seiner Macht, sondern nur die Gefahr der Ausweitung des Krieges zum Weltkrieg. Die Haltung Amerikas gegen Deutschland wird immer feindseliger; im März 1941 tritt das Pacht- und Leihgesetz in Kraft, das Lieferungen an jene Staaten vorsieht, die für die amerikanische Verteidigung lebenswichtig sind. Gegen die Abtretung von Stützpunkten überläßt Amerika den Briten zahlreiche Kriegsschiffe, mit denen England die Krise überwindet, die vorübergehend durch deutsche U-Boot- und Luftangriffe für seine Seeherrschaft entstanden war. Im Herbst 1940 empfängt Hitler in Berlin den Besuch des russischen Außenministers Molotow, weist aber die russischen Forderungen auf Finnland, Bulgarien und die Meerengen zurück. In dem deutsch-russischen Verhältnis tritt eine merkbare Abkühlung ein. Hitler, der noch immer damit rechnet, eines Tages von England als Bundesgenosse gegen Rußland begrüßt zu werden, hat nicht erkannt, daß er durch Gewährung der russischen Forderung die Sowjetunion mit großer Wahrscheinlichkeit in einen Krieg gegen England verstrickt und daß Deutschland dann die Freiheit der Wahl gehabt hätte. In Mitteleuropa dehnt Deutschland seine Macht weiter aus. Zwischen Ungarn und Rumänien wird ein Schiedsspruch gefällt, der einen Großteil Siebenbürgens den Madjaren zurückgibt, aber beide Teile unbefriedigt läßt. Die Russen erzwingen von Rumänien die Abtretung Bessarabiens und der Bukowina, Bulgarien die Rückgabe der südlichen Dobrudscha. König Carol II., dessen Regierung eine Kette von Mißerfolgen war, dessen Regime die innere Fäulnis des Staatswesens gefördert hat, wird verjagt. Unter dem neuen König Michael ergreift, nachdem die radikalfaschistische Bewegung der Eisernen Garde niedergeschlagen ist, der General Antonescu diktatorisch die Macht. Das Land wird von den deutschen Truppen besetzt. Im Oktober 1940 überfällt Italien das neutrale Griechenland, in der Hoffnung, es nach deutschem Muster rasch besetzen zu können. Die italienische Offensive bleibt aber bald stecken, die Griechen gehen zum Angriff vor, und die verzweifelte Lage der italienischen Armee in Albanien zwingt Hitler, der von dem Unternehmen nicht benachrichtigt worden war, zum Entsatz Italiens den Krieg auf den Balkan auszudehnen. Bulgarien wird von der deutschen Wehrmacht trotz russischen Protestes besetzt. Jugoslawien tritt dem Dreierpakt bei. Doch wird wenige Tage später die Regentschaft des Prinzen Paul gestürzt und der junge Peter II. zum selbständigen König erhoben. Der Putsch richtet sich eindeutig gegen Deutschland, das ihn auch binnen Wochenfrist mit dem Krieg beantwortet. Überraschend schnell löst sich der jugoslawische Staat auf. Während deutsche Panzerarmeen nach einem schweren Luftangriff auf Belgrad von allen Seiten in das Land eindringen, erhebt sich Kroatien gegen die serbische

Herrschaft. In zwölf Tagen ist ganz Jugoslawien in deutscher Hand. Kroatien wird zu einem selbständigen Königreich gemacht und die Regierung dem aus dem italienischen Exil heimkehrenden Pavelić übergeben. Der zum König erhobene savoyische Prinz betritt das Land nie. Man verscherzt sich die Sympathien der Kroaten sogleich wieder, indem man einen Großteil Dalmatiens und des slowenischen Krain den Italienern überläßt, während Deutschland Südsteiermark annektiert. Die Bulgaren nehmen Mazedonien. Nun rücken deutsche Verbände in Griechenland ein, das sich tapfer wehrt, aber in kurzer Zeit ebenfalls völlig besetzt wird. Deutscher und italienischer Einfluß streiten hier wie in Kroatien um die Führung. Durch Fallschirmtruppen und Flieger wird die von den Briten besetzte Insel Kreta, allerdings unter schweren blutigen Verlusten, von den Deutschen genommen, die sich so die Herrschaft über die Ägäis sichern. Zugleich wird in Nordafrika, wo die Italiener schwere Niederlagen erlitten haben, ein deutsches Panzerkorps unter General Erwin Rommel eingesetzt, dem es gelingt, die Briten aus Libyen zu verdrängen, die wichtigen Stützpunkte Tobruk und Sollum zu nehmen und bis zum Dezember 1941 eine Ägypten bedrohende Flankenstellung zu halten.

Trotz all dieser Erfolge, die ihm fast den gesamten europäischen Kontinent unterworfen haben, befindet sich Hitler nunmehr in der gleichen Lage wie Napoleon 1810. Wie dieser vermag er Großbritannien nicht unmittelbar anzugreifen und muß versuchen, auf Umwegen durch den Angriff auf erreichbare britische Außenstellungen das Kriegsglück zu wenden. Hitler plant einen Angriff auf Gibraltar, zu dem aber General Franco, der spanische Staatschef, die Mitwirkung versagt. Ein Vorstoß nach Ägypten könnte nur dann Erfolg bringen, wenn die italienische Flotte und die deutsche Luftwaffe die See- und Luftherrschaft im Mittelmeerraum an sich zu reißen vermögen. Italien erweist sich dazu nicht stark genug. Ein Angriff auf die britischen Besitzungen in Vorderasien, der bis an den Indischen Ozean wirksam werden könnte, setzt die Mitwirkung oder die Unterwerfung der Türkei voraus. Jene lehnen die Türken ab, zu dieser fühlt sich Deutschland militärisch nicht stark genug. Ein Aufstand im Irak, der solchen deutschen Plänen entgegenkommt, wird von den Briten niedergeworfen. Wie Napoleon 1812, so entschließt sich Hitler 1941, weil er England nicht zu schlagen vermag, zum Angriff auf Rußland, da er aus den gewaltigen Rohstoffreserven der Sowjetunion und durch die Beherrschung riesiger an Indien und China grenzender Räume die Voraussetzung zu gewinnen hofft, auch einen viele Jahre währenden Kampf gegen England und die Vereinigten Staaten durchhalten zu können. Seit dem Herbst 1940 hat Hitler das Unternehmen „Barbarossa", den Angriff auf Rußland, bearbeiten lassen. Er geht dabei von falschen Voraussetzungen aus, da er die innere Kraft des Sowjetregimes, seine wirtschaftlichen Reserven und die militärische Kraft der Roten Armee unterschätzt. Der Balkanfeldzug mit dem Unternehmen Kreta hat ihn obendrein etwa vier Wochen aufgehalten. Diese Frist sollte verhängnisvoll werden. Am 22. Juni beginnt der deutsche Angriff auf die Sowjetunion, den man seit Wochen erwartet hat, nicht ohne daß bis zum letzten Augenblick Moskau, die Deutschen und die Briten an die Möglichkeit eines großen Bluffs und viele an ein gemeinsames deutsch-russisches Unternehmen geglaubt hätten.

## *Vom europäischen zum Weltkrieg*

329   In den Feldzügen von 1939–1941 hatte die deutsche Wehrmacht nicht nur die qualitative, sondern meist auch die zahlenmäßige Überlegenheit über ihre Gegner besessen. Wo dies, wie etwa bei Beginn des Feldzuges im Westen, von Haus aus nicht der Fall war, hatte die unzulängliche Strategie der gegnerischen Führung den Deutschen geholfen, an der entscheidenden Stelle jeweils in starker Übermacht aufzutreten. Der Feldzug gegen die Sowjetunion, der am 22. Juni 1941 beginnt, stellt die deutsche Führung vor die Aufgabe, eine an Zahl überlegene Streitmacht zu schlagen. Nicht nur, daß Rußland sehr große, ja beinahe unerschöpfliche Menschenreserven hatte, während die deutsche Wehrmacht durch fünf große Feldzüge immerhin beträchtliche Einbußen, vor allem an Offizieren und Unteroffizieren zu verzeichnen hatte, war auch damit zu rechnen, daß die Sowjets bereits bei den ersten entscheidenden Zusammenstößen mit Übermacht auftreten würden. Nur wenn es der deutschen Armee gelang, in sehr schnellen und tiefen Vorstößen ihrer Panzerkräfte die noch im Aufmarsch befindliche Streitmacht der Sowjets zu überraschen, zu zerreißen und ihre Teile vereinzelt zu schlagen, bestand Aussicht darauf, daß die Deutschen den Krieg im Osten gewinnen konnten, ehe er sich in der Tiefe der riesigen Räume festlief. Mehr als in den früheren Feldzügen kam es darauf an, im Blitzkrieg zu raschen Entscheidungen zu gelangen. Ebendies war weit schwieriger, da es sich um Räume handelte, welche die bisher durchmessenen an Ausdehnung um ein Vielfaches übertreffen. Bis ins 20. Jahrhundert stand Napoleons Feldzug von 1812 als abschreckendes Beispiel vor den Augen aller Strategen, die sich mit der Frage eines Krieges gegen Rußland befaßt haben. Der Krimkrieg von 1853–1856 hatte an der südlichen Peripherie Rußlands stattgefunden und war nicht durchgekämpft worden. Im ersten Weltkrieg waren die Russen geschlagen worden, weil sie den Mittelmächten den Gefallen taten, ihre Truppen weit nach Westen zu werfen und immer wieder anzugreifen. Erst als der russische Staat bereits in voller Auflösung war, hatten die Deutschen mit dem Eisenbahnvormarsch von 1918 in wenigen Tagen große Gebiete des inneren Rußland erobern können. Die deutsche Führung glaubt 1941, durch den Einsatz motorisierter Kampfmittel und Fahrzeuge, dank dem besseren Straßennetz und den Eisenbahnen, deren breitspurig gelegte Schienen man auf Normalspur umnageln konnte, die Gefahren des russischen Raumes meistern zu können. Sie vermag nichts an der geographischen Tatsache zu ändern, daß dieser Raum nach Osten hin an Breite zunimmt, daß die Operationsziele Leningrad–Moskau–Kaukasus den Angreifer zwingen, in divergierenden Kolonnen vorzustoßen, so daß die Front notwendig dünner und dünner wird, während gleichzeitig die ungeheuer langen Etappenstraßen ganze

Armeen zu ihrem Schutz beanspruchen und einen bisher nicht erlebten Verschleiß an Material bedingen. Die Russen dagegen konnten auf ihre Hilfsquellen zurückgehen und wurden zunächst umso stärker, je mehr Raum sie im Westen verloren. Erst der Verlust der Ukraine östlich des Dnjepr und der Zugänge zum Kaukasus konnte die russische Verteidigungskraft vielleicht lähmen. Der Verlauf des Feldzuges von 1942 hat bewiesen, daß der Ausbau von Rüstungsbasen jenseits der Wolga und jenseits des Ural Rußland auch für diesen Fall noch erfolgreichen Widerstand erlaubt. Die Deutschen mußten damit rechnen, daß in absehbarer Zeit Großbritannien und Amerika den Sowjets mit Material zu Hilfe kommen würden. Den Weg über Ostasien hoffte man in Bälde durch die Japaner versperrt zu sehen. Wichtig war es auch, den Weg über das Eismeer und über das Kaspische Meer abzuschneiden. Es hing also alles davon ab, ob man noch im Sommer 1941 die lebendige Kraft der Sowjets im Raume zwischen der Grenze und Moskau vernichten, ob man die Wolga erreichen und die Straßen, die von Süden auf Stalingrad (Zarizyn), vom Norden auf die obere Wolga führten, absperren könnte. Dann konnte man, wenn Rußland nicht unter diesen Schlägen zusammenbrach, in den erreichten Gebieten überwintern, im nächsten Frühjahr gegen den Ural und an den Bahnen und Straßen nach Sibirien vorstoßen. Die deutsche Führung stand also vor der denkbar schwierigsten Aufgabe. Sie wäre vielleicht nicht an sie herangegangen, wenn nicht Hitler und die seiner Intuition blind vertrauenden Männer seines Stabes die Schwierigkeiten unterschätzt, vor allem die innere Festigkeit des Sowjetregimes völlig falsch beurteilt und auch den russischen Menschen falsch bewertet hätten.

*Der Zug nach Moskau*

330 Überlegen zeigt sich zunächst auch hier wieder die deutsche Luftwaffe. Zahlreiche Flugplätze und ein Großteil des fliegenden Materials der Russen werden schon in den ersten Wochen des Krieges zerstört. Dagegen kommen die deutschen Panzer- und Infanteriedivisionen nicht überall so rasch vorwärts, wie man gehofft hatte. Das deutsche Volk läßt sich anfangs durch die großen Gefangenenzahlen über das Ausmaß der Erfolge täuschen. Erst später erkennt man, daß unter den gemeldeten Gefangenen anscheinend sehr viel Zivilisten, insbesondere Bahn- und Forstpersonal, waren und daß es sich bei den Siegen der ersten Kriegswochen nur um die Überwindung der russischen Grenzschutzverbände gehandelt hat. Die deutsche Offensive erfolgt in drei Heeresgruppen. Die nördliche stößt durch das Baltikum bis gegen Leningrad vor, das durch eineinhalb Jahre belagert wird, ohne daß die Deutschen den Widerstand der Milizen brechen können, von denen die Stadt verteidigt wird. Finnland, das sich dem deutschen Krieg gegen die Sowjets angeschlossen hat, läßt durch seine Truppen Leningrad von der Nordseite einschließen. Die Heeresgruppe Mitte dringt nach großen Schlachten entlang der Rollbahn auf Smolensk und in Richtung Moskau vor. Die südliche Heeresgruppe hängt zunächst zurück. Die Rumänen, unter Marschall Antonescu ebenfalls am Krieg teilnehmend, kommen erst spät über den Sereth

und den Dnjestr, belagern und erobern Odessa, und im Oktober stehen die Verbündeten auf der Krim. Die Festung Sewastopol wird belagert. In der westlichen Ukraine erreichen die Deutschen Kiew, überschreiten den Dnjepr und stoßen bis Rostow an der Donmündung vor, das aber bereits nach wenigen Tagen wieder geräumt werden muß. Nach einigen neuen großen Kesselschlachten und der Vernichtung weiterer russischer Armeen verkündet Hitler Anfang Oktober, daß der allgemeine Vormarsch auf der ganzen Front begonnen habe, daß den Sowjets das Rückgrat gebrochen sei und sie sich nicht mehr erholen würden. Tatsächlich nähern sich die deutschen Armeen Moskau und umfassen es bereits in einer gewaltigen Zange, so daß die Entscheidung des Krieges bevorzustehen scheint. Noch ehe aber, besonders früh, ein sehr harter Winter hereinbricht, stellt sich die Krise der deutschen Offensive ein. Die Sowjetregierung ist nach Kuibyschew ausgewichen. In der höchsten Not wirft Stalin das Steuer seiner Politik um 180 Grad herum. Er gibt wesentliche kommunistische Grundsätze preis, überläßt den Generalen die Führung des Krieges, die bisher von den politischen Kommissaren und der Polizei überwacht wurde, stellt in der Armee mit den alten Rangabzeichen auch die alte Rangordnung und die unbedingte Disziplin wieder her. Der Krieg wird aus einem Existenzkampf des Kommunismus in einen nationalen Verteidigungskrieg der Russen umgedeutet. Die orthodoxe Kirche erhält ein gewisses Maß von Freiheit. Vom Kommunismus und der Partei wird so wenig wie möglich gesprochen. Während die Deutschen nach großen Verlusten und mit erheblichen Nachschubschwierigkeiten zu dem entscheidenden Angriff auf Moskau nur noch sehr geschwächte Verbände einzusetzen vermögen, stampfen die Russen aus der Millionenstadt Moskau selbst und aus dem noch unbesetzten Gebiet östlich Moskaus neue Armeen aus dem Boden, die mit dem Mute der Verzweiflung kämpfen. Hunderte deutscher Panzer bleiben im Schlamm und Morast stecken, wo sie mit Einbruch des Winters einfrieren. Der Motor, mit dem man den russischen Raum hatte bewältigen wollen, erweist sich der Abnützung durch diesen Raum, durch Sand, Schmutz, schlechte Straßen und das Klima nicht gewachsen. An vielen Stellen gehen die Sowjets zum Angriff über und drängen die Deutschen zurück, fassen sie vielfach in Flanke und Rücken, bedrohen ihre Verbindungen. Anfang Dezember setzt große Kälte ein (bis 50 Grad Celsius unter Null). Nicht nur Panzer und Kraftwagen, auch die deutschen Lokomotiven liegen mit geplatzten Rohren bewegungslos fest. Das deutsche Heer besitzt keine Winterausrüstung. Den Vorschlägen der Generalität, für Winterkleidung zu sorgen, hatte Hitler seine Behauptung entgegengehalten, daß der Krieg im September beendet sein werde. Soweit Mäntel, warme Wäsche und Reserveverpflegung vorhanden waren, lagen sie meist aufgehäuft in riesigen Magazinen; die militärische Bürokratie erwies sich unfähig, das Material zu verteilen, das dann zum größten Teil verbrannt wird oder den Russen in die Hände fällt. Um die Jahreswende geht die deutsche Front, von den Waldaihöhen bis zum Schwarzen Meer, auf rückwärtige Stellungen zurück, zum Teil planmäßig und geordnet, zum Teil aber auch in erzwungenem Rückzug unter allen Anzeichen schwerer Niederlage. Die Zahl der Erkrankungen, vor allem aber der Erfrierungen nimmt erschreckend zu. Es fehlt in der Front an Ärzten, Medikamenten, Hospitälern. Ehe die Kranken mit erfrorenen Gliedmaßen in die weit rückwärts gelegenen Auffanglazarette gelangen, ist oft die Gelegenheit zur Heilung versäumt. Die Verluste der deutschen Wehrmacht erreichen dadurch ein bedrohliches Ausmaß. Sie sind, vor allem soweit sie Offiziere und Unteroffiziere betreffen, tatsächlich nicht mehr zu ersetzen gewesen. Dem deutschen Volk wird die Krise offenbar, als Hitler am 19. Dezember persönlich den Oberbefehl des Heeres übernimmt und General Brauchitsch als Sündenbock in die Wüste schickt. Auch andere hohe Befehlshaber werden entlassen. Durch eine mit rücksichtsloser Verlogenheit geführte Propaganda gelingt es Hitler und Goebbels, die Schuld an der schweren Niederlage, die vor allem auf den Führer und sein System fällt, der Generalität zuzuschieben.

## *Pearl Harbour*

*331* Das deutsche Volk wird sich der katastrophalen Wendung zum Teil deshalb nicht bewußt, weil in eben jenen Tagen ein neuer Krieg und neue Schauplätze die Blicke der Welt auf sich ziehen. Am 7. Dezember überfallen japanische Flugzeuge, die von Flugzeugträgern aufgestiegen sind, ohne Kriegserklärung die ohne Vorsichtsmaßnahmen im Hafen von Pearl Harbour auf Hawai vor Anker liegende Pazifikflotte der Vereinigten Staaten und fügen ihr schwere Verluste und Schäden zu. Am 8. Dezember erklären Großbritannien und die Vereinigten Staaten Japan den Krieg. Am 11. Dezember folgen die Kriegserklärung Deutschlands und Italiens an die USA. Aus dem europäischen Krieg ist wiederum ein Weltkrieg geworden, in den sämtliche großen Mächte verwickelt sind und der in drei Kontinenten, auf allen „sieben Weltmeeren" ausgefochten wird. Am 10. Dezember bereits versenken japanische Flieger, indem sie sich selbst opfern, die britischen Schlachtschiffe „Prince of Wales" und „Repulse", am 25. Dezember erobern die Japaner Hongkong. Sie greifen die Philippinen, Holländisch-Indien und die Malakka-Halbinsel an. Am 15. Februar 1942 fällt Singapur und damit die Basis der britischen Seemacht in Ostasien in ihre Hand. Am 8. März nehmen sie Rangoon, am 1. Mai Mandalay. Die Westmächte haben sehr bald nach Hitlers Angriff auf Rußland mit den Sowjets Verträge geschlossen (England–Rußland am 12. Juli, USA–Rußland am 1. August 1941). Am 1. August 1941 treffen sich Präsident Roosevelt und Premierminister Churchill auf hoher See. Der Welt wird der Abschluß einer Atlantik-Charta mitgeteilt, in der die beiden angelsächsischen Staatsmänner die Grundzüge eines gerechten Friedens entwerfen, der die Welt von Hunger, Furcht, Unterdrückung und Gewissenszwang befreien soll. Sie erklären, daß sie für ihre Länder keinerlei Eroberungen beanspruchen. Nach Japans Kriegseintritt stellt sich der größte Teil der südamerikanischen Staaten auf die Seite der Gegner Deutschlands und Japans. Auch Mexiko erklärt den Achsenmächten den Krieg. Der erstaunlich schnelle Vormarsch der Japaner kommt erst vor Australien zum Stehen. Ganz Niederländisch-Indien, Hinterindien und die Philippinen sind in der Hand Japans, das damit über die größten Rohstoffreserven der östlichen Welt verfügt und für einige Monate die See- und Luftherrschaft zwischen den Aleuten und der Torres-Straße, von den Andamanen bis zu den Midwayinseln inne hat. Es verkündet sein Programm der Schaffung einer „ostasiatischen Wohlstandssphäre" unter Ausschaltung der europäischen und amerikanischen Mächte. Die Japaner müssen, um diese riesigen Gebiete zu erobern und zu sichern, ihre Streitkräfte sehr weit verzetteln. Insbesondere ihre Kriegsmarine und ihr Schiffsraum reichen sehr bald nicht aus, die Versorgung der Truppen durchzuführen. Die reichen Rohstoffquellen nützen ihnen nichts, da der Schiffsraum fehlt, sie der japanischen Industrie nutzbar zu machen. Es rächt sich, daß Japan seit Jahren bereits einen gewaltigen Einsatz von Menschen und Material für seine uferlosen chinesischen Eroberungen verbraucht hat. Nach einigen unentschiedenen Seeschlachten und kleineren Rückschlägen erleiden die Japaner in der großen See- und Luftschlacht bei den Salomoninseln vom 12. bis zum 15. November 1942 ihre erste schwere Niederlage.

### *Stalingrad und El Alamein*

*332* Deutschland macht inzwischen die größten Anstrengungen, die Verluste des Winters 1941/42 auszugleichen. Infolge der sich steigernden schweren Luftangriffe vermehren sich die Engpässe und Produktionsschwierigkeiten der deutschen Rüstung. Zwar richten sich die Angriffe der Royal Air Force vorwiegend auf Wohnviertel und richten an den zum Teil sehr gut getarnten und durch Flak geschützten Industrieunternehmungen nur geringen Schaden an. Die Arbeiter bleiben auch trotz der Angriffe kaum dem Arbeitsplatz fern. Aber die Zerstörung von Wohnhäusern, Schulen, Verkehrswegen macht jeweils Hilfsmaßnahmen nötig, für die zahlreiche Arbeitskräfte und Rohstoffe nötig sind, die bei der angespannten Lage der Kriegsindustrie spürbar fehlen. Im März 1942 wird Lübeck schwer getroffen, im Mai erlebt Köln den ersten „Tausend-Bomber-Angriff". Die Russen kommen mit ihren Angriffen in der Ukraine den Deutschen bei Charkow zuvor. Sie werden aber wenige Wochen später durch einen deutschen Gegenstoß zurückgeworfen, und zugleich mit dem Fall von Sewastopol treten die Deutschen in der Ukraine auf 300 Kilometer breiter Front zum Angriff an. Es gelingt ihnen, die Russen frontal zurückzudrängen, nicht aber, eine wirklich vernichtende Schlacht gegen sie zu schlagen. Rostow wird wieder erobert, im August stehen die Deutschen am Fuße des Kaukasus. Indem sie ihrer Offensive in erster Linie nicht militärische, sondern wirtschaftliche Ziele (Wegnahme der kaukasischen Erdölquellen und Besetzung des ukrainischen Montangebietes) stecken, verliert sich die große Operation auch diesmal wieder im weiten Raum. Der rechte Flügel läuft sich am Kaukasus fest, ohne mehr als die Zugänge des gewaltigen Gebirges besetzen zu können, der linke Flügel kommt vor Stalingrad zum Stehen, um das sich ein erbitterter Kampf entspinnt, in dem die Arbeitermilizen Haus um Haus verteidigen. Die Erfahrung des spanischen Bürgerkrieges, daß moderne Großstädte mit Betonhäuserblocks einen neuen Typus von Festungen darstellen, erweist sich in Rußland von neuem. Mitte November setzt eine russische Gegenoffensive bei Stalingrad ein. Die deutsche 6. Armee wird von ihren Verbindungen abgeschnitten und im Raume von Stalingrad eingeschlossen. Die Deutschen hatten die weitausgebuchtete Front, die gegen Stalingrad in einem spitzen Winkel vorsprang, zum großen Teil mit italienischen, rumänischen, ungarischen und slowakischen Hilfsvölkern besetzt. Der russische Angriff hatte gerade diese wenig kampfkräftigen und den Krieg nur mißmutig mitmachenden Verbände getroffen. Um die Jahreswende ist das Schicksal der 6. Armee entschieden. Die Russen greifen nun auch zwischen Don und Donez, sie greifen bei Leningrad und im Kaukasus mit Erfolg an.

Inzwischen verändert sich aber auch im Mittelmeerraum die Lage zuungunsten der Achsenmächte. Im Sommer 1942 stößt Marschall Rommel mit dem deutschen Afrikakorps, das eine kleine Panzerelitetruppe darstellt, gegen Tobruk vor, das wieder in britische Hände gefallen war. Er schlägt die Briten in Libyen, nimmt Tobruk, überschreitet die ägyptische Grenze und bedroht Alexandria. Malta, das monatelang unter dem Hagel deutscher Bomben liegt, scheint reif zum Fall, doch wagt die italienische Flotte, die im Laufe des Krieges bereits einige schwere Niederlagen und empfindliche Verluste erlitten hat, nicht den entscheidenden Angriff. Rommel erhält nicht genügend Nachschub, vor allem keinen Treibstoff, und bleibt vor El Alamein liegen. Die letzte Chance für Deutschland, dem Krieg durch einen Vorstoß gegen den Suezkanal eine andere Wendung zu geben, ist entschwunden. Immer näher rückt die Gefahr, daß die Westmächte Stalins Drängen nachkommen und die „zweite Front" errichten. Ein Kommandoangriff der Briten auf Dieppe wird zurückgeschlagen. Im Oktober greift die britische 8. Armee unter General Montgomery Rommel an, schlägt ihn und manövriert die Deutschen, deren Panzer zum großen Teil aus Mangel an Treibstoff verlorengehen, in einem Feldzug, der beiderseits höchstes Können und taktische Kühnheit beweist, nach Libyen, schließlich nach Tripolitanien und bis Tunis zurück. Am 8. November 1942 landen amerikanische und britische Streitkräfte unter General Eisenhower in Nordafrika. Die französischen Besatzungen gehen zum Teil zu den Angelsachsen über. Deutschland und Italien antworten mit der Besetzung ganz Frankreichs. Die französische Flotte versenkt sich selbst im Hafen von Toulon. In Tunis kommen die Deutschen den Amerikanern zuvor. Mitte Januar treffen sich Roosevelt und Churchill in Casablanca und einigen sich auf die Forderung der bedingungslosen Kapitulation Deutschlands. Zwei Wochen später kapituliert in Stalingrad Feldmarschall Paulus mit sechzehn Generalen und dem Rest der 6. Armee (nicht mehr ganz hunderttausend Mann). Mit diesen beiden Ereignissen tritt eine, nicht nur für Deutschland, verhängnisvolle Wendung des Krieges ein.

## Die Widerstandsbewegung

**333** Die deutsche Widerstandsbewegung hat nach den Feldzügen von 1940 die Fühlung mit den Briten verloren. Vereinzelte Versuche, sie wiederzugewinnen, bleiben erfolglos. Die Männer des deutschen Widerstands aber hören nicht auf, die Kräfte zum Sturz Hitlers zu sammeln. Es bildet sich allmählich eine Koalition von Gegnern des Regimes, die von den Sozialisten und Gewerkschaftlern bis zu der alten Aristokratie und der höchsten Generalität reicht. Mit ihren Verzweigungen in kleinere Widerstandsgruppen, die über das ganze Land verstreut sind, hat sie nach vorsichtigen Schätzungen bis zum Jahre 1944 etwa hunderttausend Menschen erreicht, die mehr oder minder aktiv und sympathisierend mitarbeiten. Der Machtapparat der Diktatur, die sich längst in eine reine Tyrannis verwandelt hat und innerhalb deren die SS immer mehr Oberhand gewinnt, weiß zwar um das Vorhandensein der Opposition, sie kennt sogar gewisse Zentren, etwa den Abwehrstab der Wehrmacht, der unter Admiral Canaris gegen Hitler arbeitet, sie vermag aber trotz Massenverhaftungen, Volksgerichtsprozessen und schärfstem Terror die Widerstandsbewegung weder lahmzulegen noch ihre eigentlichen Köpfe zu fassen. Der geistige Führer der Opposition wird in jener Zeit der ehemalige Oberbürgermeister von Leipzig, Dr. Goerdeler, ein echter Konservativer, dem es um die Wiederherstellung des Rechtsstaates unter möglichst starken Garantien, also am liebsten in der Form einer konstitutionellen Monarchie, aber auch um die Erfüllung des konservativen Staates mit sozialem Inhalt geht. Der Gewerkschaftsführer Leuschner, der Sozialdemokrat Carlo Mierendorff, der später bei einem Luftangriff getötet wird, eine Reihe von Generälen wie Beck, von Witzleben und vor allem ein Kreis von höheren Offizieren, unter denen Klaus Graf Stauffenberg, ein genialer Kopf aus dem Bannkreis Stefan Georges, der bedeutendste ist, gehören der Opposition an. Eine andere Gruppe, die stärker sozialistisch denkt und sich nur von der Niederlage Deutschlands eine Wendung verspricht, ist der Kreisauer-Kreis um den Grafen James Helmuth von Moltke. Der Jesuitenpater Delp steht dem Moltkeschen Kreis nahe. Die Niederlagen in Rußland und Afrika, die schweren Verluste im Kriege, der steigende Terror, die Luftangriffe und die wachsende Unzufriedenheit mit dem korrupten und willkürlichen Regime der SS und NSDAP lassen die Opposition reifen. Wenn weite Kreise des deutschen Volkes den Eindruck gewonnen hätten, daß durch den Sturz Hitlers ein erträglicher Friede zu erreichen und eine bessere Ordnung zu schaffen wäre, hätte die Opposition auf stärkeren Rückhalt im Volke und vor allem in der Wehrmacht zählen und ihre Pläne leichter verwirklichen können. Die Atlantik-Charta läßt diese Hoffnung noch offen. Die Forderung der bedingungslosen Kapitulation (unconditionel surrender) zerstört die Aussichten auf einen gerechten Frieden und gibt der Kriegspropaganda Hitlers noch einmal einen gewaltigen Auftrieb, der bis zum Ende des Krieges vorhält. Die deutsche Widerstandsbewegung arbeitet nun mit der furchtbaren moralischen Belastung, daß sie auch nach einem erfolgreichen Schlag gegen das Regime das Schicksal der Nation nicht zu wenden vermag und vor dem Volke das Odium auf sich nehmen muß, die Niederlage herbeigeführt zu haben. Diese Aussicht ist um so katastrophaler, als seit Stalingrad die Hoffnung schwindet, daß die Westmächte den Krieg entscheiden würden, ehe die Russen aus Osteuropa heraustreten können. Viele Deutsche klammern sich an die Hoffnung, die Ostfront könnte stehen bleiben, während Deutschland selbst von den Truppen der Angelsachsen besetzt würde.

Neben der deutschen Widerstandsbewegung gibt es seit 1941 eine Widerstandsbewegung der unterdrückten Nationen. Nirgends haben es die Deutschen verstanden, zu den Völkern der besetzten Länder auch nur ein annähernd verträgliches Verhältnis herzustellen, obwohl man die deutsche Wehrmacht im Baltikum, in der Ukraine und in Kroatien anfangs mit ehrlicher Begeisterung als Befreier begrüßt hatte. Der Appell an die germanische Bluts- und Rassengemeinschaft, an die europäische Solidarität, an die gemeinsamen Interessen im Kampf gegen den Bolschewismus verfängt bald nicht mehr, weil den unterdrückten und verfolgten Völkern die Befreiung von SS, Gestapo und deutscher Verwaltung als das einzig sinnvolle und aktuelle Kampfziel erscheint. Deutschland beutet die unterworfenen Länder rücksichtslos aus. Solange die militärische Verwaltung besteht, sind die Verhältnisse erträglich, sobald die Wehrmacht von den Parteimachthabern und der SS abgelöst wird, beginnt ein schamloser Raubzug gegen die Unterworfenen. Sogenannte Treuhänder, Zivilkommissare, Polizeichefs und selbstverständlich der große Apparat von untergeordneten Behörden, der um sie aufgebaut ist, eignen sich Hab und Gut der Fremdvölker an, benützen die Menschen als Sklaven, behandeln sie in der demütigendsten Weise und versetzen sie in stete Furcht vor der tödlichen Maschine der Gestapo und des SD, die mit Massenhinrichtungen, Verschleppungen, Verschickung der Opfer in Todeslager gegen die angeblich befreiten und von Deutschland geschützten Nationen wütet. Den aufkeimenden Widerstand sucht man durch rücksichtslosen Terror, Festnahme und Erschießung von Geiseln, Niederbrennen von Dörfern, im Osten durch die Ausrottung der Zivilbevölkerung weiter Landstriche zu ersticken. Die Folge davon ist, daß die Bevölkerung, die nichts mehr zu verlieren hat und sich so oder so dem sicheren Tode ausgesetzt sieht, in die Wälder geht, jede mögliche Waffe ergreift und gegen die Besatzung mit allen Mitteln kämpft. Die Franzosen bilden den „Maquis" aus. In Kroatien und Serbien flammt der Kleinkrieg auf, in dem schließlich ganze Armeen von Partisanen weite Landstriche beherrschen; die Versorgung mit Waffen erfolgt aus der Luft oder auf Geheimwegen von kleinen Häfen her, auf dem Balkan zum Teil auch durch die mit Deutschland verbündeten Italiener. Der Kleinkrieg auf dem Balkan zwingt die Deutschen zum Einsatz sehr starker Kräfte, aber sie vermögen weder die nationalserbischen Partisanen des Generals Michailović, noch die kommunistischen des Josip Brož (Tito), noch die griechischen Freiheitskämpfer niederzuwerfen. In Polen, wo der Vernichtungskrieg der SS gegen die polnische Intelligenz weitergeht, in der Ukraine, im Baltikum fallen große Gebiete in die Hand der Partisanen. Besonders die Ostvölker werden von den Deutschen politisch und psychologisch völlig falsch behandelt. Da man die Befreiung dieser Völker vom Bolschewismus nur als Propagandaköder benützt, in Wahrheit Rußland bis zur Wolga oder bis zum Ural als deutsches oder germanisches Siedlungsgebiet annektieren und die Slawen zum Teil ausrotten, zum Teil zu Heloten machen will, treibt man sie in die Arme Stalins. Der kommunistische Diktator, der sich zum Marschall der Sowjetunion und zum Generalissimus macht, tritt in jenen Jahren als patriotischer Vorkämpfer der slawischen Völker auf, die er unter der roten Fahne der Sowjetunion vereinigt. Selbst im Protektorat Böhmen und Mähren, das eine Rüstkammer Großdeutschlands war, und wo sich die Massen der tschechischen Bauern und Arbeiter loyal verhielten, entfesseln die Nationalsozialisten nach Abrufung des Reichsprotektors Freiherr von Neurath unter dem Chef der Gestapo, Reinhard Heydrich, und dem Staatssekretär (später Minister) Karl Hermann Frank eine Terrorwelle, die dem tschechischen Nationalausschuß in London die Möglichkeit zu stärkerer Propaganda gibt. Als Heydrich 1942 von tschechischen Agenten, die mit Fallschirm abgesetzt wurden, getötet wird, folgt eine noch heftigere Welle von Massenhinrichtungen, die der mit Deutschland korrekt zusammenarbeitenden Protektoratsregierung den Boden unter den Füßen wegspült. In der letzten Phase des Krieges hat er in weit größerem Ausmaß und mit stärkerer Intensität völlig die Form angenommen, die der Dreißigjährige Krieg in seinem letzten Abschnitt zeigt. Es wird überall und immer, von allen gegen alle gekämpft; Verschwörer, Partisanen, Angehörige der fünften Kolonne, Fallschirmtruppen, zum Kampf mit den Banden eingesetzte Heeres- und Polizeiverbände, Standgerichte, Einsatzkommandos und an vielen Stellen bereits regelrechte Volksaufstände charakterisieren den letzten Akt des großen Krieges.

Je gefährlicher die Lage wird, desto deutlicher zeigen sich auch die Risse im nationalsozialistischen Regime selbst. Bereits im Mai 1941 fliegt der Stellvertreter Hitlers, Rudolf Heß, im Flugzeug nach England, wo er interniert wird. Die Hintergründe dieses Abenteuers sind auch in dem Nürnberger Prozeß gegen Heß nicht geklärt worden. In Deutschland nahm man die Flucht als ein Zeichen der Krise des Krieges und in der Partei auf. Die Gegensätze zwischen der SS und der Wehrmacht, die Intrigen, die zwischen Himmler, Göring, Goebbels, Bormann spielen, treten immer deutlicher in Erscheinung.

## Niederlage im Westen

*334* Das Jahr 1943 bringt den Achsenmächten neue schwere Niederlagen. Die deutschen U-Boote, auf deren Erfolg gegen die britischen Seeverbindungen Hitler gezählt hatte, werden durch die Radargeräte ausgeschaltet. Die deutsche Schlachtflotte, die 1941 durch den Verlust der „Bismarck", ihres modernsten und größten Schiffes, entscheidend geschwächt worden war (während die Versenkung der „Hood" durch die „Bismarck" Großbritannien nicht lebensgefährlich traf), ist durch die Luftüberlegenheit der Briten lahmgelegt. Zwischen März und Mai werden die deutschen und italienischen Truppen in Afrika eingekreist und zur Kapitulation gezwungen. Nach der Ermordung des französischen Admirals Darlan bildet General Giraud in Nordafrika eine Regierung, die mit den Alliierten zusammenarbeitet. Am 10. Juli landen amerikanische, britische und kanadische Truppen auf Sizilien und erobern es in wenigen Wochen. Am 25. Juli entläßt König Victor Emanuel III., nachdem der Große Rat des Faschismus von Mussolini abgefallen ist, den Diktator und betraut Marschall Badoglio mit der Regierungsbildung. Mussolini wird von deutschen Fallschirmjägern (unter dem SS-Offizier Skorzeny) befreit und errichtet unter deutschem Schutz in Oberitalien eine faschistische Republik. Eine Reihe seiner Gegner, unter anderen seinen Schwiegersohn und früheren Außenminister Graf Ciano, läßt er hinrichten. Italien kapituliert am 3. September bedingungslos. Am gleichen Tag landen die Alliierten in Süditalien, wo sie bis zum Garigliano vordringen, dort aber von den Deutschen aufgehalten werden. Deutsche Truppen hatten nach der Kapitulation Badoglios binnen 48 Stunden Ober- und Mittelitalien besetzt. An der russischen Front versuchen die Deutschen im Sommer 1943 nochmals, offensiv zu werden, sie werden aber im Raum von Orel geschlagen und von den Russen in einer fast ununterbrochenen Reihe von Schlachten immer weiter zurückgedrängt. Gegen Jahresende verfügen sie nur noch über die westlichen Randgebiete der Sowjetunion. Auch aus diesen werden sie in den Winterschlachten 1943/44 herausgeworfen. Ende Juli 1944 geht mit Pschkow die letzte russische Stadt verloren. Finnland, wo am 1. August 1944 Feldmarschall Mannerheim Präsident geworden ist, bittet Ende August um Frieden. Zur selben Zeit streckt Rumänien nach dem Sturze Antonescus die Waffen. Die Russen erklären Bulgarien den Krieg und besetzen es. Im Oktober wird Jugoslawien zum größten Teil von den Russen erobert; in Ungarn entbrennt eine Schlacht, mit dem Zentrum Budapest. Aufstände in Warschau und in der Ostslowakei begleiten den deutschen Niederbruch.

Das militärisch entscheidende Ereignis der Invasion, also der Errichtung einer zweiten Landfront im Westen, tritt am 6. Juni 1944 ein. Hitler hatte immer wieder verkündet, daß die Landung unmöglich sei, da er vom Nordkap bis zur Biskaya einen unüberwindlichen Atlantikwall errichtet habe. Tatsächlich bestand zwar eine Reihe von Küstenbefestigungen und anderen Verteidigungsanlagen, die mit großem Aufwand von Material und Arbeitskräften errichtet worden waren und zahlreiche Besatzungstruppen und Waffen erforderten; sie stellten aber weder ein zusammenhängendes Festungssystem dar, noch entsprachen sie in ihrer Anlage den Erfordernissen des modernen Krieges. Die Kriegstechnik hatte inzwischen Fortschritte gemacht, mit denen die Deutschen nicht mehr mitgekommen waren. Ihr Vorsprung von 1939 war längst überholt. Die Alliierten besaßen bessere Jäger, vor allem aber Bomber, stärkere Panzer und hatten zahlreiche Verbände ausgezeichnet geschulter Spezialtruppen ausgebildet. Deutschland war nicht in der Lage, mit seinen Hilfsmitteln das Übergewicht der Vereinigten Staaten auch nur annähernd auszugleichen. Amerika stellte nicht nur das Material für die Landungsflotten, die Luftwaffe, die Invasionstruppen, es versorgte auch seit langem die Sowjetunion mit ungeheuren Mengen von Waffen, Motoren, Fahrzeugen, Ausrüstungsgegenständen und Lebensmittelkonserven. Ohne sie wäre die Rote Armee, trotz ihrer großen Menschenreserven und ihrer Zähigkeit, den Deutschen 1942 erlegen. Die angelsächsischen Mächte entwickeln in Ostasien wie in Europa jene Amphibienstrategie, die den Vorteil der maritimen Überlegenheit ausnützte; sie wurde von den Deutschen nicht verstanden und konnte auch kaum abgewehrt werden. Die Landung erfolgt in der Normandie, nachdem die meteorologischen Verhältnisse gründlich studiert worden waren und man an kostspieligen Modellen des Landungsgeländes die Aktionen der Truppen bis ins einzelne geübt hatte. Künstliche Häfen, aus schwimmenden Stahlbunkern zusammengesetzt, Hunderte von eigens konstruierten Landungsfahrzeugen mit Brückenanlagen, durch die das Landen an der Steilküste ermöglicht wurde, eine schwimmende Rohrleitung zur Nachfuhr des Öls, riesige Stahlteppiche zur Anlage künstlicher Rollbahnen, gewaltige Motorpflüge, mit denen in kürzester Zeit Flugplätze hergestellt werden konnten, und zahlreiche andere technische Mittel machten die Invasion möglich. Monate vorher hatte die Luftwaffe der Alliierten das französische Hinterland der Kanalküste mit Bomben belegt und die wichtigsten Straßen und Bahnen immer wieder unterbrochen. Die schwersten Schiffsgeschütze bildeten eine Feuerglocke, unter deren Schutz die Invasionsarmee vorgehen konnte. Es gelingt den Alliierten, die wiederum unter dem Kommando Eisenhowers fechten, dem die amerikanischen Generale Bradley und Patton sowie der britische Feldmarschall Montgomery unterstellt sind, einen Landekopf in der Normandie zu bilden und ihn unter stetem Nachschub von Mannschaften und Material langsam auszuweiten. Die Deutschen setzen um jene Zeit automatisch gesteuerte Ferngeschosse (V 1) zur Beschießung von London ein, vorwiegend um die deutsche Bevölkerung von den Erfolgen der Invasionsarmee abzulenken. Ende Juli brechen die amerikanischen Panzer bei Avranches durch und rollen die gesamte deutsche Front auf. Bis Ende August ist, nachdem inzwischen neue alliierte Landungen in Südfrankreich erfolgt sind, ganz Frankreich in der Hand der alliierten Armeen. Sie nehmen in rascher Folge Brüssel und Antwerpen und dringen, während sich in ihrem Rücken noch einige deutsche Widerstandspunkte halten, bis an den Westwall und in Holland bis an die Maas vor. Im Oktober stehen sie auf deutschem Boden. General de Gaulle bildet in Frankreich eine provisorische Regierung.

### *Verzweiflungskampf*

*335* Am 20. Juli 1944 versucht die deutsche Widerstandsbewegung den lange geplanten Schlag zu führen. Durch eine Kette von Zufällen entkommt Hitler lebend aus dem Konferenzraum, in dem die von Graf Stauffenberg gelegte Bombe explodierte. In Berlin scheitert der Staatsstreich der Generale Witzleben, Beck, Hoeppner an ihrem unentschlossenen Vorgehen, das vor Gewaltanwendung zurückschreckt, und an dem Verhalten eines untergeordneten Organs, des Majors Remer, der, statt einen ihm erteilten Befehl auszuführen, sich mit Goebbels in Verbindung setzt. Nach dem Mißlingen des Anschlages werden die Männer der Widerstandsbewegung zum Teil an Ort und Stelle niedergemacht, zum Teil vor sogenannte Volksgerichte gestellt, in der schimpflichsten Weise behandelt und durch den Strang hingerichtet. Himmler und Goebbels werden von Hitler mit noch größeren Machtvollkommenheiten betraut und wüten unter der Opposition. Die Zahl der Todesopfer dieser letzten Verfolgungswelle dürfte fünftausend betragen. Die Angehörigen verdächtiger und geflüchteter Personen werden in Sippenhaft genommen. Unter den Offizieren der Wehrmacht wird eine Reinigung durchgeführt, alle wichtigen Führungsstellen werden der SS und verläßlichen Parteigenossen eingeräumt.

Eine weitere V-Waffe, ein Raketengeschoß, erweist sich wirksamer als V 1; der Einsatz führt aber nur dazu, daß die britische Luftwaffe noch rücksichtloser als bisher zuschlägt und daß die Zerstörung der deutschen Städte, vor allem auch aller nationalen Gedenkstätten und historischen Denkwürdigkeiten schnell fortschreitet. Hitler bietet den „Volkssturm" auf und versucht, eine Stimmung des entschlossenen Todeskampfes zu erzeugen, da er den Untergang seines Regimes mit dem Untergang der gesamten Nation verbinden möchte. Gegen Ende 1944 vermag er noch einmal eine mit Panzern ausgerüstete Offensivarmee zu bilden. Ihr Einsatz an der Weichsel könnte vielleicht zu einem Sieg über die Russen führen, der die Gefahr im Osten auf lange bannt. Hitler entblößt aber die Ostfront von allen schweren Waffen und setzt die Angriffsarmee im Westen ein, weniger aus militärischen, als aus politischen Erwägungen. Die westlichen Demokratien zu schlagen und sie für ihr Bündnis mit dem Bolschewismus zu bestrafen, erscheint ihm als wichtigstes Ziel. Die unter dem Kommando des Generalfeldmarschalls von Rundstedt stehende Ardennen-Offensive beginnt am 16. Dezember 1944 unter äußerst günstigen Witterungsverhältnissen für den Angreifer. Dichter Nebel hindert tagelang die Alliierten an der Ausnutzung ihrer Luftüberlegenheit. Er begünstigt auch die Vorstöße der deutschen Panzer, die bis nahe an die Maas vordringen. Die alliierte Front wird durchbrochen. Dem vorübergehend mit dem Kommando auf dem gesamten betroffenen Kriegsschauplatz betrauten Feldmarschall Montgomery gelingt es aber, den Stoß der deutschen Panzer aufzufangen. Sobald das Wetter klar ist, setzen die Alliierten ihre Luftwaffe ein. Die Ardennen-Offensive wird abgebrochen, und die Deutschen werden aus dem Frontbogen vertrieben. Das Ziel der Offensive war die Einnahme von Antwerpen und damit die völlige Zerreißung der alliierten Front sowie die Wegnahme des wichtigsten Nachschubhafens gewesen. Im Januar bricht eine große Offensive der Russen los, die Polen und Ostpreußen besetzen und bis an die Oder vordringen. Bald darauf fällt Budapest in ihre Hände. Auch die Westmächte nehmen die Offensive wieder auf, drängen die Deutschen bis an den Rhein zurück und überschreiten ihn, nachdem ihnen am 7. März die Brücke von Remagen in die Hände gefallen ist. In flüssigem Vorgehen dringen sie sehr bald in breiter Front über den Rhein vor und nach Mittel- und Süddeutschland ein, umzingeln im Ruhrgebiet 21 deutsche Divisionen und überschreiten die Weser. Die Russen sind ebenfalls zu einer neuen Offensive angetreten, nehmen Anfang April Königsberg und Wien, durchbrechen Ende April die deutsche Ostfront und greifen Berlin an.

*Hitlers Ende*

336 Hitlers Hoffnung, daß Berlin das Gegenbeispiel zu Stalingrad werden und der Volkssturm die Russen monatelang zu einer Zermürbungsschlacht zwingen könnte, schlägt fehl. Es liegt vor allem daran, daß die Russen in Stalingrad Aussicht auf Hilfe und die großen Reserven ihres weiträumigen Landes hatten, die Deutschen in Berlin die Aussichtslosigkeit des Widerstandes erkannten und nur die Wahl zwischen Kapitulation und Untergang hatten. Während die Truppen der Westmächte an die Elbe vorstoßen und sich in Torgau bereits mit den Russen vereinen, wird Berlin in heftigen Straßenkämpfen unter Fortdauer der Luftangriffe von den Russen bezwungen. Hitler begeht Selbstmord, ebenso Goebbels. Zu seinem Nachfolger in der Staatsführung hat Hitler Großadmiral Dönitz eingesetzt. Nach seinem Testament soll Goebbels Reichskanzler werden. Dieses Testament vollstreckt Dönitz nicht mehr, unterläßt es jedoch, sich in seiner Regierungserklärung von Hitler und dem Nationalsozialismus zu distanzieren. Vor seinem Tode hat Hitler noch einen Haftbefehl gegen Göring erlassen und Himmler aus der Partei ausgeschlossen. Himmler wieder versucht, hinter dem Rücken Hitlers und um den Preis seines Kopfes mit den Westmächten zu einem Sonderabkommen zu gelangen, während Goebbels und Bormann sich vergeblich den Sowjets anbiedern. Der schwedische Graf Folke Bernadotte übernimmt für Himmler die Vermittlung. Die Westmächte fordern aber bedingungslose Kapitulation Deutschlands, auch gegenüber den Russen. Anfang Mai sind nur noch Schleswig-Holstein und Teile von Jütland sowie Böhmen in deutscher Hand. Die deutschen Streitkräfte in Italien und Österreich haben bereits kapituliert. In Prag bricht am 5. Mai ein Aufstand aus, in dem tschechischnationale Kreise und Kommunisten — untereinander bereits uneinig — in Verbindung mit sogenannten Wlassow-Truppen (von Deutschland aufgestellten und ausgerüsteten antibolschewistischen Legionen) gegen die Deutschen kämpfen und den Widerstand der deutschen Heeresgruppe Schörner vollkommen sinnlos machen. Die Amerikaner halten sich an ihre Abmachungen mit den Russen und bleiben an einer Linie Chemnitz—Karlsbad—Pilsen stehen, während die Russen mit Panzern von Dresden nach Prag vorstoßen. Am 7. Mai unterzeichnen die deutschen Bevollmächtigten im Hauptquartier General Eisenhowers die bedingungslose Kapitulation Deutschlands. Einige Tage später hört der deutsche Widerstand auch in Böhmen auf. Deutschland ist kein Staat mehr, das deutsche Volk hat durch die Kapitulation seine Souveränität verloren und aufgehört, eine Rechtspersönlichkeit zu sein.

In Blut und Schande ist das nationalsozialistische Regime untergegangen. Es hat das deutsche Volk mit in den Abgrund gerissen. Der Absicht der nationalsozialistischen Führer, vor allem Hitlers, hätte es entsprochen, das deutsche Volk völlig zu vernichten und 60 Millionen Menschen in dem furchtbaren Inferno einer letzten Vernichtungsschlacht, nach dem Vorbild der Ostgoten in der Schlacht am Vesuv, sterben zu lassen. Frühzeitig hatten die leitenden Männer der Tyrannis aber auch versucht, die Schuld an der unvermeidlichen Niederlage auf andere abzuschieben. Eine neue Dolchstoßlegende wurde planvoll vorbereitet. Dabei appellierte man an die niedrigsten Instinkte der Masse und suchte den Beifall nicht nur plebejischer Gefolgsleute, sondern selbst der kommunistisch denkenden Kreise. Der mißglückte Anschlag am 20. Juli 1944 bot den willkommenen Anlaß, die Generalität, ja das Offizierskorps überhaupt, die Aristokratie und die konservativen Bürgerschichten der Sabotage des totalen Krieges und damit der Schuld an der Niederlage anzuklagen. Diese Erklärung des deutschen Unglücks fand vielfach Glauben und trug auch noch nach dem Kriege dazu bei, die Tyrannen als Märtyrer, ihre Opfer als Verräter erscheinen zu lassen. Erleichtert wurde den Nationalsozialisten diese Verfälschung der Geschichte dadurch, daß die Mehrzahl der Deutschen nur schwer verstehen konnte, warum sich die Waagschale des Kriegsglücks seit 1941 plötzlich auf die Gegenseite neigte. Die glänzenden Siege der ersten Kriegsjahre, die Überlegenheit der Deutschen an Qualität des Materials und an militärischer Tüchtigkeit hatte sich, scheinbar ohne Grund, in eine Unterlegenheit verwandelt. Wie schon im ersten Weltkriege, so forschten die Deutschen auch diesmal nicht den realen Ursachen ihrer Niederlage nach, sondern fanden für sie keine andere Erklärung als Verrat und Sabotage. Die Unterschätzung der anderen Völker, die Überheblichkeit und der Mangel an Selbstkritik, die weite Kreise des deutschen Volkes seit dem Ausgang des 19. Jahrhunderts kennzeichneten, erwiesen sich 1918 und 1945 als verhängnisvoll für die richtige Beurteilung der Zusammenhänge.

## Die Ursachen der deutschen Katastrophe

337  Geht man den Ursachen der deutschen Katastrophe in Unvoreingenommenheit nach, so ist es nicht schwer zu verstehen, daß eine Politik, die Deutschlands Kräfte überschätzte und das Reich in einen Kampf um phantastische Ziele mit der ganzen Welt verstrickte, früher oder später zu einer vernichtenden Niederlage führen mußte. Vertragsbrüche und Gewalttaten hatten das Vertrauen der Welt in die Führung des deutschen Reiches 1939 völlig zerstört. Man täuschte sich in Deutschland darüber, daß die westlichen Demokratien nicht bereit waren, Hitler freie Hand gegen den Bolschewismus zu gewähren, obwohl einzelne Staatsmänner schon damals begriffen, daß zwischen Demokratie und Kommunismus tiefe Gegensätze bestehen. Man glaubte im Westen, nach der Vernichtung Hitlers mit den Kommunisten zu einem Einvernehmen gelangen zu können, war dagegen sicher, daß Hitler, wenn er Rußland geschlagen hätte, sich von neuem

und mit vermehrter Kraft gegen England und Amerika wenden würde. Über diese Grundursache der deutschen Katastrophe hinaus erklärt sich der Zusammenbruch auch daraus, daß die nationalsozialistische Revolution erst durch den Krieg und während des Krieges dazu kam, ihre wirtschaftlichen und politischen Ziele zu erreichen. Bis 1939 spielen neben der NSDAP im deutschen Wirtschafts- und Gesellschaftsleben, im Apparat des Staates und vor allem in seiner Wehrmacht konservative Kräfte noch eine sehr große Rolle. Die von Seeckt geschaffene und an die Tradition Schlieffens und Moltkes anknüpfende Reichswehr, in der noch der Satz galt: „Mehr sein als scheinen", hatte sich vom nationalsozialistischen Denken fast völlig freigehalten. Durch die wahllose Ergänzung mit Reserveoffizieren aus allen Volksschichten und aus der Partei war die Wehrmacht mit dem Ungeist des Nationalsozialismus durchsetzt worden, der im Grunde unsoldatisch, nämlich großsprecherisch, grausam, tückisch gegen Wehrlose war. Dieser Strukturwandel, die schweren Offiziersverluste und die Aufopferung der alten Berufssoldaten im Rußlandfeldzug ändern den Charakter der deutschen Wehrmacht und nehmen ihr die Überlegenheit über ihre Gegner, während diese, insbesondere die Amerikaner, ausgezeichnete Spezialtruppen ausbilden. Auch in der Entwicklung der Waffentechnik hatte das Regime im Grunde von dem Erbe gelebt, das ihm das kaiserliche und das demokratische Deutschland hinterließ. Die Verachtung der geistigen Arbeit durch die Emporkömmlinge des Hitlerregimes, die Unterdrückung von Kritik und freier Meinung, die Einmischung Hitlers und anderer Laien in alle technischen Spezialfragen nahmen der deutschen Technik den Schwung und die erfinderische Kraft. Man verlor sich in die Weiterbildung technischer Einzelheiten, wodurch die Waffen immer komplizierter, die Beschaffung von Ersatzteilen schwierig, die rasche Ausbildung von Reserven fast unmöglich wurde. Auf diesem Gebiet zeigt der Bolschewismus sich überlegen. Von allem Anfang an darauf angewiesen, wenig vorgebildete Leute rasch auszubilden und an die Front zu werfen, entwickelt er Waffen, die höchst einfach zu bedienen und wenig empfindlich sind. Im Improvisieren zeigt der angeblich technisch unbegabte Russe eine erstaunliche Fähigkeit, die dem Deutschen fehlt. Auch die alte deutsche Beamtenschaft, die der nationalsozialistische Staat übernommen und die bis 1939 für den reibungslosen Ablauf der Staatsgeschäfte trotz der wachsenden Funktionen des totalitären Staatswesens gesorgt hat, wird im Kriege mehr und mehr von Parteibeamten abgelöst, entmachtet, bespitzelt und zersetzt. So bildet sich ein ungeheurer bürokratischer Apparat heraus, der mit jeder Reinigungs- und Abbauaktion immer noch anwächst, der unfähig, bestechlich und am Ende völlig unbeweglich ist. Auch die Wirtschaft verliert durch die Unterwerfung unter den totalitären Staat ihre Bewegungs- und Leistungsfähigkeit. Von dem gleichen Übel ist die deutsche Diplomatie befallen. Dazu kommen die Erscheinungen, die wir schon oben als autoritäre Anarchie beschrieben haben, das Nebeneinander konkurrierender Mächte, die auch während des Krieges ihr Hauptziel nicht in der Bekämpfung des Feindes, sondern in der Erweiterung ihrer Machtpositionen und Pfründen, in der Schädigung ihrer Konkurrenten, selbst auf Kosten des Staates und des Gemeinwesens, sehen. Auf allen Gebieten erweist sich der totalitäre Staat als unfähig zur Mobilmachung der geistigen und moralischen Kräfte der Nation. Die führende Schicht, zum größten Teil aus Deklassierten hervorgegangen, die aus Lumpenproletariern ergänzten Parteigarden, die Grundsatz- und Richtungslosigkeit einer sogenannten Weltanschauung, die wahllos bei den verschiedensten philosophischen Richtungen Anleihen macht, um morgen das Dogma von heute zu verwerfen, der nackte Opportunismus, der eine ganze Nation vom antibolschewistischen auf den probolschewistischen und wieder zum antibolschewistischen Kurs führen will, untergraben den Geist und die Moral des deutschen Volkes. Während Stalin in der entscheidenden Krise des Krieges die Diktatur lockert und einen Großteil der kommunistischen Ideologien vorübergehend preisgibt, um die nationalen und religiösen Kräfte der Völker Rußlands zu wecken, benützt Hitler den Krieg zur Vernichtung der überlieferten nationalen Werte, zur Entmachtung der historischen Klassen des deutschen Volkes, zur systematischen Zerstörung zunächst der alten föderalistischen Reichstradition, dann des Österreichertums und am Ende auch der geschichtlichen Werte Preußens.

## *Morgenthauplan und Atombombe*

338 Wir haben oben ausgeführt, daß die Forderung der bedingungslosen Kapitulation dem Nationalsozialismus genützt, die deutsche Widerstandsbewegung schwer geschädigt hat. Beinahe noch mehr gilt dies von dem Morgenthauplan, den Präsident Roosevelt auf der Konferenz von Quebec seinen britischen Bundesgenossen aufzwingt und der die völlige Vernichtung der deutschen Industrie, die Verwendung deutscher Kriegsgefangener als Sklavenarbeiter auch nach dem Kriege und die dauernde Entmündigung Deutschlands vorsieht. An dieser Aussicht gemessen, erscheint den Deutschen das Regime Hitlers noch als leicht zu tragen und der Kampf bis aufs Messer als einzige Rettung. In den Konferenzen der alliierten Staatsmänner (November/Dezember 1943 Teheran, Oktober 1944 Moskau, Februar 1945 Jalta) machen die Westmächte den Sowjets immer weitergehende Zugeständnisse. Präsident Roosevelt überschätzt bis zu seinem im April 1945 erfolgten plötzlichen Tod die Widerstandskraft des Nationalsozialismus, glaubt sie nur mit Hilfe der Sowjets brechen zu können und diesen dafür sehr große Zugeständnisse machen zu müssen. Dabei wird schließlich ganz Mitteleuropa, die widerstrebenden Polen wie die dank der Politik Beneš' dem Bolschewismus entgegenkommenden Tschechen an Rußland ausgeliefert. Gemäß dieser Abmachungen wird Deutschland nach der bedingungslosen Kapitulation in vier Besatzungszonen geteilt und einem alliierten Kontrollrat unterstellt. Die Russen erhalten zu ihrer ursprünglichen Zone noch Thüringen, während Berlin von den vier Mächten gemeinsam verwaltet und ebenfalls in Besatzungszonen geteilt wird. Auf der Konferenz von Potsdam, die im Hochsommer 1945 zwischen

Stalin, dem amerikanischen Präsidenten Truman und dem britischen Ministerpräsidenten Attlee (der während der Konferenz seinen Vorgänger Churchill ablöst) stattfindet, werden den Sowjets nochmals große Zugeständnisse gemacht. Amerika glaubt damit die russische Beteiligung am Krieg gegen Japan erkaufen zu müssen, obwohl der Sieg gegen Japan bereits entschieden ist und die Russen sich in Asien ohnehin selbst bezahlt machen. Die japanische Kriegsflotte hat seit der ersten Schlacht bei den Salomoninseln eine Reihe schwerer Niederlagen erlitten. Die Philippinen und große Teile von Holländisch-Indien werden von den Alliierten zurückerobert. Im Sommer 1945 beginnen die Angriffe der amerikanischen Marine und der Luftwaffe auf das japanische Mutterland. Die japanische Flotte, die Städte und die Industrien Japans werden zerstört. Am 6. August wirft ein amerikanisches Flugzeug die erste Atombombe auf Hiroshima, drei Tage später die zweite auf Nagasaki, am 14. August kapituliert Japan bedingungslos. Am 2. September werden in Tokio, in den nächsten Tagen in Nanking und Singapur die Kapitulationen der japanischen Heere unterzeichnet. Die Sowjetrussen haben inzwischen ohne nennenswerte Opfer die Mandschurei besetzt und sind an die Grenzen Chinas vorgerückt. Der zweite Weltkrieg ist damit beendet.

### 5. Die ersten Jahre nach dem zweiten Weltkrieg

#### *Die westliche Fehldiagnose*

339 Die angelsächsischen Nationen, vor allem die Bürger der Vereinigten Staaten von Amerika, sahen die Ursache des zweiten Weltkrieges lange Zeit ausschließlich darin, daß es nicht gelungen war, nach dem ersten Weltkrieg ein System der kollektiven Sicherheit und eine starke Exekutivgewalt zu schaffen, die den Grundsätzen, für die man damals gefochten hatte, jederzeit und überall Geltung verschaffen konnten. Die Grundsätze des Präsidenten Wilson selbst wurden kaum angezweifelt. Als sich die Amerikaner nach langem Widerstreben der Interventionspolitik ihres Präsidenten Roosevelt anschlossen und der Isolationismus zum Bekenntnis einer kleinen, nicht mehr ausschlaggebenden Gruppe von Politikern wurde, taten sie es zunächst zum Schutze ihres eigenen Landes und der „westlichen Hemisphäre" gegen unmittelbar oder später drohende Angriffe Deutschlands und Japans. Es war Hitler gelungen, durch seine Politik der Vertragsbrüche, durch seine maßlosen Eroberungspläne, durch die Mißachtung der Freiheit und die Mißhandlung der unterworfenen Völker den Bürgern des freien Amerika die Überzeugung beizubringen, daß der Sieg Deutschlands und der Zusammenschluß Europas unter deutscher Führung einen Angriff auf Amerika unmittelbar zur Folge haben würden. Der japanische Angriff auf Pearl Harbour schien zu bestätigen, daß Amerika auch von der pazifischen Küste her bedroht sei. Im Laufe des Krieges folgte das amerikanische Volk Präsident Roosevelt auch in dem Gedanken, daß die Sicherung der westlichen Hemisphäre allein nicht genüge, weil Kriege in Europa und Asien eben doch immer wieder die Sicherheit und

den Frieden der westlichen Halbkugel gefährden würden. Es komme also darauf an, ein System der Friedenssicherung für den gesamten Globus zu schaffen. Nur der „Frieden in einer geeinten Welt", also der Zusammenschluß aller Nationen der Erde zu einem einzigen Friedensbund mit obligatorischer Schiedsgerichtsbarkeit für sämtliche Konflikte und mit der entsprechenden Macht, seine Beschlüsse durchzusetzen, würde dauernden Frieden und Wohlstand gewähren. Außerdem müßte die Welt im Sinne der schon früher verkündeten vier Freiheiten von Furcht, Hunger, Gewissensdruck und Gewalt befreit werden. Es entsprach der persönlichen Überzeugung Franklin Roosevelts, daß es freiheitsliebende und fortschrittliche Völker und auf der anderen Seite militaristische und tyrannische Angreifernationen gebe. Die Kriegspropaganda brachte es mit sich, daß diese Vereinfachung zur Überzeugung von vielen Millionen Menschen wurde. Es liegt im Wesen eines Zeitalters der Massen, daß die widerspruchsvollen und komplexen Vorgänge des Lebens auf vereinfachende Formeln gebracht werden. Schon der große Kulturphilosoph Jacob Burckhardt hatte vor den „terribles simplificateurs" gewarnt. In den totalitären Staaten herrschen diese „schrecklichen Vereinfacher" unumschränkt; Politik und Kultur werden im Sinne grobschlächtiger Simplifikationen gelenkt und den Massen nahegebracht. In der Demokratie sind die Freiheit des Gewissens und die Freiheit der Meinungsäußerung, öffentliche Kritik und öffentliche Diskussion ein in normalen Zeiten ausreichender Schutz gegen die Diktatur der vereinfachenden Phrasen. In Kriegszeiten, in denen die Freiheit eingeschränkt und die Staatsgewalt verstärkt wird, unterliegen auch die Demokratien der Gefahr einer Mißdeutung des Lebens durch Vereinfachung seiner Gesetze. So hatten die Nationen des Westens den Krieg in der Überzeugung zu Ende geführt, daß nun und auf unabsehbar lange Zeit der Frieden und das Glück der Welt davon abhängen, daß die Deutschen und Japaner, diese barbarischen Angreifernationen, entwaffnet, entmündigt und erst nach einer Umerziehung durch ihre bisherigen Feinde wieder Schritt um Schritt in die Gesellschaft der freien Völker eingeführt würden. Die völlige Zerstörung nicht nur ihres Kriegspotentials, sondern ihrer modernen Wirtschaft, die Verwandlung Deutschlands in einen Agrarstaat und die durch Jahrzehnte fortzusetzende Kontrolle der deutschen Abrüstung und der geistigen Entmilitarisierung sollten den Frieden der Welt verbürgen.

Präsident Roosevelt, aber auch die Völker des Westens selbst übersahen, daß unter den Bundesgenossen Amerikas und Großbritanniens Staaten mit einem totalitären System und einer kollektivistischen Staatsauffassung waren, die sich von dem Denken der Nationalsozialisten und Faschisten wenig unterschied. Man hatte vergessen, daß die russische Nation die Entwicklung plebiszitärer Diktaturen und kollektivistischer Wirtschafts- und Gesellschaftsformen in Gang gebracht hatte. Man übersah, daß Faschismus und Nationalsozialismus ihre Ideologien und Einrichtungen zum großen Teil vom Kommunismus übernommen hatten. Man war überrascht, daß Deutsche und Japaner, durch die

Herrschaft nationalistischer und militaristischer Cliquen ins tiefste Unglück gestürzt, wenig Neigung zeigten, noch einmal ihr Glück mit dem Kollektivismus und der Diktatur zu versuchen. Man war ebensowenig darauf gefaßt, daß Tschechen und Polen, also Völker, die eben noch um ihre Freiheit gekämpft hatten, bereit sein würden, die Methoden und das Regierungssystem des besiegten Deutschland zu übernehmen. Man glaubte an die dauernde Verwandlung des russischen Kommunismus in eine demokratische und soziale Ordnung oder man wollte die mit ihm verbundenen Gefahren nicht sehen, weil es den vereinfachenden Denkformeln der Kriegspropaganda widersprach. So begann die neue Ära sogleich wieder mit einer Reihe gefährlicher Illusionen, aus denen in kürzester Zeit eine weltumfassende Spannung, ein Dualismus der beiden stärksten Mächte unter den Siegern des zweiten Weltkrieges hervorging.

*Die Sowjetunion als Hauptgewinner des Krieges*

*340* Die Konferenz von Potsdam findet im Zeichen jener Illusionen statt, die sich in den führenden Politikern des Westens während des Krieges über den Charakter der Sowjetunion festgesetzt haben und die auf einer völligen Verkennung der kommunistischen Ideologie wie der Ziele Stalins beruhen. Dieser setzt in Potsdam fast alle Forderungen durch. Es handelt sich dabei allerdings zum großen Teil um die Bestätigung von Beschlüssen, die schon in Teheran und Jalta gefaßt worden waren. Damals stand Roosevelt unter dem Eindruck, daß der Krieg gegen Deutschland nur zu gewinnen sei, wenn man Rußland ein Höchstmaß von Opfern bringe und daß man einen Sonderfrieden zwischen Stalin und Hitler verhüten müsse. Roosevelts Nachfolger, Präsident Harry Truman, brauchte in Potsdam weder das besiegte Deutschland zu fürchten noch etwa die Fortsetzung des Krieges mit Japan, der unmittelbar vor der Entscheidung stand. Truman erhält in Potsdam die Meldung, daß der Einsatz von Atombomben in Kürze zu erwarten sei. Noch steht aber der neue amerikanische Präsident völlig im Banne der starken Persönlichkeit seines Vorgängers, dessen verhängnisvolle Irrtümer Amerika damals noch nicht erkannt hat. Noch beherrschen die von Roosevelt an die Macht gebrachten und von seinem Geiste durchdrungenen Staatsmänner die amerikanische Politik. Der Oberstkommandierende der Invasionsarmee und erste Chef der Besatzungstruppen in Deutschland, General Dwight D. Eisenhower, ist in allen seinen Auffassungen ein getreuer Gefolgsmann Roosevelts. Gegen den Einspruch und die Warnung Winston Churchills hat er während des Krieges jede Operation abgelehnt, die von den Russen nicht gewünscht wurde und ihnen Schwierigkeiten bereitet hätte. In blindem Vertrauen hat er militärische Geheimnisse den Sowjets mitgeteilt. Er ist auch jetzt überzeugt, daß zwischen Amerika und der Sowjetunion herzliche Freundschaft möglich und nur eines nötig sei: mit Strenge und Entschiedenheit gegen die besiegten Deutschen vorzugehen. In Großbritannien, das unter der Regierung

Churchills ein Gegengewicht gegen die sowjetfreundliche Politik Amerikas hätte bilden können, finden unmittelbar nach Kriegsende die lange schon fälligen Unterhauswahlen statt. Sie bringen der sozialistischen Labourparty einen überwältigenden Erfolg. Die dritte britische Arbeiterregierung (mit Clement Attlee als Premier, Bevin als Außenminister, Morrison, Bevan und Sir Stafford Cripps in weiteren Ressorts) verfügt über eine große Mehrheit im Parlament und ist entschlossen, England in ein sozialistisches Staatswesen zu verwandeln. Sie glaubt lange Zeit, daß sie in ihrer sozialistischen Politik von dem kapitalistischen Amerika behindert werden könnte und sich daher auf die Sowjetunion stützen müsse. Sie glaubt auch, daß dem demokratischen Sozialismus Englands die weltgeschichtliche Aufgabe zufalle, zwischen der kapitalistischen Demokratie der USA und der kommunistischen Diktatur der UdSSR zu vermitteln. In den Ländern des europäischen Kontinents schlägt, wie nach dem ersten Weltkrieg, die sozialistische Welle hoch. Man fürchtet in England, daß die Spaltung der Arbeiterschaft in Sozialisten und Kommunisten, wie 1920 so auch jetzt, dem Sozialismus schaden könnte. So begünstigt man zunächst das Zusammengehen von Sozialisten und Kommunisten, die in vielen Ländern gemeinsam regieren oder die Regierung mit bürgerlichen Parteien teilen, aber in den wesentlichen Fragen die Gemeinsamkeit des Klasseninteresses betonen. Die russische Politik nützt diese Verhältnisse aus. Es gelingt ihr, auch zu der französischen Regierung des Generals de Gaulle gute Beziehungen herzustellen. De Gaulle fühlt sich von England und Amerika nicht genügend unterstützt. Die Erneuerung der französisch-russischen Allianz erscheint ihm als beste Sicherung Frankreichs gegen das Wiedererstarken Deutschlands und eine mögliche neue Isolationspolitik der USA.

Die Sowjetunion behält also zunächst jene Eroberungen, die sie auf Grund ihres Bündnisses mit Deutschland 1939 bis 1940 gemacht hatte: Teile von Finnland, die drei baltischen Staaten, Ostpolen, Ostgalizien, Bessarabien. Sie läßt sich in Potsdam unter Vorgriff auf den Friedensvertrag einen Teil Ostpreußens abtreten und bekommt dadurch die Häfen von Königsberg und Memel in die Hand. Sie besetzt ferner Bulgarien, Rumänien, Ungarn, die Tschechoslowakei, Polen und die ihr eingeräumten Zonen von Österreich und des ehemals deutschen Gebietes. In Asien erhält sie die Mandschurei mit Dairen und Port Arthur sowie die südliche Hälfte von Sachalin. Außerdem ist Nordpersien noch in russischer Hand. Jugoslawien steht unter der kommunistischen Diktatur des Marschalls Tito. Der größte Erfolg, den die Sowjetunion in Potsdam erreicht, ist die Zustimmung Amerikas und Englands zu der gewaltsamen Austreibung der deutschen Bevölkerung aus den Gebieten östlich einer Linie, die durch die Oder und die Görlitzer Neiße gebildet wird, aus der Tschechoslowakei, aus Ungarn und Rumänien. Begründet wird dieser Beschluß damit, daß die deutschen Volksgruppen und Minderheiten in diesen Ländern eine Gefährdung des Friedens dargestellt, an ihren Staaten Verrat geübt und mit Hitler zusammengearbeitet hätten. Die Ausweisung der Deutschen solle, beschließt die Konferenz, „human und ordentlich" erfolgen. Tatsächlich wird durch diesen Beschluß eine Entwicklung legalisiert, die bereits im Mai einsetzt; den nationalbolschewistischen Regierungen der von den Sowjets besetzten Länder wird ein Freibrief für eine Serie von Verbrechen gegen die Menschlichkeit erteilt, die an Umfang und an Grausamkeit vielfach das Maß dessen übersteigen, was der Nationalsozialismus den unterworfenen Völkern angetan hatte. Die Deutschen in Polen, in der Tschechoslowakei und in Ungarn werden ihres Eigentums beraubt, in Konzentrationslager gesperrt und von dort nach den deutschen Besatzungszonen vertrieben oder verfrachtet. Hunderttausende von ihnen gehen an Hunger oder an den Folgen der Mißhandlungen zugrunde, tausende werden ohne Urteil erschossen, auf der Straße ermordet oder nach den Urteilssprüchen willkürlich vorgehender sogenannter Volksgerichte aufgehängt. Der Abtransport, der zum Teil mitten im Winter in ungeheizten Wagen erfolgt, fordert neue zahlreiche Opfer. Hunderttausende waren bereits vor dem Beginn der regulären Aussiedlung aus ihren Häusern vertrieben und im Fußmarsch über die Grenze gejagt worden. Die Kommunisten erreichen mit dieser Austreibung vor allem, daß Tschechen und Polen, im Bewußtsein ihrer Schuld und in Furcht vor einer späteren deutschen Vergeltung, in Sowjetrußland ihren einzigen Beschützer erblicken und sich den Russen in die Arme werfen. Der engste Mitarbeiter des Präsidenten Beneš, der tschechische Minister Ripka, erklärt schon 1946, bei den Austreibungen sei Furchtbares geschehen und das tschechische Volk habe schwere Blutschuld auf sich geladen. Auf Gedeih und Verderb aber sei eben darum die tschechische Nation an Rußland gebunden, weil die Westmächte sie nicht gegen die Rache der Deutschen schützen würden. Eine weitere für den Kommunismus günstige Folge der Austreibung ist die Überfüllung Deutschlands mit Millionen von Vertriebenen, deren soziales Elend eine dauernde revolutionäre Gefahr für Deutschland und für Westeuropa bedeutet. So glaubt man in den Opfern der Austreibungspolitik zugleich die Rekruten für die kommende kommunistische Revolution bereitgestellt zu haben. Die Verfeindung zwischen den kleinen Nachbarvölkern und den Deutschen kommt der sowjetischen Politik ebenfalls zugute, denn sie erlaubt ihr, den Nationalismus der einen gegen die anderen auszuspielen. Vor allem aber wird durch diese gewalttätige Revision einer tausendjährigen Geschichte überhaupt erst die Voraussetzung für die Bolschewisierung Ost- und Südost-Europas geschaffen. Die Ostdeutschen, die seit dem hohen Mittelalter als Träger der christlich-abendländischen Kultur in den baltischen Ländern, in Pommern, Schlesien, Böhmen und Ungarn saßen, bildeten viele Jahrhunderte hindurch die Brücke von den Slawen und anderen Ostvölkern zu der lateinisch-abendländischen Kultur. Durch den Abbruch dieser Brücke, durch die Vertreibung der Deutschen, mit denen die Ideen der christlichen Ordnung und Humanität ins Land gekommen war, werden Polen, Tschechen, Madjaren reif für die kommunistische Idee, die sich nach Bedarf auch mit der panslawistischen und auf jeden Fall mit der gegen das Abendland und den Westen gerichteten Denkart der Ostvölker verbindet.

Militärmacht Hollands reicht nicht aus, die aufständischen Malayen zu unterwerfen. Das ehemalige holländische Kolonialreich wird zu einem selbständigen Staat von rund 75 Millionen Einwohnern, der föderalistisch aufgebaut ist und formell noch eine Personalunion mit der Krone Hollands anerkennt (1949). 1950 ruft Soekarno die unabhängige Republik Indonesiens aus. Die Philippinen werden nach der Vertreibung der Japaner gemäß dem einst gegebenen Versprechen von den USA aus dem amerikanischen Schutzverhältnis entlassen. Auch sie bilden einen selbständigen Staat, der nach einer Erklärung seines Präsidenten seinen Hauptfeind in dem „weißen Manne" sieht. Auch Französisch-Indochina steht seit Kriegsende im Bürgerkrieg. Die Republik Vietnam wird zu einem Stützpunk der Kommunisten, während die Franzosen hier einen ihnen genehmen Kaiser (Bao Dai) einsetzen. Bis 1950 hat der chinesische Kommunismus zwar noch keinen offenen Angriff auf Indochina gewagt, sein Einfluß aber ist dauernd fühlbar und hindert die Befriedung des Landes. Dagegen hat er Tibet offen in seinen Machtbereich einbezogen. Die indische Frage, die Großbritannien seit dem ersten Weltkriege und in erhöhtem Maße während des Krieges Sorgen bereitet hat, findet 1947 ihre Lösung in der Teilung Indiens in zwei große Staaten: Hindostan, das den Hauptteil der vorderindischen Halbinsel und der großen Stromgebiete im Norden umfaßt, und Pakistan, das die mohammedanischen Gebiete im Westen und im Osten der riesigen Halbinsel einschließt. Die indischen Republiken verbleiben als souveräne Staaten im britischen Commonwealth, Ceylon wird aus einer Kronkolonie zum Dominion. Zwischen Pakistan und Hindostan kommt es wiederholt zu Grenzkonflikten, die blutige Formen annehmen, es droht offener Krieg um die Provinz Kaschmir, und zwischen den beiden Mächten wie innerhalb der indischen Staaten ist weiterhin revolutionärer Zündstoff angehäuft, da es nach der nationalen Befreiung die ungeheuer schwierigen sozialen Fragen, das Kastenproblem, die Hungersnöte, Probleme kultureller, religiöser und sprachlicher Art zu bewältigen gilt. Kommunistische und nationalistische Gedanken verbinden sich auch hier, wie in Europa. Indiens großer Prophet und Staatsmann Mahatma Gandhi wird 1949 von einem Fanatiker ermordet. Pandit Nehru, der Gandhis Erbe antritt und an der Spitze Indiens steht, versucht zwischen dem Kommunismus und dem Westen, zwischen der Sowjetunion und den Angelsachsen zu vermitteln, er versucht aber auch, Indien selbst aus einem Krieg der Ideen herauszuhalten und trägt eben dadurch dazu bei, dem Kommunismus die Wege nach Indien zu ebnen. Das besiegte Japan erholt sich verhältnismäßig rasch unter dem Besatzungsregime, an dessen Spitze der großzügige, weitblickende und kluge General Douglas MacArthur steht. Der Kommunismus vermag in Japan als einzigem der asiatischen Staaten keine Fortschritte zu machen. Der Kaiser (Tenno) Hirohito wird zu einem konstitutionellen Staatsoberhaupt und widerruft öffentlich die Lehre von der göttlichen Abstammung seines Hauses. Das schwierigste Problem für Japan bleibt das rasche Anwachsen der Bevölkerung, für die das Land keinen Raum hat.

## Angriff auf Korea

**343** Korea hat 1943 die Zusicherung staatlicher Unabhängigkeit erhalten. Nach Kriegsende wird es im Norden von den Russen, im Süden von den Amerikanern besetzt. Die Russen bolschewisieren auch hier ihre Besatzungszone, und die Wahlen von 1946 schaffen in Nord- und in Südkorea zwei entgegengesetzte Regimes. Auf Rußlands Forderung hin räumen die Besatzungstruppen das Land. Die Vereinten Nationen erklären 1948 die südkoreanische Regierung als die einzig legale. Im Sommer 1950 überschreiten starke, mit sowjetrussischen Waffen, vor allem mit Panzern ausgerüstete nordkoreanische Truppen den als Grenze festgesetzten 38. Breitengrad. Sie erobern die Hauptstadt Seoul und drängen auch die zu Hilfe eilenden UN-Truppen (vorwiegend Amerikaner) an die Südostspitze der Halbinsel zurück. Hier gelingt es den amerikanischen Truppen, den Landekopf zu halten, bis unter dem Kommando des Generals Douglas MacArthur Ende September 1950 eine mit Truppenlandungen von See und aus der Luft verbundene strategisch großangelegte Gegenoffensive einsetzt, die Südkorea in wenigen Tagen befreit.

In diesem Augenblick, da der Westen bereits zu triumphieren scheint, greift das kommunistische China in den Kampf ein und eröffnet damit eine neue Phase des Ringens, in dem viele Zeitgenossen — so der bedeutende britische Militärwissenschaftler Fuller — bereits einen Akt des „Dritten Weltkrieges" sehen. Unter schweren Verlusten müssen die UN-Truppen weichen. Erst zu Beginn des Jahres 1951 sind sie durch Verstärkungen und den Einsatz neuer Waffen imstande, die Kommunisten wieder über den 38. Breitengrad zurückzuwerfen. General MacArthur will China, falls es nicht auf die Intervention verzichtet, durch einen Angriff mit nationalchinesischen Truppen von See her friedenswillig machen. Die britische Regierung aber scheut vor dem Wagnis zurück und erzwingt, im Bunde mit den linksgerichteten und einer Verständigung mit den Kommunisten geneigten Politikern der USA, die Absetzung MacArthurs. Zwischen ihm und Präsident Truman entwickelt sich ein politischer Kampf, der an die Grundfesten der politischen Ordnung Amerikas rührt.

Für die amerikanische Politik bleibt infolge des russischen Druckes auf Europa wie auf den pazifischen Raum das große Problem, das schon Roosevelt zu lösen hatte und das die Strategie des zweiten Weltkrieges beherrscht: ob man in Asien und in Europa zugleich stark genug sein könnte und ob Amerika, wenn es dies nicht kann, zuerst Europa oder zuerst Asien schützen solle, in unverminderter Aktualität bestehen. Gerade der Vorstoß des Kommunismus in Korea veranlaßt die Politik des Weißen Hauses, nicht etwa alle Kräfte auf den pazifischen Raum zu konzentrieren, sondern zunächst ein System der europäischen und atlantischen Verteidigung aufzubauen. 1951 wird General Dwight D. Eisenhower zum Oberkommandierenden der atlantischen Streitkräfte ernannt. Unter dem Druck ihrer steigenden Rüstungen (Kriegsminister George Marshall) versuchen die USA, Rußland neuerdings an den Verhandlungstisch zu bringen. Im

Frühjahr 1951 verhandeln die vier Mächte in Paris über das Programm einer Konferenz zur Lösung der großen weltpolitischen Konflikte.

## Europa und der Nahe Orient

344   Am Ende des zweiten Weltkrieges ist Europa in jeder Hinsicht ein Trümmerfeld. Ein Großteil seiner Städte, seiner Industrie, seiner Häfen ist zerstört, seine Handelsschiffe liegen auf dem Grund des Meeres, seine Völker sind durch den furchtbarsten Aderlaß der Geschichte ausgeblutet. Nicht nur die Staatsgrenzen sind fließend und unsicher geworden, auch die Volksgrenzen werden durch Massenflucht und Massenaustreibungen, Umsiedlungsaktionen und im Osten durch die Sowjetisierung der Völker verschoben und verwischt. Zwischen den europäischen Nationen herrschen Feindschaft, Eifersucht und Mißtrauen. Die Grenze zwischen dem von den Sowjets besetzten Europa und dem Westen wird durch die Absperrungspolitik des Kommunismus zum „Eisernen Vorhang". So ist auch der geographische Begriff Europa, der nach dem ersten Weltkrieg durch die Lösung Sowjetrußlands aus dem alten Kulturverband entstanden war, wieder zerstört worden. Osteuropa reicht bis an die Elbe, die Saale, den Böhmerwald, Westeuropa zunächst nur bis an den Rhein, dazwischen liegt Deutschland für's erste als Niemandsland. Der Kommunismus und die russische Politik rechnen damit, daß unter diesen Umständen der Sieg revolutionärer Bewegungen in Westeuropa nur eine Frage kurzer Zeit sein und daß der Kommunismus bald den gesamten Kontinent beherrschen werde. Die Friedensschlüsse mit den ehemaligen Bundesgenossen Deutschlands (den „Satelliten der Achse"): Italien, Finnland, Ungarn, Rumänien und Bulgarien, treten am 15. November 1946 in Kraft. Italien muß auf seinen Kolonialbesitz verzichten und einige Grenzkorrekturen gegenüber Frankreich anerkennen. An Jugoslawien tritt es Istrien und die Inseln im Quarnero im Adriatischen Meer ab. Es hat an Rußland hundert Millionen Dollar Reparation, an andere Mächte 260 Millionen zu zahlen. Seine Kriegflotte wird aufgeteilt, Triest wird Freistaat und ist seitdem Zankapfel zwischen Jugoslawien und Italien. Dagegen gelingt es Italien, die ethnographisch berechtigten Ansprüche Österreichs auf Deutsch-Südtirol mit Hilfe der Russen abzuweisen. In einem Staatsvertrag mit Österreich verpflichtet sich Italien, den deutschen Südtirolern Selbstverwaltung zu gewähren. Finnland tritt an die Sowjetunion Karelien, Petsamo (Nickelvorkommen) und die Stadt Porkkala ab. Es hat Rußland 300 Millionen Dollar zu zahlen. Rumänien erhält gegenüber Ungarn die Grenze von 1939, gegenüber Bulgarien die von 1940. Alle diese Staaten haben Reparationen zu zahlen. Sie werden zunächst abgerüstet und von den Russen geräumt, kommen aber durch ihre Bolschewisierung von neuem unter russische Kontrolle. In Jugoslawien errichtet sofort nach dem Kriege der Partisanenführer Tito eine kommunistische Diktatur und läßt die Vorkämpfer der nationalserbischen Bewegung hinrichten. Offiziell wird der Staat in eine Föderation der jugoslawischen Stämme umgewandelt, tatsächlich ist die Selbstverwaltung der Kroaten, Slowenen, Bosnier usw. wenig

wirksam, da der gesamte Staat durch die kommunistischen Parteistellen in Belgrad geleitet wird. Marschall Tito gerät sehr bald in Konflikt mit dem russischen Kommunismus, da er sich weder in der Frage der Sozialisierung der Landwirtschaft noch in der Außenpolitik dem Diktat Moskaus unterwirft. Stalin verfemt Tito und prägt den neuen Begriff des Titoismus (also einer national selbständigen kommunistischen Politik), der langsam den älteren Begriff Trotzkismus als Sammelnamen für „verräterische Abweichungen von der reinen kommunistischen Lehre" verdrängt. Tito versteht es, seine Spannung zu den Sowjets und deren Maßnahmen gegen Jugoslawien sehr geschickt auszunützen, um finanzielle und moralische Unterstützung bei den Westmächten zu finden. Er gilt als Vorposten des Westens auf dem Balkan, mindestens als Flankenbedrohung der sowjetischen Balkanfront, verhält sich aber in kritischen Situationen neutral und läßt durchblicken, daß er sich die letzte Entscheidung vorbehalte. Während ein Teil der westlichen Politiker den Titoismus für eine Rußland bedrohende Gefahr hält, sehen andere in ihm eine Bedrohung des Westens, da die nationalbolschewistischen Gedanken hier leichter Eingang finden würden als die stalinistischen. An Stelle der 1942 aufgelösten Kommunistischen Internationale (Komintern) bildet der Kommunismus das Kominform (Kommunistisches Informationsbüro), das sich insbesondere auch den Kampf gegen den Titoismus angelegen sein läßt.

*Gefahrenzonen im Südosten*

*345* Die Republik Österreich hatte schon im April 1945 eine eigene Regierung unter dem früheren Staatskanzler Dr. Karl Renner (gest. 1950) erhalten. Österreich wird dann ebenso wie Deutschland in vier Besatzungszonen aufgeteilt und wird so gleichfalls zum Streitobjekt und zum Spannungsfeld der Siegermächte. Die Verhandlungen über den Staatsvertrag, der Österreich seine volle Selbständigkeit wiedergeben soll, werden von den Russen durch Jahre verschleppt. In der russischen Besatzungszone werden Betriebe verstaatlicht und wird der Kommunismus auf alle Art gefördert. Zeitweise scheint die Gefahr zu bestehen, daß Österreich, ähnlich wie Deutschland, in zwei Staaten zerfällt. Die Arbeit der Regierung, die seit den ersten Wahlen im Herbst 1945 von den beiden großen Parteien (Volkspartei und Sozialdemokratie) gebildet wird, während die Kommunisten nach anfänglicher Regierungsteilnahme ausgeschieden sind, scheitert immer wieder an den politisch und wirtschaftlich schwierigen Verhältnissen, die sich aus dem Fehlen des Staatsvertrages, aus der militärischen Besetzung und der Bolschewisierungspolitik in der russischen Zone ergeben. Die Währung mußte einige Male abgewertet, Preise und Löhne mußten erhöht werden.

Griechenland, das erst gegen Ende des Krieges von der deutschen Besatzung befreit wurde, steht jahrelang in einem furchtbaren Bürgerkrieg. Die Sowjets unterstützen über Bulgarien, Jugoslawien, Albanien die kommunistischen Aufständischen in Nordgriechenland, die vor den Angriffen der Regierungstruppen immer wieder auf fremdes Gebiet ausweichen und nach Ergänzung ihrer Verbände und Ausrüstung an anderer Stelle von neuem vorstoßen. Erst die Unterstützung, die Griechenland von den Vereinigten Staaten gewährt wird, und der Bruch zwischen Jugoslawien und Rußland ermöglichen der griechischen Regierung die Niederwerfung der kommunistischen Revolte. Das Land gehört zu den Gebieten, die unter dem Krieg und seinen Folgen am schwersten gelitten haben. Der Bürgerkrieg verschlingt mehr Opfer, als der heldenmütige Kampf des griechischen Volkes gegen die italienisch-deutsche Invasion gefordert hatte. Viele tausende griechischer Kinder werden, wie schon vor dem zweiten Weltkrieg viele spanische Kinder, in die Sowjetunion verschleppt. Als einzigen Landgewinn bringt das Königreich aus dem Kriege den Dodekanes ein, den Italien seit 1912 besetzt hielt. Die Türkei, die es verstanden hatte, während des Krieges ihre Neutralität zu wahren, und die mit ihrer gutgerüsteten und starken Armee unter Umständen in der letzten Phase des Krieges hätte eine Rolle spielen können, wenn die Alliierten, wie Churchill wollte, auf dem Balkan statt in Italien gelandet wären, sieht sich nach dem Kriege einer äußerst schwierigen Lage gegenüber. Im Nordosten und im Nordwesten grenzt sie an die Machtsphäre der Sowjetunion, die außerdem von Nord-Iran her die Provinz Turkistan bedroht. Die Sowjets erheben ziemlich unverblümt Forderungen nach Revision des Meerengenstatuts, nach Stützpunkten an den Dardanellen, ja auch nach größeren Gebieten an der Küste des Schwarzen Meeres. Erst die Verkündung der Truman-Doktrin vermindert den sowjetrussischen Druck auf die Türkei. Innerpolitisch vollzieht sich nach dem Kriege in der Türkei ein Wandel, insofern die seit Jahrzehnten autoritär herrschende Partei des Staatsgründers Kemal Atatürk und seines Nachfolgers Ismet Inönü von der demokratischen Partei im Wahlkampf geschlagen und gezwungen wird, der Staatsführung zu entsagen. Die Interessen der arabischen Staaten sind vor allem Palästina zugewandt, wo sie sich allerdings auch überschneiden. In Palästina werden nach dem Rückzug der Engländer 1948 ein jüdischer und ein arabischer Staat gebildet. Jerusalem soll nach einem Beschluß der Vereinten Nationen eine Enklave werden. Die Kämpfe kommen lange nicht zur Ruhe, da sowohl die arabischen Nachbarstaaten die Tätigkeit mohammedanischer Partisanen unterstützen, als auch jüdische Terrorgruppen gegen die Araber und die europäischen Mächte und schließlich gegen die Vermittler der Vereinten Nationen vorgehen. Im Herbst 1948 fällt der schwedische Graf Folke Bernadotte, der als Friedensvermittler der UN dem Interesse Palästinas uneigennützig dient, einem jüdischen Mordanschlag zum Opfer. Sein Nachfolger, der amerikanische Neger Bunche, erreicht endlich eine gewisse Beruhigung, ohne daß über die Stellung Jerusalems ein allseits befriedigendes Einvernehmen erzielt würde. Für seine Tätigkeit erhält Bunche 1950 den Friedensnobelpreis. Der Niedergang der britischen Macht im Nahen Orient zieht notwendig ein Wachsen des sowjetischen Einflusses nach sich, dem sich besonders in den Erdölgebieten von Iran, Irak und Arabien die USA immer entschiedener entgegenstellen. Die Sowjets werden durch diplomatischen Druck zur Räumung Nordirans gezwungen, hören aber nicht auf, das Gebiet zu beunruhigen. Einzelne Strömungen unter den Arabern, so etwa der ägyptische Nationalismus, unterstützen in kritischen Lagen die russische Politik, um den angelsächsischen Mächten Schwierigkeiten zu bereiten. Wiederholt versucht die russische Politik, alte Bestrebungen der zaristischen Diplomatie wieder aufzunehmen und russische Stützpunkte im Mittelmeer zu errichten. Man fordert Anteil an der Beute in Tripolis, Beteiligung an der Herrschaft über den Suezkanal, Stützpunkte in Palästina oder Syrien. Bei der Verteilung der italienischen Flotte gewinnt die Sowjetunion einige größere Schiffseinheiten. Sichtbare Erfolge sind ihrer Mittelmeerpolitik aber nicht beschieden.

## *Kommunistischer Druck auf den Westen*

*346* Erobert der Kommunismus in Ostasien ein ungeheures Reich mit Waffengewalt, arbeitet er im Nahen Orient zwischen Iran und Ägypten mit diplomatischen und propagandistischen Methoden, jede Spannung und jeden Konflikt geschickt ausnützend, die nationalrevolutionären Bewegungen nährend, so glaubt er, den europäischen Westen in raschem Anlauf durch eine unmittelbare politische Offensive der kommunistischen Partei nehmen zu können. Frankreich ist zwar, dank der Politik zweier Männer sehr entgegengesetzter Prägung, stärker aus dem Krieg hervorgegangen, als man ursprünglich erwarten durfte. Die Politik des Marschalls Pétain hat das von den Deutschen besetzte französische Mutterland vor völliger Zerstörung bewahrt und die Vernichtungspläne gewisser deutscher Kreise durchkreuzt. Die Politik des Generals de Gaulle hat verhindert, daß die französischen Kolonialgebiete von Großbritannien annektiert oder daß sie zu selbständigen Nationalstaaten wurden. General de Gaulle erreicht nach dem Kriege die Anerkennung Frankreichs als Großmacht und seine Einschaltung in den Deutschland regierenden Kontrollrat sowie die Teilnahme französischer Truppen an der Besetzung Deutschlands. Dennoch befindet sich Frankreich in einer schweren Krise. Das Volk leidet Mangel, die Aufgaben des Wiederaufbaus scheinen die Kräfte der Nation zu übersteigen. Der Kampf gegen die Kollaborateure, gegen die zunächst mit sehr harten Urteilen, in sehr vielen Fällen mit Todesstrafe vorgegangen wird, verschärft die politischen Gegensätze. Die Kommunisten, die im Jahre 1940 von Hitler forderten, daß er sie an der Vichy-Regierung teilnehmen lasse, versuchen in Frankreich wie auch in anderen Ländern, die Abrechnung mit den Kollaborateuren zu ihren Gunsten zu nützen. Sie bezichtigen jeden Gegner des Kommunismus der Kollaboration mit dem Faschismus, empfehlen sich dem Volke als die Hüter der nationalen Ehre und die Garanten der nationalen Sicherheit und versuchen, über den Kampf gegen Faschismus und Kollaboration an die Macht zu kommen. Unter den französischen Widerstandskämpfern (Les Maquisards) hatte es verschiedene Schattierungen gegeben, von der katholischen bis zur kommunistischen Résistance. Nun werden die Gegensätze sichtbar. Während auf der französischen Rechten zum erstenmal seit vielen Jahrzehnten eine sehr starke, sozial fortschrittliche katholische Partei entsteht, der

Mouvement Républicain Populaire (MRP), wächst auf der Linken die Zahl der Kommunisten. Die so lange am Ruder gewesenen bürgerlichen Linksparteien und die Sozialisten verlieren an Zahl und Bedeutung. Bei der Volksabstimmung über eine neue Verfassung zeigt die französische Nation aber den gesunden politischen Instinkt, den sie in schwierigen Lagen so oft bewährt hat. Sie lehnt die Verfassung, die dem Abgeordnetenhaus die gesamte Staatsmacht ausliefern wollte, mit großer Mehrheit ab und erzwingt eine Verfassung, bei der wie in der Dritten Republik der Senat ein Gegengewicht gegen die Kammer bildet. Die provisorische Regierung des Generals de Gaulle wird von einem Regime abgelöst, in dem der MRP mit Bidault an der Spitze lange Zeit die Führung behält. Die Prozesse gegen Pierre Laval, der zum Tode verurteilt und erschossen wird, und gegen den greisen Marschall Pétain, den man zu lebenslänglicher Haft verurteilt, wühlen die Nation auf. Der Kommunismus scheint zeitweise nahe daran, die Macht zu ergreifen. Erst die großzügige Hilfe, die Amerika nach dem Marshall-Plan den europäischen Völkern gewährt, beseitigt in Frankreich die Voraussetzung eines kommunistischen Sieges.

Auch Italien leidet unter den Folgen von Krieg, Bürgerkrieg und Niederlage. Im Frühjahr 1948 geht es bei den Parlamentswahlen um die Entscheidung, ob Italien kommunistisch werden oder sich als europäisch-christliches Land bewähren soll. Der Papst selbst greift in den Kampf ein und erklärt das Fernbleiben von der Wahl als Sünde. Die christlich-demokratische Partei erringt den Sieg über die Kommunisten und die mit ihnen verbündeten Linkssozialisten. Der Führer der christlichen Demokraten, de Gasperi, bildet die Regierung und vermag mit Hilfe der amerikanischen Kredite die Wirtschaft Italiens in Gang zu bringen. Durch eine Volksabstimmung war in Italien bald nach dem Kriege, mit allerdings sehr knapper Mehrheit, die Monarchie beseitigt und die Republik eingeführt worden. Bestrebungen einzelner Politiker, die faschistische Bewegung wieder aufleben zu lassen, haben nur vorübergehend und geringen Erfolg. Soziale Krisen, vor allem in Unteritalien und Sizilien, stellen dagegen eine schwere Gefahr dar, die de Gasperi durch eine Bodenreform zu bekämpfen sucht, für die Italien seit Jahrzehnten reif ist.

Am raschesten hat Belgien die Kriegsfolgen wirtschaftlich überwunden. Die Niederlande dagegen sehen sich durch den Verlust ihres Kolonialreiches und lange Zeit durch den Ausfall des deutschen Marktes einer schwer zu behebenden Notlage gegenüber. Mit dem Großherzogtum Luxemburg schließen sich die beiden niederländischen Staaten zu der Benelux-Union, einem Zollbündnis, zusammen, das vorübergehend als Lösung vieler Schwierigkeiten erscheint, dessen Durchführung sich aber als schwierig erweist. Für Belgien bringt das Jahr 1950 eine innerpolitische Erschütterung, die es nahe an den Bürgerkrieg führt. König Leopold III., den die nach London geflüchtete belgische Regierung 1940 wegen der Kapitulation für abgesetzt erklärt hatte, kehrt 1950 auf Grund einer Volksabstimmung, bei der 58 Prozent der Bevölkerung und der größte Teil der Provinzen für seine Wiedereinsetzung gestimmt hatten, in sein Land zurück. Die

Sozialdemokraten, die in dem König den Vertreter einer konservativen und christlich-sozialen Richtung sehen, entfesseln Terroraktionen und Streiks („Spaakismus"). Um Blutvergießen zu vermeiden, weicht der König der Gewalt und verzichtet auf die Regierung zugunsten seines Sohnes Baudouin.

In Nordeuropa erholt sich Norwegen verhältnismäßig rasch von den Folgen des Krieges, während Dänemark mit wirtschaftlichen Schwierigkeiten zu kämpfen hat und die Bedrohung durch Rußland von der Ostsee her stärker empfindet. Beide Staaten entscheiden sich politisch für den Westen, während Schweden zwischen dem sowjetischen und dem atlantischen Block eine neutrale Stellung zu behaupten sucht. Es berücksichtigt dabei auch die bedrohte Lage Finnlands, das sehr leicht zum Faustpfand der Sowjets werden könnte. Die Lage Schwedens, mit dem Blick auf die sowjetisch beherrschte Ostsee, mit seiner auf den Export nach Rußland angewiesenen großen Industrie, ist aber unerquicklich, solange die Spannung zwischen West und Ost besteht. Der Kommunismus gewinnt in Schweden nach dem Krieg zunächst an Boden, erleidet aber dann schwere Rückschläge, während die Sozialdemokratie, hier wie in Dänemark und Norwegen seit vielen Jahren Regierungspartei und auf einen gemäßigten Kurs der sozialen Reform festgelegt, ihre Stellung behauptet.

Allen europäischen Nationen wird es seit 1946 immer deutlicher, daß die Ausschaltung Deutschlands aus Europa zum Untergang des alten Kontinents führen müßte und daß nicht die dauernde Verarmung, Entmündigung und Wehrlosigkeit des deutschen Volkes, sondern der möglichst schnelle Wiederaufbau seiner Wirtschaft und die Wiederherstellung seiner Souveränität die Sicherheit und den Wohlstand Europas verbürgen.

### *Deutschland nach der Kapitulation*

347  Die Potsdamer Konferenz hatte grundsätzlich beschlossen, daß die Grenzen Deutschlands erst durch einen Friedensvertrag festzusetzen seien. Zugleich aber hatte sie die Abtretung des nördlichen Ostpreußens mit Königsberg an die Sowjetunion zugestanden und die Gebiete östlich der Oder-Neiße-Linie der polnischen Verwaltung unterstellt. Aus dieser Lösung entsteht eine der vielen Streitfragen, die sich zwischen den Westmächten und der Sowjetunion aus der Liquidierung des Krieges ergeben haben. Während die Westmächte im Laufe der Jahre immer nachdrücklicher die Auffassung vertreten, daß die deutschen Ostgebiete den Polen nur vorläufig überlassen seien und daß man im Friedensvertrag Deutschland wenigstens einen Teil dieser Gebiete zurückgeben müsse, erklären Polen und die Sowjetunion, wie auch die kommunistische Partei in Deutschland, daß die Abtretung endgültig und daß die Oder-Neiße-Linie eine „Friedensgrenze" sei. Deutschland verliert im Osten durch die Regelung der Potsdamer Konferenz 104 000 Quadratkilometer Landes, nahezu ein Fünftel des Gebietes, das Deutschland 1937 umfaßt hat, rund ein Viertel der landwirtschaftlichen Nutzfläche des alten Reichsgebietes. Die Ernährung Westdeutschlands, das den größten Teil der

ehemaligen Bewohner des abgetrennten Ostens aufnehmen muß, wird durch den Verlust der Agrargebiete und die Erhöhung der Bevölkerungszahl überaus schwierig. Da die Beschlüsse der Sieger auch eine beträchtliche Einschränkung der deutschen Industrie fordern, entsteht aus dem Zwang zu steigender Ausfuhr, die allein den Nahrungsmittelbedarf Deutschlands decken könnte, und aus der Demontierung der Industrie ein unlösbarer Widerspruch. Die Demontagen sollen zugleich den Zweck von Reparationen erfüllen in der Form, daß die demontierten Fabrikeinrichtungen den im Kriege geschädigten Staaten überlassen werden. Nur zum geringsten Teil sind sie diesem Zweck zugeführt worden. Ein Großteil der demontierten Maschinen wurde noch während des Abbaus unbrauchbar, andere litten unter dem Transport und dem Lagern so, daß ihre Aufstellung nicht mehr zweckmäßig war. Tatsächlichen Nutzen hat aus der deutschen Demontage nur die Sowjetunion gezogen, die in den Ostgebieten rücksichtslos alles, von den Fabrikeinrichtung bis zur Eisenbahnschiene, von der Ausstattung Leipziger Großdruckereien (wie Reclam und Drugulin) oder der Jenaer Zeiß-Werke bis zum Haushaltgerät und zum Fensterriegel, demontierte und nach Rußland führte. Außerdem erhält die Sowjetunion bis 1948 Reparationen in Form von demontierten Maschinen aus dem Westen. Großbritannien profitiert an den deutschen Demontagen insofern, als es wichtige Konkurrenzindustrien ausschaltet. 1946 enthält die Liste der zu demontierenden Betriebe 2000 Namen, 1947 beschränkt man sich auf 900, 1948 tritt ein Demontage-Stop ein, 1950 werden die Demontagen eingestellt. Sie haben Deutschland nicht nur schweren wirtschaftlichen Schaden zugefügt, sondern auch unter den betroffenen Arbeitern Verbitterung ausgelöst. Die Kommunisten benutzten die Empörung der westdeutschen Arbeiter über die Demontagen zu ihrer Agitation, obwohl die Sowjetunion nicht nur selbst weit stärker demontiert hat, sondern auch von Westdeutschland eine Kriegsentschädigung von zehn Milliarden Dollar verlangt.

In Deutschland werden vier Besatzungszonen gebildet. Die östliche, von Rußland besetzte Zone reicht über die Elbe und die Saale bis ins westliche Thüringen; Nordwestdeutschland wird von den Briten (später zum Teil von Holländern und Belgiern) besetzt; ein Teil des linksrheinischen Gebietes und rechts des Rheins Südbaden und Südwürttemberg werden französische Zone, der Rest ist amerikanisches Besatzungsgebiet. Die vier Besatzungsmächte bilden gemeinsam den Kontrollrat, der in Deutschland die Souveränität ausübt. Eine der Hauptaufgaben, die sich die Alliierten stellen, ist die Umerziehung des deutschen Volkes zu demokratischer Gesinnung. Sie soll mit der Beseitigung des Nationalsozialismus und Militarismus (Entnazifizierung) verbunden werden. Die vier Besatzungsmächte gehen aber völlig verschieden vor. Die Sowjetunion versteht unter Umerziehung die gewaltsam durchgeführte Erziehung zum Kommunismus. Die britischen Besatzungsbehörden kümmern sich verhältnismäßig wenig um das politische und kulturelle Leben; die französischen treiben eine zielbewußte und gutgelenkte Kulturpropaganda, begünstigen den deutschen Föderalismus und verhalten sich bei der Entnazifizierung großzügig, in der amerikanischen Zone sucht man in allen diesen Fragen mit großer Systematik und sehr gründlich vorzugehen, erreicht aber das gewünschte Ziel nicht. Die Überantwortung der zu lösenden Aufgaben an deutsche Emigranten, die in amerikanischen Diensten arbeiten, erweist sich als Hemmnis. Man übersieht vielfach die historischen Bedingungen, die Macht der Überlieferung, die Gegensätze, die zwischen den in der Heimat verbliebenen Deutschen und den Emigranten bestehen. Eine wesentliche Ursache für die Irrtümer der Besatzungspolitik ist die Unklarheit darüber, was eigentlich Nationalsozialismus ist und welches seine Gegner waren. Die Opposition gegen den Nationalsozialismus war im konservativen Lager am stärksten gewesen. Die Besatzungsmächte aber sehen gerade in den deutschen Konservativen Parteigänger Hitlers und begünstigen die Linksparteien, in denen sie die „Antifaschisten" erblicken. Das kommt nicht nur der Sozialdemokratie zugute, sondern auch den Kommunisten, die in der Presse, im Rundfunk und im Erziehungswesen eine große Rolle spielen, obwohl sie vom deutschen Volk abgelehnt werden. Die Deutschen begreifen weit besser als die Sieger, daß Nationalsozialismus und Kommunismus weitgehend gleichen Ursprungs sind und gleiche Ziele haben. Die Mitarbeit der Kommunisten an der Entnazifizierung nimmt dieser in den Augen der Deutschen von allem Anfang an die moralische Autorität. Der Versuch, Anhänger und Mitläufer des Nationalsozialismus nach einem komplizierten und rein formalistischen System in Gruppen einzustufen, die allen juristischen Überlieferungen widersprechende Forderung an den Beschuldigten, den Beweisstoff selbst heranzutragen, die Unzulänglichkeit der Sühnemaßnahmen wecken in allen Kreisen Unzufriedenheit. Die Gegner des Nationalsozialismus weisen darauf hin, daß dessen Schuld nicht annähernd gesühnt wurde, daß die Opfer des Hitlerregimes in vieler Beziehung schlechter daran sind als seine Anhänger, die Masse der ehemaligen Parteigenossen behauptet, daß die wirklich Schuldigen weniger bestraft wurden als die Mitläufer, und die große Mehrheit des Volkes ist der Überzeugung, daß durch die Entnazifizierung niemandem gedient, der Demokratie aber eher geschadet wurde. Der Versuch, eine Revolution oder besser Konterrevolution, die 1944 mißlungen war, und 1945 nicht nachgeholt werden konnte, weil die Sieger Deutschland zur bedingungslosen Kapitulation zwangen, durch gesetzliche und bürokratische Maßnahmen nachzuholen, ist im großen und ganzen gescheitert. Bei der Umerziehung des deutschen Volkes legte man sich großenteils auf Äußerlichkeiten fest und unterließ es vor allem, sinnvoll an die Überlieferungen und Ideen anzuknüpfen, die in der Geschichte des deutschen Volkes die Grundlage für eine demokratische Entwicklung bilden können.

## *Der Wiederaufbau*

348 Der Wiederaufbau des politischen Lebens in Deutschland sollte nur langsam und in Etappen von unten nach oben erfolgen. Dieser Plan der Alliierten ging von der richtigen Voraussetzung aus, daß die Deutschen in dem überschaubaren

Kreis der Gemeinde oder des Bezirkes zuerst wieder Interesse für das politische Leben finden und lernen sollten, die Spielregeln der Demokratie anzuwenden. Hier ergab sich auch tatsächlich eine Anknüpfung an alte Formen der Gemeindedemokratie. Endlich kam dieser Plan dem zweifellos stärksten Bedürfnis der deutschen Bevölkerung entgegen, sich nach den Jahren der Tyrannis von dem lauten politischen Getriebe zu erholen. Der Widerwille gegen jede Art Propaganda, Kundgebungen, Aufmärsche, politische Agitation war im deutschen Volk allgemein. Man sehnte sich danach, sein Privatleben führen zu können, und wünschte keine politischen Kämpfe. Allerdings vollzog sich die Politisierung des Lebens dann sehr viel rascher, als die Alliierten ursprünglich geplant hatten. In der Sowjetzone wurden politische Parteien zugelassen, worauf die anderen Zonen folgten. Da die Parteien zunächst, wie übrigens auch das gesamte Geschäftsleben, lizenziert waren, gerieten sie bei den Wählern sofort in Mißkredit, wurden als Organe der Besatzungsmacht angesehen und nicht als Träger des politischen Willens des deutschen Volkes anerkannt. Das änderte sich erst, als die Lizenzierung gelockert und eine größere Zahl von Parteien zugelassen wurde. Die zu früh erfolgte Neubildung von Parteien hatte auch die abträgliche Wirkung, daß zunächst einfach die alten Parteien, die vor 1933 bestanden und die im Kampf gegen den Nationalsozialismus versagt hatten, wieder auf dem Plan erschienen. Diese Parteien waren zum großen Teil mit einer sehr alten Tradition belastet, sie wurden auch vielfach noch von Männern geführt, die den Aufgaben der neuen Zeit kaum gewachsen waren, da sie in den vor 1933 geprägten Formen dachten. Die sogenannte Entnazifizierung wirkte sich ungünstig auf das politische Leben aus. Der größte Teil der wirklichen Widerstandskämpfer, der politisch interessierten Menschen und jener Deutschen, die unter der nationalsozialistischen Tyrannis für eine Erneuerung des demokratischen Rechtsstaates gewirkt oder über sie ernstlich nachgedacht hatten, war wegen formeller Belastung vom politischen Leben ausgeschlossen. Die „Attentisten", die sich 1933 oder später mit irgendeiner Rente oder mit einem bürgerlichen Beruf ins Privatleben zurückgezogen, geschwiegen oder gewartet hatten, bis das Hitlerregime durch die militärische Niederlage zusammenbrach, hatten „weiße Fragebogen" und spielten jetzt im politischen Leben eine Rolle, obwohl es ihnen an Erfahrung, Ideen und Mut fehlte. Ähnlich lagen die Verhältnisse in Presse- und Verlagswesen, das auch auf dem System der Lizenzen aufgebaut war. Da die Militärregierungen bei der Auswahl der Lizenzträger und Journalisten einen besonders strengen Maßstab anlegten, wurden die Lizenzen vielfach an Leute ausgegeben, die keinerlei Eignung für ihren Beruf mitbrachten und ihn nur als Gelegenheit zum Geldverdienen ansahen. So wurde das Volk frühzeitig mit Mißtrauen gegen die Presse erfüllt, das Ausland aber durch eine Presse, die nicht dem Volkswillen entsprach, über die Stimmung in Deutschland oft getäuscht.

In den Gemeinden, Kreisen und Ländern wurden schon 1946 Wahlen abgehalten und Vertretungen gebildet. Die Länder gaben sich Verfassungen. Die Auffassungen darüber, welche Rechtsstellung die Länder haben sollten, gingen bei den

Alliierten selbst weit auseinander. Die Franzosen wünschten den Ländern den Charakter von Staaten zu geben. Die Amerikaner betonten dies zunächst auch, änderten ihre Haltung aber und traten später für eine starke Bundesgewalt ein. Es spielte eine Rolle, daß die Amerikaner bei der Bestimmung, daß die Länder den Charakter von Staaten haben müßten, augenscheinlich an die Staaten der amerikanischen Union dachten, die ebenso wie die deutschen Länder und die Schweizer Kantone keine völkerrechtlichen Subjekte sind. In den drei westlichen Besatzungszonen wurden elf Länder gebildet: Bayern, Württemberg-Baden, Südwürttemberg-Hohenzollern, Südbaden, Rheinland-Pfalz, Nordrhein-Westfalen, Hessen, Niedersachsen, Schleswig-Holstein, Bremen und Hamburg. In der Ostzone entstanden folgende Länder: Freistaat Sachsen, Sachsen-Anhalt, Thüringen, Brandenburg, Mecklenburg. Berlin, das nach den Potsdamer Beschlüssen in vier Sektoren geteilt und von allen vier Mächten besetzt war, erhielt eine gemeinsame Viermächteverwaltung. 1947 wird die Auflösung des Staates Preußen ausgesprochen. Im Januar 1947 tagt auf Einladung des bayerischen Ministerpräsidenten Dr. Ehard in München die erste Konferenz der Ministerpräsidenten der deutschen Länder. Sie zeigt bereits den Gegensatz zwischen Westdeutschland und den unter sowjetrussischem Diktat stehenden Ländern der Ostzone. Im Januar 1948 wird aus der britischen und amerikanischen Besatzungszone die sogenannte Bizone geschaffen mit einer Vertretung und obersten Verwaltung (Länderrat, Wirtschaftsrat, Direktoren).

Gemäß ihrer Ankündigung, daß sie die Kriegsschuldigen und Kriegsverbrecher vor ein Gericht stellen würden, bilden die Alliierten einen eigenen Gerichtshof, der in Nürnberg die Kriegsverbrecherprozesse abwickelt. Einundzwanzig führende Männer des nationalsozialistischen Regimes werden in dem ersten großen Prozeß nach monatelangen Verhandlungen verurteilt. Es wird eine Reihe von Todesurteilen ausgesprochen und vollzogen (Ribbentrop, Keitel, Jodl, Streicher, Rosenberg, Seyß-Inquart, Frick, Sauckel, Kaltenbrunner, Frank). Ley beging im Gefängnis Selbstmord, Göring kurz vor der Hinrichtung. Bormann wurde in absentia verurteilt. Himmler hatte bereits 1945 bei seiner Verhaftung Selbstmord begangen. Gefängnisstrafen erhielten Heß, Funk und Raeder (lebenslänglich), Speer und Schirach (20 Jahre), Neurath (15 Jahre), Dönitz (10 Jahre). Papen, Schacht und Fritzsche wurden freigesprochen. Das deutsche Volk empfand auch diese Urteile, da sie vom Standpunkt der Alliierten aus gefällt wurden, nicht als gerechte Sühne. Man hatte in einigen Fällen härtere Urteile, in anderen mildere erwartet. Was dem Ansehen des Gerichtshofes vor allem schadete, und seine moralische Legitimation zweifelhaft erscheinen ließ, war die Teilnahme der Sowjetrussen an dem Gericht. Während dieses noch tagte, war bereits eine Unzahl von Kriegsverbrechen bekannt geworden, die von den Sowjets begangen wurden. Täglich wurden neue Verbrechen gegen die Deutschen in Polen, der Tschechoslowakei, und in der Ostzone, gegen deutsche Kriegsgefangene in Jugoslawien und in der Sowjetunion verübt. Es war Einsichtigen schon damals klar, daß die Ermordung tausender polnischer Offiziere im Kriegsgefangenenlager von

Katyn, die man in Nürnberg den Deutschen zur Last zu legen versuchte, tatsächlich von den Russen begangen worden sind. Auch die weiteren Prozesse gegen Kriegsverbrecher und ihre Hinrichtung (in Landsberg in Bayern) führten zu heftigen Protesten deutscher Stellen, vor allem auch kirchlicher Würdenträger. Der Prozeßführung wurde vorgeworfen, mit ähnlichen Methoden gearbeitet zu haben wie die Gestapo. Eine amerikanische Begnadigungskommission hat später eine Reihe dieser Urteile aufgehoben oder gemildert.

Deutsche Kriegsgefangene wurden nach dem Kriege sehr lange Zeit in den Siegerländern festgehalten. Ungewißheit herrschte vor allem über das Schicksal von Millionen deutscher Gefangener in Rußland. Die Heimkehrer berichteten über schlechte Behandlung der Gefangenen, über Vernichtungs- und Schweigelager, Hunger und politischen Terror. 1950 erklärt die Sowjetunion, sie habe nunmehr alle deutschen Gefangenen entlassen, obwohl nach ihren eigenen früheren Zahlenangaben noch mindestens eine Million deutscher Gefangener zurückgehalten werden.

## Von der Hungersnot zur Währungsreform

**349** Die Ernährungslage der deutschen Bevölkerung ist bis 1948 überaus schlecht. Die durchschnittlich zur Richtschnur genommene Kalorienmenge bleibt meist auf dem Papier. Katastrophal ist vor allem die Versorgung mit Fett, es mangelt aber auch an Brot und zeitweise sogar an Kartoffeln. Deutsche und alliierte Stellen schieben einander gegenseitig die Verantwortung für die Unterernährung und ihre gefährlichen Folgen für die Volksgesundheit zu. Trotz amerikanischer Lieferungen, die 1947 und 1948 eine beträchtliche Höhe erreichen, ist die Masse des deutschen Volkes der Überzeugung, daß sie im Sinne des Morgenthauplanes ausgehungert werden soll. Die Lage wird um so drückender empfunden, als sich seit dem Kriege in Deutschland Hunderttausende von sogenannten verschleppten Personen (DP = Displaced Persons) aufhalten, die von den Hilfsorganisationen UNRRA und (später) IRO unterstützt und mit amerikanischen Lebensmitteln sehr gut versorgt werden. Ihre Zahl vermehrt sich dauernd, da zu ihnen nicht nur die tatsächlich von den Deutschen während des Krieges nach Westen verschleppten Personen gezählt werden, sondern auch die zahlreichen Polen, Balten, Madjaren, Juden und später Tschechen, die aus dem sowjetisch besetzten Gebiet fliehen, weil sie sich politisch gefährdet glauben oder weil sie wirtschaftlich nicht genug Bewegungsfreiheit haben. Sie unterstehen in Deutschland der Justiz und der Polizeigewalt der Besatzungsmächte, so daß die deutsche Polizei gegen sie machtlos ist. Ein großer Teil von ihnen treibt einen schwungvollen Handel mit Waren, die der deutschen Bevölkerung auf reguläre Weise nicht zugänglich sind, aber im Tauschverkehr (Schwarzhandel) erworben werden können. Das Vorhandensein des „Schwarzen Marktes" bei gleichzeitiger Unterernährung der deutschen Bevölkerung, das Elend der verjagten Ostdeutschen neben dem Treiben der sogenannten Verschleppten wirken demoralisierend auf die Deutschen. Dabei wird auf deutscher Seite meist übersehen oder verschwiegen, daß auch sehr viele

Deutsche Schwarzhandel treiben und von ihm leben, daß überhaupt weite Kreise des deutschen Volkes in diesen schwersten Notzeiten Mangel an Opfermut, nationaler Disziplin und Solidarität zeigen.

Am 22. Juni 1948 wird durch ein alliiertes Gesetz eine neue deutsche Währung geschaffen. Die vorhandenen Reichsmark (RM) werden im Verhältnis 10:1 in Deutsche Mark (DM), allerdings nur bis zu einer Kopfquote von 60 DM umgetauscht. Das Volk empfindet die ohne Rücksicht auf soziale Gesichtspunkte durchgeführte Währungsreform als ungerecht. Sie trifft die armen Volksschichten besonders hart. Sie begünstigt die Warenbesitzer, die vor der Währungsreform auf verbrecherische Weise Sachgüter gehortet haben und sie nach dem Stichtag verkaufen. Schon wenige Tage nach der Währungsreform befinden sich in den Händen vieler Händler Beträge von vielen tausend D-Mark.

So hart die Währungsreform einen Teil des deutschen Volkes trifft, so günstig wirkt sie sich für den Wiederaufbau der deutschen Wirtschaft aus. Ausfuhr und Einfuhr steigen, allerdings vor allem dank der aus den Mitteln des Marshallplans gewährten Kredite und Beihilfen. Im Frühjahr 1949 sind die meisten Engpässe der Versorgung überwunden. Das Festhalten an der freien Marktwirtschaft ermöglicht den raschen Abbau der Lebensmittelrationierung. Die Erholung macht schnellere Fortschritte als vordem in den westlichen Ländern, und zeitweise werden in England und Frankreich Stimmen laut, die sich gegen den raschen deutschen Wiederaufbau wenden, der dem deutschen Volk einen höheren Lebensstandard sichere, als ihn die westlichen Völker hätten.

*Die Bundesrepublik*

350 Zu gleicher Zeit beginnt auch der staatliche Wiederaufbau Deutschlands. Im September 1948 tritt in Bonn der Parlamentarische Rat zusammen, der aus Delegationen der Länder gebildet ist. Er berät bis zum Frühjahr 1949 eine vorläufige Verfassung für die drei Westzonen. Ein Teil der deutschen Parteien, vor allem die deutsche Sozialdemokratie, nimmt zunächst nur widerstrebend am politischen Wiederaufbau teil, da man die Ansicht vertritt, es müsse vorher ganz Deutschland vereinigt sein. Die Bildung eines westdeutschen Staates würde, wie man glaubt, ein Präjudiz schaffen und die Zerreißung Deutschlands verewigen. Im Dezember 1948 vereinbaren die westlichen Nachbarn Deutschlands und Amerika das Ruhrstatut, das eine internationale Verwaltung der Ruhrkohlenwirtschaft mit deutscher Beteiligung vorsieht. Die deutsche Stahlproduktion wird auf 11,1 Millionen Tonnen jährlich festgesetzt. Die Alliierten bilden ein militärisches Sicherheitsamt zur Überwachung der deutschen Entmilitarisierung. Im April 1949 wird das Besatzungsstatut veröffentlicht, das die Funktionen der Besatzungsbehörden gegen die Rechte des deutschen Bundes abgrenzt und die Militärgouverneure durch zivile Hohe Kommissare ersetzt. General Lucius Clay, der bisherige amerikanische Gouverneur, wird durch John McCloy abgelöst (britischer Kommissar Sir Brian Robertson, 1950 Sir Ivone Kirkpatrick, französischer Kommissar André François-Poncet). Dem parlamentarischen Rat gegen-

über vertreten die Alliierten lange Zeit den Standpunkt, Westdeutschland müsse ein echt föderalistisches Staatswesen werden. Am 20. April 1949 verkündet der Führer der deutschen Sozialdemokraten, Dr. Kurt Schumacher, in ultimativer Form, daß seine Partei das Grundgesetz nur annehmen werde, wenn es sechs von der Sozialdemokratie genannten Bedingungen entspricht. Die föderalistische Mehrheit des Parlamentarischen Rates sieht sich in diesem Augenblick aber nicht nur der Gefahr gegenüber, daß die Sozialdemokratie die Bildung eines westdeutschen Staates unmöglich macht, sondern sie wird auch von den Alliierten im Stich gelassen. Die französische Ansicht ist unterlegen, die Vertreter der USA beugen sich den Wünschen der Briten, die Sozialdemokratie setzt ihre Forderungen durch. Am 23. Mai wird das Grundgesetz der Bundesrepublik Deutschland beschlossen, das den Wünschen der Zentralisten weitgehend entgegenkommt. Es ist allerdings ein vorläufiges Verfassungsgesetz, dem auch die Sanktion durch eine Volksabstimmung fehlt. Die Landtage, mit Ausnahme des bayrischen, stimmen dem Grundgesetz zu. Die leitenden Organe der Bundesrepublik sind: der Bundestag, der aus allgemeinen Wahlen hervorgeht, der Bundesrat, der sich aus Vertretern der Länderregierungen zusammensetzt, und mit rein repräsentativer Funktion der Bundespräsident, den der Bundestag in Gemeinschaft mit einer an Zahl gleich starken Delegation der Landtage (Bundesversammlung) wählt. Der Bundestag wählt den Bundeskanzler, der die Grundlinien der Bundespolitik bestimmt und verantwortet und seine Minister im Einvernehmen mit der Bundestagsmehrheit bestimmt. Wichtig ist die Bestimmung, daß der Bundeskanzler nur dann von einer Opposition gestürzt werden kann, wenn diese imstande ist, eine neue Regierung zu bilden. Zum Kanzler wird nach den Wahlen vom 14. August 1949 der Führer der stärksten Fraktion, der Christlichdemokratischen Union (vereinigt mit der Christlichsozialen Union Bayerns), Dr. Konrad Adenauer, gewählt. Dr. Adenauer hat vor dem Sieg des Hitlerregimes der Zentrumspartei angehört, war viele Jahre Oberbürgermeister von Köln und Vorsitzender des Städtetages. Er bildet die Regierung aus Vertretern der CDU/CSU, der Freien Demokratischen Partei und der Deutschen Partei (Kleine Koalition). Die zweitstärkste Partei, die Sozialdemokratie, bleibt in der Opposition. Im Bundestag sind außerdem die Bayernpartei, die ebenfalls aus Bayern kommende Wirtschaftliche Aufbauvereinigung (Loritz), die Deutsche Reichspartei und die Kommunisten vertreten. Zum Bundespräsidenten wird Professor Dr. Theodor Heuß gewählt. Ein Verfassungsgericht wird eingesetzt, zur Bundeshauptstadt vorläufig Bonn bestimmt. Der erste Vertrag, den die Bundesrepublik schließt, ist das Abkommen mit den Vereinigten Staaten über Deutschlands Teilnahme am Marshallplan.

In der russisch-besetzten Ostzone wird bald nach der Bildung der Bundesrepublik eine Deutsche Demokratische Republik mit dem Kommunisten Wilhelm Pieck als Präsidenten, dem Kommunisten Grotewohl als Ministerpräsidenten gebildet. Sie ist völlig von der Sowjetunion abhängig, ihre Regierung nur ein ausführendes Organ der russischen Besatzungsmacht. Allgemeine Wahlen in der

Sowjetzone finden zunächst nicht statt. Erst im Oktober 1950 führt man, nachdem vorher die Bolschewisierung des Landes mit gewaltsamen Mitteln vorangetrieben worden ist, eine Abstimmung durch, bei der nur eine einzige Liste vorliegt, die von Anfang an eine siebzigprozentige kommunistische Mehrheit sichert. Die Bundesrepublik Deutschland bestreitet den Machthabern der sogenannten Deutschen Demokratischen Republik das Recht, im Namen Deutschlands zu sprechen, und der Ostzone den Charakter eines eigenen Staates. Wesentliche Fortschritte macht die Entwicklung der deutschen Bundesrepublik zum souveränen Staat im Jahre 1950. Sie hängen aufs engste mit der weltpolitischen Entwicklung zusammen.

## Die Vereinten Nationen

*351* Während in Europa und Ostasien die letzten Schlachten geschlagen wurden, versammelten sich in San Francisco die Vertreter von 51 Staaten, um eine Weltsicherheitsorganisation zu schaffen, die im Sinne des Präsidenten Roosevelt den Frieden in einer geeinten Welt gewährleisten sollte. Am 26. Juli 1945 wird die United Nations Organisation (UNO) gegründet, die später unter dem Namen United Nations (UN) auftritt. Die Organe der UN sind: die Vollversammlung, die mindestens einmal jährlich tagt und ihre Beschlüsse mit Zweidrittelmehrheit faßt, der Sicherheitsrat aus fünf ständigen und sechs alle zwei Jahre gewählten Mitgliedern; seine Beschlüsse haben Gültigkeit, wenn die fünf Großmächte (USA, UdSSR, Großbritannien, Frankreich, China) und zwei weitere Mitglieder mit Ja stimmen. Weiter bestehen: einige Räte für besondere Aufgaben, ein internationaler Gerichtshof und der Generalsekretär (erster Sekretär der norwegische Sozialist Trygve Lie). Eine Weltbank zur Behebung der wirtschaftlichen Schwierigkeiten der Nachkriegszeit wird geschaffen. Ein internationaler Währungsfond dient dem gleichen Zweck. Dem Sicherheitsrat gelingt es, in verschiedenen Fällen (Triest, Indonesien, Palästina) zur Lösung internationaler Konflikte beizutragen oder sie mindestens zu vertagen. Sehr bald aber erweist sich das Vetorecht der Großmächte als ein schweres Hemmnis für die UN. Die Sowjetunion macht immer häufiger davon Gebrauch und legt am Ende die Vereinten Nationen völlig lahm. Der sowjetische Vertreter verläßt den Sicherheitsrat. Der Sieg des Kommunismus in China schafft eine weitere Schwierigkeit, da nunmehr beide chinesischen Regierungen den Sitz im Sicherheitsrat beanspruchen. Erst der Angriff der Kommunisten auf Südkorea klärt die Lage. Der Weltsicherheitsrat beschließt ohne die Sowjetunion und, nachdem diese ihren Vertreter Malik wieder in die Sitzungen entsendet, gegen sie die militärischen und politischen Maßnahmen zur Niederwerfung der kommunistischen Armeen und zur Vereinigung und Befriedung Koreas.

Der Gegensatz zwischen der Sowjetunion und den Vereinigten Staaten, der sowohl ein Gegensatz der Staats- und Rechtsauffassung wie der wirtschaftlichen Systeme beider Mächte ist, kommt nicht nur in den Vereinten Nationen zum Ausdruck, sondern vor allem auch in der europäischen Politik, insbesondere in der Entwirrung der deutschen Nachkriegsprobleme. Man erkennt in Amerika, daß die Verelendung Europas von der Sowjetunion planmäßig gefördert und als ein Mittel zur Strategie im Kampf um die Weltherrschaft des Kommunismus benützt wird. Der amerikanische Außenminister George Marshall, der nach dem Rücktritt von Byrnes in das Statedepartement einzieht, entwirft 1947 einen Plan zum Wiederaufbau der europäischen Wirtschaft mit Hilfe amerikanischer Anleihen, Wirtschaftsbeihilfen und Sachlieferungen. Diesen Marshallplan nehmen die meisten westeuropäischen Nationen als Grundlage ihres Wiederaufbaues an. Die Sowjetunion und ihre Vasallenstaaten bekämpfen ihn als eine antisowjetische, angeblich der Kriegsvorbereitung dienende kapitalistische Organisation. Auf Grund des Marshallplanes (ERP = European Recovery Programm) wird die von dem amerikanischen Wirtschaftsfachmann Hoffman geleitete Economic Cooperation Administration gebildet. Bis 1952 sollen die europäischen Nationen imstande sein, ihre Einfuhren ohne amerikanischen Zuschuß zu bezahlen. Innerhalb der europäischen Teilnehmer wird eine Organisation der europäischen wirtschaftlichen Zusammenarbeit (Organization for European Economic Cooperation = OEEC) geschaffen. Durch den Marshallplan werden zunächst Frankreich und Italien in die Lage versetzt, den Kommunismus durch die Wiederbelebung ihrer Wirtschaft aufzuhalten. Auch für den raschen Wiederaufbau Westdeutschlands ist die Marshallplanhilfe ausschlaggebend. Amerika drängt gleichzeitig auf die wirtschaftliche und politische Einigung Europas, da nur diese eine dauernde Erholung der europäischen Wirtschaft und die Unabhängigkeit der europäischen Länder von amerikanischer Hilfe sichern kann. Im Mai 1949 wird ein Europarat gebildet, dem ein Ministerausschuß zur Seite steht. Als Sitz des Europarates wird Straßburg bestimmt. Im Sommer 1950 tritt Deutschland dem Europarat bei (im Ministerausschuß noch nicht vertreten). Den bedeutendsten Vorstoß in der Richtung auf die wirtschaftliche Einigung Europas unternimmt 1950 der französische Außenminister Schuman mit seinem Vorschlag der Vereinigung der europäischen Kohlen- und Stahlwirtschaft in einer überstaatlichen Organisation. Deutschland, Italien und die Benelux-Staaten nehmen den Vorschlag an und erklären sich bereit, auf einen Teil ihrer staatlichen Souveränität zugunsten der künftigen europäischen Wirtschaftsorganisation zu verzichten. Die britische Regierung lehnt die Teilnahme ab, da sie ebenso wie die sozialdemokratisch regierten Länder Skandinaviens von ihrer Souveränität nichts abgeben will. Das von der Arbeiterregierung Attlee geführte Großbritannien erweist sich als das stärkste Hindernis und der zäheste Gegner der europäischen Einigungsbestrebungen.

## Der britische Sozialismus

352 Die britische Arbeiterregierung hat seit ihrem Wahlsieg im Sommer 1945 die Wirtschaft ihres Landes weitgehend verstaatlicht (Bank von England, Kohlenbergbau, Luftfahrt, Elektroindustrie, Transportwesen, Eisen- und Stahlindustrie). Sie hat zugleich eine umfangreiche Sozialreform durchgeführt, die 25 Millionen

Teilnehmer umfaßt und sich in Arbeitslosen-, Alters-, Unfall-, Kranken-, Waisen- und Witwenversicherung gliedert. Ein staatlicher Gesundheitsdienst sichert allen Staatsbürgern kostenlose ärztliche Behandlung und die Versorgung mit Arzneimitteln. Der Lebensstandard der Bevölkerung ist durch diese Gesetze weitgehend nivelliert worden. Nur durch ein Programm der „Austerity" (Strenge, Härte), zu dessen Durchsetzung die Labourparty sich vielfach alter puritanischer Argumente bedient und an das praktische Christentum appelliert, kann England seine Sozialreform bezahlen. Die Lebenshaltung ist in Großbritannien im Durchschnitt schlechter als auf dem Kontinent. Die Einfuhren werden gedrosselt, die Lebensmittel sind rationiert. Der Apparat der verstaatlichten Wirtschaft erfordert den Aufbau einer riesigen und kostspieligen Bürokratie. Zur Förderung seines Außenhandels wie zur Finanzierung des Reformprogramms im Innern bedient sich der britische Labourismus ganz ähnlicher Methoden, wie sie der Nationalsozialismus in Deutschland angewendet hat. Die Autarkiebestrebungen Englands, die Angriffe auf die freie Wirtschaft, die Enteignung der großen Besitzer führen wiederholt zu Gegensätzen zwischen den Vereinigten Staaten und Großbritannien. Die öffentliche Meinung Amerikas wehrt sich dagegen, daß der amerikanische Steuerzahler für sozialistische Experimente aufkommen solle, die dem Geist und den Interessen des amerikanischen Wirtschaftssystems widersprechen. In England selbst stößt die Verstaatlichungspolitik nicht nur bei den bürgerlichen Schichten, sondern auch bei der Mittelklasse auf Widerstand, da sie den freien Aufstieg der Tüchtigen hemmt und die Freiheit der Person einschränkt. Trotzdem erringt die Labourparty bei den Wahlen im Jahre 1950 nochmals einen Erfolg und kann, auf eine ganz knappe Mehrheit gestützt, weiterregieren. Hier, wie bei den amerikanischen Präsidentenwahlen von 1948, zeigt sich, daß eine regierende Partei durch den Aufbau einer großen Bürokratie zugleich die Voraussetzungen dafür schafft, sichere Wählerkader zu gewinnen. Alle an der Erhaltung des bürokratischen Apparats interessierten Angestellten wählen selbstverständlich die planwirtschaftlich orientierte Partei. Das System des nationalen Staatssozialismus läßt sich aber nur aufrechterhalten, wenn die Staatssouveränität eifersüchtig gewahrt und keiner überstaatlichen Organisation Einfluß auf die nationale Wirtschaft gewährt wird. Außerdem fürchtet der Staatssozialismus die freie Konkurrenz der Nachbarländer, in Großbritannien insbesondere die Konkurrenz einer mächtig aufblühenden kontinentalen Wirtschaft. So ergeben sich Spannungen zwischen England und Amerika wie zwischen England und Europa. Die Bedrohung durch den Kommunismus und den sowjetrussischen Imperialismus zwingt jedoch alle westlichen Mächte zu enger politischer und militärischer Zusammenarbeit. Sie zwingt sie auch, ihre Politik Deutschland gegenüber zu ändern, die deutsche Wirtschaft im Interesse des europäischen Wiederaufbaues nach und nach von den Fesseln zu befreien, die ihr im Sinne des Morgenthauplanes auferlegt wurden, der deutschen Bevölkerung einen annehmbaren Lebensstandard zu gewähren, um sie gegen den Kommunismus immun zu machen und den wiedererstehenden deutschen Staat in das westliche Sicherheitssystem einzubeziehen, damit er nicht zum Aufmarschraum, zur Rüstkammer und zum Rekrutenreservoir des östlichen Imperialismus werde. Zum entschiedenen Wortführer und Bahnbrecher dieser neuen Politik macht sich Präsident Harry Truman mit dem Stab seiner Mitarbeiter.

### Truman und der neue Kurs der USA

353 Präsident Truman (1884 geboren, Drogist, Farmer, im ersten Weltkrieg Hauptmann, später Jurist, seit 1934 Senator, 1944 Vizepräsident, April 1945 Nachfolger Roosevelts) hat sehr bald nach dem Kriege erkannt, welch' schweres politisches Erbe er von seinem Vorgänger übernommen hat und wie wenig die politischen Pläne Roosevelts auf Tatsachen gegründet waren. Nicht nur die Kritik der Republikaner und die wachsende Opposition der demokratischen Partei, sondern auch die eigene politische Einsicht veranlassen Präsident Truman, sich von den Mitarbeitern Franklin Roosevelts zu trennen, neue Männer heranzuziehen und der amerikanischen Außenpolitik eine entschiedene Wendung zur Abwehr des Kommunismus zu geben. 1947 verkündet er die Truman-Doktrin zum Schutze bedrohter demokratischer Länder, wodurch insbesondere Griechenland und der Türkei der nötige Rückhalt im Kampf gegen die kommunistische Bedrohung gewährt wird. In der Deutschlandpolitik bedeutet eine Rede, die der Außenminister Byrnes in Stuttgart hält, die entscheidende Wendung. Byrnes' Nachfolger Marshall darf als Retter Europas und in jenen Jahren als der erfolgreichste Gegenspieler des Kreml bezeichnet werden. Auch Marshalls Nachfolger Dean Acheson folgt konsequent der Linie einer aktiven demokratischen Politik. In Deutschland wird 1949 der Militärgouverneur General Lucius Clay von dem Zivilisten John J. McCloy abgelöst. Im Lande Bayern, wo sich die meisten Reibungen zwischen der sozialistisch gerichteten, oft kommunistenfreundlichen Politik der Militärregierung und dem Willen der Bevölkerung ergeben hatten, tritt 1950 mit der Berufung Professor George Shusters als Landeskommissar ein gründlicher Wandel ein.

Die europäischen Westmächte begriffen verhältnismäßig später als Amerika, daß ihnen nicht mehr von dem besiegten Deutschland, sondern von ihrem ehemaligen Verbündeten Sowjetrußland Gefahr droht. Ein auf fünfzehn Jahre geschlossenes Bündnis zwischen Frankreich und England (der Vertrag von Dünkirchen) richtet sich noch ausschließlich gegen Deutschland. Diesem Bündnis schlossen sich die niederländischen Staaten an. Auf amerikanische Initiative aber schließen Frankreich, England, die Niederlande, Norwegen, Dänemark und Kanada den Atlantikpakt, ein gegen die kommunistisch-russische Bedrohung gerichtetes Militärbündnis, in dem eine gemeinsame Verteidigungsmacht mit einheitlicher Führung, einheitlichem Generalstab und gleicher Ausrüstung vorgesehen ist. Im Jahre 1950 fordert der Europarat mit großer Mehrheit auf Antrag Winston Churchills und gegen die Stimmen der Sozialisten eine europäische Armee, an der auch zum gegebenen Zeitpunkt Deutschland teilnehmen soll. Nach dem kommunistischen Angriff auf Südkorea verstärken die USA ihre

Rüstungen. General Marshall wird zum Verteidigungsminister ernannt. Auf einer Konferenz der Atlantikpaktstaaten wird beschlossen, so rasch wie möglich mit amerikanischen Mitteln eine unter einheitlichem Kommando stehende Armee aufzustellen, zu der später auch Deutschland einen Beitrag leisten soll. Bis zum Abschluß der nötigen Rüstungen sollen die amerikanischen Besatzungstruppen in Deutschland verstärkt und damit einem russischen Angriff vorgebeugt werden.

Die Eingliederung Deutschlands in das atlantische Verteidigungssystem und die Aufstellung deutscher Verteidigungstruppen verzögert sich infolge der Opposition, die von der französischen Linken (Jules Moch) und von deutscher Seite selbst gegen diese Politik losbricht. In Deutschland sind es sehr bunt zusammengewürfelte Kreise, die für eine Neutralisierung, für Non-cooperation gegenüber dem Westen, für die Vereinigung mit der kommunistischen ostdeutschen Republik um jeden Preis und für ein deutsch-russisches Bündnis eintreten. Entscheidend für den Mißerfolg der amerikanischen Bemühungen um die Einbeziehung Deutschlands in das westliche System ist aber neben der Politik der französischen Sozialisten vor allem die Haltung der deutschen Sozialdemokratie, die sich unter der Führung des ebenso energischen wie radikalen Kurt Schumacher mehr und mehr von ihren internationalen Überlieferungen entfernt und sich zur Sprecherin nationalistischer und kollektivistischer Bestrebungen macht.

### Der Kampf um Berlin

354 Eine der dramatischsten Episoden in dem großen Ringen zwischen Ost und West stellt der Kampf um Berlin dar. Die Sowjets versuchen immer wieder, auch die Westsektoren Berlins unter ihre Herrschaft zu bringen. Als die Berliner sich dem russischen Druck und den kommunistischen Werbungen unzugänglich zeigen, beginnen die Sowjets die Stadt zu blockieren und von ihren Zufuhren abzuschneiden. In dieser Lage zeigen die Amerikaner und insbesondere der Oberkommandierende in Deutschland, General Clay, ihre Entschlossenheit und ihre großartige Gabe der Improvisation. Sie errichten die „Luftbrücke" nach Berlin, einen ununterbrochenen, auch unter schwierigen Wetterverhältnissen durchgehaltenen Luftverkehr, durch den Berlin mit den nötigen Gütern, vor allem mit Lebensmitteln und selbst mit Kohle, versorgt wird. In den Phasen dichtesten Verkehrs auf der Luftbrücke landet in Berlin alle zwei Minuten ein großes Transportflugzeug. Der Rhein-Main-Flughafen bei Frankfurt am Main wird als Basis dieses Luftverkehrs ausgebaut. Sehr spät erst merken die Russen, daß die Anhäufung zahlreicher Einheiten der amerikanischen und britischen Luftflotte in Deutschland und die Flüge nach Berlin unter Umständen der Mobilmachung Amerikas und Großbritanniens sehr nützlich sein könnten. Sie entschließen sich anfangs 1949 zu Verhandlungen mit den Vereinigten Staaten (Malik-Jessup-Verhandlungen) und stellen die Blockade Berlins ein. Die Haltung der Berliner Bevölkerung während der Blockade und gegenüber allen Versuchen des Kommunismus, die Stadt einzuschüchtern, erweckt die Bewunderung der demokratischen Welt. Sie hat viel dazu beigetragen, das Ansehen Deutschlands wiederher-

zustellen, Vorurteile zu zerstreuen und das Vertrauen der Welt in die demokratische Gesinnung des deutschen Volkes zu stärken.

1951 fallen die letzten bedeutenden Wirtschaftsbeschränkungen, die Deutschland auferlegt waren. Das Besatzungsstatut wird neuerlich gemildert. Die Bundesrepublik erhält ein Außenministerium und diplomatische Vertretungen im Ausland. Bundeskanzler Dr. Adenauer übernimmt selbst die Leitung der auswärtigen Politik. Trotz der großen Erfolge, die er im Laufe seiner Kanzlerschaft auf außenpolitischem Gebiet errungen hat und die immer wieder der Anlaß waren, ihn mit Bismarck zu vergleichen, stößt der Kanzler im Innern auf heftige Opposition und muß in den Monaten, die der neuen Viererkonferenz und möglicherweise folgenschweren Entscheidungen für Deutschland vorausgehen, wiederholt gegen ein Ansteigen des Nationalismus in der Bundesrepublik Stellung nehmen.

## Der kalte Krieg

355 Präsident Truman, der 1948, vorzüglich dank seinem Sozialprogramm (Fair Deal), aber auch infolge des Mangels eines eigenen klar umrissenen Programms bei den Republikanern (Dewey: I too), wiedergewählt wird, hält auch in der Zeit seiner zweiten Präsidentschaft an der Politik des Kampfes gegen die kommunistische Gefahr fest. Zwar muß China, wie wir schon erwähnten, aufgegeben werden, die amerikanische Politik setzt jedoch auf dem ganzen Erdball gewisse Grenzen fest, deren Überschreitung durch kommunistische Angreifer sie als einen unmittelbaren Angriff auf die Vereinigten Staaten ansehen würde. Das atlantische Verteidigungssystem erweitert sich zu einer mächtigen Organisation der friedliebenden Völker und bietet den europäischen Festlandmächten eine wirksame Stütze beim Aufbau eines geeinigten Europa. Die Vereinten Nationen gewinnen durch die Distanzierung der Sowjetunion an Geschlossenheit, wenn auch gewisse Mächte (vor allem Indien, Jugoslawien, Ägypten) eine schwankende Haltung zeigen. Eine Lücke im europäischen und atlantischen System ist durch das Abseitsstehen Spaniens vorhanden, gegen das in England, aber auch in Amerika noch immer der Einwand erhoben wird, es sei ein halbfaschistischer Staat. Von Südamerika aus, aber auch von konservativen Kreisen Europas wird dem entgegengehalten, daß Spanien der erste Staat war, der einer kommunistischen Aggression ausgesetzt war, und daß es während des zweiten Weltkrieges Hitler und Mussolini enttäuscht, den Alliierten aber wertvolle Dienste geleistet habe. Um die Jahreswende 1950/51 setzt eine Politik der Annäherung zwischen Spanien und den USA ein.

Der Kampf zwischen Kommunismus und Demokratie, zwischen dem Imperialismus Sowjetrußlands und den Föderationen der freien Völker, zwischen der Religion des atheistischen Materialismus und dem Geiste christlicher Liebe und Humanität wird als „kalter Krieg" bezeichnet. Man versteht darunter den Kampf der Ideen, die beiderseitige Propaganda, die diplomatischen Schachzüge, die militärischen Rüstungen und die bis zum Schießkrieg gesteigerten

Vorpostengefechte in einzelnen Ländern (Griechenland, China, Korea). Wie im Kampf Hitlers gegen die westlichen Demokratien, zeigt auch in diesem kalten Krieg das diktatorische Regime des totalitären kommunistischen Staates zunächst eine gewisse Überlegenheit, die es der Rücksichtslosigkeit seines Vorgehens, der Zusammenfassung aller Kräfte im Dienste eines einzigen Machtwillens und der Möglichkeit der Unterdrückung jeder freien Meinung im eigenen Lande verdankt. Je länger der kalte Krieg dauert, desto klarer wird aber, daß die Demokratien durch den freien Wettbewerb auf allen Gebieten, den freien Kampf der Geister, durch ihr Eintreten für die Freiheit und Würde der menschlichen Persönlichkeit im Vorteil sind. Wie sich der Kampf des Kommunismus auf geistigem Gebiet in erster Linie gegen die Religion, wie sich der Terror des totalitären Systems in seinen Randgebieten vorwiegend gegen die christlichen Kirchen und insbesondere wieder gegen die katholische Kirche richtet, so tritt auf der anderen Seite der Front neben den vielen geistigen Mächten, die sich zum Kampf für die Freiheit vereinigt haben, das Christentum, repräsentiert durch die großen christlichen Kirchen, immer stärker in Erscheinung. Der Weltkirchenrat der evangelischen Kirche in Genf spielt dabei ebenso eine Rolle wie das Oberhaupt der katholischen Kirche, dessen Autorität unter dem Pontifikat Pius XII. stetig gewachsen ist. Wiederholt greift der Papst in den Kampf der Geister ein, ruft die Gläubigen zur Abwehr des Kommunismus auf, zeigt ihnen die sittliche Rechtfertigung ihres Verteidigungskampfes und wird nicht müde, die Völker zum Frieden und zum Aufbau einer gerechten Ordnung aufzurufen.

### *Gesellschaft und Kultur nach dem zweiten Weltkrieg*

356 Der zweite Weltkrieg hat ungeheure Zerstörungen angerichtet und in weiten Teilen des Erdkreises Trümmerfelder gewaltigen Ausmaßes hinterlassen. Städte, Fabriken, Verkehrswege wurden zerstört, der Ackerbau hörte gerade in den fruchtbarsten ostasiatischen Gebieten fast völlig auf, die Verminung der Meere, der Untergang der Flotten lähmten den Fischfang, eine der Hauptquellen der menschlichen Ernährung, es fehlte infolge der blutigen Verluste und der Verkrüppelung von Millionen Menschen an Arbeitskräften, der Raubbau an Rohstoffen hinterließ fühlbare Lücken, der Mangel an Schiffsraum, Waggons, Lastkraftwagen verhinderte, daß die noch vorhandenen Hilfsmittel den Bedürftigen zugeführt wurden. Das Geldwesen und damit der Handel waren in weiten Bereichen heillos zerrüttet. Wie nach dem ersten Weltkrieg, so schien es auch nach dem zweiten Weltkrieg beinahe unmöglich, die vernichtete Wirtschaft wieder aufzubauen. Hungersnot und Mangel schienen auf Jahrzehnte hinaus Europa und Asien zu bedrohen. Wie nach dem ersten Weltkrieg, so erholte sich die Weltwirtschaft aber auch diesmal wesentlich rascher von der Katastrophe, als man geglaubt hatte. Die Leistungsfähigkeit der modernen Technik vereinigte sich mit der Organisationsgabe der Menschen, insbesondere der angelsächsischen Völker. Die Kraft der amerikanischen Wirtschaft, am deutlichsten an der Erzeugungsfähigkeit der amerikanischen Stahlindustrie zu messen, die während

des zweiten Weltkrieges eine Kapazität von mehr als 90 Millionen Tonnen jährlicher Erzeugung erreichte, zeigte sich den größten Ansprüchen gewachsen. Wesentlich langsamer als die westliche Welt und die mit ihr wirschaftlich und politisch verbundenen freien Länder erholen sich die Sowjetunion und ihre Vasallenstaaten von den Schlägen des Krieges. Zwar macht der Aufbau und Ausbau vor allem der Schwerindustrie, der großen Kraftanlagen (Staubecken, Elektrizitätswerke), der Bahnen, Straßen, Kanäle auch dort gewaltige Fortschritte, sie sind aber bezahlt mit der Not von Millionen Arbeitssklaven, mit der Senkung des Lebensstandards der unterworfenen Völker, mit dem allgemeinen Mangel, der zwischen dem Pazifischen Ozean und dem Eisernen Vorhang herrscht, durch den die kommunistischen Gebiete Europas vom Westen getrennt sind. Die Lebenshaltung der Völker Ungarns, Böhmens, Polens, des Baltikums, die früher dem Standard des Westens angeglichen war, fällt auf das Niveau des sowjetischen Lebensstandards. Westeuropa hält ungefähr die Mitte zwischen Amerika und der sowjetischen Welt. Für seinen Arbeitslohn erhält der Arbeiter in Amerika ein Vielfaches, in Westeuropa auch noch das Doppelte bis Vierfache dessen, was der Arbeiter in der Sowjetunion für seinen Lohn bei gleicher Arbeitszeit kaufen kann. Wesentlich ungünstiger als bei den Lebensmitteln liegen im Kommunismus die Verhältnisse für den Arbeiter bei den Industrieerzeugnissen, die er für seine Bekleidung, seine Wohnungseinrichtung oder gar als zusätzlichen Kulturbedarf braucht. Der Unterschied zwischen der Lebenshaltung der gehobenen Schichten und der unteren Volksklassen ist im Sowjetstaat ebenfalls wesentlich größer als in den freien Ländern. Zwar gibt es, vor allem in Amerika, noch eine kleine Gruppe von Einkommen, die in der kommunistischen Wirtschaft überhaupt nicht erreicht werden, dagegen lebt die kommunistische Führungsschicht im Verhältnis zu der Masse der Arbeiter und Bauern wesentlich besser als die entsprechenden sozialen Gruppen im Westen im Verhältnis zu den dort um soviel besser gestellten Industriearbeitern und bäuerlichen Besitzern. Mittelschichten, die im Westen auch nach dem zweiten Weltkrieg noch vorhanden sind, gibt es in der kollektivistischen Gesellschaft fast überhaupt nicht.

### *Voraussetzungen des Nihilismus*

357 Viel schwerer als die Schäden der Wirtschaft sind die Schäden, die der Krieg dem sozialen Körper zugefügt hat. Die Jugend zahlreicher Völker ist in die Massengräber gesunken; Millionen von Menschen haben schwere Schäden an ihrer Gesundheit erlitten, nicht nur körperlicher, sondern vor allem geistig-seelischer Art. Der Bombenkrieg gegen die Zivilbevölkerung hat Greise, Frauen und Kinder Nacht um Nacht den Schrecken der Todesangst ausgesetzt, sie zu Zeugen des Sterbens und der grauenhaften Verstümmelung ihrer Mitmenschen gemacht. Terror und Massenhinrichtungen, die ebenfalls weder vor dem Alter noch vor dem Geschlecht haltmachten, haben nicht nur Opfer ohne Zahl gefor-

dert, sondern die Überlebenden vielfach in den Abgrund des Grauens und der Entmenschlichung blicken lassen. Die lange Abwesenheit der Soldaten im Felde zerstört die Familien, löst alle menschlichen Bande und führt zu zahlreichen Tragödien. Die insbesondere vom nationalsozialistischen Regime geförderten Frühehen und auf Grund flüchtiger Bekanntschaft geschlossenen Kriegsehen erweisen sich als zu schwache Bindungen, eine Scheidungswelle geht durch alle Länder. In vielen Fällen aber endet das Zerwürfnis der Gatten in einer Tragödie. Kinder werden auf lange Zeit oder dauernd von ihren Eltern getrennt, wachsen in Gefangenenlagern auf, verwahrlosen, bevölkern als gemeingefährliche Banden die Landstraßen, irren obdachlos durch die Großstädte und geraten unter den Einfluß der Verbrecherwelt. Die Kriminalität ist erschreckend gestiegen. Viel zu früh werden die Kinder mit allen Erscheinungen des Lebens vertraut und allen Gefahren gesundheitlicher und sittlicher Schädigung ausgesetzt. Die Frauen wurden im Kriege zu schwerer Berufsarbeit herangezogen, woraus in den totalitären Staaten auch nach dem Krieg eine Dauererscheinung wird. Die Kommunisten bilden Frauenbataillone und lassen die Frauen an jeder Art Kriegführung teilnehmen (Flintenweiber). Der Partisanenkrieg führt dazu, daß hunderttausende Menschen aus dem Arbeitsprozeß gerissen, aber nicht in reguläre militärische Organisationen eingegliedert, sondern dem Gesetz der Wildnis unterworfen werden. Sie sind der Arbeit entwöhnt, aus allen sittlichen Bindungen gelöst und kehren nur zum Teil in das Berufsleben zurück. Viele von ihnen bilden die Kaders neuer politischer Banden oder krimineller Gruppen.

Schon während des Krieges fliehen hunderttausende Menschen vor den feindlichen Panzern und Voraustruppen, verlieren Heimat und Eigentum, gehen zugrunde oder leben als Flüchtlinge unter oft grauenhaften Verhältnissen. Millionen werden als Zwangsarbeiter verschleppt. Barackenlager werden zwischen der Wolga und dem Atlantik mehr und mehr zur vorherrschenden Form menschlichen Zusammenlebens. Nach dem Kriege werden die Deutschen in den Gebieten östlich der Oder, der Neiße, des Böhmerwalds und der Leitha aus ihrer Heimat vertrieben und landen, soweit sie bei der Austreibung nicht umkommen, als Bettler, oft als menschliche Wracks in Westdeutschland. Hunderttausende Kriegsgefangene verschwinden in den Schweigelagern und Sperrgebieten der Sowjetunion, andere fronen auf dem Balkan, in Polen und der Tschechoslowakei. Ein nicht endender Strom politischer Flüchtlinge ergießt sich aus dem bolschewistischen Osten Europas nach den freien Ländern. Mit ihnen aber kommen kommunistische Agenten, Spitzel, Spione und kriminelle Elemente. Die Zerstörungen und der Zustrom an Flüchtlingen haben in ganz Westeuropa, vor allem aber in Deutschland furchtbare Wohnungsnot zur Folge. Einheit und Grenzen des Familienhaushalts werden gesprengt, Kochstellen, Wasserleitung, Waschräume sind für mehrere Familien gemeinsam. Oft wohnen verschiedene Familien auch in einem Schlafraum, Erwachsene und Kinder werden zusammengepfercht. Die Sitten verrohen, die Verwahrlosung der Jugend wird durch diese Zustände gefördert, Unfriede entsteht zwischen den Menschen.

446

Wie nach dem ersten Weltkriege, so sinken auch nach dem zweiten die Angehörigen der besitzenden und der Bildungsschicht ins Proletariat ab oder deklassieren zu asozialen Elementen. Aus dem Schwemmsand der sozialen Revolution steigen dafür die übelsten Menschen, die sich durch Gewissenlosigkeit, verbrecherische Anlagen, Rohheit und Gerissenheit auszeichnen, durch Schwarzhandel, Betrügereien, offenen Raub und Ausbeutung ihrer Mitmenschen empor. Durch die Vernichtung der Dokumente, die Zerreißung gesellschaftlicher Bindungen werden der Hochstapelei Tür und Tor geöffnet. Menschen ohne Bildung und Kenntnisse tauchen als Beamte, Ärzte, Lehrer, Richter auf, treiben monatelang ihr betrügerisches Unwesen, richten Schaden an und entziehen sich oft durch die Flucht der Strafe. Krieg und Tyrannis haben den Günstlingen des Systems leitende Stellen und zahllose Pfründen zugeschanzt. Wie Krebsbildungen verhalten sich im Körper der Gesellschaft diese bürokratischen Wucherungen; die auf unlautere Weise zu mühelosen Einkünften und Macht gelangten Amtsträger wehren sich dagegen, wieder in ihre früheren Berufe und zur manuellen Arbeit zurückzukehren, sie stehen tüchtigen Menschen im Wege, belasten Staat und Gesellschaft und hemmen das wirtschaftliche Leben.

All diese Zustände hinterlassen furchtbare Spuren in der Moral der Gesellschaft und der einzelnen, im Denken der Menschen, vor allem im Denken und Fühlen der Jugend. Hoffnungslosigkeit, moralische Gleichgültigkeit, Sucht nach hemmungslosem Lebensgenuß äußerlicher Art, Verrohung der Sitten und des Geschmacks, der Sprache und der Umgangsformen, Glaubenslosigkeit, Zynismus, Ausschweifungen sind die Folge. Die Philosophie der Zeit wird von diesem Geiste angesteckt und sucht ihm durch den Existentialismus Ausdruck zu geben, der das Leben als sinnlos, den Menschen als ein aus dem Chaos in die Zufälligkeit der Existenz geworfenes und wieder ins Chaos zurücksinkendes Wesen ohne höhere Bindungen deutet. Man spricht, um alle diese Erscheinungen zusammenzufassen, vom Nihilismus der Epoche. Langsam beginnen Politiker und Wissenschaftler, Erzieher und geistige Menschen zu begreifen, daß nur durch das Zusammenwirken von Staat und Kirche, von Schule und Presse, nur durch den Wiederaufbau einer geordneten Gesellschaft mit einer geordneten Wirtschaft und durch die Rückkehr zu den Quellen des menschlichen Seins im Glauben an Gott unsere Zeit, die aus den Fugen ist, wieder eingerenkt und geheilt werden kann.

### *Rückblick*

*358* Die acht Jahrzehnte, die wir überblickt haben, sind keine einheitliche Epoche. Ein Zeitalter geht zu Ende, ein neues beginnt. Wir haben das Jahr 1917 als die Grenzscheide bezeichnet, an der sich der tiefste Einschnitt befindet. Von 1871 aber laufen die Ereignisse mit vielen Vorzeichen des Kommenden auf diese Wende hin, und von ihr zur Jahrhundertmitte entwickelt sich nur langsam, unter vielen Rückschlägen, Gefahren und täuschenden Symptomen eine neue Ära. Gegen Ausgang des 19. Jahrhunderts war die Zeit zu Ende gegangen, die mit den großen Entdeckungen und dem Aufbruch des autonomen menschlichen Geistes in der Renaissance, der Reformation, dem Zeitalter des Buchdrucks begonnen hat. Ihre vorläufig letzte Phase, die Entwicklung der europäischen Nationalstaaten und der Eintritt aller großen europäischen Völker in den Kampf um die Verteilung des Erdballs, war mit der Gründung des Deutschen Reiches, dem Abschluß der italienischen Einigung und dem Ausbau des französischen, dem Aufbau eines deutschen und italienischen Kolonialreiches abgeschlossen. Jeder weitere Schritt in der gleichen Richtung, also zur Bildung weiterer Nationalstaaten in Mittel- und Osteuropa, konnte nicht mehr größere und modernere Staatsgebilde schaffen, sondern mußte zurückführen, indem er große Staatsgebilde zerschlug und kleine, nicht lebensfähige, durch ihre ständig gefährdete Lage den Wohlstand der Völker und den Frieden Europas bedrohende Gebilde an ihre Stelle setzte. Ebenso mußte das Weitertreiben der Kolonialpolitik der europäischen Nationalstaaten mit dem Ziel der Bildung überseeischer Reiche Konflikte heraufbeschwören, aus denen für keine dieser Mächte ein wirklicher Gewinn, sondern für alle der schwerste Schaden erwachsen mußte.

Die geschichtliche Aufgabe, die den europäischen Völkern nach 1871 im Sinne ihrer bisherigen Entwicklung gestellt war, hätte in der Überwindung des Nationalstaates durch eine höhere überstaatliche und föderalistische Ordnung gelegen. Nur so konnte Europa wirtschaftlich und politisch mit den neuen Mächten Schritt halten, die auf der Bühne der Geschichte erschienen. Das britische Reich und Rußland waren ihrerseits bereits aus dem Rahmen des europäischen Mächtesystems und aus den nationalstaatlichen Grenzen herausgewachsen und zu globalen Imperien geworden, die sich über zwei und mehr Kontinente erstreckten, an einige Weltmeere grenzten und an Zahl der Bevölkerung, wirtschaftlichen Hilfsquellen und Größe der von ihnen beherrschten Räume Deutschland, Frankreich, Österreich-Ungarn und Italien bei weitem übertrafen. Die nächstliegende Aufgabe wäre also der Zusammenschluß dieser vier europäischen Großmächte und der ihnen benachbarten Klein- und Mittelstaaten zu einer föderativen Gemeinschaft gewesen. Nur wenige Männer haben, wie wir sahen, schon damals diese geschichtlichen Zusammenhänge und das Gebot der Stunde erkannt. Der große deutsche Föderalist Konstantin Frantz bezeichnete die Wiederherstellung der abendländischen Völkergemeinschaft als die Aufgabe des deutschen Volkes. Bei Deutschland als der mächtigsten Landmacht lag der Schlüssel zur Lösung. Fürst Bismarck, der größte europäische Staatsmann in der zweiten Hälfte des 19. Jahrhunderts, hatte die notwendigen Grenzen der nationalstaatlichen Entwicklung, die er bis zur Gründung des Deutschen Reiches gefördert hatte, erkannt und dies schon 1866 in Nikolsburg (Vorfrieden mit Österreich), 1879 in Gastein (Bündnis mit Österreich-Ungarn) dokumentiert. Er hat auch die Gefahren schrankenloser kolonialer Ausbreitung in Übersee gesehen und auf der Kongokonferenz den Anstoß zu einer Zusammenarbeit der Mächte bei der Lösung zivilisatorischer Aufgaben Europas gegeben. Fürst

Bismarck hat aber nicht nur in Deutschland, sondern in ganz Europa keinen ihm ebenbürtigen Nachfolger gefunden, der um die Jahrhundertwende die Lage begriffen und die Einigung Europas vorangetrieben hätte. So stoßen die Interessen der europäischen Großmächte im neuen Jahrhundert sowohl auf überseeischem Felde zusammen wie auch in Europa selbst, wo die überholten nationalstaatlichen und nationalistischen Vorstellungen die Politik der Kabinette bestimmen. Der erste Weltkrieg macht den Zusammenbruch der europäischen Hegemonie in der Welt deutlich. Die Vereinigten Staaten von Amerika entscheiden den Krieg und treten als Schiedsrichter der Welt auf. Rußland löst sich aus der europäischen Gemeinschaft nun auch gesellschaftlich und kulturell. Japan rückt in die Reihe der großen Weltmächte auf, in China, Indien und Vorderasien wachsen auf dem Boden ehemals von Europa beherrschter Gebiete neue politische Mächte heran. Auch nach dem ersten Weltkrieg erkennen die Völker Europas weder die Gefahren, die ihnen drohen, noch die Aufgaben, die sie im Interesse des Weltfriedens und ihrer eigenen Sicherheit zu lösen hätten. Sind es vor 1933 vor allem die Staatsmänner des Westens, denen es an Weitblick, Verantwortungsgefühl, Kühnheit und Großzügigkeit mangelt, so sind es nach 1933 die führenden Männer Deutschlands und Italiens, die aus der gegebenen Lage völlig falsche Schlüsse ziehen und in unverantwortlicher Weise ihre eigenen Völker und ganz Europa in einen neuen Krieg stürzen. Noch einmal macht sich Europa durch die wahnsinnige Politik Adolf Hitlers freiwillig zum Schauplatz eines weltpolitischen Ringens, in dem es bereits um die Entspannung und Lösung von Konflikten geht, die außerhalb Europas entspringen und die mit den europäischen Verhältnissen selbst wenig zu tun haben. Der zweite Weltkrieg hinterläßt nur noch zwei Mächte erster Ordnung, denen in weitem Abstand Großbritannien und Frankreich als Mächte zweiter Ordnung folgen. Die europäischen Nationalstaaten spielen eine kaum größere Rolle als nach 1919 die Kleinstaaten. Auch Frankreich wäre ohne sein überseeisches Reich nur noch eine Macht dritten oder vierten Ranges. Keiner der europäischen Staaten hat als Nationalstaat noch eine Zukunft. Keine Nation vermag aus eigener Kraft noch an dem weltpolitischen Spiel teilzunehmen. Die Tatsache, daß Europa nur noch zwischen Untergang und Einigung zu wählen hat, wird nach 1945 den Völkern, vor allem den Franzosen, Deutschen und Italienern, sehr rasch klar. Aber auch jetzt noch bedarf es des Drängens und der Mitwirkung der Vereinigten Staaten von Amerika, um Europa die Notwendigkeit raschen und entschlossenen Handelns vor Augen zu führen.

## *Ausblick*

*359* Nach dem ersten Weltkrieg war das Wort vom Untergang des Abendlandes durch Oswald Spenglers geschichtsphilosophisches Werk in Umlauf gekommen. Damals hatten es die Völker Europas noch in der Hand, dem Abendland auch ein stärkeres politisches Gewicht auf lange hinaus zu sichern. Nach 1945 ist Europa im alten Sinne nicht mehr vorhanden, politisch das Abendland bereits untergegangen. Nur unter dem Schutze Amerikas vermag es als politische Kraft wieder zu erstehen. Deutlicher zeigt sich den Völkern aber nun, daß der politische Niedergang Europas nicht auch das Ende seiner Kultur bedeuten muß. Der britische Kulturphilosoph und Historiker Toynbee stellt Spengler seine Lehre von den Tochterkulturen entgegen. Man begreift nun, daß sowohl die amerikanische Kultur wie auch die Kultur Sowjetrußlands im wesentlichen auf abendländische Wurzeln zurückgehen. Die Bildung einer atlantischen Hemisphäre, in der Europa das andere Ufer des Ozeans ist, dessen Schicksal von Amerika bestimmt wird, zeigt nicht nur das Vordringen amerikanischer Ideen und Einrichtungen nach Europa, sondern auch viele Wechselbeziehungen und eine deutlich merkbare Rückwirkung europäischer Gedanken auf die neue Welt. Es liegt im Bereiche einer möglichen Entwicklung, daß eines Tages auch Rußland sowohl zu Amerika als auch zu Europa in einen regen Kulturaustausch tritt und daß Europa seine Funktion als Bindeglied zwischen der eurasischen und der atlantoamerikanischen Welt erfüllt.

Als ein großartiger Zeuge der sittlichen Größe des christlich-abendländischen Humanismus, als Vorbild des neuen Menschen, der nur der wiedergeborene alte Mensch sein kann, und als Sinnbild deutsch-französischer Blutsgemeinschaft ragt aus dem 19. Jahrhundert in das gärende neue Zeitalter Albert Schweitzer (geb. 1875), Künstler, Philosoph, Theologe und Arzt, ein „Uomo universale" und zugleich ein tätiger evangelischer Christ.

Die Naturwissenschaften haben, indem sie das Weltbild der klassischen Physik und der kopernikanischen Astronomie zerstörten, das vom Beginn der Neuzeit bis an die Schwelle des 20. Jahrhunderts herrschend war, auch der Technik neue Wege und ungeahnte Möglichkeiten eröffnet. Die Enträtselung des Atombaus hat zu der Möglichkeit der Atomspaltung und damit der Entfesselung ungeheurer Energien geführt. Sie sind am Ausgang des zweiten Weltkrieges als zerstörende Kräfte sichtbar geworden und bergen die Gefahr in sich, daß die Menschheit bewußt oder durch Fahrlässigkeit eines Tages die Erde vernichtet, die ihr vom Schöpfer anvertraut wurde. Die Atomkraft birgt aber auch unabsehbare Möglichkeiten einer friedlichen Verwertung und damit der Lösung von Fragen in sich, mit denen die Menschen des Maschinenzeitalters nicht fertig geworden sind. Die Ordnung des sozialen Lebens, die Erzeugung und Verteilung der Güter, die Wiederherstellung dessen, was durch Raubbau und Technik zerstört wurde, die Beseitigung der Ungleichheit unter den Menschen, nicht durch ein kollektivistisches System der Wirtschaft und der Gesellschaft, sondern durch eine organische und sittliche Ordnung, das sind Aufgaben der kommenden Zeit. Sie erscheinen heute nicht mehr so unlösbar wie noch vor wenigen Jahrzehnten. Im Zeitalter des Rundfunks, des Fernsehens, des Luftverkehrs ist ein neues Weltgefühl im Werden. Weltbürgerliche Gesinnung verbindet sich mit dem Sinn für Menschenwürde, die Humanität aber — und das ist vielleicht der größte Fortschritt in einem Zeitalter so großer Zerstörungen und wachsender Gefahren — ruht nicht mehr auf dem übermütigen Gefühl des

Triumphes, mit dem der Mensch die Natur unterjocht und dabei zum Sklaven der Maschine wird, sondern auf der Einsicht in die Grenzen menschlicher Erkenntnis, menschlicher Macht und menschlichen Könnens. Gerade die größten Geister der Epoche, Gelehrte, Künstler, Staatsmänner und vorbildliche Lehrer des Menschengeschlechts, haben dies ausgesprochen und versuchen, die neue Humanität auf die Wiederherstellung der Bindungen zwischen den Menschen und der Gottheit zu gründen. In einem der meistbesprochenen Bücher der letzten Jahre taucht das Wort vom „Verlust der Mitte" als Charakterisierung der künstlerischen Entwicklung der letzten Jahrzehnte auf. Mehr und mehr erkennen gerade die tiefsten Geister unserer Zeit, daß wir nicht nur in der Kunst, sondern auch im gesellschaftlichen und staatlichen Leben, daß wir in der Philosophie die Mitte verloren haben, seitdem wir den Menschen als höchstes Wesen angesprochen und seine Bindungen an Gott geleugnet haben. Ein gewaltiger Zug zur Religion, zur Bindung des Menschen, der in seinem Ursprung, seinem Sein und seinem Ziel wohl freien Willens und darin ein Abbild des Schöpfer-Gottes, nicht aber souveräner Herr und nicht letztes Ziel der Geschichte ist, geht durch unsere Zeit. Viele erwarten, daß sich selbst in dem atheistischen Rußland ein Umschwung vollziehe, daß gerade vom Osten ein neues „johanneisches" Zeitalter ausgehen werde. Das prophetische Wort des Philosophen Gustav Landauer, daß unser Weg nicht über die Ereignisse des Tages, sondern über Fernes, Unbekanntes und Tiefstes gehen werde, gewinnt in unserer Zeit neue Bedeutung. Auch das deutsche Volk wird seinen Weg nicht über die Wiederherstellung des Nationalstaates, sondern durch seine Teilnahme am Wiederaufbau und der Einigung Europas gehen, und Europa wird seinen Platz in der Welt als Glied jener großen Gemeinschaft finden, in die sich die Völker unseres Planeten zu ordnen beginnen. Noch zerreißt die Kluft zwischen Ost und West den Erdball, aber in der Erkenntnis der ungeheuren Gefahren eines dritten Weltkrieges und im wachsenden Bewußtsein der sittlichen Verantwortung, die wir Menschen tragen, beginnen sich die Umrisse einer Weltfriedensordnung abzuzeichnen, die unser größter Dichter visionär vorausgesehen hat:

> Gottes ist der Orient,
> Gottes ist der Okzident,
> Nord und südliches Gelände
> Ruh'n im Frieden seiner Hände.

# ZEITTAFEL

## a) POLITIK
### 1848—1860

**1848** 22.-24. Februar: Sturz des Bürgerkönigtums in Frankreich - Zweite Republik / 13.-15. März: Aufstand in Wien, Metternich gestürzt / 18.-19. März: Aufstand in Berlin, Truppen räumen die Hauptstadt / Thronwechsel in Bayern: Maximilian II. (-1864) / Deutsches Vorparlament in Frankfurt / Aufstände in Ungarn, Italien, Schleswig-Holstein / 18. Mai: Zusammentritt der deutschen Nationalversammlung in der Paulskirche zu Frankfurt / Mai: Neue Unruhen in Wien (Studenten) / Juni: Slawenkongreß und Straßenkämpfe in Prag / Aufstand der Pariser Arbeiter (Junischlacht, durch General Cavaignac niedergeworfen) / Sommer: Siege der Österreicher (Radetzky) über die Italiener und Rückeroberung Mailands / Die Niederlande erhalten eine Verfassung / Oktober: Revolution in Wien; durch Windisch Graetz niedergeworfen / 9. November: General Wrangel rückt in Berlin ein / Dezember: Abdankung Kaiser Ferdinands von Österreich; Franz Joseph I. (-1916) / Prinz Louis Napoléon zum Präsidenten der französischen Republik gewählt

**1849** Wisconsin wird Staat der USA / März: Gesamtstaatsverfassung für Österreich - Sieg der Österreicher über die Piemontesen bei Novarra, Waffenstillstand - Rückkehr Italiens zu den vorrevolutionären Verhältnissen / Deutsche Reichsverfassung (Friedrich Wilhelm IV. zum Erbkaiser gewählt, lehnt die Krone ab) / Revolution in Ungarn (Kossuth), von Österreich mit russischer Hilfe niedergeworfen (Kapitulation von Világos) / Auflösung des Frankfurter Parlaments - Sprengung des Stuttgarter Rumpfparlaments - Aufstände in Sachsen, Baden und Rheinpfalz

**1850** Kalifornien, Neumexiko und Utah Staaten der USA / Verfassung in Preußen (Dreiklassenwahlrecht) - Österreichische Verfassung sistiert / Erfurter Parlament (Preußische Unionspläne - Radowitz) / 28.-29. November: Konferenz von Olmütz; Preußen (Manteuffel) gibt unter russisch-österreichischem Druck die Unionspläne auf und räumt Schleswig-Holstein / Österreichischer Plan einer mitteleuropäischen Zollunion (Schwarzenberg - Bruck: 70-Millionen-Reich)

**1851** 2. Dezember: Staatsstreich Louis Napoléon Bonapartes in Frankreich

**1852** Londoner Protokoll der Großmächte über die Schleswig-Holsteinsche Frage / Prinz Louis Napoléon durch Volksabstimmung Kaiser der Franzosen (Napoleon III. - Zweites Kaiserreich)

**1853** Rußland erklärt als Schutzherr der orthodoxen Christen den Krieg an die Türkei

**1854** Die USA erzwingen die Öffnung der japanischen Häfen für den Welthandel („Schwarze Schiffe" des Admirals Perry)

**1854-56** England, Frankreich (und später Sardinien) treten an der Seite der Türkei in den Krieg gegen Rußland ein (Krimkrieg: Belagerung von Sewastopol, Schlachten an der Alma, bei Inkerman und Balaklawa) - Schwankende Haltung Österreichs

**1855** Zar Nikolaus I. †; Alexander II. (-1881)

**1856** Friedensschluß in Paris

**1857** Aufstand in Indien

**1857-60** Englisch-französischer Krieg gegen China

**1858** Auflösung der Ostindischen Kompagnie - Verwaltung Indiens durch die Krone Englands - Vordringen der Briten in Burma / Minnesota Staat der USA / Bündnis Frankreichs mit Piemont (Minister Cavour)

**1858-60** Prinz Wilhelm übernimmt die Regentschaft für König Friedrich Wilhelm IV.: "Neue Ära" in Preußen

**1859** Oregon wird Staat der USA / Krieg Frankreichs und Sardiniens gegen Österreich (Siege der Franzosen bei Magenta und Solferino, Vorfriede von Villafranca, Friede von Zürich) / Wiederaufflammen der nationalen Bewegung in Deutschland (Nationalverein, Schillerfeiern, Schützenbewegung)

**1860** Einigung Italiens beginnt (Garibaldi)

**1860** Rußland erwirbt das Amurland und Taschkent

## 1861—1869

**1861** Königreich Italien (ohne Rom und Venetien) / Bauernbefreiung in Rußland / Wilhelm I. König von Preußen (-1888) / Selbständiges Fürstentum Rumänien

**1861** Kansas wird Staat der USA

**1861-65** Abraham Lincoln Präsident der USA / Sezessionskrieg zwischen Nord- und Südstaaten der USA

**1862** Otto von Bismarck preußischer Ministerpräsident / Verfassungskonflikt in Preußen; Heeresreform (Roon)

**1862-67** Französische Intervention in Mexiko

**1863** Befreiung der Negersklaven durch Lincoln / Aufstand in Polen / Fürstentag in Frankfurt (ohne Preußen) Lassalle gründet den Allgemeinen Deutschen Arbeiterverein

**1863** Arizona wird Staat der USA / König Otto von Griechenland (Wittelsbacher) durch Militärputsch gestürzt, Georg I. von Schleswig-Holstein-Sonderburg-Glücksburg König der Hellenen

**1864** Krieg der deutschen Großmächte Österreich und Preußen gegen Dänemark, Frieden von Wien, Abtretung Schleswig-Holsteins durch Dänemark / König Maximilian II. v. Bayern†; Ludwig II. (-1886) / Internationales Rotes Kreuz gegründet (Henri Dunant) / Internationale Arbeiterassoziation (London, Karl Marx) / Nevada wird Staat der USA

**1864-67** Maximilian von Österreich Kaiser von Mexiko

**1865** Konvention von Gastein zwischen Preußen und Österreich über Schleswig und Holstein / Abraham Lincoln ermordet, Johnson Präsident (-1869)

**1866** Krieg Preußens und Italiens gegen Österreich (Sieg der Österreicher bei Custozza und Lissa über die Italiener, Sieg Preußens bei Königgrätz über die Österreicher - Moltke) / Friede von Prag: Ausscheiden Österreichs aus dem Deutschen Bund / Friede von Wien: Venetien an Italien

**1867** Verfassung des Norddeutschen Bundes / Österreichisch-ungarischer Ausgleich ("Dualismus") / Parlamentsreform in Großbritannien (Disraeli) / Luxemburgische Krise (Luxemburg scheidet aus dem Deutschen Bund aus, Festung geschleift) / Nebraska Staat der USA - USA erwerben durch Kauf Alaska von Rußland

**1868** Reformen Napoleons III. (Parlamentarisches System, Heeresreform) / Königin Isabella von Spanien vertrieben / Kabinett Gladstone in England (-1874) / Beginn der Ära Meiji in Japan

**1869** Ulysses Grant Präsident der USA (-1877) / Eröffnung des Suezkanals / Beginn des Vatikanischen Konzils

## 1870—1875

**1870** Französisch-preußischer Konflikt, wegen der spanischen Thronkandidatur des Prinzen Leopold von Hohenzollern / 19. Juli: Frankreich erklärt Preußen den Krieg - Süddeutsche Staaten auf Seiten Preußens (deutsche Siege bei Wörth, Metz, Sedan) / 2. September: Kaiser Napoleon III. kriegsgefangen / 4. September: Ausrufung der Republik in Paris / 10. September: Garibaldi besetzt Rom / 29. September: Beginn der Belagerung von Paris (-28. Januar 1871, zahlreiche Entsatzschlachten, Organisation der nationalen Verteidigung durch Gambetta)

**1871** 18. Januar: König Wilhelm in Versailles zum Deutschen Kaiser proklamiert / 26. Februar: Präliminarfriede zwischen Frankreich und Deutschland / 10. Mai: Friedensschluß zu Frankfurt (Elsaß-Lothringen an Deutschland)

**1871** März-Mai: Pariser „Commune" durch Regierung Thiers und General Gallifet niedergeworfen / Revision des Pariser Vertrages von 1856 zugunsten Rußlands

**1872** Einführung der geheimen Wahl in England / Beginn des deutschen „Kulturkampfes" gegen die katholische Kirche / Allgemeine Wehrpflicht in Frankreich / Dreikaiserbündnis (Rußland-Deutschland-Österreich/Ungarn)

**1873** Marschall Mac-Mahon Präsident von Frankreich (monarchistische Kammermehrheit) / Tod Napoleons III. im Exil (England) / Deutsche Truppen räumen Frankreich

**1874** Allgemeine Wehrpflicht in Rußland

**1875** Gründung des Weltpostvereins / England erwirbt die Mehrheit der Suezkanal-Aktien / Deutsch-französische Spannung („Krieg in Sicht") / Alfons XII. König von Spanien (-1885)

## 1876—1880

**1876** Aufstände der christlichen Balkanvölker gegen die Türken / Österreichisch-russische Vereinbarung für den Fall eines russisch-türkischen Krieges (Zusammenkunft von Reichstadt)

**1877** Hayes Präsident der USA (-1881) / Königin Victoria von England wird Kaiserin von Indien / Republik Transvaal der britischen Oberhoheit unterstellt

**1877-78** Russisch-türkischer Krieg (Kämpfe an der Plewna und am Schipkapaß) / Vorfriede von San Stefano

**1878** Berliner Kongreß (unter Vorsitz Bismarcks): Revision des Friedens von San Stefano / Österreich-Ungarn besetzt gemäß dem Mandat des Berliner Kongresses die türkischen Provinzen Bosnien und Herzegowina / Attentate auf Kaiser Wilhelm I. - Gesetz gegen sozialdemokratische Umtriebe in Deutschland (Sozialistengesetz) / Die Türkei tritt Cypern an England ab / Pius IX. †; Gioacchino Pecci als Leo XIII. zum Papst gewählt (-1903) / Victor Emanuel II. †; König Humbert (-1900)

**1879** Übergang Deutschlands zum Schutzzollsystem - Annäherung Bismarcks an das Zentrum / Fürst Alexander von Battenberg zum Fürsten von Bulgarien gewählt / „Salpeterkrieg" zwischen Bolivien und Chile (Abtretung der Küstenprovinz Antofagasta an Chile 1884) / Zweibund zwischen dem Deutschen Reich und Österreich-Ungarn / Graf Andrassy tritt als österreichisch-ungarischer Außenminister zurück (nach kurzer Ministerschaft Baron Haymerles Graf Kálnoky k. u. k. Außenminister) / Republikanische Mehrheit in Frankreich, Rücktritt des Präsidenten Mac-Mahon, Jules Grévy Präsident (-1887)

**1879-80** Krieg der Engländer gegen Afghanistan

**1880** Erhebung der Buren, Transvaal wieder selbständig / Gladstone wieder Ministerpräsident (-1885) / Aufstand der Zulus gegen England

## 1881—1885

**1881** Zar Alexander II. ermordet; Alexander III. (-1894) / Griechenland erhält Thessalien / Rumänien wird Königreich (König Carol I. aus dem Hause Hohenzollern-Sigmaringen, seit 1866 Fürst von R.) / Arthur Präsident der USA (-1885) / Tunis wird französisches Protektorat; weitere Erwerbungen Frankreichs am Kongo und in Äquatorialafrika

ZEITTAFEL

**1882** England besetzt Ägypten / Italien tritt dem Zweibund bei (nunmehr Dreibund) / Serbien wird Königreich (König Milan aus dem Hause Obrenović)

**1883** Bündnis zwischen Österreich-Ungarn und Rumänien / Beginn der deutschen Sozialgesetzgebung / Annam wird französisches Protektorat

**1884** Dreikaiserbündnis erneuert / König Leopold II. von Belgien gründet pen Kongostaat / Togo, Kamerun und Südwestafrika deutsche Kolonien / Briten erwerben Neu-Guinea, Somaliland, Nigeria

**1884-85** Kongo-Konferenz in Berlin

**1885** Madagaskar französisches Protektorat / Erhebung des Mahdi, Einnahme von Khartum (britischer Resident Gordon getötet) / Deutsche Kolonialgründungen in Ostafrika und im Pazifik / Goldfunde in Transvaal / Italien besetzt Massaua am Roten Meer / Gründung des indischen Nationalkongresses / Cleveland Präsident der USA (-1889)

## 1886—1890

**1886** Krieg Serbiens mit Bulgarien (Sieg der Bulgaren bei Slivnica), österreichische Intervention zugunsten Serbiens / Abdankung des Fürsten Alexander von Bulgarien / Rücktritt Gladstones / König Ludwig II. von Bayern † (Prinzregent Luitpold für König Otto I.)

**1887** Russisch-englischer Vertrag über Afghanistan / Italien besetzt das Somaliland / General Boulanger bedroht die französische Demokratie und flieht nach dem Scheitern seiner Bewegung ins Ausland / Sadi Carnot französischer Präsident (-1894) / Mittelmeer-Entente zwischen England-Österreich-Italien / Ferdinand von Coburg-Kohary Fürst von Bulgarien / Bismarck schließt Rückversicherungsvertrag mit Rußland

**1888** Kaiser Wilhelm I. † (9. März); Kaiser Friedrich III. † (16. Juni); Kaiser Wilhelm II. (-1918) / Panama-Skanda in Frankreich

**1889** Brasilien Republik / Harrison Präsident der USA (-1893) / Samoa-Vertrag zwischen England, Deutschland, USA / Neutralisierung des Suez-Kanals / Washington (am Pazifik) und Montana Staaten der USA

**1890** 20. März: Bismarck entlassen, General Caprivi Kanzler (-1894), Deutscher Rückversicherungsvertrag mit Rußland nicht erneuert / Europäische Arbeiterschutzkonferenz in Berlin / Deutschland und England tauschen Sansibar und Helgoland / USA gehen zum Hochschutzzoll über (McKinley) / Idaho, Wyoming, Dakota Staaten der USA

## 1891—1895

**1891** Beginn des Baues der Transsibirischen Bahn (-1904) / Tahiti französisch

**1892** Russisch-französische Militärkonvention / Letztes Kabinett Gladstone (-1894)

**1893** Franzosen besetzen Siam / Cleveland abermals Präsident der USA (-1897)

**1894** Zweibund Frankreich-Rußland / Rücktritt Caprivis; Fürst Hohenlohe Reichskanzler (-1900) / Dreyfus-Affäre in Frankreich; Präsident Sadi Carno ermordet; Casimir Périer Präsident / Zar Alexander III. †; Nikolaus II. (-1917)

**1894-95** Krieg Japans gegen China, europäische Intervention, Friede von Shimonosekhi / Félix Faure Präsident der französischen Republik (-1899) / Konservative kommen in England an die Regierung (Salisbury)

**1895-96** Jameson Raid und Krüger-Depesche

ZEITTAFEL

## 1896—1900

**1896** Madagaskar französische Kolonie / Kitchener besiegt die Mahdisten bei Omdurman; Einnahme Khartums; Italiener von den Abessiniern (Kaiser Menelik) bei Adua geschlagen

**1897** Unglücklicher Krieg der Griechen gegen die Türken (Kreta) / Bülow und Tirpitz Staatssekretäre / Beginn des deutschen Flottenbaus / McKinley Präsident der USA (-1901)

**1898** Faschoda-Krise zwischen Frankreich und England / Heftige Nationalitätenkämpfe in Österreich (Badeni) / Krieg der USA gegen Spanien (Spanien verliert Cuba und die Philippinen) / Tsingtau deutsches, Weihaiwei britisches, Kwangtschau französisches Pachtgebiet / Beginn der britisch-deutschen Bündnisgespräche / 30. Juli: Fürst Bismarck † / Kaiserin Elisabeth von Österreich ermordet

**1899** Haager Friedenskonferenz / Deutsche Banken erhalten Konzession für Bagdad-Bahn / Loubet französischer Präsident (-1906) / Ausbruch des Burenkrieges (Siege der Buren)

**1900** Boxer-Aufstand in China / Commonwealth of Australia gegründet / Mittelmeerabkommen zwischen Frankreich und Italien / Fürst Bülow Reichskanzler / Britische Erfolge im Burenkrieg / Teilung Samoas zwischen USA und Deutschland, England durch Deutschland entschädigt / König Humbert von Italien ermordet; Victor Emanuel III. (-1946)

## 1901—1905

**1901** Achtmächte-Intervention in China / Königin Victoria †; Eduard VII. (-1910) / Präsident McKinley ermordet; Theodore Roosevelt Präsident der USA (-1909) / Beginn des Kampfes gegen die großkapitalistischen Monopole in USA

**1902** Englisch-japanisches Bündnis / Ende des Burenkrieges / Deutsch-britische Bündnisverhandlungen endgültig gescheitert / Italien und Frankreich verständigen sich über Tripolis und Marokko

**1903** Panama Schutzstaat der USA / Mürzsteger Abkommen zwischen Österreich und Rußland / Unruhen in Mazedonien / Offiziersputsch und Ermordung König Alexanders in Belgrad, Peter Karadjorjević König von Serbien / Papst Leo XIII †; Giuseppe Sarto - Pius X. (-1914) / Spaltung der russischen Sozialdemokraten in Bolschewisten und Menschewisten

**1904** Entente cordiale zwischen Frankreich und England

**1904-05** Russisch-japanischer Krieg (Japaner erobern Port Arthur, siegen zu Lande bei Mukden, zur See bei Tsushima)

**1905** Liberaler Wahlsieg in England (Kabinett Campbell-Bannermann mit Grey als Außenminister) / Norwegen trennt sich von Schweden (Prinz Karl von Dänemark als Haakon VII. König von Norwegen) / Wilhelm II. besucht Tanger, Ausbruch der 1. Marokkokrise / Beginn der 1. russischen Revolution / Krise des Dualismus in Österreich-Ungarn / Friede von Portsmouth zwischen Rußland und Japan

## 1906—1910

**1906** Beilegung der Marokkokrise durch Konferenz von Algeciras / Gründung der Labour Party in England / Zollkonflikt zwischen Österreich und Serbien / Fallières französischer Präsident (-1913) / Aerenthal statt Goluchowski ö.-u., Iswolskij statt Lambsdorff russischer Außenminister / Rußland erhält eine Verfassung

**1907** Erste britische Reichskonferenz in London / Britisch-russische Annäherung (Treffen von Reval) / Allgemeines Wahlrecht in Österreich (Regierung Beck)

**1908** Jungtürkische Revolution / Annexion Bosniens durch Österreich-Ungarn - Ausbruch der „Annexionskrise" -

Bulgarien Königreich / Daily Telegraph-Affäre erschüttert Ansehen Wilhelms II. / König und Kronprinz von Portugal ermordet

**1909** Beilegung der Annexionskrise unter deutschem Druck / Sultan Abdul Hamid abgesetzt / Spanien setzt sich in Marokko fest / Bildung der Südafrikanischen Union / Taft Präsident der USA (-1913) / Steuerreform Lloyd Georges in England / Kampf der Liberalen gegen das Oberhaus / Reichskanzler Fürst Bülow entlassen, Bethmann-Hollweg Kanzler (-1917) / Deutsche und englische Flottenrüstungen verstärkt

**1910** Eduard VII. †; König Georg V. (-1936) / Rücktritt Iswolskijs, Sasonow russischer Außenminister (-1916)

## 1911—1915

**1911** Rechte des englischen Oberhauses eingeschränkt / Russischer Ministerpräsident Stolypin ermordet / „Panthersprung" nach Agadir und zweite Marokkokrise / Revolution in China (1912 Republik)

**1911-12** Italien besetzt Tripolitanien (Libyscher Krieg, Friede von Ouchy zwischen Italien und Türkei)

**1912** Ergebnislose Abrüstungsverhandlungen zwischen Deutschland und England (Haldane) / Prinzregent Luitpold von Bayern † / Deutsche Heeresverstärkung / Ausbruch des Balkankrieges (Niederlagen der Türken)

**1913** Zweiter Balkankrieg, Niederlage Bulgariens und Friede von Bukarest / Ludwig III. König von Bayern (-1918; † 1921)

**1913** Dreijährige Dienstzeit in Frankreich - Poincaré Präsident (-1920) / Woodrow Wilson Präsident der USA (-1921)

**1913-14** Deutsch-russische Spannung wegen Entsendung deutscher Generale in die Türkei

**1914** Panama-Kanal eröffnet / Deutschenglisches Abkommen über Bagdad-Bahn vor dem Abschluß / Home Rule-Vorlage für Irland / 28. Juni: Der österreichische Thronfolger Erzherzog Franz Ferdinand mit seiner Gattin in Sarajewo von serbischen Verschwörern ermordet / 23. Juli: Österreichisches Ultimatum an Serbien, das der Mitschuld an dem Mord von Sarajewo bezichtigt wird / 25. Juli: Abbruch der diplomatischen Beziehungen zwischen Österreich und Serbien / 28. Juli: Kriegserklärung Österreichs an Serbien / 30. Juli: Allgemeine Mobilmachung in Rußland; deutsches Ultimatum an Rußland / 1. August: Kriegserklärung Deutschlands an Rußland / 3. August: Kriegserklärung Deutschlands an Frankreich, Einmarsch in Belgien / 4. August: Kriegserklärung Englands an Deutschland / Papst Pius X. †; Giacomo della Chiesa - Papst Benedikt XV. (-1922) / August: Deutscher Durchmarsch durch Belgien; Franzosen und Engländer an die Marne zurückgedrängt - Österreicher siegen bei Krasnik und Komarow, unterliegen bei Lemberg / Japan erklärt Deutschland den Krieg und erobert Tsingtau / Deutscher Sieg bei Tannenberg / September: Marneschlacht und deutscher Rückzug in Frankreich - Deutscher Sieg an den masurischen Seen - Rückzug der Österreicher nach Westgalizien / Türkei tritt an Deutschlands Seite in den Krieg / Herbst: Kämpfe in Flandern, Einnahme Antwerpens - Wechselvolle Kämpfe im Osten - Zusammenbruch der österreichischen Offensive in Serbien

**1915** Winter: Abwehrschlacht in den Karpathen - Deutscher Sieg in der Winterschlacht in Ostpreußen - Stellungskämpfe in Frankreich / 2. Mai: Durchbruch der Österreicher und Deutschen durch die russische Front bei Gorlice / 22. Mai: Eintritt Italiens in den Krieg gegen Österreich / Sommer: Verdrängung der Russen aus Galizien und Polen - Erfolgreiche Verteidigung der Dardanellen gegen englisch-französische Angriffe - Positionsschlachten in Frankreich und am Isonzo / Herbst: Niederwerfung Serbiens - Eintritt Bulgariens in den Krieg auf Seiten der Mittelmächte

## 1916—1920

**1916** Winter: Kapitulation Montenegros - Zerwürfnis zwischen deutscher und österreichisch-ungarischer Heeresleitung (Falkenhayn und Conrad) / Februar: Deutscher Angriff auf Verdun / Mai: Österreichische Offensive bei Asiago / 31. Mai: Unentschiedene Seeschlacht vor dem Skagerrak / Juni: Russen (unter Brussilow) durchbrechen die Front der Verbündeten bei Luck / Juli: Offensive der Alliierten an der Somme / August: Eintritt Rumäniens in den Krieg gegen Österreich-Ungarn; (Wechsel in der deutschen obersten Heeresleitung: Hindenburg und Ludendorff als 3. OHL) / Herbst: Niederwerfung Rumäniens - Kabinett Stürmer in Rußland - Ermordung Rasputins - Ermordung des österreichischen Ministerpräsidenten Graf Stürgkh / 21. November: Kaiser Franz Joseph I. †; Kaiser Karl (-1918) / 12. Dezember: Friedensangebot der Mittelmächte

**1917** Deutschland beginnt uneingeschränkten U-Boot-Krieg und durchkreuzt Wilsons Friedensvermittlung / März: Russische Revolution; Abdankung des Zaren Nikolaus II. / 6. April: Kriegserklärung der USA an Deutschland / Sommer: Letzte Schlachten im Osten: Schwere Niederlagen Rußlands - Diktatur Kerenskijs - Im Westen deutscher Rückzug in die Siegfriedlinie / 19. Juli: Friedensresolution des deutschen Reichstags - Rücktritt Bethmann-Hollwegs - Michaelis Reichskanzler / Friedensvermittlung Papst Benedikts XV. erfolglos / Herbst: Sieg der Deutschen und Österreicher über die Italiener bei Karfreit, Flitsch und Tolmein / Rücktritt Michaelis', Graf Hertling Reichskanzler / 7. November: Bolschewistische Revolution in Rußland - Friedensangebot Rußlands, Verhandlungen in Brest-Litowsk /

**1918** 8. Januar: Präsident Wilson verkündet die 14 Punkte / März: Friedensschlüsse von Brest-Litowsk und Bukarest / 21. März: Große Schlacht in Frankreich beginnt / 14. April: Gemeinsames alliiertes Oberkommando unter Marschall Foch / 16. Juni: Ermordung der Zarenfamilie durch die Bolschewisten / 18. Juli: Gegenangriff der Alliierten / 8. August: Durchbruch der deutschen Westfront / September: Zusammenbruch Bulgariens - Friedensangebot Österreichs / 29. September: Ludendorff fordert sofortigen Waffenstillstand / 4. Oktober: Prinz Max von Baden Reichskanzler, parlamentarische Staatssekretäre, Waffenstillstands-Ersuchen an Wilson / Oktober: Zusammenbruch der Türkei - Beginnende Auflösung Österreichs / 3. November: Meuterei deutscher Matrosen in Kiel / 4. November: Waffenstillstand zwischen Österreich und Italien in Villa Giusti / 7. November: Umsturz in Bayern (Kurt Eisner) / 9. November: Abdankung Kaiser Wilhelms und Ausrufung der Republik / 11. November: Waffenstillstand in Compiègne

**1918-19** Spartakus-Aufstände in Deutschland - Friedenskonferenz in Versailles (18. Januar) / Frühjahr: Rätediktaturen in Bayern und Ungarn / 28. Juni: Unterzeichnung des Versailler Vertrages / 2. Juni Unterzeichnung der Verträge von Saint-Germain und Trianon / 18. September: Vertrag von Neuilly (Bulgarien) / 11. August: Weimarer Verfassung (1. Reichspräsident Friedrich Ebert)

**1920** März: Kapp-Putsch in Deutschland - Kommunistische Aufstände / Vertrag von Sèvres (Türkei) und Erhebung der Türken unter Kemal Pascha / Polnisch-russischer Krieg (Niederlage der Russen vor Warschau) / Untergang der gegenrevolutionären Armeen in Rußland / Zusammentritt des neugegründeten Völkerbundes / Amerikanischer Senat verwirft Versailler Vertrag, Kriegszustand zwischen USA und Deutschland als beendet erklärt / Irland nach blutigen Kämpfen selbständig

## 1921—1925

**1921** Reparationsforderung auf 132 Milliarden Goldmark festgesetzt / Indisches Parlament / Erzberger ermordet / Beginn der „Neuen ökonomischen Politik" (NEP) in Rußland / Kemal von den Mächten anerkannt / Kaiser und König Karl versucht nach Ungarn zurückzukehren und wird von den Mächten nach

## ZEITTAFEL

Madeira verbannt / Harding Präsident der USA (-1922)

**1922** Reparationskonferenz in Genua / Rapallovertrag zwischen Deutschland und Sowjetunion (Minister Rathenau) / Vertreibung der Griechen aus Kleinasien / Lloyd George gestürzt / Walter Rathenau von Nationalisten ermordet / Präsident Harding †; Coolidge Präsident der USA (-1929) / Papst Benedikt XV. †; Achille Ratti Papst Pius XI. / Abrüstungskonferenz in Washington (Flottenstärken festgesetzt) / Sanierung Österreichs durch Bundeskanzler Seipel mit Völkerbundhilfe / 28. Oktober: Mussolinis Marsch auf Rom

**1923** Besetzung des Ruhrgebietes durch die Franzosen - Passiver Widerstand und Zusammenbruch der deutschen Währung - Separatistische Unruhen im Rheinland, kommunistische in Mitteldeutschland / Friede von Lausanne zwischen der Türkei und den Westmächten / Militärdiktatur Primo de Rivera in Spanien / 8.-9. November: Hitlerputsch in München

**1924** Lenin †, Streit um die Nachfolge beginnt / Erste britische Arbeiterregierung unter Macdonald / Wahlsieg der französischen Linken, Kabinett Herriot, Präsident Millerand zum Rücktritt gezwungen / Anerkennung der Sowjetregierung durch England und Frankreich / Dawes-Plan zur Tilgung der deutschen Reparationsschuld - Sanierung der deutschen Währung - Festigung der Demokratie (Stresemann) / Italienischer Oppositionsführer Matteotti ermordet / Sturz der Labour-Regierung, konservativer Wahlsieg, Kabinett Baldwin

**1925** Friedrich Ebert †, Hindenburg Reichspräsident / Aufstände der Rifkabylen (-1927) und der syrischen Drusen gegen Frankreich / Locarno-Pakt über die deutsche Westgrenze zwischen Deutschland, Frankreich und Belgien unter Garantie Englands und Italiens

### 1926—1930

**1926** Eintritt Deutschlands in den Völkerbund / Stalin (Josef Wassarionowitsch Dschugaschwili) siegt im Ringen um die Nachfolge Lenins - Beginn der bolschewistischen Planwirtschaft / Hitler beginnt mit dem Wiederaufbau der NSDAP / Portugal wird autoritärer Staat unter Oliveira Salazar, (Präsident Carmona) / Marschall Pilsudski Diktator von Polen / Eintritt deutscher Politiker in die tschechische Regierung / Generalstreik der britischen Gewerkschaften bricht zusammen / Ende des Linkskartells in Frankreich; Union nationale (Poincaré)

**1927** England bricht die Beziehungen zur Sowjetunion ab / Straßenrevolte in Wien (Brand des Justizpalastes) blutig niedergeworfen / Tschiang Kai Schek tritt an die Spitze Südchinas / Französische Armeereform (Minister Painlevé)

**1928** Sieg Tschiang Kai Scheks über die Nordchinesen - Eingreifen Japans in China / Briand-Kellogg-Pakt zur Ächtung des Krieges / Wahlerfolg der demokratischen Parteien Deutschlands (Hermann Müller Reichskanzler)

**1929** Aussöhnung zwischen Vatikan und italienischer Regierung (Lateran-Verträge) / Rücktritt Poincarés, Kabinett Briand / Young-Plan zur Tilgung der Reparationen / Zweite britische Arbeiterregierung - Wiederaufnahme der Beziehungen zur Sowjetunion - Weitgehende Verständigung zwischen England und USA / Gustav Stresemann † / Herbert Hoover Präsident der USA (-1933) / Ausbruch der Weltwirtschaftskrise

**1930** Rücktritt des spanischen Diktators de Rivera / Round Table-Konferenz über Indien in London / Rücktritt des Kanzlers Hermann Müller; Präsidialkabinett Brüning - Neuwahl des Reichstags bringt ungeheuren Erfolg der NSDAP / Räumung des Rheinlands durch die Franzosen / Westminsterstatut des British Commonwealth of Nations

### 1931—1935

**1931** Deutschland fordert und erhält Zahlungsmoratorium für Reparationen / Zollunionsplan Deutschland-Österreich scheitert / Spanien wird Republik /

Zusammenbruch deutscher und österreichischer Banken und Konzerne / England gibt Goldstandard auf / Macdonald bildet Koalitionsregierung / Harzburger Front zwischen NSDAP, Stahlhelm, Deutschnationalen

**1932** Hindenburg zum Reichspräsidenten wiedergewählt - Brüning gestürzt - Kabinett Papen / Neues Anwachsen der NSDAP bei den Reichstagswahlen im Juli / Japan besetzt Shanghai / Ignaz Seipel (österreichischer Staatsmann) † / Abrüstungskonferenz in Genf ohne Erfolg / Reparationskonferenz in Lausanne streicht deutsche Schuld / Mandschukuo selbständiges Kaisertum / Reichstagswahlen im November bringen ersten Verlust der NSDAP / General Schleicher Reichskanzler - Krise der NSDAP

**1933** 30. Januar: Hitler wird Reichskanzler / März: Mehrheit der Harzburger Front bei den Reichstagswahlen, Ermächtigungsgesetz für Hitler - Beginn der nationalsozialistischen Diktatur / Franklin Delano Roosevelt Präsident der USA (-1945), Beginn der kollektivistischen Ära in den USA (New Deal) / Deutschland verläßt den Völkerbund

**1934** Februar: Aufstand des sozialdemokratischen Schutzbundes in Österreich gegen Kabinett Dollfuß / Faschistische Unruhen in Paris / Rußland tritt in den Völkerbund ein / 30. Juni: Deutsche Bartholomäusnacht gegen Oppositionelle aller Richtungen / 25. Juli: Nationalsozialistischer Putsch in Österreich, Bundeskanzler Dollfuß ermordet, Kurt von Schuschnigg Bundeskanzler / 2. August: Hindenburg †, Hitler Präsident und Alleinherrscher / Ermordung König Alexanders von Jugoslawien und des französischen Außenministers Barthou durch südslawische Revolutionäre in Marseille

**1935** Rückkehr des Saargebietes zu Deutschland - Hitler verkündet allgemeine Wehrpflicht - England, Italien und Frankreich protestieren in Stresa gegen deutsche Aufrüstung / Deutschenglisches Flottenabkommen / Sudetendeutsche Partei gewinnt bei tschechoslowakischen Wahlen zwei Drittel der deutschen Sitze / Frankreich und CSR schließen Bündnisverträge mit der Sowjetunion / Angriff Italiens auf Abessinien / Konservative Mehrheit bei englischen Wahlen (Kabinett Baldwin) / Rücktritt des tschechischen Präsidenten Masaryk; Eduard Beneš Präsident der CSR

## 1936—1940

**1936** März: Deutsche Truppen besetzen das entmilitarisierte Rheinland / Abessinischer Krieg beendet; König Victor Emanuel „Kaiser von Äthiopien"/ Sieg der Volksfront in Spanien, Roter Terror, Ermordung des Monarchistenführers Calvo Sotelo durch Polizisten / Nationale Gegenrevolution unter General Franco und Bürgerkrieg (-1939) / Antikominternpakt zwischen Deutschland und Japan / Deutsch-österreichischer Freundschaftsvertrag / König Georg V. von England †; Abdankung König Eduards VIII. nach kurzer Regierung zugunsten seines Bruders König Georg VI. / Volksfrontregierung in Frankreich

**1937** Neville Chamberlain an Stelle Baldwins britischer Premierminister / Zwischenfall an der Marco Polo-Brücke in Peking (Beginn des japanisch-chinesischen Krieges)

**1938** Hitler übernimmt das Oberkommando der Wehrmacht und ernennt Ribbentrop an Stelle Neuraths zum Reichsaußenminister / Schuschnigg auf dem Obersalzberg bei Hitler / 11. März: Deutschland erzwingt den Rücktritt Schuschniggs / 12. März: Einmarsch deutscher Truppen in Österreich, Anschluß Österreichs an das Deutsche Reich / April: Konrad Henlein fordert in acht Punkten Autonomie für die Sudetendeutschen / Mai: Tschechische Teilmobilmachung und verschärfte Spannung zu Deutschland / Sommer: Lord Runciman als britischer Beobachter in Prag - Verhandlungen zwischen Beneš und den Sudetendeutschen / September: Drohrede Hitlers auf dem Nürnberger Parteitag gegen die CSR / 15. September: Chamberlain bei Hitler in Berchtesgaden - Herausgabe des Sudetengebietes an Deutschland beschlossen / 23. September: Chamberlain in Godesberg - Tschechoslowakische Mobilmachung / 29. September: Viererkonferenz in München - Anschluß des Sudetengebietes an Deutschland / Deutsch-englischer Friedenspakt / November: Neue Judenverfolgung in Deutschland

**1939** Papst Pius XI. †; Eugenio Pacelli Papst Pius XII. / 15./16. März: Zerfall der Tschechoslowakei - Einmarsch deutscher Truppen in Böhmen und Mähren - Die Tschechen (Präsident Hácha) von Hitler gezwungen, die deutsche Oberhoheit anzuerkennen (Protektorat) / Britische Garantieerklärung für Polen / April: Italiener besetzen Albanien / Mai: Deutsch-italienisches Militärbündnis (Stahlpakt) / 23. August: Moskauer Vertrag zwischen Deutschland und der Sowjetunion / 1. September: Deutsche Armeen brechen in Polen ein (Niederwerfung Polens binnen vier Wochen) / 3. September: Kriegserklärung Englands und Frankreichs an Deutschland / Herbst: Rußland besetzt das Baltikum / 30. November: Beginn des russisch-finnischen Krieges

**1940** 9. April: Überfall Deutschlands auf Dänemark und Norwegen / 10. Mai: Deutscher Angriff auf Belgien und Holland - Bildung des Kabinetts Churchill / 5. Juni: Angriff der Deutschen auf die französische Front / 10. Juni: Italien erklärt Frankreich und England den Krieg / 22. Juni: Waffenstillstand von Compiègne - Regierung Pétain in Frankreich / 27. September: Dreierpakt zwischen Deutschland, Italien und Japan / Herbst: Deutsche Luftoffensive gegen Großbritannien / Italien überfällt Griechenland / Molotow in Berlin / Einmarsch deutscher Truppen in Rumänien

## 1941—1945

**1941** Winter: Bulgarien tritt dem Dreierpakt bei und wird von deutschen Truppen besetzt / Erfolge der Engländer in Libyen (General Wavell) / Jugoslawien tritt dem Dreierpakt bei - Prinzregent Paul durch Offiziersputsch gestürzt / 6. April: Deutscher Angriff auf Jugoslawien und Griechenland (Jugoslawien in zwei Wochen besetzt) - Bildung eines kroatischen Staates / April: Sieg Rommels über die Briten in Afrika - Niederlage der Italiener in Abessinien; Britisches Hilfskorps räumt Griechenland / 10. Mai: Rudolf Heß fliegt nach Schottland / Mai: Kreta durch Angriff aus der Luft genommen - Versenkung der „Hood" durch die „Bismarck", der „Bismarck" durch Luftangriffe / 22. Juni: Deutscher Angriff auf Rußland / 21. Juli: Englisch-russisches Abkommen / 14. August: Roosevelt und Churchill verkünden die Atlantik-Charta / Oktober: Die deutsche Front steht vor Leningrad, Moskau und am Don / 7. Dezember: Angriff auf Pearl Harbour durch die Japaner / 10. Dezember: Versenkung zweier britischer Schlachtschiffe durch die Japaner / 11. Dezember: Deutschland und Italien erklären den USA den Krieg / November/Dezember: Erfolgreiche Gegenschläge der Russen bei Moskau und Rostow / 19. Dezember: Hitler übernimmt den Oberbefehl an der Westfront

**1942** Februar: Die Japaner nehmen Singapur und beginnen mit der Besetzung von Holländisch-Indien / Mai: Russische Offensive bei Charkow / Juni: Deutsche Gegenoffensive in der Ukraine / Juni: Rommel nimmt Tobruk und dringt nach Ägypten vor / 1. Juli: Die Deutschen nehmen Sewastopol / August: Die Deutschen im Kaukasus und vor Stalingrad / Oktober: Sieg der Briten bei El Alamein / 8.-11. November: Landung der Alliierten in Nordafrika - Besetzung ganz Frankreichs durch die Deutschen / November: Niederlage der Japaner bei den Salomoninseln / Russische Offensive vor Stalingrad

**1943** Januar: Roosevelt und Churchill fordern in Casablanca bedingungslose Kapitulation der Achsenmächte / 2. Februar: Kapitulation der deutschen 6. Armee in Stalingrad / März/April/Mai: Erfolgreiche russische Offensive in der Ukraine - Waffenstreckung der Deutschen und Italiener in Tunis / 10. Juli: Landung der Alliierten auf Sizilien / 24. Juli: Mussolini gestürzt und verhaftet - Kabinett Badoglio / 3. September: Landung der Alliierten in Italien - Waffenstillstand und Kapitulation Italiens / Herbst: Verstärkung der alliierten Luftoffensive gegen Deutschland - Scheitern des U-Bootkrieges - Rückeroberung Kiews durch

## ZEITTAFEL

die Russen - Konferenzen von Kairo und Teheran (Roosevelt, Churchill, Tschiang Kai Schek; Roosevelt, Churchill, Stalin)

**1944** Erfolgreiche Winteroffensive der Russen / 6. Juni: Landung der Alliierten in der Normandie / Juni/Juli: Vordringen der Russen nach Polen / 20. Juli Mißglückte Erhebung der deutschen Widerstandskämpfer gegen Hitler / 31. Juli: Durchbruch der Amerikaner bei Avranches / 15. August: Landung der Alliierten in Südfrankreich / 23. August: Kapitulation Rumäniens / 4. September: Engländer besetzen Brüssel und Antwerpen / 8. September: Bulgarien erklärt Deutschland den Krieg, wird trotzdem von den Russen besetzt / 9.-19. Oktober: Churchill und Eden in Moskau / Oktober-November: Kämpfe vor dem Westwall / 16.-26. Dezember: Letzte deutsche Offensive in den Ardennen

**1945** Januar: Sieg der Russen an der Weichsel / 5.-12. Februar: Konferenz von Jalta / Februar-März: Vordringen der Alliierten zum Rhein / 7. März: Besetzung der Rheinbrücke von Remagen durch die Amerikaner / 29. März: Frankfurt am Main von Amerikanern besetzt / 1. April: Einkesselung von 21 deutschen Divisionen im Ruhrgebiet / 13. April: Einnahme von Wien durch die Russen / 12. April: Präsident Roosevelt † - Harry S. Truman Präsident der USA / 26. April: Russen und Amerikaner treffen an der Elbe zusammen / 28. April: Erschießung Mussolinis / 29. April: Kapitulation der deutschen Truppen in Italien / 30. April: Selbstmord Hitlers und Goebbels' / 2. Mai: Kapitulation Berlins / 4. und 5. Mai: Waffenstreckung der deutschen Armeen vor den Engländern und Amerikanern / 7. Mai: Bedingungslose Kapitulation Deutschlands / 26. Juli: Beginn der Konferenz in Potsdam / 6. August: 1. Atombombenangriff (auf Hiroshima) / 8. August: Rußland erklärt Japan den Krieg / 9. August: 2. Atombombe (auf Nagasaki) / 10. August-12. September: Kapitulation Japans / 26. Juli: Zusammentritt der Vereinten Nationen / Wahlsieg der Labour Party in England, Rücktritt Churchills, dritte Arbeiterregierung (Attlee, Bevin)

**1945-47** Austreibung von etwa 12 Millionen Deutschen aus ihrer Heimat jenseits der Oder-Neiße-Linie, Böhmen-Mähren und Ungarn

## 1946—1950

**1946** Frankreich erhält neue Verfassung / Beginn der Sozialisierung in England / 15. September: Friedensverträge mit den Verbündeten Deutschlands

**1946-47** Nürnberger Kriegsverbrecherprozeß

**1946-49** Sieg der Kommunisten unter Mao Tsetung in China, Rückzug der Nationalregierung nach Formosa

**1947** Zollunion der Benelux-Staaten / Truman-Doktrin zum Schutze der freien Nationen gegen kommunistische Angriffe / Fünfmächtepakt der westeuropäischen Staaten (gegen Deutschland) / Indien wird selbständig (Hindostan und Pakistan) / Aufstände in Indonesien, Hinterindien und Madagaskar

**1948** Außenministerkonferenz in Moskau / Marshall-Plan zum Wiederaufbau Europas / Panamerikanischer Verteidigungspakt / Gandhi ermordet / Beneš liefert die Staatsmacht in der CSR an die Kommunisten aus-Konflikt zwischen Tito und Stalin / 22. Juni: Währungsreform in Deutschland / Kampf um Berlin beginnt (Luftbrücke) / Rückzug Englands aus Palästina (Staat Israel) / Graf Folke Bernadotte von jüdischen Terroristen ermordet / Außenministerkonferenz in London / Internationales Statut für das Ruhrgebiet

**1949** Abschluß des Atlantikpakts / April: Besatzungsstatut für Deutschland / Mai: Bildung eines Europarates - Bonner Grundgesetz für die Bundesrepublik Deutschland - Ostdeutschland sowjetischer Vasallenstaat / August: Wahlen zum deutschen Bundestag (Theodor Heuß Bundespräsident, Konrad Adenauer Bundeskanzler)

**1950** Knapper Wahlsieg der Labour Party / Südafrika annektiert das Mandat Deutsch-Südwestafrika / Kommunistischer Überfall auf Korea und

Rückeroberung Koreas durch UN-Truppen unter General Douglas MacArthur / Schumanplan zur Vereinigung der europäischen Montanindustrie / New Yorker Konferenz beschließt Beendigung des Kriegszustandes mit Deutschland

## b) KULTUR

### 1848—1860

**1848** Kommunistisches Manifest von Karl Marx und Friedrich Engels / Joseph Görres † / Annette von Droste-Hülshoff † / Alexander Dumas (Sohn): Kameliendame (Roman) / William Thackeray: Vanity Fair / Ludwig von Schwanthaler † / Gaetano Donizetti † / Kabelverbindung USA-Europa

**1849** Charles Dickens: David Copperfield / Edgar Allan Poe † / Alexander Petöfi gefallen / Frédéric Chopin † / Richard Wagner: Die Kunst und die Revolution / Alfred Rethel: Auch ein Totentanz (Holzschnittreihe) / Otto Nicolai: Die lustigen Weiber von Windsor / Pollender entdeckt Milzbranderreger

**1850** Honoré de Balzac † / Nikolaus Lenau † / Johann Gottfried Schadow † / Richard Wagner: Lohengrin - Das Kunstwerk der Zukunft / Otto Ludwig: Der Erbförster / Helmholtz erfindet den Augenspiegel / Bunsenbrenner

**1851** Herman Melville: Moby Dick / Courbet: Die Steinklopfer / William Turner † / Verdi: Rigoletto / Albert Lortzing † / Erste Weltausstellung in London

**1852** Harriet Beecher-Stowe: Onkel Toms Hütte / Nikolai Gogol † / Brüder Grimm beginnen Deutsches Wörterbuch

**1853** Adalbert Stifter: Bunte Steine / Ludwig Tieck † / Verdi: La Traviata - Der Troubadour / „Die Gartenlaube" gegründet / Erste Rohrpostanlage in London

**1854** Jeremias Gotthelf (Albert Bitzius) † / Gottfried Keller: Der grüne Heinrich

**1854** Scheffel: Der Trompeter von Säkkingen / Sulpiz Boisserée † / Dogma der unbefleckten Empfängnis / Mommsen: Römische Geschichte / Riemann: Geometrie des gekrümmten Weltraumes

**1855** Freytag: Soll und Haben / Longfellow: Hiawatha / Scheffel: Ekkehard / Walt Whitman: Grashalme / Friedrich Gauss † / Dampfpflug von Fowler und Eyth / Hughes-Telegraph

**1856** Heinrich Heine † / Gottfried Keller: Die Leute von Seldwyla / Mörike: Mozart auf der Reise nach Prag / Raabe: Chronik der Sperlingsgasse / Robert Schumann † / Stahlerzeugung durch Bessemerbirne / Gründung der Hamburg-Amerika-Linie

**1857** Baudelaire: Die Blumen des Bösen / Flaubert: Madame Bovary / Stifter: Nachsommer / Alfred de Musset† / Auguste Comte † / Christian Daniel Rauch † / Millet: Die Ährenleserinnen / Reuter gründet sein Pressebüro

**1858** Turgenjew: Das Adelsnest / Offenbach: Orpheus in der Unterwelt / Virchow begründet Zellularpathologie / A. R. Wallace: Natürliche Auslese durch Kampf ums Dasein

**1859** Wilhelm Grimm † / Alfred Rethel † / Charles Gounod: Margarethe (Faust-Oper) / Alexander von Humboldt † / Spektralanalyse (Bunsen und Kirchhoff) / Darwin: Über die Entstehung der Arten durch natürliche Zuchtwahl

**1860** Ernst Moritz Arndt † / Arthur Schopenhauer † / Jacob Burckhardt: Die Kultur der Renaissance in Italien / Gasmotor von Lenoir / Turnen Lehrfach in preußischen Volksschulen / Erste Boxweltmeisterschaft in England

### 1861—1870

**1861** Dostojewskij: Aufzeichnungen aus einem Totenhause / Semmelweis: Hauptschrift über das Kindbettfieber / Solvay-Verfahren zur Herstellung von Soda

**1862** Flaubert: Salammbô / Johann Nestroy † / Ludwig Uhland † / Anselm Feuerbach: Iphigenie / Schwind: Die Hochzeitsreise / Begründung der Bakteriologie durch Pasteur / Gründung der englischen Fußball-Association

**1863** Jakob Grimm † / Friedrich Hebbel † / Alfred de Vigny † / Ernest Renan: Das Leben Jesu / Eugène Delacroix † / Schliemann beginnt Troja auszugraben / Eröffnung der Londoner U-Bahn

**1864** Wilhelm Raabe: Der Hungerpastor / Tolstoi: Krieg und Frieden / Bischof Ketteler: Die Arbeiterfrage und das Christentum / Bruckner: Erste Symphonie c-moll

**1865** Stifter: Witiko / Manet: Olympia / Wagner: Tristan und Isolde / Elektromagnetische Lichttheorie von Maxwell / Vererbungslehre von Mendel

**1866** Gründung der Christian Science / F. A. Lange: Geschichte des Materialismus / Smetana: Die verkaufte Braut / Dynamomaschine von Werner von Siemens / Torpedo von Whitehead

**1867** Charles Baudelaire † / Dostojewskij: Schuld und Sühne / Ibsen: Peer Gynt / Johann Strauß (Sohn): An der schönen blauen Donau / Michael Faraday † / Karbol-Antisepsis (Joseph Lister) / Dynamit (Alfred Nobel)

**1868** De Coster: Thyl Ulenspiegel / Dostojewskij: Der Idiot / Stifter † / Renoir: Das Ehepaar Sisley / Rossini † / Wagner: Die Meistersinger von Nürnberg

**1869** Lamartine † / Eduard von Hartmann: Philosophie des Unbewußten / Verdi: Aida / Wagner: Rheingold / System der chemischen Elemente durch Mendelejew und Lothar Meyer / Fahrrad mit Hinterrad-Antrieb

**1870** Charles Dickens † / Turgenjew: Väter und Söhne / Unfehlbarkeitsdogma (Vatikanisches Konzil) / Wagner: Die Walküre / Eisenbetonbau (Monier)

## 1871—1875

„Gründerjahre" in Deutschland

**1871** Zola: Les Rougon-Macquart (-1893) / Moritz von Schwind † / Daniel Auber † / Photographische Trockenplatte von Maddox / Stanley findet Livingstone

**1872** Franz Grillparzer † / Max Liebermann: Die Gänserupferinnen / Westinghouse-Bremse

**1873** Tolstoi: Anna Karenina / Bakunin: Staat und Anarchie / Nietzsche: Unzeitgemäße Betrachtungen / Böcklin: Triton und Nereide / Franzjoseph-Land entdeckt / Entdeckung der Zellvermehrung durch Kernteilung (Schneider) / Wiener Weltausstellung

**1874** Johann Strauß (Sohn): Die Fledermaus / Billroth entdeckt Strepto- und Staphylokokken

**1875** Hans Christian Andersen † / Rosegger: Die Schriften des Waldschulmeisters / Menzel: Das Eisenwalzwerk / Bizet: Carmen / Bizet †

## 1876—1880

**1876** Felix Dahn: Ein Kampf um Rom / C. F. Meyer: Jürg Jenatsch / Mark Twain: Tom Sawyer / George Sand † / Wagner: Siegfried - Götterdämmerung / Eröffnung der Bayreuther Festspiele / Leibl: Der Jäger / Stanley befährt den Kongo / Telephon von A. G. Bell / Weltausstellung in Philadelphia

**1877** Gobineau: Renaissance / Schrammelquartett in Wien / Phonograph (Edison)

**1878** Edmond de Goncourt: Die Dirne Elisa / Swinburne: Poems and Ballads / Marées: Die Lebensalter / Julius Robert Mayer † / Indigo-Synthese durch Baeyer

**1879** Henry George: Fortschritt und Armut / Charles de Coster † / Dostojewskij: Die Brüder Karamasow / Ibsen: Nora / F. Th. Vischer: Auch einer / Honoré Daumier † / Tschaikowski: Eugen Onegin / Kohlenfadenlampe (Edison) / Elektrische Lokomotive (Werner von Siemens)

**1880** Gustave Flaubert † / Anselm Feuerbach † / Jacques Offenbach † / Dubois-Reymond: Die sieben Welträtsel / Böcklin: Toteninsel

30 Franzel, Geschichte

## ZEITTAFEL

### 1881—1885

**1881** Thomas Carlyle † / Dostojewskij † / Johann Hinrich Wichern † / Autotypie (Meisenbach) / Ranke: Weltgeschichte

**1882** Ralph Waldo Emerson † / Leibl: Drei Frauen in der Dorfkirche / Millöcker: Der Bettelstudent / Wagner: Parsifal / Charles Darwin † / Koch entdeckt Tuberkelbazillus

**1883** Stevenson: Die Schatzinsel / Liliencron: Adjutantenritte / Nietzsche: Also sprach Zarathustra / Dilthey: Einleitung in die Geisteswissenschaften / Turgenjew † / Gustave Doré † / Karl Marx † / Maschinengewehr (Maxim) / Edouard Manet † / Richard Wagner † / Dampfturbine (de Laval) / Wasserstoffverflüssigung (Olszewski)

**1884** Hans Makart † / Ludwig Richter † / Friedrich Smetana † / Uhde: Lasset die Kindlein zu mir kommen! / Setzmaschine (Mergenthaler) / Gregor Mendel † / Entdeckung der Erreger von Wundstarrkrampf, Diphterie, Cholera, Lungenentzündung

**1885** Victor Hugo † / Rodin: Die Bürger von Calais / Carl Spitzweg † / Johann Strauß: Der Zigeunerbaron / Gasglühlicht (Auer) / Kraftwagen mit Benzinmotor (Benz und Daimler) / Rauchschwaches Schießpulver / Michael Georg Conrad gründet „Die Gesellschaft"

### 1886—1890

„Literarische Revolution" in Deutschland

**1886** Tolstoi: Kreutzersonate / Strindberg: Sohn einer Magd / Max Klinger: Beethoven / Franz von Liszt † / Leopold von Ranke †

**1887** Sudermann: Frau Sorge / Ionentheorie (Arrhenius) / Elektroschmelzofen (Héroult) / Stanley befreit Emin Pascha

**1888** Fontane: Irrungen - Wirrungen / Ibsen: Die Frau vom Meere / Theodor Storm: Der Schimmelreiter / Storm † / Hugo Wolf: Mörike- und Eichendorfflieder / Erzeugung elektromagnetischer Wellen durch Heinrich Hertz

**1889** Ludwig Anzengruber † / Gerhart Hauptmann: Vor Sonnenaufgang / Sudermann: Ehre / Verein Freie Bühne gegründet / Edvard Munch: Mädchen am Brückengeländer / Richard Strauß: Don Juan / Pariser Weltausstellung (Eiffelturm)

**1890** Hamsun: Hunger / Gründung der Kelmscott Press (William Morris) / Gottfried Keller † / Langbehn: Rembrandt als Erzieher / Van Gogh † / Hans Thoma: Taunuslandschaft / Mascagni: Cavalleria rusticana / Synthetischer Zucker (Emil Fischer)

### 1891—1895

Überwindung des Naturalismus in Frankreich - Symbolismus

**1891** Selma Lagerlöf: Gösta Berling / Hermann Bahr: Die Überwindung des Naturalismus / Wedekind: Frühlingserwachen / Wilde: Das Bildnis des Dorian Gray / Gustav Mahler: Erste Symphonie D-dur / Rotationskupfertiefdruck

**1892** Gerhart Hauptmann: Die Weber / G. B. Shaw: Frau Warrens Gewerbe / Walt Whitman † / Haeckel: Der Monismus / Leoncavallo: Der Bajazzo

**1893** Max Halbe: Jugend / Schnitzler: Anatol / Humperdinck: Hänsel und Gretel / Tschaikowski † (vorher 6. Symphonie h-moll) / Dieselmotor / Fridtjof Nansens Nordpolexpedition / Gerhart Hauptmann: Hanneles Himmelfahrt

**1894** Hamsun: Pan / Kipling: Dschungelbücher / Zola: Drei Städte / Bruckner: 9. Symphonie d-moll (unvollendet) / Behring findet Diphterie-Heilserum / Louis Lumière erfindet Kinematographen / Lokalanästhesie (Carl Ludwig Schleich) / Sven Hedin in Tibet / Komitee für Olympische Spiele (de Coubertin)

**1895** Fontane: Effi Briest / Gerhart Hauptmann: Florian Geyer / Wedekind:

## ZEITTAFEL

Erdgeist / Kienzl: Der Evangelimann / Elektronentheorie (H. A. Lorentz) / Louis Pasteur † / Entdeckung der Röntgenstrahlen / Friedrich Engels † /

Hildebrand: Wittelsbacherbrunnen in München / Gustave Le Bon: Psychologie der Massen

### 1896—1900

„Fin de siècle" (Dekadenz)
**1896** Heinrich von Treitschke † / Richard Dehmel: Weib und Welt / Theodor Herzl: Der Judenstaat / Corinth: Selbstbildnis mit Skelett / Edmond de Goncourt † / Gerhart Hauptmann: Die versunkene Glocke / Rilke: Larenopfer / Tolstoi: Die Macht der Finsternis / Paul Verlaine † / Henri Bergson: Materie und Gedächtnis / Simplicissimus (Albert Langen, T. T. Heine) gegründet / Anton Bruckner † / Becquerel entdeckt radioaktive Strahlen / Alfred Nobel †

**1897** Josef Conrad: Der Nigger vom Narzissus / Alphonse Daudet † / Johannes Brahms † / Puccini: Die Bohème / Funkentelegraphie (Marconi)

**1898** Bismarck: Gedanken und Erinnerungen / Theodor Fontane † / Stefan George: Das Jahr der Seele / Hamsun: Victoria / Strindberg: Nach Damaskus / Tolstoi: Auferstehung /

Shaw: Der Mann des Schicksals / Rodin: Der Kuß / Marie Curie entdeckt das Radium / Verflüssigung des Wasserstoffgases (Dewar)

**1899** Hofmannsthal: Der Tor und der Tod / Arno Holz: Phantasus / Houston Stewart Chamberlain: Die Grundlagen des 19. Jahrhunderts / Haeckel: Die Welträtsel / Käthe Kollwitz: Aufruhr (Graphiken) / Johann Strauß †

**1900** Ibsen: Wenn wir Toten erwachen / Tolstoi: Der lebende Leichnam / Oscar Wilde † / Friedrich Nietzsche † / Wilhelm Leibl † / Freud: Traumdeutung / Harnack: Das Wesen des Christentums / Husserl: Logische Untersuchungen / Hodler: Rückzug von Marignano (Fresko) / Puccini: Tosca / Osmium-Glühlampe (Auer) / Max Planck begründet Quantentheorie / Erste Zeppelinfahrt / Rohrrücklaufgeschütze / Solowjew: Drei Gespräche

### 1901—1905

Philosophie: Phänomenologie, Gestaltqualitäten, Intuition. Literatur: Symbolismus, Neuromantik, Später Naturalismus, Heimatkunst

**1901** Münchner Kabarett: Elf Scharfrichter / Thomas Mann: Buddenbrooks / Selma Lagerlöf: Jerusalem / Arnold Böcklin † / Verdi † / Maeterlinck: Das Leben der Bienen / Walter Crane: Dekorative Buchillustration

**1902** Rilke: Buch der Bilder / Maxim Gorkij: Nachtasyl / Emile Zola † / Slevogt: Das Champagnerlied

**1903** Erster Flug der Brüder Wright / Wedekind: Die Büchse der Pandora /

Rilke: Das Stundenbuch / Börries von Münchhausen: Ritterliches Liederbuch / Hugo Wolf † / Schiffskreisel (Schlick) / Paul Gauguin † / Henri Matisse: Die Lebensfreude

**1904** Romain Rolland: Jean Christophe / Franz von Lenbach † / Pablo Picasso: Die Absinthtrinkerin / Hermann Hesse: Peter Camenzind

**1905** Morgenstern: Galgenlieder / Heinrich Mann: Professor Unrat / Albert Einstein: Über das Relativitätsprinzip / Richard Strauß: Salome / Adolf von Menzel † / Otto Wagner baut Wiener Postsparkasse

### 1906—1910

Anfänge des Expressionismus
**1906** Enrica v. Handel-Mazzetti: Jesse und Maria / Henrik Ibsen † / Drahtloses Telephon / Paul Cézanne †

**1907** Beginn des französischen Kubismus / Henri Bergson: L'évolution créatrice / Stefan George: Der siebente Ring / Edvard Grieg †

ZEITTAFEL

**1908** Georges Sorel: Illusion des Fortschritts / Carl Sternheim: Aus dem bürgerlichen Heldenleben (- 1922)
**1909** Marinetti: Das Manifest der Futuristen / Emil Nolde: Pfingsten / Blériot überfliegt den Ärmelkanal / Paul Ehrlich und Hata erfinden das Salvarsan
**1910** Ernst Barlach: Der Berserker / Arnold Schönberg: Klavierstücke (Opus 11) / Synthetischer Kautschuk (Hofmann) / Tolstoi † / Gerhart Hauptmann: Der Narr in Christo Emanuel Quint / Synthetischer Ammoniak (Fritz Haber)/ Siegmund Freud: Über Psychoanalyse / Paul Bourget: Die Barrikade / Mark Twain † / Björnstjerne Björnson † / Adolf Loos: Haus am Michaelerplatz in Wien

## 1911—1915

Expressionismus, Untergangsstimmung, Weltangst, Arbeiterdichtung

**1911** Amundsen erreicht den Südpol / Richard Strauß (Hofmannsthal): Der Rosenkavalier / Franz Werfel: Der Weltfreund / Oskar Kokoschka: Der brennende Dornbusch / Hugo v. Hofmannsthal: Jedermann / Gustav Mahler † / Franz Marc und Kandinskij gründen den Blauen Reiter / Georges Braque malt erste kubistische Landschaften / Ludwig Thoma: Der Wittiber
**1912** Thomas Mann: Der Tod in Venedig / Ernst Barlach: Der tote Tag / Fritz von Unruh: Offiziere / Anatole France: Die Götter dürsten / August Strindberg †
**1913** Georg Trakl: Gedichte / Atommodell von Niels Bohr / Arthur Schnitzler: Professor Bernhardi / Paul Zech: Das schwarze Revier / Einstein: Allgemeine Relativitätstheorie / Peter Behrens: Mannesmann-Gebäude in Düsseldorf / Proust: A la recherche du temp perdu

**1913-14** Franz Marc: Turm der blauen Pferde

**1914** Georg Trakl † / Heinrich Mann: Der Untertan / Rudolf Alexander Schröder: Deutsche Oden / Hermann Hesse: Roßhalde / Georg Kaiser: Die Bürger von Calais / O. Kokoschka: Die Windsbraut

**1915** Gustav Meyrink: Der Golem / Franz Werfel: Die Troerinnen / Farbenlehre von Ostwald

## 1916—1920

Extremer Expressionismus, Dadaismus, Radikaler Sozialismus

**1916** Heinrich Lersch: Herz, aufglühe Dein Blut / Georg Kaiser: Von Morgens bis Mitternacht / Hasenclever: Der Sohn / Franz Kafka: Die Verwandlung / Hanns Johst: Der junge Mensch / Franz Marc gefallen / Walter Flex: Wanderer zwischen beiden Welten / Dadaismus: (Tristan Tzara und Hülsenbeck) / Waldemar Bonsels: Indienfahrt / Hilaire Belloc: Der Sklavenstaat
**1917** Anatole France: Aufstand der Engel / Hamsun: Segen der Erde / Felix Timmermans: Das Jesuskind in Flandern / Georg Kolbe: Kauernde / Reinhard Goering: Seeschlacht
**1918** Thomas Mann: Betrachtungen eines Unpolitischen / Paul Claudel: Das harte Brot / Karl Kraus: Die letzten Tage der Menschheit / Georg Kaiser: Gas (2. Teil 1920) / Leonhard Frank: Der Mensch ist gut / Ferdinand Hodler † / Oswald Spengler: Untergang des Abendlandes (II. Bd. 1920)

**1919** Ernst Jünger: In Stahlgewittern / Paul Ernst: Zusammenbruch des Idealismus / Paul Claudel: Der seidene Schuh (-1924) / Atomkernspaltung (Rutherford) / Huizinga: Herbst des Mittelalters / Gründung des Bauhauses in Weimar (später Dessau)

**1920** Gerhart Hauptmann: Der weiße Heiland / Alfred Döblin: Wallenstein / Ernst Toller: Masse Mensch / Max Barthel: Arbeiterseele / Josef Weinheber: Der einsame Mensch / Richard Dehmel † / Sinclair Lewis: Main Street / Max Klinger †

ZEITTAFEL

## 1921—1925

Ausklang des Expressionismus, Heroischer Nihilismus, rasches Aufblühen der Filmkunst

**1921** Gerrit Engelke: Rhythmus des neuen Europa / Belloc: Die Juden / Verflüssigung der Kohle (Bergius) / Adolf von Hildebrand † / Otto Dix: Der Schützengraben

**1922** Hindemith: Suite 1922 / James Joyce: Ulysses / Bert Brecht: Trommeln in der Nacht / Hugo v. Hofmannsthal: Das große Welttheater / Eugène O'Neill: Anna Christie / Carl Hofer: Masken / Erste Bauten von Le Corbusier

**1923** Rilke: Duineser Elegien und Sonette an Orpheus / Max Mell: Das Apostelspiel / Georg Kaiser: Nebeneinander / Strzygowski: Die Krise der Geisteswissenschaften / Max Taut: Bürohaus des ADGB in Berlin / Käthe Kollwitz: Der Krieg (Holzschnitte)

**1924** Hans Thoma † / Gladkow: Zement / Anatole France † / Arthur Schnitzler: Fräulein Else / Thomas Mann: Der Zauberberg / Franz Werfel: Juárez und Maximilian / Ernst Barlach: Die Sündflut / Leonhard Frank: Der Bürger / Franz Kafka † (im Nachlaß: Der Prozeß, Das Schloß) / Hans Carossa: Rumänisches Tagebuch / (und 1932) Gertrud von Le Fort: Hymnen an die Kirche / Miguel Unamuno: Die Agonie des Christentums / Kokoschka: Towerbridge / Puccini † / Breton: Manifest des Surrealismus

**1925** John Dos Passos: Manhattan Transfer / Hofmannsthal: Der Turm / Rudolf G. Binding: Kriegstagebuch / Carl Zuckmayer: Der fröhliche Weinberg / Lovis Corinth † / Hendrik de Man: Psychologie des Sozialismus

## 1926—1930

Existenzphilosophie, Vorläufer des Surrealismus, Stummfilm als Kunst, Rundfunk, Krise des Theaters

**1926** Rainer Maria Rilke † / Hans Grimm: Volk ohne Raum / André Gide: Die Falschmünzer

**1927** Ozeanüberquerung durch Lindbergh / Benedetto Croce: Geschichte Italiens / Hanns Johst: Thomas Payne / Hermann Hesse: Steppenwolf / Hamsun: Landstreicher / Heidegger: Sein und Zeit

**1928** Stefan George: Das Neue Reich / Ludwig Renn: Krieg / Remarque: Im Westen nichts Neues / Brecht und Weill: Dreigroschenoper / Ernst Gläser: Jahrgang 1902 / Ozeanüberquerung durch Köhl und Hünefeld

**1929** Penicillin (Sir Alexander Fleming) / Alfred Döblin: Berlin Alexanderplatz / Theodor Tagger: Die Verbrecher / Gerhart Hauptmann: Buch der Leidenschaften

**1930** Jacques Maritain: Religion und Kultur / Lion Feuchtwanger: Erfolg / Bruno Brehm: Apis und Este / Ortega y Gasset: Der Aufstand der Massen

## 1931—1935

Kultur im Zeichen weltanschaulicher Gegensätze, Propaganda und Gleichschaltung, Tonfilm

**1931** Verzuckerung von Holz (Bergius)

**1932** Max Slevogt † / François Mauriac: Natterngezücht / Hanns Johst: Schlageter / Ernst Jünger: Der Arbeiter / Josef Roth: Radetzkymarsch / Gerhart Hauptmann: Vor Sonnenuntergang / Übermikroskop (Siemens und Halske)

**1933** John Galsworthy † / Toynbee: Study of History (begonnen)

**1934** Künstliche Radioaktivität (Joliot) / Giraudoux: Der trojanische Krieg wird nicht stattfinden / Hindemith: Mathis der Maler / Thomas Mann: Joseph und seine Brüder / Josef Weinheber: Adel und Untergang / Gilbert Keith Chesterton † / Max Liebermann †

**1935** Atomkernspaltung durch Fermi / Thomas Stearns Eliot: Mord im Dom / Werner Bergengruen: Der Großtyrann und das Gericht / Paul Claudel: Gedanken und Gespräche

## ZEITTAFEL

### 1936—1940

Kultur zwischen Kollektivismus, Freisinn und konservativer Besinnung

**1936** Frank Thieß: Tsushima / Georges Bernanos: Tagebuch eines Landpfarrers / Unamuno † / Rudyard Kipling † / Maxim Gorkij † / Karl Kraus †

**1937** Richard Billinger: Der Gigant / Thomas G. Masaryk †

**1938** Aristide Maillol: Die drei Nymphen / Ernst Barlach † / Gabriele d' Annunzio † / Josef Roth: Die Kapuzinergruft / Curt Langenbeck: Der Hochverräter

**1939** Ernst Jünger: Auf den Marmorklippen / Ernst Wiechert: Das einfache Leben / J. P. Sartre: Das Sein und das Nichts

**1940** Frank Thieß: Das Reich der Dämonen / Selma Lagerlöf †

### 1941—1950

Seinsphilosophie und Existentialismus, Surrealismus, Abstrakte Malerei, Religiöse Kunst, Kultur im Kampf gegen Vermassung

**1941** Franz Werfel: (-1946) Das Lied von Bernadette / Gerhart Hauptmann: Iphigenie-Dramen / Henri Bergson † / James Burnham: Die Revolution der Manager

**1942** Thornton Wilder: The Skin of our Teeth (Wir sind noch einmal davongekommen)

**1943** Hermann Hesse: Das Glasperlenspiel / Schrödinger: Was ist Leben?

**1944** Romain Rolland † / Maillol †

**1945** Ernst Wiechert: Die Jerominkinder / Josef Weinheber † (Freitod)

**1946** Carl Zuckmayer: Des Teufels General / Theodor Plievier: Stalingrad / Ernst Wiechert: Der Totenwald / F. G. Jünger: Die Perfektion der Technik (um 1939 geschrieben) / Gerhart Hauptmann †

**1947** Georg Kolbe † / Hermann Kasack: Die Stadt hinter dem Strom / Elisabeth Langgässer: Das unauslöschliche Siegel / Thomas Mann: Doktor Faustus / Felix Timmermans †

**1949** Richard Strauß † / Ernst Jünger: Strahlungen / Sigrid Undset †

**1950** E. Langgässer † / G. B. Shaw †

# FREMDWORTREGISTER

**Absenzpolitik:** Fernbleiben einer Fraktion von den parlamentarischen Verhandlungen
**Absolutismus:** Unbeschränkte Herrschaft
**Aera:** Zeitalter
**Aesthetik:** Lehre vom Schönen
**Agitation:** Aufreizende Werbung
**Agrarier:** Grundbesitzer
**Agrarisch:** Mit der Landwirtschaft zusammenhängend
**Agrumina:** Zitrusfrüchte (Zitronen, Orangen usw.)
**Akklamation:** Zustimmung durch Zuruf
**Akkumulation:** Anhäufung
**Akkumulator:** Vorrichtung zum Aufspeichern elektrischer Kraft
**Akteur:** Handelnder, Schauspieler
**Aktionsradius:** Wirkungskreis
**Akzept:** Angenommener Wechsel
**Amoralisch:** Haltung, die auf Leugnung sittlicher Bindungen beruht
**Amorph:** Gestaltlos
**Anarchie:** Herrschaftslosigkeit
**Anarchosyndikalismus:** Verbindung von Anarchismus und Syndikalismus (s. d.)
**Ancien régime:** Die staatlichen und gesellschaftlichen Verhältnisse vor der französischen Revolution
**Annexion:** Angliederung
**Anonym:** Namenlos
**Arrondierung:** Abrundung
**Asozial:** Ohne Bindung und Rücksicht auf das gesellschaftliche Zusammenleben
**Assoziation:** Vereinigung
**Astrophysik:** Zweig der Physik, der die Lehre von den Gestirnen umfaßt
**Atheist:** Gottesleugner
**Attaché:** Einer diplomatischen Vertretung zugeteilter Beamter
**Attentist:** Einer, der sich aufs Abwarten verlegt
**Auditorium:** Hörerschaft
**Autarkie:** Selbstgenügsamkeit (vor allem wirtschaftlich)
**Autokratie:** Selbstherrschaft
**Autonomie:** Selbstverwaltung
**Autoritär:** Was seine Macht von einer Autorität ableitet
**Autorität:** Durch eigenes Können und Wissen oder durch gesetzmäßige Übertragung maßgebende oder entscheidende Macht
**Avantgardist:** Vorhutkämpfer
**Axiom:** Nicht weiter beweisbarer, durch unmittelbare Einsicht als wahr erkannter Satz

**Baisse:** Fallen der Börsenkurse oder der Preise
**Bankrott:** Zusammenbruch (vor allem in der Wirtschaft)
**Bijouterie:** Schmuckware
**Bolschewiki:** Mehrheitspartei, der 1903 entstandene radikale Flügel der russischen Sozialdemokratie; davon: Bolschewismus, bolschewistisch
**Boulevard-Presse:** Auf den Boulevards (allgemein auf den Straßen der Großstädte) ausgerufene und verkaufte, meist billige und mit starken Übertreibungen arbeitende Presse
**Boykott:** Zwangssperrung
**Budget:** Staatshaushalt

**Camouflage:** Täuschung, Tarnung
**Cisleithanien:** Die links (diesseits) der Leitha liegenden Kronländer der Habsburger Monarchie, nach 1867 also Österreich, im Gegensatz zu Ungarn (Transleithanien)
**Codifizierung:** Verbindliche Aufzeichnung eines Gesetzestextes

**Commune:** 1. Gemeinde, 2. Die auf Güterteilung beruhende Verfassung von Paris während des Aufstandes von 1871
**Conföderiert:** Verbündet (im amerikanischen Bürgerkrieg für die Südstaaten, im Pariser Commune-Aufstand für die Kommunisten gebraucht)

**Deflation:** Schrumpfung des Geldumlaufes
**Demokratie:** 1. Auf den Mehrheitswillen gegründete Staatsmacht 2. Ungenau gebraucht für jede rechtsstaatliche Ordnung
**Depression:** Tiefstand der Wirtschaftsentwicklung
**Dialektik:** Entwicklung oder auch Denken in Gegensätzen, die sich im Laufe der Auseinandersetzung ausgleichen
**Dilettantismus:** Beschäftigung mit einer Sache aus Liebhaberei, im abträglichen Sinne Stümpertum
**Dogma:** Glaubenssatz
**Domäne:** Herrschaftsgebiet, auch Staatsgut
**Dominions:** Glieder des britischen Reiches mit Eigenstaatlichkeit
**Drakonisch:** Streng, grausam
**Duma:** Russische Volksvertretung
**Dumdum-Geschosse:** Geschosse mit Sprengladung oder mit abgeschliffener Spitze, die besonders schmerzhafte und gefährliche Wunden erzeugen
**Dumping:** Verkauf von Waren (vor allem im Ausland) zu Schleuderpreisen
**Dynastie:** Herrscherhaus; verallgemeinert eine Familie, in der sich Besitz, Macht oder Begabung vererben

**Eklektisch:** Aus verschiedenen Weltbildern Bestandteile auswählend und zu einem neuen Ganzen zusammenfügend
**Elan:** Draufgängertum
**Empirismus:** Auf Erfahrung gegründete Lehre
**Endemisch:** Innerhalb eines festumrissenen Bevölkerungskreises verbreitet
**Enklave:** Von fremdem Gebiet eingeschlossener Teil einer Herrschaft
**Entrevue:** Begegnung (von Fürsten oder Staatsmännern)
**Enzyklika:** Rundbrief, Botschaft des Papstes über Glaubens- und Sittenlehren
**Epigone:** Nachfolger, auch Nachahmer
**Episkopat:** Gesamtheit der Bischöfe eines Landes oder der gesamten Kirche
**Etatismus:** Vom Staat beherrschtes oder gelenktes Wirtschaftssystem
**Etikette:** 1. Warenbezeichnung, 2. Durch Brauch oder Vorschrift geregelte Umgangsform
**Eurasien:** Bezeichnung für die geographische Einheit Europa und Asien
**Evidenz:** Unmittelbare Einsicht
**Evolution:** (Friedliche und langsame) Entwicklung
**Exekutive:** Ausführende Gewalt
**Existenz:** Vorhandensein im Gegensatz zu Sein (am leichtesten zu verstehen in der von Kant gegebenen Erklärung: 100 Taler, die ich auf den Tisch zähle, existieren, 100 Taler, von denen ich spreche oder die ich mir vorstelle, sind, existieren aber nicht)
**Existenzialismus:** Philosophie, die von der menschlichen Existenz ausgeht
**Exklusiv:** Ausschließlich
**Exponent:** Vertreter eines Unternehmens oder einer Sache an sichtbarer Stelle
**Expressionismus:** Ausdruckskunst
**Extensiv:** Wirtschaftsverfahren, das auf bloßer Ausdehnung und Ausweitung beruht

**Fakultativ:** Im gegebenen Falle möglich
**Fatalismus:** Glaube an ein unvermeidliches und vorbestimmtes Schicksal
**Fellachen:** Kultur- und geschichtslos gewordene frühere Kulturvölker
**Feudalismus:** Ursprünglich Lehensordnung, später oft für die soziale und politische Vorherrschaft der Großgrundbesitzer gebraucht
**Fiktion:** Einbildung
**Fin de siècle:** Ende des Jahrhunderts, Bezeichnung für den Lebensstil am Ausgang des 19. Jahrhunderts
**Fiskus:** Staatskasse
**Föderalismus:** Bündische Ordnung, bei der die jeweils höhere Einheit nicht mehr Rechte erhält als unbedingt nötig, die unteren so viel als möglich

# FREMDWORTREGISTER

**Fonds:** Für bestimmte Zwecke vorbehaltener Geldbestand
**Franctireur:** Freischärler (Partisane, Bandenkämpfer)
**Freihandel:** Verzicht auf Zölle und andere Handelsbeschränkungen
**Fusion:** Verschmelzung
**Futurismus:** Kunst der Zukunft (Italienische Kunstrichtung des beginnenden 20. Jahrhunderts)

**Gallikanismus:** Sonderrechte der französischen Kirche; Streben des französischen Episkopats nach weitgehender Unabhängigkeit von der römischen Kurie
**Gentry:** Mit Gentleman zusammenhängend, die Kaste der kleinen Landedelleute, vor allem in Ungarn
**Gnosis:** 1. Von der frühchristlichen Kirche als Irrlehre verurteilte christliche Glaubensrichtung, 2. Die dieser Glaubensrichtung zugrundeliegende Philosophie, die ihre Gotteserkenntnis nicht allein aus der Offenbarung, sondern auch aus unserer unmittelbaren Einsicht in die Gesetze der Schöpfung ableitet
**Gremium:** Körperschaft

**Hasard:** Glücksspiel
**Hausse:** Steigen der Börsenkurse oder der Preise
**Hegemonie:** Vorherrschaft
**Heloten:** Hörige, Hintersassen, Leibeigene, Sklaven
**Hemisphäre:** Halbkugel, Erdhälfte
**Heterogen:** Aus einander widerstrebenden Stoffen zusammengesetzt
**Histologie:** Lehre von den organischen Geweben
**Historismus:** Geschichtsauffassung, die jedem Zeitalter völlige Eigengesetzlichkeit zuspricht, auch Bezeichnung für die Überschätzung der historischen Betrachtungsweise
**Homogen:** Aus gleichartigen Stoffen gebildet

**Jakobiner:** Radikaler Flügel der französischen Revolution, aus dem Kleinbürgertum kommend, benannt nach dem Versammlungsort des Klubs, einem Jakobinerkloster

**Jingo:** Spottname der englischen Imperialisten, meist in der Bedeutung von skrupellosen Hetzern gebraucht
**Impressionismus:** Eindruckskunst (das Gesamtkunstwerk entsteht aus Impressionen, also Einzeleindrücken)
**Indifferentismus:** Gleichgültigkeit
**Inflation:** Aufblähung, ungesunde Vermehrung der Zahlungsmittel
**Insurgent:** Aufständischer
**Integrität:** Unberührtheit, Unantastbarkeit
**Interieur:** Innenraum
**Intervall:** Zwischenraum
**Intervention:** Einmischung
**Intuition:** Erkenntnis durch Eingebung
**Investition:** Aufwand von Geld für einen bestimmten Zweck
**Investiturstreit:** Kampf des deutschen Königs mit dem Papst um das Recht der Bestätigung und Investitur (Einkleidung mit Ring und Stab) der Bischöfe (11. bis 12. Jahrhundert)
**Isochrone:** Linie, welche die Orte verbindet, die von einem bestimmten Beziehungsort innerhalb des gleichen Zeitraumes erreicht werden können
**Italia irredenta:** Das unerlöste Italien, Bewegung zur Eroberung aller von Italienern bewohnten Gebiete durch das Königreich Italien
**Julimonarchie:** Das durch die Julirevolution 1830 geschaffene Bürgerkönigtum Louis Philips in Frankreich

**Kader:** Rahmen, militärisch = Rahmenverband
**Kamarilla:** Wörtlich = Kammerverschwörung; kleine Höflingskreise, die hinter den Kulissen politischen Einfluß üben
**Kanonisches Recht:** Kirchenrecht in den Canones festgelegt
**Kanzelparagraph:** Gesetzesbestimmung, die den Geistlichen verbietet, in der Predigt politische Fragen zu berühren
**Kartell:** Vereinigung von Unternehmern zur Festsetzung der Preise oder der Erzeugungsanteile
**Kelmscott Press:** Von William Morris gegründete Druckerei in England
**Kinetik (kinetisch):** Bewegungslehre

**Klassizismus:** An dem Beispiel des klassischen Altertums ausgerichteter Kunststil, im besonderen die von Goethe und Schiller auf dem Höhepunkt ihres Schaffens um 1800 vertretene Kunstauffassung

**Klerikalismus:** Von den Freisinnigen gebrauchter Ausdruck für das Überwiegen geistlicher Sonderinteressen in Politik und Kultur

**Koalition:** Arbeitsgemeinschaft politischer Parteien oder anderer Gruppen

**Kodex:** Allgemein für Buch-, im besonderen Gesetzessammlung

**Kolchosen:** Kommunistische Zwangsgenossenschaften auf dem Lande

**Kollaboration:** Zusammenarbeit, besonders für Zusammenarbeit mit dem Feinde oder der Besatzungsmacht im zweiten Weltkrieg gebraucht

**Kolportage:** Haus- und Straßenhandel mit Druckschriften, dann auch billige und minderwertige Literatur

**Kominform:** Kommunistisches Informationsbüro = Arbeitsgemeinschaft der kommunistischen Parteien

**Komintern:** Kommunistische (III.) Internationale Vereinigung der kommunistischen Parteien unter Führung der russischen KP

**Komitee:** Ausschuß

**Kommunalisieren:** In den Besitz und Betrieb der Gemeinde überführen

**Komparsen:** Als Volk oder Masse auftretende Darsteller auf dem Theater

**Komplexheit:** Bunt- und Vielschichtigkeit

**Konflagration:** Ernster, meist kriegerischer Zusammenstoß

**Kongregation:** 1. Katholische Ordensgemeinschaft, 2. Vom Papst zur Behandlung bestimmter Fragen eingesetzte Körperschaft an der Kurie

**Konjunktur:** Blütezeit

**Konklave:** Absperrung der Kardinäle bei der Wahl des Papstes

**Konkordat:** Vertrag zwischen einem Staat und dem Päpstlichen Stuhl

**Konkurrenz:** Wettbewerb

**Konservativ:** Erhaltend (auf die Überlieferung und die Bewahrung sittlicher und geistiger Werte bedacht)

**Konsortium:** Arbeitsausschuß

**Konspiration:** Verschwörung

**Konstellation:** Ursprünglich Gruppierung der Planeten zu einer bestimmten Stunde, dann Zusammentreffen verschiedener Umstände

**Konstitution:** Verfassung

**Konstruktiv:** Aufbauend

**Kontribution:** Zwangsabgabe

**Konvention:** Abkommen, Herkommen

**Konvertit:** Von einer Konfession zu einer anderen Übergetretener

**Konzeption:** Entwurf, Plan

**Konzern:** Wirtschaftlicher Interessenverband, an dem Banken teilnehmen

**Korruption:** Bestechung, auch Bestechlichkeit, allgemeine Sittenverderbnis

**Kosmopolit:** Weltbürger

**Kubismus:** Kunststil, der den Würfel als Grundform jeder malerischen und plastischen Darstellung verwendet

**Kulaken:** Russische Großbauern

**Kuli:** Ostasiatischer Lohnarbeiter niederster Ordnung

**Kuomintang:** National-sozialistische Partei in China

**Kurie:** Päpstlicher Hof

**Lamarckismus:** Anschauungen des Naturforschers und Philosophen Lamarck, eines Vorläufers Darwins

**Lansing-Note:** Note des amerikanischen Staatssekretärs Lansing vom Oktober 1918, in der Deutschland zugesagt wird, daß der Friedensschluß sich auf die 14 Punkte des Präsidenten Wilson gründen werde

**Liberalismus:** Freiheitlich-fortschrittliche Weltanschauung und Politik (vgl. die Erklärung im Text)

**Lilienbanner:** Fahne des bourbonischen Königtums in Frankreich, eine goldene Lilie im weißen Feld

**Liquidation:** Bereinigung (wörtlich Flüssigmachen), Auflösung; von den totalitären Mächten auch für Mord und Hinrichtung gebraucht

**Lizenzierung:** Genehmigungsverfahren, das an Lizenzen, also besondere Ermächtigungen privater Besitzer oder staatlicher Stellen gebunden ist

**Lombardisierung:** Belehnung von Geldern

**Looping:** Aus der Artistik übernommener Ausdruck der Fliegerei, Umdrehung des Flugzeuges in der Luft

**Maginotlinie:** Französisches Festungssystem (unter dem Kriegsminister Maginot begonnen)

**Magnat:** Würdenträger

**Makler:** Händler mit Wertpapieren an der Börse, dann auch Vermittler

**Maligne:** Bösartig

**Mandat:** Auftrag, Ermächtigung, Parlamentssitz

**Manierismus:** Kunststil, bei dem eine bestimmte Eigenart (Manier) übertrieben wird

**Manifest:** Öffentliche und feierliche Verlautbarung

**Manufaktur:** Werkstätte mit handwerklichen Lohnarbeiten

**Maritim:** Auf Seehandel und Seemacht bezüglich

**Meditation:** Betrachtung

**Menschewiki:** Gemäßigter Flügel der russischen Sozialdemokratie

**Merkantilismus:** Wirtschaftsauffassung, die das Hauptgewicht auf Förderung des Außenhandels legt

**Messianismus:** Glaube an die Erlöseraufgabe eines Volkes, einer Partei, eines Mannes

**Metallurgie:** Lehre von der Verhüttung und Verarbeitung der metallhaltigen Erze

**Moloch:** Götze

**Monismus:** Philosophie, die von der Ansicht ausgeht, daß die Seele nur eine Funktion des Körpers sei

**Monokultur:** Anbau einer einzigen Fruchtsorte auf größeren Gebieten

**Monopol:** Alleinberechtigung (vor allem in der Wirtschaft alleiniges Erzeugungs- oder Vertriebsrecht)

**Morbid:** Krankhaft, zerbrechlich

**Morganatische Ehe:** Verbindung eines Dynasten mit einem nicht ebenbürtigen Ehepartner

**Morphologie:** Gestaltlehre

**Mystik:** Form des religiösen Erlebens, wobei der Mensch durch Gebet, Versenkung und Willensschulung in unmittelbare Beziehung zu Gott tritt

**Mythos:** 1. Versuch, das Menschliche mit dem Jenseitigen durch Worte und Sinnbilder in Beziehung zu bringen und diese Beziehung auszudrücken, 2. Leitbild einer Bewegung

**Naturalismus:** Kunstform, die den Zweck der Kunst in der getreuen Wiedergabe der Natur sieht

**Nautik:** Lehre vom Seewesen

**Neoslawismus:** Weiterentwicklung des Panslawismus, wobei die slawischen Völker nicht unter russischer Vorherrschaft stehen, sondern einen freien Bund bilden sollen

**Neovitalismus:** Weiterentwicklung der Lebensphilosophie durch Hans Driesch und seine Schule

**Nestor:** 1. Gestalt aus Homers „Ilias", 2. der Älteste in einem bestimmten Kreis

**Nobilitierung:** Erhebung in den Adelsstand

**Nominalwert:** Nennwert

**Notabeln:** Von der Krone berufene Räte

**Obligatorisch:** Verpflichtend

**Ochrana:** Wörtlich = Abwehr, politische Polizei unter dem russischen Zarismus

**Odium:** Wörtlich = Haß, dann Abneigung, Unwille

**Offiziell:** Amtlich

**Offiziös:** Halbamtlich

**Okkupation:** Besetzung

**Ökonomie:** Wirtschaft

**Ökumene:** Bewohnte Welt

**Ontologie:** Philosophie vom Sein (Gegensatz Existenzialismus)

**Oral** (von os, oris): Durch den Mund

**Panslawismus:** Forderung nach Vereinigung aller Slawen unter russischer Führung

**Pantheismus:** Vorstellung von der Beseelung des Weltalls durch eine unpersönliche Gottheit

**Parität:** Verteilung von Rechten und Pflichten zu gleichen Teilen

**Parlamentarismus:** Regierungssystem, bei dem der Schwerpunkt im Parlament liegt.

**Pathologie:** Lehre von den Krankheiten
**Pazifismus:** Bewegung für den Weltfrieden oder friedliche Gesinnung
**Pathos:** 1. Gefühl, 2. Feierliche oder schwülstige Rede
**Patriarchalisch:** Vaterrechtlich, an die vaterrechtliche Familie anknüpfende wirtschaftliche oder politische Ordnung
**Personalunion:** Verbindung zweier Staaten ausschließlich durch die Person des Monarchen
**Phänomenologie:** Philosophische Lehre von den Erscheinungsformen des Seins
**Pharmazie** (pharmazeutisch, Pharmakologie): Erzeugung von Heilmitteln bzw. Lehre davon
**Phonograph:** Vorrichtung zur mechanischen Aufnahme von Tönen (auch für den Apparat zur Wiedergabe von Tönen gebraucht)
**Physiologie:** Wissenschaft von den Vorgängen im lebenden Körper
**Piemont:** Im übertragenen Sinne Keimzelle und Vorkämpfer der nationalen Einheit eines Volkes
**Plebiszit:** Volksabstimmung
**Plein-air:** Freilichtmalerei
**Plutokratie:** Herrschaft des Geldes
**Polygamie:** Vielweiberei
**Pontifikat:** Oberstes Priesteramt
**Popanz:** Schreckgespenst
**Potential:** Die Machtentfaltung, zu der jemand imstande ist
**Pragmatismus:** Lehrhafte Geschichtsschreibung
**Präjudiz:** Vorweggenommene Entscheidung
**Prämisse:** Voraussetzung
**Präraffaeliten:** Englische Künstler, die auf die Maler vor Raffael zurückgreifen
**Präsenzheer:** Stehendes, bei der Fahne dienendes Heer
**Prätendent:** Anwärter
**Prätorianer:** Gardetruppen, vor allem, wenn sie sich politische Macht anmaßen
**Prestige:** Ansehen (Ehre)
**Primat:** Vorrangstellung
**Priorität:** Vorrang
**Projekt:** Plan, Entwurf

**Provokation:** Herausforderung
**Psychoanalyse:** Seelenzergliederung (Erforschung des Unbewußten)

**Quantenphysik:** Von Max Planck begründete Lehre von den kleinsten Wirkungsquanten

**Raid:** Mit schnellen Truppen durchgeführter Überfall
**Räson:** Vernunft, vernünftige Begründung, auch Berechnung
**Ratifizierung:** Parlamentarische Genehmigung eines diplomatischen Vertrages, der dadurch zu einem Bestandteil des Völkerrechts wird
**Reaktion:** Gegenwirkung (in der Politik Rückschlag nach einer revolutionären Bewegung)
**Realeinkommen:** Tatsächliches Einkommen
**Realismus:** Sinn für das Wirkliche, Kunst, die auf die Wiedergabe der Wirklichkeit gegründet ist
**Realpolitik:** Staatskunst, die von den wirklichen Gegebenheiten ausgeht
**Rehabilitation:** Wiederherstellung eines Rechtsanspruchs oder der geschädigten Ehre
**Reminiszenz:** Erinnerung
**Resolution:** Entschließung
**Ressentiment:** Heimlicher Groll
**Restauration:** Wiederherstellung
**Revision:** Abänderung
**Rhetorik:** Redekunst oder rednerische Leistung, auch rednerischer Stil
**Risorgimento:** Italienische Freiheitsbewegung des Vormärz
**Royalismus:** Königstreue Haltung

**Sakrileg:** Schändung einer verehrungswürdigen Sache
**Satelliten:** Willenlose Gefolgsleute
**Scholastik:** Schulphilosophie, Weltanschauung des christl. Mittelalters
**Sektierer:** Eigenbrödler
**Sektor:** Abschnitt
**Sensualismus:** Philosophische Lehre von den Sinnesvorgängen als bloßen Erscheinungsformen stofflicher Veränderungen

## FREMDWORTREGISTER

Sezession: Trennung (Kunstrichtung des beginnenden 20. Jahrhunderts)
Simplifikation: Vereinfachung
Simulieren: Vortäuschen
Simultaneität: Gleichzeitigkeit
Slawophil: Slawenfreundlich, philosophische Richtung, die sich gegen die westliche Kultur wendet
Solidarität: Gemeinschaftsgeist
Souveränität: Staatshoheit
Sowchosen: Kommunistische Staatsgüter in Rußland
Sozialismus: Das Streben nach einer auf gemeinschaftlicher Gütererzeugung beruhenden Ordnung oder diese Ordnung selbst
Spartakusbewegung: Kommunistische Richtung der deutschen Arbeiterschaft um 1919
Spektrum: Das prismatisch zerlegte Licht
Spekulation: Grübelei
Statut: Satzung
Sublimierung: Verwandlung in etwas Höheres, Veredelung, Verklärung
Subtropen: Gebiete zwischen der gemäßigten und der tropischen Zone
Summepiskopat: Geistliche Obergewalt des Papstes über die Bischöfe
Syllabus: Päpstliche Enzyklika Pius' IX. gegen den Liberalismus
Syndikalismus: Auf die Betriebe gegründete, gewerkschaftlich-sozialistische Bewegung
Syndikat: Wirtschaftliche Vereinigung
Synkope: Sich überschneidende Rhythmen
Synod: Oberste Instanz der russischen Kirche

Taktik: Lehre von der Führung der Truppen auf dem Gefechtsfeld, in übertragenem Sinne auch für die Politik verwendet
Talmi: Aus minderwertigem Material nachgeahmter Schmuck, übertragen: Verfälschung, Vorspiegelung von Echtheit
Tendenz: Richtung
Tendenziös: Einseitig in eine bestimmte Richtung drängend
Teutomanie: Deutschtümelei, Überbetonung des Deutschen oder angeblich Deutschen in Kultur und Politik
Theokratie: Gottesgnadentum (für die Monarchie alten Stils angewendet)
Therapie: Heilmethode
Thomismus: Die Philosophie des hl. Thomas von Aquin, auch Hochscholastik, Universalismus genannt (Neothomismus: Erneuerung des Thomismus im 20. Jh.)
Thorakoplastik: Stillegung der Lunge durch Verkleinerung des Brustkorbes mittels Rippenverkürzung
Thriller: Spannende Erzählung („Reißer")
Transfer (von Devisen): Verrechnungsverfahren bei Zahlungen in fremden Devisen, von denen der Zahler nicht genug besitzt
Transkontinental: Quer durch den Kontinent führend
Traversen: Eiserne oder stählerne Querträger bei Bauten
Trikolore: Dreifarbige Flagge, insbesondere die Flagge der französischen Republik
Truck-System: Bezahlung des Lohnes in Geldanweisungen, die nur innerhalb des Betriebes wieder einlösbar sind
Trust: Vereinigung von Industrieunternehmen unter einheitlicher Leitung

Ultimatum: Kurzfristige diplomatische Forderung, deren Ablehnung Abbruch der Beziehungen und meist Krieg nach sich zieht
Ulster: Grafschaft in Nordirland mit protestantischer Bevölkerung, die gegen die Union mit Irland ist
Utilitarismus: Lediglich auf den Nutzen, nicht auf den sittlichen Wert berechnetes Verhalten
Utopisch (von Utopia = Niemandsland): Auf wirklichkeitsferne oder wirklichkeitsfremde Ziele gerichtet

Vetorecht: Einspruchsrecht
Voluntarismus: Philosophische Richtung, die den Willen betont
Vormärz: Die Zeit zwischen der Pariser Julirevolution und dem März 1848

Zyklus: Kreis oder regelmäßige Wiederkehr im Kreise

# NAMENREGISTER

Die Abschnitte des Buches sind fortlaufend mit Nummern versehen. Diese Abschnittsnummern finden sich als Marginalien oben auf jeder Seite. Sie entsprechen den Zahlen im Namen- und im Sachregister. Die in () stehenden Zahlen beziehen sich auf die Seiten der Zeittafel.

**A**achen 65
Abbéville (Frankr.) 327
Abd al Asis (Ibn Saud) 241
Abd el Krim 241
Abderhalden, Emil 276
Abdul Hamid II., Sultan v. Marokko 186, 192, (458)
Achenbach, Andreas u. Oswald 88
Acheson, Dean 353
Acton, Lord John 60
Adams, John Couch 54
Adams, W. S. 147
Addis Abeba (Abess.) 316
Adenauer, Konrad 350, 354, (463)
Adler, Alfred 151
Adler, Friedrich 145, 214
Adler, Max 277
Adler, Viktor 39, 163
Adrianopel (Türkei) 193, 194
Adua (Abess.) 101, 186, (457)
Aerenthal, Alois Graf v. 190, 191, 195, (457)
Agadir (Marokko) 192, (458)
Agram (Jugoslawien) 341
Aksakow, Iwan 41
Albert v. Sachsen-Coburg-Gotha 188
Alberti, Konrad 76
Albrecht, Erzhz. v. Österr. 28, 91
Alexander v. Bulgarien s. Battenberg, Alexander
Alexander Karadjordjević, Kg. v. Jugoslawien 306, (461)
Alexander II., russ. Zar 23, 28, 32, 41, 95, 96, 116, 121, (453, 455)
Alexander III., russ. Zar 32, 116, 117, (455, 456)
Alexander I. Obrenović, Kg. v. Serbien 189, (457)
Alexandrette (Syrien) 297, 301
Alexandria (Ägypten) 332
Alexej, Zarewitsch 221
Alexejew, Michail W. 208
Alfons XII., Kg. v. Spanien (455)
Alfons XIII., Kg. v. Spanien 115, 266
Algeciras (Spanien) 186, 192, (457)
Allenby, Edmund Visc. of 230
Altenberg, Peter (= Richard Engländer) 166
„Altmark" (Schiff) 326

Amiens (Frankr.) 228, 229
Amundsen, Roald 160, 246, (468)
Andersen, Hans Christian (465)
Andersen-Nexö, Martin 288
Andrassy, Graf Julius d. Ä. 96, 97, (455)
Andrassy, Graf Julius d. J. 230
Angell, Norman 128
Annabella (Filmschausp.) 285
Annunzio, Gabriele d' 79, 166, 301, 303, (470)
Anouilh, Jean 286
Antoine, André 75
Antonescu, Jon 328, 330, 334
Antwerpen (Belgien) 334, 335, (458, 463)
Anzengruber, Ludwig 72, (466)
Apfelbaum s. Sinowjew
„Apis" s. Dimitrijević
Aquin s. Thomas v. A.
Aragon, Louis 287
Arangjelovac (Serbien) 210
Archangelsk (Russl.) 237
Archer (Photographie) 8
Aristoteles 148, 278, 279
Arles (Frankr.) 172
Arlt, Ferdinand Ritter v. 59
Arndt, Ernst Moritz (464)
Arnold, Karl 167
Arras (Frankr.) 228, 327
Arrhenius, Swante 57, (466)
Arsiero (Ital.) 212
Artamanow, Oberst 198, 199
Arthur, Chester Alan (455)
Asiago (Ital.) 212, (459)
Aspern b. Wien 132
Asquith, Herbert H. Earl of 113, 197
Atatürk, Kemal (El Ghazi) = Kemal Pascha 236, 266, 301, 306, 345, (459)
Attlee, Clement 338, 340, 351, (463)
Auber, Daniel (465)
Aubry, Octave 280
Auer, Ignaz 118
Auer von Welsbach, Carl Frh. 9, 133, (466, 467)
Aussig (Böhmen) 134
Austerlitz, Friedrich 283
Avenarius, Ferdinand 173
Avranches (Frankr.) 334, (463)

**B**abel, Isaak 288
Bach, Johann Sebastian 177
Bachofen, Johann Jakob 60
Badeni, Graf Kasimir Felix (457)
Badoglio, Pietro 316, 334, (462)
Baer, Karl Ernst v. 58
Baernreither, Joseph v. 189
Baeyer, Adolf v. 57, (465)
Bahr, Hermann 76, (466)
Baker-Eddy, Mary 48
Bakunin, Michael 117, (465)
Balaklawa (Krim) (453)
Balasz, Béla 285
Baldwin, Stanley 315, 318, (460, 461)
Balfour, Arthur J. Earl of 182; B.-Bill s. Sachregister
Balzac, H. de 70, 72, 74, 287, (464)
Banting, Frederick 150
Bao Dai, Ks. v. Vietnam 342
Bapaume (Frankr.) 205
Barbey d' Aureuilly, Jules 79
Barbizon (Frankr.) s. Sachregister
Barbusse, Henri 288, 289
Barcelona (Spanien) 317
Barlach, Ernst 175, 291, (468—470)
Barrault, Jean Louis 285
Barrére, Camille 186
Barrès, Maurice 38
Barth, Karl 279
Barthel, Max 288, (468)
Barthou, Louis 306, 315, (461)
Bartók, Béla 290
Bartsch, Rudolf Hans 169
Barye, Louis 86
Basel (Schweiz) 120, 121
Bastian, Adolf 55
Bata, Thomas 244
Battenberg, Alexander, Fürst v. Bulgarien 100, 103, (455, 456)
Battersea (b. London) 142
Battisti, Cesare 304
Baudelaire, Charles 78 (464, 465)
Baudouin, Kronprinz v. Belgien 346
Bauer, Otto 120, 258, 277, 315
Baumbach, Rudolf 73
Baumeister, Bernhard 75
Bavinck, Bernhard 275
Bayreuth (Ofr.) 80, 286, (465)
Bazaine, François 92, 93
Beaconsfield s. Disraeli

479

## NAMENREGISTER

Beardsley, Aubrey 165
Beatty, David Earl of 213
Bebel, August 23, 28, 31, 117—119, 163, 166
Beck, Ludwig 326, 333, 335
Beck-Rzikowsky, Friedrich Graf v. 28, (457)
Becker, Hermann Heinrich 27
Beckmann, Max 175
Becquerel, Henri 147, 274, (467)
Beecham, Sir Thomas 290
Beecher-Stowe, Harriet 71, (464)
Beethoven 114, 281, (466)
Begas, Reinhold 86
Behrens, Peter (468)
Behring, Emil v. 59, (466)
Bekessy, Imre 283
Belfort (Frankr.) 92, 203
Belgrad (Serbien) 189, 198, 199, 200, 210, 261, 301, 328, 344
Bell, Alexander Graham 7, (465)
Bellamy, Edward 24
Belloc, Hilaire 167, (468, 469)
Beloch, Karl Julius 60
Benedek, Ludwig Aug. Ritter v. 91
Benedikt XV., Papst (Giacomo della Chiesa) 224, (458, 459)
Beneš, Eduard 225, 228, 240, 294, 301, 302, 318, 320, 321, 338, 340, 341, (461, 463)
Benz, Karl 130, (466)
Benz, Richard 281
Beran, Josef (Erzbisch.) 341
Berchtesgaden (Obb.) 319, 320, (461)
Berchtold, Graf Leopold 195, 211
Berdjajew, Nikolai 277, 281
Berg, Alban 290
Bergengruen, Werner 288, (469)
Bergius, Friedrich 245, (469)
Bergmann, Ernst v. 59
Bergmann, Ingrid 285
Bergson, Henri 152, 157, 281, (467, 470)
Berkeley (USA) 274
Berlioz, Hector 81
Bern (Schweiz) 7
Bernadette s. Soubirous, B.
Bernadotte, Graf Folke 336, 345, (463)
Bernanos, Georges 288, (470)
Bernhardi, Friedrich v. 124
Bernhart, Joseph 278
Bernstein, Eduard 118
Bertram, Ernst 170
Bertrand, Louis 114
Bessemer, Sir Henry 3, 243, (464)
Bethmann-Hollweg, Theobald v. 193, 197, 200, 201, 215, 224, (458, 459)
Beumelburg, Werner 289
Bevan, Aneurin 340
Bevin, Ernest 340, (463)
Bezruč, Petr (= Vladimir Vašek) 288
Bidault, Georges 346
Bier, August 150
Billroth, Theodor 59, (465)
Billinger, Richard (470)
Binding, Rudolf G. (469)

Birgel, Willy 285
Bismarck 15, 19, 23—27, 31, 38, 39, 41, 42, 88—93, 95—97, 99, 100, 102, 104, 111, 116, 121, 123, 124, 159, 307, 354, 358, (454—457, 467)
„Bismarck" (dt. Schlachtschiff) 334, (462)
Bitzius, Albert s. Gotthelf
Bizet, Georges 82, (465)
Björnson, Björnstjerne 75, (468)
Bleibtreu, Karl 76
Blériot, Louis 132, (468)
Bloch, Joseph 118
Blomberg, Werner v. 315, 319
Bloy, Léon 171, 278
Blücher, Gebhard Leberecht Fürst B. v. Wahlstatt 324
Blüher, Hans 126, 166
Blum, Léon 318
Böcklin, Arnold 88, (465, 467)
Bodenbach (Sudeten) 134
Bohr, Niels 147, (468)
Boisserée, Sulpiz (464)
Bölsche, Wilhelm 37, 58
Bonaparte s. Napoleon I., Napoleon III.
Bonn (a. Rhein) 350, (463)
Bonnet, Georges 318
Bonsels, Waldemar (468)
Booth, William 48
Bordeaux (Frankr.) 92
Boris, Kg. v. Bulgarien 301
Bormann, Martin 333, 336, 348
Born, Max 274
Boroević, Svetozar 211
Borries, Bodo v. 274
Bosch, Karl 245
Bosch, Robert 130
Bosco, Don Giovanni 46
Bose, Subha Chandras 297
Bosel, Siegmund 261
Boston (USA) 66, 67
Botha, Louis 181, 183
Boulanger, Georges 38, (456)
Bourbonen (franz. Dynastie) 29, 225
Bourget, Paul 168, (468)
Bourseul, Charles 7
Bozen (Südtirol) 233, 301
Bradley, Omar Nelson 334
Braganza (portug. Dynastie) 108
Brahm, Otto 76
Brahms, Johannes 81, (467)
Brandenburg, Erich 281
Brandes, Georg 281
Braque, Georges 172, 291
Brauchitsch, Walter v. 319, 326, 330
Braunau (a. Inn) 308
Braune, Wilhelm 61
Braunschweig 65
Brecht, Bert 285, 286, 290, (469)
Brehm, Alfred 58
Brehm, Bruno 289, (469)
Breker, Arno 292
Bremen (Stadt) 138
„Bremen" (Dampfer) 247
Brentano, Franz 152
Breslau (Schlesien) 30, 65, 274

Brest-Litowsk (Rußl.) 226, 227, 231 (459)
Breton, André (469)
Briand, Aristide 114, 234, 238, 239, 294, (460)
Brinckmann, A. E. 281
Brixen (Südtirol) 233, 301
Broeger, Karl 288
Broglie, Louis Victor d. J. Hz. v. 274
Bronnen, Arnold 286
Bronstein, Leo D. s. Trotzki
Brown, Ford Madox 87
Brož, Josip s. Tito
Bruck, Karl Ludwig Frh. v. (453)
Bruckner, Anton 81, 177, (465—467)
Bruckner, Ferdinand (Theodor Tagger), 285, (469)
Brugmann, Karl 61
Bruller, Jean s. Vercors
Brüning, Heinrich 272, 312, (460, 461)
Brunner, August 278
Brunner, Emil 277, 279
Brunner, Heinrich 60
Brüssel (Belgien) 6, 30, 38, 67, 85, 327, 334, (463)
Brussilow, Alexej 212, (459)
Brust, Alfred 286
Bucharin, Nikolai 257, 277
Bucher, Lothar 27
Buchlau (Mähren) 190
Büchner, Georg 290
Büchner, Ludwig 50
Buckle, Henry Thomas 60
Budapest (Ungarn) 40, 104, 261, 283, 334, 335
Budennyi, Semen M. 237, 288
Buisson, Ferdinand 114
Bukarest (Rumänien) 227, 231, (458, 459)
Bülow, Fürst Bernhard v. 102, 124, 140, 159, 182, 193, (457, 458)
Bülow, Hans v. 80
Bunche, Ralph 345
Bunsen, Robert 54, (464)
Burckhardt, Jacob 60, 89, 121, 281, 339, (464)
Burgos (Spanien) 317
Burian, Baron Stephan 211
Burian, Vlasta 286
Burne-Jones, Edward 87
Burnham, James (470)
Burns, John 142
Busch, Wilhelm 88
Byrd, Richard Evelyn 246
Byrnes, James 351, 353

Cabrinović 199, 268
Cachin, Marcel 304
Cadorna, Graf Luigi 211
Caillaux, Jósephe 114
Caillaux, Mme. 114
Calais (Frankr.) 7, 171, 176, 228, (466, 468)
Calmette, Gaston 114
Calw (Schwaben) 169
Cambon, Jules 192

## NAMENREGISTER

Cambrai (Frankr.) 223
Cambridge (Engl.) 60, 65, 156, 275
Cameron, Verney Lovett 55
Campbell-Bannermann, Sir Henry 113, (457)
Camus, Albert 286
Canaris, Wilhelm 333
Čapek, Karel 286
Caporetto (Ital.) 222
Caprivi, Graf Leo 42, 100, (456)
Cardiff (Engl.) 3
Carlyle, Thomas (466)
Carmona, Fragoso (460)
Carnap, Rudolf 278
Carnarvon, Molyneux Herbert Earl of 281
Carnegie, Andrew 138, 253
Carnot, Nicolas Leonard 56
Carnot, Sadi 32, (456)
Carol I., Kg. v. Rumänien 227, (455)
Carol II., Kg. v. Rumänien 328
Carossa, Hans 289, (469)
Carpeaux, Jean Baptiste 86
Carter, Howard 281
Casablanca (Marokko) 332, (462)
Casement, Roger 18
Cassou, Jean 287
Castel Gandolfo (Ital.) 305
Castiglioni, Camillo 261
Cavaignac, Eugène (453)
Cavour, Camillo Graf Benso di 24, 89, (454)
Céline, Louis Ferdinand 287
Cervantes 277
Cervinka, Vincenz 225
Cézanne, Paul 87, 172, (467)
Chambord, Graf Heinrich v. 29
Chamberlain, Austin 239
Chamberlain, Houston Stewart 122, 124, 125, 310, (467)
Chamberlain, Joseph 113, 159, 180, 182
Chamberlain, Neville 318, 320—322, (461, 462)
Chanzy, Antoine 92
Chaplin, Charlie 285
Chapu, Henri 86
Charbin (Mandschukuo) 295
Charkow (Ukraine) 332, (462)
Chavez, Gheo 132
Chemnitz (Sachsen) 336
Chesterton, Gilbert Keith 156, 157, 163, 167, (469)
Chicago (USA) 67, 278
Chiesa, Giacomo della s. Benedikt XV.
Chirico, Giorgio de 291
Chislehurst (b. London) 93
Chopin, Frédéric (464)
Churchill, Winston 209, 254, 299, 318, 321, 331, 332, 338, 340, 342, 345, 353, (462, 463)
Ciano, Graf Galeazzo 305, 334
Clair, René 285
Clam-Martinic, Graf Heinrich Jaroslaw 225

Class, Heinrich (= Daniel Frymann) 124
Claudel, Paul 286, 288, (468, 469)
Clausius, Rudolf 56
Clay, Lucius D. 350, 353, 354
Clemenceau, Georges 114, 225, 232, 299
Clemens, Samuel L. s. Twain
Cleveland, Stephen Grover 179, (456)
Cleveland (Ohio, USA) 67
Coburg-Kohary, Prinz s. Ferdinand
Cohen, Hermann 51
Cohn, Emil Ludwig s. Ludwig, Emil
Colette, Gabrielle 168
Combes, Emile 25, 114
Compiègne (Frankr.) 231, 327 (459, 462)
Compton, Arthur Holly 274
Comte, Auguste 50, 65, (464)
Conrad von Hötzendorf, Graf Franz 206, 208, 212, 225, (459)
Conrad, Josef (= Jos. Conr. Theodor Korzeniowski) 162, 287, (467)
Conrad, Michael Georg 76, (466)
Conrad-Martius, Hedwig 275
Constable, John 87
Constanza (Rumänien) 117
Cook, Frederick Albert 160
Coolidge, Calvin 261, (460)
Cooper, Duff 280, 321
Cooper, James Fenimore 71
Corinth, Lovis (467, 469)
Coronel (Chile) 207
Corot, Camille 87
Correns, Karl Erich 148
Coubertin, Baron Pierre de (466)
Coudenhove-Kalerghi, Graf Richard 294
Courbet, Gustave 87, 88, (464)
Coventry (Engl.) 327
Crane, Walter 87, (467)
Cripps, Sir Stafford 340
Croce, Benedetto 153, 281, (469)
Cromwell, Oliver 314
Cronje, Pieter Arnoldus 181
Cunow, Ferdinand 277
Curie, Marie u. Pierre 147, 274, (467)
Curtius, Julius 300
Custozza (Ital.) 91, (454)
Czernin, Graf Ottokar 225

Dacqué, Edgar 275
Daguerre, Louis Jacques 8
Dahlerus, Birger 322
Dahn, Felix 52, 73, (465)
Daimler, Gottlieb 130, (466)
Dairen (Mandschukuo) 107, 340
Dakar (W-Afrika) 327
Daladier, Edouard 318, 320
Damaskus (Syrien) 230
Dan, Baron 296
Daniel, Emil 281
Danilewskij, Nikolaj Jakovlevič 41
Danzig 52, 65, 124, 300, 315, 322, 326
Darboy, Georges (Erzbisch. v. Paris) 31

Dar es Salaam (Sansibar) 17
Darlan, François 334
Darmstadt 65, 135
Darwin, Charles 50, 58, 149, 275, (464, 466)
Daszynski, Ignaz 163
Daudet, Alphonse 114, (467)
Daudet, Léon 114
Daumier, Honoré 87, (465)
Dauthendey, Max 162
David, Eduard 118
Davis, Jefferson 94
Davy, Sir Humphry 9
Deák, Franz 40
De Coster, Charles (465)
Defregger, Franz 88
Degas, Edgar 87
Dégrelle, Léon 268
Dehmel, Richard 170, (467, 468)
Delacroix, Eugène 87, (465)
Delbrück, Hans 60, 281
Delcassé, Théophile 186
Delhi (Indien) 297
Delitzsch, Friedrich 47
Delp, Alfred 333
Denifle, Heinrich 156
Deroulède, Paul 38
Desderi, Ettore 290
Dessau (Anhalt) (468)
Dessauer, Friedrich 275
Detroit (USA) 244
Deutsch, Julius 315
Devrient, Max 75
Dewar, James (467)
Dewet, Christian 181
Dewey, John 278
Dewey, Thomas E. 355
Diaz, Armando 222
Dickens, Charles 71, 72, 74, (464, 465)
Diederichs, Eugen 123
Dieppe (Frankr.) 332
Diesel, Rudolf 130, 245, (466)
Dietl, Eduard 326
Dietrich, Marlene 285
Dijon (Frankr.) 203
Dilthey, Wilhelm 51, 280, (466)
Dimitrijević, Dragutin (gen. „Apis") 198, 289, (467)
Dimitrow, Georgi 313
Disney, Walt 285
Disraeli, Benjamin (Lord Beaconsfield) 97, 98, 159, (454)
Dix, Otto 291, (469)
Djibuti (NO-Afrika) 99
Dobrovsky, Josef 61
Döblin, Alfred 288, (468, 469)
Doebler, Kurt 290
Dollfuß, Engelbert 272, 302, 306, 315, (461)
Döllinger, Ignaz 44, 45
Dönitz, Karl 336, 348
Donizetti, Gaetano (464)
Dopsch, Alfons 281
Doré, Gustave (466)
Dorpat (Estland) 65
Dörpfeld, Wilhelm 61

31 Franzel, Geschichte   481

## NAMENREGISTER

Dortmund 136
Dos Passos, John 287, (469)
Dostojewskij, Feodor M. 74, 76, 116, 156, 167, 170, 175, 221, 277, (464 bis 466)
Dover (Engl.) 7
Draga geb. Lunjewitza, verw. Maschin, ∞ Kg. Alexander I. v. Serbien 189
„Dreadnought" (Schlachtschiff) 140, 197
Drechsler, Anton 307
Dreiser, Theodore 287
Dresden 65, 80, 135, 336
Dreyfus, Alfred 29
Driesch, Hans 148, 152, 275
Droste-Hülshoff, Annette v. (464)
Dublin (Irland) 274
Dubois-Reymond, Emil 50, (465)
Duchesne, Louis 60
Duhamel, Georges 287
Dumas, Alexandre d. J. 75, (464)
Dunant, Henri 128, (454)
Dünkirchen (N-Frankr.) 327, 353
Dupanloup, Felix (Bisch. v. Orléans) 44
Dupré, Jules 87
Durych, Jaroslav 288
Düsseldorf (a. Rhein) (468)
Dvořak, Antonin 81, 82
Dvořak, Max 281
Dwinger, Edwin Erich 289

Eben Emael (Belgien) 327
Ebert, Friedrich 231, 268, 312, (159, 460)
Ebner-Eschenbach, Marie v. (Gräfin Dubsky) 72
Eckart, Dietrich 286, 308
Eckener, Hugo 246
Eddington, Arthur Stanley 275
Eden, Anthony 316, 321, (463)
Edison, Thomas Alwa 9, 133, (465)
Eduard VII., Kg. v. Engl. 159, 187, 188, (457, 458)
Eduard VIII., Kg. v. Engl. s. Windsor, Hz. v.
Egger-Lienz, Albin 175
Egk, Werner 290
Ehard, Hans 348
Ehrenburg, Ilja 288
Ehrenfels, Christian Frh. v. 152
Ehrle, Franz (Kardinal) 156
Ehrlich, Paul 150, 276, (468)
Eichhorn, Hermann v. 227
Einstein, Albert 146, 152, 274, (467, 468)
Eisenach (Thür.) 31
Eisenhower, Dwight D. 332, 334, 336, 340, 343
Eisenstein, S. M. 285
Eisner, Kurt (459)
El Alamein (N-Afrika) 332, (462)
Elberfeld (Rheinprov.) 136
El Ferrol (Spanien) 317
Eliot, Thomas Stearns 288, (469)
Elisabeth, Ks. v. Österr. 32, (457)

Emerson, Ralph Waldo (466)
Emin Pascha s. Schnitzer
Emmerich, Katharina 44
Enfantin, Barthélemy 30
Engelke, Gerrit (469)
Engels, Friedrich 19, 28, 30, 31, 34, 118, 166, 256, (464, 467)
Engländer, Richard s. Altenberg
Ensor, James 175
Enwer Bey 192
Erfurt (Thür.) 86, (453)
Ernst, Paul (468)
Erzberger, Matthias 224, 239, (459)
Essen (Rheinprov.) 138
Eszterhazy, Major 29
Etrich, Ignaz 132
Eucken, Rudolf 51, 153
Eugen, Prinz v. Savoyen 281
Eugénie, Ks.-Regentin v. Frankr. 92
Euripides 176
Evans, Sir Arthur 61
Eyth, Max (464)

Facta, Luigi 303
Fahlberg, Konstantin 57
Fairbanks, Douglas 285
Falguière, Alexandre 86
Falk, Adalbert 24, 25
Falkenhayn, Erich v. 205, 208, 212, 214, (459)
Fall, Leo 285
Fallières, Armand (457)
Faraday, Michael 56, (465)
Farrère, Claude 114, 168
Faschoda (Sudan) 99, 181, (457)
Faulkner, William 287
Faure, Félix (456)
Favre, Jules 93
Fechner, Gustav Theodor 51
Federer, Heinrich 169
Federzoni, Luigi 303
Fedin, Konstantin 288
Ferdinand, Prinz v. Coburg-Kohary, Kg. v. Bulgarien 103, 190, 227, (456)
Ferdinand I., Ks. v. Österr. (453)
Ferdinand Maximilian, Erzhz. v. Österr., Ks. v. Mexiko 94, 286, (454, 469)
Fermi, Enrico 274, (469)
Fernkorn, Anton D. Ritter v. 86
Ferrer Guardia, Francisco 115
Feuchtwanger, Lion (469)
Feuerbach, Anselm 88, (464, 465)
Feuerbach, Ludwig 50
Fey, Emil 315
Fez (Marokko) 192
Fichte, Johann Gottlieb 31, 50, 121, 269
Ficker, Julius 60
Ficker, Ludwig v. 176
Fischer, Emil 57, (466)
Fischer, Kuno 60
Fisher, John 128, 186
Fitzmaurice (Flieger) 246
Fiume (Adria) 233, 301
Fizeau, Armand 54

Flaubert, Gustave 70, 74, (464, 465)
Fleming, Sir Alexander 276, (469)
Flex, Walter (468)
Flitsch (Isonzo) 222, 223, (459)
Florenz (Ital.) 91
Foch, Ferdinand (Marschall) 228, 229, 231, 327, (459)
Foerster, Friedrich Wilhelm 128, 225
Fokin, Michail 83
Folgaria-Lavarone (Ital.) 212
Fontane, Theodor 72, 73, (466, 467)
Ford, Henry 244, 253
Forst, Willy 285
Förster, August 75
Forster, Rudolf 285
Fort Sumter (USA) 94
Foucault, Léon 54
Fourier, Charles 30
Fowler, John (464)
France, Anatole 114, (468, 469)
Franchet d'Esperey, Louis Felix 210
Franco, Francisco 317, 328, (461)
Franco, Ramon 317
François-Poncet, André 350
Frank, Hans 348
Frank, Karl Hermann 333
Frank, Leonhard (468, 469)
Frankfurt a. M. 7, 14, 23, 50, 52, 91, 92, 136, 354, (453—455), 463)
Frankfurter, Felix 262
Frantz, Konstantin 89, 118, 121, 163, 271, 358
Franz Ferdinand, Erzhz.-Thronfolger v. Österr. 142, 159, 189, 198, 199, 268, (458)
Franz Joseph I., Ks. v. Österr. 40, 142, 154, 159, 188, 214, 225, (453, 459)
Fraunhofer, Joseph 54
Freiberg (Mähren) 151
Freiburg (Schweiz) 65
French, John, Earl of Ypres 205
Frenssen, Gustav 169
Freud, Siegmund 151, 152, (467, 468)
Freytag, Gustav 72, (464)
Friaul (NO-Italien) 212
Frick, Wilhelm 348
Fried, Alfred 128
Friedrich, Erzhz. v. Österr., Hz. v. Teschen 225
Friedrich II., Kg. v. Preußen 88
Friedrich III., dtsch. Ks. 42, 159, (456)
Friedrichsruh (Schloß) 42
Friedrich Wilhelm IV., Kg. v. Preußen (453, 454)
Fritsch, Werner v. 315, 319
Fritsch, Willy 285
Fritsche, Hans 348
Fröhlich, Gustav 285
Frymann (Pseudonym, s. Class)
Fukiën (China) 296
Fuller, John F. C. 323, 342
Funchal (Madeira) 225
Fünfkirchen (Ungarn, später Jugoslawien) 233
Funk, Walter 314, 348
Furtwängler, Wilhelm 290

482

## NAMENREGISTER

Gabillon, Ludwig u. Zerline 75
Gable, Clark 285
Gaj, Ljudevit 61
Galle, Johann Gottfried 54
Gallifet, Gaston A. A. Marquis de 31, 93, (455)
Galsworthy, John 168, (469)
Galton, Francis 58
Gambetta, Léon 23, 93, (455)
Gamelin, Maurice Gustave 327
Gandhi (Mohandas Karamchand G., „Mahatma") 241, 297, 342, (463)
Ganghofer, Ludwig 125
Gapon, Georgij 117
Garbo, Greta 285
Gard, Roger Martin du 287
Gardiner, Samuel 60
Garibaldi, Giuseppe (454, 455)
Gasperi, Alcide de 346
Gastein, Bad 358, (454)
Gauguin, Paul 87, 162, 172, (467)
Gaulle, Charles de 327, 334, 340, 346
Gauss, Karl Friedrich 7, (464)
Gavarni, Paul 87
Gdingen (Gdynia, Ostsee) 300
Geibel, Emanuel 73
Gelsenkirchen (Westf.) 138
Genf (Schweiz) 128, 355, (461)
Gentile, Giovanni 153
Genua (Ital.) (460)
Georg V., Kg .v. Engl. 297, 318, (458, 461)
Georg VI., Kg. v. Engl. 297, 318, (461)
Georg I., Kg. der Hellenen (454)
Georg II., Kg. der Hellenen 236, 266
George, Henry 27, (465)
George, Stefan 166, 170, 333, (467, 469); G.-Kreis s. Sachregister
Geraldy, Paul 286
Gerlach, Helmut v. 123, 128
Gesell, Silvio 307
Geyter, Adolf de 34
Gibraltar (Spanien) 186, 328
Gide, André 168, (469)
Giles, Ernst 55
Giolitti, Giovanni 159, 303
Giraud, Henri 334
Giraudoux, Jean (469)
Gladkow, Fjodor W. 288, (469)
Gladstone, William 15, 23, 25, 36, 65, 90, 98, 99, 103, 159, (454, 455, 456)
Gläser, Ernst (469)
Glasgow (Schottl.) 5
Glasunow, Alexander 83
Gneisenau, August Graf Neidhardt v. 60, 324
Gobineau, Graf Arthur 38, 60, (465)
Godesberg (a. Rhein) 320, (462)
Goebbels, Josef 311, 313—315, 319, 322, 330, 333, 335, 336, (463)
Goebel, Heinrich 133
Goerdeler, Karl 333
Goering, Reinhard (468)
Goethe 73, 125, 177, 281, 359
Gogh, Vincent van 87, 172, (466)
Gogol, Nikolai 74, (464)

Göhre, Paul 123
Goldschmidt, Richard 275
Goltz, Colmar Frh. v. d. 209
Goluchowski, Graf Agenor (457)
Goncourt, Edmond u. Jules de 70, 76, 78, (465, 467)
Goodwin, Hannibal 8
Gordon, Charles George (Gordon Pascha) 99, (456)
Goremykin, Iwan 117
Göring, Hermann 311, 313—315, 322, 326, 333, 336, 348
Gorkij, Maxim 288, (467, 470)
Gorlice (Polen) 208, (458)
Görlitz (Schles.) 340
Görres, Joseph (464)
Gortschakow, Fürst Alexander M. 93, 96, 97
Görz (NO-Italien) 211, 213, 301
Gotha (Thür.) 31
Gotthelf, Jeremias (Albert Bitzius) 72, (464)
Gough, Sir Hubert de la Poer 228
Gounod, Charles 82, (464)
Grabmann, Martin 156
Gradiska (NO-Italien) 211
„Graf Spee" (Schlachtschiff) 325
„Graf Zeppelin" (Luftschiff) 246, (467)
Grant, Ulysses 94, (454)
Gravelotte (Frankr.) 92
Greene, Graham 288
Greif, Martin 73
Greinz, Rudolf 169
Grévy, Jules 29, (455)
Grey, Sir Edward 187, 197, 200, (457)
Grieg, Edvard 81, (467)
Grillparzer, Franz (465)
Grimm, Hans 162, (469)
Grimm, Jakob u. Wilhelm 66, (464, 465)
Grodek (Galizien) 206
Groener, Wilhelm 231, 312
Gross, Hans 132
Grosz, George 291
Grotewohl, Otto 350
Groth, Klaus 72
Grützner, Eduard 88
Grundtvig, Nikolai Frederik 68
Gulbransson, Olaf 165, 167, 291
Guldberg, Cato Maximilian 57
Gundolf, Friedrich 170, 281, 311
Gunkel, Hermann 47
Günther, Hans F. K. 310
Guthnick, Paul 274
Guys, Constantin 87

Haag (Den H.,Holland) 128, (457)
Haakon VII., Kg. v. Norwegen (= Prinz Karl v. Dänem.) 115, 326, (457)
Haase, Hugo 224
Haber, Fritz 310, (468)
Habsburger, -reich 40, 104, 159, 214, 234, 240, 266, 272, 289, 294, 203, 318

Habsburg-Lothringen (Haus) 225
Hácha, Emil 321, 322, (462)
Haeckel, Ernst 50, 58, 148, 149, (466, 467)
Haecker, Theodor 167
Hahn, Otto 274
Haig, Douglas Earl of 205
Haile Selassie, Ks. v. Abess. (Negusa Nagast) 316
Halbe, Max 76, (466)
Haldane, Richard B. Visc. H. of Cloan 197, (458)
Halder, Franz 326
Halévy, Ludovic 83
Haller, Johannes 281
Hamaguchi 295
Hamburg 81
Hampe, Karl 281
Hamsun, Knut 168, 287, (466—469)
Hanau (Hessen-Nassau) 290
Handel-Mazzetti, Enrica v. 171, (467)
Hangö (Finnland) 325
Hannover 25, 65, 153, 274
Hanslick, Eduard 80
Hara, Takashi 296
Harden, Maximilian 76, 124, 167
Harding, Warren Gamaliel 238, 261, (460)
Harnack, Adolf v. 36, 47, 145, 155, 279, (467)
Harrer (NSDAP) 307
Harrison, Benjamin (456)
Hart, Heinrich u. Julius 76
Harte, Bret 71
Hartmann, Eduard v. 52, 152, (465)
Hartmann, Ernst 75
Hartmann, Ludo Moritz 68
Hartmann, Nikolai 278
Hasenauer, Karl Frh. v. 85
Hasenclever, Walter 176, 286, (468)
Hasner, Leopold Ritter v. Artha 63
Hasse, Ernst 124
Hata, Sahachiro 150, 276, (468)
Hauck, Albert 60
Hauptmann, Gerhart 37, 76, 169, 289, (466—470)
„Hauptmann von Köpenick" s. Voigt, Wilhelm
Haushofer, Karl 308
Haussmann, Georges Eugène Baron 85
Hayes, Rutherford (455)
Haymerle, Heinrich Frh. v. (455)
Hebbel, Friedrich 75, (465)
Heberer, Gerhard 275
Hebra, Ferdinand Ritter v. 59
Hedin, Sven 160, (466)
Heer, Jakob Christoph 169
Hegel, Wilhelm 31, 50, 60, 121, 161, 269
Heidegger, Martin 278, (469)
Heilbronn (a. Neckar) 56
Heine, Heinrich 73, 121, (464)
Heine, Thomas Theodor 165, 291, (467)
Heinrich (V.) Bourbon 29
Heisenberg, Werner 274

# NAMENREGISTER

Helgoland (Insel) 102, (456)
Helmholtz, Hermann 56, (464)
Hemingway, Ernest 287
Henckell, Karl 37
Henlein, Konrad 320, (461)
Herkner, Heinrich 37
Héroult, Paul Louis (466)
Herriot, Edouard (460)
Hertling, Graf Georg 224, 229, (459)
Hertwig, Oskar 275
Hertz, Heinrich 56, 147, (466)
Hertzog, James 297
Hervé, Gustave 114
Herzen, Alexander 117
Herzl, Theodor (467)
Hess, Rudolf 308, 314, 333, 348, (462)
Hesse, Hermann 169, 289, 293, (467 bis 470)
Heuss, Theodor 350, (463)
Heydrich, Reinhard 313, 314, 333
Heym, Georg 176
Heyse, Paul 73, 76, 125
Hierl, Konstantin 313
Hilbert, David 275
Hildebrand, Adolf v. 86, (467, 469)
Hilferding, Rudolf 120
Himmler, Heinrich 311, 313, 314, 333, 335, 336, 348
Hindemith, Paul 290, (469)
Hindenburg jr., Oskar v. 312
Hindenburg, Paul v. Beneckendorff u. v. H. 206, 214, 224, 231, 272, 309, 312—314, (459—461)
Hipper, Franz Ritter v. 213
Hirohito, Ks. v. Japan 296, 342
Hiroshima (Japan) 338, (463)
Hirsch, Hans 281
Hirth, Hellmut 132
Hitler, Adolf 170, 235, 247, 292, 293, 297, 300, 301, 304, 306—316, 318 bis 322, 324, 326—331, 333—341, 346—348, 350, 355, 358, (460 bis 463)
Hlinka, Andreas 294
Hoare, Sir Samuel 316
Höchst (a. Rhein) 134, 136
Hödel 31, (455)
Hodler, Ferdinand 175, (467, 468)
Hodža, Milan 294, 320
Hoeppner, Erich 335
Hofer, Carl 175, 291, (469)
Hoffman, Paul 351
Hoffmann, E. T. A. 175
Hoffmann, Max 206
Hofmann, Karl Andreas (468)
Hofmannsthal, Hugo v. 171, 286, (467—469)
Hohenfels, Stella 75
Hohenlohe-Schillingsfürst, Chlodwig Fürst zu 100, 103, (456)
Hohenwart, Graf Karl v. 40
Hohenzollern (dtsch. Dynastie) 39, 91, 227, 312, (454, 455)
Hollywood (USA) 285, 295
Holmsen, Bjarne P. (Pseudonym) s. Holz u. Schlaf
Holstein, Friedrich v. 182
Holtzmann, Heinrich 47

Holub, Emil 55
Holz, Arno 37, 69, 76, 77, 170, (467)
Hölz, Max 239
Honegger, Arthur 290
Hongkong (China) 331
„Hood" (Schlachtschiff) 334, (462)
Hoover, Herbert 261, (460)
Hörbiger, Paul 285
Horn (b. Hamburg) 36
Horthy, Nikolaus 240
Hotchkiss, Benjamin 133
House, Edward Mandell 219
Hoyer, Josef 245
Hrozny, Friedrich 281
Hubble (Astronom) 275
Huber, Victor Aimé 33
Huch, Ricarda 280
Hugenberg, Alfred 239, 312, 314
Hughes, David Edwin 7, (464)
Hugo, Victor (466)
Huizinga, Johan 277, 281, (468)
Hülsenbeck, Richard (468)
Humbert II., Kg. v. Ital. 32, (455, 457)
Humboldt, Alexander v. (464)
Humboldt, Wilhelm v. 63
Humperdinck, Engelbert (466)
Hünefeld, Ernst Günther Frh. v. 246, (469)
Hunt-Jackson, Helen 71
Husserl, Edmund 152, 153, 281, (467)
Huxley, Aldous L. 278
Huxley, Julian 275
Huysmans, Joris Karl 46, 78, 168

**I**bn Saud s. Abd al Asis
Ibsen, Henrik 37, 75, 76, 166, (465 bis 467)
Ignatiew, Nikolai 116
Inama-Sternegg, Karl Theodor 60
Inge, Ralph William 156
Ingres, Jean Auguste 87
Inkerman (Krim) (453)
Innsbruck (Tirol) 176
Inönü, Ismet 345
Inouye, Marquis Kaoru 296
Inu Kai 296
Iquique (S-Amerika) 108
Isabella II., Kg. v. Spanien (454)
Ismet Pascha s. Inönü, Ismet
Istanbul (= Konstantinopel) 96, 190, 209
Iswolskij, Alexander P. 187, 190, 191, 193, (457, 458)

**J**ackson, Charles 59
Jacobsen, Jens Peter 79
Jagić, Vatroslav 61
Jalta (Krim) 338, 340, 341, (463)
James, William 278
Jameson, Leander Starr 102, 181; J.-Raid s. Sachregister
Janáček, Leoš 290
Janina (Epirus) 193
Jannings, Emil 285
Janssen, Johannes 60
Jasnaja Poljana (Tolstoi's Gut) 74
Jaspers, Karl 278

Jaurès, Jean 28, 120, 163
Jellicoe, John R. Graf J. of Scapa 213
Jelusich, Mirko 280
Jena (Thür.) 123, 347
Jerusalem 345
Jessup, Philipp C. 354
Joachimsthal (Erzgeb.) 143
Jodl, Alfred 348
Joffre, Joseph 205, 222
Johannesburg (S-Afrika) 181
John, Franz Frh. v. 28
Johnson, Andrew (454)
Johst, Hanns (468, 469)
Joliot, Frédéric 274, (469)
Jolivet, André 290
Jordan, Pascual 274, 275
Jordan, Wilhelm 73
Jörg, Josef Edmund 89
Joule, James Prescott 56
Joyce, James 287, (469)
Juárez, Benito 94, 286, (469)
Jubal (Afrika) 306
Judenitsch, Nikolai 237
Jung, Carl Gustav 151, 277
Jung, Edgar 314
Jung, Rudolf 307
Jünger, Ernst 277, 289, 293, (468 bis 470)
Jünger, Friedrich Georg 277, (470)
Jushnij, J. 286

**K**afka, Franz 176, (468, 469)
Kahr, Gustav Ritter v. 309, 310, 314
Kairo (Aeg.) 235, 342, (462)
Kaiser, Georg 176, 285, 286, (468, 469)
Kaiser, Henry J. 244
Kalckreuth, Graf Leopold 88
Kalkutta (Indien) 235
Kállay, Benjamin v. 40
Kallmorgen, Friedrich 88
Kálmán, Emmerich 285
Kálnoky, Graf Gustav (455)
Kaltenbrunner, Ernst 313, 348
Kan Teh, Ks. v. Mandschukuo s. Pu Yi
Kandinskij, Wassilij 291, (468)
Kant, Immanuel 31, 44, 50, 51, 128, 145, 153, 278
Kanton (China) 127
Kantorowicz, Ernst 281
Kapp, Wolfgang 239, (459)
Kapstadt (S-Afrika) 235
Karadjordjević (serb. Dynastie) 189, 191, 306, (457)
Karadžić, Vuk Stefanović 61
Karajan, Herbert v. 290
Karfreit (Isonzo) 222, 223, (459)
Karl IX. Bourbon 29
Karl I., Ks. v. Österr. (=Karl IV., Kg. v. Ungarn) 215, 216, 218, 225, 227, 230, 240, (459)
Karl, Erzhz. v. Österr. 28, 281
Karl I., Kg. v. Portugal 115, (458)
Karl, dänischer Prinz s. Haakon VII.
Karlsbad (Sudetenland) 336
Karlsruhe (Baden) 65, 175

484

# NAMENREGISTER

Karolyi, Graf Michael 233
Karsawina, Tamara 83
Kasack, Hermann 289, (470)
Kaschau (N-Ungarn) 321, 341
Katajew, Walentin 288
Katkow, Michael 41
Katyn (Rußl.) 348
Kaulbach, Wilhelm v. 88
Kautsky, Karl 31, 118, 119
Kawalla (W-Thrazien) 194
Keim, Theodor 47
Keitel, Wilhelm 319, 348
Kékulé v. Stradonitz, Aug. Friedr. 57
Keller, Gottfried 72, 73, 88, 169, (464, 466)
Keller, Gottlob 8
Kellermann, Bernhard 131
Kellogg, Frank B. 238; K.-Pakt s. Sachregister
Kemal Pascha s. Atatürk
Kempe, Karl 8
Kerenskij, Alexander 163, 221, 226, (459)
Kerschensteiner, Georg 281
Ketteler, Emanuel v., Bisch. v. Mainz 35—37, 142, (465)
Ketteler, Klemens Frh. v. 184
Keynes, John Maynard 254, 299
Keyserling, Graf Hermann 277
Khartum (Aeg.) 99, 132, (456, 457)
Kiautschou (China) 102, 107, 241, 296
Kiderlen-Waechter, Alfred v. 192
Kiel (Ostsee) 138, (459)
Kienzl, Wilhelm (467)
Kierkegaard, Sören 167
Kiew (Ukraine) 117, 330, (462)
Kimberley (S-Afrika) 181
Kipling, Rudyard 162, (466, 470)
Kirchhoff, Gustav Robert 54, (464)
Kirk-Kilisse (N-Syrien) 193
Kirkpatrick, Sir Ivone 350
Kissingen, Bad 192
Kitchener, Herbert 99, 181, (457)
Kitty-Hawk (N-Carolina, USA) 132
Kjellén, Rudolf 161
Klages, Ludwig 153, 168, 170, 278
Klausner, Erich 314
Klee, Paul 175, 291
Klimt, Gustav 174
Klinger, Max 174, (466, 468)
Klopp, Onno 60
Knittel, John 287
Koch, Robert 59, (466)
Koenig, Friedrich 8
Köhl, Hermann 246, (469)
Kohlschütter, Ernst 147
Kokoschka, Oskar 175, 291, (468, 469)
Kokowzow, Wladimir N. 117
Kolbe, Georg 291, (468, 470)
Kollwitz, Käthe (467, 469)
Köln (a. Rhein) 65, 83, 332, 350
Kolping, Adolf 30, 35
Koltschak, Alexander W. 237
Komarow (Galizien) 206, (458)
Konfuzius 127
Königgrätz (Böhmen) 63, 91, (454)

Königsberg (Ostpreußen) 335, 340, 347
Konoye, Fürst 296
Konstantin, Kg. der Hellenen 236
Konstantinopel s. Istanbul
Kopenhagen (Dänemark) 274
Kopitar, Bartholomäus 61
Kopp, Georg, Kardinal 154
Korfanty, Wojciech 300
Kornilow, Lawr 237
Korzeniowski s. Conrad, Josef
Kossuth, Ludwig v. (453)
Krahl, Hilde 285
Krakau (Polen) 154, 206
Kramář, Karel 225
Krapotkin, Fürst Peter 117
Krasnik (Galizien) 206, (458)
„Krassin" (Eisbrecher) 246
Kraus, Karl 166, 167, 175, 283, 286, (468, 470)
Krauss, Werner 285
Křenek, Ernst 290
Kretzer, Max 72
Kreuger, Ivar 253
Kristoffy (ungar. Politiker) 294
Kröger, Timm 169
Kroll, Wilhelm 61
Krüger, Paul 102, 181, 182, (456)
Krümmel, Otto 55
Kubin, Alfred 175
Kudlich, Hans 27
Kühlmann, Richard v. 228
Kuhn, Franz Frh. K. v. Kuhnenfeld 28
Kumanovo (Jugoslawien) 193
Künnecke, Eduard 285
Kuibyschew (Rußland) 330
Kuns, Béla 240
Kuropatkin, Alexei 185
Kuyper, Abraham 115
Kwangtschau (Provinz Schantung) 107, (457)

La Bassée (Frankr.) 205
Labriola, Arturo 277
Lacordaire, Dominique 44
Lagarde, Paul de 66
Lagerlöf, Selma (466, 467, 470)
La Guardia, Fiorello 142
Lamarck, Jean Baptiste de 149
Lamartine, Alphonse de (465)
Lambsdorff, Graf Wladimir (457)
Lammasch, Heinrich 128, 225, 294
Lamennais, Félicité Robert de 44
Lamprecht, Karl 60, 281
Landauer, Gustav 157, 277, 359
Landsberg (a. Lech, Obb.) 310, 348
Lang, Fritz 285
Langbehn, Julius 122, 125, 159, 163, 170, 307, (466)
Lange, Friedrich Albert 51, (465)
Langemarck (Flandern) 126
Langen, Albert 167, (467)
Langen, Eugen 130
Langenbeck, Curt (470)
Langensalza (Sachsen) 91
Langgässer, Elisabeth 288, (470)
Lanner, Franz 83

Lansing, Robert 229
Lanston, Tolbert 8
L'Arronge, Adolf 75
Lasker-Schüler, Else 176
Laski, Harold 277
Lassalle, Ferdinand 26, 30, 31, 123, 163, (454)
Laube, Heinrich 75
Laue, Max v. 147
Lausanne (Schweiz) 192, 236, 251, 312, (460, 461)
Laval, Carl G. P. de 130, (466)
Laval, Pierre 316, 327, 346
Lavigerie, Charles, Kardinal 49
Lavisse, Ernest 60
Lawrence, David Herbert 287
Lawrence, Thomas Edward 209
Leander, Zarah 285
Leavitt, Miss 147
Le Bon, Gustave 163, 277, (467)
Lechter, Melchior 170
Lecomte du Noüy, Pierre 275
Le Corbusier (469)
Lee, Robert 94
Leeds (Engl.) 143
Le Fort, Gertrud v. (469)
Lehár, Franz 165, 285
Le Havre (N-Frankreich) 290
Leibl, Wilhelm 88, (465—467)
Leibniz, Gottfried Wilhelm Frh. v. 52, 279
Leiden (Holland) 274
Leipart, Theodor 313
Leipzig 65, 80, 174, 175, 274, 313, 333, 347
Leitmeritz (Böhmen) 175
Lemberg (Galizien) 206, 212, 325, (458)
Lenau, Nikolaus (464)
Lenbach, Franz 88, 165, (467)
Lenin (Wladimir Iljitsch Uljanow) 117, 226, 227, 245, 256, 257, 277, 317, (460)
Leningrad s. Petersburg
Lenoir, Jean Joseph 130, (464)
Leo XIII., Papst (Gioacchino Graf Pecci) 23, 25, 35, 46, 154, (455, 457)
Leoncavallo, Ruggiero (466)
Leopold II., Kg. v. Belgien 17, (456)
Leopold III., Kg. v. Belgien 327, 346
Leopold, Prinz v. Hohenzollern (454)
Leriche, René 276
Lermontow, Michail 74
Lersch, Heinrich (468)
Lesseps, Ferdinand 6
Lessing, Theodor 293
Lettow-Vorbeck, Paul v. 300
Leuschner, Wilhelm 333
Le Verrier, Joseph 54
Levy-Bruhl, Lucien 277
Lewis, Sinclair 287, (468)
Ley, Robert 313, 348
Liaoyang (Mandschukuo) 185
Libau (Lettland) 185
Lichnowsky, Fürst Max 200
Lie, Trygve 351

485

## NAMENREGISTER

Liebermann, Max 88, (465, 469)
Liebig, Justus v. 57
Liebknecht, Karl 119, 224, 231
Liebknecht, Wilhelm 31, 119
Liebmann, Otto 51
Liedtke, Harry 285
Lienhard, Friedrich 169
Liliencron, Detlev v. 170, (466)
Lilienthal, Otto 132
Limanowa (Galizien) 206
Lincke, Paul 165
Lincoln, Abraham 63, 94, (454)
Lindbergh, Charles 246, (469)
Lingg, Hermann 73
Linz (Österr.) 308, 319
List, Friedrich 37
Lister, Joseph 59, (465)
Liszt, Franz 80, 81, (466)
Litwinow, Maxim 322
Litzmannstadt (Lodz) 325
Livingstone, David 55, (465)
Lloyd George, David 113, 163, 232, 299, (458, 460)
Lobositz (Sudetenland) 281
Locarno (Schweiz) 239, 318, (460)
Loerke, Oskar 176
Löffler, Friedr. Aug. Joh. 59
Loisy, Alfred 44, 154
London, Jack 162
Longfellow, Henry Wadsworth (464)
Long Island (USA) 77
Löns, Hermann 169
Loos, Adolf 173, (468)
Lorentz, Hendrik Antoon 146, 274, (467)
Loris-Melikow, Graf Michail T. 116
Loritz, Alfred 350
Lortz, Joseph 281
Lortzing, Albert (464)
Los Angeles (USA) 67, 295
Loschmidt, Josef 57
Loti, Pierre 162
Loubet, Emile (457)
Loucheur, Louis 253
Louis Napoléon Bonaparte, Prinz s. Napoleon III.
Louis Philippe, Graf v. Paris 29
Louis Philippe, der Bürgerkönig 87, 91, 93
Lourdes (Frankr.) 46
Löwen (Belgien) 65
Lubbe, Marinus van der 313
Lubitsch, Ernst 285
Luck (Wolhynien) (459)
Ludendorff, Erich 206, 214, 215, 224, 228, 229, 231, 309, 310, 324, (456)
Ludendorff, Mathilde 309
Ludwig II., Kg. v. Bayern 80, (454, 456)
Ludwig III., Kg. v. Bayern (458)
Ludwig, Emil 269, 280
Ludwig, Otto 75, (464)
Ludwigshafen (a. Rhein) 134
Lübeck (Ostsee) 169, 332
Lueger, Karl 39, 142
Luitpold, Prinzreg. v. Bayern (456, 458)

Lukacs, Georg 277
Lüle Burgas (Türkei) 193
Lumière, Auguste u. Louis 133, 284, (466)
Lunatscharskij, Anatolij 277
„Lusitania" (Dampfer) 219
Lüttich (Belgien) 205
Lüttwitz, Walter Frh. v. 239
Luxemburg (Festung) (454)
Luxemburg, Rosa 119, 224, 231
Lwow, Fürst Grigorij 221
Lyautey, Louis Hubert G. 241
Lyell, Charles 55
Lyon (Frankr.) 30
Lyssenko, Trofim 276

**M**ac s. auch Mc
MacArthur, Douglas 343, 343, (464)
Macdonald, John Ramsay 238, 259, 297, 315, 318, (460, 461)
Mach, Ernst 145, 152
Mackensen, August v. 214
Mac-Mahon, Maurice de 29, 92, (455)
Maddox, R. L. 8, 57, (465)
Madrid (Spanien) 317
Maeterlinck, Maurice (467)
Magenta (Ital.) (454)
Mahan, Alfred 60
Mahatma Gandhi s. Gandhi
Mahdi (Muhammed Achmed) 49, 99, (456, 457)
Mahler, Gustav 177, (466, 468)
Mailand (Ital.) 67, 304, (453)
Maillol, Aristide (470)
Mainz (a. Rhein) 35
Makarow, Stepan 87
Makart, Hans 165, (466)
Malaga (Spanien) 172
Malan, Daniel François 297
Malik, Jakob 351, 354
Mallarmé, Stéphane 78
Malraux, André 288
„Malygin" (Eisbrecher) 246
Man, Hendrik de (469)
Mandalay (Hinterindien) 331
Mandschu (chines. Dynastie) 127, 296
Manet, Edouard 70, 87, (465, 466)
Manila (Philippinen) 179
Mann, Heinrich 166, (467, 468)
Mann, Thomas 166, 169, 289, (467 bis 470)
Mannerheim, Carl Gustav Frh. v. 334
Manteuffel, Edwin Frh. v. (453)
Manuel II. v. Portugal 115, (458)
Mao Tsetung 342, (463)
Marc, Franz 175, 291, (468)
Marcel, Gabriel 278
Marchand, Jean Baptiste 99
Marconi, Guglielmo 147, (467)
Marcu, Valeriu 280
Marées, Hans v. 88, (465)
Maria Christine, Regentin v. Spanien 266
Marinetti, Emilio F. T. 172, (468)
Maritain, Jacques 278, (469)
Marseille (Frankr.) 124, 306, (461)

Marshall, George C. 342, 343, 351, 353; M.-Plan s. Sachregister
Mars-la-Tour (Lothringen) 92
Martin, Emile u. Pierre 3, 243
Martow, Julij 117
Marx, Karl 30, 31, 34, 60, 118, 120, 130, 248, 265, (454, 464, 466)
Marx, Wilhelm 312
Masaryk, Thomas Garrigue 157, 189, 219, 228, 229, 294, (461, 470)
Mascagni, Pietro (466)
Maschin s. Draga
Masella, Nuntius 25
Massaua (Erythräa) 101, (456)
Matisse, Henri 172, 291, (467)
Matteotti, Giacomo 304, 305, (460)
Mauer (b. Heidelberg) 149
Maugham, William Somerset 285
Maupassant, Guy de 78
Maurenbrecher, Max 123
Mauriac, François 288, (469)
Maurois, André 280
Maurras, Charles 114
Max, Prinz v. Baden 229, 231, (459)
Maxim, Sir Hiram 133, (466)
Maximilian II., Kg. v. Bayern 73, (453, 454)
Maximilian, Ks. v. Mexiko s. Ferdinand Maximilian
Maxwell, James Clerk 56, 147, (465)
Mayer, Julius Robert 56, (465)
Mayerling (Niederösterr.) 104
Mazzini, Giuseppe 29, 38, 304
McCloy, John J. 350, 353
McKinley, William 32, 112, 179, (456, 457)
Mehring, Franz 118
Meilhac, Henri 83
Meillet, Antoine 61
Meinecke, Friedrich 281
Meiningen, Georg II. Hz. v. Sachsen-M. 75
Meisenbach, Georg (466)
Meissinger, Karl August 281
Meitzen, August 60
Mell, Max (469)
Melville, Herman 71, (464)
Memel (Ostpreußen) 340
Mendel, Johann Gregor 58, 148, 276, (465, 466)
Mendelejew, Dmitrij 57, (465)
Menelik, Ks. v. Abess. 316, (457)
Mengelberg, Willem 290
Menzel, Adolf 88, (465, 467)
Meran (Südtirol) 233, 301
Mereschkowskij, Dmitrij 288
Mergenthaler, Ottmar 8, (466)
Mertens, Lu 277
Messiaen, Oliver 290
Messter, Oskar 133
Mestrović, Iwan 291
Metternich, Fürst Klemens 281, (453)
Metz (Lothringen) 92, (455)
Meunier, Constantin 86
Meyer, Conrad Ferdinand 72, 73, (465)
Meyer, Eduard 61

## NAMENREGISTER

Meyer, Hans 55
Meyer, Lothar 57, (465)
Meyerbeer, Giacomo 80
Meyrink, Gustav (468)
Miaja, General 317
Michael, Kg. v. Rumänien 328
Michaelis, Georg 224, (459)
Michelson, Albert Abraham 274
Miegel Agnes 170
Mierendorff, Carlo 333
Mihailowitsch, Draga 333
Miklas, Wilhelm 315
Miklosich, Franz Xaver v. 61
Milan I. Obrenović, Kg. v. Serbien 40, 103, (456)
Milhaud, Darius 290
Miljukow, Pawel 221
Mill, John Stuart 50
Millerand Alexandre 29, 159, 234, (460)
Millet, François 87, (464)
Millöcker, Karl 83, (466)
Mindszenty, Joseph, Kardinal 341
Minkowski, Hermann 146
Minocchi, Salvatore 154
Minot, George Richards 276
Minsk (Rußland) 117
Miquel, Johannes 27
Mirbach-Harff, Graf Wilhelm v. 227
Mitau (Lettland) 208
Mitrovica (Jugoslawien) 97
Mitschurin, Iwan W. 275
Mitterwurzer, Friedrich 75
Moch, Jules 353
Moeller van den Bruck, Arthur 269, 309
Mohl, Hugo v. 58
Moleschott, Jakob 50
Molnár, Franz 286
Molotow, Wjatscheslaw 322, 328, (462)
Moltke, Graf Helmuth v. 91, 92, 337, (454)
Moltke, Graf James Helmuth v. 201, 205
Mommsen, Theodor 61, (464)
Monet, Claude 87
Monier, Joseph (465)
Monis, Ernest Antoine 114
Montalembert, Graf Charles 44
Montdidier (Frankr.) 229
Montgolfier, Joseph-Michel und Jacques-Etienne 132
Montgomery, Bernard Law 332, 334, 335
Montreux (Schweiz) 301
Morel, Robert 278, 288
Morgan, Lewis Henry 60
Morgan, John Pierpont 253
Morgenstern, Christian 167, (467)
Mörike, Eduard 73, 177, (464, 466)
Morris, William 37, 87, 163, (466)
Morrison, Herbert Stanley 340
Morse, Samuel 7
Morton, William 59
Moseley, Henry 147
Moskau 74, 227, 238, 241, 257, 296, 322, 328—330, 338, 344, (462, 463)

Mossul (Irak) 297
Mounier, Emmanuel 278, 288
Moustiers, Le (Frankr.) 149
Mozart 286, (464)
Muhammed V., Sultan v. Marokko 192
Muhammed VI., türk. Padischah 266
Mukden (Mandschukuo) 185, (457)
Müller, Hermann 312, (460)
Müller, Iwan v. 61
Müllenhoff, Karl 61
Munch, Edvard 175, (466)
Münchhausen, Börries, Frh. v. 170, (467)
Murphy, William 276
Murri, Romolo 154
Mürzsteg (Österr.) 184, 189, 190, (457)
Musset, Alfred de (464)
Mussolini, Benito 234, 247, 253, 269, 297, 303—306, 315, 316, 318 bis 320, 322, 334, 335, (460, 462, 463)
Mussorgskij, Modest P. 81, 82
Muth, Carl 171
Mutsuhito, Ks. v. Japan („Ära Meiji") 106 -

Nachtigal, Gustav 55
Nadler, Josef 281
Nagasaki (Japan) 338, (463)
Namur (Belgien) 205, 327
Nanking (China) 338
Nansen, Fridtjof 160, 236, (466)
Napoleon I., Ks. v. Frankr. 26, 60, 91, 92, 218, 328, 329
Napoleon III., Ks. v. Frankr. = Prinz Louis Napoléon Bonaparte 15, 26, 28, 38, 41, 91—93, 95, (453—455)
Narvik (Norwegen) 326
Natorp, Paul 51
Naumann, Friedrich 123, 125, 155, 163, 307
Naumburg (a. d. Saale) 121
Neapel (Ital.) 303
Negrelli, Alois 6
„Negus" s. Haile Selassie
Nehru, Pandit 297, 342
Neisser, Albert 59
Nelson, Leonard 269
Nestroy, Johann (464)
Neuilly (b. Paris) s. Sachregister
Neurath, Konstantin Frh. v. 319, 333, 348, (461)
Newman, John Henry, Kardinal 46, 167
New York (USA) 7, 66, 142, 219, 250, 254, (464)
Nicolai, Otto (464)
Niel, Adolphe 28
Nietzsche, Friedrich 52, 80, 121, 122, 124, 125, 152, 153, 170, 176, 269, 277, 278, 281, 289, 304, 307, (465—467)
Nijinskij, Wazlaw 83

Nikolaier, Arthur 59
Nikolajewsk (Amur-Gebiet) 295
Nikolai Nikolajewitsch, Großfürst v. Rußl. 208
Nikolaus, Kg. v. Montenegro 103, 193, 212
Nikolaus I., russ. Zar 74, 96, (453)
Nikolaus II., russ. Zar 116, 117, 128, 185, 187, 188, 191, 196, 201, 208, 215, 217, 221, 222, (456, 459)
Nikolsburg (Mähren) 39, 91, 358
Nilsson (Biologe) 275
Nissen, Momme 122
Nivelle, Georges Robert 222
Nizza (Ital.) 301
Nobel, Alfred 57, 131, (465, 467); N.-Preise s. Sachregister
Nobile, Umberto 246
Nobiling, Karl Eduard 31, (455)
Nogi, Graf Kiten 185
Nolde, Emil (468)
Noorden, Carl Harko v. 276
Nordenskjöld, Erik v. 55
„Normandie" (Dampfer) 247
Northcliffe, Alfred H. Visc. 164
Noske, Gustav 231
Nothnagel, Hermann 59
Novarra (Ital.) (453)
Novipazar (Jugoslaw.) 97, 190, 191, 194
Nowo-Georgiewsk (Rußl.) 206
Noyon (Frankr.) 205
Nürnberg (Franken) 312, (461); Nürnberger Gesetze, - Prozesse s. Sachregister

Oberdank 40
Oberländer, Adolf 88
Obersalzberg s. Berchtesgaden
Obrenović (serb. Dynastie) 40, 103, 189, 198, (456)
Ödenburg (Sopron, Burgenland) 301
Odessa (Ukraine) 117, 237, 330
Offenbach, Jacques 83, (464, 465)
Oldenburg-Januschau, Elard v. 312
Ollivier, Emile 92
Olmütz (Mähren) (453)
Olszewski, Wolfgang 57, (466)
Omdurman (Sudan) 99, (457)
Oncken, Hermann 281
O'Neill, Eugene 286, 287, (469)
Oran (Algerien) 327
Orel (Russl.) 334
Orff, Carl 290
Orlando, Vittorio Emanuele 232
Orléans (franz. Dynastie) 29
Orléans (Frankr.) 44
Ortega y Gasset, José 277, (469)
O'Shaughnessy (Chirurg) 276
Ostwald, Wilhelm (468)
Otto I., Kg. v. Bayern (456)
Otto I., Kg. der Hellenen (454)
Otto v. Habsburg (Kronprät.) 272
Otto, Erzhz. v. Österr. 225
Otto, Nikolaus 130
Ouchy (b. Lausanne) (458)
Owen, Robert 30, 33

# NAMENREGISTER

Oxford (Engl.) 65, 274
Oyama, Fürst Iwao 185

**P**acelli, Eugenio s. Pius XII.
Painlevé, Paul (460)
Palacky, František 39
Palander, Louis 55
Pannekoek, Anton 277
„Panther" (Kanonenboot) 192, (458)
Papen, Franz v. 312, 313, 314, 315, 348, (461)
Pareto, Vilfredo 277, 304
Parseval, August v. 132
Parsons, Sir Charles A. 130
Pascal, Blaise 171
Pasewalk (Pommern) 308
Pašić, Nikola 189, 198
Pasteur, Louis 59, (465, 466)
Patton, George S. 334
Paul, Hermann 61
Paul, Prinzregent v. Jugoslawien 306, 328, (462)
Paulus, Friedrich 332
Pauly, August 61
Pavelić, Ante 306, 328
Pawlowa, Anna 83
Payer, Julius Ritter v. 55
Pearl Harbour (Hawaii) 331, 339, (462)
Peary, Robert Edwin 160
Pecci, Graf Gioacchino (Erzbisch. v. Perugia) s. Leo XIII.
Peel, Robert 159
Pégoud, Célestin-Adolphe 132
Pekar, Josef 281
Peking (China) 127, 184, 275, 296, (461)
Périer, Casimir (456)
Perkin, William Henry 57
Pernerstorfer, Engelbert 39
Perry, Matthew C. 106, (453)
Persenbeug (Nd. Österr.) 225
Perugia (Ital.) 25
Pestalozzi, Johann Heinrich 62
Pétain, Henri Philippe 212, 327, 346, (462)
Peter II., Kg. v. Jugoslawien 328
Peter d. Gr., russ. Zar 105, 217
Peter I. Karadjordjević, Kg. v. Serbien 189, 191, (457)
Peters, Carl 124
Petersburg (= Leningrad) 66, 83, 100, 107, 117, 190, 193, 195, 196, 200, 201, 215, 221, 257, 329, 330, 332, (462)
Petöfi, Alexander (464)
Petsamo (Finnland) 344
Pfeffer, Wilhelm 58
Pfitzner, Hans 290
Philadelphia (USA) 66, (465)
Picasso, Pablo 172, 291, (467)
Pieck, Wilhelm 350
Pieper, Josef 278
Piloty, Karl 88
Pilsen (W-Böhmen) 336
Pilsudski, Josef 237, 315, (460)
Pinsk (Polen) 208
Pirandello, Luigi 286

Pirenne, Henri 281
Piscator, Erwin 285
Pissaro, Camille 87
Pius IX., Papst 44, 45, 279, (455)
Pius X., Papst (Giuseppe M. Sarto) 145, 154, 279, (457, 458)
Pius XI., Papst (Achille Ratti) (460, 462)
Pius XII., Papst (Eugenio Pacelli) 279, 346, 355, (462)
Planck, Max 146, 152, 274, (467)
Plato 51, 269, 278
Plechanow, Georg 117
Plehwe, Wenzel v. 117
Plievier, Theodor 289, (470)
Pobjedonoszew, K. P. 116
Poe, Edgar Allan 175, (464)
Pöhner, Ernst 309
Poincaré, Henri 146, 275
Poincaré, Raymond 196, 225, 232, 234, (458, 460)
Pokrowskij, Michail N. 277
Pollender, Aloys 59, (464)
Polzer-Hoditz, Baron Arthur 225, 294
Poppert, Josef 125
Porkkala (Finnland) 344
Port Arthur (Mandschurei) 87, 107, 185, 340, (457)
Porten, Henny 285
Portsmouth (USA) 180, 185, (457)
Posen 325
Postl, Karl s. Sealsfield
Potsdam 195, 247, 313;
    Potsdamer Konferenz s. Sachregister
„Potemkin" (Panzerkreuzer) 117,285
Potiorek, Oskar 210
Pottier, Eugène 34
Poulenc, Francis 290
Prag 40, 65, 72, 91, 171, 176, 230, 261, 278, 300, 301, 321, 322, 336, (453, 454, 461)
Prchala, Lev 341
Predappio (Ital.) 304
Préjean, Albert 285
Pretoria (S-Afrika) 182
Prien, Günter 325
Primo de Rivera, Miguel 266, (460)
„Prince of Wales" (Schlachtschiff) 331, (462)
Princeton (New Jersey, USA) 112, 219, 278
Princip, Gavrilo 199, 268, (458)
Prosnitz (Mähren) 152
Proudhon, Pierre Joseph 30
Proust, Marcel 168, 287, (468)
Przemysl (Rußl.) 206
Przywara, Erich 277, 278
Pudowkin, Wsewolod 285
Pschkow (Rußl.) 334
Puccini, Giacomo 177, (467, 469)
Puschkin, Alexander 74
Putnik, Radomir 210
Puvis de Chavannes, Pierre Cécil 87
Pu Yi (Mandschu-Ks. in China, später Ks. Kan Teh v. Mandschukuo) 184, 296

**Q**uebec (Kanada) 338
„Queen Mary" (Dampfer) 247
Queretaro (Mexiko) 94
Quidde, Ludwig 128

**R**aabe, Wilhelm 72, 88, (464, 465)
Racconigi (Ital.) 191
Racine, Jean-Baptiste 171
Radek, Karl 257, 309
Radetzky, Graf Joseph (453, 469)
Radowitz, Joseph Maria v. (453)
Raeder, Erich 315, 348
Raiffeisen, Friedr. Wilh. 30, 135
Rampolla, Mariano 154
Ramsay, Sir William 147
Rangoon (Birma) 331
Ranke, Leopold v. 60, (466)
Rapallo (Ital.) 239, (460)
Rašin, Alois 225, 252
Rasputin, Grigorij 215, 221, (459)
Rath, Ernst vom 322
Rathenau, Emil 138
Rathenau, Walter 167, 239, 243, 312, (460)
Ratti, Achille s. Pius XI.
Ratzel, Friedrich 55
Rauch, Christian Daniel (464)
Rauchberg, Heinrich 37
Ravel, Maurice 177
Reger, Max 177
Rehn, Ludwig 276
Reichstadt (Böhmen) 96, (455)
Reimer, J. L. 124
Reims (Frankr.) 205, 228
Reinhardt, Max 286
Reis, Philipp 7
Remagen (a. Rhein) 335, (463)
Remarque, Erich Maria 289, (469)
Remer, Otto 335
Renan, Ernest 47, (465)
Renn, Ludwig 289, (469)
Rennenkampf, Paul Edler v. 206
Renner, Karl 120, 277, 315, 345
Renoir, Auguste 87, (465)
„Repulse" (Schlachtschiff) 331, (462)
Ressel, Joseph 6
Rethel, Alfred (464)
Reuter, Paul Julius Frh. v. (464)
Reval (Estland) 187, (457)
Reznicek, Ferdinand Frh. v. 165
Rhodes, Cecil 98
Ribbentrop, Joachim v. 314, 319, 322, 348, (461)
Rice, Elmer 287
Richter, Hans 80
Richter, Ludwig (466)
Rickert, Heinrich 51
Rieger, Franz L. Frh. v. 40
Riehl, Alois 51
Riemann, Bernhard 146, (464)
Riga (Lettland) 221, 237
Rilke, Rainer Maria 171, (467, 469)
Rimbaud, Arthur 78, 162
Rimskij-Korssakow, Nikolai 83
Rintelen, Anton 315
Ripka, Hubert 340
Ritschl, Albrecht 47

488

# NAMENREGISTER

Rjazanow, David B. 277
Rjepin, Ilja J. 87
Roberts, Frederick 181
Robertson, Sir Brian 350
Rockefeller, John D. 138, 253
Rodin, Auguste 171, 291, (466, 467)
Rogers, Bruce 8
Röhm, Ernst 311, 314
Rokitansky, Karl v. 59
Rolland, Romain 114, 288, (467, 470)
Rom, Altertum: 61, 122, 281, 286; Neuzeit: 67, 85, 88, 91, 154, 186, 193, 274, 303, 305, 318, (454, 455)
Romanow, Pantelejew 288
Rommel, Erwin 328, 332, (462)
Röntgen, Wilh. Conrad v. 56, 147, (467)
Roon, Graf Albrecht (454)
Roosevelt, Theodore 112, 137, 159, 180, 185, 219, 253, (457)
Roosevelt, Franklin Delano 180, 249, 254, 261, 262, 268, 318, 322, 331, 332, 338—340, 342, 343, 352, (461—463)
Rops, Félicien 87
Roschdjestwenskij, Sinowij 185
Rosegger, Peter 72, 169, (465)
Rosenberg, Alfred 278, 308, 348
Rosenberg, Arthur 281
Rosenstock, Eugen 281
Rossetti, Dante Gabriel 87
Rossini, Gioacchino (465)
Rostovtzeff, Michael 281
Rostow (Rußl.) 330, (462)
Roth, Josef 289, (469, 470)
Rothermere, Harold S. Visc. 301
Rothschild, Familie 135
Rotterdam (Holland) 327
Rouault, Georges 172
Rousseau, Théodore 87
Rouvier, Maurice 25,114
Rowno (Rußl.) 208
Rudolph, österr. Kronprinz 104, 154, 159
Runciman, Walter, Visc. 320, (461)
Rundstedt, Gerd v. 335
Ruska, Ernst 274
Russell, Bertrand 275
Rutherford, Ernest, Lord of Nelson 147, 274, (468)

Saar, Ferdinand v. 72
Šafařik, Pavel Josef 61
Sailer, Joh. Michael 44
Saint-Germain (b. Paris) s. Sachregister
Saint-Mihiel (Frankr.) 205
Saint-Privat (b. Metz) 92
Saint-Simon, Claude Henry Graf v. 30
Salamanca (Span.) 317
Salazar, Oliveira (460)
Šalda, František Xaver 288
Salisbury, Lord Robert Arthur 25, 97, 99, 103, 182, (456)
Saloniki (N-Griech.) 124, 190, 193, 194, 210, 213, 229
Salzburg (Österr.) 176, 286

Samsonow, Alexander 206
Sand, George (465)
San Francisco (USA) 295, 351
Sangnier, Marc 154
Sansibar (Insel, O-Afrika) 17, 102, (456)
San Stefano (b. Konstantinopel) 96, 97, (455)
Santiago de Cuba (S-Amerika) 179
Santos-Dumont, Alberto 132
Sarajewo (Bosnien) 198, 199, (458)
Saroyan, William 286
Sarrail, Maurice 210
Sarto, Giuseppe M. s. Pius X.
Sartre, Jean Paul 278, 286, 288, (470)
Sasonow, Sergej 191, 193, 200, (458)
Satie, Erik 290
Sauerbruch, Ernst Ferdinand 276
Sauckel, Fritz 348
Saverne (Elsaß) s. Zabern
Savoyen (ital. Dynastie) 29, 281, 328
Savoyen, Prinz v. (Kg. v. Kroatien) 328
Scapa Flow (Engl.) 325
Schachmatow, Alexej 61
Schacht, Hjalmar 314, 348
Schadow, Joh. Gottfried (464)
Schäffle, Albert 37, 40
Scharnhorst, Gerhard v. 324
Schaudinn, Fritz 150
Schaukal, Richard v. 170
Schauwecker, Franz 289
Scheer, Reinhard 213
Scheffel, Joseph Viktor v. 73, (464)
Scheidemann, Philipp 231
Scheler, Max 153, 277, 278
Schell, Hermann 44
Schelling, Friedr. Wilh. 50
Scherr, Johannes 27
Scheu, Andreas 34
Scheubner-Richter, Max v. 308
Schiemann, Paul 301
Schiller (454)
Schindewolf, Otto Heinr. 275
Schirach, Baldur v. 348
Schlaf, Johannes 76
Schlageter, Albert Leo 309, (469)
Schleich, Carl Ludwig, 59, (466)
Schleicher, Kurt v. 312, 313, 314, (461)
Schleiden, Matthias Jakob 58
Schleiermacher, Friedrich 44
Schlenther, Paul 76
Schlick, Ernst Otto (467)
Schlieffen, Graf Alfred 201, 203, 323, 337
Schliemann, Heinrich 61, (465)
Schlosser, Julius 281
Schmeral, Bohumir 294
Schmidt, Friedrich Frh. v. 85
Schmitt, Karl 269
Schmoller, Gustav 37
Schnabel, Franz 281
Schneeberg (Erzgeb.) 276
Schneider, Karl Camillo 58, (465)
Schneider, Fedor 281
Schneider, Reinhold 288

Schnitzer, Eduard (Emin Pascha)55, (466)
Schnitzler, Arthur 171, (466, 468, 469)
Schober, Johannes 300, 306
Schönbein, Christian Friedr. 57
Schönberg, Arnold 177, 290, (468)
Schönerer, Georg Ritter v. 39, 104, 124, 308
Scholochow, Michael 288
Schörner, Ferdinand 336
Schopenhauer, Arthur 50, 52, 73, 80, 152, 153, (464)
Schostakowitsch, Dmitrij 290
Schröder, Rudolf Alexander (468)
Schrödinger, Erwin 274, (470)
Schubert, Franz 177, 281
Schücking, Walter 128
Schulpforta (b. Naumburg) 121
Schulze-Delitzsch, Hermann 30, 33
Schumacher, Kurt 350, 353
Schuman, Robert 351; Sch.-Plan s. Sachregister
Schumann, Robert 81, (464)
Schumeier, Franz 163
Schurz, Carl 27
Schuschnigg, Kurt Edler v. 302, 315, 318, 319, (461)
Schüssler, Wilhelm 281
Schuwalow, Graf Pawel A. 97
Schwann, Theodor 58
Schwanthaler, Ludwig v. (464)
Schwarzenberg, Felix Fürst zu (453)
Schwarzschild, Karl 275
Schweinfurth, Georg 55
Schweitzer, Albert 359
Schweitzer, Joh. Baptist 31
Schwind, Moritz v. (464, 465)
Scott, Robert 160
Scott, Walter 280
Seaborg, Glenn T. 274
Sealsfield, Charles ( Karl Postl) 72
Secchi, Angelo 54
Sedan (Frankr.) 70, 92, 327, (455)
Sedlmayr, Hans 293, 359
Seeckt, Hans v. 312, 324, 337
Seeley, Sir John Robert 60
Seeliger, Hugo 275
Segantini, Giovanni 87
Seignobos, Charles 281
Seipel, Ignaz 225, 252, 294, 302, (460, 461)
Semmelweis, Ignaz Philipp 59, (464)
Semper, Gottfried 85
Seoul (Korea) 343
Sèvres (b. Paris) s. Sachregister
Sewastopol (Krim) 128, 330, 332, (453, 462)
Seymour, Sir Edward Hobart 184
Seyß-Inquart, Arthur 319
Sforza, Graf Carlo 300
Shackleton, Sir Ernest Henry 160
Shakespeare 122, 281
Shanghai (China) 127, 234, (461)
Shaw, George Bernard 37, 156, 167, 269, 286, (466, 467, 470)
Shimonosekhi (Japan) 107, 181, (456)

489

## NAMENREGISTER

Shuster, George N. 353
Sibelius, Jan 81
Siemens, Werner 7, 130, (465, 469)
Sievers, Eduard 61
Silistria (Dobrudscha) 194
Simbirsk (Rußl.) 117
Simmel, Georg 164
Simon, Sir John 297
Simpson, Wally s. Windsor, Herzogin v.
Sinclair, Upton 288
Sinding, Stephan 86
Singapur (Hinterind.) 338, (462)
Sinowjew, Grigorij (= Hirsch Apfelbaum) 257
Sisley, Alfred 87, (465)
Sixtus, Prinz v. Parma 225
Skarbina, Franz 88
Skladanowsky, Max 133
Sklodowska, Marie s. Mme. Curie
Skorzeny (SS-Off.) 334
Skutari (Albanien) 193, 194
Slevogt, Max 88, (467, 469)
Slivnica (Serbien) 103, (456)
Smetana, Friedrich 81, 82, (465, 466)
Smith, Adam 139
Smolensk (Rußl.) 330
Smuts, Jan Christiaan 228, 297
Smyrna (Kleinasien) 306
Snowden, Philip 259
Sobrero, Ascanio 57
Söderblom, Natan 279
Soemmerring, Samuel Thomas 7
Sofia (Bulgarien) 194
Soissons (Frankr.) 205
Solferino (Ital.) (454)
Solingen (Rheinprov.) 143
Sollum (N-Afrika) 328
Solowjew, Wladimir 167, (467)
Solvay, Ernst (464)
Sombart, Werner 143
Sommerfeld, Arnold 146, 274
Sophie, Hz. v. Hohenberg, Erzhz. v. Österr. 199, (458)
Sorel, Albert 60
Sorel, Georges 269, 304, (468)
Sorge, Reinhard Johannes 176
Sostschenko, Michael 288
Sotelo, Calvo 317, (461)
Soubirous, Bernadette 46, 288, (470)
Spaa (Belgien) 229
Spandau (b. Berlin) 14
Spann, Othmar 269
Spee, Graf Maximilian 207
Speer, Albert 292, 348
Spencer, Herbert 50
Spengler, Oswald 269, 277, 281, 307, 359, (468)
Spielhagen, Friedrich 73
Spitzweg, Carl 88, (466)
Spranger, Eduard 281
Srbik, Heinrich v. 281
Stachanow, Alexej 263
Stadler, Ernst 176
Stählin, Wilhelm 279

Stalin, Jossif (J. Wassarionowitsch Dschugaschwili) 241, 257, 330, 332, 333, 337, 338, 340—342, 344, (460, 463)
Stalingrad (Zarizin, Rußl.) 289, 329, 332, 333, 336, (462, 470)
Stanley, John Rowlands 55, (465, 466)
Starhemberg, Ernst Rüdiger Fürst v. 315
Stauffenberg, Graf Klaus 170, 333, 335
Staunton (Virginia, USA) 219
Stehr, Hermann 169
Stein, Karl Frh. vom 63, 141
Stein, Lorenz v. 60
Stephan, Heinrich v. 7
Stepinać, Aloysius, Erzbischof v. Agram 341
Sternberg, Josef v. 285
Sternheim, Carl 176, 286, (468)
Stevenson, Robert Louis 71, (466)
Stifter, Adalbert 72, (464, 465)
Stiller, Mauritz 285
Stinnes, Hugo 138, 253
Stöcker, Adolf 36, 39
Stojadinović, Milan 306
Stokowski, Leopold 290
Stolypin, Petr A. 117, 159, 221, 258, (458)
Stolz, Alban 46
Storm, Theodor 72, 73, (466)
Stössel, Anatolij 185
Stramm, August 176
Straßburg (Elsaß) 92, 351
Strasser, Gregor 311, 313
Strasser, Otto 311, 314
Strassman, Fritz 274
Strauß (Komp.-Familie) 83
Strauß, David Friedrich 47
Strauß, Johann (Sohn) 83, (465 bis 467)
Strauß, Oskar 165
Strauß, Richard 177, 290, (466—468, 470)
Strauß und Torney, Lulu v. 170
Strawinskij, Igor 177, 290
Streicher, Julius 348
Stresa (Ital.) 306, 315, 316, (461)
Stresemann, Gustav 239, 306, 312, (460)
Strindberg, August 166, (466—468)
Stroheim, Erich v. 285
Strömgren, Elis 275
Struwe, Peter 117
Strzygowski, Josef 281, (469)
Stuart (engl. Dynastie) 60
Stumm, Karl Ferdinand 138
Stürgkh, Graf Karl 214, (459)
Stürmer, Boris W. 215, (459)
Stursa, Jan 291
Sturzo, Don Luigi 303
Stuttgart (Württ.) 65, 239, (453)
Sudermann, Hermann 76, (466)
Suess, Eduard 55
Sun Yat Sen 127, 241
Suppé, Franz v. 83
Sutter, Berta v. 

Svekarno 342
Suvich, Fulvio 305
Swakopmund (SW-Afrika) 17
Sweet, Henry 61
Swift, Jonathan 128
Swinburne, Algernon Charles (465)
Sybel, Heinrich v. 60, 281

Taaffe, Graf Eduard 40
Taft, William Howard 112, 137, 219, (458)
Tagger, Theodor (Pseudonym, s. Bruckner, Ferdinand)
Taine, Hippolyte 60, 70, 275
Talich, Václav 290
Tanger (Marokko) 186, (457)
Tankosić (Major) 198
Tannenberg (Ostpr.) 206, (458)
Tardieu, André 234
Taschkent (Rußl.) (454)
Taut, Max (469)
Tegel (b. Berlin) 138
Tegetthoff, Wilhelm v. 91
Teheran (Iran) 338, 340, 342, (462)
Temesvár (Ungarn/Rumänien) 233
Teplitz-Schönau (Sudeten) 245
Teschen (Tschech.-Slow.) 320, 321
Thackeray, William 71, (464)
Thälmann, Ernst 312
Thiers, Adolphe 29, 93, (455)
Therese vom Kinde Jesu 46
Thiess, Frank 289, (470)
Thimig, Hugo 75
Thoma, Hans 88, (466, 469)
Thoma, Ludwig 167, (468)
Thomas von Aquin 156, 278, 279
Thomas, Sydney Gilchrist 3, 134
Thöny, Eduard 165, 166
Thorak, Josef 292
Thyssen, August 138
Tieck, Ludwig (464)
Tilgner, Victor 86
Timmermans, Felix 288, (468, 470)
Tirana (Albanien) 306
Tirpitz, Alfred 102, 140, 197, 203, 224, (457)
Tiso, Josef 322
Tisza, Stephan 199, 225
„Titanic" (Dampfer) 165
Tito (Josip Brož) 333, 340, 344, (463)
Tobolka, Vincenz 294
Tobruk (N-Afrika) 328, 332, (462)
Togo, Heihachiro 185
Tokio (Japan) 296, 318, 338
Toller, Ernst 286, 288, (468)
Tolmein (Isonzo) (459)
Tolstoi, Graf Leo N. 37, 74, 116, 128, 156, 221, (465—468)
Tönnies, Ferdinand 277
Torgau (Prov. Sachsen) 336
Torgler, Ernst 313
Toscanini, Arturo 290
Toul (Lothringen) 200
Toulon (S-Frankr.) 332
Toulouse-Lautrec, Henri de 87, 165
Toynbee, Arnold J. 277, 281, 359, (469)

490

## NAMENREGISTER

Trakl, Georg 175, 176, (468)
Treitschke, Heinrich v. 60, 124, 281, (467)
Trendelenburg, Friedrich 276
Trepow, Dmitrij F. 117
Trevelyan, Macaulay 281
Trianon (b. Paris) s. Sachregister
Triest (Adria) 40, 124, 211, 344, 351
Tripolis (Libyen) 345
Troeltsch, Ernst 277, 281
Troost, Gerdy 292
Troost, Paul Ludwig 292
Trotzki (Leo Davidowitsch Bronstein) 117, 226, 237, 257
Troyon, Constantin 87
Trübner, Wilhelm 88
Truman, Harry S. 338, 340, 342, 343, 352, 353, 355, (463)
Tschaikowski, Peter J. 81—83, (465, 466)
Tschermak-Seysenegg, Erich Edler v. 148
Tschernow, Viktor M. 117, 163
Tschiang Kai Schek 127, 241, 296, 342, (460, 462)
Tse-shi, Ks.-Wwe. v. China 184
Tsingtau (China) 107, 207, (457, 458)
Tuaillon, Louis 86
Tuchatschewskij, Michail N. 237
Tunis (N-Afrika) 332, (462)
Turgenjew, Iwan 74 (464—466)
Turner, William 87, (464)
Twain, Mark (Samuel Langhorne Clemens) 71, (465, 468)
Tyrrell, George 154
Tzara, Tristan (468)

Uexküll, Jak. Joh. v. 275
Uhde, Fritz v. 88, (466)
Uhland, Ludwig (464)
Uljanow, Wladimir s. Lenin
Ulm (a. d. Donau) 146
Umberto, ital. Kronprinz 305
Unamuno, Miguel de 277, 317, (469, 470)
Undset, Sigrid 288, (470)
Unruh, Fritz v. 176, (468)
Uppsala (Schweden) 279

Vajda-Voevod 294
Valencia (Spanien) 317
Valentin, Karl 286
Valentin, Veit 281
Valera, Eamon de 241
Valéry, Paul 289
Vandale, Auguste 60
Vanderbilt, Cornelius 253
Varennes (Frankr.) 205
Vašek, Vladimir s. Bezruč
Vatikan 67, 114, 156, 168, 284, 305, 313, (460)
Konzil, vatikanisches s. Sachreg.
Venedig (Adria) 80
Venizelos, Eleutherios 103, 210
Vercors (Jean Bruller) 289
Verdi, Giuseppe 82, 165, (464, 465, 467)

Verdun (Frankr.) 92, 200, 203, 205, 212, 327, (459)
Verhaeren, Emile 79
Verlaine, Paul 78, (467)
Verne, Jules 131
Verner, Karl 61
Versailles (b. Paris) 92, 93; Versailler Vertrag s. Sachregister
Veuillot, Louis 44
Vichy s. Sachregister
Victoria, ∞ Friedrich III. 188
Victoria, Kg. v. Engl. 98, 159, 188, (455, 457)
Victor Emanuel II., Kg. v. Ital. (455)
Victor Emanuel III., Kg. v. Ital. 191, 303, 305, 316, 334, (457, 461)
Vigny, Alfred de (465)
Világos (Rumänien) (453)
Villafranca (Ital.) (454)
Villa Giusti (Ital.) 230, (459)
Villers-Cotterets (Frankr.) 228
Villiers de l'Isle-Adam, Philippe Auguste Comte de 79
Vionville (Frankr.) 92
Virchow, Rudolf 58, 59, 276, (464)
Vischer, Friedr. Theodor (465)
Vittorio Veneto (Ital.) 230
Vogelsang, Karl Frh. v. 37, 142
Vogt, Karl 50
Voigt, Wilhelm („Hauptmann v. Köpenick") 124, 286
Volkmann, Arthur 86
Vollmar, Georg Frh. v. 31, 118
Vondrák (Slawist) 61
Vries, Hugo de 148, 149

Waage, Peter 57
Waddington, William Henry 97
Wagner, Adolf 36, 37
Wagner, Cosima 80
Wagner, Otto (467)
Wagner, Richard 52, 80, 81, 87, 121, 122, 125, 165, 170, 174, 176, 286, (拾 4—466)
Wagner-Jauregg, Julius Ritter v. 276
Waldeck-Rousseau, Pierre 29
Waldersee, Graf Franz 184
Wallace, Alfred R. 58, (464)
Wallot, Paul 85
Walzel, Oskar 281
Wang Tsching Wei 296
Warburton, Peter Egerton 55
Warschau (Polen) 206, 237, 261, 300, 301, 325, 334, (459)
Washington (USA) 66, 67, 179, 219, 241, 268, 296, 297, 343, (460)
Wassermann, Jakob 169
Wavell, Lord Archibald P. (462)
Webbs, Beatrice u. Sidney 36
Weber, Max 123, 277
Weber, Wilhelm 7
Wedekind, Frank 166, 167, (466, 467)
Wehberg, Hans 128
Wehner, Josef Magnus 289

Weihaiwei (China) 107, (457)
Weill, Kurt 285, 290, (469)
Weimar s. Sachregister
Weinberger, Jaromir 290
Weinert, Hans 275
Weinheber, Josef 289, (468—470)
Weininger, Otto 166
Weiß, Ferdl 286
Weiss, Sandor 283
Weissmann, August 58
Weitling, Wilhelm 30
Weizsäcker, Victor v. 275
Welles, Orson 285
Wellhausen, Julius 47
Wells, H. G. 269, 293
Wereschtschagin, Wassilij W. 87
Werfel, Franz 176, 286, 288, (468 bis 470)
Wessely, Paula 285
Westenhöfer, Max 275
Westinghouse, George (465)
Weygand, Maxime 237, 327
Weyprecht, Karl 55
Wheatstone, Sir Charles 7
Whistler, James 87
Whitehead, Robert (465)
Whitman, Walt 27, 77, (464, 466)
Wichern, Johann Hinrich 36, (466)
Wickersdorf (Thür.) 126
Wiechert, Ernst (470)
Wigman, Mary 286
Wilamowitz-Moellendorff, Ulrich v. 61
Wilbrandt, Adolf 73
Wilde, Oscar 79, 165, 166, (466, 467)
Wilder, Thornton 285, 286, (470)
Wilfan, Dr. 301
Wilhelm I., dtsch. Ks. 31, 42, 91, 97, 159, (454—456)
Wilhelm II., dtsch. Ks. 42, 64, 102, 124, 128, 155, 159, 167, 181, 182, 184—188, 191, 197, 201, 214—216, 218, 224, 229, 231, 232, 272, 309, (456—459)
Wilhelm, dtsch. Kronprinz 124, 231
Wilhelm v. Wied, Prinz; Fürst v. Albanien 194
Wilhelmine, Kg. der Niederlande 231, 327
Wilkins, Sir George Hubert 246
Wilkins-Freeman, Mary 71
Wilna (Litauen) 208, 237
Wilson, Thomas Woodrow 112, 215, 216, 218—220, 224, 225, 229, 230, 232, 234, 238, 240, 253, 262, 294, 299, 307, 339, (458, 459)
Wilsons 14 Punkte s. Sachregister
Wilson, Mrs. 219
Windelband, Wilhelm 51
Windisch-Graetz, Alfred Fürst zu (453)
Windsor, Herzog v. (Eduard VIII. v. Engl.) 297, 318, (461)
Windsor, Herzogin v. (Miss Simpson) 318
Windthorst, Ludwig 25

491

## NAMENREGISTER

Winter, Ernst Karl 272
Wirth, Joseph 239
Wissmann, Hermann 55
Wissowa, Georg 61
Witte, Sergius 116, 117, 159
Wittelsbach (bayr. Dynastie) 86, (454, 467)
Witzleben, Erwin v. 333, 335
Wladiwostok (Rußl.) 95, 105, 107, 185, 295
Wöhler, Friedrich 57
Wolf, Hugo 177, (466, 467)
Wölfflin, Heinrich 281
Wolfskehl, Karl 170
Wolker, Jiři 288
Wolter, Charlotte 75

Woltereck, Richard 275
Wolters, Friedrich 170
Worpswede (b. Bremen) 171
Wörth (Elsaß) 92, (455)
Wrangel, Graf Friedr. Heinr. (453)
Wrangel, Peter Nikolajewitsch Baron v. 237
Wright, Orville u. Wilbur 132, (467)
Wundt, Wilhelm 52
Wust, Peter 278
Wyneken, Gustav 126

**Y**pern (Flandern) 205
Yuan Schi Kai 127

**Z**abern (Saverne, Elsaß) 124

Zahn, Ernst 169
Zech, Paul 176, 288, (468)
Zeller, Karl 83
Zeppelin, Graf Ferdinand 132
„Zeppelin" (Luftschiff) s. „Graf Z."
Ziegler, Leopold 277
Zita v. Bourbon-Parma, Ks. v. Österr. 225
Zlin (Mähren) 244
Zola, Emile 29, 37, 46, 69, 70, 72, 73, 76, 78, 122, 128, 287, (465 bis 467)
Zorn, Anders 87
Zuckmayer, Carl 286, (469, 470)
Zürich (Schweiz) 65, 274
Zumbusch, Kaspar 86

| | | | |
|---|---|---|---|
| Engl. | England | Bisch. | Bischof |
| Frankr. | Frankreich | Frh. | Freiherr |
| Griech. | Griechenland | Hz. | Herzog, Herzogin |
| Ital. | Italien | Kg. | König, Königin |
| Österr. | Österreich | Ks. | Kaiser, Kaiserin |
| Rußl. | Rußland | Visc. | Viscount |
| Span. | Spanien | ∞ | verheiratet mit |

# SACHREGISTER

**A**brüstungs-Konferenzen 241, 296, 315, (460, 461)
Abstammungslehre s. Darwinismus
Académie française 66
„Achse Berlin-Rom", die Achsenmächte 316, 318, 322, 331, 332, 334, (462)
Achtstundentag 19, 34, 112, 114, 261
Agnostizismus 44
Akademie der Wissenschaften 66
Algeciras-Akte 186, 192
American Philosophical Society 66
Anarchismus, -isten 25, 32, 115, 117, 157, 266, 269, 278, 303, (465)
Anarchosyndikalismus 32
„Edelanarchismus" 117, 157
Antikomintern-Pakt 296, 318, (461)
Antimodernisten-Eid 154
„Ära Meiji" 106, 295, (454)
Armstrong-Vickers 138
Atlantik-Charta 331, 333, (462)
Atlantik-Pakt 353, 355, (463)
Atom, -physik, -spaltung 50, 146, 147, 274, 359, (468, 469)
-bombe 338, 340, 359, (463)
Augustiner 58, 148
„Ausgleich" v. 1867 40, 104, (454)
Aussperrungen s. Streiks
„Avanti" (Zeitg.) 304

**B**abel-Bibel-Streit 47
Bahnen, Bahnbauten:
  Adria-B. 198
  Bagdad-B. 135, 197, (457, 458)
  Donau-Adria-B. 190
  Mandschurische B. 105, 107, 180, 185, 296
  Pazifik-B. 6
  Sandschak-B. 190
  Schantung-B. 135
  Semmering-B. 121
  Transkontinentalbahnen USA 295
  Transsibirische B. 6, 105, (456)
  Turk-Sib 249
Balfour-Bill 63, 236
Barbizon, Schule v. 87, 88
Barmat-Affäre 264
Barmer Klausel 279
„Bauhaus" (468)
„Bavaria" (Filmges.) 285
Bayer-Werke 134, 276
„Becco giallo" (Witzblatt) 304
„Bekennende Kirche" 279, 313
Benelux-Union 346, 351, (463)
Berliner Kongreß (1878) 17, 40, 96—98, 103, 104, 190, 191, (455)

„Blätter für die Kunst" (Zeitschr.) 170
Bofors (Konzern) 138
Boxer-Aufstand 127, 160, 179, 184, (457)
„Brain Trust" 262
Briand-Kellogg-Pakt s. Kellogg-Pakt
Bulle s. Enzyklika
Burschenschaft, deutsche 121

**C**arta del lavoro 305
Cash and Curry-Klausel 254
„Charivari" (Zeitschr.) 87
Christian Science 48, (465)
Cobden-Vertrag 15
Code du travail 114
Commonwealth of Australia 183, (457)
Curzon-Linie 237

**D**adaismus (literar. Richtung) 291, (468)
„Daily Telegraph" (Zeitg.) 193, (458)
Danat-Konzern 261
Darwinismus 50, 58, 70, 117, 148, 275, 276
  Neodarwinismus 275
Dawes-Plan 251, 299, (460)
Dekrete (päpstliche) s. Enzyklika, Syllabus
„Dekretinismus" 257
Dogma:
  D. von der unbefleckten Empfängnis 45, (464)
  Unfehlbarkeits-D. 25, 44, 45, (465)
Dolchstoßlegende 309, 336
Dominikaner 156
„Dopo lavoro" s. „Kraft durch Freude"
Dreibund (Dt. Reich-Italien-Österr.-Ung., 1882) 100, 101, (456)
Dreierpakt (Dt. Reich-Italien-Japan, 1940) 296, 328, (462)
Dreikaiservertrag 100, (455, 456)
Dreyfus-Affäre 29, (456)
Drugulin (Leipziger Großdruckerei) 347
Dumping (Wirtschaftsmethoden) 254, 295

**E**iffelturm (Paris) 3, 132, (466)
Einsteinturm (b. Berlin) 274
„Eiserner Vorhang" 344, 356
Empirismus 145, 278

Entente:
  E. cordiale 182, 235, 315, (457)
  Kleine E. 240, 301, 302
  Mittelmeer-E. 100, (456)
  Triple-E. 187, 188, 202, 216, 225, 233
Enzyklika (s. auch Syllabus)
  E. Humani Generis 279
  E. Pascendi 154, 279
  E. Rerum Novarum 35
Europarat 351, (463)
Existenzialismus 152, 278, 288, 291, 357, (469, 470)
  atheistischer E. 278
  christlicher E. 167, 278
Expressionismus 171, 175—177, 286, 291, (467, 469)

„**F**abian Society" 36, 37, 269
„Fauves" 172
„Figaro" (Zeitschr.) 114
„Fin de siècle" 79, 87, 158, (467)
„Fliegende Blätter" (Zeitschr.) 88
Formalisten 275
„Fox" (Filmges.) 285
Franziskaner 49
Frauenrechtsbewegung 156, 166, 282
„Freie Bühne" (Berlin) 76, (466)
Freimaurer, -logen 305, 309, 310
Friedenskonferenz im Haag 128, (457)
Fünfjahresplan in Rußland (Pjatiletka) 257
Futurismus 172, 173, (468)

„**G**artenlaube, Die" (Zeitschr.) 76, 125, (464)
Genossenschaften:
  Arbeiter-G. 30, 33, 123, 135, 260, 270
  Agrar-G. 20, 30, 248, 267
  Kolchosen 248, 258
  Konsum-G. 32, 260, 310
George-Kreis 126, 170, 171, 281, 311, 333
„Gesellschaft, Die" (Zeitschr.) 76, 121, (466)
Göring-Werke 313
Grundgesetz, deutsches 350, (463)
Gründerjahre, -zeit 14, 43, 72, 73, (465)
Gewerkschaften (Trade Unions) 32, 33, 35, 112, 123, 154, 239, 257, 259, 260, 262, 265, 267, 270, 305, 310, 312, 313, 317, 333, (460)

493

## SACHREGISTER

**H**aber-Bosch-Verfahren 245, 310
Hamburg-Amerika-Linie 185, (464)
„Harzburger Front" 312, 313, (461)
Hearst (Zeitungskonzern) 164
Heilsarmee (Salvation Army) 48
Herbartianer 51, 62
Hirsch-Dunckersche Gewerkschaft 33
Historismus 44, 279
„Hochland" (Zeitschr.) 171
Home Rule 25, 241, (458)
Humanismus, humanistisch 62, 64, 65, 277, 281, 282
s. auch Neuhumanismus
Humanitas, Humanität 110, 114, 128, 157, 218, 256, 282, 293, 340, 355, 359

**I**dealismus (philos. Richtung) 31, 50, 51, 125, 152, 153, (468);
Neo-Idealismus 153
I. G. Farben-Konzern 134
„Illustrated London News" (Zeitschrift) 87
Impressionismus 81, 87, 88, 162, 170, 174—176
Instrumentalismus s. Neuhumanismus
Internationale:
Arbeiter-I. 31, 33, 34, 118, 120, 128, 241, 256, (454)
Genossenschafts-I. 260
Gewerkschafts-I. 160
Kommunistische I. s. Komintern
„Internationale" (Hymne) 34
Intuizisten 275
Investiturstreit 154
Irredenta s. Italia irredenta
Isolationisten (USA) 318, 339, 340
Italia irredenta 40, 301, 303

**J**alta-Konferenz 338, 340, 341
„Jameson Raid" 181, (456)
Jesuiten 24, 25, 49, 54, 154, 156, 278, 309, 333
Jingo-Presse 283
Jugendbewegung 123, 125, 126, 159, 165, 166, 170, 173, 282, 307
Jugendstil 173, 174, 175, 308
Junggrammatiker 61
Junghegelianer 31, 47
„Juste milieu" 21, 70

**K**aiserliche Botschaft (z. Arbeiterfrage) 36, 42
Kaiser-Wilhelms-Kanal 6
Kalvinismus 157, 277, 279, 281
Kanzelparagraph 25
Karl-Borromäus-Verein 67
Kartelle (Syndikate) 32, 136, 137, 253, 267, (460)
Kellogg-Pakt 238, 298, (460)
Kelmscott Press 37, (466)
Kolchosen s. Genossenschaften
„Kollektive Sicherheit" 315, 316, 318, 339
Kominform, Komintern 344

Kongo-Akte, -Konferenz (Berlin 1884) 18, 207, 358, (456)
Konsortien 141, 142
Kontrollrat, alliierter 338, 339, 346, 347
Konzerne (Trusts) 137, 138, 139, 143, 163, 253, 257, 261, 267, 285, 296, (461)
Konzil, vatikanisches 25, 45, (454, 465)
„Kraft durch Freude" („Dopo lavoro") 260, 304
Krupp-Werke 138
Kubismus 291, (467, 468)
„Kulturkampf" 24, 25, (455)
Kulturpessimismus s. Pessimismus
Künstlergruppen 175, (468)
„Kunstwart" (Zeitschr.) 173
Kuomintang 127, 241, 295, 296
Kutisker-Affäre 264

**L**amarckismus 149
„L'art pour l'art" 171
Lateran-Verträge 305, (460)
Leninismus 269
Leuna-Werke 134, 245
Ligue des Nations s. Völkerbund
Logistiker, Logizisten 275, 278
Londoner Deklaration (Seekriegsrecht) 128

**M**aginot-Linie 234, 255, 327
„Maigesetze" 25
Manifest:
Friedens-M. Wilhelms II. u. Karls I. 215, 218, (459)
Kommunistisches M. 30, 31, (464)
„Manifesto futurista" 172, (468)
„Manifeste du Surréalisme" (469)
„Maquis" s. Widerstandsbewegung
„Marsch zum Kapitol" 268
„Marsch auf Rom" 303, (460)
Marshall-Plan (ERP) 346, 349, 350, 351, (463)
Marxismus 28, 31, 33—35, 117—120, 157, 224, 257, 263, 269, 277, 304, 317
Spät- u. Vulgär-M. 256
Materialismus (philos. System) 1, 31, 35, 38, 43, 47, 50, 51, 56, 58, 78, 87, 110, 123, 145, 150, 152, 156, 157, 275—277, 355, (465)
dialektischer M. 31, 263
historischer M. 31, 60
mechanischer M. 147, 148, 152, 275, 280
Mechanismus s. Materialismus, mechanischer
Meiningen (Hoftheater) 75
Merkantilismus 15, 141
Metro-Goldwyn-Meyer (Filmges.)285
Milieutheorie 60, 70, 148, 275
Mitsubichi (japan. Familienkonzern) 296
Mitsui (japan. Familienkonzern) 296
Modernismus 44, 47, 154
Anti-M. 279

Monismus 50, 145
Monopole 17, 112, 116, 139, 253, 267, (457)
Monroe-Doktrin 178, 179, 217
Morgenthau-Plan 338, 349, 352
Mount Palomar-Sternwarte (USA) 274
Mühlig-Union 245

**N**aturalismus 69, 70, 74, 76, 78, 80, 87, 166, 168, 170—172, 175, (466, 467)
konsequenter N. 69, 76
Neodarwinismus s. Darwinismus
Neoidealismus s. Idealismus
Neolamarckismus 149
Neoslawismus 124
Neothomistik 156
Neovitalismus s. Vitalismus
Neuhegelianer 153
Neuhumanismus (Instrumentalismus) 278
Neuilly, Vertrag v. 233, 238, 294, 299, 306, (459)
Neukantianer 50, 51, 152
Neupositivismus s. Positivismus
Neurealismus s. Realismus
Neuscholastik 44, 156
„New Deal" 261, (461)
Nihilismus 25, 32, 116, 117, 273, 278, 286, 287, 357
„heroischer N." 277, 287, 289, 293, 307, (469)
Nobel-Dynamite-Trust-Company 138
Nobelpreise 57, 146, 147
Friedens-N. 57, 239, 345
Non-cooperation 241, 353
Norddeutscher Bund 26, 72, 91, 92, (454)
Nürnberger Gesetze 313
Nürnberger Prozesse 333, 348, (463)

**O**der-Neiße-Linie 340, 347, 357, (463)
Opel-Werke 244
„Organisation Todt" 255
„Oswoboshdenije" (Zeitschr.) 117

**P**acht- und Leihgesetz 328
Panama-Kanal 6, 144, 179, 180, 295, (458)
Panama-Skandal 12, 29, 114, (456)
Panamerikanische Union 179, 294
Panarabisch 241, 297
Paneuropa-Bewegung 294
Panislamitisch 241, 297
Pangermanismus 124
Panslawismus 41, 95, 97, 100, 103, 116, 124, 187, 221
Pantheismus 51, 72, 153
Panvitalismus s. Vitalismus
„Paramount" (Filmges.) 285
„Parnassiens" 78
Passéismus 172
„Patriotenliga" 38
Pauperismus 277
„Paysage intime" 87
Pazifismus 114, 128, 168, 256

494

## SACHREGISTER

Personalismus 278
Pessimismus (philos. System) 52, 72, 166, 167, 273
Kultur-P. 121
Pietismus 76, 169
Pjatiletka s. Fünfjahresplan
Plebiszit 26, 28, 91, 163
  plebiszitäre Diktatur 91, 92, 163, 242, 339
„Plein-air" 87, 88
Polnischer Korridor 232, 239, 300, 315, 322, 325, 326
„Popolo d'Italia" (Zeitg.) 304
Positivismus 1, 38, 43, 50, 58, 60, 69, 70, 110, 145, 152, 156, 275, 278, 296
  Neupositivismus (Logistik) 275, 278
  Rechtspositivismus 268
Potsdamer Konferenz 247, 338, 340, 341, 347, 348, (463)
Präraffaeliten 87
Pragmatismus 152, 278
„Punch" (Zeitschr.) 88, 159
Puritanismus 287, 352
Putilow-Werke 138

Quäker („Society of Friends") 128
Quantentheorie s. Planck

Rassenlehre, -theorie, „Rassismus" 27, 38, 60, 121, 122, 310, 333
Rationalismus 50, 78, 157, 296
  Anti-R. 153
Realismus 69—75, 79, 80, 83, 84, 86—88, 168—171, 177, 286, 287
  kritischer R. 278
  Neu-R. 278
  Surrealismus s. d.
Rechtspositivismus s. Positivismus
Reclam (Leipziger Großdruckerei) 347
Reichswerke 313
Relativismus (als philos. Richtung) 279
Relativitätstheorie s. Einstein
Reparationen (Wiedergutmachung) 233, 239, 251, 252, 253, 299, 300, 312, 344, 347, (459—461)
„Résistance" s. Widerstandsbewegung
Revisionen der Pariser Friedensverträge 218, 248, 299, 300, 301, 302, 306, 315, 316, 318, 322
  in der Sozialdemokratie 118
Risorgimento 38, 304
Rockefeller Vacuum Oil Cie. 4
Rotes Kreuz 128, (454)
Round Table-Konferenz (London 1930) 297, (464)
Rowlatt-Act 241
Royal Society London 66

Saint-Germain, Vertrag v. 233, 238, 294, 299, 301, 306, (459)
„Salvation Army" s. Heilsarmee

Schlachten (ohne Ortsnamen):
  an der Alma (453)
  auf dem Amselfeld 198
  in den Ardennen 335, (463)
  an der Bzura 325
  in der Champagne 222
  am Crozat-Kanal 228
  in Flandern 222, (458)
  am Isonzo 211, 212, 222, (458)
  in den Karpaten 206, (458)
  an der Marco Polo-Brücke bei Peking 296, (461)
  an der Marne 205, (458)
  in den Masuren 206, (458)
  an der Piave 222, 223, 228, 230
  an der Plewna 96, (455)
  am Schipka-Paß 96, (455)
  an der Somme 212, 327, (459)
  am Vesuv (Ostgoten) 336
Schneider-Creuzot (Konzern) 138
Schuman-Plan 351, (464)
Schütte-Lanz 132
Seeschlachten:
  b. Lissa 91, (454)
  b. d. Falklandinseln 207
  b. d. Salomoninseln 338, (462)
  vor dem Skagerrak (= Schlacht b. Jütland) 213, (459)
  b. Tsushima 185, 289, (457, 470)
Selfgovernment 26, 141, 142
Sensualismus 50, 150
Sèvres, Vertrag v. 233, 236, 238, 294, 299, 301, 306, (459)
„Sezession" 88, 174
Siegfriedlinie (459)
„Simplicissimus" (Zeitschr.) 167, 291, (467)
Simplon s. Tunnelbauten
Skoda-Werke 138
Slawophil, -en 32, 116, 117, 198
„Societas verbi divini" s. Steyler Missionsges.
„Society of Friends" s. Quäker
Sorbonne (Paris) 59, 87, 114, 147
„Sozialistische Monatshefte" (Zeitschrift) 118
„Spaakismus" 346
„Splendid isolation" 182
„Stachanowci", Stachanowzen 263
„Stahlpakt" 322, (462)
Stalinismus 341
Stavisky-Affäre 318
Steyler Missionsgesellschaft 49
Streiks u. Aussperrungen, Streikrecht 30, 32, 33, 112, 114, 117, 224, 239, 252, 259, 260, 267, 305, 315, 318, 346, (460)
Südafrikanische Union 183, 297, (458)
Suezkanal 6, 82, 98, 144, 185, 297, 316, 332, 345, (454—456)
Surrealismus 287, 288, 291, (469, 470)
Syllabus
  Pius' IX. 44, 279
  Pius' X. (Dekret Lamentabili u. Enzyklika Pascendi) 154

Symbolismus 78, 79, 166, 168, 170, 174, 176, 286, 289, (466, 467)
Syndikate s. Kartelle
Syndikalismus 32, 33, 180, 266

„Terribles simplificateurs" (Jacob Burckhardt) 121, 339
Thomismus 278
„Titoismus" 344
„Tobis" (Filmges.) 285
Trade Unions s. Gewerkschaften
Transozeankabel, erstes 7, (464)
Trianon, Vertrag v. 233, 238, 240, 294, 299, 301, 306, (459)
Trotzkismus 257, 344
Truck-System 19, 114
Truman-Doktrin 345, 353, (463)
Trusts s. Konzerne
Tunnelbauten:
  Karawanken-T. 131
  Lötschberg-T. 131
  Simplon-T. 131
  Tauern-T. 131
Turnvereine, deutsche 27, 121, 125

„Ufa" (Filmges.) 285
Una Sancta 171, 279
United Nations (UN) 343, 345, 351, (463, 464)
Utilitarismus 50

Vereinte Nationen s. United Nations
Vererbungslehre 58, 148, 276, (465)
Verismus 80, 177
Versailler Vertrag 218, 232—234, 238, 294, 299, 300, 302, 306, 307, 309, 315, 317, 318, 324, (459)
Vichy-Regierung 334, 340, 346
Viermächte-Konferenz 247, 320, 321, 354, (462)
Vitalismus 275
  Neovitalismus 148, 150, 152
  Panvitalismus 152
Völkerbund (Ligue des Nations) 216, 232, 234, 238—241, 252, 259, 294, 296, 298, 300—302, 314—318, (459—461)
Volksbildungsvereine 68, 145, 282
Volkswagenwerke 244
Voluntarismus 50, 52
Vormärz (s. auch Risorgimento) 38, 72, 75, 121

„Wandervogel" usw. s. Jugendbewegung
Weimarer Regierung (Verfassung) 231, 239, 269, 312, (459)
„Weiße Väter" 49
Weltausstellungen:
  London (1851) 3, (464)
  Paris (1889) (466)
  Philadelphia (1876) (465)
  Wien (1873) 12, (465)

495

## SACHREGISTER

Weltkirchenrat 355
Weltpostverein 7, (455)
Weltzündholztrust 137, 143
Westwall 255, 320, 326, 334, (463)
Widerstandsbewegungen:
  in Deutschland (gg. Hitler) 333, 335, 338, 348, (463)
  in Frankreich (gg. d. Besatzung: Résistance, Maquis) 278, 286, 289, 333, 346

Wiener Kongreß 3, 83, 91
Wiener Schiedsspruch (1938) 321
Wilsons 14 (18) Punkte 220, 229, 230, 232, 238, 241, 251, 322, (459)

Yerkes-Sternwarte (b. Chicago, USA) 274
Young-Plan 251, 299, 312, (460)

Zarismus 32, 117, 221, 345
Zeiß-Werke 347
Zoll, -politik 15, 16, 40, 112, 136, 139, 182, 253, 261, 267, 300, 346, (453, 455—457, 460, 463)
„Zukunft, Die" (Zeitschr.) 124, 166
Zweibund (Dt. R. — Österr.-Ung., seit 1879) 97, 100, 101, 186, 188, 196, 202, 358, (455, 456)